中国浄土宗通史

陳揚炯　著
大河内康憲　訳

東方書店

《中国净土宗通史》
陈扬炯著
江苏古籍出版社
2000 年 1 月初版

序

訳者按、著者陳揚炯先生は二〇〇四年十二月逝去された。謹んで本書を先生の霊前に捧げる。撰序は遺孀山西太原大学教授馮巧英先生にお願いした。いま、陳先生が生来志節堅く一徹であったと知って、訳者は納得するところが多い。

幸いにして、大河内康憲先生が陳揚炯の「中国浄土宗通史」を日文に翻訳、出版してくださる。音信往復数年の間、不幸にも陳揚炯は世を辞した。大河内先生は痛惜の余、わたしに序をもとめられる。

揚炯は中国の伝統的知識人の稟性をそなえていた。生来志節堅く、ために生涯時流にのることはなかった。大学卒業時、身体のわるい学友をかばってみずから山西に教鞭をとることを志願し、五十年代から七十年代、風雪の時代にはさらに雁北に赴く道を選んだ。しばしば唐人の詩句をもって自嘲した。「はしなくも更に桑乾の水を渡る、却って并州を望めばこれ故郷」（注一）と。

その学問は、文に臨んではばからず、批判の鋭鋒を容易におさめなかった。一九六四年「文匯報」に「柳宗元はほんとうに徹底した無神論者だろうか」を王芸生先生らと草した。また傅山について、さらに五台山佛教と華厳宗四祖澄観大師の五台山における行跡について、それぞれみずからの観点を提起したが、衆寡敵せず、「矛を負うてひとり彷徨する」のを嘆ずることがおおかった。いまこの「中国浄土宗通史」出版後もなお批判者の声をきく。

人となりは、中年以後、若いころの鋒芒を斂め、好人物とみられてきた。すこしこえると中国人民大学方立天教授は「まさに弥勒の笑相だ」とからかった。八十年代初めから専科学校校長を十年余つとめたが、その苦労は傍人の想像をこえるものであった。しかしつねに菩薩心で教員学生に接し、「政声は人去ってのち」（政治の評価は死後のもの）をもって慰めとした。そして任をおえると諸処に笑顔をふりまいていた。臨終の日は大雪であった。雁北のひとは来ることができず、弔問はわずかであったが、数日、昼夜えらばず電話はなりっぱなしであった。果たして「人心は秤」である。

わたしは若いころ、李清照の「金石録」後序（注二）を読んで、易安はどうして金石書画にこうもくどいのかといぶかった。いまやっと理解する。「蒼惶として後事を問うに忍びず」がどういうことかと。揚炯生涯の著述や遺稿を手にしておもう。易安のことば「手沢は新のごとくなれど、墓木すでに太し、悲しいかな」がまことであることを。

馮　巧英

二〇〇六年六月

注一、賈島の詩「桑乾を渡る」から「客舎并州（山西省太原）すでに十霜（年）、帰心日夜咸陽（都）を憶う」につづく句。

注二、李清照は本名易安、華麗な女流詩人。夫趙明誠をたすけ「金石録」三十巻をつくったが宋徽宗宣和年間、金軍の侵入により夫を失い、書画金石をすててのがれた。後序中にこれを縷々つづっている。

中国浄土宗通史◆目次

第六章　諸宗浄土に帰す

前言

浄土宗とは阿弥陀佛を信仰し、その名号を称念することで死後西方浄土に往生することを願う佛教の一派である。ひとびとはおおまかに浄土宗とは浄土信仰とかんがえるが、これは正確さを欠く。というのは、弥勒菩薩を信仰し、修行によって死後兜率浄土に往生を願うのもまた浄土信仰であり、南北朝期に盛行し、その勢力は弥陀信仰をはるかにしのいだ。弥勒信仰は隋唐以降しだいにおとろえたが、民間で秘密裏に流伝し、元以後は白蓮教に変じてしばしば武装蜂起をおこし、中国後期封建社会の無視すべからざる勢力であった。弥陀信仰は隋唐期になって浄土信仰の主流となり、「浄土宗」とよばれ、佛門に普及し、民間に浸透した。明清期には「家家阿弥陀佛、戸戸観世音」といわれる局面をむかえ、中国民衆宗教の中核となる。その影響力のおおきさは他の宗教の比ではなかった。したがって、浄土宗史をのべるにあたって、「浄土宗」が弥陀信仰を指すことをまずことわらねばならない。

浄土思想は印度に淵源をもつ。部派佛教後期、佛陀はしだいに神格化されておおくの本生物語がうまれた。大乗佛教がおこったころ、本生物語のなかから演変して「自利利他」の本願思想がうまれ、演転する本願思想があつまって浄土思想を形成する。弥陀浄土はこのような流れのなかで姿をあらわし、この思想の総括、結晶として、古代に描かれた世間、出世間の理想社会中もっとも精彩あるものとなった。しかし、浄土思想は印度で影響力をもつことはなかった。弥陀浄土信仰はむしろ中国で根を張り、発芽し、開花して実を結び、蔚然たる浄土宗に成長したのである。

弥陀経典は後漢時代すでに中国に伝来した。百年ののち西晋、後秦時代になって弥勒経典が伝来する。南北朝時代は弥陀信仰、弥勒信仰ともに流行したが、弥勒信仰のほうが勢力がおおきかった。弥陀信仰はその後しだいに勢力を得る。記録にのこるもっとも早い弥陀信仰者は西晋の闕公則と衛士度で、今を去る千七百年のむかしである。その後弥陀信仰を弘揚する名僧、東晋の慧遠、東魏の曇鸞があらわれる。のちの浄土宗人は初祖を遡るが、宋代の宗暁、志磐らは慧遠をもって初祖とした。一方、日本の浄土宗や浄土真宗では曇鸞を中国浄土宗の初祖とする。たしかに慧遠は中国佛教史上、最初に佛学の中国化に道をひらいた人であるが、浄土信仰においてはなお並みの水準である。一方、曇鸞は二道二力説をたて、浄土宗に教判の根拠を提供し、浄土往生で成佛できることを論じて浄土の大門をおおきく開いたのである。称名念佛を重視し、修行法を簡易化して、印度の弥陀信仰を中国の浄土学説に改造した。曇鸞はまことに浄土宗の礎を築いた祖というべきである。

隋唐期、佛教の中国化はほぼ完成し、中国佛教の各宗派があいついで成立する。浄土宗も「宗」となって他の宗派と肩をならべる。隋代には攝論学者浄影慧遠、天台宗智顗、唐初になって三論宗吉蔵、法相宗窺基らがつぎつぎに弥陀信仰を弘揚し、弥陀信仰の影響は急速に拡大する。しかしかれらは、あるいは弥陀浄土は化土であるといい、あるいは凡夫が入れるのは事浄土にすぎないといい、あるいは弥陀浄土は三界のうちにあるといい、あるいは弥陀浄土は同時に穢土であるといい、あるいは観想念佛に力をそそいで、かならずしも弥陀信仰の民衆化の主旨にそうものではなかった。道綽が曇鸞の学説を継承し、さらに発展させてこれらの諸説に反対したのである。善導はつづいてこれらの説に反駁し、曇鸞、道綽の基礎のうえに完全な浄土理論と儀軌をうちたて、浄土宗に真正の宗教の形態をもたらした。浄土宗の実際上の創立者とひろく認められている。しかし浄土宗は宗派というより学派としての「宗」・すなわち「寓宗」であった。浄土宗は終始みずからの組織をもたず、法嗣相伝の制度ももたなかったからである。

善導の後、浄土宗は三流にわかれる。すなわち専称佛名の少康流、悟解重視の慧遠流および教、禅、戒、浄兼修の慈愍流である。慧遠流は主として上根者をあつめ、慈愍流は主として中根者をあつめ、少康流は下根者をあつめるとかんがえられてきた。いうまでもなく、少康流が浄土宗の基礎である。

唐武宗の滅佛によって佛教は回復しがたい窮状におちこんだ。ただ禅宗と浄土宗のみがその修行の簡便さによって世におこなわれ、他の各宗は頽勢ないし衰落のなかにあった。宋代、禅浄合流は天台宗、華厳宗、法相宗、律宗をも浄土に帰向させ、浄土宗は佛門に普及する。明清期は佛門すでに浄土一家の天下といえる。印度で密教が大乗佛教にとって代わったように、中国で浄土教が大乗佛教にとって代わる形勢はすでにできあがっている。ただ明清以来中国佛教の頽勢はすくいがたく、この交代の形勢はたんに形勢におわって、実現することはなかった。

諸宗が浄土に帰向する局面は、必然的に、諸宗がそれぞれにみずからの観点で浄土を解釈する結果をまねいた。慧遠流の悟解を重んずる勢力がおおきくなり、かれらは共通に弥陀浄土を唯心浄土と解釈した。そのなかで、弥陀浄土は心中の存在か、西方過十万億佛土か、宋以来浄土宗の論議の焦点となっていく。答えはさまざまであるが、矛盾なく説明できるものは少なく、真正の解決などいうべくもなかった。これは本来信仰の問題である。そして信仰からの解決をもとめると、やはり善導に帰らねばならなかった。善導は曇鸞の主張にもとづいて、阿弥陀佛とその浄土は心中にあると同時に心外にもある、主観であると同時に客観である、主客統一されたものであるとかんがえた。指摘されるべきは、表向きは浄土が唯心か西方か八、九百年も論争されたにもかかわらず、現実には善導の浄土理論民衆化を体現した少康流が終始浄土宗の主流であったこと、そしてかれらは敬虔に佛名を口称して浄土を求生し、この種の論争に加わることがなかったという事実である。

浄土宗が日本に伝わると、日本浄土宗、浄土真宗、時宗、融通念佛宗などを形成した。これらは中国の浄土理論を発展させてそれぞれに特色があるが、なかでも浄土真宗は中国浄土宗の民衆化の特徴を極限までおしすすめたもので、ひとびとの注目をひく。

中国佛教各宗派のなかで、浄土宗はもっとも哲理を説くことに乏しく、「南無阿弥陀佛」「阿弥陀佛」と念じてそれを修行内容とする簡便易行の宗派である。しかしこれをもって浄土宗に哲理がないとかんがえるのは浄土宗を理解しないひとである。佛教には八万四千の法門というが、いずれの法門でも多年、いや多劫の苦難の修行を経てやっと得道する。ただ浄土法門だけがわずかに念佛で佛力にたよって往生し、解脱を得て成佛する。ゆえにみずからを「易行道」とよび、他の一切の法門を「難行道」とする。中国浄土宗はまたさらに一歩すすめて念佛中の称名念佛を専修し、「南無阿弥陀佛」「阿弥陀佛」を口称しさえすれば、八十億劫の生死の大罪を滅し、死後弥陀が接引して極楽に往生するとかんがえ、これを易行道中の「易行法」であるという。代価はきわめて小さく、利益は無限である。世間にこんなにやさしいものがあるだろうか。誰しも疑わざるを得ない。したがって『阿弥陀経』にいう、これは「一切世間難信の法なり」と。ひとびとはいろいろにかんがえた。たとえばあるひとは、佛教が追いもとめるのは無生ではないか、それに浄土往生を説くのは佛理に背くものだと。あるひとは、浄土は実は心中にあるのだ、自性がそのまま弥陀であると。あるひとは、西方に浄土があるというがそれは時に応じて有無変ずる化土であって、報土ではないのだと。あるひとは、聖賢にしてはじめて報土にはいることができる、凡夫ははいれないのだと。あるひとは、弥陀浄土には浄も穢もある、つまり弥陀浄土は三界のうちの存在で三界を出るものではないと。あるひとは、念佛往生は別時意で、この世でただちに往生できるのではないと。あるひとは、念佛往生は第三階の時機にかなわないものだと。またあるひとは、五逆と誹謗罪を犯したものは往生できないのだと。浄土宗はこのようなさまざまな懐疑を解き、さまざまな別解を糾し、さまざまな攻撃に反駁して発展してきたのである。

浄土宗の高僧大徳、たとえば曇鸞、道綽、善導、慧日、法照、懐感、飛錫、延寿、袾宏、智旭、印光らはみなその時代の学者であり思想家である。これら大師の慈悲心、広い胸懐、深奥な学問、華麗な才能が浄土宗の教義を創造し、豊かにし、他力の作用を十分に発揮して、難信の法を広大な民衆の深信の法にかえていった。その内容は佛教経論のみならず、道家や儒家の経論、民間信仰をもひろくとりいれ、さらに佛家の中観学派、瑜伽行派の基本哲学を運用し、中国佛教天台宗、華厳宗、法相宗、禅宗、三論宗、律宗、密宗の教義および行儀を吸収したのである。論述の内容の広汎なことからいえば、中国佛教のいずれの宗派にもおとらない。このような博大深淵の思想をもってしてはじめて「南無阿弥陀佛」「阿弥陀佛」の簡易な修行の法を探りだし、「八万四千の法蔵、六字に全て収め」「四字の洪名、万徳を具に備う」道理を論証し得たのであり、多くの信徒をあつめて天下に風行した。王安石に詩あっていう「看れば平常に似るも実は奇崛たり、成ずるは容易の如く却って艱辛たり」と。浄土宗の称名念佛を形容して適切である。その簡易は博大深淵の論からうまれたものであり、ただ簡易の面ばかり見て背後の深い思索を見落とすなら、まことに片手落ちといわねばならない。

浄土宗史にはまだまだ今後の研究にまつ問題が多い。本書はただその輪郭を示すにすぎず、多少の資料を整理したにとどまる。叙述の当たらぬところや掛漏については、諸家のご批判と指正を謹んでお願いしたい。

著者

第一章　浄土宗の淵源

いわゆる浄土宗とは阿弥陀佛を信仰し、その名号を称することで死後浄土への往生を求めることを宣揚する佛教の一派を指す。念佛宗とも単に浄宗ともいう。

浄土とは佛国である。略さずにいえば清浄土、清浄国土、清浄佛刹であり、浄刹、浄界、浄国、浄方、浄域、浄世界、浄妙土、妙土、佛刹などともよばれる。佛典できわめて美しく、楽しく、幸せに描かれ、一切の悪行、煩悩、垢染をはなれた世界である。

佛教教義で浄土は穢土と対立する。穢土はわれわれが生活する現実世界であり、欲界、色界、無色界を包括する。善少なく悪多く、汚穢不浄であり、業障に覆われ、無量の苦をうける。したがって穢土とよばれる。娑婆世界ともよばれるが、これを意訳すれば堪忍世界、忍土である。衆生は無始以来無明によって生死の苦海を流転してやまない。にもかかわらず衆生は衆悪、三毒その他もろもろの煩悩に耐え、そこに安んじて出ようとしない。忍土である。火宅ともいうが、衆苦充満し、生老病死の苦しみが燃えさかってやまない。

穢土をのがれて浄土に往生することは印度大乗佛教の理想である。このような大乗佛教が中国に伝来し、多くの僧のあこがれとなり、浄土宗の直接の淵源となった。

大乗佛教は小乗佛教から発展したものであるが、浄土思想も天から降ったわけではない。小乗佛教の本生譚から演変してうまれたのである。

第一節　本生譚と本願

一、本生譚の発生

釈尊が世を去って百年余、前四世紀のなかごろ、戒律、教義についての理解のちがいから佛教教団に内部分裂がおこり、上座部と大衆部の二大部派にわかれる。上座部は一団の長老たちの主張であり、いわば正統派に属する。大衆部は多くの僧たちの主張であり、どちらかといえば発展を強調する。上座部、大衆部はのちにさらに分裂をかさね、独立した多くの部派となる。分裂の順序、名称、原因などは南伝と北伝によってちがった説がおこなわれているがいずれも十八部である。今知られる部派の名は四十余部、考古資料によって証明されるものは二十五部前後である。一般には世友著、唐玄奘訳『異部宗輪論』（大正 49-15）によって二十部とされる。これが歴史にいう部派佛教時代である。

このころ佛教はすでに広く世に伝わり、南アジア、東南アジア、中央アジア、西アジアから地中海沿岸にまでおよんだ。世界宗教になりはじめていた。しかし、広大な伝教地では政治、経済、民族、宗教、文化にちがいがある。僧侶たちは一方でそれぞれの地方の新しい思想を吸収したが、また一方でバラモン教、祆教、ギリシヤやローマの宗教、土着の信仰と信者獲得を争わねばならなかった。いきおい教義にあたらしい解釈をこころみ、それを力にしなければならなかった。原始佛教の教義をまもってきた上座部においてさえ教義に発展があったが、大衆部ではもとの教義からいよいよはなれ、上座部と教義上のちがいはいよいよ大きくなっていった。大衆部を中心に大乗佛教がしだいに形成される。

『異部宗輪論』などの記述によると、上座系と大衆系のあいだには哲学上の「法」「我」の真偽有無、「心性」の浄不浄などについて論争があったが、宗教の理想としての佛、菩薩、阿羅漢の理解についても大きなちがいがあった。

上座系では佛は人であり神ではないとした。超人的な神通力をもつとはいえ、肉体には限界があり、寿命には際限がある。佛が偉大であるのはその理想が高く、思想が正しく、智慧が深く、心が純化されていることにあるとかんがえた。化地部では佛は僧中にあるとかんがえ、いま世にある僧に供養するほうが死んだ佛に供養するより大きな功徳があるとした。法蔵部では佛に施しをするほうが僧に施しをするより大きな福果がえられるとしたが、佛はなお僧衆の一人とかんがえた。かれらによれば佛はただ一人、あるいは数人で、一般人が修行によって成佛することはむつかしく、刻苦修行して得られる最高の果位は阿羅漢果つまり一切の煩悩を断除し生死輪廻をくりかえさない果位であった。最後の解脱からいえば阿羅漢は佛とちがいはなかった。

一方、大衆系では「超世間の佛陀」「超自然の佛陀」の理論を提起し、佛はすでに漏質を断ち、煩悩を根絶したものとかんがえた。佛の肉体、寿命、威力は無限である。佛のことばはいずれも真理であって、化するところの有情に浄信ならざるものはない。佛は眠ることがなく、問題に答えるに思惟をまたず、一刹那にして心に一切の法を知る。世人の知る佛は実は佛身の一部にすぎず、それはけっして佛のすべてではない。世人は佛がことばで説法するとかんがえるが、佛はつねに禅定のなかにあってものを言わない。佛の姿は普通ではなく、三十二相八十随形好等を具えている。大衆部によれば阿羅漢にはさらに五つの制約があって佛とは比較にならない。

このような理解とともに、大衆系では佛の生涯も神話化された。佛は幾世にもわたる修行を経て成佛した。佛の前世の修行は菩薩行とよばれ、菩薩行を実践したので菩薩とよばれる。佛は成佛するまえ無数の輪廻転生をくりかえし、国王に、婆羅門に、商人に、婦人に、大象に、猿に、鹿、熊等になったことがある。いずれの生においても行善立徳の物語があり、衆生の危機を救い、求法のために精進した。これらの物語が本生物語、本生譚とよばれ、佛が前世にどんな菩薩行を修めて佛になったかを語っている。

本生譚をもっとも多く収めるのは巴利文本『小部』にある『本生経』である。五百四十七（五百四十六ともいう）の本生物語が収められている。成立は前三世紀、作者不詳である。察するに一時にひとりの手になったものではなく、多くは当時民間に流伝していた物語に佛家が自分たちの観点を加え、一定のかたちに整理し、佛陀を神格化し、佛家の教義を宣伝するため利用したものとおもわれる。この経には完全な漢訳本がない。『本生経』に類する漢訳経には『生経』『譬喩経』『賢愚経』『雑宝蔵経』『撰集百縁経』『菩薩本行経』『菩薩本縁経』『菩薩本生鬘論』『六度集経』などがある。漢訳の各経が収める本生譚の数はまちまちで、あるものは数種、あるものは数十、もっとも多いものでは百二十になる。内容にもちがいがあり繁簡一様ではない。おそらく当時の訳者がつかったテキストがちがうのであろう。そのなかで三世紀、康僧会が呉都建業で訳した『六度集経』（大正3-1）は九十種あまりの本生譚を六類に組織し、「六度無極」と称している。あきらかに大乗佛教の傾向をもつもので、部派佛教後期にあらわれたテキストとおもわれる。前一世紀から三世紀にかけて、南印度アーンドラ王朝期に大乗佛教がしだいに成熟し活発化するが、『六度集経』の内容はこの南印度の大乗佛教思潮が反映したものとみられる。

これらの本生譚は自己犠牲の精神に富み、内容は豊富多彩、いきいきとした描写がある。ことばは素朴で飾りがないが、古来多くのひとびとをひきつけ、深く信奉され、絵画や彫刻として表現されてきた。これらは印度、中国、日本、南アジア諸国や地中海地域にまでひろくみられ、世界文化遺産のなかで重要な位置を占め、影響するところきわめておおきい。

二、本生譚の新しい特徴

本生譚の多くは釈迦という菩薩の前世における利生苦行の物語である。なかには弥勒等の弟子や阿弥陀諸佛の本生物語などにおよぶものもあるが、総体的に本生譚の主人公は釈迦ひとりである。また物語のなかに浄土をつくるといった本願はまだあらわれないから、なお小乗佛教の範疇のものである。しかし、なかにはいくつか新しい内容を含むものがあって注目に値する。

（一）願力の胚胎

本生譚のあるものでは、災難や変事にあったとき、菩薩がひとたび祈願を発するとその災難や変事がたちまち不思議にも消失する。また菩薩がなにごとかを祈願すると、すぐにそれが成し遂げられる。たとえば『賢愚経』巻八には、釈尊が前世、罰闍建提国（意訳すると金剛聚国）の利羅伽利王（蓋事王）であったとき、外出して見た情景を次のように描く。

王、諸の人民の耕し植えて労苦するを見て、左右に問うていわく「この人は何をなすや」と。答えていわく「国は民をもって本となす、民は穀をもって命となす、もし其れ然らずんば民の命存せず、民の命存せずんば国すなわち滅ぶ」と。王すなわち言いていわく「もし我が福、王たるに相応すれば、我が民衆をして自然の穀を得せしめよ」と。言をおこしすでにおわるに、人民の蔵、種々の穀に満ち、意に随って悉くあり。後にまた出遊し、人の水を汲み舂磨して役をなすを見て、また臣に問うていわく「諸人何をもって然るや」と。臣、王にもうしていわく「王の恩沢を蒙り、自然の穀を得たるも、事成熟を須う。ここを以て庶民は食を調うを辦作す」と。王また言いていわく「もし我が福徳、王たるに応ずれば、我が国内の一切の人民をして自然の食をあらしめよ」と。語をおこしてすでにおわるに、すべての境内みな自然の食を得たり。後にまた出遊し、人の織作し衣を辦具して調うを見て、問うていわく「この諸人等何の故をもって執作するや」と。

臣言う「衣裳を辦具するなり」と。王言う「もし我が福徳、王たるに応ずれば、我が国内の一切の樹木をして自然の衣を出だしめよ」と。たまたまこの語を発するに、国中の諸樹みな妙衣を出だし、きわめて細軟たり、青、赤、白の衣、人の好むところに随う。
（大正 4-403 中）

本来ひとりの人間の祈願は意識にすぎず、力のほうは物理現象である。両者につながりがあっても同じではない。祈願を現実のものに変えるには現実の作業が必要である。現実の作業がなければいかなる祈願も現実のものとはなりえない。しかし、凡人のできないことが菩薩にはできる。のちに大乗佛教が提起する本願力の概念は本願がそのまま力であるとかんがえる。曇鸞『往生論註』巻下にいう。

願は以て力となり、力は以て願となる。願は徒然ならず、力は虚設ならず、力と願とあい符し、畢竟してたがわず。
（浄全 1-247 下）

またいう。

本願力というは、大菩薩を法身中に示す。常に三昧にあって、種々の身、種々の神通、種々の説法を現ず。みな本願力を以て起こせり。
（浄全 1-254 下）

まさに本願が力であるからこそ阿弥陀佛は四十八願をおこして衆生を済度できるし、衆生は阿弥陀佛の本願力があるからこそ西方浄土に往生がかなうのである。

この物語において、蓋事王がひとたび願をたてると現実があらたまる。それによって民衆は自然の穀、自然の食、自然の衣を得る。あきらかにこのなかには願力の胚胎がみられる。

（二）慈悲の精神の礎石

原始佛教も部派佛教もともに人生はすべて苦とかんがえ、世をはなれ、隠遁禁欲、苦行の生活をし、それによって断業滅惑、生死の苦海を逃れることができると主張した。しかし大乗佛教からみると原始佛教や部派佛教は苦難をおそれ、社会から逃避し、ただ個人の解脱をはかって衆生をかえりみない。それはあたかも小さな車のごとく、自分が乗るだけで、衆生を乗せることができない。かれらを小乗とよび、みずからを大乗とよぶゆえんである。小乗の消極性とは逆に、大乗佛教は世間に深く入り、苦難をおそれず、自利利他、普度衆生を主張する。それは大きな車のごとく、みずからが乗るばかりでなく衆生をともに乗せることができる。

大乗佛教は大慈大悲の精神を強調する。「大慈大悲」とは『大智度論』巻二七に解説していう「大慈とは一切衆生に楽をあたえ、大悲とは一切衆生の苦を抜く」（大正25-256中）ことであると。この大慈大悲の精神は菩薩の修行のなかに示される。菩薩の修行のすべては菩薩行と総称されるが、衆生が無限であるかぎり菩薩行もまた無限である。無限の菩薩行を大乗佛教は六度にまとめる。この慈悲の精神に満ちた六度は『六度集経』のなかに雛形をみる。この経の『布施度無極章』に説く。

菩薩の六度無極は、高行におよび難きも、疾く佛となることを得る。何をか六という。一にいわく布施、二にいわく持戒、三にいわく忍辱、四にいわく精進、五にいわく禅定、六にいわく明。（大正3-1上）

以下に簡単に六度を見よう。

一、布施度

布施度の内容について『布施度無極章』に要約的なまえがきがある。

人、物を慈しみ育て、郡邪を悲しみ愍れむ。賢を喜び度をなし、衆生を護済す。天を跨ぎ地を踰え、河海に潤しを弘くす。衆生に布施し、飢えたるものはこれを食し、渇きたるものはこれを飲む。寒きは衣し熱きは涼を得、疾なるは済うに薬をもってす。車馬舟輿、衆宝名珍、妻子国土、もとむれば即ちこれを恵む。なお太子須大拏（布施で著名な叶波国の太子、『太子須大拏経』にみえる）が貧者に布施し、親が子を育て、父王屏逐するもあわれみて怨まざるがごとし。

（大正3-1上）

これにつづいて二十六の本生譚が説かれる。布施は六度のなかで本生譚がもっとも多く、当時布施がいかに重視されたかがうかがえる。僧侶は各地に遊歴布教するが、食をもとめることがむつかしく、危難がおおかったからであろう。いきおい布施は重要な地位におかれた。

本生物語は菩薩が珍宝、妻子、国土などみずからの身外のものを施す外布施を多く説くが、重視されたのはむしろ内布施である。すなわちみずからの肢体、ときには生命すら、人に、否、ときには禽獣にすら施与するのである。舎身飼虎はその典型である。

昔、菩薩あり。時に逝心（婆羅門）となりて、つねに山沢にあり。心を専らにして道を念じ、諸の悪を犯さず。

果を食し水を飲み、微余を蓄えず。衆生が自らの衰えるを愚痴するを慈しみ念じて、危厄を見るたびに命を没してこれを済う。菩薩、行きて果瓜をもとめるとき、道に乳をやる虎に逢う。虎、乳をやりて後、疲れくるしみ、飢饉して心荒み、また子を食わんと欲す。菩薩これを見て、愴然として心かなしみ、衆生を哀念す。世に処して憂苦し、それ無量たらん。母子あい食むその痛み言いがたし。菩薩は哽咽し涙を流し、身を回らして四顧し、虎に食せしめ以て子の命を救うべきものを求むれど、すべて見るところに無し。内心に自ら思いて「それ虎は肉食の類なり」と。深く重ねて思惟するに「われ志を建て道を学ぶは、ただ、衆生が重苦に没するも、これを済い、禍を去り、その身命をながく安からしめんがためのみ。われ後に老いて死し、身は棄捐にあう。慈しみ恵んで、衆を済い、徳をなすにしかず」と。即ち自ら首を以て虎口中に投ず。頭を以て与えるは疾く死んで、その痛みを覚えざらしめんと欲するのみ。虎は母子ともに全うす。（大正3-2中）

大乗佛教はこの内容を継承して、布施によって得られる種々の利益を説く。説法や講経、問答疑解、五戒の授与などを法布施とよぶ。これを財物や身体による布施よりさらに優れたものとした。

二、戒度

戒の内容について『六度集経・戒度無極章』のまえがきにいう。

狂愚凶虐にして、このんで生命をそこなう。貪余に窃盗して、淫妖穢濁たり。両舌にて悪罵し、みだりに綺語を言う。嫉恚痴心にて、佛を謗り賢者を乱す。宗廟の物をとり、心に凶逆を懐き、三尊をやぶる。このごとき元悪のものは、むしろ干し肉に割いて、市朝に塩漬けにすとも、ついに佛の三宝を信じ、四恩をおもいて普済するこ

とをなさず。　　　　　　　　　　　　　　　　　　（大正3-16下）

これにつづいて十五の本生物語を挙げる。そのひとつに菩薩が童子としてあらわれる。この童子は戒を守って欠くことがない。あるとき、叔父とともに他国へ商いに出かける。叔父はさきに河をわたってある寡婦の家にいくと、寡婦が盥を白珠に換えてほしいという。叔父は刀でこすってそれが金盤であることを知るが、わざと投げ捨て「つまらぬものにわが手をよごした」と出ていってしまう。つぎに童子がやってくる。寡婦はさきの盥をとりだして童子にたのむ。童子が言うに「これはもっとも珍重な紫磨金である。わたしのすべての白珠をもって換えよう」と。盤を持って去る。やがて叔父がもどってきて、僅かの白珠で換えようとするが、すでに手遅れだと知り、河辺にいくと地団太踏んでくやしがり「わが宝よ、帰ってこい」とさけび、心激して、胸をたたき吐血して死んでしまう。童子は叔父に金盤を返そうと後を追うが、すでに死んだと知って、哭していう「貪って命を失うにいたれるか」と。この物語（大正3-19中）は貪りを戒めたものである。

小乗佛教は生死の解脱を重視する。生死の根源は貪欲にある。したがって個人の貪欲を断除することを戒規の主要な内容とし、五戒、八戒、十戒、具足戒等がある。淫、盗、殺、妄、飲酒、五つの根本戒中、この戒度のまえがきは四戒について述べるが飲酒戒をとりあげない。大乗佛教は利己的貪心がすべての悪行の根源とかんがえ、戒律は私心、貪心の根絶を根本としなければならないと強調するが、その思想は比較的開放的で、僧の物質生活について過度の制約を求めず、苦行には重点をおかなかった。ひろく衆生の生活環境に適応していくためである。大乗は小乗の基礎のうえにたって十重戒および四十八軽戒を提起した。十重戒とは、殺、盗、淫、妄語、酤酒、説四衆過、自賛毀他、慳惜加毀、瞋心不受悔、毀謗三宝である。四十八軽戒は不敬師友、飲酒、食肉などをいう。しかしこのまえがきに五つの根本戒に瞋、謗佛戒などを加えるが、禁酒をいわないのはこれが大乗にむかう過渡期に成立したことを示している。

三、忍辱度

『六度集経・忍辱度無極章』のまえがきに菩薩みずから誓っていう。

われむしろ湯火の酷、塩漬の患に就くとも、怒りを衆生に加えず。それ、忍ぶべからざるを忍ぶは万福のもとなり。自覚の後は世に慈悲を行ず。衆生がおのれに罵詈捶杖を加え、財宝、妻子、国土を奪い、身命に危害するとも、菩薩は諸佛の忍力の福を以て怒りの毒を迮滅し、慈悲してこれを愍れみ、さらにこれを済護す。もしその咎を免れれば、これがために歓喜す。

（大正 3-24 上）

つづいて十三の本生譚をあげる。そのひとつにいう。

昔、菩薩あり。世の汚濁して君臣の道無く、真に背き邪に向かい、導化するの難きを見る。故に明を隠し影を蔵して、墓地に住し、忍行を修す。墓地に牛、子牛あり。つねにその屎尿をとりて飲食となし、その躯命をつなぐ。暴露して精思し、顔貌は醜く黒く、人みな憎みたり。国人はこれを見て、相告げていわく「この土地に鬼あり」と。見る者、唾し罵しらざるはなく、土石もてこれを打つ。菩薩には糸髪ほどの怒りなく、慈心もて愍みていわく「痛ましいかなこの人、佛経を見ずしてこの悪をなす」と。誓いていわく「われは如来、無所著、正真道覚者となって、かならずこれを度せん」と。

（大正 3-24 中）

この種の忍を大乗佛教では「生忍」とよぶ。生忍は二つの内容をふくむ。ひとがむやみに罵り殴っても、それを忍んで怒り害をくわえないこと。また、ひとが恭敬し供養しても、それを喜び偏愛しないことである。このなかでもっとも重要なのは瞋恚の心を消滅することである。また精神をきたえ、菩薩が衆生にむかうとき赤子のごとく人を区別しない平等心を身につけることである。「生忍」のほかに「法忍」がある。人は外に寒暑、風雨を感ずるし、内には飢渇、老病死があって心に瞋恚、憂い、哀しみ、疑い、さらには淫、欲、驕、慢の心をもつ。しかし菩薩はまわりの主観的、客観的すべての現象になんら選択するところなく、愛憎をもって向かわない。これが法忍である。法忍はのちに哲学概念に発展して、実相を認識して動揺しないこと、さらにすすめて、たとえ実相を認識しなくとも信受し、不疑不悔でありうることを要求する。「無生法忍」はさらに難しい。佛教の無生理論を認識して、一切の事物の生滅に心を動かさず、忍持不退であることを要求する。これらは『六度集経』にみる小乗忍辱度から比べると、よほど内容がすすんだものである。

四、精進度

『六度集経・精進度無極章』はその内容をつぎのようにいう。

こころを道奥に存し、これを進めて怠るなし。臥坐行歩し、喘息して替えず。その目髣髴として、つねに諸佛をみる。霊像変化し、おのれの前に立てり。その耳声を聴きて、つねに正真の誨徳の音をさとる。鼻は道香のため、口は道言のため、手は道事に供し、足は道堂をふむ。この志を呼吸の間にも替えず。衆生が長夜、沸海にあって、回流し輪転し、毒を加えても救い無きを憂慼す。菩薩がこれを憂うることなおし孝子が親を失うが如し。もし衆生を済うの道、前に湯火の難、刃毒の害あれば、わが身を危命に投じて、喜んで衆難を済う。志は六冥の徒を超

え、栄華を得ん。（大正3-32上）

このあと十九の本生物語を挙げる。そのひとつにつぎのようなものがある。佛滅後は衆生が佛法を聞けない。菩薩が志を鋭くして精進していると、隣家の貪欲な男がいった「わしは佛の三戒を知っている」と。菩薩はたちまち地に伏して教えられんことを乞うと、男がいう「もしおまえの心が真誠にして、身毛の一孔に一針を刺し、血がながれ、身痛するも悔やまずというなら、聞かせてやろう」と。菩薩は「佛法を聞けるなら死んでもよい。まして身を刺して生きながらえることができるなら」と、たちまち針で身を刺し、血が泉のごとく流れた。隣家の男はしかたなくいった「口を守り、意を摂し、身に悪を犯すこと無し、これ佛の三戒なり」と。菩薩は戒を聞いて歓喜し、針をみるともはや忽然と消え失せ、心気充実していたという。

本来なにごとにも精進がもとめられる。佛道を求めるのはきわめて難しいから、精進力がないなら中途で廃するだろうし、たとえ生涯木魚をたたいても、わずかな佛果すら得られないだろう。佛教ではつねに精進力を強調してきた。しかし大乗では布施、持戒、忍辱を三度とし、精進は多少ゆるがせにしてもよいとした。禅度となると精進力があってはじめて成立するものであり、さらに精進して智度の修行がある。したがって、精進とは禅と智の根であり、第四番目におかれて、つづく二度の基礎とかんがえられている。

五、禅度

禅度について『六度集経・禅度無極章』はおもに四禅をのべる。

その心を直にし、その意を一にし、衆善をあわせ会して、内は心中に着す。心のもろもろの汚悪は善を以てこれ

を消す。およそ四禅あり。……五通智より世尊に至る、みな四禅を成ずるなり。（大正3-39上）

「禅」とは梵文音訳「禅那」の略である。意訳すると「静慮」「思惟修」「棄悪」「功徳叢林」など、いずれも心が平静専一、正しく審らかに思慮することを意味する。大乗、小乗ともに、禅定とは確かな認識を得て、確かな判断をし、煩悩を根治して、諸の功徳を成就する心理的な条件ないし修養の方法とかんがえている。小乗の主要な修行は坐禅で、通常「四禅」と「四無色定」の二類である。修禅によって、天眼通、天耳通、神足通（如意通）、宿命通、知他心通等五種の神通を得て、死後色界四禅天あるいは無色界四無色天に生まれることができるとする。大乗においてはさらに一歩すすめて、禅定は般若理論を証悟するものとして、動、静にかかわらないとかんがえる。その主要な方法は念佛禅と実相禅である。

『六度集経』の四禅は山中の墓間の樹下での坐禅によって五神通を得、死後昇天することを説く。『禅度無極章』にいう。

志は一禅に存するも、いまだ応儀を得ずんば、命終して逝くべし。すなわち七天にのぼり、寿を受くること一劫。二禅にありて終わり、十一天にのぼり、寿を受くること二劫。三禅を処し終わり、十五天にのぼり、寿を受くること八劫。四禅を処し終わり、十九天にのぼり、寿を受くること十六劫なり。（大正3-40下）

つづいて本生譚九種と説教を挙げる。本生物語のなかで坐禅修行についての代表的な話は『大智度論』巻一七にみられる。

釈迦文尼佛はもと螺髻仙人たり。尚闍梨と名づく。常に第四禅を行じ、出入息断じて、一樹下に坐し、兀然と動かず。鳥この如きを見て、これを木とおもう。すなわち髻中に卵を生む。ここに菩薩禅より覚め、頂上に鳥の卵あるを知る。すなわち自ら思惟し「もしわれ起ちて動かば、鳥母必ずやまた来たらず。鳥母来たらずんば、鳥卵必ず壊われん」と。すなわちまた入禅し、鳥子の飛び去るにいたって後、すなわち起ちてもどる。（大正25-188）

六、明度

明度については現存の『六度集経・明度無極章』に要約的まえがきが欠ける。九種の本生譚を列挙するのみである。九種の本生譚は内容がかなり雑然としていて、人我空、因果応報、四禅の功徳、六度済民、仁道治国、誦経求道などである。おそらくもとは明度の見出しがなかったのであろう。全体的な傾向は誦経によって佛道を求めるというもので、たとえばつぎの鏡面王の話である。

鏡面王は使者に勅し、国境に行きて生盲者をとり、みな率いて宮門にいたらしむ。臣、命を受けて行き、国界の無眼の人をことごとく率いて宮所に至りていわく「すでに諸の無眼の者を得て、今殿下にあり」と。王いわく「率いて行きて、象をこれに示せ」と。臣は王の命を奉じ、かの瞽人を引き、これを象の処に率いて、手を牽きて象を瞽人に示す。なかに象の足をもつ者、尾をもつ者、尾の根元をもつ者、腹をもつ者、脇をもつ者、背をもつ者、耳をもつ者、頭をもつ者、牙をもつ者、鼻をもつ者あり。瞽人は象の処においてこれを争わんとし、それぞれに自分が真、他人が非であることをいう。使者は牽きて帰り、率いて王のところにいたる。王問うていわく「汝等は象を見たるや」と。答えて言う「我等みな見たり」と。王いわく「象はなんの類ぞや」と。足をもつ者こたえていわく「明王よ、象は漆の筒のごとし」と。尾をもつ者いわく「箒のごとし」、尾の根元をもつ者いわく「杖のごとし」、腹をもつ者いわく「鼓のごとし」、脇をもつ者いわく「壁のごとし」、背をもつ者いわく「高い机のごとし」、耳をもつ者いわく「箕のごとし」、頭をもつ者いわく「ひしゃくのごとし」、牙をもつ者いわく「角のごとし」、鼻をもつ者いわく「明王よ、象は大きな綱のごとし」と。また王の前において共に争いて言えり「大王よ、象はわが言のごとし」と。鏡面王大いに笑いていわく「瞽なるかな、瞽なるかな。汝なお佛の経を見ざる者のごとし」と。すなわち偈を説いて言う。

今、無眼のともがらとなりて、むなしく争い自らを諦という。一を見て余は非といい、一象のところに坐してあい怨めり。

またいわく「それ小書をもっぱらにして、佛経の汪洋として無外、巍巍たる無蓋の真正者を見ず。それなお眼無きがごとし」と。ここにおいて尊卑のもの共に佛経を誦す。佛、比丘に告げたまわく「鏡面王とはすなわちわが身これなり、無眼人とはすなわち講堂の梵志これなり」と。（大正3-50下）

大乗佛教は明度を「般若波羅蜜」という。意訳すれば「智慧度」（智度）である。「般若」は意訳して智慧、ただ一般にいう智慧ではなく、佛果を得ることのできる特殊な智慧である。大乗では六度のなかでとりわけ般若波羅蜜を重視する。『道行般若・功徳品』にいう「布施、持戒、忍辱、精進、一心を以て諸経を分布し人に教えるは、なお菩薩大士が般若波羅蜜を行ずるにおよばず」と。他の五度を修するのは智度を達するためである。もし智度を行ずることができないなら他の五度の道行がいかに高くても成佛することはない。また他の五度を修するにもいずれ般若の指導が必要である。さもなければ修行の効果が得られないばかりか、ときには逆効果さえ生む。六度は智度をもって根本、旨帰とする。したがって般若波羅蜜だけが「摩訶」（意訳して大）とよばれ、「摩訶般若波羅蜜」すなわち大智度となる。他の波羅蜜は「摩訶」をもってよばれることがない。

智度の内容について、小乗では一般に人無我をいうだけであるが、大乗では人法皆空をいう。中観学派は「真空仮有」の中道観を提起し、瑜伽行派は「唯識無境」の唯識学を提起する。いずれも思弁性の強い哲学体系であってここではこれ以上述べない。

以上、『六度集経』の六度を紹介した。

『六度集経』についてここで指摘されねばならないのは、これが大乗佛教の傾向をもつばかりでなく、儒家の趣をもつことである。訳者康僧会は祖籍が康居国（中央アジア・キルギス地方）で代々天竺に住んだ。父が商売のため交趾に移り住んだが、十余歳のとき両親を失い、出家して僧となった。『高僧伝』によると、赤烏十年（二四七）建業に来て（『広弘明集』は『呉書』を引いて四年とする）、晋の太康元年（二八〇）に亡くなっている。康僧会は儒家の影響をふかく受け「天のために民を牧するに、まさに仁道をもってすべし」（明度無極章）とかんがえた。孝道を宣揚し「一切の聖賢に布施するは、また親に孝をもってつかうるにしかず（布施度無極章）」とした。布施で有名な太子須大拏が父王に屏逐されてもなお「惘れんで怨まず」という故事を、康僧会はいたく賞賛している。

康僧会の訳した『六度集経』は編訳であって直訳ではない。かれのよった原本の本生譚は小乗において流伝していたもので、かれのいう六度もひとつの雛形にすぎない。小乗が大乗にむかう過渡期の産物とかんがえられる。

本生譚から生まれ、『六度集経』のなかで礎石を定められた六度は、こののち、大乗佛教において佛法の基本となり、すべての菩薩の修行の原理となっていった。同時にまた、自然に発展して菩薩の本願となり、本願思想の内容を構成する。

（三）成佛誓願の萌芽

『六度集経』巻五につぎのような話がある。釈迦佛は前世において羼提和と名のり、忍辱仙人と号す菩薩であった。山沢の樹下に住し、泉に飲み、果物を食し、志行ともに高潔で、名声は遠くまでとどろいていた。ときに、悪王迦梨が山に入って遊猟し、逃げた麋鹿の足跡を追っているうちに樹下の仙人にあった。迦梨王は麋鹿がどこに逃げたかとたずねたが、仙人は黙して答えなかった。迦梨王は大いに怒って宝剣を抜くと仙人の右腕を断った。仙人は心に思う「われ上道をこころざし、時人と諍論することなし。この王なおわれに刃を加えんとす。あに況や黎庶（庶民）においてをや。願わくばわれ佛を得、かならず先にこれを度し、衆生をしてこれにならい、悪をなすことなからしめん」（大正3-25上）と。こう考えているあいだに迦梨王はまた菩薩の左腕と両足を断った。血が口や鼻から泉のごとく流れ、苦痛は無量無辺であった。天地はこれがため震動し、日月はこれがため光を失ったという。

『六度集経・戒度無極章』にはまたつぎのような物語をのせる。

昔、菩薩世に処して貧困なり。商人に雇われ、海に入りて利をとる。船とどまりて行かず、商人巨細みな恐惧し、神祇に祈り、上下みな救い助けられんことを乞う。貧人ただ三たび自らに帰依するのみ。戒を守りて犯さず。過ちを悔いて自らを責め、日夜各三たびす。慈心にて請願すらく「十方衆生、恐怖あらざることわが今日のごとし。われ後に佛を得たらんに、まさにこの類を度すべし」と。（大正3-19上）

これらの本生譚が他の物語とちがうのは、菩薩の誓願の内容がこの世でいかに行善利生するかではなく、隔世の未来において成佛したとき人を度すという点にある。ただ、将来いかに人を度すかについてはなにも言及しないから、この種の未来にかかわる誓願はほとんど無内容といってよい。しかし、この未来の誓願がいったんあらわれると、それはしだいに数が多くなり、簡単なものが複雑になり、増加充実していく。本生譚はまさにこのような発展の道すじをたどってしだいに本願に育っていく。

本願思想は本生譚のなかですでに原型をもち、それがしだいに成熟していったとみられる。

三、本願の出現

（一）佛、菩薩信仰の発展

原始佛教の時代、「佛」「如来」「等正覚」「無上士」「世尊」等と尊称されていたのは釈尊だけである。のちに民衆を獲得するため釈尊の弟子たちは「過去佛」という考えを提起し、釈尊より前にすでに世に佛が出ており、佛法は古くからあったのだと宣揚する。前四、三世紀、部派佛教の時代にすでに過去佛は具体化している。『長阿含経』巻一には口伝された過去七佛が記載されている。すなわち過去九十一劫に出世した毘婆戸佛、過去三十一劫に出世した戸棄佛、過去三十一劫に出世した毘舎婆佛、賢劫に出世した拘楼孫佛、賢劫に出世した拘那含佛、賢劫に出世した迦葉佛、賢劫に出世した釈迦牟尼佛である（大正1-1下）。また巻六には釈尊ののち将来弥勒が出世して佛になるという。未来佛である。

部派佛教が大乗佛教にむかう過程で、すでに六度の菩薩行がまとめられた。大乗佛教の成長につれ、この六度のなかの般若波羅蜜（智度）がいよいよ重視され、菩薩は般若を行じ「阿耨多羅三藐三菩提」を得て成佛する。般若は佛を造ることができるから「諸佛の母」「諸佛身みな般若波羅蜜より生ず」（『放光般若経・舍利品』）と称された。ただ、こうなると佛はもはや釈迦一佛ではない、数佛でもない、多数ということになる。そこで大乗佛教は「三世三劫」説を提起する。過去劫を「荘厳劫」、現在劫を「賢劫」、未来劫を「星宿劫」とよび、過去、現在、未来、三界十方、佛の数はあまた、恒河の砂のごとしとなる。これに応じて、今、般若を中心とする六度を修持し、「上求菩提、下化衆生」につとめて、未来に成佛する菩薩もまたその数あまた、恒河の砂のごとしということになる。

このような状況のもとで、一方では般若についての研究が進み、理論、論証が重視され、中観学派や瑜伽行派があらわれて佛教義学が大いに異彩をはなつことになるが、また一方で佛、菩薩にたいする信仰、崇拝が盛んになり、とりわけ菩薩にたいする信仰、崇拝が拡大する。菩薩がいかに衆生を済度して佛になるのか、その内容が本生譚をもとにたえず拡充され、多元化され、神奇になり、系統化され、かつまたそれが迅速に伝播して大きな影響力をもつことになった。本願思想、浄土思想とはこのような信仰の発展の流れのなかで生まれてきたのである。

(二) 本願とはなにか

菩薩が修行時に、将来佛道を成じたとき自分はどのような浄土をつくるのかを発願する。このような誓願が本願とよばれる。

「本」の含義は因である。因があれば必ず果があり、果があれば必ず因がある。因より果を生じ、因果は歴然としている。これを因果律とよぶ。菩薩の修行は因であり、果として成佛を得る。佛果にたいしていえば菩薩の階位は因地、あるいは因位である。菩薩の位でおこした誓願は実現するとき佛となる。この願は因地の願である。したがって「本願」とよばれる。それはちょうど釈迦佛が因地のとき輪廻転生をくりかえし、それが「本生」とよばれているのとおなじである。

「本」にはまた根の含義がある。菩薩の心中は広大で、誓願は無量である。この願を根本とするから「本願」とよばれる。本願の特徴はこの世で発願してこの世で成就するのではなく、生生世世の永きにわたって修行してはじめて実現する誓願である。したがって本願は事前の誓願である。

一般的にいって本願は総願と別願に分けられる。総願はすべての菩薩共通の本願であり、主として「四弘誓願」である。

無辺の衆生を済度する誓いを立てる　――　衆生無辺誓願度、
無辺の迷執を断滅する誓いをたてる　――　煩悩無尽誓願断、
無量の法義を学習する誓いを立てる　――　法門無量誓願学、
無上の佛道を成就する誓いを立てる　――　佛道無上誓願成。

この四弘誓願は「上求菩提、下化衆生」にまとめることができる。つまり大乗佛教の根本精神である。この四弘誓願を実現するため、それぞれの菩薩は衆生済度のためにみずからの特殊な誓願をもつ。別願とよばれる。別願は当然それぞれに異なるし、数もちがうし、内容にも特色が出る。

総願は大乗佛教の根本精神を代表するがなお抽象的な原則である。しかし別願は具体的で内容豊富、ひとびとの注意をひく。したがって本願思想といえば通常は別願を指していったものである。

（三）　初期の本願

『道行般若』および『放光般若』のなかに、初期の本願思想を見出すことができる。佛教経典の分類法によると、般若類はもっとも早くあらわれた大乗経典である。この類の経典は初期大乗思想の理論的基礎をさだめたもので、後に展開して他の大乗経典となる主要な思想を包含している。『道行般若』は般若類経典のなかでも比較的早くあらわれたものである。

『道行般若』とは『道行般若波羅蜜経』の簡称で、『小品般若』ともよばれる。後漢の支婁迦讖（支讖）の訳である。支婁迦讖は月支国（今のアフガン）の人、『出三蔵記集・支讖伝』によると「漢の桓帝の末、洛陽に遊び、霊帝の光和、中平の間（一七八―一八九）胡文を伝訳し」その後終わるところを知らずとある。

『道行般若』において六波羅蜜はすでに本願となっている。六波羅蜜を修行するのはみずからの内心の私欲を克服し、一切の苦痛、恐怖から解脱するためであるが、同時にこの功徳によって願を建て、将来建設する浄土に最初から苦痛、恐怖、不如意をなくすためである。たとえば檀波羅蜜（布施度）を行ずるのは、

菩薩、大なる苦難の虎狼中に至りしとき、ついに畏怖せず、心に念じておもえらく「たとえ我を啖食することあるも、ためにまさに布施して、檀波羅蜜を行じ、阿耨多羅三藐三菩提に近づかん。願わくば、我、後に作佛せしとき、我が刹中において禽獣の道あることなからしめん」と。（怛竭優婆夷品、大正8-457下）

本生譚において菩薩はただ捨身布施するにすぎなかったが、ここではすでに将来建設すべき国土において悪獣がいないことを誓願している。

尸波羅蜜（持戒度）、羼提波羅蜜（忍辱度）を行ずるのは、

菩薩賊中に至りしとき、ついに恐怖せず、心に念じておもえらく「たとえ我このなかに死せんとも、我が身まさに棄捐すべし。まさに我をして賊の殺すところとならしめん。我まさに瞋恚あるべからず。忍辱をそなえるがた

め、羼提波羅蜜を行じ、阿惟三佛（現等覚、佛智の異名）に近づかん。願わくば、我後に佛を得たらんとき、我が刹中において盗賊あることなからしめん」と。（怛竭優婆夷品、大正8-457下）

我まさに十方の人のために橋となり、悉く我が上を蹈んで渡らしめん。我この意あり、なんぞまた人と共に諍はんや。とどまり立ちてまさに聾羊のごとく、諸悪悉く忍び、諸悪を心に犯すべからず。我作佛するとき、悉く十方の人を安んじ、般泥洹を得ん。（釈提桓因品、大正8-464中）

自らが不殺、不盗、不瞋恚を行ずるばかりでなく、さらに将来つくるところの国土において最初から怨恨、殺、盗の諸悪が皆無であることを発願する。

人はさまざまな生理的要求をもっている。水が飲みたい、飯が食いたい、病を治したい。菩薩の本願のなかではそのすべてが満たされる。しかもそれは自らが克服するだけにとどまらない。また、未来の国土では精神生活も豊かである。「我作佛するとき、悉く経を説き、教えを遍かしめん……その境内一切に悪心あることなし」（守空品、大正8-459中）という。

このような国土には禽獣も、盗賊もなく、飲食は充足して意のままである。ひとびとは健康で、病なく、瞋恚なく、みな読経し、聴法する。その安全、富裕、慈善の輪郭は、簡単ではあるがすでに描き出されている。これは何世かのちに実現するものでこの世で実現する願いではない。これは衆生を済度する願いであって、ただ自らの解脱をもとめる願いではない。これは積極的に佛国楽土を建設する願いであって、苦難や煩悩から逃れるだけの消極的な願いではない。つまり本願である。『道行般若』には「本願」の概念がすでにある。

菩薩に二事ありて、諸魔動かすあたわず。何をか二事という、一に本願を失わざること、二に十方の諸佛悉く護視したまえること。（強弱品、大正8-467中）

すでに本願思想の形ができていることがわかる。

『道行般若・怛竭優婆夷品』中に説くのは五願である。さらに『釈提桓因品』に一願、『守空品』に一願あって、『道行般若』には計七願がある。しかし『放光般若』になると六度から発展して二十九願となる。

『放光般若経』は西晋の竺叔蘭、無叉羅が元康元年（二九一）に訳したものである。その異訳『光賛般若経』は太康七年（二八七）に訳されている。後秦鳩摩羅什は弘始五年（四〇三）に再度これを訳して『摩訶般若波羅蜜経』（『新大品経』『大品般若経』）と名づけた。これら三訳のうちもっとも早い『光賛』『放光』でも『道行』におくれること百余年である。

『放光般若・夢中行品』では菩薩が檀波羅蜜（布施度）、尸波羅蜜（持戒度）、羼提波羅蜜（忍辱度）、惟逮波羅蜜（精進度）、禅波羅蜜（禅定度）を順次行ずるさまを叙述するが、それぞれ一波羅蜜を行ずるごとに一願を説く。六波羅蜜で六願、さらに通して「六波羅蜜を行じて」二十三願を説くから計二十九願となる。この二十九願の描く未来の佛土の様子はかなり具体的になり、内容豊かになる。おそらくこれは後に成立して、他の本願思想を吸収した結果と思われる。

しかし、『道行般若』の七願、『放光般若』の二十九願はいずれも特定の菩薩の願というより菩薩の願の汎説である。したがってその性質は総願に属すべきもので、別願というものではない。つまりこれが初期の本願である。

（四）本願の変容

総願としての本願が出現すると、しだいに別願的な本願、真正の本願というべきものが続々と出現する。後漢の支婁迦讖訳『阿閦佛国経』には阿閦佛の二十願が、曹魏の康僧鎧訳『無量寿経』には阿弥陀佛の四十八願が、西晋竺法護訳『弥勒菩薩所問本願経』には弥勒が奉行する十善願が、唐玄奘訳『薬師如来本願功徳経』には薬師佛の十二願が、唐義浄訳『薬師瑠璃光七佛本願功徳経』には七佛薬師の四十四願が、唐般若訳『大方広佛華厳経入不思議解脱境界普賢行願品』には普賢菩薩の十願が、北涼の曇無讖訳『悲華経』には釈迦佛五百願および無浄念王、観世音、得大勢、文殊等の菩薩の願がそれぞれに説かれている。また西晋竺法護訳の『文殊師利佛土厳浄経』には文殊の厳浄佛土の願が説かれている。枚挙にいとまがないが、これらはそれぞれに影響しあい、たがいにその内容を吸収しあってひとつの流れとなっていく。

本願の描き出す内容はじつは浄土の青写真である。その願がひとたび実現すれば浄土ができ、その菩薩が佛になる。逆に、菩薩が成佛すればその浄土が完成し、本願が現実のものとなる。浄土の情況はまさに本願の具体化である。したがって本願が浄土であり、浄土が即本願である。浄土が完成すると菩薩が成佛するだけでなく、同時に佛となった菩薩は衆生を受け入れ教化し、自利利他の大乗佛教の精神を実行する。阿閦佛の浄土、阿弥陀佛の浄土、薬師佛の浄土その他いずれも多劫の努力を経てつくられる。それぞれの浄土は一佛の専有であり、ひとつの浄土に二佛が並存することはない。一佛一浄土、一浄土一佛、たがいに衝突することも、たがいに混同されることもない。多くの浄土のなかで阿弥陀佛の浄土がもっとも優れているが、それは他の本願思想の精華を吸収しているからで、いわば本願思想の総括であり、最高峰とみられるからである。

ある種の本願はまだ菩薩の本願である。菩薩がまだ佛になっておらず、浄土も未完成である。このような願は「唯発願」とよばれ、佛が因地でたてた宿願とは区別される。そのなかのあるものは自分の浄土を建設するという内容をもたない。自行の願である。たとえば普賢菩薩の十願がそれで、『普賢菩薩行願品』では普賢の十願、すなわち敬礼諸佛、称賛如来、広修供養、懺悔業障、随喜功徳、請転法輪、請佛住世、常随佛学、恒順衆生、普皆回向を説く。普賢菩薩の十願の影響はきわめて大きく、一切菩薩の行願の代表とみられる。その深く広いことから「普賢願海」、その高邁なことから「普賢願王」とよばれる。普賢菩薩の本願がうまれたとき、すでに阿弥陀佛の浄土信仰がひろく伝わっていた。普賢菩薩がみずからの浄土を企画しようにも阿弥陀佛の浄土を超えることは難しい。したがって普賢菩薩の本願には浄土をつくるという修練がなく、直截簡明に、既成の阿弥陀佛の浄土を利用して、みずからが衆生をひきつれて阿弥陀佛の極楽世界に往生しようと説くのである。その偈文にいう。

願わくば、われ命終わらんと欲する時に臨んで、一切諸障碍を尽く除かん。
かの佛阿弥陀を面見し、安楽刹に即得往生せん。
われ既にかの国に往生しおわって、現前にこの大願を成就せん。
一切円満にして尽く余りなく、一切衆生界を利楽せん。

文殊菩薩はまた違う。文殊の本願はみずからの浄土を建設するものであり、その内容は豊富なのだが、みずからはけっして成佛しないと宣言する。これについてはまた後に述べる。

こういうわけで、ある本願は即浄土即成佛であり、ある本願はみずからの浄土の内容をもたず、またある本願は即浄土であるが成佛しない。多様である。しかし本願、浄土、成佛をひきはなすのはあまり正常ではない。本願の発展の流れからいえば、典型的な本願は即浄土であり即成佛である。阿閦佛の本願、阿弥陀佛の本願、薬師佛の本願のように浄土の建設がおわれば成佛するのである。

第二節　多種の浄土

大乗佛教の諸経論中に説かれる浄土は多いが、そのなかで影響力の大きいのは阿閦佛浄土、薬師佛浄土、弥勒浄土、文殊浄土、唯心浄土および阿弥陀佛浄土である。以下それぞれについて見ていこう。

一、阿閦佛浄土

（一）阿閦佛の出世

阿閦佛は阿閦と略称される。梵文音訳で阿閦鞞佛、阿芻鞞耶佛、噁乞蒭毘也佛、また意訳で不動佛、無動佛、無怒佛、無瞋恚佛とよばれる。

後漢支婁迦讖訳『阿閦佛国経』巻上『発意受慧品』に説く。ここを去ること東方千佛刹に阿比羅提世界があって、大目如来が諸菩薩のために六度無極の行を説かれていた。時に一比丘が座より立って佛に菩薩道を学びたいといった。佛が答えたまうに、菩薩道を学ぶのはたいへん難しい。それは一切の人民、飛ぶ虫や蛆虫の類にまで怒りの心をもってはならないからだと。比丘はただちに無上正真道の心を発し、瞋恚を断ち、淫欲を断ち、最正覚を成ずることを発願する。大目如来はこれを歓び、その無上正真道の訣を授け、無瞋恚のゆえに阿閦の号をあたえたもうた。多劫の修行ののち比丘は七宝樹下で成道し、その佛刹を阿比羅提世界（また阿維羅提世界）、意訳して歓喜世界、妙楽世界、妙喜世界と名づけた。佛は今もその世界にあって説法されるという。（大正 11-751 下）

また『法華経・化城喩品』につぎのように説く。過去に佛あって大通智勝と名のり、その国を好城と名づけ、劫を大相と名づけた。出家するまえに十六子があったが、父が成佛すると聞き、ただちに出家して父に随って聞法し信受した。佛が入室して寂然禅定に入ると、十六子はそれぞれ座に昇って説法し、四衆のために『法華経』を説いた。佛は三昧より起きると、この十六子のために授記した。第一子は智積といい、東方に作佛すべく記を受けた。これが阿閦如来であり、その佛国を歓喜という、と。(大正9-25中)

また『悲華経』にはつぎのようにいう。過去に佛あって、その世界を刪提嵐といい、その大劫を善劫といい、佛を宝蔵如来と号したもうた。そのとき転輪聖王あって、無浄念と名のり、その千の子とともに佛および比丘僧に供養し、聞法して歓喜信解した。その第九の王子は名を蜜蘇といい、佛前で無上の菩提心を発したが、宝蔵如来はこれを称賛し、その名を阿閦とあらため、清浄世界をとることを命じた。阿閦菩薩はまた浄土を発願したが、宝蔵如来はこれを称賛して「善きかな、善きかな、善男子。汝いますでに清浄世界をとる。汝来世において一恒河沙に等しき阿僧祇劫をこえ、第二恒河沙に等しき阿僧祇劫に入るや、東方ここを去る十佛世界、かしこに世界あって名づけて妙楽という。すべての荘厳は汝が願うが如く、皆ことごとく具足せり。汝そのなかにおいてまさに阿耨多羅三藐三菩提を成じ、阿閦如来と号すべし」(『悲華経・諸菩薩本授記品』第四之二、大正3-194中)と。

阿閦佛の出世にはこの三説がおこなわれている。それぞれに異なるのだが、『阿閦佛国経』が比較的原初的なものでもっともひろく行われている。

(二) 阿閦佛の本願

『阿閦佛国経』にみる阿閦佛の本願はふたつの部分にわかれる。ひとつは自己の修行にかんする誓願つまり自行願で全十二願、いまひとつは理想の佛国土を建設する浄土の願で全二十願がある。

『発意受慧品』では自行願を説く。この品によれば阿閦佛がまだ比丘のとき大目如来の前で菩薩道を学ぶことを発願した。（大正 11-752-754）

一、一切の人民、飛虫、蛆虫の類において、瞋恚をおこさず、弟子・縁一覚（声聞・縁覚）の意を発さず、淫欲を意念せず、睡眠を意念せず、衆想の由誉を念じ、狐疑の思いをおこさず。
二、殺さず、盗まず、非梵行を思わず、妄言せず、悔恨せず。
三、罵詈せず、悪口せず、愚痴せず、綺語せず、邪見せず。
四、世世つねに沙門となり、つねに補納の衣を着す。
五、世世つねに人のために説法し、つねに法師となり、世世罣碍するところなき高明の行を持し、無量高明の智をもち、世世沙門となってつねに托鉢乞食を行ず。
六、世世つねに樹下に坐し、世世つねに精進を行じ、妄語して人を欺き誹謗讒言することなく、また女人のために説法して食飲の因縁におよぶ。想を起こして笑いにつかず。
七、世世説法に学び、余の菩薩を見て佛心をおこし、外道異道の人に供養せず、諸の如来を捨てず。
八、世世に布施して差別するところなし。
九、世世諸の菩薩の所において思いに異なるところなし。
一〇、わが佛刹の諸の弟子一切みな罪悪あることなし。
一一、わが佛刹中の諸菩薩、出家して道をなす者は夢中においても精進を失わず。
一二、わが佛刹中の母人に諸の悪露（不浄の津液）なし。

この十二願が自行願である。

大目如来は阿閦菩薩が徳行を積み妙喜国を造ることを授記する。舎利弗が釈迦佛に妙喜国の様子をたずねると、釈迦佛はその国の善快（功徳荘厳）を紹介され、ひとつの紹介がおわるごとに「かくの如きは阿閦如来昔菩薩道を行ぜしとき、願をたてて持する所なり」とつけくわえる。つまりこれらは阿閦如来の本願の実現だという。『善快品』『学成品』はこのような逆説法によって阿閦佛浄土の願を説く（大正 11-755 上）。

一、諸の人民はみな穢濁の思想を棄てる。

二、三千大千世界の一切の人民は、他の無数の佛刹がこの阿閦佛刹におよばないことを讃嘆している。

三、天眼を得た者も、まだ天眼を得ない者もみな佛の光明を見る。

四、阿閦佛が佛樹に往詣したとき、諸の憋魔も障碍の想いを起こすことができなかった。まして智を乱すことはかなわなかった。

五、無数の天人が空中にとどまり、天華、天香、伎楽で供養し、やがてその天華等がひとつに円くまとまって華蓋となる。

六、阿閦佛の光明は日月の光をおおい、人民は日月の光を二度と見ることがない。

七、無数の人が徳本を累積し、佛道をおさめ、その佛刹を清めんことを願う。

八、七宝でできた樹は風によって悲声を出だす。三悪道はなく、その地に高下、山陵、渓谷、礫石、崩山もない。足を地上に踏み入れると地減じ、その足を挙げるとたちまちもとにもどる。風、寒、気の三病がない。悪色、醜悪がない。牢獄、幽閉もなく、諸の邪悪道がない。樹から五色の衣服をとり、その香りは天華のごとく、随所に食を念ずればたちまち前にあらわれ、忉利天のごとくである。人民の臥起する処は七宝で交露の精舎ができ、浴池には八味水（八功徳水）が満ち、女人の徳は王女の宝を超え、天女のごとく、七宝をもって床とする。

九、人民の飯食は色、香、味ともに天人の飯食にすぐれる。王者はなく、ただ阿閦如来がおられる。人民に淫欲にしたがう者はない。

一〇、浴池には八味水が満ち、流そうとおもえば流れ、なくそうとおもえばたちまち失せる。気候は温和、風を起こそうとおもえばおのずと吹き、人をわずらわすことがない。

一一、女人に悪色、悪舌、嫉妬はなく、法にあって邪事に思いをよせることがない。珠璣瓔珞、衣服を得んとおもえば、樹上より手にはいる。

一二、女人に妊娠出産の苦痛なく、また臭処悪露もない。

一三、人民に生産、販売を業とする者なく、愛欲淫泆に執着する者なく、みな自然に楽しむ。風が吹くと悲音をなすが、これはもっともすぐれた五音の楽よりすばらしい。

一四、菩薩はまさに阿閦佛が菩薩道を行じたときの発願によって、その佛刹を厳浄すべきである。

一五、阿閦如来の光明は昼夜をわかたず一切を照らし、行く処その足下におのずと千葉の金色の蓮華が生ずる

一六、諸弟子は食をおもわずとも、時がくると飯食が鉢に満ち、おのずとあらわれ、食事をおえると鉢は自然になくなる。衣服は自然にそなわる。すでに善本を具足するがゆえに戒を受けるおよばず、経を聴いて疲れることもない。佛の威神力によって阿羅漢を証し、身をあらわさずして涅槃にいたる。

一七、阿閦佛の説かれる法は無数、諸菩薩はことごとくこれを諷誦し受持する。

一八、出家せざる菩薩は佛を面見せず、坐するところで説法を聞き、諷誦してこれを受持する。出家せる菩薩は佛の説法に面見し、諷誦し受持する。菩薩終亡ののちはみなこの法語を受持し、諸佛の処にうまれ、ついでこれを念ずる。

一九、菩薩は諸佛に会い、諸徳本を植え、諸佛に供養するが故に阿惟越致（不退転）を得る。

二〇、諸の魔および魔天は魔事を起こさず、智を乱すことがない。

(三) 阿閦浄土の評価

この本願によってつくられた阿閦浄土は満ち足りた、平和な、快適な、環境にめぐまれた理想郷である。では、どうすればこの浄土に生まれることができるのか。『佛般泥洹品第五』に具体的な叙述がある。

まさに阿閦佛が昔菩薩道を求めしとき行ぜられしを学ぶべし。かくの如く意願を発すべし、我をして阿閦佛刹に生まれしめよと、菩薩摩訶薩はこの行を用いてのゆえに、かの佛刹に生まるることを得。またつぎに、舎利弗よ、菩薩は布施度無極を行じ、徳本を積累し、無上正真道を持願し、阿閦佛のそばにあることを得て、菩薩摩訶薩はこの行を用いてのゆえに、かの佛刹に生まるることを得。菩薩は戒度無極を行じ、無上正真道を持願し、阿閦佛のそばにあることを得て、菩薩摩訶薩はこの行を用いてのゆえに、かの佛刹に生まるることを得。菩薩は忍辱度無極を行じ、無上正真道を持願し、阿閦佛のそばにあることを得て、菩薩摩訶薩はこの行を用いてのゆえに、かの佛刹に生まるることを得。菩薩は精進度無極を行じ、無上正真道を持願し、阿閦佛のそばにあることを得て、菩薩摩訶薩はこの行を用いてのゆえに、かの佛刹に生まるることを得。菩薩は一心度無極を行じ、無上正真道を持願し、阿閦佛のそばにあることを得て、菩薩摩訶薩はこの行を用いてのゆえに、かの佛刹に生まるることを得。菩薩は智慧度無極を行じ、無上正真道を持願し、阿閦佛のそばにあることを得て、菩薩摩訶薩はこの行を用いてのゆえに、かの佛刹に生まるることを得。

（大正 11-761 中）

往生の条件はきびしい。六度は菩薩の諸善万行を包括する。この六度を行ずる願を受持しつづけ、それがある程度に達してはじめて往生を得る。容易ではない。

ともあれ、『道行般若』や『放光般若』の総願的な本願からこの阿閦佛の別願的な本願への変化はまさに質の飛躍があったといってよい。すでに述べたように本願とは通常別願を指すから、その意味で阿閦佛の本願の出現は真正の本願の出現である。そしてまたそれは浄土の誕生をも意味するわけである。

現存の浄土諸経中、『阿閦佛国経』は最古のものであり、阿閦佛浄土は最古の浄土である。これ以後般若部の経典はしばしば阿閦佛浄土への往生を新しい理想、目標とする。たとえば姚秦鳩摩羅什訳『維摩詰所説経・見阿閦佛品』に説く。

釈迦牟尼佛、諸大衆に告げたまわく、汝等且つは妙喜世界の無動如来、その国の厳飾、菩薩の行浄、弟子の清白を観るべしと。皆いわく、ただ然り、すでに見ると。佛のたまわく、もし菩薩この如き清浄佛土を得んと欲せば、まさに無動如来の行ぜし道を学ぶべしと。（大正 14-555 下）

漢魏以来、般若類の経典は中国士大夫に重んぜられた。東晋では般若学が盛行し、王室、貴族や奉佛の士族官僚で般若を学ばないものはないほどであった。般若学は一時期、佛教の顕学である。この般若類経典がさかんに阿閦佛浄土を讃嘆したから、阿閦佛浄土はおのずと中国佛教界でひろく知られるものとなった。ただ、その往生のための修行が容易でなかったから往生信仰を形成するにはいたらなかったのである。

二、弥勒菩薩の浄土

（一）弥勒菩薩の出世

弥勒とは梵文の音訳である。弥帝隷、梅怛麗耶、末怛唎耶、迷底屨、弥帝礼（いずれもマイトレーヤの音写）とも訳され、意訳すると慈氏、つまりこれは姓で、名は阿夷多（アジタの音写）意訳すると無能勝である。

部派佛教時代の『阿含経』に弥勒はすでにあらわれる。『中阿含経』巻一三『説本経』には釈迦佛が弟子たちに説かれる。「未来久遠、人寿八万歳の時、まさに佛あって弥勒如来と名づく」（大正1-510中）、時に弥勒は座より立ち、佛は弥勒にむかって未来の作佛を授記して弥勒如来と名づけ「金縷織成の衣」をあたえたもうたという。また『長阿含経』巻六『転輪聖王経』には、未来人寿八万歳の時、儴迦という国王あって「人民きわめて盛ん、五穀平賤にして、豊楽きわまりなし」そのとき「佛あって出世し、名づけて弥勒如来となす」（大正1-41下）とある。

成立のすこしおくれる『増一阿含経』巻一九では、弥勒は釈迦佛のそばで法を受ける菩薩である。弥勒はかつて釈迦佛に、菩薩が六度を行ずるときまもるべきところを尋ねる。巻三三、三四、三八、四四では、三十劫の後に弥勒菩薩が成佛することを釈迦佛が予言される。弥勒が兜率天宮より人世にくだるとき、その国は「鳩頭」といい、国王は儴佉という。弥勒は龍華樹のもとで三度の説法（三会）をする。そして第一会には九十六億人、第二会には九十四億人、第三会には九十二億人の会衆を度すという。

これらの基礎があって、大乗弥勒経典六部があらわれ、弥勒浄土の豊富な内容が描かれることになる。六部とは以下である。

『弥勒下生経』（原題弥勒当来下生経）、『弥勒成佛経』ともいい一巻、西晋竺法護の訳である。この経は唐代すでに失われ、現存本は東晋僧伽提婆訳『増一阿含経』巻四四中の第三の小経とわずかの文字の差である。直接この経を写した可能性がたかい。

『弥勒下生成佛経』一巻、姚秦鳩摩羅什訳、前経の異訳である。

『弥勒成佛経』あるいは『弥勒大成佛経』一巻、姚秦鳩摩羅什訳。基本的な内容は前二経とほぼ同じであるが、大乗の六度および神話的な描写を追加している。

『佛説弥勒来時経』一巻、失訳（訳者不詳）、前掲のいくつかの経の抄本である。

『弥勒下生成佛経』一巻、唐義浄訳、前掲の経と内容は大同小異であるが、偈頌を訳出している。

『観弥勒菩薩上生兜率天経』略して『弥勒上生経』一巻、北涼沮渠京声が南朝宋で初訳。

この六部は「弥勒六部経」と総称されるが、影響の大きいのは『弥勒下生経』『弥勒成佛経』『弥勒上生経』の三部で「弥勒三部経」とよばれる。

このほか弥勒信仰を伝える経はいくつかある。西晋竺法護訳『弥勒菩薩所問本願経』、前秦竺佛念訳『菩薩処胎経・三世等品』、南朝劉宋失訳『法滅尽経』、北魏法場訳『辯意長者経』等である。

『弥勒上生経』によると、弥勒は波羅奈国劫波利村の波婆利とよぶ婆羅門の家にうまれ、釈迦佛の弟子となる。佛は弥勒に授記して「今より十二年の後に命終し、かならず兜率陀天上に往生せん……汝、昼夜恒にこの法を説き、諸天子を度す。閻浮提の歳数五十六億万歳にして、閻浮提に下生すべし」（大正14·418下）と説かれる。弥勒は佛より先に入滅し、兜率天上に住し、菩薩の身で天人に説法するのである。

『弥勒菩薩所問本願経』によると、過去に佛あって炎光具響作王如来と名のった。ときに梵志の長者の子賢行という者が如来身色の無量の変現をはるかに見て、身を伏せて心に念じた「われ当来の世において法身の如来のようになるを得んには、如来まさにわが身の上を過ぎたまうべし」と。如来はかれが心中に念ずるところを知り、その身上を越えたもうた。たちまち賢行は衆智を達し、神通力を得て、失うものはなかった。釈迦佛は阿難に説かれた「このときの長者梵志賢行を知らんと欲せば、今の弥勒菩薩これなり」（大正12-188上）と。

訳者不詳の『一切智光明仙人慈心因縁不食肉経』（『一切智光明仙人不食肉経』とも）によると、過去に弥勒佛が世に住したもうたとき『慈三昧光大悲海雲経』を説かれた。迦波利婆羅門の子、一切智光明仙人はこの経を聞いて菩提心をおこし、この経を誦持し、未来に成佛して弥勒と号することを誓願する。後に出家して、八千年間一心にこの経を誦持した。あるとき豪雨がつづき、托鉢に出ることができなかった。その林には二匹の母子の兎が住んでいたが、仙人が七日も食べずにいるのを見て、法が失われることを惧れ、自ら火中に身を投じて供養しようとした。仙人はこれを見て「われ誓いて世に殺想をおこさしめず、つねに肉を食らわず」（大正3-458上）と発願し、みずからもまた火坑に身を投じた。菩薩の初発心が不食肉であったので、この因縁により慈氏と名づけたという。また別に、慈氏佛が慈心三昧経を説いたので慈氏と名づけたとも、また、はじめて慈心三昧を得たので慈氏と名づけたともいう。唐代一行『大日経疏』巻一によれば、慈氏菩薩は佛の四無量心中慈をもって第一とし、如来種姓より生まれ、一切世間に佛種が断ずることなからしめんがためであった、だから慈氏と称するのだという。

『一切智光明仙人不食肉経』は弥勒の本生物語をのべたものである。つまり伝説では弥勒も多世の修行を経てやっと未来佛になったのである。しかし兜率天に上生する以前の弥勒の菩薩行についてひとびとはあまり関心を寄せなかった。弥勒六部の経典はまったくこれにふれない。弥勒といえば兜率天に上生すること、未来に人世に下生することばかりを説くのである。

兜率天は欲界六天のひとつである。佛教は世俗の世界を欲界、色界、無色界にわける。いわゆる「三界」である。欲界は種々の欲望に支配され、苦痛にさいなまれる生類の住むところ、六種の層がある。地獄、餓鬼、畜生、阿修羅、人、天つまり「六道」で、衆生は六道を生死輪廻している。「天」とは人間より高い上界に生きるもので、天空を指すわけではない。「天」のいまひとつの含意はそれらの生類の住む世界である。欲界六天、色界十七天および無色界四天を包括する。欲界には六天、下から順に四天王天、忉利天、夜摩天、兜率天、楽変化天、他化自在天がある。兜率天は欲界六天のうち四番目、内外二院があって内院を兜率天といい、「補処菩薩」の住まうところである。補処菩薩とは佛滅の後にその空白を補うべく成佛する菩薩、つまり候補佛である。釈尊はまだ菩薩のとき、かつて補処菩薩として兜率天宮に住し、兜率天宮より人世に下生して成佛された。弥勒は兜率天宮に上生し、補処菩薩となる。『弥勒上生経』によれば、弥勒は「兜率陀天七宝台内摩尼殿上の師子床座のうえに忽然と化生し、蓮華上に結加趺坐す。身は閻浮檀金色の如く、（身）長十六由旬、三十二相八十種好ことごとく具足す。頂上に肉髻、髪は紺瑠璃色にして……昼夜六時常に不退転地法輪の行を説く。一時中を経て五百億の天子を成就し、阿耨多羅三藐三菩提より不退転ならしむ。このごとく兜率陀天にあって、昼夜恒にこの法を説く」とある。

弥勒が上生する兜率天宮はすでに早くから存在する。弥勒がここに住し説法して衆生を済度するので兜率天宮が弥勒浄土とよばれるのである。弥勒にはこのように佛格があるから、菩薩であるが弥勒佛とも弥勒如来ともよばれ、またこの二重の身分から、弥勒菩薩、弥勒佛の二種の造像がおこなわれている。

（二）弥勒の上生

『弥勒上生経』によると、弥勒が上生すると、五百億の天子が天の福力を以て宝冠を持ち、これを種々の供具に化成する。牢度跋提という大神が五百億の摩尼宝珠を以て善法堂を化造する。宝幢、花徳、香音、喜楽、正音声という五大神はそれぞれに七宝、衆花、栴檀香、如意珠、衆水を出して供養する。五百億天子、牢度跋提、五大神それぞれの供養の内容は重複しているが、牢度跋提の供養が比較的整っているので一般に弥勒浄土の美しさは牢度跋提の供養をもって説かれる。

自然に五百億の宝珠、瑠璃、頗梨を出だす。一切の衆色具足せざるなく、紫紺摩尼（珠の名）の表裏が映徹するが如し。この摩尼の光は空中に回旋し、化して四十九重微妙の宝宮となる。一々の欄楯は万億の梵摩尼宝に合成せられ、諸欄楯の間は自然に九億の天子、五百億の天女を化生す。一々の天子の手中に無量億万の七宝の蓮華を化生し、一々の蓮華上には無量億の光あり。その光明のなかに諸の楽器をそなう。この如き天楽は鼓せずしておのずから鳴る。この声出ずるとき、諸女自然に多くの楽器をとり、競い立ちて歌舞す。詠歌するところの音は十善、四弘誓願を演説す。諸天の聞くものみな無上の道心を発す。

時に諸園中に八色の瑠璃渠ありて、一々の渠に五百億の宝珠あり、もって合成す。一々の渠中に八味の水あって、八色を具足す。その水は上に涌き、梁棟の間にあそび、四門の外に四花を化生す。水は花中より出て宝花の流るるが如し。一々の華上に二十四の天女あり。身色微妙にして諸菩薩の荘厳相の如し。手中自然に五百億の宝器を化す。一々の器中に天の諸甘露自然に盈満す。左肩には無量の瓔珞をつけ、右肩にはまた無量の楽器を負う。雲が空に住するが如く、水より出でて菩薩の六波羅蜜を賛嘆す。もし兜率天上に往生する者あらば、自然にこの天女の侍御を得ん。

また七宝の大師子座（佛座）あり。高さ四由旬、閻浮檀金の無量の衆宝をもって荘厳となす。座の四角の端に四蓮華を生ず。一々の蓮華は百宝より成り、一々の宝は百億の光明を出だす。その光微妙にして、化して五百億の衆宝もて荘厳せる宝帳となる。時に十方面に百千の梵王あり。おのおの一梵天の妙宝を持ち、以て宝鈴となして宝帳上に懸く……時に諸閣の間に百千の天女あり。色は妙にして無比、手に楽器を執る。その楽音中に苦、空、無常、無我の諸波羅蜜を演説す。かくのごとく天宮には百億万無量の宝色あり。一々の諸女また同じく宝色あり。

このとき十方無量の諸天命終し、みな兜率天上に往生せんことを願う。
（『弥勒上生経』、大正14-419上）

この経文から弥勒浄土が理想の天国楽園であることがうかがえる。ここで修行すれば諸楽を享受できるだけでなく、不退転を得て将来弥勒に随って下生し、諸佛の前で菩提の記を受けることができる。弥勒浄土は信者にとってきわめて魅力的である。

さて、どうすれば弥勒浄土に往生できるのか。『弥勒上生経』に説く。

もし精励して諸功徳を修し、威儀欠かず、塔を掃き地をきよめ、多くの名香妙花をもって供養し、多くの三昧を行じ、深く正受に入りて経典を讀誦するものあらば、このごとき人はまさに至心なるべし。結（煩悩）を断ぜずといえども、六神通を得るが如し。またまさに懸念して佛の形象を念じ、弥勒の名を称すべし。このごとき輩はもし一念のあいだに八戒斎を受け、諸の浄業を修し、弘誓の願を発せば、命終の後、たとえば壮士がひじを屈伸する間（瞬時）に、すなわち兜率陀天に往生し、蓮華上に結加趺坐することを得ん。
（大正14-420上）

この修行はきわめて煩雑だが、当然簡便な方法もある。

もし弥勒菩薩摩訶薩の名を聞く者あって、聞きおわって歓喜し、恭敬礼拝せば、この人命終して、弾指のあいだにすなわち往生を得んこと前の如くして異るところなし。……ただ弥勒の名を聞きて合掌恭敬する人も五十劫の生死の大罪を除却せん。もし弥勒を敬礼する者あらば、百億劫の生死の罪を除却し、たとえ天に生まれざるも、未来世中に龍華菩提樹のもとに遭遇することを得て、無上心を起さん。
（大正14-420中）

『弥勒上生経』は『弥勒下生経』より後に出たものである。したがってその簡便な方法は阿弥陀佛信仰等の影響をうけ、のちに追加された可能性がたかい。ともあれ、これによって弥勒浄土に往生を願うものはきわめて多くなった。

(三) 弥勒の本願

『弥勒菩薩所問本願経』の同本異訳である唐菩提流志訳『大宝積経』第四十二会『弥勒菩薩所問会』に説く。

弥勒菩薩往時において菩薩道を修行せし時、この願をなしていわく「もし衆生あって淫、怒、痴に薄く、十善を成就せば、我その時においてすなわち阿耨多羅三藐三菩提を成ぜん」と。阿難よ、当来の世において諸の衆生の薄き淫、怒、痴にて十善を成就するあらば、弥勒菩薩この時において阿耨多羅三藐三菩提を得ん。何を以ての故に。かの菩薩の本願力によるが故に。 (大正 11-631 中)

ここで十善の内容を具体的にのべないが、衆生が弥勒の教化によって十善を成就するなら、弥勒もそれによって成佛する。弥勒の本願はそのような本願だと強調している。内容は簡単で、主として社会関係から発想される。この世を善良で調和のある、明るく円満な佛国に改造する。その鍵は衆生すべてに柔軟心をもたせることである。したがって『弥勒成佛経』は本願の実現した浄土をつぎのように描く。

弥勒佛の国は浄命に従って諸の諂欺なく、檀波羅蜜、尸波羅蜜、般若波羅蜜もて不受不着を得る。微妙の十願を以て大荘厳し、一切衆生は柔軟心を起こすことを得。 (大正 14-429 上)

弥勒下生経典は未来の弥勒佛国土を活写する。釈迦佛の予言によれば、弥勒は兜率天で寿四千歳（この世の五十七億六千万年）が尽きるとき、人世に下生する。弥勒浄土に上生した者もこのとき弥勒に随って人世に下生する。そして弥勒が下生するとこの世はたちまち天国と化す。

その地平浄にして瑠璃鏡の如し……叢林の樹華、甘果は美妙にして……城邑が次いでならび、鶏すら飛びてあい及ぶ……智慧、威徳、五欲衆具して、快楽安穏なり。また寒、熱、風、火等のうれいなく、九悩苦（九種の災難）もなし。寿命は八万四千歳を具足して、中夭することなし。人の身ことごとく長一十六丈、日々つねに極妙の安楽を受け、深き禅定にあそんで以て楽器となす。ただ三病あり。一は飲食、二は便利（排便）、三は衰老なり。女人は五百歳にしてすなわち行きて嫁す。

（『弥勒成佛経』、大正14-429上）

『弥勒下生経』ではつぎのようにいう。

男女のともがら、心に大小便せんと欲せし時、地おのずから開け、事おわりての後、地すなわちまた合す。この時、閻浮地（閻浮提）内には、自然に粳米を生じ、また皮裏無く、きわめて香美にして、食して患苦することなし。所謂金、銀、珍宝、車渠（宝石、七宝の一）、瑪瑙、真珠、琥珀はそれぞれ地に散じ、人かえりみて録ることなし……自然と樹上に衣を生じ、きわめて精細柔軟たり、人これを取り着す。

（大正14-421中）

総じて、弥勒浄土は満ちたりた、不足するもののない理想境である。

釈迦佛の予言中、弥勒は弟子を率いて耆闍崛山に行き、「滅尽定」中の大迦葉を呼び起こし、釈迦佛遺留の僧迦梨（袈裟）を受けて釈迦佛を継承する証明を得る。また予言中には「弥勒如来はまさに寿八万四千歳なるべし、般涅槃の後、遺法はまさに八万四千歳は存すべし」ともある（『弥勒下生経』）。

この世に天国のごとき弥勒浄土が本願力によって造られるはずである。

（四）弥勒信仰

弥勒菩薩信仰はきわめて古い。小乗『阿含経』以前の口頭相伝中にすでに弥勒を未来出現第一佛として信仰する内容がふくまれている。ただ諸阿含では、釈迦佛が弥勒を未来佛として授記し、三十劫の後、弥勒が兜率天宮より鶏頭国に下生し、龍樹下で三度の説法をして衆生を化度すると述べるにとどまり、その弥勒信仰にはまだ浄土の内容がない。つまりひとびとは未来佛として弥勒を信仰したのであって、兜率浄土の教主としての弥勒佛ではなかった。三世紀から五世紀になってはじめて弥勒浄土を説く弥勒経典があらわれる。これは阿閦佛浄土、弥陀浄土が伝来して百年以上後のことである。あきらかに弥勒浄土は大乗浄土思想のなかで生まれたもので、阿閦佛浄土、弥陀浄土より成立はよほどおそいとかんがえられる。

一方、弥勒浄土の出現は生天思想の影響をうけたものとおもわれる。鳩摩羅什は生天思想についていう。「声聞法中に欲界天を念ずることを説く。摩訶衍（大乗）中に一切三界天を念ずることを説く。行者いまだ道を得ざる時、あるいは心に人世の五欲を着す。ここを以ての故に、佛は天を念ずることを説きたまう。もしよく淫欲を断ずれば、すなわち上二天界中に生まれ、もし淫欲を断ずることあたわざれば、すなわち六欲天中に生まる」（大智度論巻二二、大正25-227下）と。つまり、小乗佛教（声聞法）の時代に六欲天での物質享受が非常に好ましく描かれたので、ひとびとは六欲天に往生することを理想とした。ちょうど兜率天宮が補処菩薩の住処であったから、補処菩薩である弥勒は入滅後兜率天宮に生まれるという説がうまれた。一方、大乗佛教では物質的享受を排し、色界四禅天、無色界四無色天に往生することを理想とした。したがって浄土思想が生まれてからは『摂大乗論・智差別勝相』が浄土は「三界の行処を出るもの」つまり三界に属さず、三界より優れるものと宣言した。往生浄土は生天思想から発展したものであるがもはやこのときは生天ではなく、生天思想のほうは淘汰されている。しかし伝統信仰は保守的なもので、小乗時代に形成された弥勒が兜率天に生まれるという信仰は根づよく残り、大乗による変革を経て兜率天が兜率浄土に改められた後もなお三界の内にあって、三界中に成立する唯一の浄土となっているのである。

弥勒浄土は本来弥勒が建てたものではない。以前から存在し、補処菩薩の住処となっていたところである。したがって弥勒菩薩には浄土をつくる本願がない。大乗諸浄土中、浄土はあるがそれをつくる本願がないというのは弥勒浄土だけである。しかし、弥勒にはこの世に浄土をつくるという本願がある。ただその内容はわずかに「十善を成就する」ことにとどまり、それ以上の展開がない。また弥勒経典中この本願を説くのは『弥勒菩薩所問本願経』だけである。

諸浄土信仰中、弥勒信仰における本願思想はなお薄弱で、弥勒浄土や弥勒が未来にこの世につくる浄土は本願にでる優れたものだとしても、経中にはそれを明言しないのである。

弥勒浄土および未来この世につくる浄土は魅力的である。未来佛信仰の伝統があるから、弥勒信仰はかつてたいへん流行した。蕭梁（南朝梁、五世紀）の宝唱撰『名僧伝抄・法盛伝』によると、佛の滅度後四百八十年、呵利難陀羅漢が兜率天にのぼり、弥勒の像を描き、憂長国（『佛国記』の陀歴国）東北にいたって牛頭栴檀弥勒大像を造ったと伝えられる。唐義浄『西域求法高僧伝・霊運伝』では那爛陀寺に弥勒像が祀られているという。唐玄奘『大唐西域記』巻七、八によると、戦主国の都城西北の伽藍に弥勒像が祀られており、また摩掲陀国佛陀成道の菩提樹東方の精舎に白銀で造った十余尺の弥勒像があるという。

弥勒信仰は中国に伝えられてのち、南北朝から上生信仰と下生信仰にわかれ連綿とつづく。これについてはのちにあらためて紹介する。

三、文殊菩薩の浄土

（一）文殊の出世

文殊とは梵語音訳で、文殊師利あるいは曼殊師利、曼殊室利、満殊尸利、満祖室哩とよばれ、略して文殊、曼殊である。意訳すると吉祥（大日経）、妙首（無行経）、普首（観察三昧経）、濡首（阿目法経）、敬首（無量門微経）、軟首（普超三昧経）、溥首（普超三昧経）、妙徳（無量寿経）、妙音（金剛針論）である。このほか妙徳主、妙吉祥尊、妙声等ともよばれる。名前のあとにしばしば「法王子」「童子」「童真」等の称号がつく。文殊の出世、身分は佛や菩薩のなかでもっとも異説が多い。まとめていえば上首菩薩、智慧の化身、菩薩身分の佛である。

一、上首菩薩

経論中、文殊はつねに菩薩の上首（上席）にあって、文殊の名を冠した経籍は三十余種に及ぶ。たとえば『文殊師利所説般若波羅蜜経』である。

文殊の来歴についてはつぎのような諸説が説かれている。無諍念王の第三王子（悲華経）、快成世界安抜王（文殊師利佛土厳浄経）、無生世界普覆王（大宝積経・文殊授記会）、宝住世界大菩薩（寂調音所問経）、妙光菩薩（妙法蓮華経・序品）、無別異世界慧王法師（文殊師利普超三昧経）、宝威徳佛国戒護童子（観佛三昧海経・本行品）、金色世界大菩薩（華厳経・如来名号品）、舎衛国梵徳波羅門の子（文殊師利般涅槃経）、吉祥金剛与般若金剛（密教胎蔵界曼荼羅中）等々である。

二、智慧の化身

大乗経論中、文殊は智慧の化身である。智慧は文殊の基本的性格であり、文殊が上首菩薩、あるいは佛としてあがめられる根拠である。これについて『華厳経』の説明は代表的なものである。

『華厳経』は理と智の関係を説く。理とは佛教の教理、即佛法、即法身である。それは客観的精神の実体とみなされ、宇宙の本源、本体である。智は如来智、無師智、菩提ともよばれ、つまりは佛教の認識体系である。如来智は衆生本有のもの、佛のはたらきはただ衆生にこの本有の如来智をさとらせることにある。衆生が成佛しようとすれば、内心において本有の如来智を開発する。つまり自己の主体的努力によって悟る。しかし内心を開発して悟りを得ようとすれば、理の啓発に依らねばならない。すなわち「理に依りて智を発す」である。逆に理の立場でいえば、理は衆生によろこんで受け入れられるものでなければならない。それでこそ衆生が努力してみずからの内心を開発するよう啓発できる。すなわち「智ありてはじめて理を証す」である。理は悟りを得る客観的条件であり、智は主観的条件である。二者は相互に依存し、いずれを欠くこともできない。これを「理智相即」とよぶ。『華厳経』は「理」を人格化して普賢菩薩、「智」を人格化して文殊菩薩とする。一般に普賢は理徳をあらわし、文殊は智徳をあらわすというのはこの意味である。

理は必ず行為、活動としてあらわるから、理徳は同時に行徳である。衆生が理の啓示を受け入れるのは盲目的ではない。行為から理の存在を証悟して受け入れるのである。これは智のはたらきである。したがって智徳は同時に証徳である。理自身は永恒のもの、変化することがない。衆生は禅定を通してその寂静の本体と冥合して佛となる。したがって理徳は同時に定徳であり、本体の寂静を代表すると同時に寂静を追及する禅定の法をも代表する。智は本来慧である。つまり衆生は本有の如来智を開発するのに一連の学問を必要とするが、この学問は般若学すなわち慧学である。したがって智徳は同時に慧徳であり、本有の如来智を代表すると同時にその如来智を悟解する慧学をも代表する。

佛道を求めるのに最重要の問題は佛にたいする信である。信佛であれば能去行、能去証である。普賢は表理、表佛法であると同時に表佛であるから、衆生の所信は佛であるが同時に普賢であるともいえる。したがって普賢は所信ということができる。衆生の心中には本来如来智があるから能信佛である。文殊は衆生の能信の心を表すから表智の文殊は同時に「能信」となる。

まとめると、普賢は理徳、行徳、定徳、所信をあらわし、文殊は智徳、証徳、慧徳、能信をあらわす。そしてこれらをあわせて理智相即、行証相応、定慧双修、能所相融して成佛する。したがって『華厳経』は荘厳神妙、尽善尽美の華蔵世界を描き、毘盧遮那佛を教主として普賢、文殊を左右の脇侍とする。この教主と脇侍がいわゆる「華厳三聖」である。華厳宗四祖澄観はいう。

三聖のうち二聖は因たり、如来は果たり。果は言想を起し、かつ二因を説く。若し二因の玄微を悟らば、則ち果海の深妙を知る。

（『三聖円融観門』、大正45-671上）

澄観は簡単明瞭に文殊および普賢の二聖を因とし、毘盧遮那佛を果とする。その意味するところは、佛は理と智の結合した果であり、理と智は成佛の因だという。

したがって、文殊はつねに智慧の代表としてあらわれ、佛を代表して説法し講経する。弥勒菩薩さえその文殊に教えを請うのである。

三、菩薩身分の佛

衆生が修行して成佛する要は覚悟であり、覚悟は主観的な智慧によって得られる。修行につとめ、それによって先天的如来智が開発され、ついには無上菩提を証得し、佛理を悟得し、智と理が合一して成佛する。したがって智慧は成佛のための主観的な先決条件であり、成佛の因である。とすれば佛は智慧からうまれるのであり、文殊からうまれるともいえる。つまり文殊は諸佛の母である。『文殊師利般涅槃経』にいう。

文殊師利は無量諸佛の母なり、常に無量諸佛の師となる。

では文殊がどうしてまだなお菩薩であるのか。ある経では文殊を佛と解する。

姚秦鳩摩羅什訳『首楞厳三昧経』にいう。過去に佛あって「龍種上如来」と号し、その国南方にあって平等と名づくと。この龍種上佛は『大智度論』巻二九で「龍種尊」とよび、『心地観経』巻三で「龍種浄智尊王佛」とよび、今の文殊師利であるという。

姚秦竺佛念訳『菩薩処胎経・文殊身変化品』にいう。文殊はもと無碍世界の昇仙佛、またかつて究竟世界の大智如来であったと。竺佛念訳『菩薩瓔珞経』巻四にいう。文殊は過去に空寂世界の大身如来であったと。また劉宋の求那跋陀羅訳『央掘魔羅経』巻四にいう。北方に国あって常喜と名づく、佛は歓喜蔵摩尼宝積如来と名づけ、現に世にあって教化したまう、文殊師利即ち是れかの佛なりと。

またある経では文殊を当来に成佛するとかんがえる。さきに紹介した『大宝積経』『悲華経』『文殊師利佛土厳浄経』がそれである。

文殊がすでに成佛しているとすれば、どうしてなお菩薩の身分であるのか。『菩薩処胎経』はこれを解説する。

昔能仁の師たり、今佛の弟子となる。二尊并せ化せず、故に我菩薩となる。（大正 12-1050）

つまり佛界には規矩がある。一佛出世すれば万佛擁護し、権威はつねにひとつ、同時にふたりの教主はあらわれない。だれが教主になるかは世俗の序列ではない。したがって釈迦佛が出世すれば文殊はみずから菩薩の位にあまんずる。『法華経』で文殊が釈迦佛の脇侍であるのも理解できる。

唐玄奘訳『無垢称経』にいう。

佛道を得て、法輪を転ずるといえども、なお菩薩の道を捨てず、是れ菩薩行なり。

文殊はすでに佛道を得たのだが、その慈悲広大で菩薩の道を棄てようとしない。それで菩薩の位にとどまっているという。まさに菩薩行というべきである。

以上に列挙した種々の説は並存する。ただひろく行われている文殊は舎衛国婆羅門の子、毘盧遮那佛の脇侍、また釈迦佛の脇侍でもある。これは『華厳経』や『法華経』の影響が大きいからである。

（二）文殊の本願

『悲華経・諸菩薩本授記品第四之二』（大正3-183下）に文殊が宝蔵如来の前で発した大願を説く。

一、我化するところの衆生に無上菩提心を発させん。

二、無量の諸佛説法するとき、我は天眼を以てあまねくこれを見ん。

三、衆生の心浄なること梵天のごとく、無上菩提を成ぜしめん。

四、十方無量の佛土をあわせ一佛刹とす。その世界をめぐりて大宝牆あり、七宝錯雑充満する。牆の高さは無色界にとどき、地は真紺の瑠璃で、塵土、石砂、穢悪、荊棘のたぐいなし。悪触なく、女人およびその名はない。一切衆生みな化生し、法喜三昧をもって食とする。声聞、辟支佛乗なく、すべて菩薩である。貪欲、瞋恚、愚痴を離れ、生ずれば即ち自落し、三法衣を服す。無量世界に至って佛、僧、貧人、餓鬼に供養し、その後自ら衣服珍宝を用う。

五、八難、不善、苦悩なく、受戒、破戒、懺悔なく、またその名もなし。

六、珍宝は無量にして、雑然と充満する。

七、金色、銀色、種々の珍宝、種々の香、見んと欲せば随意に見ることを得ん。

八、日月なく、諸菩薩自ら大光明を発して無量世界を照らす。花の開合を以て昼夜をわかつ。

九、寒熱、老病死なく、常に音楽あって六波羅蜜等の声を出だす。五濁世、三悪道なく、諸臭穢なく、純なる妙香ただよう。一生菩薩（補処菩薩）充満し、未来世にみな成佛せん。

一〇、我は菩提樹下金剛宝座に坐して成佛し、無量諸佛、菩薩を化作し、その余の諸佛世界に至って衆生を教化せん。

一一、その余の世界は悉く我身を見ん、若し眼に我身を見んものは、必定して見佛を離れず。

一二、我界の衆生は六情を完具し、我を見んと欲すれば則ち見、我いまだ説法せざるに即ち諸法相疑滞のところ断除することを得る。

一三、寿命無限なり。

この十三願は雑然としている。しかし内容は豊富、阿閦佛本願よりすぐれ、また弥勒の本願よりさらにすすんでいる。阿弥陀佛の本願に類似するところが多い。描かれる浄土は自然環境にすぐれ、社会生活は好ましく、人々は心身ともに健康、理想的な世界である。いま見る資料からこの本願がいつごろできたものか実証することはできないが、内容からみると阿弥陀佛の本願より後であることはあきらかである。阿弥陀佛の本願の内容をとりこんでいる。

（三）文殊浄土の特色

文殊経典によると、文殊の本願はすでに実現しており、文殊浄土はすでにできあがっているという。『文殊師利佛土厳浄経』巻下に文殊浄土の種々の厳浄を描写する。その内容は『悲華経』の描くものにほぼひとしい。釈迦佛は文殊浄土を讃嘆して説きたまう。

西方安養世界無量寿佛の功勲、厳浄を知らんと欲せんに、文殊師利に比すれば以て喩えるに難し。かりに譬えてこれを言えば、一毛を取って破して百分し、その一分毛を以て海水一滴を取るがごとし。無量寿佛は一分毛の水一滴のみ。文殊師利の成佛は汪洋として海のごとく、巍巍蕩蕩として思議すべからず。

（『文殊師利佛土厳浄経』、大正11-899下）

これは文殊浄土を阿弥陀佛の浄土より何倍もすぐれたものともちあげる。ただこの比較からもれてくるのは、文殊浄土の出現が阿弥陀佛浄土の後、それも阿弥陀佛浄土の影響がぐんと大きくなってからのことだという事実である。文殊浄土の特徴は文殊が成佛を願わないことである。『文殊師利佛土厳浄経』によると、文殊浄土はすでにできあがっており、師子歩雷音菩薩が文殊にいつ成佛するのかとたずねると、文殊はつぎのように答える。「もし呼び声に形があり、響きに影があるならば、またもし月が昼にもあかるく、日が夜をも照らすならば、そのときわたしは最正覚を成ずるであろう」（大正11-901中）と。声や響きは音で形はない。月は昼間を明るくすることはないし、太陽は夜を照らすこともない。つまり文殊は成佛しないというのである。

この文殊不成佛の問題は涅槃学説の変遷とかかわっている。

「涅槃」は梵文音訳、「泥曰」「泥洹」とも訳す。意訳すると、鳩摩羅什は滅、滅度、入滅と訳し、玄奘は円寂と訳している。涅槃は有余涅槃と無余涅槃にわかれる。有余涅槃とは貪欲、煩悩を断除し、生死の因を滅除しているが、なお前世の惑業の造った果報としての肉体は存在し、世間に生き、思慮し、活動している状態をいう。無余涅槃は生死の因を除滅しているのみならず、生死の果をも除滅しており、肉体が存在せず、思慮もない。灰身滅智、絶対寂静の境地に帰し、ふたたび生死を受けることがない状態を指す。小乗佛教が求める最高の理想はこの無余涅槃である。大乗では一切の事物に自性がないとかんがえ、無自性を「空」とよぶ。「空」とは絶対の無ではなく、「仮有」である。縁によって有るのである。一切の事物の本性は「空」であり、涅槃の本性も「空」である。これが一切の事物および涅槃の「実相」である。事物を本来の面目に還し、実相を知るなら、さらに一歩すすめてこの実相と冥合し一体となることができる。これが涅槃の境界であり、この涅槃が実相涅槃とよばれる。

しかしひとは社会的存在である。自利利他、みんなが行動し実相を悟ってこそはじめて世界を佛国浄土にかえることができる。したがって菩薩は普度衆生を誓願し「衆生を度せずんば我度せず。衆生成佛せずんば我また成佛せず」と決心する。たとえ自身が悟りをひらき、佛の境地に達し、涅槃に入って成佛できても、それはしない。これがいわゆる「大智を以ての故に生死に住せず、大悲を以ての故に涅槃に住せず」である。したがって衆生が無限であれば、普度衆生の仕事も無限であり、菩薩は永遠に成佛することができず、永遠に菩薩である。無住処涅槃とよばれる。文殊が浄土を建立してもなお成佛を願わないのはこの無住処涅槃をいったものである。文殊浄土は浄土の類型のひとつであるが、あまり大きな影響はのこさなかった。

四、薬師佛の浄土

（一）薬師佛の出世

薬師は音訳して鞞殺社窶嚕、別に薬師如来、薬師瑠璃光如来、大医王如来、医王善逝、十二願王などとよばれる。薬師佛の本願や功徳は『薬師経』にみられる。『薬師経』とは正式には『薬師瑠璃光如来本願功徳経』といい、全一巻、唐玄奘訳である。略して『薬師如来本願功徳経』『薬師本願功徳経』『薬師本願経』『薬師経』などとよぶ。これには五種の漢訳がある。（1）東晋帛尸梨密多羅訳本、（2）劉宋慧簡訳本、（3）隋達磨笈多訳本、（4）唐玄奘訳本、（5）唐義浄訳本である。このうち前三訳は薬師佛の功徳を強調し『薬師随願経』とよばれる。義浄訳『薬師瑠璃光七佛本願功徳経』あるいは『七佛薬師経』は薬師を七佛薬師とする。つまり善称名吉祥王如来、宝月智厳音自在王如来、金色宝光妙行成就如来、無憂最勝吉祥如来、法海雷音如来、法海慧遊戯神通如来、薬師瑠璃光如来である。この前六佛は薬師如来の分身で、経中に七佛薬師の本願およびその陀羅尼を詳述する。ただ一般に行われているのは玄奘訳である。

薬師佛の成佛前の名、授記の佛、所在する世界についてはどの訳本もみな語るところがない。したがって薬師佛の出世についてわれわれはなにも知らない。

（二）薬師の本願

『薬師本願経』に説く。

佛、曼殊室利に告げたまわく、東方ここを去ること十恒河沙等佛土を過ぎて、世界あり、浄瑠璃と名づく。佛を薬師瑠璃光如来、応、正等覚、明行円満、善逝、世間解、無上丈夫、調御士、天人師、佛、薄伽梵と号す。曼殊室利よ、彼の佛世尊、薬師瑠璃光如来もと菩薩道を行ぜしとき、十二の大願を発し、諸の有情をしてその求むるところをみな得せしめたまえり。

（大正14-405上）

これは薬師成佛ののちに倒叙法でまだ菩薩の位にあったとき発した願を回顧したものである。その十二の大願とはつぎである。

一、願わくば我来世において菩提を得しとき、自身の光明熾然として無量世界を照らし、三十二相八十随好を以てその身を荘厳し、一切有情をして我と異なるところなからしめん。

二、願わくば我身は瑠璃光のごとく、内外ともに清浄無垢、光明は日月にもまさり、幽冥の衆生はみな開暁を蒙らん。

三、願わくば智慧方便を以て、諸の有情をして受用無尽なることを得しめん。

四、邪道を行ずる者をしてみな菩提道の中に安住せしめ、声聞、独覚乗を行ずる者みな大乗の道に安立せしめん。

五、我が法中において梵行を修行する者は、一切戒に欠減することなく、もし破戒あるとも、我が名を聞きおわらば、清浄を得て、悪趣に堕ちず。

六、諸根不具、醜陋頑愚、盲目聾唖、心身不自由の諸病に苦しむ者、我が名をきけば端正敏捷の智慧を得、諸根具足して諸の疾苦より救われん。

七、衆病逼切して救いなく、医なく、薬なく、親なく、家なく、貧窮多苦なるも、我が名号を聞き、ひとたびその身を経れば、衆病悉除し、心身安楽、家属資具みな豊足して、乃至無上菩提を証得せん。

八、もし女人あって、女身を棄てんと願う、我が名を聞き、女を転じて男となり、丈夫の相を具し、乃至無上菩提を証得せん。

九、衆生をしてみな魔網より脱し、一切外道の纏縛より解脱せしめん。正見のうちに置き、諸菩薩行を修せしめ、速やかに無上菩提を証せしめん。

一〇、もし王法によって縛せられ、心身に無量の災難煎迫の苦を受ける者、我が名を聞くを得ば、我が福徳、威神力をもって一切憂苦から解脱せしめん。

一一、飢渇に悩む所となり、食を求めんがため悪業をなす者、我が名を聞くを得て、専ら受持せんと念ずれば、まず上妙の飲食を以てその身を飽満せしめ、後に法味を以て畢竟安楽にして、これを建立せしめん。

一二、もし貧にして衣服なく、蚊虫、寒熱に昼夜通して苦む者、我が名を聞くを得て、専ら受持せんと念ずれば、好みのごとく、種々の上妙の衣服を得、また一切の荘厳の具、花鬘、塗香、鼓楽、衆伎を得て、思いのごとくみな満足せしめん。

この十二の大願が薬師佛の本願である。

(三) 薬師浄土の評説

十二の大願を図面としてつくられた薬師浄土には、薬師佛が教主に、日光、月光両菩薩が左右脇侍となって薬師三尊、東方三聖を構成する。また『薬師経』の誦持を守護する十二の夜叉神将、宮毘羅、伐折羅、迷企羅、安底羅、頞爾羅、珊底羅、因達羅、波夷羅、摩虎羅、真達羅、招度羅、毘羯羅があって、それぞれの神将はさらに七千の薬叉を擁し、合計八万四千の護法神が守護する。

薬師浄土の美しい情景は『薬師経』につぎのように描かれる。

かの佛土は一向清浄にして、女人あることなく、また悪趣および苦の音声なし。瑠璃を以て地となし、金縄の界道、城闕、宮閣、軒窓、羅網みな七宝もて成ず。また西方極楽世界のごとく功徳荘厳ひとしく差別なし。（大正14-405下）

西方極楽世界とおなじであるというから、西方極楽世界を描いた弥陀経典にすでに詳しいところを薬師経は語らない。

『薬師経』は現世利益を説くことに多くが割かれる。経によると、もし衆妙の資具を以て薬師佛を恭敬し供養するならば「悪夢、悪相の諸不吉祥はみなことごとく隠没し患いをなすことがないであろう。あるいは水、火、刀、毒の危険があろうとも、象、獅子、虎、狼、熊、毒蛇、悪蝎、蜈蚣、なめくじ、蚊等の恐怖があろうとも、至心にかの佛を憶念し、恭敬、供養するなら、一切の恐怖から解脱するであろう。もし他国の侵入、盗賊の反乱があっても、かの如来を憶念恭敬するなら、またみな解脱を得るであろう」（大正14-407上）と。また「あるいは女人あって、お産にのぞんで極苦をうけようとも、かの如来を至心称名礼賛し、恭敬供養するなら、衆苦みな除かれ、生まれてきた子供はその身具足し、形色端正にして、見る者みな喜び、利根聡明、安穏少病、化物に精気をうばわれることもないであろう」という。このような記述は他の霊験を宣揚する経典と大差がなくあまり新味がない。

『七佛薬師経』中ではさらに五呪が加わる。薬師佛は「本願力によって諸の有情を観察し、衆生が痩、瘧、乾、消、黄、熱等の衆病にあい、あるいは魑魅魍魎に毒せられ、あるいは短命、横死するのを知って、これらの諸病苦を除滅し、その願いを満たしてやろうとかんがえられた。かの世尊は三摩地に入り、「除滅一切衆生苦悩」と名乗られた。禅定に入られると、肉髻中より大光明を放ち、光中に大陀羅尼呪を演説された。この呪を説きおわると、大地震動し、大光明が放たれ、一切衆生は病苦みな除かれ、安穏の楽を受けることになった」（大正14-414中）と説かれる。このように現世利益に関心をよせ、呪術、念誦儀軌をとりいれるところが注目される。

『薬師経』が弥陀経典の後にできたものであることはあきらかである。それは薬師の本願の多くが弥陀経典からとられていること、薬師浄土がまったく弥陀浄土にひとしいことなどからわかる。このため浄土として『薬師経』にそれほど特色はない。問題は他の浄土諸経にみられない濃厚な密教的色彩である。これは浄土思潮が行きついた末路の一種の反映である。

大乗佛教が部派佛教のなかで醸成されているとき、浄土思想や密教思想も大乗佛教とともに形成された。この三つの思潮はたがいに影響しあったが、それぞれ異なる方向に発展していった。奉ずる教主についていえば、大乗は原始佛教、部派佛教を継承して釈迦牟尼佛を教主としたが、浄土教では別の佛を教主とし、成熟期に奉じたのは阿弥陀佛である。また密教で成熟期に奉じたのは大日如来（毘盧遮那佛）である。もし浄土教の阿弥陀佛と釈迦牟尼佛が同格で統属関係がないとすれば、密教においては、大日如来は法身佛で、釈迦牟尼佛は大日如来の化身のひとつにすぎない。また教義についていえば、大乗は小乗佛教の基礎のうえに人法両空を主張したもので、哲学論証にかたよっているが、浄土教は浄土の依正二報の荘厳を説き、出世間の理想社会の美しさを描いてみせる。密教は小乗大乗ともに浅顕の教えとして顕教とよび、密教こそが大日如来直説の秘密の大法であるとする。最後に求めるものにおいて、大乗の理想は無上菩提を獲得し、無住涅槃に入ることであるが、浄土教では死後の浄土往生であり、密教では即身成佛である。修行方法では、大乗は六度万行を修し、浄土教は念佛三昧を主とし、密教は密法を重んじて事部、行部、瑜伽部、無上瑜伽部の四段階となる。

三思潮それぞれに教主、教義、理想、修行法にちがいがある。密教と浄土教はいわば大乗佛教のなかの異端であり、宗教性がきわめてつよい。加えて、大乗の教義はその後次第に煩瑣になり大衆の信仰をうしない、密教や浄土教に大乗にとってかわるきっかけをあたえることになった。密教はヒンズー教や民間信仰を吸収し、厖大な組織的教派を形成する。七世紀には大乗佛教にかわって佛教の主流となる。浄土教にこの幸運はおとずれず、強大な大乗佛教としだいに勢いを増す密教のあいだにあって、多種類の浄土思想にその力を分散して、阿弥陀佛浄土思想さえ十分に成熟しないで終始大乗に依存していたのである。

この過程で浄土教のある部分は密教に接近し、密教に吸収されていく。たとえば密教胎蔵界曼荼羅の中心、八葉院のうちは中央が大日如来であり、周囲八葉にはそれぞれ四佛、四菩薩が配されている。四佛とは東方が宝幢佛、南方が華開敷佛、西方が無量寿佛、北方が天鼓雷音佛である。金剛界曼荼羅の中心は大日如来で、四方の四佛は東方阿閦佛、南方宝生佛、西方阿弥陀佛、北方不空成就佛である。この両部曼荼羅のなかで阿弥陀佛はいずれにおいても五佛のひとつであり、阿閦佛すら金剛界曼荼羅の一佛にとりこまれている。浄土思想が密教に依存した経は実にこの『薬師経』である。『薬師経』中の陀羅尼はすでに聞持の性質をうしない、神秘化した呪語であり、病をはらい災いをのがれ、護国佑民、悪魔駆除、往生佛国のための具である。念誦儀軌にも複雑な特色がある。これは浄土信仰が衰退し密教に接近したことを物語る。他の浄土経典にも密教の影響はみられるが『薬師経』においてもっとも顕著である。

浄土信仰の真正の発展は中国、日本に伝わってから後である。阿弥陀佛信仰は中国で浄土一宗に集約され多くの家庭にはいった。日本の浄土宗、浄土真宗は影響力の大きい佛教宗派であり、いまも旺盛な活動をしている。薬師佛信仰も中国に入って隋唐以降は寺院で三方佛としてまつられてきた。中央に釈迦佛、西方に阿弥陀佛、東方に浄瑠璃世界の教主薬師佛である。ただ、その名が「薬師」であり、十二大願に衆生の一切の病苦を除く内容があることからひとびとはこれを大医王として信仰した。左手に鉢をもたせ、鉢に甘露を盛り、右手に丸薬をもたせたのである。したがって薬師の浄土そのものにひとびとが関心をよせることはあまりなかった。

五、唯心浄土

以上に紹介した諸浄土はすべて佛が因位において菩薩道を行じたとき大願を発し、多劫の功徳をつんでつくりあげた浄土である。その浄土は娑婆世界の外にあって、ひとびとがあこがれ信仰する理想世界、死後に往生をねがう楽土である。しかしこれとは別にもうひとつの浄土思想がある。浄土とは唯心所変、ただ衆生の心のなかにのみ存在する、「唯心浄土」とよばれるものである。これも浄土思想のなかのひとつである。

（一）心浄土浄

『維摩詰所説経・佛国品』にいう。

菩薩が浄国に取るは、みな衆生を饒益せんがための故なり。譬えば人ありて空地に宮室を造立せんと欲す、心に随いて無碍なるも、もし虚空においてすれば終に成すあたわず。菩薩もこの如く衆生を成就せしめんがための故に、佛国を取らんと願う。佛国を取らんと願うは、空においてするにあらず。（大正14-538上）

つまり浄土は衆生が日常生活するところにある。現実世界が浄土であって、現実を遠くはなれた東方や西方、南方や北方にあるのではない。衆生の現実生活をはなれて浄土を建設しようというのは、あたかも虚空に宮殿をつくるようなもの、結局はつくれない。空地に宮殿をつくるとすればそれは思いどおりのものをつくることができるだろう。衆生とは土地のようなもの、衆生という土地のうえにのみ浄土はできあがるのだという。

『佛国品』でさらにすすめていう。

もし菩薩浄土を得んと欲すれば、まさにその心を浄くすべし。その心の浄きに随いて則ち浄土も浄かるべし。

（大正 14-538下）

衆生のこの現実の地を清浄の土に変えようとするなら、衆生の心を浄くしなければならない。心が浄くなればその地もまた浄くなる。現実社会の浄化は人の意識の浄化にある。浄土即浄心、浄心即浄土である。『維摩詰経』は他方世界浄土をこの世に、彼岸を現実に、浄土を浄心にひきもどしたのである。

この「心浄土浄」の理論にたいし、舎利弗は小乗の代表として疑問を呈する。「もし菩薩の心が浄くなれば佛土も浄いというなら、わが世尊がもと菩薩であったとき、その思い不浄であったというのだろうか。現実の佛土はかくも不浄ではないか」（大正 14-538下）と。

大乗の教えにしたがえばわれわれのこの世界は釈迦牟尼佛がつくられた浄土である。その現実はなお不浄ではないか。「丘陵、穴窪、いばら、砂礫、土石、山その他諸悪が充満している」心浄なれど佛土浄ならずではないかという。釈迦佛は舎利弗の疑いを知って反問される「日月は不浄といえようか。にもかかわらず盲者はそれを見ないではないか」と。舎利弗こたえて「いえ、世尊、それは盲者の咎であって日月の非でありません」と。佛は「舎利弗よ、衆生の罪のゆえに如来の佛国の厳浄が見えないのだ。わがこの土は浄なれど汝には見えないのだ」と。「佛が足の指を以て地を按じたまう、即時に三千大千世界は若干百千の珍宝もて厳飾せられ、譬えば宝荘厳佛、無量功徳宝荘厳土のごとし、一切の大衆未曾有を嘆ずれど、みなみずから宝蓮華に坐するを見る」（大正 14-538下）と。

佛のかんがえは、わが浄土は本来かくも清浄である、だが能力に劣る衆生を済度するため、その清浄を隠し、不浄を呈するのだという。おなじ金鉢からみんなが飯を食っても、福のある者はうまい飯を、福のない者はまずい飯を食うようなもの、すべてはひとびとの心の浄穢に由来する。したがって、もし人の心浄なればこの世の功徳荘厳をみることができる。つまり客観的な国土に浄穢の別はない。浄土穢土の別は心意のちがいがもたらすもの、浄土は塵世の外にある別の国土ではない。人の心が穢から浄に転ずれば塵世がそのまま浄土佛国となると。浄土佛国のはたらきは苦難の魂をなぐさめ、衆生内心の不浄不潔を浄化して解脱を得させることにある。

では、どのようにして唯心浄土を建設するのか。『佛国品』にいう。

その直心に随がわば則ちよく行をおこし、その行をおこすに随がわば則ち深心を得る。その深心に随がわば則ち意調伏し、その調伏に随がわば則ち説の如く行ず。説の如く行ずるに随わば則ちよく回向し、その回向に随わば則ち方便あり。その方便に随わば則ち衆生を成就せしむ、衆生を成就せしむれば随わば則ち佛土浄なり。佛土浄なるに随わば則ち説法浄にして、説法浄なるに随わば則ち智慧浄なり。智慧浄なるに随わば則ちその心浄にして、その心浄なるに随わば則ち一切功徳浄なり。（大正 14-538 中）

つまりなにより直心をもつことが重要だという。「直心」とはまごころをもって佛法を信じ、信心を樹立することをいう。信心がたつなら衆善を奉行することができる。衆善が積まれるなら信をますます深くすることができ、心深ければ衆悪に随わず、棄悪従善を得る。これが「調伏」である。心が調伏されるなら善にあってただちにそれを行うことができる。たとえ難行であっても耐えることができる。六度、四無量心、四摂法等佛の説くところにしたがって行ずることができる。説かれるように行うことができれば万善兼具、佛道に回向することができる。佛道に回向すれば方便が生じ、方便によって衆生を成就せしめる。衆生を成就せしむれば佛土清浄となり、佛土清浄となれば雑教を説かず、説法は清浄となる。浄説がおこなわれれば浄智が生じ、浄智慧によって浄心が明らかになる。心が浄となれば佛と徳をおなじくすることができ、「一切功徳浄なり」といえる。

この浄土の建設過程にはふたつの段階がある。第一は菩薩行によって衆生を成就せしめ、浄土をつくること、第二は浄土の清浄によって衆生の思想行為の清浄を保証し、衆生を成佛させることである。このふたつの段階を一貫してつらぬくのは心の変化、菩薩の浄心が衆生の浄心を成就せしめ、浄土をつくるとその浄土が衆生の浄心を保証して成佛させるのである。この全過程が「心浄なれば土浄なり」説の展開である。

（二）霊山浄土

霊山浄土は『法華経』所説の浄土である。これも唯心浄土に属する。

『法華経』は前後六度にわたって漢訳されており、そのうち三訳が現存する。西晋竺法護訳『正法華経』、姚秦鳩摩羅什訳『妙法蓮華経』、隋代闍那崛多訳『添品妙法蓮華経』である。ひろく行われているのは姚秦鳩摩羅什訳である。この経の『如来寿量品』に釈迦佛の言葉がある。

われ成佛以来、甚大久遠なり、寿命は無量阿僧祇劫にして常住して不滅なり。諸善男子よ、われもと菩薩道を行じて成ぜしところの寿命は今なお尽きず、また上数に倍せり。しかるに今実の滅度にあらざるに、便ち唱言してまさに滅度を取るべし。（大正 9-42 下）

爾来無量劫、衆生を度せんがための故に、方便して涅槃を現ずるも、実は滅度せず、ここに常住して説法す。われここに常住するも諸神通力を以て衆生を顛倒せしめ、近しといえども見えざらしむ。

（大正943中）

つまり、釈迦佛は無量劫以前にすでに成佛してひたすら衆生を教化したまう。滅度というがそれは本当の滅度ではない。なお世に住して説法されるのだが、ただ神通力によって衆生にはそのすがたが見えないだけだという。それではなぜまた滅度しないのに滅度というのか。方便をもって衆生を教化するためだという。経にいう。

もし佛久しく世に住せば、薄徳の人は善根を植えず。貧窮下賤にして、五欲に貪着し、憶想妄見の網中に入りなん。もし如来つねにあって滅せずと見れば、すなわち憍恣を起こし、厭怠を懐きて、難遭の想い、恭敬の心を生ずるあたわず。このゆえに如来は方便を以て説く「比丘まさに知るべし、諸佛の出世に値遇すること難し」と。……この衆生等この如き語を聞かば、必ずまさに難遭の想を生じ、心に恋慕を懐き、佛を渇仰し、すなわち善根を植う。この故に如来は実に滅せずといえども、なお滅度すと言う。

（大正942下）

『如来寿量品』によると、佛は「常に霊鷲山およびその余の諸住処にある」という。また『分別功徳品』では「佛は常に耆闍崛山にあって、大菩薩、諸声聞衆に囲繞され、説法したまう」と。耆闍崛山とはつまり霊山、霊山浄土である。実の滅度をされぬ佛の常住の地である。実の滅度をされぬ身とはつまり法身である。法身をもって独立の実体と考えるのである。ともあれ、この実の滅度をされぬ釈迦佛は精神的存在である。その浄土も当然精神的である。この点について『法華経』ははっきりと説く。『如来寿量品』では「現身にあらず」すなわち衆生には見えないと説き、『分別功徳品』では「善男子善女人、われ寿命長遠を説くを聞き、深心信解すればすなわち見佛をなす」と説く。描くところの霊山浄土の様子は衆生に「よくかくの如き観をなす」のだと言う。見えないからには「深心信解する」ものだけが内心に観察するにすぎない。これは霊山浄土が唯心浄土だというにほかならない。したがって、のちに中国で『法華経』を奉ずる天台宗では霊山浄土を「常寂光土」とよび、心の造るものとした。

（三）蓮華蔵世界

『華厳経』の蓮華蔵世界、『梵網経』の蓮華台蔵世界も唯心浄土である。

『華厳経』は全称を『大方広佛華厳経』といい漢訳本に主なものが三種ある。東晋佛陀跋陀羅訳六十巻本で後世『旧訳華厳』あるいは『六十華厳』とよんでいるもの。唐武周のときの実叉難陀訳八十巻本で『新訳華厳』あるいは『八十華厳』とよばれるもの。唐貞元のときの般若訳本で全称『大方広佛華厳経入不思議解脱境界普賢行願品』四十巻、また『四十華厳』あるいは『普賢行願品』とよばれるものである。このほかに後漢から唐まで単品にして印行したものが多く、後漢の支婁迦讖訳『佛説兜沙経』等三十余がある。もっとも広く流伝しているのは実叉難陀訳の八十巻本である。

『華厳経』所説の蓮華蔵世界はべつに華厳荘厳世界海、華厳荘厳厳具世界海、妙華布地胎蔵荘厳世界、蓮華蔵荘厳世界海、華蔵世界海、華蔵世界、華蔵界、十蓮華蔵荘厳世界海、十蓮華蔵世界、十蓮華蔵などともよばれる。『華厳経・華蔵世界品』の描くところでは、この世界の中心は須弥山で、その他の大地、山河、星球等がこれをめぐって配される。須弥山は金、銀、瑠璃等衆宝でつくられており、高さ八万四千由旬、周囲は七香海、七金山（七重にとりまく山）である。七重香水海は須弥山と七金山のあいだにあって、内海と名づけられる。第七金山の外には鉄でできた鉄囲山にかこまれる咸海がある。咸海中には四大洲、八中洲、無数の小州がある。四大洲は四大部洲、四天下ともよばれ、東西南北に各一洲がある。東勝身洲、南贍部洲、西牛貨洲、北倶盧洲である。それぞれの大洲には二つの中洲（海島）があって、すべて八洲である。さらに無数の小洲がある。南瞻部洲はもと印度とその周辺の国を指していたが、のちに人間の住むこの世すべてを汎称するようになった。

華蔵世界の須弥山は無数の風輪によって支えられている。最下部の風輪はその上の一切の宝焔を支え、最上部の風輪は香水海を支える。香水海のなかに大蓮華があって、華蔵荘厳世界海は大蓮華のなかにある。四方は金剛輪山にかこまれており、そのうちのすべては金剛石でつくられ、堅固で壊れることはなく、清浄平坦、地に高下はない。香水海は底が宝珠でしきつめられ、香水は澄浄、諸宝色にかがやき、なかにいろいろな宝花が咲いている。岸には衆宝でつくられた無数の「無辺色相宝花楼閣」「宝蓮花城」「衆宝樹林」がつらなる。蓮花の珠網は密雲のごとく、処々でかがやき、花香があたりに満ち、楽音が耳にこころよい。

この華蔵世界には無数の香水海があって、いずれの香水海にもひとつの大きな蓮花がある。一蓮花中には無数の世界を蔵しており、順次層をなし、無窮無尽である。つまり華蔵世界は無限の宇宙を指しており、その宇宙には多層な世界が順次つらなっている。人類の住むこの現実世界は各層次の十三番目にある。

全華蔵世界の教主は毘盧遮那佛である。毘盧遮那は梵文の音訳で毘盧舎那とも書き、意訳すれば「光明普照」、「日」(太陽)の別名でもある。「光明普照」とは照らさない処はない、照らさない時はない、照らし到らぬところはない、つまり包容しないものはないという意味である。

毘盧遮那佛の名はすでに『阿含経』にあらわれる。しかし毘盧遮那佛を法身の佛とするのは『華厳経』においてである。法身とは本来、佛法の象徴で、一般にある特定の佛身に限定されるものではない。具体的、固定的形相をもたず、『超日明三昧経』に説くごとく「法身無形」である。しかし『華厳経』は独創的に毘盧遮那という具体的な佛身をもって法身とし、全華蔵世界は毘盧遮那佛の顕現であり、日月星辰、山河大地、諸の禽獣、四季の花、すべての現象が佛体であり、一切の音声は佛の獅子吼であり、一切の諸佛は毘盧遮那佛の化身とかんがえる。つまりそこでは深奥難解な「法身」も通俗化され、形象化され、玄妙抽象の佛理もひとびとが日常に頂礼できる実体となる。釈迦佛は本来この世の聖人、閻浮提というこの娑婆世界で衆生を教化されるのだが、華蔵世界では地位がさがって毘盧遮那佛の無数の化身のなかのひとつとなる。

この毘盧遮那佛や華蔵世界はいかにして見ることができるのだろうか。『華厳経・十地品之三』に有名な命題がある。

三界は虚妄、ただ是れ心が作る。
心はたくみな画師の如し、種々五陰を画く、一切世界中、無法にして造らず。

これは「三界唯心」とよばれる。これからいえば、佛やその世界は三界を超出するといってもやはり心が造ったものである。「若しひと三世一切の佛を求知せんと欲せば、まさに是の如き観をなすべし、心が諸如来を造ると」「諸佛は悉く了知す、一切は心より転ずと。若しよく是の如き解をなさば、彼人真に見佛せん」「心の如く佛また然り、佛の如く衆生然り。心、佛及び衆生、是の三に差別なし」と説く。

華蔵世界は唯心浄土であるから、劉宋の曇無密多訳『観普賢菩薩行法経』にいう。

釈迦牟尼佛は毘盧遮那佛と名づけ一切処に遍し、その佛の住処は常寂光と名づく。常波羅蜜の摂成される処、我波羅蜜の安立される処、浄波羅蜜の有相を滅する処、楽波羅蜜の身心相を住どめざる処なり。（大正 9-392 下）

華蔵世界とはすなわち「常、楽、我、浄」四徳を円満具足する常寂光土だという。

『梵網経』も蓮華蔵世界を説く。ただ『華厳経』とはすこしちがう。『梵網経』は正式には『梵網経盧舎那佛説菩薩心地戒品第十』、また『梵網経菩薩心地品』あるいは『梵網戒品』などとよばれる。僧肇の『梵網経序』によると全経は六十一品、百二十巻とされるがいまみるのは第十品、二巻である。姚秦鳩摩羅什訳とつたえられるが、劉宋の中国僧の偽作ともいわれる。『梵網経』に説く浄土は蓮華台蔵世界海、蓮華海蔵世界あるいは蓮華台蔵世界などとよばれる。『梵網経』巻下にいう。

われ今盧舎那、まさに蓮華台に坐す。周匝せる千葉上にまた千の釈迦を現わす。一華に百億の国あり、一国に一釈迦まします。おのおの菩提樹に坐して、一時に佛道を成じたまう。（大正24-1003下）

この蓮華台蔵世界と華蔵世界はいずれも蓮花中に蔵された佛国で、盧舎那佛（毘盧遮那佛）のすまいである。実はおなじものとおもわれる。蓮華台蔵世界は華蔵世界に基づいている。あるいはともに印度の叙事詩マハーバーラタの天地創造説に淵源するとおもわれる。『大悲経』巻三、『大智度論』巻八等によると、ビシュヌの臍から蓮華がうまれる。そのなかに梵天王が千葉の金色蓮華上で趺坐しており、その心より天地、人民が創造される。華蔵世界と蓮華台蔵世界はこのビシュヌ天地創造説とよく似ており、とくに蓮華台蔵世界の千葉の蓮華と梵天王が坐す千葉の金蓮華とはさらに淵源がふかいとおもわれる。

蓮華台蔵世界は唯心浄土である。盧舎那佛が明白に説く。

われすでに百劫この心地を修行し、われを号して盧舎那とす。汝諸佛、わが所説を転じ、一切衆生とともに心地の道をひらけ。時に、蓮華台蔵世界の赫々たる天光、獅子座上の盧舎那佛は光を放ち、千葉上の佛に告げたまわく、わが心地法門品をたもちて行き、また転じて千百億の釈迦及び一切の衆生のために、次第にわが上心地法門品を説け。汝等受持読誦して、一心に行ぜよと。

（大正 24-1003 中）

このほか『密厳経』が説く密厳浄土は如来蔵無垢浄識を体とする。密教はこれをとくに法身大日如来の浄土とする。『華厳経』の説く華厳世界や浄土門の説く極楽世界と通じあっている。この経の主旨は一切法が心識の変じたものという点にあって、第九識が密厳浄土を示現すると説く。これも「心浄土浄」の説にもとづいて立てられた浄土である。『華厳経』は大乗諸経のなかで重要な位置にある。一般に『華厳経』は四世紀の于闐で編纂され、ただちに中印度一帯に流伝したとかんがえられている。ところで、五世紀から七世紀に西域および北中印度から来華した胡僧の訳経にはひろく毘盧遮那佛の信仰が反映している。たとえば東魏のころの北印度烏仗那国の人毘目智仙、北周のころの北印度犍陀羅の人闍那耶舎師徒、唐代于闐の人実叉難陀などが訳した経典のはじめには「大智海毘盧遮那」の一句がはいっている。密教『大日経』の成立には『華厳経』の影響があるが、そのなかの大日如来は当時流行していた毘盧遮那信仰を継承したもので、ただ一般に信仰される毘盧遮那と区別するため「摩訶」の一語をくわえたので、密教では大毘盧遮那佛つまり大日如来となったのである。

中国の知識人は僧俗ともに唯心浄土に特別な愛着をもった。宋以降、知識人僧俗はしばしば西方弥陀浄土を唯心浄土と解釈したので、西方弥陀浄土と唯心浄土の関係がしばしば論争の焦点となった。これは清末においてすらその余波がみられる。

第三節　阿弥陀佛浄土

一、阿弥陀佛の出世

(一) 弥陀諸経

現存の大乗経論中、阿弥陀佛およびその浄土を説くものは二百余部あって全体のほぼ三分の一をしめる。そのなかでもっとも早く中国に入って阿弥陀佛信仰を宣揚したのは東漢支讖訳『般舟三昧経』である。この経にいう。

若し沙門、白衣（在家信徒）あって、西方阿弥陀佛刹を聞くところあらば、まさに彼方の佛を念ずべし。戒を欠くを得ず、一心に念ずること若しくは一昼夜、若しくは七日七夜。七日を過ぎて以後、阿弥陀佛を見たてまつる。……これ念佛を用いるが故に、まさに阿弥陀佛国に生ずるを得べし。（『行品』、大正 13-905 上）

日夜一心に阿弥陀佛を思念するなら佛にあうことができる。かつ死後その佛国に生まれることができるという。ただこの『般舟三昧経』は阿弥陀佛信仰を説くことを目的とする経典ではない。

阿弥陀佛信仰を専門に説く最初の経典は東漢失訳『後出阿弥陀佛偈』（大正 12-364）である。五言偈五十六句に「阿弥陀佛説咒」がつく。偈題の下に「古旧の録にいう、訳人の名を欠く、今『後漢録』を紀す」とある。内容はかなり整っているがきわめて簡略である。

東漢以後しだいに弥陀経典の翻訳がすすむが、そのなかでもっとも影響の大きいのは『無量寿経』『観無量寿経』『阿弥陀経』および『無量寿経論』、いわゆる三経一論、後に浄土宗所依の経典となるものである。

『無量寿経』は十二訳がある。宋以後に残るのはそのうちの五訳で「五存七欠」といわれる。残る五訳とはつぎである。

一、東漢支婁迦讖訳『無量清浄平等覚経』二巻。この経は西晋竺法護の訳とする説がある。梁の僧祐『出三蔵記集』には支婁迦讖訳のこの経の記載がない。そして西晋竺法護訳『無量寿経』二巻が二箇所にあらわれ、いずれにも「一名『無量清浄平等覚経』」と注がある。『平等覚経』を呉支謙訳『大阿弥陀経』とくらべると両者の訳文はほぼおなじで、ちがいは『大阿弥陀経』所載の過去佛が三十四にたいし『平等覚経』では三十七、弥陀の二十四願が『平等覚経』で順序が変わる。また文が精練され、偈頌が二箇所多いといったところである。このことは『平等覚経』がおそらく『大阿弥陀経』を基礎に、竺法護によって増補、改訳されたものであることを示す。

二、呉支謙訳『佛説諸佛阿弥陀三耶三佛薩楼佛檀過度人道経』二巻。経録では一般に『阿弥陀経』と簡称しているが、後人は鳩摩羅什訳『阿弥陀経』と区別するためとくに『大阿弥陀経』とよんでいる。

三、曹魏康僧鎧訳『無量寿経』二巻。

四、唐菩提流志訳『大宝積経・無量寿如来会』二巻。『無量寿如来会』と略称される。

五、宋法賢訳『佛説大乗無量寿荘厳経』三巻。

以上が五存である。失われた七種の訳本は宋元以来つぎのようにいわれている。

一、後漢安世高訳『無量寿経』二巻。

二、曹魏白延訳『無量清浄平等覚経』二巻。

三、西晋竺法護訳『無量寿経』二巻。さきに述べたようにこの経はおそらく欠本ではない。あやまって後漢支婁迦識訳とされているものである。

四、東晋竺法力訳『無量寿至真等正覚経』一巻。

五、劉宋佛陀跋陀羅訳『新無量寿経』二巻。

六、劉宋宝雲訳『新無量寿経』二巻。

七、劉宋曇摩密多訳『新無量寿経』二巻。

以上の十二訳である。通行本は康僧鎧訳『無量寿経』である。宋代に王龍舒が四種の訳本（唐菩提流志訳を除く）を一本にあつめ『大阿弥陀経』と称した。また近人夏蓮居は五訳それぞれに文辞に繁簡があり義諦も異同なしとしないとして、五訳を一本にあつめて『佛説大乗無量寿荘厳清浄平等覚経』をつくった。

『観無量寿経』一巻、劉宋畺良耶舍訳。これは『観無量寿佛経』『無量寿佛観経』『無量寿観経』『十六観経』ともよばれ『観経』と略称される。隋費長房『歴代三宝紀』巻四、巻七に畺良耶舍訳のほかに東漢、東晋の訳者不詳の二種の訳をあげる。

『阿弥陀経』一巻、姚秦鳩摩羅什訳。これは『一切諸佛所護念経』『諸佛所護念経』『小無量寿経』『小経』『四紙経』ともよばれる。異訳が二本あって、ひとつは劉宋求那跋陀羅訳『小無量寿経』一巻。これははやく散佚し、わずかに咒文と利益文のみ残っている。いまひとつは唐玄奘訳『称讃浄土佛攝受経』一巻である。

『無量寿経論』一巻世親著。全称は『無量寿経優婆提舍願生偈』で、また『無量寿経願生偈論』『願生偈』『往生浄土論』『往生論』『浄土論』ともよばれる。

『無量寿経』『観無量寿経』『阿弥陀経』の注疏はたいへん多いが、世親『無量寿経論』だけは東魏曇鸞の註のみである。曇鸞の註は世に出るとたちまち経典となり、論とともに世におこなわれた。

（二）弥陀の名号

阿弥陀は梵文の音訳である。阿弥多、阿弭多とも書き、略称して弥陀である。意訳は複雑である。「阿」は梵音の最初の文字で、すべての音、すべての文字は「阿」にかかわっている。「阿」は意訳すると「無」、印度の文字崇拝者はこれを万物の根源、諸法の本体とかんがえ、その含意にきわめて広範な百にあまる解釈をほどこした。「弥陀」は意訳すると量、これにも含義は多い。したがって「阿弥陀」はあわせて「無量」と意訳される。

阿弥陀は別に梵名で阿弥多瘦、意訳して「無量寿」、また梵名阿弥多婆、意訳して「無量光」ともよばれる。梵本『阿弥陀経』『称讃浄土佛攝受経』には、この佛寿命無数、妙光無辺のゆえに無量寿佛、無量光佛と称すという。しかし『般舟三昧経』『大阿弥陀経』『維摩詰経』など初期の経典中では阿弥陀の称号のみである。したがって無量寿、無量光の称は後世その名の原義から出たものと推測される。『平等覚経』『後出阿弥陀佛偈』『称讃浄土佛摂受経』では阿弥陀佛は無量清浄佛と号してその世界は清浄世界、極楽世界とよばれている。

『無量寿経』所載の名号はさらに発展する。上巻にいう。

　このゆえに無量寿佛は無量光佛、無辺光佛、無碍光佛、無対光佛、炎王光佛、清浄光佛、歓喜光佛、智慧光佛、不断光佛、難思光佛、無称光佛、超日月光佛と号す。（大正12-270上）

これは阿弥陀佛の十三名号（無量寿佛を十二光佛に加え）とよばれる。このほかにも阿弥陀佛には多くの称号がある。たとえば無量法身、無量報身、無量応身、無量名号、無量世界、無量眷属、無量方便、無量化佛、無量化禽、無量楽音、無量神通、無量妙智、無量福徳、無量安楽、無量自在、無量大慈、無量大悲、無量勝縁、無量大願、無量種々不可思議神変法力、摂受一切無量衆生等々である。

阿弥陀佛を「無量佛」と訳すのは「佛無量」つまり無数の佛の含意がある。この意味で阿弥陀佛は十方三世無量諸佛の総代表である。したがって『観無量寿経』第九観で「無量寿佛を見る者はすなわち十方無量諸佛を見る」あるいは「この観をなす者は一切佛身を観ずるものと名づく」と説く。この次第で「無量寿佛」と訳しても、「無量佛」と訳しても、その他どのように訳そうとも「阿弥陀佛」にふくまれる多様な内包をあらわすことはできない。そこでひとびとは意訳をすて、音訳で阿弥陀佛と称することですべての含意を保存したといえる。

（三）阿弥陀佛の成佛についての諸説

宗教史学の視点でみると、阿弥陀佛の出現は太陽崇拝とかかわっている。古代印度のバラモン教は太陽を崇拝し、太陽神をミトラとよぶ。「阿弥陀」の意訳である「無量光」は太陽光の転義である。したがって一説では、佛教が古代印度の太陽神思想を取り入れ、さらにギリシヤやペルシヤの他力救済の祈祷、崇拝の影響をうけ、次第に阿弥陀佛を創出したとかんがえる。ただ、いまひとびとが信仰するのは佛教諸経に説く阿弥陀佛である。諸佛典が説く阿弥陀佛はいずれも凡夫俗人が修行を経て成佛した姿である。もとの凡夫俗人がどんな人間であったのか、どのようにして成佛したのか、佛典の説くところは経によってちがいがある。

一、法蔵説

『無量寿経』にはつぎのように説く。過去に佛あって「世自在王佛」（音訳して楼夷亘羅佛、また世饒王佛、饒王佛）と号した。時に一国王あって世自在王佛が佛法を講ずるのを聞き、心に愉悦を懐き、佛道をもとめて国を棄て、僧となって法蔵と名のった。ある日、法蔵は法衣をととのえ佛前に長跪し、佛の功徳を賛嘆してのち佛に告げた「わたしは無上の宏願を発したいと存じます。佛は慈愍し、わがために諸佛如来の浄土の法門をひろくお説きください。わたしは佛の慈旨をそのままお受けし、勤修して、わたしが今発願したところを成満いたします」と。佛は法蔵の心をよみ、その機宜の非凡、智力の高超、意志の強固を知ると、つぎのようにこたえられた。「おまえのため二百一十億の佛刹土の天人の善悪、国土のよしあしをひろく説こう。おまえの心願に応じてその佛刹土をことごとく示現してみせよう」と。法蔵はこれらの佛土を見ると、心をひそめ思惟すること五劫、二百一十億の佛刹土の精華を摂取し、四十八条にまとめた。法蔵はふたたび佛前にいたってこの四十八条を実現せんと願う。つまり四十八願である。法蔵が佛前で四十八願を発すと、たちまち大地震動し、天より妙華が雨ふった。無数劫の修行を経て、功徳をかさね、願行円満して佛位に入り、阿弥陀と号した。阿弥陀佛は成佛以来すでに十劫を経たという。

二、無諍念説

『悲華経』の『大施品』および『諸菩薩本授記品』によると、過去に世界あって刪嵐提と名づけ、劫を善持といい、佛を宝蔵如来といった。時に転輪聖王あって無諍念（無量浄）と名のった。その千子とともに一心に佛道をもとめ、宝蔵如来および諸聖衆に供養した。宝蔵如来は大光明を放ち、十方無量世界を現出し、無諍念とその子に世界を選び取らせた。そのなかには清浄佛土もあれば不浄佛土もあったが、無諍念は不浄浄土を取らず、二十四の願を発して清浄浄土を取ることを願った。無諍念が発願すると、宝蔵如来は無諍念に授記していう。西方百千万佛土を過ぎて世界があって、諸佛あいつぎ世に出て申される「大王よ、このような諸佛はすべてすでに滅度された。さらに一恒河沙にひとしい阿僧祇劫が経つと、第二の恒河沙にひとしい阿僧祇劫に入る。このとき世界は転じて安楽と名づける。なんじはこのときまさに作佛して、無量寿如来、応供、正遍知、明行足、善逝、世間解、無上士、調御丈夫、天人師、佛、世尊と号すであろう」と。つづいて宝蔵如来は無諍念の諸子に授記する。第一太子不眴は観世音菩薩となり、阿弥陀佛入滅後に佛となり、「遍出一切光明功徳山王如来」と号すであろう。第二王子尼摩は大勢至菩薩となり、成佛したとき「善住珍宝山王如来」と名のるであろう。第三王子王衆は文殊菩薩となり、成佛したとき「普現如来」と名のるであろう。第八王子泯図は普賢菩薩となり、成佛したとき「智剛吼自在相王如来」と名のるであろう等と。

三、不思議勝功徳太子説

隋代闍那崛多訳『一向出生菩薩経』にいう。過去に佛あって「宝功徳威宿劫王」と号し、衆生のためにひろく陀羅尼を説かれた。その時、輪王あって「持火」といい、その太子を「不思議勝功徳」といった。歳十六にして佛が法を説くのを聞き、七万歳にわたって精進修行した。睡眠することなく、側伏することなく、一処に端座して、王位財宝にとらわれず、自身を楽しませず、無数の諸佛の説法を聞いて学んだ。そこで出家して僧となり、また九万歳を経て陀羅尼を学び、それによって無量の衆生を教化し、佛道に発心せしめた。功を積み徳をかさねついに成佛した。経中に説く「このとき、不思議勝功徳比丘、あに異人ならん。すなわち阿弥陀如来これなり」と。

四、大通智勝佛之子説

『法華経・化城喩品』に説く。過去に佛あって「大通智勝如来」と名のられた。この佛は本来転輪聖王の子で、かつて十六子があった。かれが出家すると十六子もいっしょに出家し、童子のゆえに沙弥となった。大通智勝佛は十六沙弥および衆人に請われて『法華経』を講じ、八千劫休むことなく講じ、のち静室に入り八万四千劫の禅定にはいられた。十六沙弥は佛が禅定にはいられたのを知り、それぞれ法座にのぼって『法華経』を八万四千劫広説し、無量の衆生を度脱した。八万四千劫の後、大通智勝佛は座にのぼって宣言される「この十六菩薩沙弥ははなはだ稀有なり。諸根通利にして智慧明了なり。すでにかつて無量千万億数の諸佛を供養し、諸佛の所においてつねに梵行を修し、佛智を受持して衆生に開示し、そのうちに入らしむ。汝ら皆まさにしばしば親近しこれに供養すべし」（大正 9-25 中）と。また十六沙弥がすでに無上正等正覚を得て成佛し、十六方国土において説法されていることを告げるが、そのうちふたりの沙弥は「西方二佛となり、ひと方は阿弥陀、いまひと方は度一切世間苦悩と名のられている」（大正 9-25 下）という。このほか東方には阿閦佛、娑婆世界には釈迦牟尼佛が配されている。つまり阿弥陀佛はもと王孫、佛子であり、同時に佛の弟子であったことがわかる。

五、月上王之子説

『鼓音声経』に説く。阿弥陀佛の国は清泰といい、聖王の住むところである。その城はきわめて広く十千由旬、阿弥陀佛の父は転輪聖王で名を月上といい、母は殊勝妙顔という。子は月明といい、奉事する弟子を無垢称といい、智慧の弟子を賢光とよぶ。この経は阿弥陀佛の父母を説くことで有名である。

以上に見た阿弥陀佛の出世についての異なる説明は、阿弥陀佛信仰が流伝するなかで統一の理解がなく、諸説並存であった状況をものがたる。しかし優勝劣敗の原理でやがて『無量寿経』が権威をもち、法蔵比丘が修行して阿弥陀佛となったという説が公認され定説となっていった。そして他の諸説を知るひとはきわめて少なくなったのである。

二、四十八願

『無量寿経』巻上によると阿弥陀佛の本願は四十八願、具体的にはつぎのごとくである。（浄聖 1-225、大正 12-267 下）

一、たとえわたしが佛を得ようとも、その国に地獄、餓鬼、畜生があるなら、わたしは正覚を取らない。

二、たとえわたしが佛を得ようとも、その国のひとびとが寿命つきてのち、ふたたび三悪道にもどるようなことがあるなら、わたしは正覚を取らない。
三、たとえわたしが佛を得ようとも、その国のひとびとが悉く真金色でないなら、わたしは正覚を取らない。
四、たとえわたしが佛を得ようとも、その国のひとびとの形色にちがいがあり、好醜の差があるなら、わたしは正覚を取らない。
五、たとえわたしが佛を得ようとも、その国のひとびとが宿命を識らず、下百千億那由他諸劫の事を知らないようならば、わたしは正覚を取らない。
六、たとえわたしが佛を得ようとも、その国のひとびとが天眼を得ず、下百千億那由他諸佛国を見られないようならば、わたしは正覚を取らない。
七、たとえわたしが佛を得ようとも、その国のひとびとが天耳をもたず、下百千億那由他諸佛の所説を聞いて、そのすべてを受持しないようならば、わたしは正覚を取らない。
八、たとえわたしが佛を得ようとも、その国のひとびとが他人の心を見る智をもたず、下百千億那由他諸佛国中の衆生の心念を知らないようならば、わたしは正覚を取らない。
九、たとえわたしが佛を得ようとも、その国のひとびとが神足をもたず、一念の間に下百千億那由他諸佛国を超過することができないようなら、わたしは正覚を取らない。
一〇、たとえわたしが佛を得ようとも、その国のひとびとがもしわが身に愛着の思いを起こすようなら、わたしは正覚を取らない。
一一、たとえわたしが佛を得ようとも、その国のひとびとが定聚（かならず成佛する位）に住し、必ず滅度に至るのでなければ、わたしは正覚を取らない。

一二、たとえわたしが佛を得ようとも、光明に限りがあって、下百千億那由他諸佛国を照らすことができないようなら、わたしは正覚を取らない。

一三、たとえわたしが佛を得ようとも、寿命に限りがあって、下百千億那由他劫で尽きるようであれば、わたしは正覚を取らない。

一四、たとえわたしが佛を得ようとも、その国の声聞を計量することができ、下三千大千世界の声聞縁覚、百千劫においてなおその数を知ることができるようなら、わたしは正覚を取らない。

一五、その国のひとびとの寿命はすべて無限である。ただその本願があって、短くすること自在の場合を除く。もしそうでなければ、たとえわたしが佛を得ようとも、わたしは正覚を取らない。

一六、たとえわたしが佛を得ようとも、その国のひとびとに不善の名ある者を聞くに至らば、わたしは正覚を取らない。

一七、たとえわたしが佛を得ようとも、十方世界無量諸佛が悉く感嘆してわたしの名を称することがなければ、わたしは正覚を取らない。

一八、たとえわたしが佛を得ようとも、十方の衆生が至心に信楽して、わたしの国に生まれたいと願い、十念して、なお生まれない者があるなら、わたしは正覚を取らない。ただし五逆の者と正法を誹謗する者を除く。

一九、たとえわたしが佛を得ようとも、十方の衆生が菩提心をおこし、諸功徳を修し、至心にわたしの国に生まれんと発願し、臨終にのぞんで、もしわたしが大衆とともに囲繞して、そのひとの前にあらわれなければ、わたしは正覚を取らない。

二〇、たとえわたしが佛を得ようとも、十方の衆生がわたしの名号を聞き、わたしの国におもいをよせ、諸の徳本を植え、至心に回向し、わたしの国に生まれたいと願い、なお果たせない者があるなら、わたしは正覚を取らない。

二一、たとえわたしが佛を得ようとも、その国のひとびとが悉く三十二大人相を成満しないなら、わたしは正覚を取らない。

二二、他方佛土の諸菩薩衆がわたしの国に来生すれば必ず一生補処（菩薩の最高位）にいたるであろう。ただしその本願によって自在に化するのが衆生のためで、弘誓の鎧を着て、徳本を積み、一切を度脱し、諸佛国に遊び、菩薩行を修し、十方諸佛如来に供養し、恒沙ほどの無量の衆生を開化し、無上正真の道を立てしめようとする者を除く。そして常倫諸地の行を超出し、現前に普賢の徳を修せしめよう。もしそうでなければ、たとえわたしが佛を得ようとも、わたしは正覚を取らない。

二三、たとえわたしが佛を得ようとも、その国の菩薩が佛の神力をうけて諸佛を供養しようとするとき、一食の間に、無数無量億那由他の諸佛国に至ることができないようなら、わたしは正覚を取らない。

二四、たとえわたしが佛を得ようとも、その国の菩薩が諸佛の前でその徳本を現ぜんとするとき、求めるところの諸の供養の具が意の如くならないようなら、わたしは正覚を取らない。

二五、たとえわたしが佛を得ようとも、その国の菩薩が一切智を演説することができないなら、わたしは正覚を取らない。

二六、たとえわたしが佛を得ようとも、その国の菩薩が金剛那羅延身（金剛力士）のような力と身体をもたないなら、わたしは正覚を取らない。

二七、その国のひとびとや一切万物は厳浄光麗にして、形色特殊で、微をきわめ妙をつくし、とても量ることができない。それにもかかわらず衆生があるいは天眼を得て、はっきりとその名数を弁別するようなことがあれば、たとえわたしが佛を得ようとも、わたしは正覚を取らない。

二八、たとえわたしが佛を得ようとも、その国の菩薩で少功徳の者でも、その道場樹（菩提樹）が無量の光色をもち、高さ四百万里であるのを知見することができないようなら、わたしは正覚を取らない。

二九、たとえわたしが佛を得ようとも、その国の菩薩が経法を受読して、諷誦持説し、なお辯才智慧を得られないようなら、わたしは正覚を取らない。

三〇、たとえわたしが佛を得ようとも、その国の菩薩の智慧辯才にもし限りがあるなら、わたしは正覚を取らない。

三一、わたしの佛国は清浄にして、十方一切無量無数不可思議諸佛世界を悉く照見し、あたかも明鏡にそのさまを映すがごとくである。もしそうでなければ、たとえわたしが佛を得ようとも、わたしは正覚を取らない。

三二、わたしの佛国では、地から虚空にいたるまで、宮殿楼観、池流華樹、国土の一切万物はみな無量の雑宝、百千種の香でつくられ、その厳飾の麗しいことは天と人の境を超える。香のかおりは十方世界を薫じ、菩薩でこれをかぐ者はみな佛行を修める。もしそうでなければ、たとえわたしが佛を得ようとも、わたしは正覚を取らない。

三三、十方無量不可思議諸佛世界の衆生で、わたしの光明を蒙り、その身に触れる者は身心柔軟となり、天と人の境を超えるであろう。もしそうでなければ、たとえわたしが佛を得ようとも、わたしは正覚を取らない。

三四、たとえわたしが佛を得ようとも、十方無量不可思議諸佛世界の衆生で、わたしの名字を聞き、菩薩の無生法忍、諸の深総持（深妙の陀羅尼）を得ることがないなら、わたしは正覚を取らない。

三五、たとえわたしが佛を得ようとも、十方無量不可思議諸佛世界に女人あって、わたしの名字を聞き、歓喜信楽して菩提心をおこし、女身をいとう者が、命終して後なお女像のままであったら、わたしは正覚を取らない。

三六、十方無量不可思議諸佛世界の諸の菩薩衆は、わたしの名字を聞いて、命終の後つねに梵行を修し、佛道を成ずるにいたるであろう。もしそうでなければ、たとえわたしが佛を得ようとも、わたしは正覚を取らない。

三七、十方無量不可思議諸佛世界の諸天人民が、わたしの名字を聞いて、五体投地、稽首作礼し、歓喜信楽して菩薩行を修するなら、諸天の世人はすべて敬を致すであろう。もしそうでなければ、たとえわたしが佛を得ようとも、わたしは正覚を取らない。

三八、その国のひとびとが衣服をほしいと思えば思いのままに衣服を手に入れ、佛が賛するような応法の妙服もおのずとその身につく。もし裁縫、染付け、洗濯などが必要になるなら、たとえわたしが佛を得ようとも、わたしは正覚を取らない。

三九、たとえわたしが佛を得ようとも、その国のひとびとが受ける快楽が、漏尽比丘（煩悩を断じ尽くした比丘）のようなものでなければ、わたしは正覚を取らない。

四〇、その国の菩薩が思いたって十方無量厳浄佛土を見ようとすると、時に応じて願いのごとく、宝樹中にすべてを照見し、あたかも明鏡にその像を見るがごとくであろう。もしそうでなければ、たとえわたしが佛を得ようとも、わたしは正覚を取らない。

四一、たとえわたしが佛を得ようとも、他方国土の諸菩薩衆で、わたしの名字を聞いて、佛を得るまでに諸根欠如し、具足せざる者があるなら、わたしは正覚を取らない。

四二、他方国土の諸菩薩衆は、わたしの名字を聞いて、皆悉く清浄解脱三昧を逮得するであろう。そしてこの三昧に住して、わずかに思いをおこす間に無量不可思議諸佛世界を供養し、それによって定意（不動心）を失うことはないであろう。もしそうでなければ、たとえわたしが佛を得ようとも、わたしは正覚を取らない。

四三、他方国土の諸菩薩衆は、わたしの名字を聞いて、命終の後、尊貴の家に生まれるであろう。もしそうでなければ、たとえわたしが佛を得ようとも、わたしは正覚を取らない。

四四、他方国土の諸菩薩衆は、わたしの名字を聞いて、歓喜踊躍し、菩薩行を修して徳本を具足するであろう。もしそうでなければ、たとえわたしが佛を得ようとも、わたしは正覚を取らない。

四五、他方国土の諸菩薩衆は、わたしの名字を聞いて、普等三昧を逮得するであろう。そしてこの三昧に住し、成佛に至るまで、つねに無量不可思議一切諸佛を見るであろう。もしそうでなければ、たとえわたしが佛を得ようとも、わたしは正覚を取らない。

四六、その国の菩薩は、その希望に随って、聞きたいと思う法をおのずと聞くことができるであろう。もしそうでなければ、たとえわたしが佛を得ようとも、わたしは正覚を取らない。

四七、他方国土の諸菩薩衆は、わたしの名字を聞いて、ただちに不退転に至るであろう。もしそうでなければ、たとえわたしが佛を得ようとも、わたしは正覚を取らない。

四八、たとえわたしが佛を得ようとも、他方国土の諸菩薩衆が、わたしの名字を聞いて、ただちに第一忍、第二、第三法忍（音響忍、柔順忍、無生忍）に至ることができず、かつ諸佛の法においてただちに不退転を得ることができないようなら、わたしは正覚を取らない。

この四十八願はまた四十八大願、六八弘願、六八超世願などともよばれる。

隋慧遠は『無量寿経義疏』巻上で四十八願を三類にわける。第一二、一三、一七の三願を摂法身願、第三一、三二の二願を摂浄土願、その他の四十三願を摂衆生願とする。このほかにも多様な分類がおこなわれている。

阿弥陀佛の本願についてまず指摘されるのは、後漢訳『平等覚経』、呉訳『大阿弥陀経』、後漢訳『後出阿弥陀佛偈』ではいずれも二十四願、鳩摩羅什訳『摩訶般若経』は三十願、宋訳『大乗無量荘厳経』では三十六願、曹魏訳『無量寿経』および唐訳『無量寿如来会』で四十八願になることである。このちがいは依拠した原本のちがいによる。原本は二十四から三十、さらに三十六、四十八と弥陀本願の発展の軌跡を反映している。あとから出るものはさきのものをとりこみ、内容を豊かにする。ただ『大阿弥陀経』巻上に説く第二願、「国無女人」と「蓮花化生」の二条は曹魏訳『無量寿経』にみられない。総体的にいって曹魏訳『無量寿経』の四十八願がもっともよく整っており、一般にみとめられる本願である。

三、弥陀浄土の依正荘厳

四十八願を青写真としてつくられた阿弥陀佛浄土は、それぞれ『無量寿経』では「安楽」に、『阿弥陀経』では「極楽」に、『文殊師利佛土厳浄経』では「安養」に、『鼓音声経』では「清泰」に喩えられ、したがって安楽国、安楽浄土、安楽世界、極楽国、極楽浄土、極楽世界、西方極楽世界、安養国、安養浄土、安養世界、西方浄土、弥陀国、弥陀浄土等々によばれている。

浄土は菩薩の善業因によってもたらされた果報であり、正依二報にわけられる。正報とは成就した佛、菩薩ないし衆生そのものであり、依報とは衆生の依止する国土である。この弥陀浄土の依正二報の荘厳は『無量寿経』が描写し、世親の『無量寿経論』(『往生論』)がこれらの描写を概括整理して二種の清浄とし、つぎの二十九種の荘厳成就にまとめている。(浄全 1-193、大正 26-231 中)

器世間清浄(依報)、十七種の荘厳成就がある。

一、国土相は三界道に勝過する。荘厳清浄功徳成就と名づける。

二、その国は広大で、虚空を量るがごとく無際限である。荘厳量功徳成就と名づける。

三、菩薩の正道大慈悲出世善根より生じたもの。荘厳性功徳成就と名づける。

四、清浄光明が円満に荘厳する。荘厳形相功徳成就と名づける。

五、諸の珍宝性をそなえ、奇妙な宝物をだす。荘厳種々事功徳成就と名づける。

六、無垢の光明がつねに世間を照らす。荘厳妙色功徳成就と名づける。
七、その国の宝は柔軟で、触れる者を喜ばし、優れた楽しみがうまれる。荘厳触功徳成就と名づける。
八、千万の宝華が池泉を荘厳し、宝殿、楼閣、宝樹、雑色光明が地をおおい、無量の宝網が虚空にあまねき、鈴がつねに法音を発する。荘厳三種功徳成就と名づける。
九、虚空にはつねに天華、天衣、天香が雨ふり、普香で荘厳される。荘厳雨功徳成就と名づける。
一〇、佛の智慧の光明がつねに照らし、無知に闇を払う。荘厳光明功徳成就と名づける。
一一、梵声が開悟し、微妙の法が遠く十方におよぶ。荘厳妙声功徳成就と名づける。
一二、阿弥陀佛が無上の法王として善力をもって住持する。荘厳主動功徳成就と名づける。
一三、眷属は如来の浄華より化生したものである。荘厳眷属功徳成就と名づける。
一四、佛法味を愛楽し、禅三昧を食とする。荘厳受用功徳成就と名づける。
一五、永く身心の諸苦をはなれ、無間の楽をうける。荘厳無諸難功徳成就と名づける。
一六、二乗、女人、根欠の名を聞くことがない。荘厳大義門功徳成就と名づける。
一七、衆生がもとめるところはすべて思いのままに満たされる。荘厳一切所求満足功徳成就と名づける。
衆生世間清浄（正報）、十二種の荘厳成就がある。
一、無量大宝王微妙華台を佛座とされる。荘厳座功徳成就と名づける。
二、無量の相好、無量の光明で佛身が荘厳される。荘厳身業功徳成就と名づける。
三、佛の無量の辯才は応機の説法をされ、清白を具足する。衆生をして楽んで聞かしめ、聞く者を必ず悟解せしめ、虚説されるところがない。荘厳口業功徳成就と名づける。
四、佛の真如の智慧は虚空のごとく、諸法の総相、別相を照らして分別されるところがない。荘厳心業功徳成就と名づける。
五、天人不動衆は荘厳広大で、たとえれば須弥山のごとく、四大海を映し、法王ともに具足される。荘厳大衆功徳成就と名づける。
六、佛は無量の果を成就され、およぶものはない。ましてそれを超えるものはあるべくもない。荘厳上首功徳成就と名づける。
七、天人丈夫の調御師となられ、大衆に恭敬囲繞され、あたかも獅子王が獅子に囲繞されるがごとくである。荘厳主功徳成就と名づける。
八、佛の本願力は諸功徳を住持し、遇うものがむなしく過ぎるということはない。たちまちに功徳の大宝海に満たされる。未証の浄心の菩薩は畢竟平等の法身を得て、浄心菩薩、上地菩薩とともに、同じく寂滅の平等を得る。荘厳不虚作住持功徳成就と名づける。
九、諸菩薩衆は身を動かさずしてあまねく十方に至り、種々に応化し、如実に修行し、つねに佛事をなされる。
一〇、このような応化身の菩薩はつねに前後の差なく瞬時に大光明を放ち、あまねく十方世界に至り、衆生を教化し、種々の方便、修行で一切衆生の苦悩を除滅される。
一一、これらの菩薩は一切世界において、あますことなく諸佛の大会を照らし、広大無量の供養をし、恭敬して諸佛如来の功徳を賛嘆される。
一二、これらの諸菩薩は一切世界のまだ三宝のない処に、佛法僧の宝功徳大海を住持荘厳して、あまねくこれを示し、理解せしめて、如実に修行される。
この二十九種の荘厳は弥陀浄土の依正二報の荘厳を概括して、弥陀浄土の安楽の情景を伝えている。系統的かつ全面的であるが、残念ながら簡略にすぎる。このため曇鸞が註をつくったが、これはまたのちの話である。

世親の二十九種の荘厳は『無量寿経』の具体的描写をつなぎあわせたものだが、現代的な視点で弥陀浄土を見ればどんなものか。つぎのような特色をもつといえるだろう。

一、優美な自然環境

弥陀の浄土は自然の恐怖や圧迫のまったくない安楽な世界である。必要なものはすべて満たされる。着るものはどんな珍宝であれ、着ようとおもえばなんでも着ること、身につけることができる。食べ物は禅三昧食、食べたいものが食べられ、食べたいときに食べられる。住まいは宝殿楼閣、いたるところに八功徳水があっておもいのままに沐浴できる。目にふれるものはすべて珍花宝樹、耳に聞くものはすべて愉悦の音である。どこに行っても光と香気があふれ、七宝柔軟、美しいものが身近にある。広大無限の国土は平坦な沃野で、高山険阻、不毛の地はない。気候は温和で春夏秋冬というものはない。衆生が楽しみたいものはおもいのまま、なにひとつ満たされないものはない。

二、平等で穏やかな社会生活

階級社会では人と人のあいだに平等な関係はなく、社会は搾取者と被搾取者、統治者と被統治者、主人と下僕にわかれ、このため階級闘争がおこる。権力や利益の奪いあい、たがいの騙しあい、戦争と殺戮、手段をえらばない強奪等々に世はあけくれる。また、種族、民族、種姓、地域の間の矛盾がある。しかし弥陀浄土にこのような現象はない。平等な社会である。平等は住民の間だけではなく、住民と佛、菩薩の間でも平等である。階級、種族、民族、地域などのちがいは存在しない。佛はただ導師、教化者で、搾取者、統治者、主宰者ではない。諸法平等、一切の現象において平等、無差別である。したがってそれぞれが達する智慧も平等、無差別である。社会生活は安寧、だれも私欲がないし、まして人を陥れることはない。見られるのは自利利他、ともに無上菩提を求めるおこないばかりである。

三、身心健康な新人

現実世界は自然の脅威や人間関係の抑圧で人生には苦難や煩悩が満ちている。佛教はこれらの苦難や煩悩を概括して「汚穢」ととらえる。したがって現実世界は穢土である。これに反し弥陀浄土の根本的特徴は「清浄」である。国土は清浄であり、そこに生活する衆生も清浄である。したがって浄土とよぶ。衆生の清浄は身体ばかりでなく精神においてもそうである。衆生はすべて化生（四生の一）であり、胎生、卵生や湿生はない。女性はなく、すべての女性は弥陀浄土に来ると男に転ずる。六根残欠の人はおらず、みな金剛力士のごとく健康である。だれしも天眼、天耳、他心智、神足、宿命の五神通をそなえる。身体は真金色で寿命は無限、三十二相は佛のごとく、三悪道を永離する。衆生は身に苦難を脱し、心に煩悩をはなれ、執着をすて、無量功徳を成じて深く正慧に入り、もはや余習（煩悩を断じたのちにのこる習気）もない。したがってひとびとはみな身心ともに健康な理想化された新人である。

しかし、この理想の国にも理想的でない部分がある。「辺胎」である。『無量寿経』巻下に説く。

もし衆生ありて、疑惑の心を以て諸功徳を修し、かの国に生まれんことを願う。佛智、不思議智、不可称智、大乗広智、無等無倫最上勝智を了解せず、この諸智において疑惑して信ぜず。しかしてなお罪福を信じて、善本を修習し、その国に生まれんことを願う。この衆生かの宮殿に生まれ、寿五百歳、つねに佛を見ず、経法を聞かず、菩薩声聞聖衆を見ず、この故にかの国土において、これを胎生という。（浄聖 1-280、大正 12-278 上）

『大阿弥陀経』巻下にはつぎのようにもいう。もし衆生あって諸功徳を修し、かの国に生まれることを願う。しかし、のちにこれを悔い、疑惑を生じ、かの佛刹を信ぜず、往生を信ぜず、布施作善を信ぜず、世に福を得る。この人のちに念心を続けるといえども、暫く信じ、暫く信ぜず、意思猶予して拠るところなし。この人命終に臨んで、佛処に至るあたわず。ただ弥陀辺界の七宝宮殿を見て、歓喜心を以て城内に止住し、水池中に化生するのみ。その城広大にして南北二千里、中に七宝の舎宅、七宝の浴池あり。池中に自然の花香あって、七宝の行樹は五音をかなでる。この人意のままに、自然に百味飲食を得て、城中の快楽は第二忉利天のごとくである。しかしこの人は城を出ることあたわず、佛にあうことあたわず、経を聞くことあたわず、諸比丘僧を見ることあたわずで、浄土の諸菩薩、阿羅漢の相貌を知ることもない。この辺胎にとどまること五百歳ののちはじめて阿弥陀佛処に至り、漸次智慧の開明を得る。疑いによって辺地の城にとどまる故に疑城、辺地ともよばれると。

辺地宮胎の理解について浄土諸家に各種の異説があるが、これはのちの話である。

四、一佛二菩薩の身相

弥陀浄土の教主は阿弥陀佛であり、その助手は観世音菩薩と大勢至菩薩、あわせて弥陀三尊、西方三聖とよばれる。阿弥陀佛の形相を『観無量寿経』は「三十二相」「八十随形好」に概括する。「三十二相」とは本来、古代印度の理想化された転輪聖王の形相である。小乗の時代に釈迦牟尼佛の形相も三十二種の特徴をもって描かれた。この三十二種の特徴は三十二大人相とよばれ、八十種好とあわせて「相好」と称される。のちにすべての佛が相好をそなえ同じになり、「千佛一面」といわれるが、阿弥陀佛も当然この三十二種の特徴をもつ。

三十二相の名称の順序は異論があるが、『大智度論』巻四（大正25-90上）によるとつぎのごとくである。

一、足下安平立相——立ったとき足の下が平満でくぼみがない。これは佛が因位の菩薩道を行じたとき、六波羅蜜を修して感得した妙相で、引導利益の徳をあらわす。

二、足下二輪相——千輻輪相ともいう。足の下に車の輪のような輪紋があり、衆相円満、千輻の輪のごとくである。この相は怨敵悪魔をたおすことができ、愚痴と無明を破る徳をあらわす。

三、長指相——指繊長相、指長好相、繊長指相ともいう。両手両足の指が細長く端正な相、また諸師長を恭敬礼拝することで驕慢心を除去する相である。寿命長遠、衆生によろこんで帰依せしめる徳をあらわす。

四、足跟広平相——足跟円満相、足跟長相ともいう。踵が広長円満である。これは持戒、聞法、勤修行業によってもたらされた相で、未来際を尽くして一切衆生を化益する徳をあらわす。

五、手足指縵網相——指間雁王相、指網縵相ともいう。手足のそれぞれの指のあいだに鳥の水かき状の紋様がある。雁王の指を張ればあらわれ、張らざればあらわれないごとくである。この相は四摂法、摂持衆生を修するがゆえのもので、出没自在たりうる。煩悩悪業を離れ、無為の彼岸に至る徳をあらわす。

六、手足柔軟相——手足如兜羅綿相ともいう。手足がきわめてやわらかい。上妙の飲食や衣具を師長に供養し、あるいは父母師長が病の時、その手で拭洗等供養して感得する相。佛が慈悲柔軟の手で親疎ともの摂取する徳をあらわす。

七、足趺高満相——足趺隆起相、足趺端厚相、足趺高平相ともいう。足背が高起し円満の相。これは佛が因位に修福、勇猛精進して感得した相で、利益衆生、大悲無上の内徳をあらわす。

八、腨如鹿王相——ふくらはぎが鹿王のごとくふっくらとしている。これは昔専心に聞法演説して感得した相で、一切罪障消滅の徳をあらわす。

九、正立手摩膝相——垂手過膝相ともいう。立ったとき、両手を下に垂れると膝をこえるほど長い。これは慢心を離れ、恵施を好み、貪着しないことから感得したもので、一切の悪魔を降伏し、摩頂の衆生を哀愍する徳をあらわす。

一〇、陰蔵相——馬陰蔵相ともいう。男根を馬のごとく体内にかくす相である。邪淫を断除し、畏怖する衆生を救護することから感得したもの。寿命長遠、多数の弟子を得る徳をあらわす。

一一、身広長等相――円身相、尼倶盧陀身相ともいう。佛身は左右上下均整がとれ、周匝円満、尼拘律樹のごとくである。これはつねに衆生に三昧を行ずることをすすめ、無畏施をつとめ感得したものである。無上法王尊貴自在の徳をあらわす。

一二、毛上向相――身毛右旋相ともいう。佛の身体の一切の毛はすべて右にめぐり、その色は紺青、柔潤である。この相は一切の善法を行じたことによるもので、衆生に瞻仰せしめ、心に歓喜を生ぜしめ、獲益無量たらしめる。

一三、一々孔一毛生相――孔生一毛相、一孔一毛不相雑乱相ともいう。一孔に一毛を生じ、その毛は青瑠璃色、それぞれの毛孔はみな香気を出す。一切の有情に供養し、人に倦ましめず、智者に近づき、棘の道の掃除等を尊重したことによって感得した妙相である。その光を蒙るものは二十劫の罪障を消滅することができる。

一四、金色相――金色身相ともいう。佛身および手足は真金色で、衆宝で荘厳した妙金台のごとくである。諸忿恚を離れ、慈眼で衆生を顧見したことにより感得したもので、衆生に瞻仰せしめ、愛楽を棄て、滅罪生善をまねく。

一五、大光相――円光一尋相ともいう。佛の身光はあまねく三千世界を照らすが、なお四面に各一丈のかがやきがある。大菩提心を発し、無量行願を修したことによるもの。罪障を除滅し、一切の志願すべて満足する徳をあらわす。

一六、細薄皮相――皮膚細軟相ともいう。皮膚がきめ細かく、潤沢で、塵垢に染まらない。清浄の衣、房舎、楼閣等を衆生に施与し、悪人を離れ智者に近づいたことで感得された相である。佛の平等無垢、大慈悲を以て衆生を化益する徳をあらわす。

一七、七処隆満相――両手、両足の下、両肩、うなじの七箇所の肉付きが豊かで、かつ柔軟である。みずからの愛するものを惜しまず施与したことから感得したもの。一切衆生に滅罪生善をもたらす徳をあらわす。

一八、腋下平満相――肩膊円満相ともいう。両腋下の骨肉円満でふっくらとしている。佛が衆生に医薬、飲食をあたえ、またみずから看病をして感得した妙相である。

一九、上身如獅子相――上身相、獅子身相ともいう。佛の上半身は広大、行住坐臥にその威容は端厳で、獅子王のごとくである。佛が無量世界でかつて両舌なく、人に善法を教え、仁和を行じ、慢心を離れて感得した相である。威容高貴、慈悲満足の徳をあらわす。

二〇、大直身相――身広洪直相ともいう。一切の人のなかで佛身は最大かつまっすぐである。佛が施薬看病し、殺盗戒をたもち、驕慢心を遠ざけて感得した相で、見聞する衆生の苦をとどめ、十善行を修して正念を得させる。

二一、肩円好相――両肩の肉付きがよく、殊勝微妙である。造像や修塔によって無畏を施こして感得したもので、滅惑除業の無量功徳をあらわす。

二二、四十歯相――佛は四十歯をもち、よく整って、平満白雪のごとくである。この相は両舌、悪口、恚心を遠ざけ、平等慈悲を修め感得したもので、つねに清浄の妙香を出し、衆生の悪口業を制し、無量罪を滅し、無量楽をうけしめる。

二三、歯斉相――歯密平斉相ともいう。いずれの歯もほどよい大きさで、歯間密接しあいだに一毫をもいれない。十善法を以て衆生を化益し、またつねに他人の功徳を称揚して感得したもの。清浄、和順、同心の眷属を得る徳をあらわす。

二四、牙白相――四牙白浄相ともいう。佛は四十歯のほかに上下に各二歯あって、その色は鮮白、鋭いこと刃のごとく、硬いこと金剛のごとくである。つねに善法を思惟し、慈悲を修し感得した相である。一切衆生の強固堅固な三毒を破砕する。

二五、獅子頬相――頬車相ともいう。両頬が隆満し獅子の頬のごとくである。この相を見るものは百劫の生死の罪を除滅して、諸佛に会うことができる。
二六、味中得上味相――常得上味相、知味味相ともいう。佛の口はつねに諸味中の最上味を得る。衆生を見ること一子のごとく、諸善法を以て菩薩を回向し感得した相で、佛の妙法が衆生の志願を満足せしめる徳をあらわす。
二七、大舌相――広長舌相、舌軟薄相ともいう。佛の舌は広く、長く、薄く、やわらかい。伸ばすと髪の際までを覆うことができる。弘願の心をおこし、大悲行を以て法界に回向し感得した相である。この相を観るものは百億八万四千劫の生死の罪を滅し、八十億の諸佛菩薩にあって記を受けることができる。
二八、梵声相――声如梵王相ともいう。佛の清浄の梵音は、洪音円満、天鼓の響くがごとく、また迦陵頻伽の音のごとくである。実語、美語をかたり、一切の悪言を制止して得たもの。聞くものはその器にしたがって得益生善する。また大小の権実教についても疑惑が断消する。
二九、真青眼相――目紺青相、蓮目相ともいう。佛眼は紺青にして青蓮花のごとくである。生生世世慈心慈眼、歓喜心を以て乞者に施与し感得した相である。
三〇、牛眼睫相――眼如牛王相ともいう。佛の睫は整って乱れがない。一切衆生を見ること父母のごとく、一子を思う心を以て憐憫愛護して感得した相である。
三一、頂髻相――肉髻相ともいう。頂上に肉あって髻のごとく隆起する。人に十善法を受持せしめ、みずからもまた受持することによって感得したもの。
三二、白毛相――眉間毫相ともいう。両眉のあいだに白毫があって、柔軟なこと兜羅綿のごとく、一丈五尺の長さで右旋して巻収されている。つねに光を放っているので毫光、眉間光とよばれる。衆生が三学を修するのを見て称揚賛嘆したことでこの妙相を感得した。
以上の三十二相は、百善を行じて一妙相を得るということから、「百福荘厳」とよばれる。

三十二相は外見上わかりやすい形相であるが、これにともなってあらわれる微細な、わかりにくい形状が八十種あって、八十種好、八十随形好、八十随好、八十微妙種好、八十種小相、衆好八十章などとよばれる。転輪聖王は三十二相を具足するが、八十種好を同時に具足できるのは佛と菩薩だけである。

八十種好の順序、名称については諸説紛々である。『大般若経』巻三八一によるとつぎのごとくである。

（1）指の爪が細長く薄く光沢がある。（2）手足の指は円く繊長、柔軟である。（3）手足はそれぞれ長さひとしく、指のあいだはみな充密している。（4）手足は光沢があって、色は蓮華のごとくである。（5）筋骨はみな隠れ現れない。（6）両踝はともに現れない。（7）佛の行歩は威儀があって、そのおだやかなことは龍象王のごとくである。（8）佛の行歩は威容があって獅子王のごとくである。（9）佛の行歩の安らかなことは牛王のごとくである。（10）佛の行歩進止そのみやびなことは鵞王のごとくである。（11）佛の回顧は必ず右旋で、龍象王が身を挙げて随転するがごとくである。（12）肢節はひとしく円妙である。（13）骨節は交結し隙なきこと龍盤のごとくである。（14）膝輪はおだやかに円い。（15）陰処の紋様は妙好、清浄である。（16）身肢潤滑柔軟で清潔である。（17）身容敦粛にして無畏である。（18）身肢壮健である。（19）身体安康円満である。（20）身相は仙王のごとく、周匝端厳にかがやく。（21）周匝に円光あって、つねに自ら照耀する。（22）腹は方正、荘厳である。（23）臍は深く右旋する。（24）四牙は鮮白鋒利である。（25）つねに身心適悦で上味を得る。（26）掌柔軟、足下平らかである。（27）手紋は深長、鮮明である。（28）唇のいろは光沢があってあかい。（29）顔は長からず短からず、大きからずちいさからず、端厳である。（30）舌は柔らかく薄く長い。（31）声は威厳があって清澄している。（32）音韻は美妙で深い谷に響くがごとくである。（33）鼻は高く真っ直ぐで、鼻孔は見えない。（34）歯はよく整っており鮮白である。（35）犬歯はまるく、白く光沢があって鋭い。（36）眼は澄んで黒白鮮明である。（37）眼相は修高である。（38）眼睫は上下ひとしく稠密である。（39）両眉は長く細くかつ柔らかい。（40）両眉は紺瑠璃色を呈する。（41）眉は高く新月の形である。(42)耳は厚く広大で長く、輪埵を成就する。(43)両耳はそろって平らか、衆の過失を離れる。(44)容儀は見る者をして愛敬を生ぜしむ。(45)額は広く平正である。(46)その身の威厳は比すべきものがない。(47)髪は長く紺青で周密、白くない。(48)髪は香りあって清く、細やかで潤いがある。(49)髪はよく整い乱れるところがない。(50)髪は断落することがない。(51)髪は殊妙に光沢があり、塵がつかない。(52)身体は堅固よく充実している。(53)身体は長大かつ端直である。(54)諸竅は清浄で円好である。(55)身体の力はとくに優れ比べる者はいない。(56)身相は見るものがみな楽しむところである。(57)面輪は優れ、秋の満月のごとくである。(58)顔貌はのびやかかつ安泰である。(59)面貌は光沢があって顰蹙することはない。(60)皮膚は清浄無垢で臭穢はない。(61)諸毛孔からつねに妙香を発している。(62)面門はつねに最上の殊勝の香をだす。(63)首の相は周円妙好である。(64)身体の毛は紺青で輝いている。(65)説法の声は衆の多少に随い、理に応じてちがいがない。(66)頂相は見ることのできる者がない。(67)手足の指の指網ははっきりしている。(68)歩くとき、足の地を離れること四指量である。(69)自ら持して他の守りをまたず、身傾動したり、逶迤することなし。(70)その威徳は一切をおさめる。(71)音声は卑しからず高ぶらず、衆にしたがって意を生ず。(72)諸有情に随って楽しんで説法をされる。(73)一音をもって正法を説き、有情類に随って得解せしむ。(74)説法は次第に依り因縁にしたがう。(75)有情を観ずるに善をほめ悪をやぶるも愛憎することなし。(76)ものごとをなすにはまず観じ後に行い軌範具足する。(77)その相好は有情が観じ尽くすことのできないものである。(78)頂骨は堅実円満である。(79)顔容はつねに若く老いることがない。(80)手足および胸臆の前には吉祥の喜旋徳相(卍印)がある。

『観無量寿経』には阿弥陀佛の三十二相、八十随形好のほかに、無量寿佛の身相としてつぎのように説く「その身は百千万億の夜摩天の閻浮檀金の色のごとし。佛身の高さは六十万億那由他、恒河沙由旬なり。眉間の白毫は右にめぐりて婉転し、五須弥山のごとし。佛眼は四大海水のごとく、青白分明なり。身の諸の毛孔より光明を演出し、須弥山のごとし。彼の佛の円光は百億三千大千世界のごとく、円光中に百億那由他恒河沙の化佛あり。一々の化佛はまた衆多無数の化菩薩あって、以て侍者となす。無量寿佛に八万四千の相あり。一々の相中に各八万四千の随形好あり。一々の好中にまた八万四千の光明あり。一々の光明はあまねく十方世界を照らす」と。

観世音菩薩については『観無量寿経』に「その余の身相は衆好具足し、佛と異ならず。ただ頂上の肉髻および無見頂相は世尊におよばず」という。つまり観世音菩薩は阿弥陀佛とおなじく三十二相と八十種好をそなえるが、ただ頂上の肉髻と無見頂相が佛に劣るという。頂上の肉髻は三十二相のひとつ、無見頂相は八十種好のひとつである。両者はちがっているようで、実は大差がない。三十二相からいえば頂上に肉髻があるが、八十種好からいえばこれはだれにも見えない。見えないものがあるのだから微細な特徴、「好」に帰すべきものとする。いずれも肉髻をちがう角度からいったにすぎない。また「世尊におよばず」というのはその高さや大きさをいうのか、その意味は経中に説明されない。

大勢至菩薩の形相は『観無量寿経』に「頂上の肉髻は鉢頭摩華のごとし。肉髻上に一宝瓶あって諸光明を盛り、ひろく佛事を現ず。余の諸身相は観世音菩薩のごとく、ひとしくて、異なるところあるなし」という。大勢至菩薩も観世音菩薩とおなじように三十二相、八十種好をそなえ、肉髻も佛に劣る。しかし大勢至菩薩の肉髻はすこぶる神奇である。肉髻上の宝瓶は種々の佛事を演ずるという。もちろん、だからといって大勢至菩薩が観世音菩薩よりすぐれるともいえない。観世音菩薩の眉間には白玉毫があって、八万四千種の光明を放ち、それぞれの光明には無量百千の佛が無数の菩薩を侍者としてやどるという。この白玉毫をとるだけでも大勢至菩薩の肉髻に匹敵するであろう。『観無量寿経』中の両菩薩はいずれもすぐれた存在なのである。

五、念佛の方法

佛教の修行法は歴史的にみてかなり複雑である。小乗佛教は阿羅漢果を得ることを目標にするが、たとえ善をつみ徳をかさね、身に善根があったとしても、解脱を得るには少なくとも三生を要するという。どうかすれば千生を経ても、いや百千劫を経ても解脱できず、生死流転をくりかえす。一方、大乗佛教ではだれもが成佛できるとする。しかし多くの流派では累世の修行を必要とし、一生一世では達せられない。『道行般若・曇無竭品』にいう。

怛薩阿竭阿羅訶三耶三佛身（如来無上正等正覚身）を成ずるには一事を以てせず、二事を以て成ぜず、若干百千事を以てす。若し世世功徳を作し、本願の致すところ、また世世人に教え、これを用いるが故に成佛し、身相及び諸好悉くかくのごときを見る。（大正 8-476 中）

これは菩薩が成佛しようとすれば世世功徳をつみ、世世人に教えねばならないという。一方衆生は無際限であるから、菩薩が衆生を度脱しようとすれば、その修行は当然無限に長い過程となる。

この煩雑艱難な修行と異なり、弥陀経典ではきわめて簡便易行、速効的な修行の法門を提起する。つまり念佛である。念佛の「念」はまた「憶」につくる。所縁の事を明白に記憶し、忘れないことである。漢字の「念」に「心」がつくのは適切で、本来心中の活動である。釈尊入滅後その偉大な人格や力を弟子たちは深くなつかしんだ。あるものは佛の温容を思い、あるものは佛の教義を思い、またあるものは佛の名号を口にし、そのなかから慰めを得て、佛法を盛んにして解脱をもとめる決心をあらたにした。したがって佛を憶念する念佛ということは早くからあったとおもわれる。ただ念じたのは釈尊だけ、それも多くの場合個人の自発的行為であった。

部派佛教の時代になると念佛の功徳はひとびとに重視される。『増一阿含経』巻一の『十念品』、巻二の『広演品』、『諸経要集』巻三などはいずれも念佛をもって十随念の一とする。十随念とは観想、思念をいい、十の対象を思念することによって妄想やこころの乱れを封ずるものである。

（1）念佛――如来の相好を専念繫想する。（2）念法――修行の軌則および諸佛の教法を専念繫想する。（3）念衆――念僧ともいうが四双八輩（小乗における行者の位）の聖衆を専念繫想する。（4）念戒――持戒よく諸悪をとどめ、道品を成就することを専念繫想する。（5）念施――布施がよく慳貪を破り、福果を育て、いっさいに利益し、かつ後悔や求報の心がないことを専念繫想する。（6）念天――諸天が善行成就し、勝身を感得し、衆福具足していることを思い、われもまたかくのごとく善業を修し、かくのごとき身を感得せんと専念繫想する。（7）念休息――寂静の処に閑居し、一切の縁務を屏息して、聖道に修習することを専念繫想する。（8）念安般――心をおさめ静慮して、出入りする息を数え、その長短をさとって諸妄想を除去するのを専念繫想する。（9）念身非常――この身が因縁仮和合で、毛髪も歯も爪もひとつとして真実常住のものでないことを専念繫想する。（10）念死――人生が夢幻のごときもの、やがて散壊することを専念繫想する。

この十随念は小乗の禅法で、そのなかに念佛がある。しかしこれは浄土往生をもとめたものではなく、没入して精神の集中をたもつためのものである。禅定のひとつの重要な方法として存在した。

念佛を弥陀浄土への往生に結びつけた最初の経典は支婁迦讖が東漢霊帝光和二年（一七九）に訳した『般舟三昧経』である。「般舟三昧」とは梵文音訳で、意訳すると「佛現前定」つまりこの三昧に入ると十方諸佛が現前に立つのを見るという。したがって「佛立三昧」ともよばれている。この経には前後あわせて九種の訳があるが、現存するのは三種、支婁迦讖訳のほか西晋竺法護訳および訳者不明の『跋陀菩薩経』である。

この経の『問事品第一』によると、颰陀和が佛に長い問いを発する。世俗の栄華富貴、健康長寿、才貌双全から自在に出世間にいたる諸佛の神通あるいは諸佛の国土はいかにすれば願のごとく手に入れられるだろうかと。佛はそれに答え「三昧あって十方諸佛悉在前立と名づく。よくこの法を行ずれば、汝の問うところことごとく得るべし」（大正13-898中）とのべられる。つまりここで佛立三昧が往生浄土と結びつくのである。この経にはさらに説く。

三昧のなかに立つは三事あり。佛の威神力を持ち、佛の三昧力を持ち、本功徳力（行者自らの善根による果報）を持ち、この三事を用いるが故に、佛を見ることを得る。（行品第二、大正13-905下）

つまり見佛には佛の威神力と修持者の功徳力がいる。外力（他力）と内力（自力）が合わさって見佛がかなう。経文は佛の威神力、佛の三昧力を前に置き、佛の力を強調する。後の浄土宗が他力を強調する発端をひらく。この経は大乗の禅法を説くもので、最後には般若の性空仮有に帰結する。三巻本に説く。

かくの如し……菩薩その向かうところの方に、現在佛を聞き、常に向かうところの方を念ず。佛を見んと欲せば、すなわち佛を念じ、有を念ずべからず。また我が立つる所をなくし、空を想うがごとく、佛の立つを念ずべし。（大正13-905中）

念佛とは空を念ずるにひとしい。「佛現前に立つ」とは一切本無を論証するひとつの方法となっている。このような佛の形相を観ずることを進めて、さらに義理や念佛の実相を悟解する方法は観想念佛と実相念佛の結合である。

弥陀経典に説く念佛の方法はすでによく整ったものとなっている。『無量寿経』巻下には弥陀浄土に往生する三つの方法を説く。第一種の人（上輩者）は家を捨て欲望を棄て、沙門となって菩提心をおこし、一心に無量寿佛を専念し、諸功徳を修して彼の国に生まれんと願う。第二種の人（中輩者）は沙門にはならないが、ひたすら無量寿佛を念じ、持斎、起塔、造像、沙門への施捨等の善を修めて彼の国に生まれんと願う。第三種の人（下輩者）は功徳をつまず、沙門にもならないが、ただ「一向に意を専らにし、乃至十念して、無量寿佛を念じ、その国に生まれんと願う」この三種のひとびとはみな死後弥陀浄土に往生することができる。阿弥陀佛の四十八願中、第一八、一九、二〇、三四、三六、四七等の願中には念佛名号の法が説かれ、ただ阿弥陀佛の名字を聞きさえすれば念ずることができて往生の願を実現すると説かれる。

『観無量寿経』ではさらに観想念佛の法を展開し、つぎの十六観を説く。（大正12-342中）

一、日想観――西向正座して日の落ちる処を観ずる。強い太陽光で容易に観ずることができる。西方の一処に心を集注し、眼を閉じてのちもなお日影を認めるようにつとめる。

二、水想観――水の本性は清澄である。この観によって心の散乱を制止する。つぎに氷観をおこす。氷の性質は透明である。さらに玻璃を観じ内外透徹、八面玲瓏の境界に達する。

三、地想観――これは現実の大地より安楽国を観ずるもの。この観によって、ついには心を一境（三昧の境）に専注することができる。

四、宝樹観――高さ八千由旬、花葉ともに七宝で荘厳され、果実は大光明を発する。これによって樹の生命と発育を知る。ついには弥陀浄土の百花の境界を観ずることができる。

五、宝池観――安楽国の水は八池の功徳水であり、宝池は七宝の合成である。宝池より流れ出る摩尼水は微妙の音を出し、音楽を奏するがごとく、苦、空、無常、無我の法を演示する。

六、宝楼観――五百億の宝楼が巍然と林立し、楼中に無量の天人が美妙の音楽を奏する。この境界に透徹する人はよく無量劫の罪を除滅することができる。

七、宝座観――阿弥陀佛の蓮華座はきわめて美しく荘厳され、変現自在で、形容を絶する。

八、佛観――阿弥陀佛の法身を観想する。法身は一切衆生の心想のなかに入り、一切の処に遍満する。故に佛を心想するとき、この心はすなわち三十二相、八十種好である。この心は佛を作り、この心は佛である。さらに両脇侍観世音と大勢至を観想する。

九、佛身観――阿弥陀佛の真身すなわち色身を観想する。佛身は金色、無比高大で、佛眼は大きいこと四大海水のごとくである。その光明と相好はつぶさに述べることはできない。心眼を以て観察してのみ見ることができる。

一〇、観世音観――観世音菩薩の身色は紫金、無比高大で、頭頂には肉髻あって、身後には大円がある。

一一、大勢至観――大勢至菩薩の身相は観世音菩薩とよく似ている。

一二、普観――自分自身がすでに弥陀浄土に往生し、蓮華中に結跏趺坐して、極楽の相を普観するのを観想する。

一三、雑想観――これは上の第七観から第一二観までをまとめた総観である。これらに説くところの佛の相は巨大で凡夫の想起できるものではない。したがって小さくして丈六の金身とし、その余もみなこれにしたがって小さくして観想する。

一四、上品生観――総じていえば、深く因果を信じ、大乗を謗らず、大智大慧をもつ人を上品とする。上品はさらに上中下の三つにわかれる。上品上生者は浄土に生まれてのち、聞法してただちに無生法忍を得る。須臾にして「諸佛に歴事し、十方界に遍じ、諸佛の前において次第に授記せられ」成佛する。上品中生者は一小劫を経て「無生忍を得、現前に授記せらる」。上品下生者は三小劫を経て「百法明門」（菩薩が初地に得るところの智慧の門。百法の真性に入ることができる）を得て、歓喜地（初成の菩薩位）に至る。

一五、中品生観――持戒、行善、不造諸悪によって中品を得ることができる。中品もさらに三つにわかれる。中品上生者は阿羅漢を得る。中品中生者はまず「須陀洹」（小乗の阿羅漢、阿那含、斯陀含、須陀洹の四果のなかの最低果）を得て、半小劫ののち、阿羅漢を成ずる。中品下生者は須陀洹を得て、一小劫ののち、阿羅漢を成ずる。

一六、下品生観——多くはこの世でひろく諸悪を造り、臨終に道に向かい、阿弥陀佛の名を称念し、佛の願力に乗じて浄土往生を得た者である。これも三品にわかれる。下品上生者は浄土に生まれたのち、聞法起信し、十小劫を経たのち、百法明門を具し、初地（菩薩乗の初地）に入ることができる。下品中生者は浄土七宝池蓮華内に生まれ六劫を経たのち聞法起信することができ、無上道心を発する。下品下生者は蓮華内に十二大劫を経なければならない。観世音菩薩、大勢至菩薩の説法除罪を得て菩提心をおこすことができる。

『阿弥陀経』は称名念佛を強調する。

もし善男子、善女人ありて、阿弥陀佛を説くを聞き、名号を執持することもしくは一日、もしくは二日、もしくは三日、もしくは四日、もしくは五日、もしくは六日、もしくは七日、一心不乱にすれば、その人命終の時に臨み、阿弥陀佛と諸聖衆はその前に現在す。この人終わる時、心顛倒せず、ただちに阿弥陀佛の極楽国土に往生することを得ん。（大正 12-347 中）

世親『無量寿経論』にはさらに具体的に浄土往生のために「五念門」を修すべきことを説く。（大正 26-231 中）

一、礼拝門——阿弥陀佛に向かい礼拝する。

二、賛嘆門——口に阿弥陀佛の名を賛する。

三、作願門——往生浄土の願をおこす。

四、観察門——安楽国の依正二報の荘厳を観想する。

五、回向門——一切の苦悩する衆生を捨てず、自ら修める念佛の功徳を一切衆生に回施し、衆生とともに浄土に往生し、広大慈悲の心を成就する。

総じて、弥陀経典は往生浄土の修行方法を簡単化し、主として念佛の一法に集約した。また逆に、念佛を拡大し、念佛を内容豊富な修行法としたのである。経論によると、多くの念佛の法はその内容から三種にまとめることができる。

一、実相念佛——大乗でいう「実相」とは本体概念、宇宙万物の本相を指し、「真如」「法身」「如来」などと同義である。したがって実相念佛とは法身念佛ともよばれ、佛の実相を悟解しようとする念佛である。哲理的で「理即佛」である。

二、観想念佛——西方浄土の依正二報の荘厳を観想するもの、形象的な念佛である。哲理的な探求をもとめない。

三、称名念佛——阿弥陀佛の名号を称念するもの。この念佛は口念のみならず心念をも包括し、一般には心口同念をさす。

もちろん弥陀諸経典でこのように分類されているわけではない。念佛三昧としてまとめるだけで、重点はなんといっても観想念佛にある。とりわけ『観無量寿経』に説く念佛三昧は観想念佛である。

六、浄土思想の高峰

いろんな浄土思想の中で、弥陀浄土思想があらわれるのは比較的おそい。したがってそれ以前の諸浄土の精華をすべてとりこんでいて、もっとも成熟した浄土思想といえる。これ以後いくつか浄土思想があらわれるが、弥陀浄土を超えるものはない。ただ『文殊師利佛土厳浄経』には文殊浄土が弥陀浄土に数倍すぐれると説くが、これは自己評価にすぎない。

諸浄土の優劣について先人に多くの論評がある。ことに弥勒浄土と弥陀浄土の優劣については隋、唐のころさかんに論じられた。これはいずれ後に紹介するので、ここでは浄土思想そのものから、弥陀浄土、弥勒浄土、阿閦浄土の三者を比較してみよう。弥陀浄土と弥勒浄土は中国で影響力がおおきく、また阿閦浄土は信仰を形成しないが大乗経典で多くが説かれひとびとによく知られている。

この三つの浄土が満ち足りた、ひかり輝く、やすらかで快適な理想郷であることにかわりはない。ただ具体的内容にはおおくの異同があって、以下のような点は興味深い。

一、弥勒浄土にはおおくの天女がいる。天女はいかに神奇とはいえ、やはり女である。浄土の住民はなお物質的な五欲のたのしみを享受できる。阿閦浄土の住民は、一部は出家した聖衆であるが、一部の住民は在家者である。それぞれに家庭をもち、妻をめとり子をもうけている。ただたいへん道徳的であるというにすぎない。弥陀浄土は男性世界である。女人はいない。他国の女人で弥陀浄土に願生するものは命終とともに男となって浄土七宝蓮花中に生まれる。したがって弥陀浄土の楽に物質的な五欲の楽はない。不可思議な法性楽であり、寂静無為の楽である。大乗佛教の立場からいえばこのような法性楽は物質的五欲の楽よりよほど高度なものである。

二、弥勒浄土に往生するものはまだ菩薩ではない。ただ声聞衆というにすぎず、五十六億七千万年ののち弥勒の下生に随って人界に降り、浄化し、それによって成佛する。阿閦浄土の住民は声聞衆のみならず菩薩衆も教化の対象である。弥陀浄土の住民はすべて正定聚（佛となるべく決定した位）を得、菩薩無生法忍を得、諸佛の深妙の総持を得て、菩薩となることができ、阿弥陀佛とおなじく無量光、無量寿を具足していちはやく成佛することができる。

三、弥勒浄土に往生するものは精励して諸功徳を修めなければならない。衆三昧を行じ、経典を読誦し、弥勒の名を称し、八戒斎を受け、諸浄業を修してはじめて往生する。弥勒浄土に生まれてのち、不退転を得るとはいえなおお弥勒菩薩について聴法しなければならない。将来人界に随行して教化するにも努力がいる。ともかくつねに個人の勤苦修行がもとめられている。阿閦浄土への往生は六度を修行しなければならない。これはすべて自力である。一方、弥陀浄土は佛力のおかげで業をもったまま往生する。一切の衆生は多少の罪障があっても、ただ念佛すればみな往生し成佛する機会があたえられている。

四、阿弥陀佛の第一九願によると、衆生が至心に発願してその国に生まれることを願うなら、臨終には必ず阿弥陀佛がみずから来たりて引接したまう。したがって阿弥陀佛は「引接佛」ともよばれる。これは弥陀浄土の特色であり、ひとびとに絶対の信頼をあたえている。弥勒および阿閦佛の浄土に臨終引接の願はない。将来病におちて昏倒でもすると、自力で往生する自信はだれしももてないのではなかろうか。

これらでわかるように、弥陀浄土は条件のもっともよい、成佛のもっとも容易な、往生の保障された浄土である。これにくらべれば他の浄土はいずれも見劣りするといえよう。

このような比較のなかでもっとも注意をひくのは弥陀浄土に女人がいない問題である。社会学的にいえば、人類は母系氏族から父系氏族に移って女性がしだいに社会の主導的地位を失った。階級社会に入って女性はさらに男権の圧迫をうけることになる。古代印度社会も女性軽視という点で例外ではない。原始佛教が生まれて以来「人生はすべて苦」という思想は普遍的である。佛教信者たちは家庭を檻とかんがえ、生活を火宅と見てきた。かれらは出家を主張し、現実生活をのがれ、個人の欲望を断って山林中で修行し、涅槃を追及して解脱を得ようとした。かれらは性欲や性生活を大罪とし、邪淫をいましめることをすべての戒律の最初においた。伝統的な女性蔑視は女性を性や欲の化身とし、淫佚や放蕩の源泉、臭穢不潔の代表にしてしまった。したがって小乗であれ大乗であれ、経典中に女性蔑視の言論が大量にあらわれる。たとえば西晋聶承遠訳『超日明三昧経』巻下には上度と名のる比丘の言としてつぎのようにいう。

女身をもって佛道を成ずることを得ず。所以はいかん、女人に三事の隔、五事の碍あり。何をか三といわん、幼くして父母を制し、出嫁して夫を制して自ら由るを得ず、長じて子を難ず、これを三という。何をか五碍といわん、一にいわく、女人は帝釈たるを得ず、所以はいかん、勇猛少欲にしてすなわち男たるを得、雑悪多態の故に女人たり……二にいわく、梵天たるを得ず……淫恣にして節なきが故に……三にいわく、魔天たるを得ず……軽慢不順にして、正教を毀疾するが故に……四にいわく、転輪聖王たるを得ず……邪悪の態八十四あって、清浄行あることなきが故に……五にいわく、女人は佛たるを得ず……色欲を着し、柔情悪態にして、身口意が異なるが故に。（大正15-541中）

ここにいう「五事の碍」とは女性にたいする五種の偏見であり、「三事の隔」とは中国の封建礼教の「三従」（家にあっては父にしたがい、出嫁しては夫にしたがい、夫死しては子にしたがう）と類似の考えである。大乗佛教は「諸法平等」を主張するにもかかわらず、男と女がどうしてこんなに不平等なのか。理の通らない話である。したがって大乗の発展につれ男女平等の主張がおこる。『超日明三昧経』巻下には「長者のむすめ慧施」がさきの上度比丘に反駁し「一切無相、なんの男女あらん」「われ佛を取るになんの難あらん」と宣言する。弥陀浄土において女が男に転ずると説くのは、あきらかに佛教の伝統的観念に属する。これにたいし竺法護訳『諸佛要集経』巻下には離意と名のる女性が強烈に反駁する。「一切諸法、悉如虚空というのに、いったいどうして女像より転じて男子にならねばならないのか」（大正17-768中）と。離意は般若性空の理論をもって根本から男女の別を否定し、女性蔑視の伝統観念を否定し、女が男に転じねばならない必要性を否定する。大乗経典にはこのように女性蔑視を否定し、女性もおなじく成佛できると説く経もまた大量に存在するのである。

七、古代の最も美しい理想世界

どんな理想であれ理想とは現実生活の反面である。現実生活に欠けているものがひとびとのあこがれ追い求めるものである。宗教の理想もおなじで、弥陀浄土は大乗佛教が描いた理想郷であるが、そのなかには古代人の深層の思考がやどっている。

古代印度には種姓制度がおこなわれていた。およそ西暦前二千年のなかごろ、印欧語系に属する部族が中央アジアの高原から南下し、ガンジス川流域に定住し、土着の住民を圧迫搾取した。かれらは皮膚が白く、支配的地位にあってアーリア種姓を自称し、皮膚の黒い被統治者である土着の住民をダーサ種姓とよんだ。二つの種姓はそれぞれに職業を世襲し、内部で通婚し、外部の参入をゆるさない閉じた集団であった。社会の分業、奴隷制国家の形成にともなってアーリア種姓内部でも分化がすすみ、バラモン、クシャトリヤ、ヴァイシヤの三種姓となり、これにダーサをスードラとして加えて四種姓ができあがる。この四種姓のあいだの壁はまことに厳しい。かれらの社会的地位、権利義務、職業、生活様式、風俗習慣いずれにおいても不平等である。このような社会的背景のもとに釈尊はバラモンに抗して佛教をひらかれたのである。

これ以後印度は封建制度の過渡期にむかい、種姓制度はカーストに移っていく。四種姓のなかには職業のちがいによって数千におよぶカーストがわかれる。異なるカーストの間では通婚しない。カースト制度は中国の門閥制社会に似ているが、階級関係が入りこむことによってさらに複雑化する。印度ではまた度重なる外族の侵入を受け、統一と分裂をくりかえし、戦争が連綿とつづいて絶えなかった。

階級の矛盾、カーストの矛盾、民族の矛盾、国家の矛盾、これらは民衆にたえず災厄と苦痛をもたらした。支配層にあってもしばしば苦悩し、不幸と向き合わねばならなかった。この世で苦難にあっても、せめて来世は幸せな生活をおくりたい。ひとびとの夢は浄化されて浄土となっていった。西暦一世紀前後、大乗佛教の興起とともに弥陀浄土という成熟した浄土思想がかたちをもつようになる。これは印度封建社会の現実の苦難を反映するものであり、当時のひとびとがもつ幸せにたいするあこがれを代表する。

弥陀浄土は浄土思想発展のピークにある。古代の宗教や世俗の理想のなかでもっとも美しい理想としてつくられている。その意味でこれを儒家の理想とくらべてみることができよう。

儒家は現実の世界に不満をもつ。かれらはいろんな理想を構想したが、そのなかでよく知られているのは大同思想と桃花源であろう。

『礼記・礼運』にみる大同思想はつぎのように説かれる。

大同の行われる時代には、天下は公のもの、ひとびと共有のものである。賢人や有能の人を選んで国家をおさめしめ、信を尊び、和睦につとめる。したがってひとびとはわが親だけを親として尊ぶのではなく、またわが子だけを子として慈しむのではない。老人には晩年の安楽を、壮年には働く場を、幼いものには成長を、寡婦や独り者、廃疾者には扶養をそれぞれに与える。男子は職分をもち、女性は嫁するところをもつ。財貨は十分にあって地に捨てられることをにくむとはいえ、だれしも自分のものとして取り込むようなことはしない。力が身にあり余るのをにくむとはいえ、力を自分の利益のためにのみ使うようなことはしない。この故に、世に陰謀や奸詐はおこらず、盗みや乱賊もあらわれない。いずれの家も外の戸を閉める必要がない。これがつまり大同である。

ここにいう「天下を公となす」理想は、これまでどれほど中国の仁人志士を鼓舞し、指導してきたことか。それはじつに二千年にもおよぶ。辛亥革命後、中国のすべての講堂や会議室の正面に孫文の「天下為公」の扁額がかかっていた事実はこのことを如実に語っている。ただこの大同思想の内容は社会関係にかぎられる。弥陀浄土のような自然環境や経済文化の発展、人間性にまでおよぶ広範なものではない。また社会関係においても明確な平等思想を欠いている。

東晋の陶潜（三六五―四二七）の『桃花源記』も影響がおおきい。

土地は平らで広々しており、建物が整然と建っている。まわりには良田やりっぱな池があり、さらに桑竹のたぐいが点在する。田の間の道は東西に整然と通り、どこからか鶏や犬の鳴き声がきこえてくる。ひとびとが往来し耕作する。男女の着衣はすべて見慣れた中国のものとは異なる。黄髪の老人も髪を垂らした小児もともにならんで楽しそうである。

ここにいう自然環境は平坦で広い土地、良田、美池、桑竹があって交通も整っている。住まい、衣服、さらに子供や老人の楽しむさまを描き、まさに一幅のおだやかな、満ち足りた小農経済の絵、一首の静かで美しい田園詩といえる。しかし社会の理想としては弥陀浄土の壮大な気宇とは比較にならないであろう。

他の宗教にも理想郷がある。キリスト教の天国もそうである。天国は神の住まいであり、その宝座の前には多くの天使たちが侍立し、キリストは神の右側に坐っている。救いをえたひとびとの魂は天国にのぼり、神とともにながく福をうける。聖書には天国について多くの描写があり、かつ煩瑣である。生贄はどのように焼くのか、どの部位を焼くのか、分量はどのくらいか、どういう理由で焼くのか等、詳細に説明される。しかしこの具体的描写は弥陀浄土の豊かな想像力におよばないのではなかろうか。

古代の理想世界についての構想として、世俗の儒教であれ、他の宗教であれ、弥陀浄土の広大かつ精緻な、不思議なまでの美しさにおよぶものはない。弥陀浄土は人類の理想という大河のなかに咲く一輪の絶妙の花であって、その独特の魅力によって、おおくの善男善女を惹きつけてやまなかったのである。

第二章　浄土宗の揺籃期

印度の浄土思想が中国内地に伝来したのは東漢である。支婁迦讖訳『般舟三昧経』および失訳『後出阿弥陀佛偈』が弥陀浄土を紹介し、支婁迦讖訳『阿閦佛国経』が阿閦浄土を紹介した。これが中国に浄土思想が伝来したはじまりである。その後弥陀経典が曹魏、孫呉、西晋、姚秦、劉宋の時代にそれぞれ相継いで訳出され、弥勒浄土の経典も西晋、姚秦、北涼時代に紹介された。

中国人僧は弥勒浄土と弥陀浄土を選んだ。南北朝時代の名僧道安は弥勒に服膺し、その影響がおおきく、弥勒信仰が形成された。慧遠は弥陀に心酔し、浄影慧遠、天台智顗、嘉祥吉蔵らはいずれも弥陀信仰の宣揚者となった。とりわけ元魏の曇鸞は伝来の弥陀浄土思想を中国の浄土学説に改造し、この後の浄土宗理論の礎石を定めたのである。その後道綽、善導の弘揚を経て、唐代についに浄土一宗の隆盛をむかえる。したがって唐以前の四百年、とくに南北朝時代は浄土宗の揺籃期にあたる。

第一節　求生西方の慧遠

一、慧遠以前の弥陀信仰

中国の佛教史家のなかには慧遠を浄土宗の初祖に推すひとがいる。このため多くのひとびとが弥陀信仰の最初の行者は慧遠であるとかんがえている。しかしこれは正しくない。

弥陀信仰は二世紀末、東漢時代に中国内地に伝来し、慧遠の時代にはすでに二百年近くを経過している。その間、弥陀経典は不断に訳出され、『無量寿経』はすでに数訳がある。これらがその時代のひとびとになんの影響ももたらさなかったということはありえない。当時の人物の事跡のなかにその影響をうかがうことができる。

(一) 闕公則と衛士度

道世『法苑珠林』巻四二『愛請篇』に闕公則と衛士度の事跡が記録されている。「晋の闕公則は趙人なり、恬淡放逸、蕭然としてただ法事に勤む。晋の武帝の世(二六五—二九〇)洛陽に死す。道俗の同志、ために会を白馬寺中に設く、その夕転経するに、宵分に空中に唱讃の声あるを聞く。仰ぎ見るに、一人その形気壮偉にして、儀服整麗なり。すなわち言いて曰く、我はこれ闕公則なり、今西方安楽世界に生ず、諸菩薩とともに来たりて経を聞くと。合堂の衆驚躍し、みな睹見することを得たり」(大正53-616中)と。この資料は当時すでに弥陀信仰が行われていたこと、また死者に寺院で法会を営む宗教儀礼があったことを伝えている。

闕公則の弟子衛士度も弥陀信者であった。同書にいう。

汲郡(河南省汲県の西)の衛士度また苦行の居士なり。則公に師事す。その母また甚だ信仰し、誦経長斎し、家にてつねに僧に食せしむ。時に日まさに当たらんとす(正午)、母、斎堂を出でて諸尼僧と逍遥眺望す。たちまち空中より一物の下るありて、まさに母の前に落つ、すなわち則の鉢なり。飯これに満ち、香気充勃す。一堂粛然とし一時礼敬す。母自ら行を分かち、人に斎してこれを食らわしむにみな七日飢えず。この鉢なおこの土に存すという。度は文辞を善くし、『八関懺文』をつくる。晋末の斎者なおこれを用う。晋の永昌中に死す、また霊異

を見る。浩像なる者『聖賢伝』を作り、つぶさにその事を載せていう、度また西方に生ずと。（大正53-616中）

この衛士度は晋の恵帝のとき、東漢支讖訳『道行般若経』十巻を删略して『摩訶般若波羅蜜道行経』二巻をつくり、西晋著名の般若学者である。闕公則と衛士度の師弟ふたりの弥陀浄土信仰は、現存の文献中、弥陀信仰にかかわるもっとも早い記録である。

（二）支遁

支遁（三一四―三六八）は字を道林といい、晋代の名僧である。もとの姓は関氏、陳留（河南省開封市東南陳留城）の人、一説に河東林慮（河南省林県）の人ともいう。永嘉の乱（三〇七―三一二）で家人に随って南にうつり、年二十五で出家した。佛理に精通し、才華やかにして世を驚かし、両晋に流行した般若学「六家七宗」中即色宗の代表となり、理論的に他の各家より成熟していたといわれる。支遁は同時に玄学にも心をよせ、老荘に新しい理解をもち、王羲之らの名士を折伏した。『逍遥論』数千言をつくったが、その逍遥とは般若思想の展開する境地にあそぶこと、最後に帰するのは弥陀安楽国であった。支遁は『阿弥陀佛讃』をつくる。

佛経に記す。西方に国ありて、その国を安養と名づく。回遼してはるかに遠く、路は洹沙を逾ゆ。無待の者にあらずんばその境に遊ぶあたわず、不疾の者にあらずんばなんぞよくその速きを致さん。その佛は阿弥陀と号し、晋言にて無量寿なり。国に王制班爵の序なく、佛を以て君となし、三乗を教えとなす。男女各蓮華のうちに化育し、胎孕の穢あることなし。館宇宮殿は悉く七宝を以てし、みな自然に懸搆し、製するは人匠によるにあらず。苑囿池沼鬱として奇栄あり。……甘露は化を徹し、醴を以て薫風にかづき、徳を導きて芳流す。聖音は感に応じて雷響し、慧沢の雲は垂れて沛清す。文を学び、おさめて言を貴とび、真人冥宗して玩を廃す。五度は虚に依って以て無に入り、般若は知を移して玄に出る。衆妙はここに大いに開き、神化永く伝うる所以なり。別に経記あっていう「この晋邦、五末の世、佛の正戒を奉じ、阿弥陀経を諷誦し、彼の国に生ぜんことを誓う。誠心を替えざるものは命終に霊逝きて、かしこに化往し、見佛神悟して、すなわち得道せん」と。

（『広弘明集』巻一五、大正 52-196 中）

これは玄学の用語で弥陀浄土を紹介しようとしたものである。支遁の弥陀信仰は般若思想と一体で「色即為空」を主張する。「色は自有にあらず」「縁に因りて成る」つまり現象は縁によって成り立つものでそれ自身の性はない。だから自性は空である。現象は本体と相互に依存し、因縁有（仮有）は空と相互に依存する。この性空の観点から支遁は主張する。般若の智慧をもって宇宙の空性を認識し、有無の観念を滅し、一切の差別をとりはらった「玄冥」の精神界に達して解脱を得るのだと。玄学の用語でいえば「無待」つまり一切の制約を脱した、いかなる客観条件も必要としない絶対自由の境に達するのである。

信仰の立場からいえばこの「玄冥」「無待」の境界がつまり弥陀浄土である。したがって「無待の者にあらずんばその境に遊ぶあたわず」つまり無待の者であってはじめて弥陀浄土に入ることができる。また「五度は虚に依って以て無に入り、般若は知を移して玄に出る」とは、五度は六度菩薩行中の布施、持戒、忍辱、精進、禅定を指し、対の位置にある「般若」とあわせて六度、この五度を修めて虚形で無の境界に入り、般若を通して有無にこだわる俗智を超越し、自然空に達するという。この無の境界も弥陀浄土を指す。「衆妙はここに大いに開き、神化永く伝うる所以なり」とは、そこで、弥陀浄土の大門は広開し、神奇な化生は永遠に流伝するであろうという。あきらかに支遁は弥陀佛およびその浄土を空と解し、空だから弥陀浄土に往生できるのだと悟解した。これは後の述べる実相念佛にあたる。

支遁は同時に「五末之世」つまり五濁末世においては、奉佛正戒、阿弥陀経の諷誦、彼の国に生ぜんとの誓い、改めることのない誠心をもつものが、命終に浄土に化生し、得道できるのだとかんがえる。支遁の心中で往生弥陀浄土は望むべくも容易には及び難い高い目標であった。したがって『阿弥陀佛讃』序にいう「遁、末踪に生まれ、忝くも残跡にまじわる。心を神国に馳せるも、あえて望むところにあらず」（大正 52-196 下）と。仰慕のさかんなさまが言表に溢れる。

（三）竺法曠

竺法曠（三二七—四〇二）は下邳（治所は江蘇省睢寧県西北古邳鎮東）皐氏の子、竺曇印に師事した。日ごろ質素を宗とし、業に安んじ、志行は深い。潜青山にとどまり、謝安、郗超、謝敷らの名士と交友した。『高僧伝・竺法曠伝』によると「つねに『法華』をもって会三の旨とし、『無量寿』をもって浄土の因となす。つねに二部を吟詠す。衆あればすなわち講じ、独り居ればすなわち誦す」（大正 50-356 下）と。

『法華経』では声聞、縁覚、菩薩の三乗は佛が衆生を教化する権宜の説法で、実は同一佛乗の順序のちがいだと説く。いわゆる「会三帰一」である。『無量寿経』は衆生を引導して弥陀浄土に生まれることを願う。竺法曠はこのふたつの経典に服膺し、みずから読誦したのみならず、信衆に講説し、弥陀浄土の宣揚を日常の勤めとした。沙門竺道隣は無量寿佛像をつくり、竺法曠と弟子たちは大殿を建てた。竺法曠はまた呪願の法を善くし、つねに人の厄を解いた。孝武帝はこれを聞いて京師にむかえ、長干寺に住まわせて「つかえるに師礼を以てした」といわれる。

これらの事例は慧遠以前にすでに弥陀信仰が行われていたことを示すものである。ただその影響はまだ十分に大きくなかったのである。

二、慧遠の生涯

（一）大分裂の時代

慧遠の生涯はほぼ東晋王朝（三一七―四二〇）と一致する。中国封建社会の大分裂、大動乱の時代である。東漢末年、群雄混戦して魏、蜀、呉三国鼎立の時代をむかえる。二六五年、司馬氏がこの三国を統一して晋をたてる。歴史にいう西晋である。しかしわずか五十二年にしてふたたび分裂動乱の時代に入る。北方では五胡十六国が争い、割拠して戦火は四方に起こり、兵禍がつづいた。司馬氏は長江の南にあらためて晋朝をたてる。東晋である。東晋では統治集団内部での対立が激化し、一連の兼併戦争がはじまる。これに乗じて桓玄が殷仲堪らと通じてクーデターをおこし、司馬元顕は兵を率いて討伐にむかうが、桓玄の兵は東下して司馬道子、元顕父子を殺し、安帝に退位をせまって帝位を簒奪する。しかし桓玄の部下劉裕が桓玄に叛き、桓玄を討って、再び晋帝を都にむかえ入れた。とはいえ、最後にはその劉裕が晋を滅ぼして宋を立てるのである。

西晋の滅亡と北方の動乱の結果、北方門閥士族や大量の流民が南下して江南に先進的な生産技術と文化をもたらした。労働力も増大し、南方経済は急速に発展し、江南はしだいに中原にかわる富裕な地域になる。しかし南方の門閥士族は種々の特権を専有し、占田、蔭官、賦役の免除等をほしいままにし、農民をきびしく搾取して社会的矛盾を激化させた。安帝の隆安三年（三九九）大規模な農民起義がおこり、没落士族孫恩、盧循らがこれに参加して指導者となった。孫恩の死後は盧循が広州を占領し、兵を起こして北上し、豫章、潯陽を掌中におさめた。この起義は十一年五ヶ月を経てやっと平定されたが、その間東晋王朝をおおいにゆるがした。

しかし政治の混乱は思想の権力統制を軽減する。儒教、玄学、佛教、道教さらには文学、詩歌、彫塑、書法、数学、天文学、農学、医薬学等いずれもこの時期には盛んになった。儒教は経学となって、国子の学生の主要科目となった。玄学は西晋を継承し、深奥な理性的思弁で文人学士によろこばれ、虚無放曠な清談、玄風はさらに儒学や佛教のなかにまで浸透した。道教は改革をすすめ、北方の寇謙之（三六五―四四八）、南方の陸修静（四〇六―四七七）が儒家や佛家の内容をとりこんで北天師道、南天師道を立てた。

佛教は両漢の際に中国内地に伝来したが、三国時代を通してそれほど発展したわけではない。西晋の大乱ののち、東晋、十六国になってやっと盛んになりはじめる。北方では、前秦の苻堅、後秦の姚興ら興佛に熱心な統治者があらわれる。南方では、東晋の門閥士族で琅邪の王氏、顔氏、陳郡の謝氏、盧江の何氏、呉郡の張氏、陸氏らが佛法を信奉した。亀茲の人鳩摩羅什は後涼に中国に来たが、長安に迎えられ、姚興の支持のもとに三十五部二百九十四巻、洋洋数百万言の訳経をおこない、中国訳経史上真諦、玄奘、不空とならぶ四大訳経家となった。かれの訳したものは多くが大乗中観学派に属する経籍で、その影響はきわめておおきく、結果として中観学派が中国佛教の主流となったのである。鳩摩羅什と同時代の道安およびその弟子慧遠は僧団をつくり、訳経を組織し、中国の伝統思想によって佛教教義を解釈しなおして佛教の影響力をのばした。かれらは統治階級の支持を得ており、浄土信仰をふくむ佛法をひろく宣揚し、佛教を活動的なものに変えたのである。思想界で儒学は次第に衰微し、玄学も停滞期にはいる。道教の発展の勢いも佛教ほどではなかったから、佛教はこの時代の思想界の主流となり、玄学の支配的地位にとってかわる。慧遠はこのような時代に生き、佛教勃興の時勢に乗ってさらにその発展を推し進めたのである。

（二）儒生から僧へ

慧遠の家系を史書はあまりくわしく伝えていない。『高僧伝・釈慧遠伝』『出三蔵記集・慧遠伝』『世説新語・文学篇』等は、張野の『遠法師銘』、陳舜兪の『廬山記』巻三、志磐の『佛祖統紀』巻二六『十八賢伝・慧遠伝』等の所載を引いて、東晋成帝の咸和九年（三三四）に生まれ、東晋安帝の義熙十二年（四一六）に世寿八十三歳で卒したとする。謝霊運『廬山慧遠法師誄』には「春秋八十有四、義熙十三年秋八月六日に薨ず」（『広弘明集』巻二三）という。慧遠は本姓賈、雁門楼煩（山西省原平県）の人、「世世冠族」で家境裕福であったらしいが、当時北方は政情混乱し不安定、士族は陸続と南下した。慧遠は十三歳で舅父令孤氏に随って許昌、洛陽一帯に遊学し、ひろく儒家道家の経典をまなんだ。二十一歳のとき、名僧道安が太行恒山（河北省阜平北）に寺をたて伝教すると聞き、慧持とともに聞きにいったが、その説法に「真に我が師なり」と感嘆する。道安は般若経を講じ、物質現象も精神現象も因縁が合して成るもの、幻虚不実なもの、本性はみな空、般若を通してこの真理を把握してこそ解脱が得られると説いた。慧遠は「豁然と悟り、これまで学んだ儒道九流はみな糠粃のごとくつまらぬものと嘆じた」（大正50-358上）という。こうして弟慧持とともに出家して僧となり、僧侶として佛法弘揚の長い道程に足を踏み入れる。

（三）道安僧団の上首

道安僧団において慧遠は思想敏捷、学業抜群で道安に器重された。道安はかつて「道を東国に流れしむるはそれ遠に在らんや」（大正50-358上）といった。佛教が中国に流伝するには慧遠の力に依らなければならないというのである。慧遠は般若学の素養をもって道安門下の上首となった。二十四歳で『般若経』を講じた。あるとき聴衆が般若学中の実相の義が理解できず質問した。慧遠はくりかえし説明したが納得がえられない。そこでかれは『荘子』のなかの概念をもちだし、実相が事物の本体を指すことを聴衆に理解させた。これ以後道安はとくに慧遠にかぎって佛教外の書籍を引用して比喩的に佛経を解説することをゆるしたという。

晋の孝武帝太元三年（三七八）、前秦の苻丕が兵を率いて襄陽を攻め、道安は襄陽を鎮守する南中郎将朱序にとらえられ、襄陽を離れることになる。しかたなく道安は弟子たちに分散を命じ、慧遠はこのとき廬山にのぼり、その秀麗な環境にひかれて東林寺に居をさだめ、ついに世を去るまでここを去らなかった。

（四）佛教の領袖として

慧遠の廬山における活動はほぼ以下のような点にまとめることができる。

一、講経や論著によって佛教思想を明らかにした

慧遠は廬山に講経台をつくり、講論を生涯やめなかった。また一方、著述活動にも勤勉であった。慧遠の著作は『高僧伝』によると十巻五十余篇ある。『隋書・経籍志』では『釈慧遠集』十二巻、『旧唐書・経籍志』では十五巻、『宋史・芸文志』では『廬山集』十巻、『崇文総目』では『廬山集』十巻、『菉竹堂書目』では『廬山集』二冊がそれぞれ記録されている。残念ながらこれらすべてが佚書である。一部が『出三蔵記集』『高僧伝』『弘明集』『広弘明集』等に散見するにすぎない。一九三五年、蘇州弘化社刊行の『廬山慧遠法師文鈔』の正編には慧遠の遺文三十八篇をおさめる。また一九六〇年、東京創文社刊『慧遠研究』（遺文篇）には『大乗大義章』『慧遠文集』（遺文二十九篇と参考文十三篇収録）がみられる。

慧遠の佛教思想はかなり雑博である。伝来の印度佛教各派の観点のみならず、中国伝統文化の観点が入り、儒教、道教、玄学を包括している。この多様なところがまさに慧遠の特色であり、慧遠が貢献したところでもある。佛教が伝来して慧遠まで二百余年を経過しているが、外来の文化が中国に根付くには中国の伝統文化と結びつかねばならない。南北朝期はまさに中国僧が外来の佛教文化を消化し、改造した時代である。慧遠は疑いなくその潮流をきりひらいた先鋒であり、その潮の流れを操った一人である。

慧遠は「法性」を本体とし、法性の本性は永恒不変、生滅のない、実在のものと考えた。人が苦痛を逃れ解脱を得るには、この本体を認識し、これと冥合し、涅槃の境界に達することである。霊魂は不滅で、この不滅の霊魂を「神」と呼ぼう。「神」は因果応報をうけとる主体であり、地、水、火、風の四大といっしょになって生命の不断の輪廻をひきおこしている。したがって感情、欲望を根絶し、この「神」を寂滅の状態におくことではじめて三世の輪廻を超絶することができると説く。慧遠は儒佛の矛盾の調和をはかり、佛理と儒家の名教礼法が補いあうものだと説明した。儒家の唐堯、孔子と佛祖釈迦牟尼とをある意味で同じく見ようとしている。しかし一方「沙門は王者を敬すべからず」とつよく主張し、佛門の相対的独立性を要求している。

二、訳経を組織し毘曇を提唱した

慧遠は弟子法浄、法領らを西域に取経につかわしている。また佛陀跋陀羅の『修行方便禅経』の訳出を組織し、禅学を江南に流行させた。さらに曇摩流支に請うて全本『十誦律』を訳し、戒学の伝播につくしている。慧遠のもっとも大きな功績は毘曇学の流伝を推進したことである。

「毘曇」とは梵文音訳で「阿毘曇」（阿毘達磨）の略、意訳すると「無比法」「対法」である。本来佛教三蔵中の論蔵部分を指す。大乗小乗のちがいがあり、主要な流派はいずれも自己の阿毘曇をもっているが、中国佛教史上では特に「法相」の解釈で佛理を発揮しようとする小乗系の論著を指す。またこの種の論著を研究する学問を「毘曇学」とよんでいる。

東漢安世高が伝来した禅法の学のうちの数学（慧数法数を明かす学、数論）が毘曇学である。道安も毘曇を重視した。罽賓（カシミール地方）の小乗佛教毘曇学の大師僧伽提婆が南下して廬山に来た。慧遠はかれに『阿毘曇心論』『三法度論』を重訳することを請うた。『阿毘曇心論』の主な内容は「我を以て無となし、法（一切の現象）を以て有となす」こと。慧遠はこの論が佛教すべての経典の「心」（かなめ）とかんがえ「阿毘曇心は三蔵の要頌、詠歌の微言なり。衆経を統べ、その宗会を領す。故に作者は心を以て名とす」（大正55-72下）という。『三法度論』は「人我」、つまり人には自身を支配する内部の主宰者があることを説く。この論は小乗犢子系賢胄部の著作である。慧遠の神不滅論の佛典上の根拠はここにもとめることができる。

三、鳩摩羅什僧団との学術交流

廬山で慧遠の名声が高いとき、鳩摩羅什が長安に迎えられた。鳩摩羅什は著名な訳経家であり、博学の中観学派の学者であり、当時の北方佛教の領袖である。慧遠は自分から手紙をおくって敬意をあらわした。鳩摩羅什も返事をかいて慧遠を称賛した。二人の書簡の往復はこの後十余年に及ぶ。鳩摩羅什はかつて一度亀茲に帰ろうとしたが、慧遠がそれを知ってつよくひきとめている。慧遠は鳩摩羅什を釈尊十大弟子中説法第一の満願（富楼那）にたとえ、また中観学派の創始者龍樹にたとえている。みずからの『法性論』等の著作を鳩摩羅什におくり教えを請い、鳩摩羅什もこれを称賛し「漢人はいまだ新経（鳩摩羅什訳『大品般若経』を指す）を見ざるに、すなわち暗に理にかなう」（謝霊運撰廬山慧遠法師碑）という。鳩摩羅什はのちにこの初訳『大品般若経』を慧遠におくっている。

鳩摩羅什が『大智度論』を訳出すると、後秦主姚興はこれを慧遠におくり、慧遠にその序をもとめた。慧遠は真摯に序文を撰し、さらに『大智度論』を研究して疑問のところを鳩摩羅什にただした。双方切磋した応酬がくりかえされている。後人はこの二人の佛教義学問答をあつめて『大乗大義章』を編んだ。これは『慧遠問大乗中深義十八科並羅什答』『遠什大乗要義問答』『鳩摩羅什法師大義』などともよばれている。二人の論争の核心は「法性生身」すなわち「真法身」の問題である。慧遠は「真法身」の実際的存在を認め、「真法身」がどうして「生」を得るのか、その「生」はどのような「惑業」が造りだしたものかを究めようとする。一方、羅什は般若の空観を堅持し、佛経中の法身にかかわる一切の説法はすべて伝法の必要上の仮説であって、本質的に存在しないものだとする。二人のこの相異は、実は慧遠が中国の伝統文化の観念で印度佛学を理解しようとしたことによるもので、後世におおきな影響を残すことになる。

慧遠の影響をうけ、廬山の慧遠周辺の僧道生、慧観らが北上して長安に行き、鳩摩羅什の重要な弟子になっている。鳩摩羅什が長安で訳した三百巻、そのうち重要な経籍、たとえば『成実論』『中論』『百論』『十二門論』等は慧遠の力によって南方に流布した。

四、広い交遊で佛教をひろめる

慧遠は生涯廬山を出なかったが、交友した人はたいへん多い。江州の歴代の刺史桓伊、王凝之、王愉、桓玄、桓石生、郭昶之、劉敬宣、何無忌らはみな慧遠と交遊した。時代は南北対峙の情況にあるのに、南朝東晋の安帝は書をつかわして表敬し、北朝後秦主の姚興も不断に法器等を贈っている。慧遠の周囲には世の著名な文人学士、士族名流があつまった。謝霊運は自負心の強い男であったが、慧遠にあって心服し、請われて慧遠のために『佛影銘』をつくり、慧遠が死ぬと『廬山慧遠法師誄』を書き、碑文を撰している。殷仲堪は荊、益、梁三州の諸軍事都督、荊州刺史に任じられると、廬山にのぼり、時を忘れて「易」の体を論じあった。殷仲堪は慧遠に感服して「知識も信仰も深く明敏で、並みの人ではない」（大正50-359上）と嘆じた。のちに桓玄が殷仲堪を攻めようとして、慧遠になにかお望みがあるかと聞くと「檀越（あなた）の安穏を願う、彼（殷仲堪）をしてまたまた同じくせん、他無し」とこたえたという。慧遠はこれから合戦する双方におなじく安穏を祈願し、態度超然である。彭城の劉遺民、雁門の周続之、新蔡の畢潁之、南陽の宗炳、張莱民、張季碩らは慧遠に追随した。慧遠はさらに学識豊かな僧をあつめ、佛教史上に名をのこす一連の弟子を育てた。たとえば慧観、慧宝、法安、道恒、僧済、僧邕らである。

盧循は范陽の士族出身である。父は盧嘏といい、かつて慧遠と同学であった。この縁で盧循は若いころ慧遠に会ったことがある。のちに盧循は孫恩の起義に加わり、広州で兵を挙げて北上し、江州（江西省九江一帯）を占領した。このときかれは盧山に登って慧遠の手をとって喜んだ。広州から慧遠に糧米をおくり、さらにその地方の異味「益智」（龍眼）をおくっている。ある僧が慧遠に勧めて「盧循はいま国賊です。これと厚く交わると疑われるのではないでしょうか」と。慧遠は「わたしの佛法には、情において取捨するところはない。世を知る人がどうしてそれを察しないことがあろう」と答えた。はたして、後に宋朝を立てる劉裕が義熙六年（四一〇）兵を率いて盧循を追討し、桑尾に駐屯した。左右の者が慧遠は盧循と深い交わりのあることを告げたが、劉裕は「遠公は世表の人である。敵味方をいう人ではない」と問題にしなかった。劉裕は慧遠をよく理解し、ひとを遣わして糧米をおくり、書簡をしたためて慧遠に敬意を表している。

たとえ身を乱世におこうとも、慧遠は「情において取捨するところなく」華夷南北を分かたず、朝野順逆を問わず、ともに親疎なく一律につきあった。これによって盧山の僧団は存続しえたのだし、また発展することができた。ひいては佛法を弘揚することができたのである。

東晋安帝の義熙一二年（四一六）、慧遠は東林寺に卒した。潯陽の太守阮侃はこれを盧山の西嶺に葬り、謝霊運は碑文をつくり、宗炳は寺門に碑を立てた。唐代には辯覚大師と諡され、さらに南唐は正覚大師と諡し、宋は圓悟大師、のちに遍正覚圓悟大師と謚した。「高山仰ぎてとどまるところ」の東林寺、慧遠講経台等は歴代の佛教信徒や文人学士が瞻仰して訪れる聖地であった。

三、慧遠の弥陀信仰

慧遠が阿弥陀佛を信仰したのは疑いを容れない事実である。『高僧伝』には劉遺民らを集めて念佛三昧を修したことが詳細にのべられている。

謹律息心の士（沙門）、絶塵清信の賓、ならび期せずして至り、風を望んで遥かに集まる。彭城の劉遺民、豫章の雷次宗、雁門の周続之、新蔡の畢頴之、南陽の宗炳、張莱民、張季碩ら、ならび世を棄て栄をのがれ、遠（慧遠）に依りて遊止す。遠すなわち精舎の無量寿像の前において、斎をたて誓いを立て、ともに西方を期す。すなわち劉遺民をしてその文を著わしむ。曰く「惟れ歳は摂提格にあり。七月戊辰の朔、二十八日、乙未、法師釈慧遠、幽奥を貞感し、宿懐特に発し、すなわち命を同志息心貞信の士百二十三人に延べ、廬山の陰、般若台精舎の阿弥陀佛像前に集まり、率いるに香華を以てし、敬薦して誓う。……」（大正50-358下）

文中の「惟れ歳は摂提格にあり」の「摂提」とは星名で、東方亢宿に属し、寅より始まる四時を指す。太歳（星）が寅にあるときを「摂提格」とよぶ。したがってこれは歳次が壬寅つまり東晋安帝の元興元年、西暦四〇二年であったことを示す。他の資料もこれを裏づける。

（一）信仰の思想的基礎

慧遠は因果応報、神不滅論を深く信じた。これが慧遠の弥陀信仰への思想的基礎である。劉遺民が筆を執った発願文に求生浄土の理由が述べられている。

夫れ縁化の理すでに明らかなれば、すなわち三世の伝顕われ、遷感の数すでに符すれば、すなわち善悪の報い必せり。交臂の潜淪を推して無常の期の切なるを悟り、三報の相催すを審にして険趣の抜き難きを知る。これその同志諸賢が夕につつしみ、宵に勤めるゆえん、仰ぎて済うところの者を思うなり。（大正50-358下）

この意味するところは、佛教の道理にたいする無知等の因縁から、かならずつぎの世にその果があらわれるだろう。この道理がわかれば、過去、現在、未来三世の生死流転の理も明らかになるだろう。業の感果によって善業は楽果を招き、悪業は苦果を招く。衆生はこれによって六道中を遷転輪廻し、解脱を得ることがない。友人が死ねば、かれらが輪廻に陥ちたことを思い、人生の無常を悟解し、その短促なることにそなえる。深く生死の応報を知り、現世につくるものは未来にむくい、未来にむくいればさらに次の世にもむくいる。はなはだ差し迫って急である。六道輪廻を逃れることがいかに難しいかを知らねばならない。したがって今、昼夜勤めはげんで浄土に登ることを発願し、弥陀の救済を求めて永く生死を脱するのだという。

劉遺民の発願文は発願者すべてを代表してつくられたのであるから、当然慧遠の思想をも代表する。だからこそ慧遠の伝に収められているのだが、発願文にいう求生浄土の理由から見ると、慧遠が求めるのは生死輪廻を超脱し、かれのいう不死の「神」（魂）が浄土で永生することにある。その往生の願望が切なることは言表に溢れるが、これは日ごろの思想とも符合している。慧遠は老荘に通じていたが『荘子・知北遊』に「人の天地の間に生きるは白駒の隙を過ぎるがごとし、忽然たるのみ」とある。慧遠は『答桓南郡書』で深くこれに同感していう「人の天地の間に生きるは白駒の隙を過ぎるがごとし。これを以て尋ぬれば、いずれか久しくとどまるを得ん。あに将来のために資を作らざるべけんや」と。この生命の短促への惧れ、将来に永生を求める思いは、慧遠が弥陀浄土を信仰した理由である。

（二）往生浄土を期す同志

発願文にはさらにいう。発願者はそれぞれ「景績は参差して（業績には差がある）、功徳も一ならず」だが、「この同人は倶に絶域に遊ばんと誓」い、「先進は後昇とともに策征の道を勉思」したと。慧遠はさらにみずからの『念佛三昧詩集序』（大正 52-351 中）にいう「津に臨みて済物し、九流とともに同じく往かん」と。つまり弥陀浄土に往生するときには、衆生を済度して、九流といっしょに往生しようではないかと。これは弥陀浄土の精神とも一致する。弥陀浄土は自らを利するのみならず他者をも利す。みずからの往生をはかるばかりでなく、自分が積んだ一切の功徳をもって一切衆生に施与回向し、衆生とともに浄土に往生するのである。

慧遠とともに往生をもとめた人は百二十三人、そのうち姓名のあるのは七人である。

劉遺民（三二五―四一〇）、原名は程之、字は仲思、彭城（江蘇省徐州市）の人である。幼い頃から百家の書を読み、とくに佛理を好んだ。かつて宜昌、柴桑二県の令に任じたことがある。太元十九年（三九四）ころ廬山に入って隠棲し、名を遺民と改めて、慧遠と深交を結んだ。『釈心無義』の著がある（『出三蔵記集』巻一二）。義熙四年（四〇八）、道生が長安から廬山にきたとき、僧肇の『般若無知論』をもってきて見せた。劉遺民はただちに慧遠にみせて「ともに披見して玩味」し、疑問のところを僧肇に手紙を書いて質した。慧遠は劉遺民にあてた手紙にいう「六斎日にはよろしく常の務めを間絶し、心を空門に専らにすべし。然る後彼岸に渡るこころ篤く、来生の計深し」と。これは劉遺民に念佛三昧をすすめたもので、このようにして信心の功が深くなり、往生佛国の願が実現するのだとかんがえている。

雷次宗（三八六―四四八）字を仲林といい、豫章（江西省南昌市）の人である。「若くして廬山に入り、沙門釈慧遠につかう。篤志好学にして、ことに『三礼』『毛詩』に明らかなり」（『宋書』巻九三伝）という。慧遠が『喪服経』を講ずるのを雷次宗、宗炳はいっしょに聞いた。のちに雷次宗が『略注喪服経』一巻を著し（『隋書・経籍志』）、巻首に雷氏を称した。宗炳は雷次宗に手紙を書いてひやかす。「昔足下とともに釈和上よりこの義を受けた。だのにどうして今巻首に題して雷氏を称するのか」（『高僧伝・慧遠伝』）と。雷次宗には『毛詩序義』二巻の著もある。劉宋の元嘉一五年（四三八）徴に応じて京師に至り、鶏籠山に開館して儒学をおしえ、弟子百余人という。晩年は鐘山の招隠館に住し、皇太子や諸王のために『喪服経』を講じた。

宗炳（三七五―四四三）字を少文という。南陽（河南省南陽市）の人である。荊州の刺史殷仲堪、桓玄、劉裕がいずれもかつてかれを主簿に招いたが、つねに辞して就かなかった。そのわけを尋ねられると、「丘に棲み谷に飲し三十余年」「廬山に入りて釈慧遠に就いて文義を考尋す」（『宋書』巻九三伝）と答えた。『明佛論』を著し、神不滅、三教合一を論証した。そのなかにいう「昔遠和尚廬山に澄業す。余往きて憩うこと五旬」と。何承天は『与宗居士書』にいう「足下は西方の法事を勤む」（『弘明集』巻三）と。宗炳の弥陀信仰はすでにひとに知られていたことがわかる。

周続之（三七七―四二三）は字を道祖といい、雁門（山西省代県）の人である。廬山に入って慧遠に師事し、陶潜、劉遺民と「潯陽の三隠」と併称（『宋書』巻九三伝）された。終身妻を娶らず、布衣蔬食した。宋初、徴に応じて京師に入り、儒学を教授した。『礼』『毛詩』『公羊伝』に通じ名を知られる。戴逵は『釈疑論』を書いて、慧遠に佛教の善悪応報論に疑問を呈した。慧遠はこれを周続之らに示したが、周続之は『難釈疑論』を書いてこれにこたえた。慧遠はそれを返信といっしょに戴逵に送った。後に周続之と戴逵のあいだに論争があった（『広弘明集』巻一八）。最後に慧遠が『三報論』を著し、佛教の善悪応報論について全面的な論述をした（『弘明集』巻五）。

張野（三五〇―四一八）は南陽の人である。陶潜の姻戚で、隠居して仕官せず、慧遠に師事した。慧遠が卒すると『遠法師銘』を書いている。

張詮（三五九―四二三）、字は秀碩、張野の同族である。慧遠に師事した。

新蔡（河南省新蔡県）の畢頴之。生年等不詳。

『広弘明集』巻三〇所収の『念佛三昧詩四首』の作者である王斉之。『廬山記』巻一、『佛祖統紀』巻二六には「別駕の王喬之」が見える。同一人物かもしれない。慧遠にしたがって念佛三昧を修した百二十三人のなかにかぞえられる。

この八人を除く他の百余人は主として慧遠を中心とする東林寺の僧であったにちがいない。慧遠は『念佛三昧詩集序』に「心を法堂に洗い、襟を清向して整え、夜分に寝を忘れ、夙宵にただ勤む」とのべる。東林寺法堂で夜に日をついで念佛三昧を修したのだから、多くは東林寺に住す人たちであったろう。『高僧伝・慧永伝』によると、何無忌が慧遠、慧永にあったとき、慧遠に「従う者百余、みな端整にして風序あり」とある。またおなじく『道祖伝』には弟子に「法幽、道恒、教授等百余人あり」とある。東林寺の僧は百人を超えていたのである。慧遠が東林寺で居士らとともに阿弥陀佛を信仰したとき、これら百余人の身近な弟子たちがこれと無縁であったとはかんがえられない。

（三）観想念佛の方法

慧遠は弥陀浄土への往生を願ったから当然に念佛をしたが、その念佛は観想念佛を主とする念佛三昧である。六時に大衆とともに法堂で坐禅入定し、佛の相好を観想するのである。かれの『念佛三昧詩集序』にいう。

また諸の三昧はその名はなはだ多し、されど功高く進みやすきは念佛を先となす。何となれば、玄を窮め寂を極め、如来と尊号し、体神合して変ず、まさにに方を以てせず。故にこの定に入る者をして昧然と知を忘れ、所縁に即して以て鑒をなさしむ。鑒明なればすなわち内照してこもごも映じ、万像ここに生ず。耳目の及ぶところにあらざれども見聞は行わる。ここにおいて淵凝虚鏡の体を見ればすなわち霊相湛一にして、清明自然なるを悟る。その玄音の心を叩きて聞くを察すれば、すなわち塵累つねに消え、滞情融朗す。天下の至妙にあらずんば、いずれかよくこれにあずからんや。（大正 52-351 中）

この意味するところは、三昧の種類はたいへん多い、しかし功徳が高く、かつ容易に入ることができる境界は念佛三昧が第一である。なぜか、最高の玄寂の境界に到達し、如来と尊称される佛は、その体も神もともに変化し、一定の形がないものである。衆生の感応に随って多様に変現する。したがって念佛三昧に入る人はすべての智を忘れ去り、手がかりとなるものを鏡とし、その明るく澄んだ鏡で内心を照らす。こうして博大堅固、無妙不具の佛身を見ることができ、自らの心霊と佛身が湛然合一し、清明自然であることを恍然と悟ることができる。玄妙な佛国の音を感じ、心でそれを聞くなら煩悩が消え、俗情はすべて融けていく。もっとも神妙な修持方法でなければ、どうしてこのような境界に達することができるだろうかという。

このような禅定中に佛の三十二相八十種好を観想する過程には佛にたいする悟解が混じえられる。たとえば心に手がかりとする外境と内心がこもごも照らしあうというし、心が玄音を察して塵累や滞情を消融するという。これらは佛理にあきらかでなければおこなえない。つまり慧遠の観想念佛は、念佛と禅定と佛理の悟解、この三者がひとつになる。これは浄土信仰と禅法と般若（智慧）が結合する慧遠の信仰の特徴の反映と見られる。

禅定中に観想して見る佛は客観的な真佛か、それとも想像中の幻影か。この問題について慧遠と鳩摩羅什のあいだに論争がある。『般舟三昧経』中では観想念佛をしばしば夢に喩える。つまり観想中にあらわれる阿弥陀佛は夢境のものだとする。慧遠は疑問をもってこれに異論をとなえている。

『般舟経』にいう、三事ありて定を得る。一に謂く持戒無犯、二に謂く大功徳、三に謂く佛の威神と。問う、佛の威神とはこれ定中の佛たるや外来の佛たるや。若しこれ定中の佛たらばすなわち我が想の立てしところにして、なお我より出ずるものなり。若しこれ定外の佛たらばすなわちこれ夢外の聖人なり、然らばすなわち神会の来るは専ら内にあるにはあらず。夢と同じとせしむることを得ざるは明らかなり。

（『遠什大乗要義問答』十一辯念佛三昧縁生相、大正45-134中）

『般舟経』に説く定中見佛には三つの要因がある。一に修行者の持戒無犯、二に修行者の大功徳、三に佛の威神である。慧遠は考える、禅定中に見る佛がもし夢境と同じだとすればそれは個人の主観的想像であり、真佛の出現ではない。またもし佛の威神力によって定中に出現したものならこれは客観的な実在の佛であって、夢幻ではない。だから夢を以て喩えるべきではないと。観想念佛についての慧遠のこのような理解は、まことに佛教に中国伝統文化の烙印をおすものにみえる。

中国伝統文化の心理的特長は感覚できるものを重んじ理性を軽んずる、実際を重んじ幻想を軽んずる。幻想のなかでつくられた鬼神でさえ、中国ではなお感性や現実的特徴をそなえなければならない。たとえば伝統的な「天」は具体的な日月星辰を指すし、最高神「上帝」は「泰一」と称され、具体的な住所をもっている。『史記・天官書』にいう「中宮は天極星なり。そのもっとも明らかなるは泰一の常居なり」と。また伝説上の陰界冥府は羅酆山を指すが、のちに具体化して四川省の酆都城を指すようになった。秦始皇は徐福を派遣し、蓬莱、瀛洲、方丈の三仙山に不老不死の薬を求めさせたが、仙人の住まいはこの三つの海中の島である。天宮も冥土も仙界もすべて客観的実在となる。慧遠はこのような伝統文化の心理をもって佛教を理解し、「法性」の本性は実在するし、「神」（魂）は実在する、したがって観想念佛中にあらわれる佛も実在する客観的存在だとかんがえた。「法性」「神」「阿弥陀佛」の三者は同じである。慧遠にとって、定中の佛が自性をもたない「空寂」、夢境のものと考えることはできなかった。いや、考えたくもなかった。佛も含めすべてが夢幻だということを鳩摩羅什はくりかえし根気よく説明したが、慧遠はそれを受け入れようとしなかった。

いうまでもなく、慧遠のこのような観想念佛は一般人の行じうるものではない。坐禅入定だけでも生活に余裕があり、日常の俗務に煩わされないことが必要である。佛身や浄土の諸相を観想するには豊かな想像力がいるし、佛理を悟解するにはさらに高度な文化的素養が必要である。慧遠の観想念佛は「上根」者のためのもの、少数の恵まれた者が行ずる法と評価される。

四、蓮社について

浄土宗がひろく天下に行われるようになってのち、その源流を尋ねるひとびとが浄土宗に系譜をたて、慧遠を初祖とした。このため慧遠が僧俗「十八高賢」をあつめて蓮社を立てたという説が創造される。

これによると、慧遠が廬山に僧俗十八人をあつめ「白蓮社」を立て、求生西方弥陀浄土で念佛をした。十八人とは慧遠、慧永、慧持、道生、佛陀耶舎（覚明）、佛陀跋陀羅（覚賢）、慧叡、曇順、道敬、曇恒、道昞、曇詵、劉遺民、雷次宗、宗炳、張野、張詮、周続之である。当時入社したのは百二十三人、入社しなかったのは三人という。白蓮社は結社念佛の濫觴である。これによって浄土宗を「白蓮宗」「蓮宗」とよぶ。慧遠は白蓮社の創始者であるから自然浄土宗の初祖ということになる。

　この伝説は宋以後ひろく伝えられ、慧遠の白蓮社にならって結社念佛するものが多くあらわれる。慧遠が浄土宗の初祖というのも定説となっていった。

　しかし近人湯用彤、任継愈、方立天らの研究によると、慧遠が僧俗百二十三人をあつめて念佛三昧を修したのはたしかとしても、十八高賢をあつめて白蓮社を立てたというのは偽托であり、慧遠を浄土宗の初祖とするのは当たらない。十八高賢中の何人かは元興元年（四〇二）に廬山に行って蓮社設立に参加することは不可能であった。まず慧持は隆安三年（三九九）に入蜀しておりまだ返っていない。佛陀跋陀羅は義熙六年（四一〇）あるいは七年になって廬山に入ったのである。宗炳は元興元年にまだ十六歳である。百二十三人のなかに加わったとしても十八高賢に入るはずはない。佛陀耶舎は南方に行ったことがないし、著名な律師であって禅師ではない。

　百二十三人については志磐『佛祖統紀』巻二六に三十七人の名簿があるが、そのなかにある闕公則は西晋の人、すでに死んで百年が経っている。その弟子衛士度も東晋の永昌年間に死んだから、すでに八十年が経っている。著名な道士陸修静は晋の義熙三年（四〇七）の生まれだから、慧遠の死んだとき十二三歳にすぎない。蓮社に入れないばかりかおそらく慧遠の顔すら見たことがないであろう。

『佛祖統紀』には結社に加わらなかったいわゆる不入社三人を挙げる。一人は陶淵明である。陶淵明（三六五—四二七）は字を元亮、のちに名を潜と改める。卒後顔延之が名文を以て淵明を誄し、靖節と贈り名された。陶淵明には劉遺民、周続之に贈った詩があり、三人は「潯陽三隠」と称された。しかし慧遠との交遊はなく、思想的にも対立している。慧遠は霊魂不滅を主張し、義熙八年（四一二）廬山に刻石して佛影を立て、翌年『万佛影銘』を書いて、そのなかに「広きかな大象、理玄無名。神を体して化に入り、影を落とし、形を離る」という。石のうえに刻まれた佛影は万佛のため神（魂）を伝えるものとかんがえた。佛の神は本来形なく名なく、衆生を度すため応化してその身ができる。色身は形があっても、それに相対すると影となる。神は形や影を離れることができるが、形を離れた後は伝えるために影を留めるという。慧遠はかつて謝霊運に依頼して『万佛影頌』を撰し、多くの人を招いて「佛影台」を立てる活動に加わってもらった。陶淵明はこれを知って慧遠に賛同せず、「形、影、神」について三首の詩をつくっている。そのうちの『形贈影』（形が影に贈る）詩にいう「たまたま世中に在るを見る。忽然と去って再び帰り来ることとなし。我に騰化（仙人になる）の術なく、必爾（世の必然の理）をまた疑うことなし」と。つまり形が自然の理に従って死んでいくことを肯定する。陶淵明はまた『神釈』（精神が形、影を釈す）詩のなかでいう「君（形、影を指す）と物を異にすといえども、（精神は）生まれながら相依附す。結託して善悪同じ（神、形、影三者の善悪は共通する）、いずくんぞ相ともにせざるを得ん。三皇は大聖人なり、今またいずれの処にかある。彭祖は永年を愛す、（この世に）留まらんと欲すれど住まるを得ず。老少同一に死し、賢愚また数うるなし。……大化（造化）の中に縦浪（放浪）し、喜ばず亦懼れず。まさに尽くすべきはすなわち尽くすべし、また独り多慮するなし」（『陶淵明集』巻二）と。神と形は依りあって存在するもの、独立できるものではない。人は死すべきものもの、神も形も死滅するのだとする。このように慧遠の神不滅や輪廻応報説に反対した陶淵明が、蓮社に参加して往生を誓ったといっても、それが事実でないことは明らかである。

いま一人の不入社は范寧である。范寧は隆安五年（四〇一）に卒したからちょうど蓮社成立の前年に死んだことになる。「蓮社」の名称や「十八高賢」の説は中唐以前に記録がない。劉遺民の発願文中に「芙蓉を中流に敷き、瓊柯をおおい、以て詠言す」とある。芙蓉は蓮であるから後の蓮社の名はこれに啓発された可能性がある。しかしこれは一種の文学的修辞であって、蓮社と特に関連するものではない。中唐以後、ときに蓮社、西方社の名が出る。たとえば白居易の詩『東林寺臨水坐』に「昔、東掖垣中の客となり、今、西方社内の人となる。手に楊枝をとりて水に臨んで坐し、しずかに往事を思えば前身に似たり」とある。また貫休『題東林寺詩』に「今、更に蓮社に従いて去らんと欲す」の句がある。しかしいずれも文学的表現を出るものではなく、「蓮社」という組織があったという歴史的事実をこれらから看取することはできない。北宋の佛教史家賛寧（九一九―一〇〇一）は『結社法集文』にいう。

晋宋の間、廬山に慧遠法師あって、潯陽に化行す。高士逸人東林に輻輳し、みな香火を結ばんことを願う。時に雷次宗、宗炳、張詮、劉遺民、周続之ら、ともに白蓮華社を結び、弥陀像を立て、安楽国に往生せんことを求願し、これを蓮社という。社の名はこれより始まる。

（『楽邦文類』巻二）

根拠は示されないが、ここには慧遠が蓮社を立てたことを明確にのべている。しかし十八高賢についてはまったく触れないし、蓮社の名称の由来ものべない。

北宋天禧三年（一〇一九）、道誠の『釈氏要覧』巻一にいう。「蓮社」の称には異なる四種の説明があるとして、第一に廬山東林寺院中には多くの白蓮が植えられていた、第二に弥陀浄土は蓮花をもって九品次第により人を引接する、第三にこの社の人は名利に汚されない、第四に慧遠の弟子法要が蓮花十二を木彫して水中に植え、からくりによって一時に一蓮を折り、一種の水時計をつくり、これによって行念の時を失わないようにしたと。つまり当時はどうして蓮社と呼ぶのかきまった理解がなかったことを示している。

十八高賢については白居易の詩『代書』中にいう「廬山の陶、謝より十八賢に至るはすでに還えり、儒風綿綿と相続して絶えず」（『白居易集』巻四三）と。「陶」は陶淵明、「謝」は謝霊雲を指す。「十八賢」の称は出るがここで言いたいのは「儒風綿綿」のほうであって、慧遠の弥陀浄土求生の結社とはかかわりがない。

隋の費長房『歴代三宝記』には十八高賢が蓮社を立てたという話は出ない。また慧遠伝から立誓往生の事を削っている。唐の法琳『辯正論』巻三では劉遺民、雷次宗、周続之、畢頴之、宗炳を「五賢」と称するが、十八高賢の説はない。『十八高賢伝』は十八賢中の曇詵が『維摩経』に注し、『窮通論』『蓮社録』を著したとするが、『高僧伝』には『蓮社録』を著したという記載はない。この書も引用の出典不明である。

十八高賢が蓮社を立てたという説が最初にあらわれるのは『十八高賢伝』である。『十八高賢伝』なる文は宋代陳舜兪の『廬山記』においてはじめて整った記録になる。『廬山記』全五巻は熙寧五年（一〇七二）の成書で、陳舜兪の言によれば「東林寺に古くより『十八賢伝』あり、何人の作りしところかを知らず。文字浅近にして、事を以てこれを前史に験するに、往々乖謬あって、読者これをいやしむ。……予すでに『山記』を作る。すなわち旧本によって晋、宋史および高僧伝を参質し、ほぼ刊正を加う」（『廬山記』巻三、大正51-1039上）とある。つまり東林寺に『十八賢伝』があって、誰の作かわからない。文章は浅薄で、内容も史書に照らすと誤りが多く、読者の嘲笑をかっている。それでわたしは廬山史を書いたので旧本によって、史書や僧伝を参照し、大まかな修正をおこなった。こう明言しているのである。

南宋の佛教史家志磐は『十八高賢伝』をかれの『佛祖統紀』巻二六に収録し、末尾に注をつけていう「『十八賢伝』は始め作者の名あらわれず。昔より廬山に出でしものと疑うのみ。熙寧の間、嘉禾の賢良陳令挙舜兪ほぼ刊正を加う。大観の初め、沙門懐悟事跡の粗略なるを以て、また詳補をなす。今、廬山集、高僧伝及び晋宋史を歴考し、悟本に依り再び補治をなす。一事も遺てず、これより完本となすべし」（大正49-268下）と。

陳舜兪が手を加えた『十八高賢伝』は懐悟がさらに補充し、それをもう一度志磐が補ってできたものである。「往々乖謬のあった」原本を利用し、それに慧遠を持ち上げたい主観的心情がつぎつぎつけ加わって、補修してできあがったのが『十八高賢伝』である。

補修者の慧遠を持ち上げたい主観的心情については、『廬山記』からも証左を得ることができる。いわゆる「三笑して虎渓を過ぐ」伝説である。『廬山記』にいう。

遠法師廬阜に居ること三十余年、影は山を出でず、跡は俗に入らず。客を送りて虎渓を過ぎると、虎すなわち鳴号す。昔、陶元亮（淵明）栗里山の南に居る。陸修静また有道の士なり。遠法師かつてこの二人を送り、ともに語り話投合し、覚えずこれを過ぐ。因りて相共に大笑す。今、世に『三笑図』と伝うるは蓋しこれに起る。

（大正51-1028上）

慧遠はしばしば客を送って下山したが、虎渓をよぎると、虎が嘯いて合図をしたので慧遠はそこで留まった。しかし陶、陸のふたりとは話が合ったので、おもわず虎渓を通り過ぎてしまった。三人はそれに気づいて大笑いをしたというのである。陳舜兪は『三笑図』がこれに由来するという。

すでに述べたように、陶、陸の二人は慧遠と交遊がない。三人が廬山でいっしょに話をしたというのはありえない。この伝説は虚構である。『三笑図』はひとりの儒生と、ひとりの僧と、ひとりの道士が談笑する古画である。儒、佛、道三教の調和思想を反映したもので、この三人が誰かを問題にしていない。蘇軾は『三笑図賛』を書いているが、賛は画に即していっただけで三人の名を具体的にあげていない。蘇軾門下の黄庭堅は『仿禅月作遠公詠』の序に「遠法師は廬山のもとに居り、律を持して精苦なり。中を過ぎて（正午を過ぎて）蜜湯を受けず。詩を作りて酒に換え、陶彭沢（陶淵明）に飲ましむ。客を送るに貴賎なく、虎渓を過ぎず。陸道士と行きて虎渓を過ぎること百歩、大笑して別る」という。

この伝説は美しい。『廬山記』はこの伝説を収めて陶淵明と陸修静を蓮社に引き込み、慧遠と蓮社の影響力の大きさを証明しようとしたのである。しかし残念ながらこれは事実ではない。

以上の資料からわかるように、十八高賢が蓮社を立てたという説は不確かな資料に主観的推測を加えできあがったものである。補充加工したのは『廬山記』ができあがる宋の神宗熙寧年間から『佛祖統紀』にいたるまでである。『佛祖統紀』の編纂成書年代は不明である。編者志磐の生涯すら不詳であるが、おそらく南宋度宗の咸淳年間（一二六五―一二七四）にできあがったものとおもわれる。この頃から十八高賢が蓮社を立てたという説が通説化する。そしてこの二百年の補訂期間がちょうど「禅浄双修」「教浄融合」の時代であり、各派がきそって浄土を修行した時期にあたる。浄土宗以外の各派が浄土宗に融入し、かれらの観点を浄土宗にもちこんだ。そのなかの学問ある僧が浄土宗に祖系をつくったが、かれらの尊崇する慧遠が浄土宗の始祖に奉じられ、十八高賢が蓮社を立てたという偽説が歴史として宣揚されたとおもわれる。

五、慧遠の弥陀信仰にたいする評価

慧遠は東晋南方佛教の領袖であったばかりでなく、中国佛教史上卓越した成果をのこした一代の名僧である。廬山で多くの人材を養成したばかりでなく、南北の統治階層や多くの士族文人をとりこみ、佛教と儒家名教との矛盾を調和し、佛教を江南に流布してその発展をもたらした。佛教内部においても各学派に通じ、毘曇学、三論学、禅学、戒学の弘揚に大きな貢献をした。また玄学、儒学と融合し、大乗中観学派の観点に中国伝統文化の烙印をおしてみせ、以後の佛学の中国化に道を開き、後の中国佛教に大きな影響をのこしたのである。

慧遠は諸浄土のなかで弥陀浄土を選択した。百人をこえるひとびとを組織し、西方往生を誓い、般若、禅法と浄土を結合した念佛三昧を奉行した。さらに同志をあつめ詩文をともにした。弥陀信仰の実行者、組織者、宣揚者であり、弥陀信仰の流伝を推進したのである。

慧遠は観想念佛を主とする念佛三昧を提唱し「功高く進み易きは念佛を先となす」とした。これは慧遠の功績である。念佛三昧は一種の禅法である。禅定は古くより佛教の主要な修行法であって、「三学」「六度」「八正道」「三十七菩提分」いずれにおいても重要な位置を占めている。東漢安世高訳『安般守意経』および大小『十二門経』等は小乗の禅法「四禅」「四無色定」および「五門禅」を紹介する。五門禅は五停心観ともよばれる。つまり貪欲を対治する不浄観、瞋恚を対治する慈愍観、痴愚を対治する因縁観、心の散乱を対治する数息観、我見を対治する界分別観である。ほぼおなじころ東漢支婁迦讖は『般舟三昧経』『首楞厳三昧経』等大乗禅経を訳し、大乗禅法を紹介し、般若の智慧をもちいた念佛を宣揚した。このふたつの禅法が流伝したが、両晋期になって、小乗の安般禅が主導的地位を占めることになる。安般禅とは五門禅中の数息禅で、出る息と吸う息をかぞえる。意識を呼吸の数に集注して、分散浮動する思いを専注せしめ、禅定の境地に入り、心の明るさをとりもどすのである。道安はこの安般禅を修し、しだいに禅法と般若学をひとつにしていった。慧遠と同時期の鳩摩羅什は『禅秘要法経』『禅法要解』を編訳し、五門禅を唱導した。ただこの五門禅は念佛観をもって界分別観のかわりとした。鳩摩羅什の五門禅は大小乗の禅法を貫くもので禅智双修を重視し、影響は非常におおきい。慧遠は道安を継承して禅定と般若を結びつけたばかりでなく、念佛三昧を浄土思想と結びつけた。本来五門禅のひとつであった念佛観は慧遠によって専門の修禅の内容とされ、修禅即念佛三昧となった。慧遠がその最初の提唱者である。

慧遠は中国浄土宗の先駆者のひとりである。しかし後世かれを浄土宗の初祖に奉ずるのはやはり誇大である。順序でいえば中国弥陀信仰は慧遠からはじまるのではない。慧遠の前に有名な支遁、竺法曠があるし、もっと遡れば闕公則や衛士度がある。もし最初の弥陀信仰者をもって初祖とするなら、それは慧遠にはまわってこない。

慧遠は弥陀信仰の思想家でもない。弥陀浄土の意義といえば、現実の苦難と対立する理想郷であること、中観思想の信仰面における体現で、その無生の生は多様な信者にひろく受け入れられたこと、また佛力による往生浄土への易行道として苦難の民衆の宗教的要求を広く満たすことなどがあげられよう。しかし弥陀浄土のこのような特質は慧遠においては問題にならなかった。かれは永生を求めただけで、独自の浄土教義をもっていたわけではなく、むしろ一般の信者に属している。

慧遠の念佛三昧はかれが最初の提唱者であったというものの、印度の禅法を出るものではなかったし、それを受け入れたのも少数のひとびとである。これは後の称名念佛を特色とする浄土宗とおおいに趣を異にするところである。したがって慧遠が世を去って二百年経っても、かれの弥陀信仰は世に影響がみられない。弥陀浄土を弘揚した大師曇鸞、道綽、善導、隋慧遠、智顗、吉蔵、窺基等そのだれもが慧遠の浄土信仰をとりあげなかったことがそれを物語っている。

第二節　浄土宗初祖曇鸞

一、曇鸞の生涯

(一) 北朝の概況

東晋は三一七年建国し、四二〇年に亡ぶ。百四年の天下である。四二〇年に劉裕が宋朝を立て、四七九年に蕭道成は宋を滅ぼし、斉朝を立てる。五〇二年、蕭衍は斉を滅ぼして梁朝を立て、五五七年、陳覇先が梁を滅ぼして陳を立てた。五八九年陳が亡ぶと、楊堅の隋朝が全国統一を実現する。宋、斉、梁、陳と相継いだ四朝を史家は南朝と総称する。

おなじころ北方では、四三九年鮮卑族の拓跋氏が北方を統一し、百二十年余におよぶ分裂の時代が終り南朝と相対立する。歴史にいう北魏である。五三四年、北魏は東魏と西魏に分裂する。五五〇年、高洋は東魏の孝静帝を廃し北斉を立てる。五五七年、宇文覚は西魏の恭帝を廃し北周を立てる。五七七年、この北周は北斉を滅ぼし、北方はふたたび統一をみる。五八一年、楊堅は周の静帝を廃し自ら帝を称して、国号を隋とあらためた。北方のこの百四十年余を北朝とよぶ。

四二〇年から五八九年にいたる間が南北朝時代である。百六十年あまりの大分裂の時代である。この分裂は事実上は三一六年西晋の滅亡からはじまっているから、中国南北大分裂の時代は二百七十余年におよんだことになる。

慧遠はこの大分裂の時代の前半を東晋に生きたのであり、慧遠の死後五十年を経て曇鸞が生まれるが、曇鸞はその後半を北魏、東魏に生きたのである。

北魏の拓跋珪は三九五年、燕兵を破り勢いに乗じて南下し、黄河以北の広大な地域を手中にした。三九八年、盛楽(内蒙古ホリンゴル)から平城(山西省大同市)に遷都し、皇帝を称した。道武帝である。四〇九年拓跋珪が死ぬと、明元帝拓跋嗣(四〇九—四二三在位)が宋を攻め、青州、兗州および豫州の一部を占領し、勢力は黄河の南にまで及んだ。太武帝拓跋燾(四二三—四五二)は北方の他の政権を攻め、夏、北燕、北涼を滅ぼし、北方を統一した。文成帝拓跋濬(四五二—四六五在位)になって北魏の国勢は衰えはじめる。孝文帝元宏(四七一—四九九在位)は四九三年洛陽に遷都し、改革をすすめ、均田制や鮮卑人の漢化政策をとりいれて経済の発展をもたらした。五三〇年、孝荘帝元攸(五二八—五三〇在位)は専権大臣爾朱栄を殺したが、爾朱栄の甥爾朱兆はつづいて孝荘帝を殺し、元恭を帝(節閔帝)に立てた。爾朱氏の部将であった高歓は五三三年爾朱氏を滅ぼし、元恭を殺し、あらためて元修を帝位につけた。元修は高歓の支配を受けることをきらい、関中を守る将領宇文泰のもとに投じた。高歓はべつに元善見を帝(孝静帝)に立て、ここに北魏は東魏と西魏に分裂することになる。高歓の死後その子高洋は五五〇年孝静帝を廃し、自ら立って帝(斉の文宣帝、五五〇—五五九在位)となった。これが北斉である。

北魏が中国内地に入ってから北斉にいたる間、各民族の融合はいちだんとすすんだ。経済にも相応の発展があり、孝文帝の改革後、北方の広大な荒涼たる風景はしだいに改まり、生産力ものびた。しかし先進的な中国内地に入った鮮卑族は略奪や土地の兼併をほしいままにし、絶えることのない戦火が加わって、庶民はいよいよ苦難の生活を強いられた。平城周辺の農民は衣食に窮していたが、官庫には穀帛が充満し、市場には宝貨があふれた。四八七年大旱魃がおそうと、孝文帝は多数の農民が食をもとめて国外に出ることを認めざるをえなかった。北魏の末年には各地で反乱があいつぎ、曇鸞が出家して円寂するまでの五十数年間に正史記載の反乱は百回に近い。

孝文帝より後は農業もしだいに漢魏西晋の水準にもどり、佛教を中心とした北朝文化が発展する。北朝における著作は南朝にくらべはるかに少ないが、南朝の作品が文学に偏るのに対し、北朝では直接実用につながるものが多く、その意味での貢献は南朝よりおおきい。たとえば酈道元の『水経注』は地理学の画期的著作であるし、賈思勰の『斉民要術』は不朽の農業の大著である。楊衒之の『洛陽伽藍記』は洛陽の寺観廟塔を描写し、史書であると同時に文学である。顔之推の『顔氏家訓』は立論平易でおのずから一家の言をなしている。また芸術的表現の造像がみられる石窟は絵画や彫塑の宝庫である。相対的にいえば、この時代は経学が低調であり、玄学も沈静していた。苦難の時代には苦難に応ずる心情がひろがる。上下のひとびとがひろく関心を寄せたのは生死の問題であり、道教と佛教はそれぞれの解脱の方法をうったえた。統治者もこのような超世間的解脱の方法をみずからの安心のため、また庶民を慰撫する手段として必要とした。したがってこれを扶植する政策をとり、道教も佛教も長足の発展をとげた。

魏の道武帝は道教を篤信し、その子明元帝とともに仙人博士を置き、仙坊を立て、百薬を煉った。ついには自ら薬で毒死する。寇謙之は太武帝の支持を得て道教改革をすすめ、自ら太上老君を称し、自ら天師に封じ、天師張陵（張道陵）を継承した。三張（張陵、張衡、張魯）の租米（五斗米）や銭税をとる旧規を廃し、道教の繁文縟礼を一掃し、簡単な方法にあらためた。すべての信徒は家に一檀を設け朝夕礼拝すれば上等の功徳を得ることができる。深山に入って丹薬を煉り服することなく、羽化して成仙できると説いた。太武帝は平城に天師道場を立て、みずから道場におもむいて符籙を受け、天命を受けて中国皇帝たる資格をもつことを示した。以後魏の諸帝はみな即位すると符籙を受ける儀式をおこない、鮮卑族拓跋部が漢族を統治するよりどころとした。この次第で北朝では道教が盛行する。

佛教も道教におとらず発展した。十六国の時代、鳩摩羅什が道安の後をついで長安で訳経弘法をすすめ、中外の名僧が雲集したが、魏になってもその勢いは衰えなかった。太武帝が北涼を滅ぼすと西北の佛教の中心涼州の僧徒三千人、民衆三万戸（十万戸ともいう）が囚われて平城に移され、北魏畿内の佛教はおおいに盛んになる。

四四六年、道教を信奉し自ら黄帝の子孫を称した太武帝が廃佛をおこなう。詔を下し魏の国内のすべての沙門を穴埋めにし、佛像胡経を廃棄することを命じた。寇謙之は沙門を誅殺すること、佛教を毀滅することに反対した。監国であった太子拓跋晃は詔書の宣告をおくらせたので、沙門の多くは逃れることができ、経像も一部は匿すことができた。しかし塔廟はすべて破壊された。歴史にいう「三武一宗」の廃佛の始まりである。これは七年続いた。四五二年太武帝は弑され、文成帝が即位すると、詔によって佛教の復興が命じられる。涼州からきた曇曜が沙門統に任ぜられと、寺僧に収穫を供する「僧祇戸」の制がつくられ、一般民戸の飢饉に備えた。また重罪を犯した者や官奴を「佛図戸」として寺田の耕作や用役にあて、佛教の経済力を強化した。四六〇年、文成帝は曇曜に命じて平城武周山に石窟を開鑿した。世界に名を馳せる雲崗石窟の開鑿である。主要な石窟は洛陽遷都三十数年前に完成した。またこれ以前敦煌の千佛洞がすでに開鑿されていたが、北魏はこの開鑿も継続した。洛陽遷都後は龍門石窟、麦積山石窟、義県万佛洞石窟、甘粛炳霊寺石窟、巩県石窟寺等を開鑿した。北斉は邯鄲の南北響堂山石窟、太原天龍山石窟等をひらいた。平城に近い五台山では孝文帝のときから、清涼寺、大孚霊鷲寺、佛光寺、宕昌寺等数十の寺院が建立されはじめ香火はすこぶる盛んであった。五一五年、北魏の全域内の寺院は一万三千七百余におよぶ。一族一村の佛教組織は民間にひろくおこなわれ、「義邑」とよばれた。唐代杜牧の詩『江南春』の「南朝四百八十寺、多少の楼台煙雨の中」は南朝佛寺の盛を描いて有名であるが、北朝の佛教の盛も南朝におとるものではなかった。南北朝時代は中国佛教最初の黄金時代である。

南朝の佛教は義理（義学）に偏し、北朝では寺塔の建立、大修功徳に中心があった。南朝晋宋の際、佛駄跋陀羅、智厳、慧観らは罽賓の達磨多羅、佛大先の「五門禅法」「以禅命宗」を伝え、禅による佛教の一切の修行の統摂をはかったので、禅学はしだいに独立し、義学と対立する勢力になった。北朝は禅法を重んじ、僧稠は北魏から北斉にかけて帝王の殊礼を受け、民禅は官禅となった。僧稠の禅法は「四念所」で、「五禅門」と同種の小乗禅である。菩提達磨は北魏の宣武帝のころ梁朝より洛陽に来て、大乗空宗禅法を伝え、『楞伽経』四巻をもって人におしえた。菩提達磨は僧稠の行ずる「不浄」「骨鎖」「無常」「苦」等の禅観を卑しんで、「壁観」を主張した。外に諸縁をやめ、内心に喘無く、心墻壁の如くして、道に入るという。伝えるところでは、菩提達磨は教理を重視し、壁観を通して自身本有の「真性」を識り、無愛憎、無得失、無悲喜、無是非、一切を超越した境界に達したという。かれとその弟子はかつて官禅の排斥迫害をうけたが、その禅法は民間ですこぶる流行し、のちの唐代禅宗のさきがけとなった。上下を挙げての禅法の流行および大修功徳は、北朝佛教の実践偏重の特徴を形成したのである。もっとも、北朝でも義学は発展した。学問のある僧がみずからの理解をまとめ、衆徒をあつめて講学し、それが学派となって互いの長短を論じた。また儒教や道教とも論争をくりかえした。南北それぞれに異なる環境のなかで、佛教は儒学と出世入世を争い、道教とはその地位を争い、儒教道教の外来信仰批判とは論戦し、さらに佛教内部でも学派の論争をくりかえし、戦国以来の盛んな百家争鳴の時代を現出したのである。これは後につづく隋唐の佛教全盛時代を準備するものであった。

曇鸞はこのような時代に生き、苦難の社会の苦難に満ちた心を代表し、弥陀浄土に通ずる新しい道をきりひらいたのである。

(二) 学佛求道

曇鸞(四七六—五四二)(曇巒とも書く)は『続高僧伝』巻六、『佛祖統紀』巻二七、『古清涼伝』巻上、『往生西方浄土瑞応伝』、『浄土往生伝』巻上によると雁門(治所は山西省代県)の人という。唐迦才『浄土論』には并州汶水(山西省文水県)の人というがこれは誤りであろう。曇鸞は「高貴の生まれ」というが、家が五台山に近く、小さい頃から五台山には文殊菩薩が住み種々の霊異があるときかされ、それにあこがれていた。十四歳のとき山にのぼり霊跡をたずね、佛光寺跡に「草庵を結び、心に真境を祈る。既にしてつぶさに聖賢を睹て、因りて即ち出家す」(『古清涼伝』巻上)という。また一説に「五台山金剛窟に遊び、異徴を見て遂に落髪す」(『代州志』)ともいう。出家の後、曇鸞は佛学を精研し、ひろく経論を学んだが、とりわけ「四論」(中論、十二門論、大智度論、百論)および佛性学説を研究した。

南北朝時代、主要な佛典は僧俗の学者がそれぞれに研究成果をあげ、かれらは「師」と称されていた。その成果や思想は「師学」「師説」などとよばれた。一経一論に通じた経師、論師がそれぞれに一家をかまえ、相互に論争して各種の学派を形成した。もっとも早く『中論』『百論』『十二門論』を研究したのは羅什門下の僧肇、僧叡である。もと北方でおこなわれたが後に江南に入り、尊重されて三論学とよばれた。これは陳隋の際、吉蔵がこの学説を発揚して三論宗をたてる。北朝で盛行したのは涅槃師、毘曇師、成実師、地論師、摂論師である。三論学は『大智度論』を加えて四論師とよばれた。曇鸞は学識淵博、遠近に名が知られたが、四論師学派の高僧であり、のちに四論師の祖ともよばれている。かれが後に中観学派の観点で弥陀浄土理論を解釈したのもけっして偶然ではない。

北魏の佛教は儒、道と相互に論争し、相互に融合する局面にあった。曇鸞はその風をうけ、諸子百家いずれをも渉猟し、道家にも深い造詣があった。つたえるところ曇鸞は北涼曇無讖訳の『大集経』を読み、経中のことばが深奥難解であるのを感じ、その注釈に着手した。しかし一半まですすめたところで突然気疾に罹る。暫時筆をおいて医者をもとめ治療に出かけるが、汾州までくると突然気疾がよくなり、再度仕事をつづけようとした。しかしまた完成するには長年を要し、命の短いことをおもった。ちょうどこのとき江南に道士陶弘景（四五六―五三六）がいて、神仙方術を研究し、佛道双修であると聞く。梁朝大通年間（五二七）曇鸞は南遊して陶弘景を訪ねる。このとき曇鸞すでに五十一歳である。

南北朝の対立期、南朝梁は北朝人の入国を容易にゆるさなかった。曇鸞は梁都建康（江蘇省南京市）まで行き、官府の取調べを経て梁武帝蕭衍（五〇二―五四九）に引見される。そしてこの奉佛の皇帝の礼遇を得ることになる。のちに武帝は侍臣を顧みていったという「北方の曇鸞師は……生身の菩薩だ」（『続高僧伝・僧達伝』）と。曇鸞は武帝の許可をえて、建康で陶弘景に手紙をかき、かれについて仙術をまなびたい旨をつげる。やがて陶弘景から歓迎する旨の返事がくる。曇鸞が茅山を訪ねると陶弘景はかれをあつくもてなし、『仙経』十巻を授ける。この佛、道の祖師クラスの二人はともに佛、道兼学、茅山で対面して意気投合したのである。陶弘景より二十歳若い曇鸞は陶弘景のもとで道教への尊崇を深め、『仙経』を受けると、それを北魏にもちかえって、山中で道教調心煉気の法を学ぶつもりであった。

（三）帰依浄土

曇鸞が『仙経』をもって北魏の都洛陽にかえると、北印度の三蔵法師菩提流支にあった。菩提流支は永平初年（五〇八）洛陽に来た。宣武帝はいたくかれを重んじ、勅して永寧寺にとどまらせ、七百の梵僧は菩提流支を訳経の首席とした。のちに魏が東西にわかれたとき、かれは孝静帝にしたがって居を鄴都（河北省臨漳県西南鄴鎮）に移した。訳経は三十九部百二十七巻におよぶが、菩提流支の訳した『十地経論』は道寵に伝えられ、地論師の相州北派学を形成する。

菩提流支は弥陀信仰の弘揚者であった。かれが浄土信仰を曇鸞に伝え、これが浄土宗の成立におおきく貢献したのである。曇鸞は洛陽で菩提流支にたずねた「佛法中にすこぶる長生不死の法あり。此土の『仙経』よりすぐれるものか」と。菩提流支は地に唾していった「是れ何の言ぞ、相比ぶるものにあらず、此方いずれの処にか長生の法あらん、たとえ長年を得て、少時死せざるも、終にはただ輪廻三有をあらたむるのみ」（『続高僧伝・曇鸞伝』、大正50-470中）と。

菩提流支は道教の長生術を蔑視した。道教の長生術はたとえ寿命をのばすことができても結局は三界中に生死流転する。永生を得るに佛教の弥陀浄土にかなうものではないと。かれは曇鸞に『観無量寿経』を授けていう。「これは大仙方なり。これに依りて修行せば、まさに生死解脱することを得べし」（『続高僧伝・曇鸞伝』）と。

すでに道教の長生術を授与されていた曇鸞だが、菩提流支に説得された。曇鸞は頂礼して『観無量寿経』を受けると、陶弘景から授けられた仙経を焼却した。かれは佛教にもどったわけである。曇鸞は阿弥陀佛を信仰し、これ以後弥陀信仰を弘揚する道を歩んだ。

本伝には菩提流支が『観無量寿経』を授けたとのみ記すが、世親の『無量寿経論』（『往生論』）をも授けたはずである。曇鸞は梁の大通中（五二七—五二八）江南にでかけている。一方、菩提流支は『開元録』によると北魏の永安二年（五二九）洛陽で『無量寿経論』一巻を訳している。これはちょうど曇鸞が洛陽にもどったときである。菩提流支が曇鸞に『観無量寿経』を授けると同時に、自ら訳したばかりの『無量寿経論』をも授けたというのは自然な推理である。その証左は曇鸞がのちに『無量寿経論』を注解したことであり、曇鸞の注解（『往生論註』）の内容はおそらく菩提流支の啓発や影響をうけたものとかんがえられる。

曇鸞の浄土学説は菩提流支より伝えられたものである。しかし一部のひとたちは菩提流支が慧寵、道場の二師を介して曇鸞に伝えたとかんがえる。その根拠は道綽の『安楽集』巻下に見るつぎの記録からである。

第一に、中国及び此の土の大徳の所行に依るとは、余が五翳にして面墻なる、なんぞ自らほしいままにせんや。ただ遊歴披勘を以て、師承あるを敬う。何ぞや。いわく、中国の大乗法師流支三蔵あり。次に大徳ありて名利を呵避す、すなわち慧寵法師あり。次に大徳ありて尋常に敷演して毎に聖僧の来聴を感ぜしむ、すなわち道場法師あり。次に大徳ありて光を和して孤棲し二国に慕仰せらる、すなわち曇鸞法師あり。次に大徳ありて禅観独り秀でたり、すなわち大海禅師あり。次に大徳ありて聡慧にして戒を守る、すなわち斉朝の上統（法上を指す）あり。（浄全1-694下）

道綽がここにいうのは「師承」である。ひとびとはこれによって曇鸞の法系をかんがえる。つまり菩提流支―慧寵―道場―曇鸞―大海―法上―道綽のながれである。迦才はいう「沙門道綽法師はまたこれ并州晋陽の人なり。すなわちこれ前の高徳大鸞法師三世以下の玄孫弟子なり」(『浄土論』巻下)と。迦才は道綽を曇鸞の玄孫弟子とかんがえている。しかしこれは誤解である。

浄土宗は「宗」と名のるがこの「宗」は他宗とは異なる。浄土宗には法嗣の制度がない。師弟の授受、衣鉢相伝の制がないし、「心心相印」ということもない。道綽がここにいう「師承」とは思想的影響というほどの意味で、けっして法嗣相伝を指すのではない。

また、この六人の高僧のあいだに師弟関係はない。慧寵つまり道寵は『続高僧伝』中に伝があるが、かれは俗名張賓、おそらく北魏が東西に分裂ののち鄴都で菩提流支から『十地経論』をまなび、みずからも講席をひらいた。活動のもっとも盛んであったのは北斉年間であり、地論師北道系の創始者となっている。道場（道長とも）は『大智度論』に精通し、鄴都で敷講し、四論師の名僧となったが、かれが活躍したのも北斉年間である。この二人はともに浄土を信仰したが、時代が曇鸞よりややおくれる。曇鸞と交渉があったというなんらの記録もない。道場が曇鸞の師父であり、慧寵がさらにそのまえの師祖であるとは考えられない。法上は慧光の門人である。菩提流支が洛陽で『十地経論』を訳していたとき、慧光は勒那摩提の『十地経論』翻訳作業に参加していた。菩提流支と勒那摩提はそれぞれ別に『十地経論』を訳しており、おたがいに認めていない。慧寵は菩提流支を師として地論師北道系をつくり、一方慧光は勒那摩提を師として地論師南道系をつくったのである。慧光の門人中、法上はもっとも出世し、北斉で最高の僧官「大統」に任じられている。かれは地論を宣揚すると同時に弥勒を信仰し、兜率浄土への往生を願っている。曇鸞の弥陀信仰とはちがいがある。道綽がかれを浄土六大徳にくわえたのは、あきらかに広義の浄土信仰というべきもので、曇鸞の法孫とかんがえたわけではないであろう。

道綽の『安楽集』が列挙するこの浄土の六大徳は、六人の浄土信仰（弥勒信仰もふくめ）名僧というにすぎない。もしこの六大徳を浄土宗祖師の世系とかんがえるなら慧寵は曇鸞の師祖となるが、これは誤りである。

曇鸞は菩提流支のもとで教育をうけ、これより浄業に精修し、自業化他、しだいに多くの民衆の帰依を受けるようになった。時はすでに北魏の末年である。統治者内部の矛盾が激化し、戦乱が頻繁となりひとびとは生活に苦しんだ。五三四年、魏が東西に分裂すると、東魏の孝静帝は鄴に遷都し、十七年ののち北斉に取って代わられる。民間に行われていた弥勒信仰が盛んになるが、同時に曇鸞の提唱する弥陀信仰も急速に発展する。孝静帝は曇鸞を敬重して「神鸞」と称し、勅して并州大寺にとどまらせた。当時の并州の州治は今の山西省太原市、晋祠所在地の晋陽である。晋祠古十六景には「大寺荷風」という一景がある。これは晋祠の東二里ばかりのところで、これが曇鸞の住した「并州大寺」とおもわれる。のちに曇鸞は汾州北山石壁玄中寺に居を移す。今の山西交城県西北二十里の玄中寺である。寺のそばに石壁山があり、山にちなんで「石壁山玄中寺」とよぶ。かれはここで著書の筆を執り、衆をあつめて念佛をした。またしばしば介山（山西省介休県綿山）の陰で多くの人とともに念佛をした。後人はここを「鸞公岩」とよんでいる。曇鸞が残したおもな著書はつぎのようなものである。

一、『往生論註』二巻。原名は『無量寿経優婆提舎願生偈註』である。『無量寿経優婆提舎願生偈』は意訳すれば『無量寿経願生偈論』であるから、『無量寿経願生偈論註』略して『無量寿経論註』とよばれる。また『無量寿経優婆提舎願生偈』はその書の内容をとって『往生浄土論』略して『往生論』『浄土論』とよばれるから、曇鸞の注も『往生浄土論註』『往生論註』『浄土論註』とよばれる。通称は『往生論註』である。上巻では世親の原著中の二十四行の願生偈を解釈し、下巻で原著中の偈にたいする釈文に注釈をほどこしている。

世親の『往生論』は浄土宗基本経典「三経一論」の一論である。曇鸞の注釈は深く理解し精細、まことに中国の浄土学説というべきものである。したがって『往生論』は曇鸞の注釈と一体でとりあげられ、世親の『往生論』が浄土宗の基本経典であるというより、曇鸞の注釈が浄土宗の基本経典であるといったほうが当たっている。浄土宗を学ぶひとたちが『往生論註』をまなぶのは、曇鸞の注釈つまりは曇鸞の浄土学説をまなんでいるのである。

二、『略論安楽浄土義』一巻。阿弥陀佛の安楽浄土の荘厳成就について簡要に論じ、安楽浄土への疑惑を批判し、往生浄土のための念佛の方法を宣揚する。

三、『讃阿弥陀佛偈』。別に『無量寿経奉讃』『大経奉讃』『礼浄土十二偈』ともよぶ。『無量寿経』によって阿弥陀佛とその浄土を讃頌したものである。七言の偈百九十五行よりなり、中国で弥陀浄土を讃頌したはじまりである。浄土宗の経典としてつくられている。

このほか『続高僧伝』本伝によると、曇鸞は調心練気を善くし、病の由来を識り『調気論』の著があって世に流行したという。『隋書・経籍志』子部医方類によると、曇鸞には『療百病雑丸方』三巻、『論気治療法』一巻の著がある。『旧唐書・経籍志』丁部医術類には曇鸞『調気方』一巻を載せる。『宋史・芸文志』子部神仙類には曇鸞『服気要訣』一巻を載せる。『雲笈七籤』巻五九には「曇鸞法師は気法を服す」とある。曇鸞は弥陀信仰を弘揚したほかに、医療の著作があり、病気の治療をし、とりわけ調気を善くした。これは自身が気疾をわずらい、それをよくした経験が関連しているのであろう。これらはおそらく曇鸞が民衆に接近し浄土信仰を布教するうえでおおきな手助けになったにちがいない。

玄中寺は唐代にいたるまで弥陀信仰布教の中心であった。曇鸞が玄中寺にいたのはその一生でもっとも輝かしい時期であったにちがいない。残念ながらすでに史料が佚失して具体的に理解する手立てがない。

東魏の興和四年（五四二）、曇鸞は病を得て「平遥山寺」で入滅する。時に六十七歳である。魏の孝静帝は勅して「汾西泰陵文谷」に葬り、磚塔を建て、碑をたてた。調査に依ると、「平遥」とは古平遥とおもわれ、今の山西省文水県西南一七・五キロの地である。「汾西泰陵文谷」とは汾河西部の今の文水県北部、かつての大陵県の故城西側の文倚村（かつての文谷村）である。

曇鸞の入滅の年代については唐代からすでに異説がある。唐の迦才『浄土論』巻下の曇鸞伝にいう「魏末、高斉の初なお在す」と。また『続高僧伝・道綽伝』および文諗、少康の『往生西方浄土瑞応伝』ではともに「斉時の曇鸞法師」とよんでいる。近人羅振玉所蔵の拓本、北斉天保五年二月『敬造太子像銘』には二十人の名前があるが、そのなかに「比丘僧曇鸞」がある。これによれば曇鸞の入滅は北斉天保五年（五五四）以後であり、八十歳の高齢に達していたことになる。

曇鸞の弟子については記録がない。曇鸞と道綽のあいだには『佛祖統紀』巻二七に往生の高僧として二十二人が記録される。しかしこれらの高僧は曇鸞と直接関係がない。前述の道綽の『安楽集』に挙げる浄土系六大徳は曇鸞の後に大海と法上があるが、かれらが曇鸞を継承したとはみとめられない。ただ日本聖聡『浄土三国佛祖伝集』巻上には大海は曇鸞の嗣法の弟子、法上は大海の嗣法の弟子という。しかしこれは道綽の六大徳の説を誤解して引いたもので、事実ではない。真に曇鸞を祖述したのは曇鸞の死後二十年を経て生まれた道綽とその弟子善導である。

二、曇鸞の浄土学説

（一）二道二力説

五濁悪世の世に「阿毘跋致」（不退転）を求めるのに、あるものは自力に頼り、あるものは他力（佛力）に頼る。自力に頼るのは難行道であり、他力に頼るのは易行道である。これを「二道二力」説というが、それぞれについて曇鸞のこれにかかわる理論を紹介しよう。

一、五濁悪世

時勢を見るのはだれにとっても重要である。曇鸞は今がすでに五濁の世、無佛の時代、前途暗澹、成佛の道が渺茫としている時代だという。したがって信佛の人は心して易行の浄土を信じ、それを渇望しなければならない。

五濁とは五滓、五渾である。「濁」とは汚穢不浄、五濁とは劫濁、見濁、煩悩濁、衆生濁、命濁を指す。劫濁の「劫」とは時間の概念である。一大劫とは四中劫、一中劫とは二十小劫である。一大劫は百三十億三百八十四万年、劫には本来清濁はないのだが、残りの四濁によって劫濁の「濁」が成立する。見濁には五種ある。身見（我見）、辺見（偏見）、邪見、見取見（固執見）、戒取見（まちがった戒律を涅槃に達する正しい戒律だとおもうこと）である。この五種の見解は人を縛る。これによって人は三界を脱することができないから「濁」とよぶ。煩悩濁にも五種ある。貪、瞋、痴、慢、疑である。この五種は人の心を乱し、煩悩を生ぜしめ、清浄を持することができない。衆生濁とは衆生が永遠に六道中を生死輪廻して苦を受け、永く脱離の期のないことを指す。命濁とは寿濁ともいい、往古の昔人寿八万歳であったが、今時衆生は煩悩の業集によって心身こもごも瘁し、寿命短縮して、百歳のものすら少ない。その間老病侵乗し、生滅変幻し、一旦無常にあえば、たちまち異物となる。

『悲華経』巻五にいう「初め五濁悪世に入る時、人の寿命二万歳、盲にして慧眼無く、師宗する所無し」と。つまり人寿八万歳からしだいに減じ、二万歳になって五濁生起の世に入る。そのとき世界には煩悩苦が充満し、五濁悪世あるいは五濁の世、濁悪世、濁世などとよばれる。

佛経中にはしばしば五濁悪世を説く。たとえば『佛説阿弥陀経』には「まさに知るべし、我五濁悪世においてこの難事を行じ、阿耨多羅三藐三菩提を得て、一切世間のためにこの難信の法を説く」とある。

曇鸞は経に依って、ここから二道二力を説く。

二、難行道と易行道

曇鸞が信者のためにたてる目標は「阿毘跋致」を求めることである。阿毘跋致とは梵語の音訳、「阿」とは無、「毘跋致」とは退転の意味で、阿毘跋致は不退転である。所謂不退転は種々に解釈されるが、一般に三つの含意がある。第一に位不退、つまりすでに得た佛門の聖賢の地位はふたたび凡夫に退転しない。第二に行不退、菩薩はいっしょうけんめい衆生を済度するから二度と小乗の声聞、縁覚のなかに退転することはない。第三に念不退、心中の思いは佛智にかなうものであって、これ以外の考えをもつことはない。『大般若経』巻四四九には、見道に入って無生の法忍を得るならばふたたび二乗の地に堕ちることなく、不退を得るという。また菩薩の階位中、十住中の第七住を不退転住とよぶ。

修行のなかで不退転とはたいへん高い、重要な成果である。縁起法からいえば、修行者はかならずなんらかの因縁、たとえば佛法僧三宝を信奉するといったことを助けとして、修行をつづけ、涅槃の境地に達するものである。しかし因縁は離散するもの、いったん因縁が離散すれば涅槃は維持できるのだろうか。修行が或る段階に達すればたとえ因縁が離散しても退転しないが、もしまだその段階に達していなければ退転する。このようなもはや退転しない段階を不退転とよぶ。『大智度論』巻一二に物語がある。釈尊十大弟子の一人、智慧第一の舎利弗は六十劫の菩薩道を修行したが、あるとき一人の男がかれに眼をくれと乞うた。舎利弗がいうに「眼をもらってもなにも役にたたないだろう。もしおまえがわたしになにか仕事をしてほしいとか、物がほしいというなら、わたしはおまえに布施しよう」と。しかし男は眼だけがほしいという。舎利弗はしかたなく、一方の自分の眼を剞り抜いて男にわたした。男は眼を手にすると舎利弗の前でその眼のにおいをかぎまわった。そして「臭い」というと、地面に捨てて脚で踏みつぶした。舎利弗は思った「これはひどい。どうしてこんな奴を度することができよう。早く自分の修行をして生死を脱するほうがよい」と。この思いが生ずるやいなや、舎利弗は菩薩から小乗の阿羅漢に退転してしまった。舎利弗においてさえ菩薩位から退転するのである。不退転位の高位がわかろうというものである。

『阿弥陀経』には「極楽国土は衆生の生ずる者、皆これ阿毘跋致なり」とある。『無量寿経』四十八願中第四七願には「もし我れ佛を得たらんに、他方国土の諸の菩薩衆、わが名字を聞きて、すなわち不退転に至ることを得ずんば、正覚を取らじ」とある。弥陀浄土に生まれれば阿毘跋致、不退転を得る。したがって曇鸞は求生浄土も、求阿毘跋致も、求為菩薩も、すべておなじ概念とかんがえる。

では、いかにして不退転を得るのか。龍樹の『十住毘婆沙論・易行道品』に難行、易行についてつぎのように説く。

佛法に無量門あり、世間道に難あり易あるが如し。陸道を歩行すればすなわち苦しく、水路を船に乗ればすなわち易すし。菩薩道もまたかくの如し。或る人勤行精進し、或る人信を以て方便とし、易行して、疾く阿毘跋致に至る。（大正 26-41 中）

曇鸞は龍樹のこの考えをみずからの浄土学説にとりいれ、つぎのようにいう。

阿毘跋致を求むるに二種の道あり、一に難行道、二に易行道なり。難行道とは五濁の世、無佛の時において阿毘跋致を求むるを難となす。この難に多途あり。五三（概略）を粗言して以て義意を示さん。一に外道の相善菩薩の法を乱す。二に声聞の自利大慈悲を障なう。三に無顧の悪人他の勝徳を破る。四に顛倒の善果よく梵行を壊す。五にただこれ自力にして、他力のささえ無し。かくの如き等の事、目に触れ、皆これ譬えれば陸路に歩行すればすなわち苦しきが如し。易行道とはただ信佛の因縁を以て浄土に生ぜんと願すれば、佛の願力に乗じてすなわちかの清浄の土に往生することを得るを謂うなり。佛力住持してす即ち大乗正定の聚に入る。正定は即ちこれ阿毘跋致、譬えば水路に船に乗ればすなわち楽なるが如し。

（『往生論註』巻上、浄全 1-219 上）

ここにいう「大乗正定の聚」とは大乗学説中にいう正定聚である。大乗佛教は衆生を三類に分ける。一は正定聚で証悟必定の者、二は邪定聚で畢竟証悟しない者、三は不定聚で、正邪二者の間にあって縁あれば証悟し縁なければ証悟しない者である。この三聚の証悟の含意について各派それぞれにちがった解釈をするが、『無量寿経』の説くところでは、弥陀浄土に後二者は存在せず、すべて正定聚である。したがって曇鸞は正定聚を阿毘跋致の同義語つまり菩薩の境地と解釈する。

曇鸞は五濁悪世において個人の勤苦修行によって正定聚に達することはきわめて難しいとする。主な理由は五つある。まず外道が偽装して大乗佛法を混乱させること。二には小乗が自己の解脱を求めて、大乗の普度衆生の慈悲の精神をさまたげること。三には悪人がはびこり修行者の勝徳を壊すこと。四には是非を分かたず善悪顛倒して清浄の行を損なうこと。五には自力によって修行し佛の他力の救いを信じないことである。

この五つの障碍のため修行者は「断惑証真、修因得果」することが難しく、陸路の歩行のごとく苦しい修行をつづけねばならない。曇鸞はこの自力による修行の道を「難行道」とよんだ。

これに反し、阿弥陀佛を信仰しさえすればこの因縁によって弥陀浄土に生ずることを願い、阿弥陀佛の願力によって死後弥陀浄土に迎えられ、正定聚に入ることができる。これは水路を船で行くにたとえられる。曇鸞はこの他力の救いによる方法を「易行道」とよんだ。

これが曇鸞の二道（難行道、易行道）二力（自力、他力）の説である。

曇鸞の二道二力説は龍樹の二道説を受けたものであるが、きわめて創造的である。龍樹の二道説は阿毘跋致をもとめる多様な方法を難行と易行の二道に分けたものである。その求める阿毘跋致は此土において得るもので、往生浄土の必要は生じない。つまり、龍樹のいう阿毘跋致は弥陀浄土と同じではなく、阿毘跋致を求めることが「求生弥陀浄土」ではなかった。次に、龍樹のいう易行道は恭敬の心を以て「十方諸佛」を念じ「その名号を称する」ことで速やかに阿毘跋致に達するというもの、その「十方諸佛」の称念は専ら阿弥陀佛を念ずることではなく、阿弥陀佛信仰を宣揚するものではない。しかし曇鸞の二道二力説は浄土穢土ふたつの世界を前提に、浄土穢土を鮮明に対立させ、そのうえで難行易行の二道を論じたのである。したがって曇鸞のいう阿毘跋致は死後の往生浄土の益、三界輪廻を離れる益をいうもので、現世の利益をいうものではない。さらに曇鸞のいう易行道はただ阿弥陀佛の称念を指し、これは阿弥陀佛の西方浄土往生を宣揚するものである。龍樹は阿毘跋致をもとめるのに難行易行二道があることを一般論として論じたのだが、曇鸞は弥陀浄土信仰が易行であることを論証したのである。二道説は龍樹にはじまるとはいえ、浄土理論としては曇鸞にはじまる。まさに曇鸞が龍樹の二道説を改めて浄土法門の教判理論としたのである。

三、教判と開宗立派

中国佛教の各宗派はいずれもみずからの教判理論をもっている。教判とは多様な佛教理論や信仰の高低を評価判定するもので、当然各宗派はみずからの観点で評価判定し、自宗がつねに最高位にある。各宗派が開宗立派して一宗をなす理論的根拠はその宗派の教判理論による。自らの教判理論があるからこそ独立して一宗を立てられるのである。したがって各宗派の理論体系のなかで教判理論は重要である。これは中国佛教が印度佛教と異なるところでもある。

印度で大乗佛教が生まれてのち簡単な教判があった。たとえば『大智度論』は自利、利他をもって大乗と小乗を分けた。『楞伽経』は修行の方法によって漸頓二教を分けた。また『寂調音所問経』や『大毘婆沙論』巻一二七では、無分別一味法中に上中下を説き、三乗のちがいを明らかにし、それによって、下乗、中乗、上乗等を分けた。印度の厖大かつ複雑な教義体系が中国内地に伝えられると、小乗大乗のちがいはもとより、小乗大乗の内部においてさえ衆説紛々と分岐し、たがいに衝突する教えが多かった。しかし、これらすべてを釈尊一代の所説として疑わなかったから、これらの分岐をいかに調和し、自らの宗義をもっとも尊いものにするか、これは義学の必然の流れとなった。中国佛教の教判理論はこうしてうまれる。印度佛教とちがって、中国における教判は各宗派の存亡興衰にかかわる重要な意味をもつのである。したがって教判理論は一般によく研究され、充実しているのがつねである。

中国佛教の教判は北涼（四〇一―四三九）にはじまる。涅槃学者慧観は佛教に頓教と漸教の二種あることを主張した。頓教とは菩薩を対象とし、ただちに成佛させる教えで、たとえば『華厳経』である。そして声聞、縁覚二乗の人をしだいに悟境に導入することを説く教えを漸教と称した。説かれた順序によって漸教の内容は三乗別教、三乗通教、抑揚教、同帰教、常住教に分かれる。常住教は佛性常住の教えを主張する。たとえば『涅槃経』である。これ以後南北朝の教判は異説がきわめて多い。隋唐の天台宗、華厳宗、禅宗になって教判学説はいよいよ精緻になり、充実し、円融無碍、きわめて創造的になる。ただこれらの教判は各宗派を評するとき、それぞれに然るべき地位を用意するが、結局は他を低く自らを高くする。ただ浄土宗のみこれと異なる。どう異なるのか。

浄土宗はこれらすべての論を一掃して、末法時を宣言する。したがって、他のすべての宗派は時宜にかなわぬ難行道となる。大乗であれ小乗であれ、禅であれ教であれ、律であれ密であれ、すべて難行であり、自力であり、成佛は難しい。ただ弥陀浄土への念佛往生の法門のみが佛国に通ずる。浄土宗のこの教判理論は曇鸞の二道二力説からひらかれる。まさに曇鸞が弥陀浄土信仰の独立すべき品格を鋭敏に発見し、浄土教を大乗佛教そのものと対立させ得たのである。そして自力を捨て他力を取り、難行を捨て易行を取り、大乗を捨て浄土を取ることをよびかける。これは大乗各宗を否定し、民衆を浄土にひきつける理論的基礎をさだめるものであった。まことに大乗佛教に取って代わる浄土教の宣言というべく、独立した浄土教の新紀元を開くものであった。

(二)　往生浄土によって成佛できる

佛力によれば阿毘跋致を得ることが容易だとしても、問題はその佛力が確かなものか、果たして浄土は存在するのか、浄土に往生して成佛できるのか、これが信者にとって当然生ずる疑問である。曇鸞はこれに答える。

一、阿弥陀佛の神力は確かなもの

曇鸞はいう。

凡そ彼の浄土に生ずると、彼の菩薩人天所起の諸行とは、皆阿弥陀如来の本願力に縁るが故なり。何を以てかこれを言わん、もし佛力あらずんば、四十八願はすなわちこれ徒設なり。（『往生論註』巻下、浄全1-255上）

曇鸞は佛の本願力の確かなことを強調する。四十八願中第一一願、一八願、二〇願を中心とかんがえる。曇鸞はこの三願を例として、佛の願力に縁るが故に定聚に住し、佛の願力に縁るが故に十念往生ができ、佛の願力に縁るが故にかならず「一生補処」にいたって成佛するとかんがえる。佛の願力は「増上縁」（他の事物の生長をたすける働きをする条件）であり、疑いを容れないし、けっして「徒説」ではない。

曇鸞は他力、すなわち佛の本願力を信頼すべきことを強調する。

また劣夫の驢に跨れども上らずして、転輪王の行じきに従えば、すなわち虚空に乗じて四天下に遊び、障碍するところ無きが如し。かくの如き等を名づけて他力となす。愚なるかな、後の学者。他力の乗ずべきを聞かば、まさに信心を生ずべし、自らを局分することなかれ。

（『往生論註』巻下、浄全1-256上）

また曇鸞はここで本願と力が二にして一、一にして二なることを説く。

願は以て力となり、力は以て願となる。願は徒然ならず、力は虚設ならず。力願相符して、畢竟してたがうことなし。

（浄全1-247下）

かつて阿弥陀佛が法蔵菩薩であったとき発した四十八願が今の阿弥陀佛の自在神力である。本願は力であり、力は本願によるもの。だから本願力とよぶ。これは佛、菩薩の不思議な神通である。ただこれを受けいれるかどうかは、個人の主観的な信仰の領域に属する問題である。したがって曇鸞以後のだれもがこの神通にたいする信心の必要を強調する。浄土三資糧「信、願、行」のうち「信」がもっとも大切だとされるのはこの道理から来るのである。

中国の民間におこなわれる天神地祇、人鬼仙真はみな神通をもつ。その力に大小のちがいがあるにすぎない。神力の不思議にたいし民間には根深い信仰があるから、阿弥陀佛の本願力の不思議も容易に民間で受け入れられた。

二、往生浄土は真実である

曇鸞からいえば、いまひとつ特殊な困難に直面していた。すなわち浄土学説と佛教伝統理論とのあいだの矛盾を克服することである。原始佛教は彼岸の世界を認めない。釈尊は涅槃寂静、無生無死をもって最高理想の境界とした。彼岸の世界に往生し極楽の生活をおくるというものではない。大乗佛教は諸法を性空と解し、生滅変化のないことを尊び、一切衆生もまた無生滅であるとした。したがって大乗と小乗は「無生」の理解はちがっても、追求するのはどちらも「無生」である。しかし浄土学説が宣揚するのは弥陀浄土への往生であり、「無生」説と矛盾する。この矛盾を解決しなければ浄土学説は成立しがたい。そこで曇鸞は往生が即無生であると説いて調和をはかった。曇鸞は問答の形式でつぎのように説く。

問うて曰く、大乗経論中、処処に衆生は畢竟して無生なること虚空の如しと説く。如何が天親（世親）菩薩は願生といえるや。

答えて曰く、衆生の無生なること虚空の如しと説くに二種あり。一に、凡夫の謂うところの如きは実の衆生、凡夫の見るところの如きは実の生死なり。この見るところの事は畢竟して所有（存在）すること無く、亀の毛の如く、また虚空の如し。二に謂うは、諸法は因縁生の故に即ちこれ不生にして、所有（存在）することなく、虚空の如しと。天親菩薩の願生するとはこれ因縁の義なり。因縁の義なるが故に仮名の生にして、凡夫が実の衆生、実の生死ありと謂うが如きにあらざるなり。

問うて曰く、いかなる義に依りてか往生という。

答えて曰く、この間（此土）の仮名の人中において五念門を修するに、前念は後念のために因となる。穢土の仮名の人と浄土の仮名の人とは、決定して一（同一）なるを得ず、また決定して異なるを得ず。前心後心もまたかくの如し。何を以ての故に、もし一ならば因果なし、またもし異なるならば相続ということなし。

（『往生論註』巻上、浄全1-221下）

つまり、曇鸞は衆生が「無生なること虚空の如し」という佛教の伝統観念には二つの含義があるという。その一は、凡夫の観点からすれば衆生は真実の衆生であり、生死は真実の生死であり、すべてのものが真実である。この観点によれば「無生」も当然真実の無生であり、生死輪廻を脱し、寂滅に帰し、無生無死である。亀には本来毛がなく、虚空は無物である。いわゆる「往生」とは亀の毛や虚空と同じで、この含義にしたがえば西方浄土は存在しないし、西方浄土往生ということもありえない。

その二は、佛家の「諸法因縁生」の観点から見れば、つまり哲学的に見れば、往生が即無生であり、無生が即往生である。往生西方浄土は佛教伝統の無生の説とけっして矛盾するものではない。したがって天親菩薩は願生と言ったのであると。曇鸞は中道観をもって解釈している。

中道観によると、諸法（人をも含め万事万物）はすべて因縁和合して生じたもの、いろんな条件がたがいに関連しあい、その相互作用によって生じたものである。因縁が離散すれば滅するものである。ところで、借りた金が財産でないように、他に依存した存在は真正の存在ではない。およそ種々の因縁が和合してなりたつすべての事物は、当然ながら自己の存在を主張する権利はなく、真正の存在ではない。したがってすべてのものに「自己」というものはなく、独立した自らの性質はない。永遠に存在する実有自性がないというばかりでなく、暫時の存在さえ因縁和合の結果に過ぎず、借金でできた「財」のようなもの、真実のものではない。だからこれを「性空」（自性空）とよぶ。

「性空」はただ事物の独立した実在自性を否定するだけで、仮有の事物や現象を否定するものではない。これらは「無」ではないのである。俗人が見るところの千万の世の事物現象は存在するもの、「有」である。ただそれらに独立した真実の自性はなく、因縁和合に仮託して存在するにすぎない。したがって「仮有」とよばれる。種々の「仮有」は種々の概念によって表されるが、この種々の概念は種々の「仮有」を表すものであるから実在ではない。「仮有」の名であるから「仮名」とよばれる。

俗人は事物を実有と思いこみ、その性空という本質を知らない。これは誤りである。しかし性空だけを知って仮有を認めないというのもまた誤りである。事物を見るには「有」（実有）に執着してはならないし、空（虚無の空）に執着してもならない。「有」を見なければならないし、また「空」を見なければならない。これを中道観とよぶ。龍樹はかつて水中の月をもって中道に喩えた。水中の月は真の月ではない。月の自性をもたない。空である。しかしひとびとはなお水中に月を見るではないか。水中の月は月の幻相として、幻月、仮名の月として存在するのである。水中に月があるというのは誤りだが、水中にまったく月がないというのもあやまりである。水中に真月はないが仮名の月があるといってはじめて中道にかなう。したがって龍樹はつぎの四句の偈をもって自分の考えを概括した。

衆の因縁生の法、我即ちこれ無（空）と説く。またこれ仮名となす、またこれ中道の義なり。

（『中論・観四諦品』、大正 30-33 中）

曇鸞はこの中道観によって「往生即無生」の命題を解釈した。曇鸞の考えによれば、「往生」の「生」は性空であり仮有である。因縁和合して生ずという観点からいえばこの「生」は実在の自性をもたない生であり、空である。したがって佛教が伝統的にいう「無生」さえ、かれのいう「諸法は因縁生の故に、即ちこれ無生、無所有（存在しない）

なること虚空の如し」ということになる。しかし「往生」は因縁和合によって生じたのであるから、けっして虚無ではない。仮有である。したがって仮有からいえば往生は「無生」であり、まさに世親のいう願望の「生」である。「往生」は空であり仮であり、無生であると同時に生である。そこで相互に矛盾する伝統的無生の説と浄土往生の説は統一されるのである。

中道観によれば、日月星辰、山河大地、飛禽走獣、春蘭秋菊、世の万事万物すべて非有非無であり、空であり、仮であり、仮名である。曇鸞がいう「往生」もまた非有非無であり、空であり、仮であり、仮名の「往生」である。すべてが仮名であると、穢土中の人は仮名の人であり、浄土中の人も仮名の人であり、往生浄土も仮名の往生である。この穢土中の仮名の人が浄土法門の五念門を修し、それを因として浄土に往生して浄土の仮名の人となって果となる。この穢土の仮名の人と浄土の仮名の人ははたして同じ人か、ちがう人か。一方は穢土にあり一方は浄土にある。一方は因であり一方は果である。しかしまったく別だともいいがたい。浄土の仮名の人は穢土の仮名の人が修行してなったのではないか。これが曇鸞のいう「決定して一たり得ず、決定して異たり得ず」（絶対に同じともいえないし絶対に違うともいえない）である。したがって中道観から見れば、穢土の人は仮名の人、浄土の人は仮名の人、往生浄土も仮名の往生であるが、凡夫の視点で、穢土の人が真実の人だとすれば、浄土の人も真実の人であり、往生浄土も真実の往生となる。

曇鸞のこの複雑な論を単純化して推論すれば、つぎのようにいえる。「一般人がいう真実の万事万物は実は空であり、仮名である。往生浄土も空であり、仮名である。したがって逆に往生浄土も一般人のいう真実の往生である」と。

大前提をとりかえて、別の面から結論を出すと「一般人がいう真実の生死は因縁生である。したがって佛家の観点からは性空であり無生である。往生浄土も因縁生である。したがって往生浄土も佛家のいう無生である」と。

つまり往生は生であると同時に無生であるということになる。

かくして、曇鸞は往生浄土を真実の万事万物といっしょにしてしまい、そのうえ佛教伝統の無生説と往生浄土理論とを調和させ、「往生」の真実性を証明したのである。つまりは浄土理論に根拠をあたえたわけで、これは曇鸞の浄土理論にたいする大きな貢献である。

あるひとが尋ねる。有生であるから煩悩や苦難がある。生を捨て無生を求めてこそ解脱がある。今、あなたは浄土に生まれることを勧めるが、生を捨て、一方で生を求めていては、どうして生が尽きることなどあり得ようと。曇鸞は答える。

かの浄土はこれ阿弥陀如来の清浄本願無生の生なり。三有（三界）虚妄の生の如きにはあらず。何を以てかこれを言わん。それ法性は清浄にして畢竟して無生なり。「生」というはこれ得生者の情のみ。生いやしくも無生なれば、生なんぞ尽きる所ならん。（『往生論註』巻下、浄全 1-245 上）

つまり浄土は「無生の生」だという。「無生」だというのは、阿弥陀佛の本願によって建てられた浄土は清浄世界であり、法性真如にかなった世界であるから。法性真如の理は無生無滅であるから弥陀浄土は無生界である。「生」だというのは、此土を捨て彼土に往く、穢土を捨て浄土に往く、これは無生界に生ずることだ。無生に生ずるとはつまり無生の生である。ここにいう「生」とは往「生」であり「無生界」に往くことで、穢土でいう生死の生ではない。しかしなおこれに「生」という語を用いるのは衆生の心理にそっていうもの、無生界に入る以上もはや生死輪廻ということはありえない。無生無滅であり、無尽の生などあろうはずもない。

この「無生の生」の命題は「無生生」ともよばれ、曇鸞の創造である。「往生即無生」の命題は往生の真実性を証明し、中下根の広大な民衆を獲得することができた。また「無生の生」の命題は弥陀浄土が信徒最高の理想であり、そのまま涅槃寂静の世界であり、解脱の易行道であることを論証したわけで、上根者の賛同を得ることができた。

三、往生浄土は必定成佛である

往生浄土と成佛はまったく同じというわけではない。『観無量寿経』によると、一切衆生は疑心なく一心に念佛すれば阿弥陀佛の願力によって浄土に往生する。ただ衆生の智慧と行功の差によって高低の別が生ずる。『無量寿経』はこれを三輩に分け、『観無量寿経』は各輩をさらに三品に分けて三輩九品とする。三品九級、九品ともよばれる。九品のなかには成佛するもの、菩薩になるもの、阿羅漢になるもの、無上道心を発すもの、菩提心を発すものがあって、すべてが成佛するわけではない。このような厳正な等級差は実は人の世の厳正な等級差の佛国化である。この世において最下のものが最上になろうとすれば青天に昇るがごとき苦難をともなう。浄土の下品下生のものが成佛しようとすれば当然難しいことになる。少なくとも佛経中に明文をもって最終の成佛を許しているわけではない。きまりはきびしく、民衆にとって成佛は容易ではない。しかしまさにこの点こそが、曇鸞が弥陀経典の精神を生かし、簡便の道をひらき、弥陀浄土の優位性をおしすすめたところである。

まず曇鸞は浄土そのものの地位をひきあげ、弥陀浄土が三界を超越したもの、往生浄土すれば即菩薩であると宣揚する。

佛教は有情の衆生が住む世界を欲界、色界、無色界の三界にわける。欲界とは種々の欲望に支配されそれに苦しむ生き物が住む世界で、地獄、餓鬼、畜生、阿修羅、人、天（天はさらに六重天にわかれる）の六道にわかれる。色界は欲望を断絶した生物の世界、ただそこに住むものはなお形をもっていて、住むところの宮殿、国土つまり物質的な「色」が存在する。色界は六重天の上にあって十七天からなる。無色界は欲望がないだけでなく形がない生物の住む世界である。宮殿や国土はなく、およそ物質的なものはなにもない世界、つまり無色界である。無色界は無色であるから固定した所在はない。ただ果報についていえば色界の上にあるとされる。欲界の六天および色界、無色界は天界と総称され、天界に住むと長寿福徳をうけることができる。曇鸞は弥陀浄土が阿弥陀佛の無漏の善業が得た無漏の果報であるから当然三界より上にあるとかんがえた。

この三界は蓋し生死凡夫流転の暗宅なり。また苦楽わずかに異なり、修短（長短）暫らく異なるといえども、まとめてこれを観ればみな有漏にあらざるは無し。倚伏して相乗じ（禍福いりまじり）、循環して際無し。雑生の触受し、四倒（四種の誤った見方）に長くとらわる。且は因、且は果となり、虚偽相襲う（相続する）。安楽はこれ菩薩の慈悲正観の由より生じ、如来の神力本願の建つる所なり。……三界に勝過すというもそもそもこれ近言なり。

（『往生論註』巻上、浄全 1-223 上）

かくの如き浄土は、三界の摂する所にあらず。

（『略論安楽浄土義』、浄全 1-666 上）

弥陀浄土はその享受する安楽が天界にすぐれるのみならず、往生者も生死を超脱し菩薩になることができる。

安楽浄土の諸の往生者は浄色ならざるは無く、浄心ならざるは無く、畢竟して皆清浄平等無為法身を得る。安楽国土清浄の性の成就せるを以ての故なり。

（『往生論註』巻上、浄全 1-224 上）

ここにいう「清浄平等無為法身」とは「寂滅平等法身」「平等法身」ともよばれ高位の菩薩の別称ともいえる。曇鸞は釈していう。

平等法身とは八地已上（以上）の法身生身の菩薩なり。寂滅平等とは即ちこの法身菩薩の証するところの寂滅平等の法なり。この寂滅平等の法を得るを以ての故に、名づけて平等法身となし、平等法身の菩薩の所得なるを以ての故に、名づけて寂滅平等の法となすなり。……未証浄心の菩薩とは初地已上、七地已還（以下）の諸菩薩なり。……この菩薩安楽浄土に願生すれば即ち阿弥陀佛を見たてまつる。阿弥陀佛を見たてまつる時、上地の諸菩薩と畢竟して身等しく、法等し。

（『往生論註』巻下、浄全 1-247 下）

すなわち、菩薩には「十地」（十の階位）があるが、八地以上の菩薩の身は平等法身と名づける。ただ七地以下の菩薩も弥陀浄土を願生すれば平等法身になることができるという。

当然曇鸞は往生浄土が即高位の菩薩だと約束したわけではない。かれの言う「畢竟して皆清浄平等無為法身を得る」「上地の諸菩薩と畢竟して身等しく、法等し」等の言葉にはいずれも「畢竟して」が入る。曇鸞はこれを説明していう「『畢竟』というは『即等』と言わざることなり。畢竟してこの等しきを失わず、故に等しというのみ」と。つまり浄土往生者は高位の菩薩と同じではない。しかし修行して高位の菩薩になることができるというのである。それでは浄土往生者はすでに低位の菩薩なのか。曇鸞はそうだという。ある人がいう。佛道を求める者に声聞乗、縁覚乗、菩薩乗の三乗がある。弥陀諸経中に弥陀浄土に声聞ありとしばしばいうが、声聞なしとは説かない。にもかかわらずなぜ世親『往生論』は弥陀浄土中に声聞、縁覚二乗なしというのかと。曇鸞はこれに答えていう。

理を以てこれを推すに、安楽浄土にはまさに二乗あるべからず。なにを以てかこれを言わん。それ病あれば薬あるは理数（道理）の常なり。法華経に言う、釈迦牟尼如来は五濁の世に出でたまえるを以ての故に、一を分けて三となす。浄土はすでに五濁にあらず。三乗なきこと明らかなり。

（『往生論註』巻上、浄全 1-228 下）

声聞というが如きは、これ他方の声聞の来生せるを、本名によるが故に称して声聞となす。（同前）

曇鸞のあげる理由が十分であるかどうかはともかく、浄土には菩薩乗しか存在しないといっているのは明らかである。弥陀経典中に説く「声聞衆」はすべて他所から来たもの、弥陀浄土に生じて後は菩薩乗となり、かつ阿毘跋致を得て初地以上の菩薩となるのである。他所では声聞であったので、もとの名によって声聞とよぶにすぎない。かくして曇鸞は三品九級の説を二段階にあらためる。一は成佛であり、二は諸地の菩薩である。弥陀浄土に生まれさえすれば少なくとも菩薩になる。その享受の高いことは天界をも超える。

つぎに、菩薩と佛のちがいは大きいが、低位の菩薩と佛のちがいはもっと大きい。人情として「隴を得て蜀を望む」（しだいに高望みする）、菩薩になるだけで満足せず、成佛をねがう。曇鸞はこの心情をとらえ、低位の菩薩から高位の菩薩へ進むのにかならずしも段階を踏まなくてもよいという。

この経（無量寿経）を案じて彼の国の菩薩を推しはかるに、あるいは一地より一地に至らざるべし。十地の階次と言うは、これ釈迦如来閻浮提において一応の化の道のみ。他方浄土は何ぞ必ずしもかくの如くならん。五種の不思議中には佛法最も不可思議なり。もし菩薩は必ず一地より一地に至って超越の理なしといえば、いまだ敢えて詳ならざればなり。（『往生論註』巻下、浄全1-248下）

言うところの意味は、菩薩は十地に分かれ、一地より順に一地ずつあがるというのは釈迦佛が閻浮提において説く便法にすぎず、浄土ではかならずしもこうはならない。佛法はもっとも不可思議なものである。『無量寿経』によって推論すると、弥陀浄土中の低位の菩薩は佛法によって初地から八地以上まで飛躍し、高位の菩薩になることができるのだと。

高位の菩薩の成佛については阿弥陀佛の第二二願に「究竟して必ず一生補処に至らん」つまり一生を経ればかならずつぎに成佛すると確約されている。曇鸞は経文によって成佛の必定、速成を強調する。

経に言うが如く、阿弥陀佛国には無量無辺の諸大菩薩あり、観世音、大勢至等の如し。皆まさに一生他方において佛処を次補すべし。（『往生論註』巻上、浄全1-233上）

佛所得の法を名づけて阿耨多羅三藐三菩提となす。この菩提を得るを以ての故に名づけて佛となす。今、速やかに阿耨多羅三藐三菩提を得ると言うは、これ早く作佛を得ることなり。（『往生論註』巻下、浄全1-255上）

総じて、弥陀浄土に往生しさえすればたちまち菩薩になり、階層を越えて、すみやかに成佛するのである。

四、五逆罪の者も浄土に生れることができる

五逆とは五無間業、五種の罪悪を指す。罪悪が理に逆らうことはなはだしいので逆とよび、無間地獄の苦果を感得する悪業であるから無間業とよぶ。五逆の内容は諸説あるが、三乗を通じて五逆とは、父を殺す、母を殺す、阿羅漢を殺す、佛身より血を出だす、和合僧を破る（僧衆を離間せしめ法を乱す）の五罪である。十悪とは、殺生、偸盗、邪淫、妄語、両舌、悪口、綺語、貪欲、瞋恚、邪見である。

『無量寿経』では阿弥陀佛の第一八願に五逆罪を犯した者および正法を誹謗する者は弥陀浄土に往生することを許さずと明言する。一方、『観無量寿経』では九品往生を説き、五逆、十悪を犯し、諸不善を具える者もなお往生する

という。両経にちがいがあるのだが、曇鸞は『往生論註』巻上で問答としてつぎのように説く。

問うて曰く、もし一人ありて、五逆罪を具するとも、正法を誹謗せずんば、経に得生を許すと。もしまた一人ありて、ただ正法を誹謗し、五逆諸罪なし、（この人）往生を願わば、以て生ずることを得るや否や。
答えて曰く、ただ正法を誹謗すれば、さらに余罪なしといえども、必ず生ずることを得ず。……汝はただ五逆罪の重きを知り、五逆罪が正法なきより生ずるを知らず。この故に正法を謗する人、その罪もっとも重し。

（浄全1-235下）

すなわち、五逆罪を犯しても正法を誹謗しなければ経中に往生浄土をゆるすとあるが、正法を誹謗する人は他に罪がなくても往生浄土がゆるされない。ひとびとは五逆罪が重い罪だと知るだけで、五逆罪が正法のないことから生じたことを知らない。したがって誹謗正法の人はもっとも罪が重いのだと。

曇鸞は誹謗正法者にもっともきびしい。これは理解できる。浄土信仰の根底は主観的な信心にある。この信心を抜き去れば浄土学説のすべてが瓦解する。誹謗正法者は無佛、無佛法、無菩薩、無菩薩法を宣説するもの、まさに主観的な信心にとって最大の敵である。浄土は信仰者の理想であるが、誹謗正法者はこれを信じない。どんなに容易な道をもうけようと来ようとしないものに門戸を設ける必要はない。曇鸞は誹謗正法者に往生浄土の道を塞いでしまった。ただこれ以外なら、たとえ五逆十悪の大罪を犯そうとも、臨終に善知識に遇って「南無阿弥陀佛」と称する教えを得、十念具足するなら、安楽国に往生することを得るという。すなわち「帯業往生」をみとめるのである。

曇鸞のこの説は両経間の矛盾を調整し、実質的には『無量寿経』の第一八願を改め、五逆罪を犯す者もその罪を消除して往生浄土をみとめるというのである。曇鸞はこれによって浄土の門を大きく開いた。

晋以前、中国の佛教界には「一闡提人」(善根尽きた人)は佛性をそなえず、永遠に成佛できないという考えがひろくおこなわれていた。晋宋の際、竺道生が最初に「人人悉く佛性あり」「一闡提人も成佛す」と唱えたが、経典に根拠がなかったので経にそむく邪説としりぞけられ、攻撃された。しかしのちに北涼曇無讖訳『大般涅槃経』(北本涅槃経)が伝えられ、そのなかに一切衆生みな佛性をもち、一闡提人も成佛できることが述べられていたので、竺道生の正しいことが証明され、群疑氷解して佛教界の大勢となった。しかしこの問題は印度の経典中に異なる主張があり『無量寿経』が五逆罪人の往生浄土をみとめないのは、一闡提人が成佛に無縁だと主張するものであった。中国にも竺道生に反対する人は跡を絶たず、唐代になっても法相宗の玄奘、窺基らは一闡提人には佛性なく、成佛できないと主張している。したがって曇鸞の時代、一闡提人の成佛の可否はきわめて論争的な熱いテーマであった。

「人はみな堯舜たり得る」というのが中国の伝統思想である。この思想の宗教的な表現が凡夫俗子も佛菩薩になることができるというものである。民衆宗教家としての曇鸞は中国伝統思想を継承し、一闡提人も成佛できるという説をとりこみ、毅然と『無量寿経』を修正して『観無量寿経』の観点へ発展させ、五逆十悪の者も往生浄土して成佛できると力説した。のちの道綽、善導の「凡夫得入報土」の理論も曇鸞のこの考えをうけるものである。

曇鸞は阿弥陀佛の本願力(他力)の信ずべきことを論ずる。つまり往生浄土の真なることを証明し、五逆罪の者も往生することを説明し、往生即菩薩、階位を越えて成佛できると論じた。曇鸞は浄土理論を発展させ、改造し、弥陀浄土が広大な、易行の、迅速成佛の道であることをひたすら説いたのである。そして弥陀信仰をいっそう魅力的なものにした。それは凡夫俗子をひきつけたばかりでなく、その精錬された佛学の論述は佛理に通ずる学問僧をもひきつけ、曇鸞の往生成佛説はその後の浄土宗の理論的支柱となったのである。

(三)　称名念佛を重しとす

佛教各派には成佛のためそれぞれが強調する修行方法がある。ある派は悟解を重きとし、ある派は苦行を重きとする。曇鸞は他の派をすべて難行道とし、弥陀信仰を易行道としたから、当然他の派の修行方法を否定し、弥陀諸経の強調する修行法つまり念佛三昧のみを宣揚した。三昧とは心を一処に定め散乱しない心の状態、さらに進めて精神を集中する法すなわち専思黙想の禅定行である。意志を制御して思いを一境に集中し、それによって悟解、功徳、神通を得る思惟修練の方法である。念佛三昧とはいろんな三昧のなかのひとつで浄土法門特有のものである。

一般に念佛は実相念佛、観想念佛、称名念佛（持名念佛）を包括する。本来念佛も三昧である以上当然心念であり、三昧中において心に佛の実相、佛の形象、佛の名号を念ずる。口に佛の名号を念ずるというのは、心中に念ずるものがあってただ口をついて声が出たというまでで、いわば念佛三昧中の附帯物、けっして重要なものではない。心中に佛の名号を称し、口に声を出さずともよい。慧遠の念佛三昧は観想念佛であり、心に佛の形象を念ずるものであった。曇鸞においては実相念佛、観想念佛ばかりでなく称名念佛を強調し、三種の念佛の方法にあたらしい理解を加えた。とりわけ称名念佛に口念を強調し、三昧を脱して独立させたのである。これは念佛の方法にたいする一大革新であった。まず実相念佛から述べよう。

一、広略相入説と実相

牛には牛の相があり、馬には馬の相がある。山には山の相、水には水の相があり、万物それぞれ自らの形相をもたないものはなく、その特殊な形相によってものは区別される。事物の特殊な形相はそれぞれの性質から生ずるが、この形相、相貌がすなわち事物の「相」であり、人が事物を区別できるのはその相を認識できるからである。事物の相は客観的、実質的なものであり、主観的な想像ではない。だからいかなる事物の相も実相である。「実相」とは事物の客観的実在の相である。しかしこう考えるのは一般人の考えで、大乗佛教はこれを俗諦あるいは世諦とよび、世俗的真理とかんがえる。俗諦は不究竟の法である。俗諦を超越し、出世間の真実智によって徹見した真実の理があるはず、それこそが真諦であり、勝義諦、第一義諦とよばれるものである。

真諦に依るなら、事物の相はけっして実相ではない。「およそ存在する相は皆これ虚妄なり」(『金剛般若波羅蜜経』)あるいは「色、色相は空なり。受想行識、識相は空なり。乃至一切種智、一切種智の相は空なり」(『大智度論』巻七二)と説かれる。

大乗佛教はすべての相は虚妄、空であるとかんがえ、その論証におおきな力を注いだが、その論には精彩あるものが多い。

ひとびとは感覚器官をとおして客観的事物に接し、感性的素材を得て、それを脳内で整理、分析して事物の「相」を知る。このとき頭の中に形成される「相」は、実は考えのなかの観念、概念、あるいは物の見方、考え方といったもので、主観領域のものであるから主観的要素がきわめて強い。この頭の中の相は客観的な事物自体の相すなわち実相と一致するだろうか、と問われるなら、佛家は一致しないと答える。すなわち考えのなかの相は虚妄であり、不実であり、実相でないとかんがえるからである。

たとえば人我の相を例にしよう。常人はみな「我」(わたし)の観念がある。しかし「我」とはなにか問うてみると、難しい。「我」は形と精神の集合体、すなわち色、受、想、行、識五種の要素の統合体である。これは「五蘊」とよばれるが、この五蘊のなかのいずれのひとつも「我」を代表していない。しかしまたこの五蘊を離れてこれ以外に「我」を求めることもできない。「我」は五蘊が仮合して生じたもの、仮名が人となったのであり、虚妄不実、本来「我」という存在はない。

さらに人の生理、心理の状態は無常である。身体は成長し、衰え、変化する。受、想、行、識も念念に生滅し、変化して止まるところを知らない。わずか数十年の短い生涯においてさえ、いずれを取っても前後一致する統一された人格など存在しない。かくして事実上「我」は存在しないし、人我の相は虚妄であり、空であるとなる。これを「人無我」とよぶ。

人以外の事物、いわゆる「万法」も人とおなじように種々の要素の集合体であり、不断の変化、生滅のなかにあって、独立した自らの存在を主張できる実体はない。それらの相は当然虚妄であり空である。これを「法無我」とよぶ。こればかりか、無常、無我の観念さえ同様に真実ではなく、実相ではない。かくして佛教は主観と客観、虚妄と実相のあいだにまことに大きな垣根をつくる。われわれが日常知るのは虚妄相であり、実相ではない。われわれの知る牛の相は虚妄である。別に牛の実相がある。馬の相も虚妄で、馬の実相は別にある。一切の具体的事物の相はすべて虚妄であり、別に一切事物それぞれの実相が存在するとかんがえる。

一方、個個の具体的事物にはそれぞれの特殊性があると同時に相互に通ずる共通性、普遍性がある。したがって個個の具体的事物にはそれぞれの特殊な実相があると同時に、相互に通ずる共通の実相すなわち一切事物共有の総相、本質、本体というべきものがある。この「総相」としての実相は一切の具体的事物の相のなかに表現されている。逆にいえば、いかなる具体的事物の相もこの総相としての実相を顕現しないものはない。そこで佛教では、実相という概念は論理的に発展して総相となる。「実相」ということばも虚妄と対立して事物の本相を指すと同時に、（総相に応ずる）宇宙万物の本相、宇宙の本体をも意味することになる。つまり万物の本体概念である。

大乗佛教において、本体概念としての「実相」は「真如」「法界」「円成実性」「法身」「如来」「佛性」などと同義語である。弥陀信仰中の実相念佛の「実相」もまたこの本体概念を指している。

実相とはどんな相か。大乗空宗によると、実相は無相で定相なく、「一相」「不二相」「平等相」「空無所有相」「無区別相」

「不可得相」と説かれる。これによると抽象概念は具体的形象を離れたものであるが、「実相」はその本体として、抽象の抽象、最大の抽象である。具体的形象など問題にならない。しかし佛家のいう「実相無相」はまたこれほど簡単ではない。実相は本体として、佛教義学が追求する目標であり、宇宙の主宰者であり、万有の霊魂である。したがって実相の相について多くの哲学的論証がある。たとえばつぎのようにいう。

> 問うて曰く、如何が諸法の実相なるや。
> 答えて曰く、衆人は各々諸法の実相を説きて、自ら以て是となす。このなか（般若中）の実相は、破壊（はえ）すべからず、常住にして異ならず、よく作る者なし。後の品中に佛が須菩提（十大弟子の一）に語りたまえるが如し「もし菩薩が一切法を観ぜば、常にあらず無常にあらず、苦にあらず楽にあらず、我にあらず無我にあらず、有にあらず無にあらず等、（菩薩は）またこの観をなさざれ」と。これ菩薩が般若波羅蜜を行ずと名づく。この義は一切の観を捨て、一切の語言を滅し、諸心行を離れ、本よりこのかた不生不滅なること涅槃の相の如し。一切諸法もまたかくの如し。これを諸法実相と名づく。
> （『大智度論』巻一八、大正25-190中）

いうところの意味は、なにが諸法実相かといえば、多くの人が諸法実相について解釈し、自らのものが正しいとおもっているが、これらはすべて誤りである。般若中の実相は破壊することができず、常住不異、だれも作ることができない。後の品で佛が須菩提に「菩薩が一切法を観ずると、皆、常にあらず無常にあらず、苦にあらず楽にあらず、我にあらず無我にあらず、有にあらず無にあらずというが、これも正しくない。この観をおこなってはならない」と語られているように、これが「菩薩が般若波羅蜜を行ず」と名づけるものである。つまり一切の見方を放棄し、なにも語らず、なにも思わない。かくしてはじめて不生不滅の涅槃相を悟解できる。一切諸法もこういうもので、これを

「諸法実相」と名づけると。

したがって、「破壊（はえ）すべからず」「常住にして異ならず」「よく作る者なし」「常にあらず無常にあらず」「苦にあらず楽にあらず」「我にあらず無我にあらず」「有にあらず無にあらず」というのが実相の相、つまりは実相とは矛盾の山である。甲であるが甲ではない。乙ではないが乙である。すべて正しくいずれも正しくない。落ち着くところはなく、無辺際である。したがって菩薩がこのように矛盾に満ちた実相の相を語ってみても、結果はやはり「またこの観をなさざれ」と否定される。自説を一掃、自説をすべて否定するのである。

それでは実相の相とはなにか。不生不滅の涅槃相である。「一切の観を捨て、一切の語言を滅し、諸心行を離れてはじめて悟解できるもの、理性や言語を放棄してはじめて理解できるものである。「実相」の神秘性が想像できるであろう。

実相念佛の実相とはこのように神秘的、不可解なものであるから、どのように念ずるかはたいへんな難題である。曇鸞が有名な「広略相入」の原理を創出したのはこの難題に答えるためである。浄土宗人からは、この原理が実相念佛の指導方針だとかんがえられている。

「広」「略」とはなにか。第一章三節で紹介したように、世親の『往生論』には阿弥陀佛の四十八願を帰納して国土荘厳十七種、佛功徳荘八種、菩薩功徳厳荘四種、計三類二十九種にまとめられている。それぞれが一句で表されるから二十九句とよばれる。曇鸞はこの二十九句を二大類に分けて「国土荘厳十七句、如来荘厳八句、菩薩厳荘四句を広となし、入一法句を略となす」という。

つまり二十九句は「広」、「入一法句」は「略」である。この「一法句」とは二十九句中の第一句「荘厳清浄功徳成就」をいう。略して「清浄」句である。二十九句中の第一句をとくに取り出して二十九句と対置し「略」とよんだのである。

内容からいえば、「広」は弥陀浄土の森羅万象を指す。国土からそこに住む者、自然環境から社会生活まで、すべてが安楽円満な情景である。「略」は弥陀浄土の本体、すなわち「清浄」を指す。「広」は特殊性、個性を、「略」は普遍性、共通性つまり本体をいったのである。

曇鸞は本体と万象の関係を普遍性と特殊性の関係、共通性と個性の関係に帰納し、「広略相入」の原理を提起する。「広」と「略」の相互依存、相互浸透を論じていう。

何が故に広略相入を示現するや。諸佛菩薩に二種の法身あり。一には法性法身、二には方便法身なり。法性法身より方便法身を生じ、方便法身より法性法身を出だす。この二法身は異にしてなお分かつべからず、一にしてなお同じくすべからず。この故に広略相入し、統べるに法を以て名づく。

（『往生論註』巻下、浄全 1-250 上）

ここで曇鸞は「法性法身」と「方便法身」というふたつの概念を創出し広略相入を論ずる。「法性法身」とは「法性身」「法身」であり、佛法の人格化、佛法を体現する本体概念である。「方便法身」とは「化身」「応身」であり、衆生を教化する方便として縁に随って現れる身である。曇鸞はここで弥陀浄土の「広」つまり弥陀浄土の万象を方便法身と解し、佛の顕現とかんがえた。「略」つまり弥陀浄土の本体は法性法身と解し、佛法ないし佛そのものとかんがえた。

元来、曇鸞は「広略相入」によって佛不在のところがないことを論証しようとしたから、直接、法性法身と方便法身との関係で広略相入を説明した。「法性法身より方便法身を生じ、方便法身より法性法身を出だす。この二法身は異にしてなお分かつべからず、一にしてなお同じくすべからず」というのは、つまり、法性法身は本体であり、万物の霊魂であり、主宰者であり、創造主である。これが方便法身を派生する。しかし通性は個性のなかに宿る。それぞれの個性を通して共通の本体は表現されるわけで、法性法身は方便法身のなかに宿り、方便法身を通してあらわされる。法性法身と方便法身、本体と現象はどんなにちがっても相互に依存しあって分かつことはできない。またどんなに依存しあって分かつことができないといってみても同一体ではない。この相互依存、不可分の関係が「広略相入」である。

「広略相入」であるからには、本体と万象が統一され不可分になり、法性法身と方便法身が統一され不可分になり、したがって法性法身と方便法身、本体と万象、広と略は「統べるに法を以て名づけ」て「法身」と総称することができる。こうして曇鸞は広略相入の原理をつかって弥陀浄土の森羅万象がすべて法身であることを論証した。

ところで「略」とは法性法身であるが、これは「実相」と同じなのか。曇鸞はつぎのようにいう。

いかなる義に依りてか、これに名づけて法となす。清浄なるを以ての故なり。いかなる義に依りてか名づけて清浄となす。真実智慧無為法身なるを以ての故なり。真実智慧とは実相の智慧なり。実相は無相なるが故に真智は無知なり。無為法身とは法性身なり。法性寂滅なるが故に法身無相なり。無相の故に、相ならずということなし。この故に、相好荘厳即法身なり。無知の故に、よく知らずということなし。この故に、一切種智即真実智慧なり。真実を以て智慧を目くすることは、智慧は作にあらず非作にあらざることを明かすなり。無為を以て法身を標することは、法身は色にあらず非色にあらざることを明かすなり。非に非するは、あに非を非とすることにして是ならんや。けだし非を無くするを是というなり。自ら是として待すること無きもまた是にあらざるなり。是にあらず非にあらず、百非のさとらざるところ、この故に清浄句と言う。清浄句とは真実智慧無為法身を謂うなり。

（『往生論註』巻下、浄全 1-250 下）

ここで実相とは法性法身であると説明しているが、まことに深奥難解である。簡単に解説するとつぎのようになる。般若学の代表的学者僧肇（三八四―四一四）は佛家のいう般若（聖智）と世俗の認識を対置し、世俗の認識は現象世界の断片的、虚幻的認識にすぎないとする。現象世界自体が不真実な虚幻のもの、ひとびとの主観が造った仮象だからである。世俗の認識はつねにこの「仮有」を実とみなし、根本から真実と虚幻を顛倒している。まして人の命は有限で、感覚にはかぎりがある。したがって世俗の認識はすべて限りがあり、「知るところがあれば、知らざるところが生ずる」のは必定である。

般若の聖智は「一切智」「一切智種」「真実智慧」「無知智」などとよばれるが、この「無知の智」は佛だけがもつものである。僧肇はいう。

> 夫れ知るところあれば（おのずと）知らざるところあり。聖心は無知を以ての故に、（逆に）知らざるところなし。（だから）無知の知は一切知という。故に経（思益梵天所問経）にいう、聖心知るところ無く、知らざるところ無しと。
> （『般若無知論』）

この無知の智は認識の対象が宇宙の本体すなわち「無相の実相」「無為法身」「無相の真諦」である。この本体の無相、無為は世俗の知では理解できない。無知の智によってはじめて認識できるものである。したがって僧肇はいう「聖人は無知の般若を以て、彼の無相の真諦を照らす」と。

この無知の智は一切の世俗の認識を否定して得られた智であり、事実上、一切の認識を拒絶し、内心の体験によってのみ得られる悟りである。そしてこの智が得られるとは実相、法性法身とひとつになること、つまり成佛することである。

まさにこの般若学の基礎のうえで、曇鸞は経典にいうところの「真実智慧無為法身」すなわち実相とは、「真実智慧」「実相智慧」「無為法身」「法性身」「無知の智」「無相の実相」「相好荘厳」等とすべて同義語であるとみなした。「作にあらず非作にあらず」とか、「法身は色にあらず非色にあらず」とか、「是ならず非是にあらず」等等は、すべてが正しくすべてが正しくないという「実相」である。「無相の故に、相ならずということなし」「無知の故に、よく知らずということなし」の論理で、実相は弥陀浄土のすべての相のなかに求めることができるものという。

つづいて曇鸞はいう「清浄句とは真実智慧無為法身を謂うなり」と。つまり真実智慧無為法身とは法性法身であり、法性法身とは清浄であり、清浄とは「略」である。

曇鸞は清浄を二種に分け、そのひとつを「器世間」すなわち弥陀浄土の環境、いまひとつを「衆生世間」すなわち弥陀浄土に生きる佛、菩薩とした。

器とは用なり。彼の浄土はこれ彼の清浄の衆生の受用するところなるを謂う。故に名づけて器となす。たとえば、浄食に不浄の器を用いれば、器不浄なるを以ての故に、食もまた不浄なり。不浄食に浄器を用いれば、食不浄なるが故に、器もまた不浄なり。ふたつながらともに潔なるを要して、すなわち浄と称することを得。ここを以て、一の清浄の名は必ず二種を摂す。（浄全 1-251 上）

弥陀浄土は清浄土とよばれ、その「清浄」は国土清浄と衆生清浄のふたつを包括する。「清浄」は弥陀国土をつらぬくのみならず、衆生のうちをもつらぬく。ちょうど食物を器に盛るとき、器も食物もともに清浄であってはじめて清浄な食物といえるようなものである。したがって衆生清浄といえば弥陀国土の清浄をも意味し、弥陀国土が清浄であるといえば衆生が清浄であることも意味している。

「清浄」は弥陀浄土の実相であり、また「略」「法身」「佛性」「法性」であって、「汚穢」の虚妄の現実世界と相対している。浄土に生まれれば、みな清浄となり、みな成佛する。曇鸞はいう。

安楽浄土の諸の往生者は、浄色ならざるはなく、浄心ならざるはなし。畢竟して皆清浄平等無為法身を得る。安楽国土は清浄の性成就せるを以ての故なり。（浄全1-224上）

以上に述べたことをまとめると、曇鸞は弥陀浄土の二十九種の荘厳を「広」とし、「清浄」を「略」とし、「広略相入」すなわちこの二者が相互に浸透し、相互に包括し、相互に依存するものと理解する。そしてまず法性法身（略）と方便法身（広）との関係から、「略」が方便法身のなかに求められることを論ずる。すなわち般若の観点を用いて、「略」が即実相であること、実相は「相なきが故に相にあらずということなし」で、浄土一切の相のなかに求められることを証明する。ついで、「略」とは清浄、その清浄は浄土の器世間と衆生世間のなかに示されていることを説明する。曇鸞はこのように佛学の三つの角度から広略相入を証明し、したがって無相の実相というこの「略」は具体的には「広」のなか、浄土一切の相のなかに表現されていることを証明する。『往生論註』巻下に総括していう「一法を通して清浄に入り、清浄を通して法身に入る」「広中二十九句、略中一句、実相にあらざるはなし」（浄全1-251下）と。

曇鸞の広略相入の原理は無相の実相がどこにあるかという問題に理論的に答えている。ひとびとを浄土一切の相のなかにひきこみ、実相を体験し、憶念させることを意図している。これは曇鸞の「実相念佛」にたいする貢献であり、浄土理論を発展させるものであった。

曇鸞がどんなに論証してみせても、この「実相」とは抽象の本体であり、内心で哲理から悟らねばならない。想像にたよらねばならない。しかし想像となればできないものはない。方卓を円卓に見ることはできないが、想像のなかでは方卓も自由に円卓に、いや、虎にも、美女にも、妖怪にも想像することができる。実相念佛も個人の内心における想像に任せてただ念ずるのである。

想像に任せてただ念ずるというのは難しい。実相は無相であり、無定相、不可得相であり、「有」にあらず「無」

にあらず、「是」にあらず「非是」にあらずだからである。曇鸞はつとめてこれを具体化して浄土の諸相にし、理論的には想像できるものにしたのだが、浄土を見た人がいるわけではない。弥陀の浄土の諸相は想像の産物である。その形相を把握することは難しいし、さらにこれらの浄土の諸相を通してその本体まで体験するとは想像の上にさらに想像をかさねることで、このような内心の昇華の過程はまことに玄虚というべく、難事、よく表現できるものではない。あるいは、この内心の体験の過程が悟りの過程で、本来言葉にならないものというべきかも知れない。

したがって、実相念佛の顕示する境界は浄土でも、その本質は実は禅であるといわれる。

禅宗では一心が万法をそなえ、自心がそのまま佛であるとかんがえる。この実相すなわち佛は、自己の心中にある。浄土の理論と比べると、浄土の実相念佛の「実相」はなお言ってみれば西方浄土に客観的に存在するものである。実相念佛が内心の想像から出た「実相」であるなら、それは一旦悟解すれば「実相」は心中のもので西方浄土にあるわけではない。しかし浄土理論では心中の「実相」もなお西方浄土の「実相」であるとする。禅宗はちがう。もはや西方浄土を問題にしないし、直截簡明に実相は心中にあるとする。浄土宗の実相は「客観佛」、禅宗の実相は「主観佛」といえる。とはいえ、浄土の実相も実質的にはやはり主観佛であり、主観のなかにのみ存在する、内心の悟解によってのみ求めることができるものである。したがってこの点でいえば「禅浄相通、禅即是浄、浄即是禅」である。

禅宗においてはどうすれば「明心見性」「自心是佛」を悟り得るのか。禅宗は「無念を以て宗となす」と主張する。所謂「無念」とは一切の事物において「不取不舎、不染不着」ということである。慧能はいう。

汝の本性、なお虚空の如し、ついに一物も見るべきなし、これ正見と名づく。一物も知るべきなし、これ真知と名づく。青黄、長短あることなし。ただ本源の清浄と覚体の円明なるを見る。すなわち見性成佛と名づけ、また

（『壇経』）

如来知見と名づく。

『大珠禅師語録』巻上には慧海の禅宗宗旨についての問答がある。

問：この頓悟の門は何を以て宗となし、何を以て旨となすや。

答：無念を宗となし、妄心起らざるを旨となす。

問：すでに無念を立てて宗となすも、いまだ無念を審らかにせず。何無きを念ずるや。

答：無念とは邪念無きなり。

問：如何が邪念、如何が正念たるや。

答：有を念じ無を念ずるを、すなわち邪念と名づく。有無を念ぜず、すなわち正念と名づく。

つまり、「有」を念じ相に着するのは邪念であるし、「無」を念じ空に着するのも邪念である。「有」を念ぜず「無」を念ぜず、相に着せず空に着せずしてはじめて正念といえる。正念即無念である。

禅宗のこの「無念」は浄土門における実相念佛である。実相念佛は「有」にあらず「無」にあらず、「是」にあらず「非是」にあらず、「作」にあらず「非作」にあらず、「色」にあらず「非色」にあらず、と求める。これは禅宗の「無念」とともに中観学派の「不執有無、空有相即」という中道観に由来するものである。

実相念佛は国土相に着せず、佛相に着せず、念相に着せず、念ずるに到って念ぜず、念ぜずして念ず。佛を念ずる我と我に念ぜられる佛は一として存在せず、「能所二つながら忘れ」真心暴露するとき、虚空粉砕し大地平沈し、佛心融合して一となり、いずれが阿弥陀佛でいずれが我かわからなくなる。「我即佛、佛即我」となる。かくして証得した実相が阿弥陀佛であり、また禅宗でいう「本源自性の天真佛」でないだろうか。禅を学び、浄土を修めた元代の中峰禅師明本につぎの詩がある。

心中に佛ありてまさに心に念ぜんとす、念じ到って心空にして佛もまた忘る。
撒手し帰り来りてまた検点す、花開いて赤白また青黄。

弥陀佛を念ずるにことさら難無し、聖に入り凡を超えるに一指弾の間。
弥陀を除却して正念存す、万般の聞見は相干せず。

（『楽邦文類』巻五）

意味するところは、心中に佛を念ずると当然心中に佛があるが、念じつづけるあいだに佛だけになり、やがてその佛もなくなる。心中にすべての想がなくなり、すべてを手放すと、もう一度点検する。なにが残るのか。ただ紅白の花の間に黄色の花や青い葉がまじる、生気にみちた自然ばかりである。

つぎの詩は、阿弥陀佛を念ずる法ではなはだ簡単だ。一指弾のあいだに浄土に往生し菩薩や佛になる。念ずれば心中に弥陀なく、「有」も「無」もなく、ただ正念のみ存す。世上の万般の是非、千種の長短すべて心から消えうせると。ここにいうのは浄土念佛の功用である。心機清浄透徹し、活発な自然であるが、これはまさに禅宗頓悟の功用でもあり、禅宗が浄土念佛とあい通ずることを示す。

実相念佛は哲理的である。「理即佛」である。一般人にとっては実相がなにかさえ茫漠としているのに、どうして実相念佛が修せられよう。浄土宗でひとびとがいかに曇鸞の広略相入の原理を称賛しようと、実相念佛は上上根の器の人のみが修しうる易行道中の難行法である。行じた人はきわめて少ない。禅宗はこれを専業とするが、真に悟解して成果をあげた人も少ない。

二、観想念佛

いわゆる「観想」とは想念を観察すること、想像を観察することである。弥陀浄土の荘厳の美しさ、佛菩薩の形相や功徳成就を観想することを観想念佛とよぶ。

観想念佛は単に弥陀浄土の諸相を観想するもので、さらに進んでそこから実相を体得しようというものではない。また哲理の探索を求めるものでもない。したがって実相念佛から比べると一段低位の念佛の方法である。

観想の内容は『観無量寿経』で十六観を説く。のちの浄土宗ではこれで観想した。しかし曇鸞は世親の『往生論』に挙げる二十九種の荘厳成就にしたがって論じ、二十九観とした。これには『観無量寿経』中の定善十三観を含んでおり、両者の基本的内容は一致している。

観想念佛は弥陀浄土の佛および国土の形相荘厳を観想するのだから容易なことに思われるが、実はなかなか難しい。まず、観想時には入定し精神を集中しなければならない。常人には雑念が多く、生活のこと、家族のこと、あれこれ思いが散って念佛に思慮を集注することができない。

また、浄土中諸種の形相は広範に、微細に描かれるからこれを憶持することが難しい。

さらには、浄土の諸相には原型がない。遠く西方十万億佛土の外、死後に行く世界である。行って帰った者はないし、だれも見た者はない。ただ想念によって虚構されるのだから「真」は失いがちである。わずかの思い違いが千里の誤りを生む。誠心に勤めても成果は難しい。唐善導は経験から「衆生は障重し、境細く心粗にして、識揚がり神飛んで、観は成就しがたし」という。

『観無量寿経』中の宝樹観ではつぎのように描写される。

一一の樹葉、縦広正等にして、二十五由旬なり。その葉千色にして、百種の画ありて、天の瓔珞の如し。衆の妙華ありて、閻浮檀金（閻浮樹下の河より産する金）の色をなせり。旋火輪の如く、葉の間に婉転し、涌き生ずる諸果、帝釈の瓶の如し。大光明あり、化して幢幡、無量の宝蓋となる。この宝蓋中に三千大千世界の一切の佛事を映現す。十方の佛国また中において現ず。（浄聖 1-295）

これによると、一枚の葉は縦横二十五由旬。一由旬を十二里で計算すると二十五由旬は三百里。それぞれの樹の葉が縦横三百里では鈍根の諸人にどうして想像できよう。これだけではない。「葉千色にして」とはどんな千色か。「百種の画あり」とはどんな百種か。花がどうして旋火輪のよになって果を生ずるのか。大光明が如何にして幢や蓋に化するのか。またその蓋はどのように三千大千世界の一切の佛事を映ずるのか。十方佛国はどのように現れるのか。一樹一葉を観ずるだけでその広大にして複雑なことははるかに衆生の想像の域をこえる。まして佛国全体はいうまでもない。

佛の形相は小乗の時代から三十二相八十種好を具えるものと描かれるが、この形相をなぞることがすでに難しい。『観無量寿経』ではさらに三十二相八十種好をこえて、その高さ六十万億那由他恒河沙由旬である。「那由他」とは大数あるいは億、六十万億那由他に恒河の砂の数を乗じ、さらに十二里を乗ずる。いったいいくらになるのか、計算のしようもない。このほか佛の眉間の白毫は右に宛転し五個の須弥山のごとくである。佛の眼は四大海のごとくで、青白が分明である。佛には八万四千の相がある。その一一の相にはそれぞれ八万四千の随形好があり、その一一の好中には八万四千の光明がある。一一の光明は十方世界の念佛の衆生をあまねく照らして、摂取して捨てることがない。その形相は常人の想念をこえる。

曇鸞は観想の難しさを心得ていたから、『往生論註』『讃阿弥陀佛偈』ではできるかぎりこの種の過度の誇張のある想像しがたい描写を避けている。弥陀浄土のすぐれた荘厳を描写するとき、現実世界と対比し、ひとびとに生活経験から現実的意味、宗教的意味を容易に理解させようとした。なぜこのような荘厳があるのか理解させることで、観想の助けとした。しかしながらこれは実は曇鸞が印度浄土教理論を改造していることを意味する。

曇鸞は『往生論註』で器世間と衆生世間の二大類によって二十九観を説き、『略論安楽浄土義』では大衆三輩観をのべる。

弥陀浄土に往生する者には三輩九品があるが、この三輩九品に入らない往生者がある。いわゆる「辺地」「宮胎」問題である。『無量寿経』巻下には、疑いをもつことで七宝宮殿に胎生するものを「宮胎」とよぶと説く。『大阿弥陀経』巻下には、疑いをもつことで弥陀浄土の辺界の地に往生するものを「辺地」と称すと説く。辺地宮胎とはどんなところ、どんな人が辺地宮胎に往生するのか、また五百歳の後にはどうなるのか、浄土信者が関心をよせたところである。曇鸞は『略論安楽浄土義』のなかでこれに答えを出す。

これ八難中の辺地にあらず、また胞胎中の胎生にもあらず。何を以てかこれを知るや。安楽国土は一向に化生の故に、故に実の胎生にあらざることを知る。五百年の後また三宝を見聞するを得るが故に、故に八難中の辺地にあらざるを知るなり。（浄全1-668上）

「八難」について、『長阿含』巻九『十上経』、『中阿含』巻二九『八難経』等では佛に遇うことのできない、正法を聞くことのできない八種の障碍をいう。すなわち地獄、餓鬼、畜生、長寿天（色界第四禅中の無想天、冬眠中の虫のごとく動けない）、辺地（四大洲中の北倶盧洲、その住民は寿命千歳、衣食は自然に得られ、楽多く諸苦なく、故に楽を貪り教化を受けいれない）、聾盲瘖瘂、世智弁聡（外道の経書にふけり出世間の正法を信じない）、佛前佛後の見佛聞法できない者である。

曇鸞は辺地宮胎はこの八難中の辺地でもない、胞胎中の胎生でもない、これは比喩として言われたものだとする。

辺地とは、その五百歳のうち三宝を見聞せず、義は辺地の難と同じく、あるいはまた安楽国土において最もその辺にあるを言うなり。胎生とは、譬えば胎生の人、初生の時、人法いまだ成ぜざるが如きをいう。辺はその難を言い、胎はその暗きを言う。このふたつの名は皆此れを借りて彼をたとえるのみ。（同前）

七宝宮殿を「辺地」とするのは八難中の辺地と同じで、浄土の辺隅にあるからである。「宮胎」というのは母胎のなかの子供が人の世の法を知らないのと同じだという。曇鸞のこの理解は論理的である。宮胎は五百歳ののちどうなるのか。『無量寿経』につぎのように説く。

もしこの衆生、その本罪を識り、深く自ら悔責し、かの処を離れんことを求むれば、すなわち意のごとく、無量寿佛の所に往詣して、恭敬し供養することを得。また遍く無量無数の諸余の佛の所に至りて、もろもろの功徳を修することを得。（浄聖 1-282）

宮胎を離れ、諸佛のところに行って功徳を修することのみ許される。しかし曇鸞はいう。

その本罪を識り、深く自ら悔責し、かの処を離れんことを求むれば、すなわち意のごとく、また三輩の生者に同じからん。まさにこれ五百年の末、罪を識って悔いるのみ。（浄全 1-668 下）

つまり、五百年の後に宮胎を離れ三輩九品の往生者とおなじように弥陀浄土に往生することができると。これは宮胎を離れてさらに功徳を修するのにくらべればあきらかに厚遇である。曇鸞はこの修正によって弥陀浄土の寛大な精神を示し、信徒を安心させた。

では、いったいどのような人が辺地宮胎に往生するのか。

佛智、不思議智、不可称智、大乗広智、無等無倫最上勝智を了せず。このもろもろの智において、疑惑して信ぜず。（浄聖 1-280）

経中に「疑う所以の意を出ださず」と曇鸞がいうように、『無量寿経』中にはなぜ五智に疑いを懐くのか説明はない。曇鸞は『略論安楽浄土義』のなかで経文の意を補足して疑惑の原因を分析し、疑惑を批判し、この五智の信ずべきを論証する（浄全 1-668 下―671 下）。

一、佛智――一切種智である。佛智を理解しないことから生ずる疑いで、ひいては他の四智にも疑いをもつ。曇鸞はこの「佛智を了せず」を五疑中の「総」とする。

大乗佛教は三智を説く。一切智、一切種智、道種智をいう。現象の空性という本質を理解し、つまり事物の「総相」を理解して、精神的に一切の事物に対しいかなる区分もなくのぞめる境界に達すること、これを「一切智」という。一切智で理解した、空性という本質についての智慧で、再度「世間の諸法」を観察する。そして個々に「別相」をもつ具体的事物のなかから「総相」を見出す。これが「一切種智」である。一切種智は総相知と別相知の統一であり、一般と個別の統一である。これは般若の智慧の最高の段階であり、般若認識の究極の目的である。「道種智」は一切種智の一部分である。普度衆生の必要から衆生を分けて認識し引導する。その認識の過程は一切種智と事実上同じであって、視点をかえたにすぎない。ただその適用範囲を衆生の引導にかぎったのであり、一切法の悟解を目的としないのである。『大智度論』巻二七によれば「一切智はこれ声聞、辟支佛の事、道智（道種智）はこれ諸菩薩の事、一切種智はこれ佛事」とまとめる。

一切種智はただ佛のみが具えるものであり、曇鸞は『無量寿経』の説く佛智がこの一切種智であることを指摘する。

二、不思議智――生涯にわたって悪事をはたらいた悪人はその報いを受け地獄、餓鬼、畜生の三悪道に堕ちるはずである。しかしただ阿弥陀佛を憶念することによって弥陀浄土に往生できるならこれは因果業報説を否定するのではないか、それは信じがたいと主張する人がある。曇鸞はまさにこの疑問に答えるために「不可思議智」を説く。佛の智力は少ないものを多くすることも、また多いものを少なくすることもできる。同様に、近いものを遠く、遠いものを近く、軽いものを重く、重いものを軽く、長いものを短く、短いものを長くすることができる。このような佛智は無量無辺、不可思議である。佛法はもっとも不可思議なものであるから、百年の悪をなすも、十念の念佛によって浄土に往生し、正定聚に入ることができるのだと。

三、不可称智――佛智は称謂（呼び名）を断絶したものであり、比較できないものである。だから不可称智とよぶ。あるひとはかんがえる。一切の名字はみな相互の比較のなかでたがいに区別されたもの、だから名字によってそれぞれの質の規定性を明らかにしている。佛智も同じで人智と比較されて存在するわけで、佛智もただ人が知らないというだけのもの、けっして玄妙なものではないと。この種の疑惑にこたえるため曇鸞は「不可称智」を説く。『大智度論』中の『讃般若偈』をひいて反論する。

若し人般若を見れば、これすなわち縛せらるとなし、若し般若を見ざるも、これまた縛せらるとなす。
若し人般若を見れば、これすなわち解脱となし、
若し般若を見ざるも、これまた解脱となす。

（『大智度論』巻一八、大正25-190下、浄全1-670上）

さきに述べたように、大乗佛教中観学派は実相を悟ることを目標として追求する。すなわち実相の智慧、般若を得ることである。しかし実相とは無相であり、無定相、離相、ある実質でとらえることはできない。もし実相とは「しかじかであり、かくかくではない」というなら相に着して相を求めたわけで邪見に陥る。つまり実相は空であり、夢幻と異ならない。一切みな空であり、「空」の概念すら空しくしなければならない。この八句の偈はこのような観点を概括したものである。はじめの二句「若し人般若を見れば、これすなわち縛せらるとなす」とは、般若性空であり見るというものではない、もしそれを見たというなら相にとらわれ、縛せられているのである。学道者への戒めである。次に「若し般若を見ざるも、これまた縛せらるとなす」とは、世俗の人は諸法実相畢竟するところ空であるという理を解さない、これは世俗の観点にとらえられているのである。「若し人般若を見れば、これすなわち解脱となす」とは、悟道者についていったものだが、もし般若を見たのなら諸相非相、諸法皆空を解したわけで、思想はおのずから解放され、精神の自由は獲得したはずである。「若し般若を見ざるも、これまた解脱となす」とは、またもし般若を修し、その深奥に達すれば、無人無我、無法無佛、無立足境であって、般若の相を見るも執着ももはや問題にならない。最高の解脱の状態ではないか。曇鸞はこの偈を引用して佛智が般若、つまり万物をひとつに混じて区別しない、有無すら離れた智であると説明する。一切にたいし、非知、非不知、非知非不知、非非知非不知はいずれも佛智を説明することばではない。佛智はこの四句を離れ、一切のことばを滅し、諸の心行をはなれたもの、だから「不可称智」とよぶのだ。ど

うしてこれが玄妙でないことがあろうと。

曇鸞のこの論は単に哲学ではない。佛智を説明しようとしたいわば信仰の問題である。

四、大乗広智――ある人の考えによると、佛は一切衆生を度すことができない。なぜなら、もし一切衆生を度すことができるのならすでに三界はなくなっているだろうし、三世十方無量諸佛も浄土をもって衆生を摂取する必要もないであろう。そうでないのは阿弥陀佛の力に限界があるからだという。この疑いにこたえるため曇鸞は大乗広智を説いた。大乗広智とは、佛には知らない法がない、断ぜざる煩悩がない、備えざる善がない、安んぜざる衆生がないことを指す。

曇鸞は佛が一切衆生を度す理をつぎのようにいう。佛が衆生を度すには因縁がなければならない。度するのは縁あってのもの、縁なきものは後佛の度するにまかせる。したがって衆生を度するとは度しつくすわけではない。一佛によって一切衆生を度すことはできず、三世十方無量諸佛があって一切衆生を度すのである。衆生が無尽であるから無量諸佛があるのだと。

曇鸞はさらに鳩摩羅什『諸法無行経』に説くところを引く。佛は佛道をも得ず、また衆生をも度せざるに、凡夫強いて「作佛して、衆生を度す」と分別する。衆生は苦しめば楽を求め、縛をおそれば解を求めるもの。度すと聞けば帰向し、度せずと聞けば佛は大慈悲にあらずと帰向しない。帰向しなければ長寝大夢して、生死輪廻のなかにあって解脱を得ることがない。したがって佛は衆生を帰向せしめんがため度すと言い、度せずとは言わない（対治悉檀）。しかし、佛は衆生を度せず、衆生自ら度して真証に入り、実相に悟入する。佛は衆生に度もあれば不度もある。いまさらどうしてことさらに度一切衆生を疑う必要があろうかと。

五、無等無倫最上勝智――ある人は疑う。佛は一切種智を得ていないのではないか。なぜなら、もし佛が一切諸法を遍知するなら、それに先立って一切の客観的事物の存在を認めなければならない。しかしこれは諸法「有」

を認めることになる。諸法は非有非空であり、「有」を認めることは「有辺」の見に堕する。したがって、諸法が非有であるとするなら、佛は一切諸法を遍知せず、佛は一切種智を得ていないのではないかと。この疑いに答えるため曇鸞は「無等無倫最上勝智」を説く。

この疑問は中道観の理にかなうもので曇鸞も直接批判はせず、ただ「有辺」を知るだけで佛の一切種智を疑うのはあやまりだと説く。佛智は如実にして虚妄にあらず、如実の三昧を得て、つねに深定にあって万法を遍照する。如法に照らし、その照無量である。佛智は凡夫のかなうものではないから「無等」、また声聞、縁覚にくらべられるものではないから「無倫」、さらに八地以上の菩薩が佛智にちかいとはいえ「有上」で、佛智は「無上」であるから、故にこの佛智を無等無倫最上勝智とよぶのだと。

曇鸞は五智を疑い不信におちいる五つの情況を分析批判したが、重要なのはその批判が合理的であるという点ではない。むしろその批判が『無量寿経』についての理解を深め、阿弥陀佛の智慧神通を弘揚したことである。佛智を深く信じて疑わなければ辺地宮胎に生まれることがないと信者に深い信をあたえたのである。

観想中に見る佛が外来の客観的な真佛であるのか、それとも主観中の想像の佛で夢幻のものか。この問題はすでに述べたように、慧遠が提起し、慧遠は外来の真佛である、夢をもって喩えるべきでないと主張した。

しかし鳩摩羅什はつぎのように述べている。

経に説く、諸佛身は皆衆縁より生じ、自性あること無く、畢竟して空寂、夢の如く化の如し。もし然らば、説の如く行じて諸佛身を見るも、ただに虚妄を以てとすべからず。若し虚妄とすれば、悉く虚妄たるべし、若し虚妄とせざれば皆虚妄にあらず。その所以はいかん、普く念ずる衆生は各々その利を得、諸善根を植えるが故に。『般舟経』中に佛を見る者の如きは、よく善根を生じ、阿羅漢、阿維越致となる。この故にまさに知るべし、実にあらざるはなしと。

（『大乗大義章』巻中、大正 45-134 下）

鳩摩羅什は般若空宗の観点で、諸佛身に定相はなく、その相はみな衆縁より生じたもの、本来夢のごとく化のごとく、畢竟空寂であると説く。ひとびとが夢を信ずるから夢で喩える。しかし鳩摩羅什はまたいう。ひとびとが定中に佛を見ると善根を生じ、見佛の利を得るから見た佛は実であると。しかしこの説明はあいまいで強弁にちかい。定中に佛を見て善根を生ずるのは見佛の効用である。論理的にいって、見佛の効用と見た佛が真か幻かは別の問題である。見佛が善根を生じたからといってその佛が真であるとするのは話があわない。鳩摩羅什のような学識淵博の大師の論と思われないが、にもかかわらずそう論ずるのは信仰の必要からと思われる。ともあれ、鳩摩羅什は定中の佛は主観中の想像であり、自性のない「空寂」、夢境に等しいものとする。

一方曇鸞はこの問題について賢明である。『観無量寿経』を直接に引く。

諸佛如来はこれ法界身なり。一切衆生の心想の中に入りたまう。この故に汝等、心に佛を想う時、この心すなわち三十二相八十随形好なり。この心作佛し、この心これ佛なり。

（浄聖 1-298）

曇鸞はこれを『往生論註』に解説する。

心よく世間、出世間の一切諸法を生ずるが故に、心を名づけて法界となす。法界よく諸如来の相好身を生じ、また色等がよく眼識を生ずるが如き故に、佛を法界身と名づく。この身他縁に行ぜず、この故に「一切衆生の心想の中に入りたまう」。「心に佛を想う時、この心すなわち三十二相八十随形好なり」とは、衆生心に佛を想う時、佛身の相好は衆生の心中に顕現するなり。譬えば、水清ければ色像現れて、水と像と一ならずかつ異ならざるが如し。故に佛の相好身はすなわちこれ心想なりと言う。「この心作佛す」とは心がよく佛を作るを言うなり。「この心これ佛なり」とは、心外に佛無きなり。譬えば、火は木より出でて、火は木を離れるを得ず。木を離れざるの故を以て、よく木を焼き、木は火に焼かれ、木即ち火なるが如し。

（『往生論註』巻上、浄全 1-231 上）

曇鸞はここで明確に観想念佛に見る佛は心より生ずるもので、佛は心中にあって心外にはないと主張する。佛は主観の範疇に属するもの、ただ曇鸞は「法界身」の概念を提起する。これは複雑であるからここでは単に阿弥陀佛身と解しておこう。この法界身が「一切衆生の心想の中に入り」「衆生の心中に顕現する」。つまりこの佛が外来の客観的な佛なのである。観想の佛は主観的な想像であると同時に、真佛の顕現でもある。主観と客観の統一体であると。

曇鸞はふたつの比喩を用いる。譬えば水清ければ色像現れて、水と色相とは一ならず異ならず、二物であるが分けることができない。水は心、色相は阿弥陀佛の相好身、心と阿弥陀佛の色相身は一ならず異ならず、二物であるが分けることができない。また火が木から出て、木を離れることができず、木は火に焼かれ、木はそのまま火となる。火は阿弥陀佛身、木は心として、阿弥陀佛身は心より生じて心を離れずよく心を化す。心は阿弥陀佛身によって化せられ、心がそのまま佛になるのだと説く。

観想念佛において見る佛はあきらかに心中に想起する佛であるが、慧遠のようにその主観性を否定してしまっては人を説得することが難しい。しかしまた純粋に主観的想像といえば、たとえば鳩摩羅什のように大乗空宗の観点で「空寂」「如夢如化」といえば、ひとびとの念佛への信仰を失うことになる。曇鸞の主客統一という観点は、信徒たちに定中に見る佛が心と佛の冥合したもの、心と佛がたがいに感応したものという自信をあたえ、観想念佛の行者を鼓舞する。曇鸞はこの観点を称名念佛にまで拡大し、阿弥陀佛の名号を念ずると、すなわち「罪滅心浄、即得往生」で、宝珠を濁水に投ずると水たちまち清浄なる如く、心佛一如、その効は神奇であると論じた。

宋以降、弥陀浄土の性質がしばしば論争の焦点となった。あるひとびとは弥陀浄土が唯心浄土であり、弥陀は心中の主観佛、弥陀浄土は心中の主観浄土であるとかんがえた。一方、別のひとびとは弥陀浄土が客観的存在としての西方浄土であり、弥陀は客観佛であるとかんがえた。この唯心浄土と西方浄土の争いは延々千年近く続く。慧遠と鳩摩羅什のあいだの客観佛と主観佛の相違も、曇鸞の時代になって結末をみず、さらに宋以降大規模な論争に発展する。この論争を信仰の視点で解決しようとすると、やはり曇鸞にまで帰らねばならない。これはまた後にのべる。

観想念佛は実質的には形象教育である。弥陀浄土の諸相の想像をとおして、ひとびとの心を荘厳の美しい極楽世界にひきとめ、忘我忘幻の境に楽しませることが「この心作佛し、この心これ佛なり」なのである。この教育の効果を曇鸞は信じた。残念ながら浄土の諸相を思い描くことがむつかしく、曇鸞の改革にもかかわらず実行しえたひとは多くなかった。後に浄土宗はこれを簡略化する法をかんがえだした。すなわち一度に一観ないし二観、あるいは一観のなかの一部分だけ観想する方法である。宝樹観であればただ一片の木の葉だけにとどめる。しかし簡略化してもなお難しく、観想念佛は易行道中の難行道とみなされ、利根上智の人の行法とかんがえられた。

三、称名念佛

称名念佛は持名念佛ともよび、阿弥陀佛の名号を称念すること、一般には「南無阿弥陀佛」「南無無量寿佛」あるいは単に「阿弥陀佛」「無量寿佛」と唱え念ずることである。称名念佛の「念」には口念と心念がある。口念とは心中に念ずるとともに、口に声を出すことで、浄土宗人は「小さな子供が母をおもい、心中におもうと同時に口でもさけんでいるようなもの」という。心念とは心中に念ずるばかりで声に出さない。「貞婦が夫をおもい、心中どれほど憶っても口に出さないようなもの」という。口念は明持、心念は黙持という。高声の口念はつかれるし、黙念はいねむりやすい。ただ綿綿と声が唇歯の間にあるのを半明半黙持、あるいは金剛持という。

『無量寿経』第一八願には十念往生を説く。

もし我れ佛を得たらんに、十方の衆生、至心に信楽して、我が国に生ぜんと欲して、乃至十念せんに、もし生ぜずんば、正覚を取らじ。

ここにいう「十念」は佛名を口念する「念」だとは書かれていない。観想念佛を主とする念佛三昧の「念」である。『観無量寿経』はもっぱら念佛の方法を説くが、主として観想念佛を説き、あわせて十六観である。第一六観は「下輩観」で、下品上生、下品中生、下品下生を包括して称名念佛往生を説く。下品上生者についてつぎのように説く「命終らんと欲する時……智者また教えて、合掌叉手して南無阿弥陀佛と称せしむ。佛名を称するが故に、五十億劫生死の罪を除く。その時かの佛、すなわち化佛、化観世音、化大勢至を遣わして、行者の前に至らしめて、讃じてのたまわく。汝佛名を称するが故に、諸罪消滅せり。我れ来たりて汝を迎うと」(浄聖1-310)。

下品下生者も称名念佛によって救われるのだが、ここで「十念」が称名念佛の「念」であることを明確にいう。「命終る時に臨んで……教えて念佛せしむるに遇えり。この人、苦に逼められて、念佛するに遑あらず。善友告げていわく。汝もし念ずること能わずんば、まさに無量寿佛と称すべしと。かくのごとく至心に、声をして絶えざらしめ、十念を具足して、南無阿弥陀佛と称す。佛名を称するが故に、念念の中において、八十億劫の生死の罪を除く」と。

下品中生者には称名念佛を説かない。十六観中、称名往生を説くとはいえ、称名念佛の法が占めるのは十六分の一にもならない。あきらかにまだ称名念佛は重視されていないのである。

世親は『往生論』で往生浄土には「五念門」を修すべしという。礼拝門、讃嘆門、作願門、観察門、回向門であるが、このうちの讃嘆門はすなわち称名念佛である。したがって五念門の一、念佛法門の五分の一を称名念佛が占めていたといえる。

曇鸞は念佛を説くが、実相念佛、観想念佛、称名念佛のちがいを立てない。しばしば三者が混在している。

阿弥陀佛を憶念して、若しくは総相、若しくは別相、観縁する所に随いて、心に他相無く、十念相続するを、名づけて十念となす。ただ名号を称するもまたこの如し。（『往生論註』巻上、浄全1-236下）

若しくは佛の名字を念じ、若しくは佛の相好を念じ、若しくは佛の光明を念じ、若しくは佛の神力を念じ、若しくは佛の功徳を念じ、若しくは佛の智慧を念じ、若しくは佛の本願を念じ、他心間雑すること無く、心心相次いで、乃至十念するを、名づけて十念相続となす。（『略論安楽浄土義』、浄全1-672上）

また、五逆十悪を造る者も「命終わる時に臨んで、善知識の教えに遇いて南無無量寿佛と称す。かくの如く至心に、声をして十念具足して絶えざらしめば、すなわち安楽浄土に往生することを得る」（『往生論註』巻上）という。

これらの論をみると曇鸞は念佛を心念と口念わけるだけで、その効果は同じとかんがえている。口念とは阿弥陀佛の名号を念ずること、すなわち称名念佛である。心念とはつぎの三者を包括する。すなわち一に佛の名字を念ずることで称名念佛、二に佛の相好、神力、功徳、光明等を憶念することで観想念佛に入る、三に「随所観縁」して佛の智慧、「総相」を憶念すること、これは実相念佛に属する。つまり観想念佛や実相念佛を称名念佛の心念とあわせ、すべて心念とした。これは曇鸞がなお観想念佛や実相念佛を重視していることを物語る。しかし口念と心念の二大別中口念が過半の割合をしめるわけで、『観無量寿経』や『往生論』にくらべると、曇鸞がすでに称名念佛を重要な念佛の方法とかんがえ、観想念佛重視から称名念佛重視に移りつつあることはあきらかである。さらに口念重視は称名がもはや三昧に入るための手段ではなく、念佛三昧から離脱し、独立の修法となっていることを示す。他の曇鸞の論もこれを裏書する。

曇鸞は『略論安楽浄土義』のなかで往生浄土のための因縁（条件）を論ずる。上輩生者には五つの因縁がある。そのひとつは「一向にもっぱら無量寿佛を念ずること」である。中輩生者には七つの因縁があるが、おなじく「一向にもっぱら無量寿佛を念ずること」がそのひとつである。また下輩生者には三つの因縁があるが、そのなかのひとつは「一向に意をもっぱら乃至十念し、無量寿佛を念ずること」である。つまり三輩九品すべての人にとって阿弥陀佛を念ずることが往生浄土のための必要条件となっている。ここにいう念佛とは主として佛の名号を称念することを指す。『略論安楽浄土義』中にいう。

また宜しく同志五三に、共に言要を結んで、命終わりに垂れんとする時、たがいに開暁して、為に阿弥陀佛の名号を称し、安楽に生ぜんことを願うべし。声声相次いで十念をなさしむ。譬えば蝋印の泥に印するに、印壊れ文（模様）成ずるが如し。この命断ずる時、即ち安楽に生ずる時なり。ひとたび正定聚に入れば、さらに何の憂うるところかあらん。（浄全 1-672 上）

世親は五念門のなかの作願門を「心つねに願を作し、一心に専ら念ずれば、畢竟して安楽国土に往生せん。如実に奢摩他を修行せんと欲せしが故に」と説く。ただこの「一心に専ら念ず」が称名念佛か観想念佛か、それとも実相念佛か、世親は語らない。そこで曇鸞はこれを解釈して称名念佛とする。

奢摩他を「止」というには三義あり。一には、一心に専ら阿弥陀如来を念じて、かの土に生ぜんと願わば、この如来の名号およびかの国土の名号はよく一切の悪を止む。二には、かの安楽浄土は三界の道に過ぎたり。若し人またかの国に生ずれば自然に身口意の悪を止む。三には、阿弥陀如来は正覚住持の力もて、自然に声聞、辟支佛を求むる心を止む。

（『往生論註』巻下、浄全 1-239 上）

「一心に専ら念ずる」のが如来の名号および浄土の名号であると明確にする。

重要なのは、曇鸞が「阿弥陀佛」の四字を咒とみなし、称名とは念咒であり、神奇な効用があって浄土に往生できると考えていることである。この問題はのちにあらためて論ずるが、曇鸞が称名を念咒としていることから、かれが称名念佛を重要な念佛の方法とした思想が明らかになる。

曇鸞が称名念佛を重視したのは偶然ではない。曇鸞は民衆の宗教家であり、汚濁した現実への憎悪と、人をいつくしむ心で、多くの衆生を理想の浄土に引き入れようとつとめた。したがって行は易行道中の易行に傾斜し、民衆が実行しやすい簡便な方法の採用を重んじた。曇鸞の時代はちょうど修行法の簡易化が形成される時期であった。かれはこれをうけ、この流れにのって、その先端をきりひらく代表のひとりとなったとおもわれる。

曇鸞のまえに佛号を口誦することはすでに行われていた。道安の弟子曇戒は、道安と同じように弥勒の信仰者であったが、臨終に弥勒の佛名を口誦してやめなかったという。これもその一例である。

また敦煌残巻中の『佛説決罪福経』に説く。

斎戒を持すること七日、日に三たび過ち、自らおのが過ちを責む。身、口、意に行ずるところ、自ら三尊に帰し、八佛名を奉持す。焼香を受け、散花燃灯し、供えつぶさに備わり満つ。

南方の僧祐、北方の法経二僧の目録ではともにこの経を「疑偽」の類に入れる。僧祐は曇鸞よりすこし前の人であるが、その撰『出三蔵記集』にこの経を収録する。佛名を口念することを説くからおそらく民間ですでに行われていたものとおもわれるが、念ずる八佛とは『八佛名号経』にいう東方八佛であろう。すなわち善説称功徳如来、因陀羅星王如来、普光明功徳荘厳如来、善斗戦難降伏超越如来、普功徳明荘厳如来、無碍薬樹功徳称如来、歩宝蓮華如来、宝蓮華善住沙羅樹王如来である。

これらの記録で念じたのは阿弥陀佛ではないが、口称佛名という方法はかわらない。曇鸞はあるいはこれらの影響をうけて、弥陀経典の説にもとづいて称名念佛を提唱したともおもわれる。

曇鸞はその経歴から道教の大きな影響をうけたのはあきらかである。北魏の道士寇謙之はみずから太上老君より新天師の位と新科律『音誦誡経』を授与されたと称して「ただ男女に壇宇を立て、朝夕に礼拝せしめるのみ」(『魏書・釈老志』)という簡略な教えを宣布している。曇鸞はちょうどこの新天師道盛行の時代に生きたから、当然新天師道の改革に注意をはらっており、その簡単な修行法から啓発をうけたにちがいない。

中国弥陀信仰発展の歴史は、観想念佛を主とした行が進んで称名念佛中心となり、称名念佛がさらに口念を主とした行に進むのである。この発展の過程でまさに曇鸞が決定的な一歩を踏み出した。本来念佛三昧(禅定)の附属であった佛名称念が、曇鸞において念佛三昧を離れて独立した念佛法となり、重要な修行法となった。信者は入定する必要はなく、ただ佛名を口念するだけでよいことになった。これは後の発展を経て、浄土宗の修行の特色となり、浄土宗を影響力のおおきな民衆宗教に発展させた要である。

曇鸞は称名のはたらきについて「一心に専ら阿弥陀如来を念じ、かの土に生ぜんことを願えば、この如来の名号及びかの国土の名号はよく一切の悪を止む」（『往生論註』巻下）という。念佛は浄念であり、世俗の雑想は染念である。衆生が佛号を念ずるとき、もとからある種々の雑念は払拭され、新しい雑念も入らないようになる。一度の念佛がそうであるから念念相続し、これを続ければおのずと一切の悪が抑えられる。これを「以浄破染」「借一遣万」とよぶ。

また曇鸞は下品下生者が十念に乗じて往生することを論じていう。

譬えば浄摩尼珠を濁水に置けば、水即ち清浄なるが如し。若し人無量生死の罪濁ありといえども、かの阿弥陀如来の至極無生の清浄宝珠の名号を聞きて、これを濁心に投ずれば、念念のうちに、罪滅し心浄にして、即ち往生を得る。またこれ摩尼珠を玄黄の幣を以て包み、これを水に投ずれば、水即ち玄黄にして、もっぱら物の色の如し。かの清浄佛土に、阿弥陀如来の無上の宝珠ありて、無量の荘厳功徳成就の帛を以て包みて、これを往生するところの者の心水に投ずれば、あによく生の見を転じて無生の智となすこと得ざらんや。また氷上に火を燃すに、火猛なれば氷解け、氷解ければ火滅するが如し。かの下品の人法性無生を知らずといえども、ただ佛名を称する力を以て、往生の意を作し、かの土に生ぜんと願わば、かの土はこれ無生の界なれば、見生の火は自然に滅す。

（『往生論註』巻下、浄全 1-245下）

これは佛号および称佛名力、心浄土浄の問題を論じる。阿弥陀佛の四十八大願は不思議な力をもつ。衆生が念佛し、浄土に生じんことを願えば、その願いは力を生み佛願と相応する。このふたつの願力は「阿弥陀佛」の四字の名号を唱えることをとおして相感応しひとつになり、佛力に引かれ浄土へ往生することができるという。これが曇鸞の主張である。

曇鸞は「阿弥陀佛」の四字を「方便荘厳真実清浄無量功徳名号」とよぶ。「真実清浄」とは阿弥陀佛の自内証の功徳を指す。「方便荘厳」とは阿弥陀佛の外用功徳を指す。「阿弥陀佛」の四字は内証と外用の無量功徳を具足し、衆生を接引する大悲本願を包蔵し、佛願と衆生の願をつなぐ橋である。四字の名号を清浄な摩尼宝珠や灼熱の猛火にたとえる。誰しも名号を念佛しさえすれば力を生じ、宝珠を濁水に投ずるがごとく、火が氷を消すがごとくである。浄なる珠を濁水に投ずれば水たちまちに清く、玄黄色の布に宝珠をくるんで水中に投ずると水たちまちに玄黄色になる。名号を念佛するとは佛号を心水のうちに投ずるようなもの、たちまち「滅罪心浄、即得往生」を可能にする。下品下生の人は法性無生の理を知らず、ただ生生死死を見るばかり、さながら解けがたい氷のごとくであるが、ただ名号を念佛しさえすれば氷上に火をたいたように氷解け火は消えて、無生の浄土に入ることができると。

曇鸞は特に「阿弥陀佛」の名号を咒とかんがえる。咒には霊異力があるからこの咒を念ずれば往生弥陀浄土の願を満たすことができる。したがって称名念佛のはたらきを極限まで発揮させるべきだとする。これについてはあらためて述べる。

称名念佛の力は佛の名号が雑念を除き、心を浄化し、往生浄土をもたらすところにある。のちの浄土宗でこの問題を種々に説くが、いずれもこの考えをさらにわかり易くしたにすぎない。

(四) 咒について

つぎに咒について述べよう。曇鸞は名号を咒とするがこれは宗教的な慧眼である。

一　佛、道合わせ名号を悟る

呪とは言葉を神秘化することから生まれる。原始巫術のなかで早くから念咒によって祈祷、魔よけ、息災行事が行われてきた。古代印度のバラモン教は各種の禁咒を集中的に発展させたが、釈尊出世の千年以上前に出現したリグ・ヴェーダはこのような禁咒や祭祀、祈祷、禳災、頌賛等の儀式文の集成である。その後数百年にわたってヤジュル・ヴェーダ、サーマ・ヴェーダ、アタルヴァ・ヴェーダがあらわれ、リグ・ヴェーダとともに四ヴェーダと称されている。

釈尊はバラモン教に反対して佛教を建てられた。バラモンの神権にも反対されたから、病気の治療や延年、招福を目的とした咒術密法に当然賛成されなかったにちがいない。『長阿含』『中阿含』『四分律』等の初期佛典には、釈尊が弟子に世俗の咒術を誦することを禁じられた誡告が残されている。たとえば「若し比丘尼が世俗の呪術を誦すれば、波逸提（六聚罪中の第四罪、地獄におちる罪、堕罪）、若し比丘尼が人に世俗の呪術を誦せしめれば、波逸提」（四分比丘尼戒本）と説かれる。

しかし人間には神秘力を追求する願望がある。しだいに呪術信仰のうちに入っていく。佛教勢力の拡大につれて呪術密法を事とするバラモンが多く佛教のなかに入り、かれらが日常呪術を使用するのを禁ずることが難しくなった。また佛教を弘通し、ひろく信徒を獲得するために民間に流行する呪術密法と妥協し、ときにはすすんで呪術を佛教のうちにとりいれることが必要となった。小乗佛教後期には佛教中の呪術はかなり増加していた。鳩摩羅什訳『十誦律』は小乗佛教説一切有部の戒律であるが、そのなかに言う、佛道の修行を妨げる悪咒密法は当然禁止されるが、解毒の咒、歯痛の咒など護身、安慰の善咒は誦持することが許されると。すでに咒法すべてに反対するのではなく、善咒と悪咒にわけ、悪咒に反対するのみである。これは佛教咒術の発展によって作り出されたいわば世論である。そこで個別の経典には咒語があらわれる。たとえば『増一阿含』巻四七には提婆達兜の話を借りていう「沙門瞿曇に幻惑の咒あり、よく外道異学をして皆悉く靡伏せしむ、何ぞ況や畜生の類をや」（大正 2-803 下）と。『雑阿含』巻九の二百五十二経中では、佛は舎利弗のために咒術の章句を説き、優波先那がうけた蛇毒を解毒している。

佛教には本来陀羅尼がある。「陀羅尼」とは梵文の音訳、意訳すると総持、能持、聞持、能遮などとなり、一種の記憶方法の名称である。原始佛教ではこれによって正確に佛の教法をききとり、しっかりと記憶した。記憶するには精神を集中しなければならないから禅観、瑜伽を伴った。したがって陀羅尼はしばしば禅観を指していわれた。佛教が文字で記録された経典をもってからは陀羅尼の記憶機能はしだいに淘汰される。陀羅尼の言語形式や念誦の形式は民間の咒語やヴェーダの明咒とよく似ていたから、咒術が佛教に入ると陀羅尼と結合した。二世紀から三、四世紀にかけて陀羅尼は咒と融合し、咒の別名となり、真言と称される。多様な咒陀羅尼がつぎつぎに出現する。『華積陀羅尼神咒経』『摩訶般若波羅蜜大明咒経』『七佛所説神咒経』『咒水経』『咒歯痛経』等等である。僧侶たちも往々咒術にたくみであった。佛図澄（二三二―三四八）は西域から中国に入ると後趙の皇帝石勒、石虎父子に投じたが「よく神咒を持し、鬼物を役使することができた」（『高僧伝・佛図澄伝』）といわれる。曇無識（三八五―四三三）は天竺から中国に来て北涼国主沮渠蒙遜にかかえられたが、西域では大咒師の名があり、北涼で咒術をおこなってすこぶる霊験があった。北魏の太武帝はうわさを聞いてかれを北魏に迎えようと北涼にはたらきかけ、北涼の沮渠蒙遜は国力が弱くこれを拒否できなかった。しかし曇無識の咒術が北魏に有利にはたらくことをおそれて曇無識を殺してしまった。大乗佛教のなかでも咒術が流行していたことがうかがわれる。ただ総体的に言って、大乗時代の咒術密法は組織的、系統的なものではなく、教義とは直接の関連をもたず、修行者が種々の障碍をとりのぞくため付帯的に採用した一法というにすぎない。したがって密法は大乗佛教中で付属的、寄生的存在であった。ひとびとは小乗佛教、大乗佛教期のこの附属的密法を雑部密教、略して雑密とよんでいる。

七世紀中葉になると、佛教はヒンズー教および民間の迷信的なものを吸収し、新しい教派を形成する。密教である。これは急速に大乗佛教にとってかわり佛教の主流となる。このときの密教はもはや雑密ではない。密法を佛教の根本内容とし、本尊として釈尊ではなく大日如来を奉じた。大日如来は密法の説法者であり、宇宙の主宰者である。ここで密法は佛教の附属から独立し、ひとびとはこれを正純密教とよぶ。通常、密教といえば正純密教を指す。密教が中国に入るのは唐代である。曇鸞の時代に流行したのはむしろ雑密である。

密教の形成には中国古代の讖諱や占星、道教の影響をうけたとおもわれる。伝来の雑密には中国の伝統的な道教や儒教、民間巫術とあい通ずるところが多いが、中国内で流伝している間に中国固有のものと習合した。後漢失訳『安宅神咒経』には日月五星、二十八宿、青竜白虎、朱雀玄武等の道教神祇があらわれるだけでなく、「百子千孫、父慈子孝」といった儒教思想まで包含している。伝統的な巫術は外来の禅師が宣揚する「神術」といっしょになって吉凶の預卜をおこなった。したがって宗教的実践として雑密と道教、民間信仰を分けることは困難である。中国僧もその意味で雑密をうけいれることは容易であった。曇鸞はこの雑密流行の時代に、当然雑密を熟知していたとおもわれるが、すでに道教に通じていたのであるから、雑密の咒術密法に独自のかんがえをもっていたにちがいない。

中国の民間咒術の歴史は古く、原始社会にさかのぼる。道教は民間の禁咒を吸収して神咒あるいは神祝とよび、天神のことばとかんがえた。『太平経』巻五〇にいう「天上に常神聖の要語あり。時に下して人に授けるに言を以てす。用うるに神吏をして気に応じて往来せしむ。人民これを得て神祝という」と。

病人に神咒を念ずると神を招いて治すことができると宣伝した。神咒を念じて鬼神を使役する術は古くからの巫祝から来る。『抱朴子・至理篇』にいう「呉越に禁咒の法あり。甚だしく明験たり」と。大量の民間の咒語をあつめて道教禁咒の内容を豊富にした。念咒は道教の壇醮などの儀式で重要なやくわりをになう。

曇鸞はもと道教の神仙方術を信仰し、陶弘景から『仙経』を受け、菩提流支に批判されて『仙経』を焼きすてて弥陀信仰に転じた人である。菩提流支は密法を善くしたから曇鸞になにがしかの影響をあたえたにちがいない。曇鸞も『仙経』を焼きすてたとはいえ、咒術をふくめ道教の神仙方術の研究をまったく放棄したわけではない。『往生論註』

にはかれが『抱朴子』を熟知していること、道家の咒語の神通をふかく信じていることがうかがえる。現存の曇鸞の著作目録には道教の『雲笈七籤』中に収録される調気、服気等の著作があるが、かれが道教研究で成果をあげ、修養をつんでいたことがうかがわれる。

この曇鸞の道家としての修養や雑密が、かれに「阿弥陀佛」という語の咒的な本質を鋭敏に悟らしめたとおもわれる。曇鸞は道、佛をまぜあわせ、「阿弥陀佛」の名号が咒であり、称名念佛が念咒であることを論証してみせたのである。

二、「阿弥陀佛」の四字の神秘性

「阿弥陀佛」の四字には本来神秘的な意味がある。その来源はいまもなお謎であるが、リグ・ヴェーダの影響といい、あるいはヒンズー教とかかわりが深いといい、さらにまた印度自身のものでなくペルシャの太陽神話やミトラ神信仰からくるともいう。

第一章第三節で紹介したように、阿弥陀の含意はきわめて繁多である。その繁多な含意がこの四字のなかに濃縮されているから、自然暗示的な符合、象徴となり、神秘的な、無量不可思議な神力を代表することばになる。

浄土宗人の言葉をかりれば、西方極楽浄土の佛陀が「阿弥陀佛」の四字の佛号に変じ、かの土の佛陀の万徳を捨て、佛陀自身の存在を否定し、自らを四字の名号に縮小して此土にかえったもの、そして衆生に容易に念じ、容易に修せしめ、自らその衆生を浄土に引接する、そのような佛の大慈大悲のあらわれであるという。名号自身は簡易即真実であり、願力の最高の発揮であり、願力の具体的表現でもある。名号が顕示する願力は無窮無尽であり、簡単な一念が一切の雑行にまさる。衆生は無力で、佛力は無辺である。佛は名号に変ずることによって衆生の世界に来ることができ、衆生の心のうちに浸入することができる。衆生は念佛の声によって目覚め、自己を否定して佛の世界に行くことができる。これを「内外相即」とよぶ。彼岸の世界と此岸の世界とはこの名号によって結ばれ相通じている。称名念佛は往生浄土の易行道となる。このような神秘的はたらきをする名号がどうして咒にあらずといえよう。

「阿弥陀佛」が咒であることは密教においては公開の明白事である。極楽世界の第一本尊阿弥陀佛は密部五大佛の一であり、大日如来の同体妙智である。また極楽世界の第二本尊観世音菩薩は密部四大菩薩の一であり、三大部主の一であり、大日如来の同体大悲である。したがって密教が無量法門を論じて極楽浄土をあきらかにしている部分は非常に多い。密教で「阿」字は諸法の本体、万物の根源、法身の大日であり、その義無尽とかんがえる。「阿弥陀佛」の四字は三徳万善、義また無尽である。この四字の洪名はただ見聞を得るだけですでに種々の不可称量功徳があり、もし誦を持すれば口密となり、身意二密同じく相応し、佛菩薩八部鬼神異類と通達し、入壇行道次第功徳と異なるところがない。蓮花部法となる。したがって「阿弥陀佛」は密教の咒であり、浄土と密教は相通じている。

密教は本来大乗佛教がさらに発展したものである。大乗佛教浄土思想の「阿弥陀佛」名号には神秘的な咒としての意味があるからこそ密教に吸収され発展したのである。いわば理の当然である。

三、曇鸞が指摘する「阿弥陀佛」の咒の本質

浄土宗史において最初に「阿弥陀佛」の四字が咒であることを指摘したのは曇鸞である。

あるひとが問う「佛の名号を称し、また何ぞよく願を満たさんや」と。すなわち「阿弥陀佛」の四字名号を称するとどうして願を満たして、浄土に往生できるのかと尋ねた。曇鸞は『往生論註』巻下でつぎのように答える。


名即ち法とは、諸佛菩薩の名号、般若波羅蜜及び陀羅尼の章句、禁咒の音辞等これなり。禁腫の辞に「日出東方、乍赤乍黄」等の句をいうが如し。たとえ酉亥に禁を行じ、日の出にかかわらずとも、腫れ癒ゆるを得。また行師の陳（陣）に対して、ただ一切の歯中に「臨兵闘者皆陳列在前」と誦するが如し。この九字を行誦すれば、五兵

のあたらざる所となる。『抱朴子』これを「要道」というなり。また転筋に苦しむ者木瓜をもって火に対してこれを熨せばすなわち癒ゆ。また人ありてただ木瓜の名を呼べどもまた癒ゆ。わが身その効を得るなり。かくの如き近事、世間ともに知る。況や不可思議の境界をや。滅除薬の喩えまたこれ一事なり。この喩えすでに前にあきらかなり、故に重ねて引かず。（浄全1-238下）

ここにいう「名即ち法」の「名」とは特別な言葉や文字をいう。「法」とは密法、具体的には密法中の咒である。意味するところは、ある種の特別な言葉や文字はそのまま咒である。佛、菩薩の名号、般若波羅蜜、陀羅尼の章句、禁咒の音辞等すべてその例である。

曇鸞は特殊な神通のはたらきがある咒として四つの例をあげる。第一に、「日出東方、乍赤乍黄」は腫れを止める咒であるが、その意味（日出）からみれば朝寅卯の刻（朝四時から六時頃）に念ずべきだが、酉亥の刻（夜六時から八時頃）に念じても同じように腫れ止めの効果がある。第二に、木瓜を火熨斗にすると筋違えを癒すことができるが、ただ木瓜の名を呼ぶだけでも筋違いをなおすことができる。これは曇鸞自身も経験したという。第三に、『首楞厳経』によると「滅除」という薬があって、戦争のとき、これを太鼓に塗って叩けばその音を聞くだけで「箭出除毒」の効があるという。第四に、『抱朴子・登渉』巻一七に「臨、兵、闘、者、皆、陣、列、前、行、凡そ九字、常にこれを密祝に当てれば、避けざる所なし。要道煩わしからずとは、この謂なり」とある。この「要道」とは中国固有の呪術で、これによって「五兵」（五種の武器）を避けることができるとかんがえられた。そのひとつが「臨、兵、闘、者、皆、陳、列、前、行」九字の咒である。

『抱朴子』のいう九字の咒とは本来災害をはらい、勝利を得るため行う咒で、道家、兵家のあいだでおこなわていたが、後世兵法の秘伝として流伝し、密教に取り入れられ密教の咒法となった。これはさらに日本に伝えられ日本密教の咒法ともなっている。密教の「金剛界九会曼荼羅」は佛に到達する段階の実践法であるが、これと相応するのが「臨、兵、闘、者、皆、陣、列、在、前」の九字であり、「九字秘印」とよばれる。現存の『抱朴子』ではこのなかの一字が誤っている（「在前」が「前行」）。曇鸞の引く『抱朴子』と現今の日本密宗に流伝する九字秘印とは九字が一致しており、いずれも「在前」である。『抱朴子』の伝抄中に誤りのあったことがわかる。

曇鸞はこの四つの例をあげて、呪を念ずることに神通のあることを説明し、これから推して「阿弥陀佛」の四字名号の称念にも神通のはたらきがあって、念佛者の願い、往生浄土をはたすことができるのだという。つまり「阿弥陀佛」の四字名号は呪である。ただ、一般の呪が現世の禳災祈福を念ずるが、浄土宗の念佛は死後の往生を念ずるというちがいである。

浄土宗人が「阿弥陀佛」の名号を称えるのは密教で「阿弥陀佛」の名号を称えているのとちがいがある。密教でこの呪を称えるのは即身成佛あるいは禳災祈福のためである。密教がこの名号を呪としていることを浄土宗人はよく知らないし、また理解しようとしない。曇鸞が「阿弥陀佛」という言葉の本質が呪であると論じていることもけっして重視されなかった。浄土信仰は中国であまり密教の影響をうけずに独自の流伝の道を歩んだから、浄土宗人は称名念佛が実質的には呪であっても、自分たちが呪を念じているとは知らないし、またもし浄土宗人に「呪を念じている」といえばおそらく受け入れないだろう。かれらが「阿弥陀佛」を念ずるのは祈福消災や魔除け病平癒のためでないからである。

四、称名念佛は信心を必須とする

「信、願、行」は浄土の三資糧である。つまり浄土を修証する三つの基本条件である。曇鸞は念佛往生の信心、往生の発願、念佛とりわけ称名念佛の行を説く。そして特に念佛往生への信心を強調する。

『往生論註』巻下には念佛が名実不相応であってはならないという。

また三種の不相応あり。一に信心あつからず、あるが如く無きが如くなるが故に。二には信心一ならず、決定なきが故に。三には信心相続せず、余念へだてるが故に。此の三句展転して相成す。信心あつからずを以ての故に決定なし、決定なきが故に念相続せず。また念相続せざるべきが故に決定の信を得ず。決定の信を得ざるが故に信あつからず。（浄全1-238下）

称名憶念すれども無明なお在って所願を満たさざる者のあるは何ぞや。如実に修行せずして、名義と相応せざるによるが故なり。（同前）

信心に三つの要求がある。まず篤い心、淳心、誠心誠意である。「あるが如く無きが如く」は許されない。つぎに一心、専心、専心一意であること。あれこれ気が紛れてはならない。三に相続心つまり変らぬ心、恒心、念念に相続し雑念をまじえず続けることである。信心は真、専、恒でなければならない。このような信心で念佛してこそ信心の実が佛の名と符合し「名実相応」とよばれ、往生の願がはたされる。もし信心が不純であり、一意ならず、不相続であるなら、念佛はただ名のみあって、実と相応しないものとなり、念佛の効果はなく、往生の願は満たされない。

曇鸞は『無量寿経』の三輩往生からつねに無上菩提心を起こすことの必要を説く。無上菩提心を起こすことは往生浄土の基本条件である。

三輩生の中に、行に優劣ありといえども、皆無上菩提心を発さずということなし。此の無上菩提心とは即ちこれ願作佛の心なり。願作佛の心とは即ちこれ度衆生心なり。度衆生心とは即ち衆生を摂取して有佛の国土に生ぜしむる心なり。この故に、かの安楽浄土に生ぜんと願う者は無上菩提の心を発するを要す。若し人、無上菩提の心を発せずして、ただかの国土の受楽無間なるを聞きて、楽のための故に、生ぜんと願わば、またまさに往生を得ざるべし。（浄全 1-251 下）

念佛者は自己および一切衆生の往生弥陀浄土を発願する。つまり無上菩提心をおこし、それによって往生の基本条件をそなえる。これは「願」についての新解釈である。のちの浄土宗の「願」の解釈はこの曇鸞の説を継いでいる。「行」とは念佛、主として称名念佛を指す。

五、十念の法

弥陀経典にはしばしば「十念」をいうが、これが実相念か観想念かそれとも称名念か、あまり明らかでない。曇鸞がこれを称名念としたのはかれの功績である。称名念の十念とは十声念か十口気念かそれとも十時念か、一生に十回か毎日十回か、曇鸞はつぎのように解説する。

百の一生滅を一刹那と名づけ、六十の刹那を名づけて一念となす。此の中に念というは、此の時節を取らず。ただ阿弥陀佛を憶念するをいうのみ、若しくは総相、若しくは別相、観縁する所に随いて、心に他相なく、十念相続するを名づけて十念となす。ただ名号を称するもまたまたかくの如し。問うて曰く、心若し他縁せばこれを摂して還らしめて、念の多少を知るべし。但し多少を知らばまた無間にあらず。若し心を凝らし想いを注げば、また何に依りてか念の多少を記すを得べけんや。

答えて曰く、経に十念というは、業事成辦を明かすのみ。必ずしも頭数を知ることをもちいず。……十念業成とは、これまた通神の者これをいうのみ。ただ積念相続して、他事に縁せざればすなわちおわんぬ。……必ず口授を須いて、これに筆点を題することを得ざれ。（浄全1-236下）

「刹那」とはわずかの時間をいう。「わずか」とはどれほどか、経典中で一様ではないが曇鸞は百回の生滅を一刹那とし、六十刹那を一念とする。逆に言って、一念とは六十刹那で、一刹那は百の生滅である。しかし十念の「念」はこのような時間概念ではない。十念とは念念相続することであって、もし十念を時間概念とすれば「十」はどう考えればよいのか。数をかぞえようとすれば念念相続することはできないし、十になれば一度中断しまた次の十をかぞえるのか。もし確実に念念相続しようとすれば数はかぞえられない。それぞれの念が何番目かわかるはずもない。曇鸞は解説していう。いわゆる十念とは多念である。ただ「業事成辦」つまり往生浄土の業が成し終えられることを求めればよいので、数をかぞえ、数を記録するにはおよばないと。

またいう。

譬えば人ありて、空曠のはるかなる処にて怨賊に値遇するに、刀を抜きて勇を奮う。（怨賊）ただちに来たって殺さんと欲するに、その人ひたすら走りて渡るべき一河を視る。若し河を渡るを得ば、首領全かるべし。その時、ただ渡河の方便を念ず。我河岸に至り、着衣にて渡らんか、脱衣にて渡らんか、若し衣衲を着せんに、おそらく（河を）過ぎるを得ず、若し衣衲を脱がんに、おそらく暇を得るなし。ただこの念のみあって、さらに他縁なく、もっぱら如何が渡河すべきかと念ず。即ちこれ一念なり。かくの如くまじえざる心を、名づけて十念相続となす。（『略論安楽浄土義』、浄全1-671下）

怨賊が刀をぬいて迫る。逃れるためには河を渡らねばならない。このとき心中に思うのはただいかに河を渡るかで、これ以外に思うことはない。曇鸞はこれを「一念」とよぶ。このように他事をまじえざる念が「十念相続」である。この「十念」は雑心にへだてられない念、専心の念である。曇鸞の考えを推せば、十念とは真心の、専心の、かつ恒心に支えられた多念で、数えるにはおよばない、数えてもよいが記数するまでもない。

のちの浄土宗では「十念」についていろいろに言われるが、いずれも実質的には曇鸞の解釈にしたがうもので、多念を以て称名念佛の法としている。曇鸞は経説にこだわらず「十念」の数の枠をこえ、浄土理論の基本精神によって多念を主張した。これは曇鸞の創造というべきであろう。

三、曇鸞の浄土宗史上の地位

（一）曇鸞にたいする評価の分岐

中国で行われている浄土宗史において曇鸞は冷遇されている。

まず南宋の宗暁（一一五一—一二一四）は『楽邦文類』を編み、慶元六年（一二〇〇）に刊行したが、この書の巻三「蓮宗継祖五大法師伝」にいう。

蓮社の立つは、すでに遠公を以て始祖となし、師帰寂してより、今大宋慶元五年已未にいたるまで、およそ八百九年なり。中間にこの道を継いで、すなわち五師あり。一に曰く善導師、二に曰く法照師、三に曰く少康師、四に曰く省常師、五に曰く宗賾師なり。この五師は佛慈を体して、仰がざるはなく、大いに度門を啓き、異世の同轍にして、皆衆良の導（師）たり。伝記の所載、誠におおうべからず。故を以てこれを録し、継祖となす。

宗暁によると、蓮社の創立が浄土宗の始まりであり、その創立者慧遠は当然浄土宗の始祖になる。慧遠が逝ってより宋慶元五年（一一九九）まで八百九年、この間に浄土の事業を継承した五人の大師がいる。一に善導師、二に法照師、三に少康師、四に省常師、五に宗賾師である。これら五師はいずれも佛の慈悲の精神を体得し、度脱衆生の門をおいに開いた。時代は異なっても浄業をひろめ、衆生の好導師であった。伝記中の事跡は輝かしく、ゆえに慧遠のあとを継ぐ祖師とするという。

この後、南宋の志磐は『佛祖統紀』巻二六で五祖を七祖に改める。慧遠、善導、承遠、法照、少康、延寿（永寿）、省常である。

志磐はいう。

四明の石芝（宗）暁法師、異代に同じく浄業を修し、功高く徳盛んなる者を取り、立てて七祖となす。今、故にこれに遵いて、以て浄土教門の師法となす。（大正49-260下）

この声明によると浄土七祖は宗暁が定めたようにいうが、宗暁は六祖を定めただけで、志磐がこの六祖中宗賾を除き、承遠と延寿をくわえて七祖としたのである。つまり七祖は志磐が宗暁をもとに作ったのである。

明代の蓮池大師袾宏の弟子は袾宏を推して第八祖とする。

清の道光年間、悟開は明代の藕益大師智旭を推して第九祖とし、清初の省庵を第十祖、徹悟を第十一祖とした。民国年間、印光（一八六一—一九四〇）は清初の行策を第十祖とし、省庵、徹悟をそれぞれ繰り下げて第十一祖、第十二祖とした。印光が逝去して後、その門人たちは印光を推して第十三祖とした。かくして浄土宗十三祖の説が形成される。

ここで注意すべきは、宋から今日まで、六祖説、七祖説、八祖説、九祖説、十一祖説、十三祖説そのいずれにも曇鸞、道綽の名がないことである。ところで、日本で尊奉される浄土祖師はこれと異なる。

十二世紀末、中国でいえば南宋末年、日本の僧源空（号法然、一一三三―一二一二）が日本浄土宗を開く。源空は浄土宗に伝承の世系をたて、その著『選択本願念佛集』に菩提流支、曇鸞、道綽、善導、懐感、少康を日本浄土宗の六祖とする。また『類聚浄土五祖伝』では菩提流支を除いた曇鸞以下の五人を五祖としている。つまり日本浄土宗にとって中国浄土宗の初祖は曇鸞ということになる。源空の弟子親鸞（一一七三―一二六二）は日本浄土真宗を開いたが、『教行信証』第二巻のおわりに『正信念佛偈』がある。またのちに『浄土高僧和讃』を書いているが、印度の龍樹、世親、中国の曇鸞、道綽、善導、日本の源信、源空の七人を真宗七祖としている。この七祖中、中国僧としては曇鸞が始まりであり、曇鸞が中国浄土宗の初祖である。親鸞は曇鸞に心服し「本師」とよんだ。曇鸞が『往生論』に註をほどこして「往還回向は他力により、正定の因は唯信心のみ。惑染の凡夫信心発し、生死即ち涅槃と証知する」ことを明らかにしたと称賛する。『浄土高僧和讃』中に真宗七祖のため讃、頌、偈、計百十七首をつくっているが、曇鸞がもっとも多く三十四首ある。次が善導二十六首、源空二十首である。親鸞はかつて流罪になったが、配流のなかで名を「善信」から「親鸞」と改めた。世親、曇鸞の二人から各一字をとったものである。以後かれは親鸞の名で通した。親鸞の曇鸞尊崇の篤さがうかがえる。

浄土宗と浄土真宗では祖師の世系にちがいがあるが、いずれも曇鸞を中国浄土宗の初祖とし、曇鸞、道綽、善導を祖師と奉じて、慧遠を重視しない点で一致する。

一九二〇年、日本の高僧常盤大定が中国で佛跡調査をおこない、玄中寺の祖庭を発見し、世に公にした。一九四二年、常盤大定、菅原慧慶の二人の浄土真宗大徳が代表団をつれ祖庭玄中寺を訪れ、中国僧と連合して曇鸞大師円寂一千四百年の法会を厳修したが、大師を讃嘆していう「曇鸞大師の佛教は……中国佛教発展の過程で重要な位置をしめるのみならず、日本浄土教学上稀有の功績を寄せるものであり、古今東西比類のない大哲学者、大宗教家の威儀を示すものである」(浄土古刹玄中寺)と。かれらは曇鸞を中外古今無類の大哲学者、大宗教家とよび評価はきわめて高い。日本浄土真宗の曇鸞にたいする敬仰をあらわしている。

中国と日本の浄土祖師世系のちがいは主として曇鸞、道綽が入るか否かにある。そしてその焦点は曇鸞にある。中国十三祖師説は曇鸞を排斥して慧遠を初祖とするが、日本では曇鸞を奉じて初祖とし、慧遠を問題にしない。このちがいが生ずる原因は複雑であるが、以下に簡単に分析、批判をこころみよう。

(二) 隋唐八宗中の寓宗

浄土は「宗」を名乗り、このことから祖を定めるが、これはいわば習俗として行われるにすぎない。浄土は佛教中の宗派ではなく、学派ないし学派的意味での「宗」すなわち「寓宗」である。

宗派について湯用彤はつぎのように論じている。

所謂宗派は、その質三あり。一に教理闡明、ひとり蹊径を辟らく。二に門戸の見(解)深く、入れば主、出れば奴。三に時に昧き(蒙昧)に説教し、自ら道統を承継するを誇る。(『隋唐佛教史稿』一〇五頁)

言うところの意味は、いわゆる宗派には三つの特徴がある。一に独特の教義あるいは佛家にたいして教義上独特の解釈がある。二に組織が確立しており、師弟相伝の法嗣制度があり、その門に入る者に篤く、出る者にきびしい。三に自ら佛門の正統的地位を自認している。つまり宗派とはこのように教義、組織、教規、承伝の鮮明な宗教団体で、もはや南北朝期のような無組織の学派ではないという。
隋唐時代に形成された宗派は通常八宗とされる。八宗は三類にわけられる。まず印度佛教の原型を継承する宗派で、三論、法相および密宗である。つぎに創造的に哲理に偏重した宗派で、天台宗、華厳宗、禅宗である。第三に宗教実践に偏重した宗派として律宗と浄土宗がある。このうちただ浄土宗だけが宗派にかぞえられない。湯用彤は指摘する。

浄土については、ただ志磐だけがその「立教」をいうが、中国の各宗にはいずれも浄土の説がある。かつ、弥陀、弥勒崇拝は実質的に異なるもので、統一された理論はない。また慧遠が白蓮社を結んだというが、これは唐以後の誤伝で、日本の僧は浄土の初祖は曇鸞と考えており、慧遠ではない。また浄土七祖の歴史は南宋の四明石芝宗暁の撰で、根拠のあるものではない（『佛祖統紀』巻二六参照）。したがって浄土が一教派であるかどうかは問題である。

（『隋唐佛教史稿』二一二頁）

湯用彤はここで弥勒信仰をも浄土にふくめて論じ、浄土には弥陀と弥勒の統一された教義がないこと、歴史伝承がないことから宗派にならないという。もっともな説である。しかし、いわゆる浄土宗は弥陀信仰を指し弥勒信仰をふくまない。弥陀信仰のみを指す浄土宗においては、教義解釈に分岐があるとはいえ、すべて阿弥陀佛を信じ、安楽国土を信じ、他力往生、念佛を信じ、統一された教義がある。「門戸の見」も同様、自らを易行道とし、他を難行道とする。ただ、浄土は宗教団体ではなく、明確な組織がなく、法嗣制度つまり衣鉢相伝の継承がない。禅宗のように以心印心の認知も必要としない。浄土を信ずるものに師承があるとはかぎらない。いかなる権威の認可も必要としないし、いかなる義務をも課せられない。同時に他の宗派を信じてもよく、他の宗派のものが同時に浄土を信じてもよい。

「叛師背祖」という問題は生じない。その意味で浄土には宗派性がない。自らを易行道とし、他宗を難行道と貶するが、それは学派というべき特色である。

すでに見たように、密教は大日如来を教主として大乗佛教から独立し、新しい佛教になった。浄土教も阿弥陀佛をべつに教主と奉じ、当然、大乗佛教から独立して新しい佛教になるはずだが、歴史的な理由から印度では長足の進歩を遂げず、大乗佛教の附庸であった。中国において、曇鸞、道綽、善導の弘揚からその広博な精神で天下に流行し、南宋以後、佛門即ち浄土、浄土即ち佛門の情況をつくりだした。それは大乗佛教にとってかわる勢いであったが、事実としてとってかわらなかったにすぎない。その意味で、浄土は「教」をもってよばれるべきで、全大乗佛教と対置されるものである。「宗」というものではない。浄土が大乗佛教の一宗派として他の七宗と併置されるのは当たらない。

浄土はしかし大乗佛教と袖を分かつことなく、また独立もしなかったから浄土宗とよぶのもよいであろう。南北朝期には浄土「宗」の名はなかった。隋唐期に入って三論宗、天台宗、華厳宗等いろんな宗派が創設される。浄土教も盛んになる。しかし当時のひとびとは、「宗」というものが南北朝期の学派としての「宗」とは異なり、すでに宗派的な「宗」に発展していたにもかかわらず、なお学派的な観点から「宗」の名を使っていた。浄土教も他宗と同じように、自らの独自の教判理論、教義、修法をもつことから、「宗」とよんだのである。

他宗はいずれも師弟世襲し、法統を継承するだけでなく、寺院の主持、寺院経済の大権をも継承した。かれらには譜系があり、代々相伝し、さらに他の寺院に進出してそれを代々相伝し、しだいに勢力を拡大して祖庭を中心とする系類をつくりあげた。その系類史がすなわち宗史である。したがってかれらには祖師の世系が存在する。浄土宗は学派的な宗派であり、組織や伝承のある宗派ではなかったから、当然祖師の世系は存在せず、南宋以前に浄土宗に祖をたてようとだれも思わなかったのも当然である。浄土宗が学派的な寓宗であることを示す明白な事実である。

（三）浄土三流は本一脈

理論というものは、そのひとつが支配的思想になると他の理論はそのなかにくみこまれ全体が雑然となるものである。浄土宗もその例に漏れない。浄土信仰の普及にともなって浄土信仰は雑駁な色合いを増し、兼容併蓄の雑家となっていく。各家がたがいに正統の地位をあらそい、本来の正統が排斥されて非正統となり、非正統が逆に正統の栄を占めることになる。浄土宗のこの発展の過程は思想史的に見れば特別なものではなく、いわば常軌である。「三界の外に出ずるは、五行のうちに在らず」というが、敬虔な思いが問題である。浄土を求めても浄土に行けるものかどうか、三界の外に出ようと思うが果たせるものかどうか。敬虔な目標は過酷な現実とは異なる。神聖な装いもは客観的な歴史を覆うことはできない。浄土宗も例外ではない。

源空の『黒谷上人語灯録』巻九（浄全9-418）によると、中国の浄土宗には東晋廬山の慧遠、唐代の慈愍、および道綽・善導の三系があり、源空は道綽・善導の系譜を以て日本浄土宗が継承する法統とする。これより浄土三流の説が出る。この考えには問題がある。それは後に第五章一節で論ずるとして、ここでは三流の説を検討しよう。

一、慧遠流

慧遠流の念佛は主として観想念佛である。

「教」についていえば、三昧に入って見佛往生をもとめる。観想によって散乱する妄心を収め、ある種の玄寂、体神円融の精神統一状態に達する。三昧である。三昧に入ると適宜物に応じて耳目には感じられない境界を現出し、結果として佛界を見ることができる。すなわち定中見佛である。見佛によって往生浄土が可能になる。

「力」についていえば、自らの入定中に悟解によって見佛するのであるから、自力修行である。

「土」についていえば、慧遠流は弥陀を応身、浄土を応土とする。すなわち随縁化現、無縁不化現の方便浄土であり、報土、法性土ではない。応土にすぎないから有縁が真実往生するかどうか問題になる。

「機」についていえば、慧遠流は浄土を三種とする。事浄土は凡夫往生の浄土である。その事相が厳格であるので事相浄土という。相浄土は声聞・縁覚の二乗が往生する浄土である。妙相の荘厳で、離垢清浄であるから相浄土という。真浄土は初地以上の菩薩および諸佛の居所、妙浄離染、常住不変であるので真浄土という。これらの浄土は業因の感ずるところとして得るものである。『観無量寿経』中の九品往生には有聖有凡、聖凡のちがいによって往生にちがいがある。凡夫は事浄土に往生できるだけで、真浄土に往生することはできない。まとめていって、慧遠流の浄土は哲理的で、知識や悟解を重視するものである。

二、善導流

曇鸞、道綽、善導の系統であり、称名念佛を主とする。

「教」についていえば、称名念佛を強調し、「信、願、行」を三資糧とする。信とは、自らが罪悪生死の凡夫、三界に流転して出離の縁なきことを信知すること、阿弥陀佛の本弘誓願の広大にして頼るべきことを信知すること、さらに自らの必得往生満願、即ち発願往生を信知することを指す。行とは、主として念佛、阿弥陀佛を身礼し、阿弥陀佛の名を口称し、阿弥陀佛および弥陀浄土の種々の荘厳を意念することである。一心に念佛すれば必ず往生し、悟解を求めない。

「力」についていえば、頼るべきは阿弥陀佛の大悲心に出る願力であり、この願力に乗じて生死を出離し、浄土に往生する。したがって往生は他力によって得るものである。

「土」についていえば、弥陀浄土は阿弥陀佛の本願によって成立する荘厳浄土であり、真実報土である。つまり、見えたり見えなかったり、時に有り時に無いという有無変幻する応土ではない。阿弥陀佛は真実不虚の報佛である。真実不虚の報佛の報土に往生するのであるから、当然真実の往生である。

「機」についていえば、善導流は九品すべて凡夫とかんがえ、聖凡の区別はない。凡夫、二乗みな報土に往生する、つまり真浄土に往生するのである。総じて、善導流は一切の凡夫のためのもの、簡便易行の法門であり、浄土法門の主旨をよく汲んだものである。

三、慈愍流

慈愍大師慧日は浄土を速得成佛の法門とかんがえ、法相宗の理論によって弥陀浄土が真実浄土、即ち報土であることを証明し、凡夫も報土に入るとかんがえた。善導流の思想とほぼおなじである。

往生浄土の修行方法については、万善万行を主張し、万行の重点は称名念佛にあるとした。この点も善導流に近い。ただ慈愍は往生浄土には戒定慧三学を修めねばならないとして、戒浄並行、禅浄双修、教禅一致を主張した。かれは当時流行した禅宗が斎戒を軽視することを批判し、また浄土求生の者が酒肉を断たないことを責めた。諸行のなかで特に智慧を重んじ、『華厳経』等の「この経文をゆるすには智を第一とす」を引いた。

慈愍は法相宗を根拠として教、禅、戒、浄各家を融合し浄土に帰すことを図った綜合派である。称名念佛を重視すると同時に、悟解を重んじ、持戒を強調し、慧遠流と善導流の中間といえる。

以上が浄土三流である。浄土三流の説に応ずるものとして三根の説がある。慧遠流は上根者を主とし、善導流は下根者をひろく救う教えであり、慈愍流は中根者を主要な対象にしているとする。

かくして宋代以降、曇鸞、道綽、善導のたてた浄土宗は浄土三流中下根の者のみにかなった流派のごとく成り下がるが、浄土三流のなかで終始主流となるのは善導流である。これは疑いをいれない。浄土宗のもっとも基本的な特質は民衆化という点にあったが、浄土三流中もっとも民衆性をそなえていたのは善導流であったからである。かりに慧遠流の理論によって凡夫が報土に入れないとすれば、いったい浄土を信仰するひとがどれほどあるだろうか。自ら上根者と信ずるひとでも、きびしい観想念佛の方法をどれほどのひとが真剣につづけられるだろうか。弥陀浄土信仰はごく少数の上層人のなかに流行するだけで、とても民衆化するとはかんがえられない。

南宋末、慧遠流がたちあがって浄土宗の正統の地位を争うことになる。まず宗暁が定祖問題を提起し、六祖のリストをつくる。これは湯用彤がいうように「まったく根拠のないもの」であったが、つづいて志磐が六祖説を改めて七祖説をつくり、定祖の根拠が「功高く徳盛ん」にあるとした。しかし「功高く徳盛ん」とはあいまいな概念である。だれが浄土の弘揚に功績があり、だれが徳が高いかはひとによって評価がちがう。他の諸宗で世系にもとづいて定祖立宗するのとは性格が異なる。

当然、影響力のある学派として浄土宗の奠基者はだれかという問題がある。それぞれのひとがそれぞれに功や徳の大小をはかって、慧遠を奠基者「初祖」とするのもよかろうし、曇鸞を奠基者「初祖」とよぶのもよいであろう。ただそれらの説に統一性は求められない。とはいえ、浄土宗の初祖が曇鸞であり慧遠でないというのは妥当な見方ではなかろうか。

すなわち、二道二力の教判を創ったには曇鸞であるし、浄土の開派立宗のための理論的根拠を提供したのは曇鸞である。佛力の頼るべきこと、往生浄土の真実性を論じ、浄土に生まれるものは畢竟成佛するとして印度浄土信仰を中国の僧俗雅俗にかなうものに改造したのは曇鸞である。また五逆のものも浄土に生まれるとして庶民に往生浄土の信心と願望をもたせたのも曇鸞であるし、観想念佛から称名念佛に転じ、簡単な修行法をひらいて浄土信仰を庶民の中に浸透させたのも曇鸞である。曇鸞が浄土の弘揚にひろい道をつけ、道綽、善導がその弘揚をすすめて浄土宗が成立する。それがやがて三流派にわかれていった。慧遠の佛学の成果が大きいとはいえ、浄土信仰ではなお並みの水準であることはさきに述べたとおりである。

しかし、その曇鸞が六祖説、七祖説、十三祖説いずれにおいてもはずされているのは、慧遠流の流派的観点が先にたっているからである。

(四)十三祖説の流派性

まず定祖したひとから見よう。六祖説をつくった宗暁(一一五一—一二一四)は自ら石芝と号し、四明のひとである。『楽邦文類』『金光明経照解』『宝雲振祖集』等多くの編著があり、天台宗知礼系の流れをくむひとである。宗暁の六祖説を七祖説にあらためた志磐は生年不詳、『佛祖統紀』の著者で、天台宗のひとである。智旭、省庵、徹悟を祖にたてた悟開(?—一八三〇)は天台宗のひとである。後に十二祖をたてた印光(一八六一—一九四一)は浄土が融摂して各宗を結合し、さらに儒佛相資を主張したひとで、千余年来の各宗合流の趨勢は印光にいたってきわまる。学問僧である。

浄土祖師にあげられた六祖延寿(九〇四—九七五)は禅宗五派の一、法眼宗の嫡嗣である。

かつて六祖説で六祖にあげられた江蘇真州長芦寺の宗賾は禅宗五派の一、雲門宗長芦応夫の門人である。生卒年は不詳である。

八祖蓮池大師袾宏(一五三五—一六一五)、華厳宗の人、杭州雲栖山に卜居した。

九祖智旭(一五九九—一六五五)、天台宗に私淑し、天台の諸疏を研鑽した。天台宗の人とかんがえられる。

十祖行策(一六二八—一六八二)、もと天台宗の人、後に浄土を専修する。

十一祖省庵(一六八六—一七三四)、天台宗の世系においては智旭の四代下である。

十二祖徹悟（一七四一―一八一〇）、禅宗五派の一、臨済宗三十六世、磬山七世。

蘇州霊岩山寺印光の門人は印光を十三祖に立てたが、印光は各宗に通じた僧といえる。

宋代以降、印光以外の七人は天台四人、禅宗二人、華厳宗一人である。つまり台、賢、浄諸宗兼修あるいは後に浄土を専修した名僧である。

宋以前の五祖では、三祖承遠（七一二―八〇二）は慈愍の影響を受け浄土を専修した人、四祖法照（七六七―八二一）はその弟子である。この二人はともに慈愍の流れを汲む僧である。

こうして、十三祖中慈愍系は二人。曇鸞系では善導（六一三―六八一）、少康（？―八〇五）のふたりを都で浄土を弘伝した功から二祖と五祖に立てざるをえなかったが、他の八人はすべて慧遠流である。浄土三流中、善導流と慈愍流を合計しても慧遠流の一半にすぎない。

六祖説から十三祖説まで、祖を定めたのは慧遠流のひとであり、慧遠流の観点で選ばれたことが容易に見てとれる。

慧遠流、慈愍流の僧は多くが学僧で、上層社会で活躍し、活動力があり、よく浄土法門を弘伝した。したがって浄土宗の発展、普及におおきく貢献したのだが、慧遠流は自らの悟解、教理に重きを置く観点で浄土宗を理解し、浄土法門を解釈して祖師の世系を立てたのである。つまり浄土宗を悟解、教理重視の浄土宗に改めようとした。しかしこれは浄土宗の民衆化の主旨にそむくものであった。かれらは学徳の高い、影響力のおおきな僧で、世論をうごかしたが、善導流は民間に入り、宗教実践を重視したから定祖の問題に関心をはらわなかった。したがって十三祖説がひろく世に行われ、真正の初祖曇鸞、二祖道綽が排斥される結果になったとおもわれる。

当然、中国にも慧遠中心の世系に反対するひとたちがあった。たとえば清代康熙、乾隆年間の実賢思斉は曇鸞、道綽、善導を奉じ、はじめの三祖としたが、その影響力がなお慧遠流におよばなかったのである。

第三章　弥勒信仰の盛衰

両晋南北朝時代には阿弥陀佛信仰ばかりでなく弥勒信仰が流行した。隋唐以後になると、浄土宗といえばもっぱら弥陀信仰を指し、ひとびとは弥勒信仰を問題にしなくなったが、弥勒信仰も浄土信仰であり、両晋南北朝時代にはたいへん盛んで、弥陀信仰をしのぐものであった。のちに衰えたとはいえ民間ではなお隠然たる影響力をもちつづけ、元末には秘密宗教結社白蓮教に発展する。これは弥勒下生信仰を利用した大衆組織で、明清を通じなんども武装蜂起をくわだて、きわめて活動的な組織であった。中国浄土宗史を述べるにあたって、浄土信仰の支脈としての弥勒信仰をとりあげないわけにはいかない。

第一節　弥勒信仰の伝播

弥勒浄土信仰が流行しはじめるのは両晋時代からである。これ以前にも紹介されてはいたがとくに影響力はなかった。漢末支婁迦讖訳『道行般若』にいう。

若しまた菩薩ありて兜率天上より是間に来生し、あるいは弥勒菩薩よりこの深経中の（智）慧を聞き、今是間に来生して、この功徳を持して、今深般若波羅蜜を得るに及ぶ。（不可計品第一一、大正 8-451 中）

ここで兜率天に弥勒菩薩があって説法することを説くが、きわめて簡単な叙述で浄土の内容にはふれない。

この百余年の後、西晋無羅叉訳『放光般若』巻一一大事興品第五一ではつぎのように説く。

須菩提よ、まさに知るべしこの菩薩摩訶薩は兜率天上より来たり、また功徳善本を具足す。何を以ての故に。この菩薩が弥勒菩薩より聞くところはこれ深経なり、この故を以て今是間に来生し、深般若波羅蜜を得て、聞けばすなわち即解し、信楽して守行す。（大正8-80上）

ここに説くのは『道行般若』が説くものと同じである。訳文に違いがあるが、やはりきわめて簡単である。この内容から弥勒信仰の流行がうまれたとは思えない。

西晋竺法護が『弥勒下生経』を訳してから、鳩摩羅什、沮渠京声等があいついで多くの弥勒浄土経典を訳出し、弥勒信仰は急速にひろまる。南北朝時代には失訳の弥勒経典や大量の弥勒偽経が出現する。これらは当時の弥勒信仰の盛況を伝えている。

『出三蔵記集』巻三、四に記載する失訳の弥勒経録にはつぎのようなものがある。

『弥勒経』一巻（道安は『長阿含』に出るという）
『弥勒当来生経』一巻
『弥勒下生経』一巻（陳真諦訳ともいう）
『弥勒菩薩本願待時成佛経』（抄本）
『弥勒為女身経』一巻
『弥勒受決経』一巻（祐録ではまだ経文を見ずという）
『弥勒作佛時経』一巻（同前）

『弥勒難経』一巻（同前）
『弥勒須河経』一巻（同前）
巻五所載の偽経目録中にはつぎのものがある。
『弥勒下教経』一巻
隋法経『衆経目録』巻二所載の偽経につぎのものがある。
『弥勒成佛本起経』十七巻
『弥勒下生観世音施珠宝経』一巻
『弥勒成佛伏魔経』一巻
唐智昇『開元釈教録』巻一八所載の偽経につぎのものがある。
『随身本宮弥勒成佛経』一巻
『金剛密要経論』一巻（注、「兼説弥勒下生事」）
『弥勒下生遺観世音大勢至勧化衆生舎悪作善寿楽経』一巻
『随身本宮弥勒成佛経』一巻（重録する、理由不明）
『弥勒摩尼佛説開悟佛性経』一巻
このほか記録されないものがまだあると思われる。

一、道安の弥勒信仰

（一）道安の生涯

道安（三一二―三八五）は俗姓衛、常山扶柳（河北省冀県）の人である。七歳で儒書をまなび、十二歳で出家した。後に至鄴（河北省臨漳県）に遊学、佛図澄の教えを受け、主として小乗と大乗の般若学説をまなんだ。東晋永和七年（三五一）、戦火により飢饉疫病が流行すると北上し雁門の飛龍山（河北省涿鹿県）に避難した。およそ三年、また東南の太行恒山（河北省阜平県）に寺を立て伝教をはじめる。史伝によるとかれにしたがって出家した人、かれの教化を受けた人はたいへん多い。慧遠、慧持兄弟もこのころ道安のもとで出家した。興寧三年（三六五）、東晋統治下の襄陽に行き、以後太元四年（三七九）まで十五年ちかくを襄陽ですごす。

東晋孝武帝太元三年、前秦の苻堅が苻丕を派遣し襄陽を攻めた。翌年二月苻丕は襄陽を陥れ、道安と習鑿歯をとらえ長安に送った。苻堅はかねがね道安の盛名を聞いていたので喜んで接見し長安の五重寺にとどめた。道安は苻堅に敬重され、事実上前秦佛教の領袖となり、また苻堅の政治顧問をつとめた。道安は前秦朝廷が提供したこの厚遇を利用して、中外の学僧を組織し、佛経の翻訳をすすめた。つねに般若経を講じ、終世著作と説法のなかにあった。

道安が中心になって訳出した佛典は十四部一百八十三巻、著作は四十八種、そのうち小乗二十四種、大乗般若十四種、地志一種、経録一種、戒規一種といわれる。弟子は慧遠、僧叡、法遇等多数である。弥勒信仰の弘揚にもすこぶる影響力があった。生涯勤勉を旨とし、道安のつくった経録はすでに佚失しているが『出三蔵記集』は道安の著作をもとに編まれたもので、佛経目録学の先駆者ともいえる。また二十二部の経典に序をつくり、経典を序分、正宗分、流通分にわけて解説した。この方法はいまも襲用されている。僧姓を釈氏とすることを定めたのも道安である。僧団に後世守られている儀式、行規、礼儀は道安が制定したものが多い。道安は中国伝統文化によって佛教教義を解釈したが、とくに玄学貴無派の本体論による論証法を援用して本無宗の般若学理論をつくりあげ、東晋十六国の「六家七宗」中もっとも影響力のある学派となった。道安の手には瘤があったので世人は「印手菩薩」と尊称した。また習鑿歯と対座して「弥天の釈道安」と自称したことは世間にひろく知られる話である。

（二）弥勒信仰の弘揚

道安は弥勒浄土を信仰し、これを弘揚したひとである。『高僧伝・道安伝』には「安つねに弟子法遇等と、弥勒前において誓いを立て、兜率に生ぜんことを願う」（大正50-353中）とある。『曇戒伝』は道安の弟子曇戒の伝であるが、弥勒信仰についてつぎのようにいう「後に篤疾あり、つねに弥勒佛の名を誦して口を止めず。弟子智生疾に侍りて問う、何ぞ安養に生ぜんことを願わざると。戒曰く、われ和上等八人とともに、同じく兜率に生ぜんことを願う、和上及び道願等みなすでに往生す、われ未だ去るを得ず、この故にただ願あるのみと。言畢われば即ち光ありて身を照らし、容貌さらに悦び、ついに奄爾として遷化す。春秋七十、すなわち安公の墓のそばに葬る」（大正50-356下）と。和上とは道安である。竺僧輔は道安の友人であるが、その伝にいう「後荊州の上明寺に憩う。単蔬して自節し、礼懺は翹勤して、兜率に生ぜんことを誓う」（大正50-355中）と。

これらの記載から道安等八人が兜率に生ぜんと誓願したことがわかる。道安のほかに名が知られるのは法遇、曇戒、道願である。竺僧輔も加わっているから計五人。残り三人は不明だが、法遇は苻丕が襄陽を攻略した際、道安によって慧遠らとともに各地に分散派遣されているから、八人がいっしょに誓願したのはおそらく道安の襄陽時代であろう。襄陽時代に道安の僧団には四百人以上いたといわれる。しかし兜率を誓願したのは友人をふくめ八人である。誓願た。

また曇戒の弟子智生が曇戒にどうして弥陀浄土往生を願わなかったのかと問うているから、道安の弟子中弥陀を信仰していたのがけっして慧遠ひとりでなかったことがわかる。

道安の弥勒信仰は観想念佛の方法をとった。道安は『婆須蜜集』に序を作る。『婆須蜜』とは梵文の音訳、意訳して「世友」で、法救、妙音、覚天らとともに説一切有部の「四大論師」の一人である。著作が多い。婆須蜜のこの論は前秦の僧伽跋澄等の訳で、道安と法和が対校修訂した。『尊婆須蜜菩薩所集論』の題で現存する。これは十巻、十四犍度(章)よりなり、小乗佛教の五陰、四大、四禅、見等の基本概念や教義を多角的に論じている。道安はこの『婆須蜜集序』のなかで、婆須蜜がこの経を集めてのち三昧定に入り、指弾のうちに魂は兜率天に昇り弥勒らと一堂に会したと記す。さらに(婆須蜜は)「権智に対揚し、賢聖黙然す。洋洋として盈るのみ。また楽しからずや」(『出三蔵記集』巻一〇、大正55-71下)とつづける。道安がいう三昧定に入りて魂は兜率天に昇り弥勒に会すとは、観想念佛を指している。観想念佛は禅定である。道安が婆須蜜の禅定をいうのはおそらく道安自身が禅定を行じたからであろう。道安の時代の念佛はすべてこういうものであった。曇戒が臨終に弥勒の名号を絶やさなかったというのも禅定の附属としてであり、中心はやはり禅定であったろう。

道安が世を去る十一日前、突然異形の僧が寺にあらわれ講堂に寄宿する。ところが、この僧が夜間窓の隙間より出入りしているのを当番の維那が見つけ、道安に報告する。道安がおどろいてその僧に挨拶をし来意を問うと、道安を度脱するために来たという。道安がわたしは罪深い、どうして度脱できようというと、異僧はできるという。あなたはしばらく洗浴すればよい、それで必ず所願成就だと洗浴の方法までおしえた。道安は折をみてその僧に問う「安、来生に所住する処を請問す。かれすなわち手を以て天の西北を虚撥す、たちまち雲開くを見る、つぶさに兜率妙勝の報を観る。この夕、大衆数十人ことごとく皆同じく見る」（『高僧伝・道安伝』、大正50-353下）と。

この話はつくり話だろうが、道安が死のまぎわまで兜率往生を願ったことを語る。道安の兜率往生は来世の福を求めるだけが目的ではなかった。義学者として弥勒に佛法の難所を問い糾そうとかんがえていたのである。弥勒は最初釈迦佛より記を受けたとき、三界中の兜率天にとどまって説法するとさだめられた。したがって一部の僧の間では弥勒が佛法の難題に答えてくれるものとかんがえられていた。道安の弟子僧叡の『毘摩羅詰提経義疏序』にいう「此土に先に出し諸経は、識神性空において、明言する処少なく、存神の文はその処はなはだ多し。……先匠（道安）の章をやめて遙かに慨き、決言を弥勒に思う所以のものは、まことに此に在るなり」（『出三蔵記集』巻八、大正55-59上）と。

道安は『僧伽羅刹経』に序をつくる。「僧伽羅刹」は梵文音訳、意訳すると「衆護」、古印度須頼国に釈尊滅後七百年に生まれた人である。著作が多い。この経は釈迦佛伝記の一種で前秦の僧伽跋澄が訳して道安と法和が校定したものである。その内容は釈尊が前世において種々の身分で六度菩薩行を修持し、降誕、出家、伝教から涅槃にいたる物語で、最後は阿育王出世の伝説である。道安はこの『僧伽羅刹経序』中に僧伽羅刹は死後弥勒大士と高談したと記し、これにあこがれている。僧叡の言うところを傍証するものである。

『道安伝』にいう。

苻堅使いを遣わして、外国の金箔倚像高さ七尺、また金の坐像、結珠の弥勒像、金縷の繡像、織成の像、各一張を送る。講会法聚のたびに、すなわち尊像を羅列し、幢幡を布置し、珠珮たがいに輝き、煙華乱発す。その階に昇り闥を履む者をして、粛然敬を尽くさざることなからしむ。（大正50-352中）

苻堅が使いを遣わして佛像五尊を送ったのはおそらく道安の襄陽時代であろう。そのなかの一尊が結珠の弥勒像であるが、これは道安が弥勒を尊崇していることを苻堅が知っていたからであろう。

道安には『往生論』の著作があったといわれる。唐の懐感『釈浄土群疑論』巻一にいう「安法師『浄土論』に説くが如く、浄穢二土は一質にして異見あり、異質にして異見あり、無質にして見ありと。彼釈して言う、一質不成なるが故に浄穢虧盈す、異質不成なるが故に玄を捜してすなわち冥なり、無質不成なるが故に万形を縁起す」と。また『楽邦文類』巻二に宋の遵式『往生西方略伝序』を載せるがこれにいう「此方の諸法師禅師、各々論著疏を造り、西方を光賛す。道安法師の『往生論』六巻……」と。これらによると道安には『往生論』『浄土論』の著があった。あるいは一書の別名かもしれない。しかし古今の目録にこのような著作はないし、道安は弥陀を信仰せず弥勒を信仰したのだから、これはあるいは付会の言かと疑われる。

二、弥勒信仰一時の隆盛

（一）僧中の弥勒信仰

道安が弥勒を信仰したというのは特別なことではない。これに類する話はいくらもある。

東晋の有名な西行求法の僧、智厳（三五〇—四二七）は西涼州（甘粛）の人で、若年に出家してひろく名師を各地に訪ねた。罽賓（カシミール）に行き、佛駄先より禅法を受け、中国に伝法のため禅師佛駄跋陀羅を請うてともに東帰した。佛駄跋陀羅は長安で鳩摩羅什の徒に排斥され南下するが、智厳も東晋の義熙十三年（四一七）劉裕に迎えられ建康に移り、劉宋の元嘉四年（四二七）宝雲とともに佛経十四部三十六巻を訳出した。

この智厳は出家するまえ五戒を受けたが守れなかった。出家してのち具足戒を受けたが、つねに戒を得ていないのではないかと疑った。所謂「得戒」とは僧が戒を受けると身中に防非止悪のはたらきをする「物」、これを「無表色」とよぶが、そのような「物」が生ずることを指す。受戒時にこの無表色を得ることが得戒である。智厳はこれを疑い長年禅観したが自分で確認できなかった。そこで教えをもとめて印度に行き、たまたまある羅漢（高僧）にあって尋ねると、羅漢は直接自分で判ぜず、智厳のために「入定して兜率宮に往き、弥勒に諮す。弥勒答えて言う、得戒せりと」（『高僧伝・智厳伝』、大正50-339下）とつたえた。智厳はこれを聞いて喜んで帰り、罽賓にいたって円寂したという。

慧覧はかつて西域に遊び、罽賓において達摩比丘から禅要を諮受した。『高僧伝・慧覧伝』には「達摩かつて入定して兜率天に往き、弥勒より菩薩戒を受く。後に戒法を以て覧に授く。覧かえりて于闐に至り、また戒法を以て彼方の諸僧に授く。後すなわち帰す」（大正50-399上）という。

道法は禅業に精進し、またときには神呪を行じた。『高僧伝・道法伝』には「後に入定し、弥勒斉（臍）中より光を放ち、三途の果報を照らすを見る。ここにおいて深く篤励を加え、常に坐して臥せず。元徽二年（四七四）定中に滅度す」（大正50-399中）という。

このほかにも多くの僧が弥勒を見ることを求め、弥勒浄土に往生することを求めた。『広弘明集・僧行篇』に『僧景行状』を載せるが「初、法師山に入りて二年にして、禅味始めて具わり、つねに心をおさめて寂に入れば、偏に弥勒を見る」（大正52-270上）という。『名僧伝抄』には元嘉九年（四三二）法祥が弥勒精舎を建てたことを載せる。このほか上生信仰にはなお道矯、僧業、慧厳、道任、法盛、曇副、曇斌等の名がある。

弥勒信仰は南朝で盛んであったばかりでなく北朝においても流行した。北斉の僧法上は地論を弘揚すると同時に弥勒を尊崇し、兜率浄土を願生した。曇衍らもそうである。

尼僧のなかでも知名の弥勒信者に宋初の比丘尼玄藻、光静、梁の比丘尼の浄秀らがある。

また学問僧は弥勒賛嘆の文学作品をのこしている。名僧支遁は『弥勒讃』を書き弥勒の兜率上生と降世成佛を讃誦する。

弥勒神第を承け、聖録を霊篇に載す。乾（天）に乗じ、九五（天子の位）に因り、兜率天に龍飛す。法鼓は玄宮に震るい、逸響は三千にあきらかなり……七七の紀（兜率天の四十九重摩尼殿）に盤紆（めぐり歩く）し、運に応じて中幡（菩薩の威徳をしめす幡）にのぞむ。此の四八の姿（三十二相）をぬきんで、華林園（弥勒が下生する園）に映蔚す。亹亹たり（奥深いさま）玄輪（法輪）の奏、三攄（弥勒三会の説法）は昔縁に在り。（『広弘明集』巻一五、大正52-197上）

（二）多数の弥勒の造像

浄土信仰は弥陀浄土であれ弥勒浄土であれ、宗教実践を重んじ佛菩薩を崇拝する。念佛によって往生をもとめるほかに功徳を積むことをもとめるが、それは寺を立て、塔を造り、佛像を造ることであった。南北朝に造像の風潮がおこるが、とくに北朝佛教において佛菩薩の崇拝がすすみ造像が盛んであった。

現存のもっとも古いものは炳霊寺の造像である。炳霊寺は甘粛省永靖県西南四十キロの小積石山中にあって、比較的整った窟（龕）百九十五が現存する。その第一六九窟の四壁には佛龕二十四があり、第六龕内には一坐佛と二菩薩立像が塑造され、題名に無量寿佛、観世音菩薩、大勢至菩薩と墨書されている。第六龕北壁には西秦「建弘元年（四二〇）歳在玄枵三月廿四日造」と墨書の題記がある。中国現存の石窟中明確な紀年のあるもっとも古いものである。窟内の壁画の題材は多様である。主として千佛、十方佛、釈迦牟尼佛、薬師佛、弥勒菩薩、釈迦・多宝佛（釈迦佛と多宝佛が並坐）、維摩詰およびその侍者像、さらに一坐佛二立菩薩の説法佛とその供養人を塑像したものである。いずれにも墨書の題名がある。このうち西方三聖像（阿弥陀佛、観音、勢至両菩薩）、弥勒像、薬師像、釈迦・多宝佛、維摩詰像等は中国における同種の題材中最古の実例である。炳霊寺の石窟は禅行のため造られたもので、僧たちはここで澄心静慮、参禅入定した。これらの佛菩薩像はかれらの観想の内容なのである。

北涼（三九七―四三九）では小乗佛教が流行し、弥勒崇拝も盛んであった。四三九年、北魏が北涼を滅ぼすと、北涼の沮渠氏の一部は西の高昌へのがれた。沮渠安周はここで涼王を称すること十余年（四四四―四六〇）、同様に弥勒を尊崇した。現存の敦煌莫高窟の二六八、二七二、二七五窟はほぼ北涼の敦煌占領期に開鑿されたもので、莫高窟中もっとも早く開かれた洞窟であるが、これらの主尊は多くが弥勒菩薩である。北魏以後に開かれた諸窟では弥勒と諸像をくみあわせたもの、つまり弥勒を主像として両側に脇侍菩薩を配したものと、さらに西方三聖（弥陀三尊）の組像があり、中原に大乗佛教の影響がしだいに大きくなっていることを示す。

北魏の文成帝和平元年（四六〇）、沙門統曇曜は勅を奉じて平城（山西省大同市）武州山で鑿石開窟した。雲崗の石窟である。石窟は山にそって開鑿され東西一キロにおよぶ。現存のおもな洞窟は四十五、小龕は千百余、造像は五万一千余におよぶ。大きな窟は文成帝和平初年から孝文帝太和十八年（四九四）の間に完成されたものであるが、小さな窟や龕はひきつづき孝明帝の正光末年（五二四）まで開鑿されている。曇曜の開鑿は五箇所、雲崗第一期の石窟群（一六窟から二〇窟）である。主像は燃灯佛、釈迦佛、弥勒佛の三世佛を中心に、釈迦、交脚の弥勒菩薩がある。第二期の石窟群は文成帝以後孝文帝の洛陽遷都まで（四六五―四九四）の間に開鑿されている。題材では釈迦が突出し、主像には三世佛、佛装交脚弥勒、釈迦・多宝佛並坐像、維摩・文殊対座像、さらに本生・佛伝の浮彫、七佛、供養天人等がみられる。第三期の石窟は洛陽遷都後から正光末年まで（四九四―五二四）、多くは組にならない中小窟あるいは補刻した小龕である。主像は弥勒と釈迦に重点がある。第二期以後は中小石窟や龕像が増加し、第三期は中小龕窟が主体である。現存の銘記に記録された窟主の身分は、第二期にはまだ皇帝、上層官僚であるが、第三期になると最高でも将軍、太守にすぎず、多くは官職につかない一般の信徒である。延昌、正光間の銘記には西方浄土托生を求めるものがあらわれる。洛陽遷都前後の平城では中下層民衆に信佛者が急速に増加していたことがうかがえる。

四九四年、北魏が洛陽に遷都する前後から今の河南省洛陽市南十三キロ伊水の両岸東西山上に石窟の開鑿をはじめる。龍門の石窟である。東西魏、北斉、隋、唐、北宋の間に、現存する石窟二千百余、造像十万余躯が開鑿された。そのうち北魏の窟龕が約三分の一を占める。晩期の北魏の窟龕では倚坐式の佛装の弥勒と脇侍二弟子二菩薩が出現した。石牛渓のある交脚弥勒龕では脇侍二弟子二菩薩のほかさらに二佛が左右に配されている。無量寿佛、薬師佛、釈迦・多宝並坐像等も晩期の石窟中にあらわれる。任継愈主編『中国佛教史』第三巻「南北朝の佛教芸術」では龍門石窟についてつぎのようにいう。「統計によると、北魏の紀年のある造像百八尊像中、釈迦像が五十一尊で四十七%を占め、弥勒像が三十二尊で二十九%を占めている」と。主像は多くが釈迦、弥勒である。日本の学者塚本善隆の統計によると、北魏は龍門石窟で計二百六尊像を造ったが、そのうち釈迦像が四十三尊、弥勒像が三十五尊、観世音像が十九尊、無量寿像が十尊である（『塚本善隆著作集』第二巻「北朝佛教史研究」）。この両者は統計の根拠にちがいがあるので数字に差がでるが、いずれも弥勒の造像が弥陀の造像よりはるかに多いことを語っている。

炳霊寺石窟、雲崗石窟、龍門石窟などの大石窟以外に中小の石窟や分散した弥勒、弥陀造像がいくつかある。葉昌熾は『語石』巻五に北朝前期の造像についていう。

刻まれている像は釈迦、弥勒がもっとも多く、そのつぎに定光、薬師、無量寿佛、地蔵菩薩、瑠璃光、盧舎那、優填王、観世音である。

この結論は弥勒崇拝の盛況を語る。たとえば河南省鞏県東北七・五キロ、洛水北岸大力山ふもとに北魏晩期に開かれ石窟がある。五個の大窟が現存する。そのうち第三、第四窟は一組の双窟で、中心方柱の四面に龕を彫って像を設ける。結跏趺坐の弥勒菩薩、釈迦・多宝佛並坐像、三世佛等が彫刻されている。三壁の千佛中にはそれぞれ一龕が彫られ、中心方柱の左龕とともに結跏趺坐の弥勒菩薩像が配されている。弥勒菩薩に交脚式の像はない。

建国前後、河北省曲陽の修徳寺、山西省沁県南涅水、山東省博興龍華寺、河北省鄴南城等で大量の石彫造像が出土した。発見されたとき、それらは整然と積みかさねられており、北周武帝や唐武宗の滅佛のとき僧たちが意図的に埋蔵した可能性がある。

曲陽修徳寺の造像は五十年代初め寺跡、塔基壇下から見つかったもので、総数二千二百余躯、そのうち紀年のあるもの二百四十七躯、多くは小型の漢白玉石の彫像である。北朝の紀年のある造像では北魏が十七躯、東魏四十躯、北斉百一躯である。北魏の石造像題材は主として弥勒菩薩、つぎに観世音と釈迦像である。弥勒像は多くが双腿を組んだ交脚式で、ただ一躯が双腿を下に垂れた倚坐（善跏趺坐）式である。東魏造像では弥勒像が激減し、観世音像が増える。北斉造像で新たに加わった題材は無量寿佛と阿弥陀佛および二尊組合せの像である。たとえば双釈迦像、双観世音像、双思惟菩薩像、双菩薩像等である。この時代には二躯像が流行したので、修徳寺造像中に無量寿佛と阿弥陀佛が同時に出現するのも合理的なことである。無量寿佛を阿弥陀佛とんだのは多分この北斉のころであろう。

河南省浚県東南二キロ、大伾山麓に倚坐式の弥勒像がある。高さは二十一メートルをこえ、山頂が頭頂になり、山の麓が佛足である。鑿造年代は不詳である。一般的にいえば、倚坐式の弥勒佛像は北魏にはじまり、現存するものとして龍門石窟の火焼洞北龕内の北魏正光年間（五二〇—五二五）前に彫られた佛装倚坐弥勒像、および山東博興龍華寺出土の北斉天統四年（五六八）倚坐弥勒佛像がある。これより前の弥勒像は倚坐式のものもあるが、菩薩装である。たとえば河北曲陽修徳寺より出土した北魏孝昌元年（五二五）の石彫弥勒像である。またあるものは佛装であるが結跏趺坐式である。たとえば山東省博興出土の北魏熙平二年（五一七）の銅弥勒像である。これから推論すると、この大弥勒佛はおそらく北斉の作で北朝晩期に属するものとかんがえられる。山西省太原市西南四十キロの天龍山石窟の弥勒佛像が倚坐式であり、その傍証とすることができる。

造像の多くには題記がある。題記からみると、いずれも祈るのは、自己および父母祖先、子孫末代のための幸福、健康長寿、死後天国あるいは富貴の家に転生し、離苦受楽、早期の解脱が得られることである。役人の場合は同時に皇帝や大丞相の守護を祈る。忠君愛国思想があらわれている。注意すべきはかれらがしばしば弥勒信仰と浄土信仰を混同していることである。天上に上生するばかりでなく西方托生をねがう。無量寿佛国に願生するばかりでなく龍華樹下に下生することを願う。これらは当時弥勒と弥陀の二種の浄土信仰が同時に流行し、いっしょにひとびとの頭に入ったことをうかがわせる。ひとびとは佛、菩薩をおなじように信仰しており、ちがいを意識せず、浄土であれば同じとかんがえていたのであろう。このような混同は南北朝期だけにとどまらない。

北朝の造像とちがって南朝で開鑿された石窟はきわめて少ない。また分散していて、特定の場所を除くと摩崖の龕像のほうが石窟の造像より多い。造像の題材は釈迦佛のほか多くは無量寿佛と弥勒坐像、それに釈迦・多宝佛である。東晋の哀帝興寧中（三六二―三六五）、すでに沙門竺道鄰は無量寿佛像を造っている。『高僧伝・竺法曠伝』にいう。

時に沙門竺道鄰、無量寿佛の像を造る。曠すなわちその有縁を率いて、大殿を起立す。相伝えていう、木を伐りて旱に遇えば、曠呪して水を至らしむと。（大正50-357上）

中国における阿弥陀佛像のもっとも早い記録である。実物は炳霊寺石窟に現存するものがもっとも早い。

名画家戴逵（?―三九六）は字が安道、譙郡銍県（安徽省宿県）の人である。かつて佛教の因果応報説に反対し、『釈疑論』を著して廬山の慧遠らと論争をくりかえしたが、一方で無量寿佛像を造っている。『歴代名画記』巻五によると、戴逵は「佛像を鋳すること及び彫刻することを善くし、かつて無量寿の木像、高さ丈六なるもの、ならびに菩薩を造る」という。その子戴顒もかつて弥勒像を造っている。

南北朝時代にはいると、南朝の造像も急速に増加する。四川成都市万佛寺遺跡で多くの石造像が出土したが、そのなかに宋元嘉二年（四二五）の浄土変造像がある。これは建国まえにすでに国外に流出している。四川茂県（茂汶羌族自治区）では斉の永明元年（四八三）の「無量寿、当来弥勒成佛二世尊像」が出土している。また梁武帝の中大通元年（五二九）鄱陽王世子の造像、中大通五年上宮□光の造像は、その観世音立像題記に「敬造官（観）世菩薩一躯、□□遊神浄土□兜率供奉佛現」とある。この種の阿弥陀佛と弥勒佛、観世音と兜率天浄土の結合は当時のひとびとが弥勒と弥陀を混同したいまひとつの例とかんがえられる。さすがにこのような混同はまれである。

ここでとりあげねばならないのは僧祐が造った三尊の大佛像すなわち光宅、摂山の大佛と剡渓の石佛である。摂山の大佛の坐身は高さ三丈一尺五寸、台座四丈、両脇侍は観世音、大勢至の二菩薩である。剡渓の大佛は弥勒佛像で、斉の建武中より梁の天監十五年（五一六）にいたる前後二十年近くに僧護、僧淑、僧祐の三僧によって完成されたもので、世に三世の石佛とよばれている。この佛は座高二・四メートル、正面の趺坐高十三・二三メートル、両膝の間が十・六メートル、面部は耳の長さだけで二・七メートルある。光宅大佛は丈九の無量寿金像である。『高僧伝・釈法悦伝』によると「昔宋の明皇帝（劉彧）つねに丈八の金像を造り、四たび鋳するも成らず。ここにおいて改めて丈四となす。悦すなわち白馬寺の沙門智靖と同縁を率合し、改めて丈八の無量寿像を造り、以てその盛んな志をのべる」という。

僧祐が造った三尊大像は無量寿佛二、弥勒佛一、まさに南朝弥陀信仰と弥勒信仰の流行を反映しており、わずかに弥陀信仰が盛んであったといえそうである。しかし全国的にみれば弥勒信仰の勢いがずっとおおきい。

文献中にみる弥勒銅像のもっとも早いものは、蕭梁の宝唱所撰『比丘尼伝』巻二にいう「劉宋の元嘉八年（四三一）、比丘尼道瓊、瓦官寺に弥勒行像二躯を造る」である。

北魏太和二年（四七八）、河間楽成県の張売が弥勒像を造った。佛装で結跏趺坐式である。日本東京、田沢坦氏の所蔵となっている。同年、山東の妻劉が弥勒像を造った。これも佛装結跏趺坐式である。これは国内に現存する。

北魏の正光五年（五二四）新市県の午猷は亡き子のために弥勒像を造った。全高八十八センチで、別に一立佛、二立菩薩、二思維菩薩、四供養菩薩、二力士、十一飛天、二博山炉、二獅子等と組みになった大型銅佛である。現在ニューヨーク、メトロポリタン美術館蔵となっている。

北魏の金銅佛像の題材は主に釈迦、観世音それに弥勒である。このほか観世音あるいは弥勒立像を主尊として脇侍に二菩薩をともなった三尊像、佛装の観世音立像も出現している。

東魏の天平三年（五三六）定州中山上曲陽県の楽家兄弟は弥勒立像を造った。これは現在米国フィラデルフィア大学博物館蔵となっている。

伝世の南朝の金銅佛造像も発見されたものは少ない。光宅寺の無量寿金像のほかは記すべきものがない。

日本の学者佐藤智水は『北朝造像銘考』のなかで、雲崗、龍門、鞏県の諸石窟および伝世の金銅像の種類別の数字を挙げている。その総数は釈迦が百七十八尊、弥勒百五十尊、観世音百七十一尊、阿弥陀（無量寿）三十三尊である。この数字からみるかぎり、弥勒信仰は弥陀信仰をはるかにしのぐ。弥勒の造像形態は交脚菩薩像や釈迦佛様式の弥勒佛像がある。これらはすでに弥勒上生信仰と弥勒下生成佛信仰がともに流伝していたことを示すものである。

観世音菩薩像の多いことが注目される。観世音菩薩は阿弥陀佛の脇侍であり、弥陀浄土の第二位に位置するから、観世音菩薩の多いのは弥陀浄土の影響が大きかったからとおもわれるが、これは当たらない。

南北朝時代､観世音菩薩はすでに民間で慈悲の象徴となっている。劉宋のころの著名な僧宗炳はその『明佛論』に｢危迫れる者あらば、一心に観世音を称すべし、済いを蒙らずということなし」と記す。これは十分に根拠がある。当時この種の記録は枚挙にいとまがない。たとえばつぎである。

晋の張崇は京兆杜陵の人なり。若くして法旨を奉ず。晋の太元中、苻堅すでに敗れ、長安の百姓千余家南に走りて晋に帰するあり。鎮戍に捕らえられ、謂いて遊寇となし、その男丁を殺しその子女を虜とす。崇は同等五人とともに、手脚はその枷にて身をはまれ、坑を掘り埋築されて腰に至る。各あい去ること二十歩、明日まさに馳馬にてこれを射て、以て娯楽となさんとす。崇、慮望尽き、ただ心を潔くしてもっぱら観世音を念ず。夜中枷あるいは自ずから破れ、上りて離身するを得、これに因りてすなわち走り、ついに免脱することを得たり。

（『法苑珠林・救厄篇』、大正53-785中）

僧苞道人いわく。昔かつて出行し、官司（役人）の六劫囚（六人の囚人）を送るにあう。囚、道人を見て告げていわく、我必ずや生きる理無し、道人、何の神にか仕うれば、よく救わるるを得んやと。……これに語りていわく、観世音菩薩ありてよく衆生を救う、汝至心にこれを念ずればすなわち脱すべしと。囚大いに歓喜し、ここにおいて同じく共に存念す。

（『繫観世音応験記』）

当時のひとびとの心中では観世音菩薩は阿弥陀佛の脇侍としてではなく、独立した大慈大悲の菩薩として崇められたのである。ひとびとは死後観世音の救いで弥陀浄土に往生することを願ったのではなく、現世に観世音菩薩の救済を得ることを願った。東魏初年に出現した偽経『高王観世音経』では、観世音は釈迦より先に成佛し、釈迦はその弟子であると宣言する。北魏末年および北斉には観世音が佛装像として出現し、観音佛と称されている。『高王観世音経』では「正法明如来」とよぶ。したがって、観世音菩薩の造像が多いこと、とくに北魏が東魏、西魏へ分裂後急激に増加するのも弥陀信仰が増えたことを意味するわけではない。弥陀浄土の主佛としての阿弥陀佛の造像が少ないのは、南北朝時代に弥陀信仰がまだ弥勒信仰の影響の大きさに及ばなかったことの反映である。当時浄土信仰の主流は弥勒信仰であり、阿弥陀佛はまだ特別な尊崇をうけていなかった。南北朝末になって、それも南朝において弥陀信仰が急速に拡大するのである。

(三) 弥勒信仰隆盛の原因

弥勒信仰が弥陀信仰より盛んであった理由は多方面にもとめられる。まず信仰の視点からすると、中国民衆の宗教心理は神であればなんでも信じる。佛教が盛んになれば佛を信じ、佛でも菩薩でもよい。問題はその助け、救済を得ることで、経典に説く二種の浄土のちがいなど問題ではない。弥勒、弥陀にとくに関心があるわけではない。弥陀浄土が弥勒浄土より優れているとしても、浄土信仰の大海に埋没すればもはやそれは問題にならない。

つぎに、弥陀浄土が弥勒浄土より優れると知るひとでも、弥勒浄土は世俗のうちにある、つまり欲界第四天、兜率天に菩薩の住処があるが、弥陀浄土は最高の佛国、はるか三界の上ではないかとかんがえる。弥勒浄土に往生を願うことすら容易でないのに、どうして弥陀浄土を高望みできようかとかんがえる。東晋の名僧支遁は『阿弥陀佛讃』序中にいう「心を神国に馳すも、敢えて望むところにあらず」と。

さらに、中国の伝統的考え方では実際を重視し理性を軽んずる。慧遠らのおこなった弥陀信仰は浄土三経に説く禅定観想の法であり、理性的な思慮を必要とするものであった。だから少数の上根者を引きつけるにとどまり、広大な大衆をひきこむにはいたらなかった。しかし弥勒信仰は上生、下生いずれも理性的な思惟はほとんどなく、造像、建塔、立寺さらには礼拝、念誦と簡易で実際的な方法で伝播した。弥勒菩薩像の前で願生の誓いを立てる程度で、観想念佛をもとめることもあまりなかった。曇戒の臨終行でも弥勒の名号を口誦したにすぎない。容易に民衆にうけいれられる教えであった。

また、弥勒は三世佛のひとつとして早くからひとびとに信仰があった。西域の小乗の弥勒信仰が流入すると、北朝で急速に力を得た。西域は本来小乗佛教が盛んであったが、小乗では未来佛弥勒を奉じ、また弥勒は観佛者が入定できないときに決疑する佛とかんがえられていて、信仰の伝統があった。のちに大乗浄土思想の影響をうけ、弥勒信仰に弥勒浄土の内容がつけ加わるのだが、やはり弥勒信仰であることにかわりはない。十六国の時代、北方の民族は交流し、融合した。これにともなって弥勒信仰は北方に流行し、道安が受け入れたのはこれである。北涼は小乗の弥勒信仰が盛行した中心であるが、四三九年、北魏が北涼を滅ぼすと、沮渠氏宗族および吏民三万戸（十万戸ともいう）を平城に移した。『続高僧伝・僧朗伝』によると、北魏軍の東帰にさいし、三千の僧を掠虜にして伴ったという。雲崗を開鑿した曇曜は涼州から来た僧というから、つれて来られた三千の僧のなかには雲崗開鑿に参加したものいたであろう。これだけ多くの僧俗が平城に来てその後四方に散じたのであるから当然弥勒信仰をもちこんだであろう。つまり北朝で弥勒信仰が盛行したのはそれなりの基盤と伝統があったからである。

道安は「国主に依らずんば法事立ち難し」（『高僧伝・道安伝』）という。これは佛教の重要な経験則である。弥勒信仰の盛行は統治階級の支持とおおいに関係がある。北涼の国主沮渠蒙遜は佛法を信奉し、涼州南山石窟の開鑿を主持したが、その従弟沮渠京声は『観弥勒菩薩上生兜率天経』の訳者である。前秦の国主苻堅は道安が襄陽にいたとき、結珠の弥勒像を送っている。苻堅は当然弥勒信仰の提唱者であったろう。『法苑珠林』巻一六には、戴逵が丈六の弥勒像を造ってから「宋の文帝（劉義隆）は像を迎え供養し、恒に後堂にあり。斉の高帝（蕭道成）は正覚寺をたて、勝妙の霊像を以て法殿を鎮撫せんと欲し、すなわちこの像を移し奉って、もと正覚寺にあり」「宋の臨川康王（劉義慶）『宣験記』を撰し、またその（弥勒）顕瑞を載す」（大正53-406中）と伝える。上に好者あれば下必ずこれを甚だしくするという。このような支持を得て弥勒信仰一時の興隆がもたらされる。

第二節　弥勒信仰の衰退

弥勒信仰のなかで、たんに弥勒菩薩崇拝にとどまらず念佛禅定を行の中心としたのは東晋の道安であるが、これ以後あまりその種の記録がない。南北朝時代の弥勒信仰は功徳をつんで礼佛すること、たとえば造像建塔して父母の往生浄土を発願することが中心で、佛や菩薩の崇拝にあった。

弥勒経典には上生と下生の二種がある。弥勒信仰も上生と下生の二種にわかれる。いま兜率天で説法する弥勒菩薩を信仰するのが上生信仰で、将来弥勒がこの世に下生し龍樹下で三会の説法をして衆生を救うとき、自らもこの世に生まれ、説法を聞いて成佛しようと願うのが下生信仰である。上に紹介した南北朝期の弥勒信仰の盛行は大体上生信仰である。しかし苦難のなかにある民衆は弥勒が将来下生して衆生を救済するという教えにより深く心を寄せる。これをうけて下生信仰がいちじるしい流行をみせる。やがてこれは民間の秘密宗教に変質し、謀反を策動するものとなる。

一、北朝の弥勒信徒の暴動

北魏の孝文帝の改革は保守派の抵抗を排して明確な成果をあげた。しかし孝文帝の死後北魏の政治は日増しに腐敗し、売官や汚職が横行し、地方では役人の苛斂誅求がつづいた。官僚や地主は奢侈隠逸にふけり、高陽王元雍は僮僕六千人、妓女五百人をおいて日夜糸管を楽しみ、一食数万銭を費やしたといわれる。

北魏の寺院における身分差はきびしかった。二百万人ちかい僧尼のうちごく少数のものが特権的地位にあった。文成帝のとき曇曜は上奏して新しい佛教扶植の制度を請うた。すなわち平斉戸および年に穀六十斛を僧曹（寺僧を管轄する役所）におさめることのできる農戸を僧祇戸とすること、また犯罪者や官奴を佛図戸として寺院の清掃や耕作に使役し粟をおさめさせることである。実際上これらは寺院附随の農民、寺院の奴隷というにひとしく、僧祇戸、佛図戸の受けた搾取は過酷であった。宣武帝のとき涼州の軍戸趙苟子ら二百戸は迫られ僧祇戸となったが、その圧迫にたえられず自殺したもの五十余人にのぼったという。寺院内の下層僧衆もまた同様にひどい圧迫のもとにあった。

このため農民起義が絶えず、太和十三年（四八九）兗州で王伯恭の起義が勃発した。太和十七年（四九三）支酉は長安城の北で蜂起し、秦、雍間七州の民衆がこれに応じてその数十万に達した。太和二十三年（四九九）には幽州で王恵定が起義し、宣武帝の景明元年（五〇〇）には斉州で柳世民が起義した。その後、秦州、涇州、汾州、河州等で農民の造反がつづいた。

北魏末年の民衆の造反のなかで僧は重要な勢力であった。孝文帝の時代、すでに僧衆が朝廷を誹謗するので「赤眉黄巾の禍」に至らぬよう早く禁絶すべきであると上書した人がいるが、孝文帝の延興三年（四七三）沙門慧隠が謀反する。太和五年（四八一）沙門法秀が謀反する。太和十四年（四九〇）五月、平原郡（山東聊城県東北）で沙門司馬恵御が衆をひきいて造反する。永平二年（五〇九）涇州（甘粛涇川西北）で僧劉慧汪が造反する。延昌三年、幽州（北京）で僧劉僧紹が造反する。これらのうちその規模の大きいのは延昌四年（五一五）冀州（河北省冀県）で僧法慶のおこした造反である。

法慶は「大乗」を自称し、「新佛出世」をスローガンとした。『資治通鑑』巻一四八によると「魏、冀州の沙門法慶、妖幻を以て衆を惑わし、渤海人李帰伯と乱を作す。法慶を推して主とす。法慶は尼慧暉を妻とし、帰伯を以て十地菩薩、平魔軍司、定漢王とし、自ら大乗を号す。また狂薬を合せ、人をしてこれを服せしめ、父子兄弟また相識らず、ただ殺害を以て事とす。刺史蕭宝寅は兼長史崔伯麟をつかわしてこれを撃つ。伯麟敗死し、賊衆ますます盛んなり。いたるところで寺舎を毀わし、僧尼を斬り、経像を焼き、『新佛出世し衆魔を除去す』という」と。この反乱の参加者は五万余人に達し、北魏王朝に重大な打撃をもたらした。北魏王朝は十万の大軍を動員してやっと鎮圧した。

当時、「弥勒の下生」説はすでに利用されはじめている。釈迦牟尼佛涅槃ののち、世界は苦境に陥ちいり、すべての罪悪があらわになる。やがて弥勒佛が兜率天より世に下り、龍華樹のもとで佛位を継承し、その後広博厳浄、豊楽安穏、ただ楽を享け苦痛のない世界に変わるのだと宣伝された。この教義は世に出るとたちまち民間にひろく流布した。法慶のいう「新佛出世」の新佛とは弥勒佛を指す。弥勒佛が出世し新旧の佛祖が交代するというのはまさに天地のあらたまる新時代であり、法慶はこれを造反の理論的根拠にして「新佛出世」のスローガンで民衆によびかけたのである。

法慶がみずから「大乗」と号した意図はよくわからない。一般的にいえば、小乗佛教が自利自度、みずからの解脱を求めるにたいし、大乗は自利利他、普度衆生を主張すると解される。法慶が大乗を称したのはあるいは普度衆生をもってみずから任じたのかもしれない。弥勒信仰からいえば、小乗では弥勒を未来佛として崇拝し、大乗の浄土思想をうけいれてからは兜率浄土の教主、未来のこの世の浄土の教主として崇拝するが、これはすでに大乗の信仰である。弥勒信仰に大乗小乗の分はないから、大乗を奉ずるひとも弥勒を未来佛と尊崇するし、小乗を奉ずるひとも兜率浄土を信心する。したがって弥勒信仰からいえば法慶の標榜する「大乗」は理解しがたい。あるいは当時弥勒を未来佛としてのみ奉じ、小乗に属するとかんがえていたひとがいて、法慶はその害をうけ、「大乗」を号することでこれに対抗したともかんがえられるが、史料に乏しく妄断は許されない。

十万の大軍は法慶の造反を鎮圧すると一路猛追し途上掃蕩をつづけた。殺戮されたのは五万余の教徒にとどまらず、多くの弥勒信者や無辜の民衆が犠牲になった。

孝明帝熙平二年(五一七)、「大乗」の余党が再度結集して瀛州(河北省河間県)に攻め入ったが刺史宇文福に鎮圧される。

正光五年（五二四）、汾州山胡の起義がおこる。『魏書・裴良伝』によると「いつわって帝号を称し、素衣を服し、白傘白幡を持ち、諸逆衆を率いて、雲台において王師を抗拒す」と。白色を尊び、白色の衣冠を着け、白色の傘幡を持つというのは弥勒を信奉する民間の秘密宗教団体の標識で、「素冠練衣」の説がある。このことから弥勒教徒の起義であろうと推測されるが、くわしくは知るべくもない。

くりかえし発生する弥勒教徒の反乱によって、統治階級の弥勒信仰支持はしだいにさめて冷淡になる。一方、弥陀信仰が宣揚するのは死後の弥陀浄土往生であり、この世の変革ではない。造反の要素はなく、現実の変革を意図しない。これは統治階級を安心させ、二種の浄土信仰中弥陀浄土を選ばせた。北朝末年における弥勒信仰の衰退、弥陀信仰の上昇には統治者のこの選択が重要な要因となっている。

北周武帝の滅佛は弥勒信仰の衰退におおきな役割をはたした。

北周武帝宇文邕（五六一―五七八在位）は儒術を重んじ、讖緯を信奉した。還俗僧衛元嵩および道士張賓が省寺減僧を請うたので、武帝は衆を集め三教の優劣を討論させること前後七回、是非決しかねた。そこでさらに群臣に道、佛二教の先後、浅深、同異を討論させたが、武帝はこれを口実に佛教の廃斥をくわだてた。しかし司隷大夫甄鸞、沙門道安、僧勔著文が反対し、廃佛の議は暫時とりやめとなる。建徳三年（五七四）五月、武帝はふたたびひろく群臣を集め、道士張賓と沙門に論争を命じた。沙門智炫は道教を論難し、武帝自身も智炫を屈せしめることができなかった。そこで詔を下し佛、道二教ともに廃除することを命じた。沙門や道士は還俗し、財物は臣下に散給され、寺観塔廟は王公に分給された。還俗した僧や道士は二百余万人、北周に百万をこえる労働力をもたらし、賦役徴収の対象を拡大するとともに府兵の来源を充実させた。建徳六年（五七七）、斉を滅ぼした武帝は斉境の佛教の破壊を命じ、全八州の寺廟四万余すべてを邸宅にあらため、三百万人にちかい僧を還俗せしめ、経像を焼毀した。財物はすべて官庁に没収された。周武帝の滅佛は中国佛教史上有名な「三武一宗」の滅佛中第二番目の「武」にあたる。この滅佛は一番目の

「武」つまり北魏太武帝の滅佛よりよほど徹底していた。ただその翌年（五七八）には武帝が崩じ、宣帝宇文贇（五七八―五七九在位）が嗣位すると、ただちに佛教を恢復する。さらに翌年静帝宇文闡（五七九―五八一）が嗣位し、左丞相楊堅が輔政にあたる。楊堅は尼寺に生まれて十三歳まで尼智仙に育てられ佛教の影響を深くうけていたので、生涯佛教の伝播に力をつくした。五八一年隋朝が建国すると、隋は佛教をもって統治権を強固にする方針をたてたので佛教は急速に恢復する。

周武帝の滅佛は北斉とくに北周との境内ですすめられたが、これは弥勒信仰のもっとも盛んなところであった。弥勒信仰の勢力はこれによっておおきく衰える。

二、隋代弥勒教の謀反

隋代の弥勒教は傅大士が創立したものである。

傅大士は本名を傅翕（四九七―五六九）といい、南朝梁の僧、禅宗先駆のひとりである。東陽烏傷（浙江省義烏）の人、字は玄風、善慧と号した。付大士、善慧大士、魚行大士、双林大士、東陽大士、烏傷居士とも称される。また宝志とともに梁代の二大士とよばれる。二十四歳で烏傷県松山に入り双檮樹下に庵を結び、みずから「双林樹下当来解脱善慧大士」と号した。出家後まもなくみずから兜率天より来たりて説法すると称し、日中仕事をし夜帰ると行道をした。あたらしく演化敷衍した弥勒信仰の教義をつくり、これによって信徒をあつめ弥勒教を創立した。大同六年（五四〇）松山双檮樹間の佛殿、九重の磚塔を造営し、ここで経律千余巻を写した。これが双林寺である。大同七年、賢劫千佛の一佛すなわち弥勒佛であると自称した。大同十年、屋宇田地を捨て、大施会を設ける。太清二年（五四九）、佛法僧三宝に供養せんと焚身をはかる。弟子これをとどめ、師に代わって焼身する弟子十九人におよび、やっと焼身を停止する。かれの家には多数の教徒が住まい、講説絶えず、かつて徒衆を率いて指、臂を焼いて佛に供養した。また斎を営んで法華経二十一遍を転じ、なんども無遮会（参加にいかなる条件もつけない会）を設けた。会稽（浙江紹興市）に宝王（佛の尊称）像十尊を鋳造し、大蔵経を読むための輪蔵をつくり、ひとびとに廻させた。後世輪蔵を造ると傅大士とその二人の子の像を安置する風がうまれた。陳の太建元年（五六九）寿七十三で世を去った。教徒はかれを双林山頂に葬り、弥勒下生と称した。

隋開皇九年（五八九）、陳が亡ぶ。隋朝初年、山西太原一帯に「白衣の天子東海に出ず」のうわさがひろがる。大業六年（六一〇）元旦、弥勒教徒が宮殿に入って政権奪取をはかる。『隋書・煬帝紀』には「盗数十人あり、みな素冠練衣、香を焚き花を持ち、自ら弥勒佛を称す。建国門より入るに、監門の者みな稽首す。既にして衛士の杖を奪い、まさに乱をなさんとす、斉王これに遇いて斬る。ここにおいて都下に大いに索し、相連坐する者千余家におよぶ」という。当時隋煬帝の暴虐、荒淫無道は民衆の生活を苦しめ、ひとびとは世なおしをもとめていた。弥勒教はすでに民間に広く流布し、弥勒佛を自称するものは何十人もあった。かれらが宮中に入って煬帝を殺そうとするのは広大な民衆の願望を代表している。斉王に遇ってその衛士に破れ、事件そのものは小さく終わったがその影響はきわめて大きかった。連坐するもの千余家、統治階級を震撼させるものであった。

大業九年（六一三）、弥勒教徒宋子賢はみずから弥勒佛の出世と称し、煬帝の暗殺をはかるが、事前に漏れて殺される。つづいて弥勒教徒向海明もみずから弥勒佛の出世と称し、挙兵するが官軍につぶされる。なんどもつづく残酷な鎮圧で弥勒教徒の気勢はおおいに殺がれるが、統治者もあいつぐ弥勒教徒の謀反にあって、弥勒より弥陀浄土への転向をすすめた。法琳『辯正論』巻三によると、煬帝は「并州に弘善寺を造る。龍山の傍らに弥陀坐像を作り、高さ一百三十尺」という。煬帝が弥勒像を造った話はないから、これが煬帝の姿勢である。以後弥勒信仰はいよいよ衰退する。

一方、弥陀信仰は急速に流布した。隋代の著名な佛教学者霊裕、浄影慧遠、智顗、吉蔵等いずれも浄土法門について撰述し弥陀信仰を弘揚した。在家の佛教信徒中には北魏初年から「義邑」「法社」とよぶ信仰団体が盛行した。「義邑」は「邑会」ともいい、共同の出資や労力の提供で佛像等を造ることから成立する。教養ある「邑師」が組織を主宰指導する。これによく似た「法社」は高官貴族、士人や若干の僧尼でつくる団体である。「俗講」等を除けば邑師はいない。隋代に佛教が復興すると造像の風は前代を凌駕するまでになり、それに応じて義邑の組織も発達する。実際の修行については、義邑、法社ともには戒律を重視し、法社はさらに修禅を重視した。隋代になると弥陀浄土往生を願うようになる。

ただ弥勒信仰が一時に消失することはありえず、なお相当な勢力と影響を残している。

三、玄奘の弥勒信仰

玄奘（六〇〇—六六四）は唐代の傑出した佛学者、論理学者、翻訳家、旅行家である。俗姓陳、名は煒、十歳で佛寺に入った。佛法を輝かすべく捨身西行して求法する。その行程五万里、十七年をついやした。玄奘は弥勒信者である。慧立、彦悰『大慈恩寺三蔵法師伝』巻一によると、玄奘は国を出るとまず瓜州に行った。これより西行するには玉門関を越えねばならず、五峰を越えねばならない。それぞれの峰は百里を隔て、その間は水も草もないことを知った。かれは馬一匹を買うことができたが「ただ人の相引くなきを苦しむ。すなわち留まるところの寺の弥勒像前において啓請すらく、願わくば一人を得て、相引きて渡関せん」と。また中印度、羯多鞠闍国の曲女城東南で恒河にそって東下していると、密林の中でヒンズー教徒の賊におそわれる。毎年中秋になるとかれらは健康で形すぐれた者を殺してその血肉を神にまつり幸福を願う。かれらは玄奘を祭壇にひきあげ殺そうとした。『大慈恩寺三蔵法師伝』巻三にさらに記す。

（賊、刀を揮わんとするとき）法師すなわち心を睹史多宮（兜率天宮）に専らにして慈氏菩薩（弥勒）を念ずらく、「願わくば彼に生ずることを得て恭敬供養し、『瑜伽師地論』を受け、妙法を聴聞し、通慧を成就し、還えり来たって下生して、此人を教化して勝行を修して諸悪業を捨てしめ、および広く諸法を宣べて一切を利益せんことを」と。ここにおいて十方の佛を礼し、正念にして坐し、心を慈氏に注いでまた異縁なし。心想中において蘇迷盧山（須弥山）に登り、一二三天を越え、睹史多宮慈氏菩薩の処、妙宝台に天衆囲繞するを見るに似たるがごとし。此の時身心歓喜し、また壇あるを知らず、賊あるを憶わず。（大正50-234上）

賊は玄奘が中国僧であると知って放免するが、これによると玄奘は弥勒上生信仰によって、観想念佛の方法をとっている。

伊爛拏伐多国の孤山に精舎あって、檀木に彫刻した観自在菩薩像（観音菩薩像）を祀っている。威神もっとも尊く、祈願する人がたいへん多い。玄奘は華鬘を供えその像前で三願を発していう「一に、ここにおいて学びおわって、本国に帰還するに、平安にして難なきを得ば、願わくば華、尊の手に止まらんことを。二に、修するところの慧福により、願わくば睹史多宮に生じ慈氏菩薩につかえんこと、もし意の如くならば、願わくば華、尊の両臂に貫掛せんことを。三に、聖教に、衆生界中に一分の佛性なき者ありと称す。玄奘いま自ら疑いて有るや無きや知らず。もし佛性ありて、修行して成佛すべくんば、願わくば華、尊の頚項に貫掛せんことを」（大正50-239下）と。

玄奘のこの三願中、第二願は兜率天弥勒浄土への往生である。

臨終前、玄奘は塑像を造ること十倶胝、弥勒像一千幅であることを嘉尚法師に録せしめ、ならびに徒衆等と辞別していう「玄奘この毒身を深く厭患すべく、なす所の事おわり、久住すべきよし無し。願わくば修する所の福慧を以て有情に回施し、諸有情とともに同じく睹史多天弥勒の内眷属中に生まれ、慈尊に奉事せんことを。佛下生の時には、また願わくば随い下って、広く佛事をなし、すなわち無上菩提に至らんことを」（大正 50-277 上）と。

玄奘は忠実な弥勒信者である。玄奘の帰国する前、善導が長安で弥陀信仰を弘揚しておおいに成果をあげ、長安中がその影響をうけていたが、玄奘は長安に帰って二十余年これに動かされることはなかった。ただ玄奘も『称讃浄土佛攝受経』（『阿弥陀経』の異訳）を訳出している。

玄奘の弟子窺基（六三二—六八二）は俗姓尉遅、字を道洪（道弘とも）といい、京兆長安の人である。生涯著作に尽力し、疏を造って百部と称し、世に「百疏論主」といわれる。玄奘にはじまる法相宗は窺基に継承され法相宗に大きな貢献をした。窺基はながく大慈恩寺に住したので「慈恩大師」とよばれる。かれは『西方要決釈疑通規』等を著し弥陀信仰を弘揚しているから、弥陀浄土にあこがれていたと思われるが、師門に忠実で、やはり弥勒信者であった。弥勒像を造り、毎日その像前で『菩薩戒』を一度誦して兜率天宮往生を発願したといわれる。

法相宗は玄奘、窺基二人の祖師が弥勒を信仰したから弥勒上生信仰の伝統ができあがるが、法相宗自体が振るわなかったので弥勒信仰の衰退を挽回することはできなかった。

四、武則天自称の弥勒下生

武周の慈氏越古金輪聖神皇帝武則天（六八四—七〇四）は中国史上最初の、かつ唯一の女皇帝である。

武則天が女帝になろうとしたのは中国封建社会において古今をゆるがす空前絶後の大事であり、抵抗勢力の大きさは想像にあまりがある。彼女は世論をつくらねばならなかったし、また精神的支持を必要とした。彼女が登基すると『大雲経』および『大雲経』の佛意が彼女に理論的支持を提供した。『旧唐書』の記載によると「載初元年（六八九）……沙門十人ありて『大雲経』を偽撰し、これを表上し、神皇受命の事を盛言す」（則天皇后本紀）と。武則天は喜び、ただちにこれを「天下に製頒し、諸州に令してそれぞれ大雲寺を置かせ、あわせて僧千人を度す……九月九日、壬午、唐命を革め、国号を改めて周となし、元を改めて天授とし、天下に大赦して、酺七日を賜う」（同前）と。

後人の考証によると『大雲経』はけっして偽撰ではない。各種の『経録』中にみる『大雲経』は別出や散訳などを除くと、比較的整った二種の訳本がある。ひとつは『大方等無相経』で『大雲経』ともよばれ五巻（あるいは四巻）、前秦竺佛念訳である。いまひとつは『方等大雲経』六巻（あるいは五巻）で、『大方等無想経』『大雲無相経』『大雲密蔵経』ともよばれ北涼曇無讖訳である。経中にはたしかに女王の記載がある。

この時、衆中に一天女あり。名づけて浄光という。……佛のたまわく、天女……（汝）この因縁を以て、今天身を得る。この天形を捨て、すなわち女身を以て、まさに国土に王たるべし、転輪王たるを得ん。……汝この時において、実はこれ菩薩なれど、現に女身を受く。（『大方等無想経・大雲初分如来涅槃健度』、大正 12-1097,1098）

天女は女菩薩であり、女国王であり、佛に授記されている。ある僧が疏をつくり、この女菩薩は弥勒であり、武則天であると付会した。武則天はついに佛経中に皇帝になる根拠を見いだし、弥勒下生を自称して、証聖元年（六九五）尊号を追加し「慈氏越古金輪聖神皇帝」と名のる。そしてこれは佛から「預記」されたものであると宣称した。

弥勒の出世によって天地があらたまるというのはこの時代の常識である。民間の造反が弥勒出世を称したのは上にのべたが、武則天の「革命」も弥勒下生を称したのである。ただ武則天が弥勒下生を宣称して女皇になっても、それは彼女の権勢と非凡な才能によるもので、弥勒信仰への影響は大きくはなかった。

五、唐玄宗の弥勒教禁断と武宗の廃佛

武則天が弥勒下生を自称したことに呼応して民間の弥勒教が活動をはじめると、唐玄宗は弥勒教禁断の施策をとった。開元三年（七一五）、玄宗は『禁断妖訛等勅』を出す。

近頃白衣長髪にて、弥勒下生を仮托するものあり。因りて妖訛をなし、広く徒侶を集め、禅観を釈解して、妄りに災祥を説く。或いは別に小経を作り、詐わって佛説という。或いはすなわち弟子を蓄わえ、号して和尚となる。多くは婚娶せず、閭閻（村里）を眩惑し、類に触れることまことに繁く、政を蝕むこと甚だし。

（『唐大詔令集』巻一一三）

当時の弥勒教の活動の規模や組織は明確でないが、この勅令より推すとなお相当に盛んで、唐王朝の統治に危害をもたらすほどの影響力のあったことが知られる。

玄宗は弥勒教を禁断したが弥勒信仰を完全に禁止したわけではない。開元元年（七一三）、勅してみずからの寝殿の材料で安国寺の弥勒佛殿を建築している。また同年、海通は四川楽山に弥勒大佛の開鑿をはじめ、前後九十年をかけて剣南川西節度使韋皋が貞元十九年（八〇三）に完成する。大佛は頭が山の高さにひとしく、総高七十一メートル、世界最大の佛像である。貞元、元和のころであろう、五台山天台宗の法興は佛光寺に三層七間、高さ九十五尺の弥勒大殿を建築している。とはいえ禁断の勅ののち弥勒教は公開の伝教はできず、しだいに衰退に向かう。

詩人白居易（七七二—八四六）も弥勒を信仰している。みずからの『画弥勒上生幀記』にいう。

南瞻部洲大唐国東都香山寺の居士、太原の人、白楽天、年老い風を病み、因て身に苦あり。遍く一切悪趣の衆生を念じ、我と同じく身に苦を離れ楽を得んことを願う。是に由り絵事に命じて、経文に按じ、兜率天宮を仰ぎ、弥勒内衆を想い、丹素金碧を以てこれを形容し、香火花果を以てこれを供養す。一礼一賛、所生の功徳により、我のごとく老病に苦しむ者、皆本願の如くに得んことを。本願に何をか言う。先ず是れ、楽天三宝に帰し、十斎を持し、八戒を受けて年歳あり。常に日々佛前に焚香し、稽首発願し、当来世に一切衆生と同じく弥勒上生し、慈氏に随って下降し、生生劫劫、慈氏とともにあらんことを。また永らく生死の流を離れ、終に無上道を成ぜんことを。今老病に因り、重ねて証明するは、初心忘れざるを表わす所以にして、必ず本願を果たさん。慈氏上に在りて、実に斯言を聞きたまえ。言おわりて作礼し、自ら此記をなす。時に開成五年三月日記す。

（『白居易集』巻七一）

白居易は窺基に似て弥勒、弥陀いずれをも信仰した。ただ窺基は主として弥勒を信仰し、弥陀は心を寄せたにすぎないが、白居易は弥陀信仰が主であり、かねて弥勒を信心したのである。白居易の弥陀信仰は後にとりあげるが、ここで述べねばならないのは、ひとびとが多神教的心理で弥勒を信仰していることである。もっぱら弥勒を信仰するのではなくかねて信仰する。弥勒はすでに一般の佛菩薩の水準にまで低下しているのである。

唐武宗が会昌年間（八四一―八四六）廃佛をおこなう。これは中国佛教史上「三武一宗」の廃佛の第三の「武」である。史上「会昌の法難」とよぶ。

武宗は即位時には佛教を扶助したが、会昌二年（八四二）突然態度が変わり一部の僧尼を還俗させ、会昌三年にもこれをくりかえした。毀佛はこのときすでにはじまっていたわけで、会昌三年九月から会昌四年九月までしだいにエスカレートする。ひとりの逃亡犯をとらえるため、公案中に名のない僧すべてを還俗して本籍に帰らしめ、京畿で僧三百余人を殺した。また僧尼が街で鐘をならすことを禁じ、他の寺に泊まることを禁じた。会昌五年（八四五）四月、全国の佛寺、僧尼の総数は大中寺院四千六百所、小寺廟（招提、蘭若）四万所、僧尼二十六万五百人である。同年七月勅して、天下の佛寺を廃し、すべての非保留寺院を一律に期限をもうけてとりこわした。寺院の財貨田畑を没収し、銅像、磬、鐘はすべて塩鉄使におさめ溶かして鋳銭とし、鉄像は地方の役所で農具に鋳造し、金銀貴金属は度支（財政部）におさめさせた。居士所有の金銀銅鉄等の像は一ヶ月を期限に官におさめさせた。これらは御史を派遣して監督させた。廃佛の実施はきびしかった。杜牧の『杭州新造南亭子記』によると、御史がまだ出かけないというのに天下の寺院は基礎までこわされて作物が植えられ、八月に宣布された廃佛の結果によると、廃棄された大中寺院は四千六百余所、小廟宇四万余所、還俗して両税戸にあてられた者二十六万五百人、没収した良田数千万頃、解放した寺院奴婢十五万人という。廃佛の一年後武宗は世を去り、宣宗李忱が即位すると、佛教は回復された。

武宗の廃佛の原因は佛教勢力がすでに統治階級の利益を損なうまでになったからであるが、道教の影響もその助因であり、また皇権の争いも背景にあった。武宗の即位前、武宗の叔父李忱（憲宗の子）は潜在的な皇権争奪者であり、叔父甥の関係は緊張していた。武宗は即位すると李忱を迫害した。李忱は宦官の援けを得て王宮を脱出し、香厳閑禅師門下で学法修禅して剃髪、小沙弥となった。武宗は廃佛を発動すると秘密裏に捜索したが捕えることができなかった。武宗が世を去ると、李忱はただちに都にかえり宣宗として登基した。宣宗はただちに道士趙帰真ら十二人を杖殺し、佛教を回復した。しかし佛教の勢力はおおいに殺がれていて、弥勒信仰もふくめ佛教全体が武宗以前の盛況にもどることはなかった。

第三節　弥勒教から白蓮教へ

唐玄宗が弥勒教を禁断してから弥勒信仰の勢力は一般の佛菩薩の水準にまで下がった。したがって浄土は弥陀信仰だけの天下になった。ただ、民間において弥勒教は固有の民間秘密宗教と融合し、宋元期に白蓮教を形成し、さらに明清期には大江の南北にひろがる一大宗教反乱勢力となる。弥勒信仰は一段と中国化し、民間信仰としてとつづく。

一、大肚弥勒の出現

弥勒信仰の中国化には二つの流れがある。その一は教義の中国化である。北魏の法慶、梁の傅大士から白蓮教にいたるまで弥勒下生信仰を中心に大乗教、浄土教、白蓮社、三階教、南禅宗、道教、摩尼教さらには儒教とつぎつぎ融合演化してついに成熟宗教となっていった。いまひとつは形相の中国化である。大肚弥勒佛が出現する。

弥勒の形相にはもとから二類型がある。佛の形相と菩薩の形相である。

弥勒は本来今なお菩薩である。したがって基本的には菩薩相で、つねに天冠（京劇中の唐僧帽に似ている）をかぶり、単独で祀られている。今も北京の広済寺天王殿、蘇州霊岩山弥勒閣等では天冠弥勒像がまつられているが、これは宋以前の弥勒菩薩の形相である。

弥勒は一方、未来佛であるからすでに佛格を備えている。三世佛中にあっては佛の形相である。佛の形相はみな三十二相八十随形好で、佛としての弥勒の形相は他の佛と同じで変わらない。弥勒佛像はつねに釈迦佛につき従っており、「三世」をはなれて単独で祀られることはない。北朝期には両脇侍に菩薩をともなう佛装の単独弥勒像があるが、これは弥勒信仰最盛時のもので後世には消失する。
弥勒信仰がしだいに歴史の舞台の中心から退出すると、単独の弥勒像が天王殿の正面に安置されるようになる。五代以後、弥勒像は大肚弥勒像に変わるが、これは布袋和尚を模した塑造と伝えられる。
五代の頃の布袋和尚とは名を「契此」、号を「長汀子」といい、浙江奉化の人である。いつも布袋をくくりつけた竹杖を背負い、繁華街に出て托鉢、教化した。よく太った身体で、顔に笑みをたたえ、言うことがはっきりしない。所かまわず横になり、大きな腹をつきだして冬も寒さをいとわなかった。物をあたえると、袋に放りこみ呵呵大笑し、性格は豪放、その語は禅に類した。『五灯会元』巻二に和尚の偈を載せていう。

我に一布袋あり。虚空に掛碍するもの無し。展開して十方に遍き、入る時自在を観ず。
吾に一躯の佛あり。世人みな識らず。塑せずまた装せず、彫せずまた刻せず。一滴の灰泥なく、一点の彩色なし。人画けども画き得ず、賊偸めども偸み得ず。体相はもと自然にして、清浄は払拭するにあらず。これ一躯といえども、分身は千百億なり。

後梁貞明二年（九一六）、浙江奉化丘林村の磐石上で円寂した。臨終につぎの偈をいう。

弥勒は真の弥勒、分身は千百億。時時に時人に示せど、時人みずからを識らず。

ひとびとはかれを弥勒の化身とかんがえ、その姿に芸術的加工をほどこして弥勒像とし、さらにつぎの聯を配した。

大肚はよく天下の容れ難き事をおさめ、開口すればすなわち世間の可笑の人を笑う。

この形相と聯はひとびとによろこばれ、天下の寺院の天王殿に普及した。佛門を代表して善男善女を送迎している。近世になるとその身辺に二人から四五人の子供の塑像を配し「五子、弥勒に戯むる」といわれた。これはまた子供のほしい女性に信仰され「送子の弥勒」が生まれる。

佛、菩薩の中国化した姿でもっとも成功したのはひとつが観音、いまひとつが弥勒であろう。

二、白蓮教の出現と演変

弥勒教から白蓮教への発展には自発的な生成演変の過程がある。

（一）貝州王則の起義

唐玄宗の弥勒教禁断から宋仁宗まで三百余年間に弥勒教の活動はみられない。真宗、仁宗のころの北宋は因循姑息な政策で、皇室、官僚機構、軍隊いずれも日増しに腐敗した。軍費は国家歳入の六、七割を占め、また官吏の俸禄は軍費より少なく見えたが、実はさまざまな抜け道の汚職ではるかに大きな富が奪われていた。国家財政は歳出をまかなえず、朝廷ではつねにだれかが改革を主張していた。農民は圧迫に耐えられず、農民起義が続いたが、そのなかのひとつが王則の起義で、弥勒教がふたたび出現する。

王則はもと涿州（河北省涿県）の人、災害で貝州（河北省清河県境）に逃れ、のちに応募して兵となり、宣毅軍小校となった。貝州、冀州（河北省冀県）では民間に弥勒教が秘密裏に流伝し「釈迦佛衰謝して、弥勒佛持世に当たる」といわれていた。王則は弥勒教の伝説を利用して世道変革の世論を流布し、徳州（山東省徳州市）、斉州（山東省済南市）の兵士、農民と連絡をとり、慶暦八年（一〇四八）元旦に役人が新年を祝っている隙をついて各地でいっせいに蜂起し河北を攻略することを謀った。しかし事前に計画が漏れたので、慶暦七年十一月冬至に行動をおこした。兵器庫をあけて武器を奪い、監獄を襲って囚人を釈放し、州知事張得一を逮捕した。貝州を占領すると王則は東平郡王を称し国号安陽を建て、州吏張巒を宰相とし、卜吉を枢密使とし、城内の起義の住民は顔に「義軍破趙得勝」の六字を刺青して宋王朝の統治をくつがえす決意を示した。

仁宗はこの知らせを聞くと「大臣は一人として国事をまっとうする者なく、日々上殿して何の益かあらん」と慨嘆したという。慶暦八年正月、参知政事文彦博を河北宣撫使に、明鎬をその副として派遣し、大軍によって貝州を包囲攻略して王則らを俘殺した。王則の起義は行動を起こしてから失敗するまでわずか六十五日であったが、弥勒教の勢力がなお存在し、黄河以北に広範に流布していることを示すものであった。

（二）茅子元白蓮宗を創る

弥勒教はのちに白蓮教を称するが、これは白蓮宗と合流した結果である。白蓮宗そのものは茅子元の創建したものである。

茅子元は生卒年代不詳、南宋はじめの僧である。最初呉郡延祥寺の浄梵につかえ、天台宗の教義を学んで止観禅法をおさめた。かれは伝説中の白蓮社をまねて、三宝に帰依し、五戒を受持し、阿弥陀佛を念ずること五声によって五戒を証することをすることを勧め、「蓮宗晨朝懺儀」を編んだ。また法界の衆生にかわって礼佛懺悔し、衆生の弥陀浄土往生を祈願し、後に平江淀山湖（上海青浦県西、江蘇省昆山県南）に白蓮懺堂を創建した。かれは当時の実質を重んじて繁を避け簡に就く風潮の影響をうけ、佛号の専念、五戒の受持、葷酒不茹等の簡便な修行法則を定めた。信徒は出家祝髪するにおよばず、家にあって妻帯し、一般人とかわらず生活して、男女ともに修持することができた。信徒は葱、乳を断ち、護生の戒、不殺生、不飲酒を厳守したので、これを白蓮菜（斎）、また茹茅闍梨菜といった。この宗は浄土宗の一派、白蓮宗とよばれた。

白蓮宗は教義からみると統治階級にとって脅威になるものはなにもない。しかし暗黒の現実に不満をいだく下層民衆がこの団体にはいると、やはり組織的な反逆事件をおこすことになる。「仮名の浄業にして専ら奸穢の行をなし、猥褻不良何ぞよく道を具せんや」（『釈門正統』巻四）といわれる所である。このため宋室は詔によって白蓮宗を禁止し、茅子元を江州（江西省九江市）に流した。しかし茅子元はなおも遠近教化しひるむところがなかった。孝宗の乾道二年（一一六五）詔を奉じて徳寿殿において浄土法門を講じたので、「慈照宗主」の号をたまわった。のちに平江にかえり、普覚妙道を宗名とし、禅浄一致、弥陀は衆生の本性、浄土は衆生の心中にあると説いた。ただ念佛を信願しさえすれば、煩悩を断ずることなく、家縁を捨てることなく、禅定を修することなく、命終の後に浄土往生ができるのだと主張した。茅子元には『弥陀節要』『法華百心』『偈歌四句』『念佛五声』『証道歌』『風月集』等の著作があるが、おおくはすでに伝わらない。

茅子元が江州に流放され白蓮懺堂が取締りをうけたとき、これは朝野上下をおどろかせる大事件であったので「白蓮」の名はたちまち天下にひびき、教徒は民間で秘密に活動することになった。したがって白蓮宗は南宋においてさしたる反逆事件もおこさず、官私の文献にその記録をとどめない。

白蓮宗は本来浄土宗の一支派であり、信仰するのは阿弥陀佛であって弥勒ではない。しかし弥陀信仰も弥勒信仰も浄土信仰である。南宋期、白蓮宗の教義、修持は簡単で行じやすく、民間でおおきな影響力をもったから、ひとつには世の変革をのぞむ教徒が弥勒をうけいれ白蓮宗の宗旨を改めたのであろう。またひとつには弥勒教が白蓮の名とその組織、修持を利用しようとしたのであろう。両者は次第に融合がすすむ。

（三）韓山童白蓮会の起義

元末、韓山童による白蓮会の起義は農民起義の大火に火をつけた。そしてついに元王朝をくつがえすことになる。韓山童の前、元世祖至正十七年（一二八〇）江西地区で杜万一が起義した。杜万一は杜可用ともいい、江西都昌の人。白蓮会の組織によって民衆を発動し、杜聖人と号した。挙兵すると天王を自称し、譚天麟を副天王に、都昌西山寺の僧を国師として、万乗と改元、「衆数万を有した」（姚燧『牧庵集』巻一九　賈公神道碑）。しかし起義が周囲に発展するまでに元軍にひそかに襲われ鎮圧された。十五年の後、無碍祖師と号する僧袁普照が峡州路遠安県（湖北遠安県）で経典を編造し、「上を犯す大言語を書く」（『元典章』巻五二　刑部・詐）。まもなく広西柳州の高仙道が白蓮道の組織によって事を起こし、その衆数千。果満『廬山復教集』には「広西の高仙道……妄りに白蓮道を称す」とつたえる。

白蓮宗は民間の秘密宗教団体となり、たえず反乱をおこし、たえず鎮圧されている。優曇普度はこれを憂慮し、白蓮宗を「正法」の軌道にもどそうとはかった。普度（?―一三三〇）は廬山東林寺の僧で『廬山蓮宗宝鑑』十巻を撰し、茅子元の説く白蓮宗の真義を明らかにして、当時の白蓮会の「邪説邪行」を破斥した。武宗は至大元年（一三〇八）詔をくだし白蓮堂を禁断した。普度はつよく復教をもとめ、みずから著すところを呈した。仁宗が即位するとまた上書して復教を請うた。元朝統治者はついにかれの求めを認可し、皇慶元年（一三一二）勅して『蓮宗宝鑑』を天下に頒行させ、公開の伝教、寺廟の建立を許し、租税を免じた。普度本人は蓮宗の教主に封ぜられ「虎渓尊者」の号をたまわった。白蓮教はこれを機に勢力を拡張し「都を歴し、邑を過ぎるに、いわゆる白蓮堂のあらざる処なく……その棟宇は宏麗にして、像設は厳整、梵宮の道殿にあい匹敵するにいたる」（劉塤『水雲村泯稿』巻三）ほどになった。本来、白蓮宗中の正統派によって造反派を管理しようというのが元朝の思惑であったが、現実は思惑はずれで、民間の秘密宗教と結んだ白蓮堂の広大な教徒がこの機会を利用して「兵器を私蔵し」起義の準備をすすめ「妖僧、妖言、妖術」が横行して朝廷を恐怖させた。そこで英宗は至治二年（一三二二）詔をくだし「白蓮の佛事を禁じ」「諸の白衣善友をもって名とし、衆をあつめて結社することを禁じた」（『新元史』巻一〇三）。白蓮堂は再度禁断にあい、またしても地下にもぐることになる。

泰定帝泰定二年（一三二五）六月、河南息州（河南省息県）の民趙丑斯、郭菩薩は「弥勒佛まさに天下をもつべし」の旗印で事をおこしたが十一月に鎮圧される。順帝至元三年（一三三七）河南信陽州（河南省信陽）棒胡が挙兵する。棒胡は本名胡閏児、棒の名手、六七尺の棒をつかい、進退入神の技は遠近に知られこの名がある。棒胡は白蓮教の組織によって大衆を発動し、弥勒佛の小旗をもってよびかけ、政権をたて、年号をたて、信陽から北に進み、帰徳府（治所は今の河南商丘県の南）鹿邑を破り、陳州（河南淮陽県）を焼いた。しかし兵やぶれ殺される。至元四年（一三三八）江西袁州（江西省宜春市）の彭瑩玉、周子旺が起義する。彭瑩玉は和尚、別名を翼といい、江西袁州南泉山慈化寺の東の村民の子、十歳で慈化寺にはいり僧となる。のち白蓮宗に改め弥勒佛を念ずることを勧め、鉱泉の水で病を治し、ひとびとから神のごとくにあがめられた。かれは弟子周子旺とともに寅年、寅月、寅日、寅時を期して衆をひきい起義した。参加者の胴着にみな佛字を書かせ、佛字は刀槍をふせぐと倡言した。周子旺は周王を自称、年号をたてた。従うもの五千余人、起義失敗ののち、周子旺は殺されたが、彭瑩玉は淮西に逃れ、つづけて起義を組織し、南方白蓮教信徒に「彭祖家」とうやまわれ南方白蓮教の精神的指導者となった。

至正十一年（一三五一）韓山童、劉福通が起義する。韓山童は祖籍が欒城（河北省欒城県）で「祖父の世白蓮会をつくり、焼香し佛につかえ、江淮河洛の衆みな来たりてしたがう」（『明史稿・小明王伝』）とつたえられる。祖父は官府より「白蓮会を以て焼香し衆を惑わす」の罪名によって広平永年県（河北省永年県東南永年）に流され、韓山童が祖業をついで秘密裏に伝教した。文人としてひとまえに出たのであろう、韓学究とよばれた。韓山童は天下に大乱がおこり、白蓮花が咲き、弥勒佛が下生して、明王が出世すると倡言し、正式に白蓮会を創設して、経巻符籙をつくり民間に流布させた。明王とはいうまでもなく韓山童自身である。劉福通らは韓山童が宋の徽宗の八世の孫で「当然中国主たるべき」人と公言し、宋朝回復をスローガンに天下に造反をよびかけて元朝の統治をくつがえした。かつて金朝南侵時に中原の農民は頭に紅巾を巻いて起義したが、韓山童、劉福通らの起義者も頭の紅巾をしるしにして赤旗をかかげたので、紅巾軍、紅軍、香軍（焼香し弥勒を拝する）などとよばれた。

この年の五月、劉福通ら三千人が潁州（安徽省阜陽県）にあつまり、挙兵を天地に誓った。しかし計画が事前に漏れ、韓山童は捕らえられて犠牲になる。その息子韓林児が逃れて、劉福通の決断で造反の兵をあげる。白蓮会の民衆が各地で紛々とこれに呼応し、徐寿輝、彭瑩玉は蘄州（湖北蘄春県北）で挙兵して州城を攻略し、徐寿輝は皇帝を称して国号を天完とした。また濠州（安徽省鳳陽県臨淮関西）で白蓮会の首領郭子興が挙兵し、その数は数万人に達した。朱元璋はこの郭子興の隊伍に加わっていた。徐州の李二、鄧州の王権、襄陽の孟海馬らも衆をひきいて起義をおこし、ひとしく紅巾軍を称した。紅巾軍のおおきな勢いは大江南北の元朝の統治を一掃し、朱元璋が最後に元朝をくつがえすための道筋をひらくことになる。

元末の大乱中にみる白蓮教はすべて自発的に形成されたもので、統一された組織がなく、創始者なく、統一された名称もなく、自分たちの経巻もない。しかし、いずれもが弥勒佛を尊奉し、弥勒下生によって衆生を救済することを教義とした。いずれもが民間の秘密宗教団体であり、弥勒降世を旗印に造反した。主要な構成員は農民と遊民で、白蓮社、白蓮会、白蓮堂、白蓮道、白蓮宗その他類似の互助組織をむすんで組織されている。活動も「香をたいて衆を惑わす」類で、夜間に活動した。名称はみな「白蓮」を冠したから、総称して白蓮教ということになる。

「白蓮」の名をさかのぼると、南宋初年茅子元が創建した白蓮宗にはじまる。したがって一般には茅子元の白蓮宗創立をもって白蓮教の誕生としている。白蓮宗の影響はたいへん大きく、元末、南方白蓮教では江西地区を中心に、その伝人はしばしばかつて茅子元が信徒につけた法名「普、覚、妙、道」の四字を借用している。「妙」は女性用である。徐寿輝の天完政権中には鄒普勝、欧普祥、趙普勝、丁普郎、項普瑞、陳普文らがみられるが、これから「男普女妙」の定型ができあがる。元末白蓮教の教義は実際上弥勒教の教義であって、もはや白蓮宗の教義ではない。南北朝以来大乗教と混合した弥勒教が民間でながく秘密裏に流伝し、それが白蓮宗といっしょになることで白蓮教の核心を占めたのである。元末北方白蓮教系統の韓山童、劉福通らが提起した弥勒下生、明王出世のスローガンからみると、白蓮教はすでに明教の教義とも融合しており、「菜を食して魔につかう」風潮が白蓮教のなかでおこなわれている。また天下に大乱がおこるという韓山童の言には、南北朝末期以来流伝している末法思想が含まれる。佛、道のおこなう経呪の諷誦、煉気、符籙、民間でおこなう讖緯、招霊、夢兆などすべてを白蓮教はとりこんでいる。中国伝統文化の主要な内容である儒学、敬天尊聖、忠義孝悌、克勤克倹等々は民俗化して白蓮教に浸透している。元末の白蓮教は実質的には南北朝以来民間各種の秘密宗教が千年をかけて融合演変したものを自らのものとして成立しており、核心は弥勒下生信仰である。当然造反の性格のつよい信仰と変っている。浄土宗としての茅子元白蓮教はもはや名をのこすばかりで、歴史の舞台から消えている。明代以後の白蓮教の教義になると弥勒信仰とさえあまりかかわりがなくなってしまう。

第四章　浄土宗の成熟

隋唐の境において弥勒信仰すでに衰微し、弥陀信仰が盛んであった。弥陀浄土が弥勒浄土よりすぐれることを諸大家がつぎつぎに論証した。摂論学の流行により、弥陀浄土は報土か化土か、十念往生は別時意か、種々の意見が提起されたが、論議の中心はやはり凡夫が報土に往生できるのか、十念往生は仮説ではないのかといった点にあった。これらの論議は弥陀信仰の深化を意味したが、同時に浄土宗の発展にとって障碍でもあった。道綽、善導はこれら諸説に反駁し、弥陀浄土が報であり化でないこと、凡夫可入であること、往生が真であること等を力説し、曇鸞浄土学説を完全なものとして浄土宗の成熟を導いたのである。さらに懐感、少康、慧日、法照らの弘揚を経て、浄土宗は天下にひろく行われる法門となる。

第一節　浄土信仰の諸異説

北斉から唐初まで多くの名僧が浄土を弘伝した。前述の道綽のあげる六大徳中の弥陀浄土弘揚者以外に、『続高僧伝』、迦才『浄土論』『往生西方浄土瑞応删伝』『浄土往生伝』『佛祖統紀』等に記載される僧はきわめて多い。たとえば地論学者長安の霊裕（五一八―六〇五）、摂論師成都の道基（？―六三七）、長安の法常（五六七―六四五）、諸学博通の長安の浄影慧遠、天台宗智顗、三論宗吉蔵、鄴都の道凭、潼州の慧影、終南山の静靄、長安の曇延、善胄、洛陽の彦琮、長沙の慧命、法音、実禅師、益州の僧崖、道喩、廬山の智受、天台山の法智、等観、金陵の法喜、碧澗の法俊、揚州の法禅、并州の登法師、寿洪、河東の智通、真慧、終南山の明瞻らはみな浄業を弘宣し、弥陀信仰の発展に貢献した。

これらのなかには著書によって説を立て、おおきな影響をのこしたひとがいるが、当然に異説もはなはだ多い。あるひとは弥陀浄土は化土で報土ではない、凡夫は入ることができないと言い、あるひとは十念往生が別時意の説であると言い、またあるひとは浄土が三界のうちにあると説いた。また、あるひとは大乗無相、心外無法に妄執し、浄土を求める者は取相であると排斥し、あるひとは浄土に生ずるのは耽楽であり、むしろ穢土に生まれて衆生を済度すべしと言い、あるひとは弥陀浄土が兜率天宮に劣るといって兜率を願生した。これら諸説は弥陀浄土の理論の深化を意味したが、同時に弥陀信仰そのものの発展にとっては不利な説であった。この節では隋慧遠、智顗、吉蔵、窺基を中心にその論を紹介していこう。

一、地論学者の隋慧遠

（一）隋慧遠の生涯

慧遠（五二三―五九二）は隋代の僧、敦煌の人である。俗姓は李、法名が東晋廬山の慧遠とおなじで、ふたりを区別するため、隋慧遠、隋遠、小遠、大遠、北遠等とよばれる。のちに浄影寺（じょうようじ）に住したので浄影寺慧遠、浄影慧遠、浄影などともよばれる。

十三歳で沙門僧思にしたがって出家し、五七七年、北周武帝の廃佛にあって汲郡（河南省淇県東南）西山に身をひそめる。やがて隋がおこると隋文帝に器重され、勅によって興善寺に住した。浄影寺が建てられると浄影寺に移って講学を命ぜられ、開皇七年（五八七）、勅によって大徳となり、十二年訳場の主持を命ぜられ、詞義を刊定する。同年世寿七十で円寂した。

慧遠は元来地論学派南道系に属し、晩年さらに曇遷（五四二―六〇七）より『摂大乗論』を受ける。博学多才、世に「釈義高祖」と称される。著作には『大乗義章』二十八巻、『十地経論義記』十四巻、『華厳経疏』七巻、『大般涅槃経義記』二十巻、『法華経疏』七巻、『維摩経義記』四巻、『勝鬘経記』三巻、『観無量寿経義疏』一巻等二十部百余巻がある。『大乗義章』は佛教百科全書の称にたえるもので、隋唐の佛教研究にあたえた影響はきわめて大きい。

隋慧遠は師法上の影響から弥勒を崇信した。『続高僧伝・霊幹伝』によるとかれは兜率に上生したとつたえられる。しかしかれは同時に『無量寿経義疏』、『観無量寿経義疏』を撰し、『大乗義章』中には『浄土義』の一章をもうけている。これは弥陀浄土についてたいへん精細な論を展開したもので、学者に尊重されているし、『無量寿経義疏』はこの経のもっとも早い注疏で影響も大きい。

（二）佛の三身説

三身説は大乗佛教教理体系中の重要な一環である。

小乗において佛はただ釈迦牟尼一佛である。しかし釈迦牟尼佛はしだいに神格化され、そのことばは永遠の真理となった。小乗佛教から大乗が生まれるころになると、佛はすでに万能であり、一佛にとどまらず、三世十方の佛が恒河の沙の数ほどになっていた。大乗佛教では、佛所説の法もそれぞれの時、処、条件によって語られた方便説であり、固定不変の自性はないとかんがえる。したがって佛所説の法を正しくとりあげようとするなら、その精神の本質を把握し、佛の智慧すなわち般若の智慧によって裁決すべきものとかんがえる。般若波羅蜜という佛所説の法は「佛法」とよばれ、また単に「法」とよばれるが、これは佛とまったく同等というものではなく、佛教の真理の別名であり、佛の地位よりも上にあるものとかんがえる。「佛」はこの「法」に契合するからこそ佛であり、釈迦牟尼佛をもふくめ佛はすべてこの法の権威にしたがわねばならない。佛法のもとでひとびとは平等であり、ひとびとはみな佛法の求めにしたがってみずから修行して成佛する。だからこそ無量の諸佛があらわれる。

大乗般若学は佛法を佛の種々の具体的教説のなかから抽象し、この佛法を一切の具体的事物から超脱した、また一切の具体的事物を構成しうる共通の本質とかんがえ、「性空」「本無」「真如」「実相」「佛性」などの名でよんだ。そしてこの抽象化された佛法を客体化し、「法身」とよんで人格神としたのである。はやくも東漢支婁迦讖訳『佛説内蔵百宝経』にすでに明確に「諸佛一身に合し、経法を以て身となす」と指摘される。西晋竺法護訳の般若類経典中『度世品経』『修行道地経』『如来興顕経』『超日明三昧経』『無言童子経』『大哀経』『密迹金剛力士経』等は一方で般若空慧を法身の根本属性とするが、また一方ではさらに進めて「法身」を客観的実在、すなわち永劫であり、普遍であり、寂静であり、円満である宇宙の本体、天地に充満し、万物をそだて、衆生にひとしく恵みをもたらすものと認めている。

竺法護訳の経典ではさらに佛の「色身」という概念を提起する。「色身」とは「法身」から派生したもので「法身」の具体的あらわれである。小乗佛教の『長阿含・大本経』『増一阿含・不善品』等の経中にはすでに「過去七佛」の説がある。すなわち毘婆尸佛、尸棄佛、毘舎浮佛、拘留孫佛、拘那含牟尼佛、迦葉佛、釈迦牟尼佛である。大乗佛教は三世十方の無量諸佛を提起する。竺法護訳『賢劫経』ではわれわれの住むこの「娑婆世界」の現在の「住劫」(つまり賢劫)においてさえ千佛が出世するとして千佛の名号をいちいちに列挙する。これら諸佛は生存時間(寿命)、場所(佛土)、説法の重点、経歴等にそれぞれちがいがあるが、いずれも「十力」「四無所畏」「十八不共法」をそなえ、形相はすべて三十二相八十種好をそなえる。つまり佛の「色身」は、内在的な品格も外形的形相も諸佛みなおなじく固定される。

『摂大乗論』の提起した佛の三身説は、般若類経典の「佛身」説を系統化した。『摂大乗論』は大乗瑜伽行派の創始者無著の著である。三種の訳本があり、最初は元魏の佛陀扇多の訳(二巻)、ついで陳朝の真諦訳(三巻)、第三が唐玄奘訳（三巻）である。無著の弟でおなじく瑜伽行派の創始者である世親がこの論に注釈をほどこして『摂大乗論釈』を著した。これも三訳あって最初は真諦訳（十五巻）、つぎが隋達磨笈訳（十巻）、第三が玄奘訳（十巻）である。真諦の両訳本は影響がおおきく、ここから摂論学派が起こった。『摂論』は唯識無塵の思想によって完璧な唯識学の体系を構築するが、いまは立ち入らない。ただ三身説について論ずる。

『摂論』にいう。

佛の三身によりてまさに智の差別を知るべし。一には自性身、二には受用身、三には変化身なり。このうち自性身とは、是れ如来の法身なり、一切の法において自在の依止（よりどころ）なるが故に。受用身とは、諸佛の種々の土および大人の集輪が依止して顕現する所なり、これは法身を以て依止となす。諸佛の土は清浄なり、大乗の法を受楽し受用する因なるが故に。変化身とは、法身を以て依止となす。兜率陀天に留まり退くに及びてより、生を受け、学を受け、欲塵を受け、出家して外道の所に往き、苦行を修し、無上菩提を得、法輪を転じ、大般涅槃等の事顕現せしところなるが故に。（智差別勝相第一〇、大正31-129下）

自性身とは法身である。受用身とは応身ともいう。変化身はすなわち化身、あわせて三身である。この三身は智差別によって形成される。

「法身は是れ断徳、応身は是れ智徳、化身は是れ恩徳なり」。「断徳」とは「一切相不顕現」で「無相」ともよばれ、世間意識が分別する種々の事相がないことを指す。「智徳」とは「一切相が滅するを以ての故に、清浄真如が顕現」する。「恩徳」とは「如理如量の智が円満する故に、一切智及一切種智を具え、一切相の自在を得るに至る」すなわち神通如意、変化自在、利益衆生と同時に自らも法楽を得る。

法身とはすなわち本体化した「真如」「真智」である。応身は法身をもって依止（よりどころ）とするが、応身のはたらきがあるからこそ菩薩は諸佛「浄土」や「大乗法楽」を享受することができる。化身も法身をもって依止とするが、形色をもって体とし、佛がかつて生を受け、学を受け、愛欲し、出家し、苦行し、無上菩提を得、転法輪し、大般涅槃等一連の行事をおこなったその「身」をも含むものである。広義にいえば、佛菩薩が普度衆生のために地獄、畜生の類に変幻することも化身である。法身は「一」であり、「常」「無色言」であるが、応身と化身は「多」であり、「無常」であり、無限多に変化する形象である。

佛に三身ありとする説はこれによって定型化され、大乗各派にひろく採用された。当然、法身の内容に補充や変化を加え、ちがった解釈をしたり、三身の名称にちがった捉えかたをしたり、さらには三身を四身、十六身、二十四身に増やしたりする説があるが、一般に三身説を基礎にしている。

『金光明最勝王経』（金光明経）には北涼曇無讖訳、陳真諦訳、隋闍那崛多訳、唐義浄訳の四訳があり、唐訳が現存する。この経中にも三身すなわち法身、応身、化身が説かれる。法身を「真有」とし応身と化身を「仮名有」とする。法、報の二佛は真身であり、衆生を化するため佛身を示現し、相好具足し、威光殊勝である。これを応身とよぶ。佛は衆生に随って種々の形に現われ、人、天、龍、鬼など世の色相と同じく現れる。これを化身とよぶ。この三身は真身を以て本とし、真に依って応が起こり、応に依って化が起こるとかんがえる。煩悩に依って業行が起こり、業に依って報を受けるがごとくである。

隋慧遠は『金光明経』の意に依って三身を説く。

佛は三身を具う。一には真身、法と報とをいう。二には応身、八相現成す。三には化身、機に随って現起す。

（『観無量寿経義疏』）

ここに説くのは真、応、化の三身であるが、またつぎのようにも説かれる。

三佛の義は『地経論』に出ず。『金剛般若』もまたつぶさに分別す。名字はいかん。一に法身佛、二に報身佛、三に応身佛なり。（『大乗義章・浄法聚』三佛義、大正 44-837 下）

ここにいうのは法、報、応の三身である。この二種の三身説は一致しないようにみえるが、慧遠の眼からすれば一致する。かれはいう。

三佛は法に依って以て成ぜざるはなし。この故に通して法身と名づけるを得。……報とは是れその果の別称なり。三佛は因を望めばみな果と称することを得。この果は因に酬いるが故に、通して報と名づく。化に約して以て論ずれば、三はともに応と名づく。応は物の情に随ってこの身を顕示し、諸の衆生をして同じく見聞せしむるが故に。（同前）

つまり三身はみな法身と称することができ、報身と称することができ、応身と称することができる。とすれば、三身をわけて説く必要がどうしてあるのか。かれはいう。

これらは各々義便に随って以てあらわす。法佛は是れ体にして、本を顕わして法成ず、証法の義顕なるが故に偏に法と名づく。報佛は是れ相にして、本無く今有り、方便の修生なり、酬因の義顕なるが故に偏に報と名づく。応佛は是れ用にして、化用は物に随い、応成の義顕なるが故に偏に応と名づく。（同前）

かれはまた『摂論』唯識学の角度から論じていう。

三佛みな真識を用いて体となす。真識の心、本隠れ今顕われるを説いて法身となす。すなわちこの真心は、縁によって熏発せられ、諸の功徳を生ずるを説いて報佛となす。『地経』に荘厳の具の譬えを宣説するは、まさにこの義を顕わす。如来蔵中の真実縁起の法門の力が種々の化を起こすを、説いて応佛となす。（同前）

慧遠は体、相、用の三方面から三身を説明する。法身は本体であり、唯識学では真識を指し、般若学では性空を指す。「法は実に佛にあらず、是れ佛の本性なり、是れ佛の境界なり」つまり法を法身とよぶのは法を人格化した呼称である。人はいろんな因縁のはたらきによって佛法を証得し成佛する。たとえば釈迦佛はあのように「王宮所生の相好の形」を具え、法身有相である。これを報身とよぶ。佛はその功徳によって化して丈六の身となり、また猿や鹿、馬に化して衆生を度せられる。これすなわち応身であると。

隋慧遠は「真を開いて応に合す」「応を開いて真に合す」「真応ともに開く」と多角的に『金光明経』と『地経論』の二種の三身説が一致することを論証する。『金光明経』の三身説を基準にして言うと、

前の法と報とを合して真身となし、名づけて合身とす。前の応身の中に二種を開分す。応のなかの化を名づけて開応とす。（同前）

つまり『金光明経』の真、応、化の三身は、『地経論』の法、報、応に合、分を操作して組みなおしたにすぎず、実体はおなじだという。ただそうはいっても同じでないところもあらわれる。あらたに組み合わせた結果、報身が真

身になったことである。

真身としての報身は、すなわち「如如智」（真如を証得する智）であり、すなわち「功徳智慧」であり、「三昧法門の起こすところ」である。本来、報身と法身は同じではない。法身は「体縁生にあらず、故に名づけて常となす。報応両佛は本無今有なり、故に無常と名づく」である。ただ報身も法身とおなじく永恒の人格の身である。「法報は是れ常なり、不遷を以ての故に。応佛は無常なり、同世間を現す、起滅あるが故に」とされる。言い換えれば報身は永恒真理の身でないが、「無常」の人格の身でもない。報身は「無常」の人格の身でないだけでなく「不遷」の人格をもつ。だから法身とおなじく真身に列せられる。

隋慧遠は二種の三身説を『金光明経』の三身説のうえに統一し、真、応、化の三身説を主張したのである。

（三）三土説

一佛は一浄土であり、一浄土は一佛である。一佛に三身があるとすれば浄土に住むのはいずれの身か。あるいは浄土にも三種をかんがえるべきか。この問題は印度よりもたらされた訳経中には探求されていない。隋慧遠は三身説によって三種浄土説を提出する。すなわち事浄土、相浄土、真浄土である。

一、事浄土

事浄土とはなにか。慧遠は言う。

何をか事浄という。これ凡夫人所居の土なり。凡夫はその有漏の浄業を以て浄の境界を得る。衆宝もて荘厳し、飾事相は厳麗なり。名づけて事浄となす。

（『大乗義章・浄法聚・浄土義』、大正 44-834 上）

事浄土にはまた二種類がある。ひとつは有漏の善業でもとめ得る浄土であり、いまひとつは無漏の善業でもとめ得る浄土である。

「漏」とは漏洩、流失の義、煩悩の異名である。衆生は煩悩から生ずる過失、苦果によって迷妄の世界を流転してやまない。生死の苦海をのがれることができないから有漏の称がある。これに反し、断除煩悩を達した境界は無漏とよばれる。苦、集、滅、道の四聖諦のうち、苦諦、集諦は迷妄の果と因に属し、有漏法であり、滅諦、道諦は悟りの果と因であり、無漏法である。凡夫は無漏智を生起するまえに五戒、十善および見道以前の善根すなわち有漏の善業、有漏の浄業とよばれるものを修める。隋慧遠は有善業、有浄業と略称する。この有浄業によって求め得る事浄土はどこにあるのか。これは三界中の諸天所居の処にある。死後諸天の居処に往生し諸楽を享受できるが、享受に際しなお三界中にあるのだから種々の煩悩が生じ、結業を造り、したがってまたも生死流転する。解脱を得ることがない。解脱を得るには出世間道すなわち菩提道に依らなければならない。これは煩悩を除滅し、涅槃にむかう正道である。かれはこれを出道と略称する。事浄土において出世間道は生じ得ない。出世間道を得るにはさらに善知識の教化を得なければならないが、これは事浄土とかかわりがない。「是れ受けるところの境界の力にあらず」とされる。

有漏の繋縛を離れた無漏の解脱法は出世間道、菩提道とよばれるが、これを修めるのは出世の善業とよばれ、出世の善根を植えることである。隋慧遠は出世の善根をもとめ、出世の善業を修めれば、死後第二種の事浄土に往生できると説く。安楽国、衆香界がこの種の浄土である。

衆香界は衆香国、香積国、衆香世界ともよばれ、香積如来所住の国である。『維摩詰経・香積佛品』によるとつぎのように説かれる。

上方の界分四十二恒河沙の佛土を過ぎて、国あり、衆香と名づく。佛は香積と号し、今現にましますᡀその国の香気は十方諸佛世界人天の香に比し、最も第一となす。彼の土には声聞、辟支佛の名あることなく、ただ清浄の大菩薩衆のみあって、佛、為に説法す。その界の一切みな香を以て作り、楼閣は香を経行し、地苑園みな香ばし。その食の香気は十方無量世界を周流す。……この飯を食する者は、身安らかに快楽なること、譬えば一切楽荘厳国の諸の菩薩の如し。

隋慧遠は安楽国や衆香界のような浄土では「受用の時、よく出道を生ず」とかんがえる。これは根拠があって、世親の『往生論』に安楽国中は「正道大慈悲が出世の善根を生ず」と説く。第二種の事浄土は第一種の事浄土よりすぐれている。ただいずれも事浄土に属するから、真、応、化の三身に対応していえば、化身の土に属する。三界の諸天を浄土と称するのは隋慧遠の創造である。佛経中では欲界中の兜率天が弥勒浄土であると説くのみである。しかしかれは拡大して諸天すべてを浄土と称した。これは慧遠が弥勒を信仰し、兜率天を願生したこととかかわりがあるだろう。しかし慧遠はこれら諸天がただ第一種の事浄土とかんがえており、実質的には兜率浄土より弥陀浄土がすぐれると認めていることになる。

二、相浄土

相浄土というは、声聞、縁覚及び諸菩薩所居の土なり。……是れ此の諸賢聖の縁観対治の無漏を修習して得るところの境界なり。妙相荘厳し、離垢清浄なり。土は清浄なりといえども、妄想の心起こり、夢に観るところの如く、虚偽にして真ならず。相中に垢を離れるが故に相浄と名づく。然るに此の相浄は修因の時、情に局別無く、受報の時、土に方限無し。また此の修時の心に定執無く、所得の境界は心に随って回転す。猶し幻化の如く、定方あること無し。

（『大乗義章・浄法聚・浄土義』、大正44-834下）

相浄土にも二種ある。一種は声聞、縁覚の自利の善根所得の土で「虚寂無形にして、無色界の安止する処の如し」である。この種の浄土に往生すると「受用の時、ただ自行を生じ、善根を厭離し、自然に慈悲の願、利他の行を起こすことあたわず」である。第二種は諸菩薩化他善根所得の土で「衆生を捨てず、物に随ってこれを受く」すなわち境界不定、衆生の機宜に随って変化する。「受用の時、自然とよく利他の善行を起こすことができる」。

相浄土は真、応、化の三身中の応身の土に相応し『摂大乗論』所説の受用土にあたる。しかし『摂大乗論』所説の受用土はただ一種であるが、隋慧遠はふたつに分けて小乗の自受用土と大乗菩薩の他受用土とにわけた。

印度親光の作『佛地経論』は唐代玄奘によって訳出されたが、その巻七では受用身を分けて自受用身と他受用身の二種とする。受用土もこれにつれ自受用土と他受用土にわかれる。その巻一では自受用土を自受用身の所居、その量無辺、法界に周遍するとし、他受用土を他受用身の所居、故に機宜にしたがって示現し、大、小、勝、劣のちがいがあるとし、その変転不定のさまはなお変化の土の如しと指摘している。この説は隋慧遠の説によく似ており参考になる。

三、**真浄土**

真浄土というは、初地以上乃至諸佛所在の土なり。諸佛菩薩が善根所得を実証するの土なり。実性縁起し、妙浄にして染を離る、常に変らざるが故に、故に真浄という。然るに此の真浄は、縁念無き土なるによって、縁念無き土に相状無し。

（『大乗義章・浄法聚・浄土義』、大正44-835上）

隋慧遠は真浄土を離妄の真と純浄の真の二種にわける。菩薩はいずれも妄を離れて真を成すものだが、所得の真土がなお妄と合し、虚空が霧中にあるようなものという。菩薩には階位等級のちがいがあるが、低位から高位にのぼるにつれ妄土はしだいに滅し、真土が現れる。霧がしだいに晴れて虚空があらわれるが如くである。これを離妄の真だという。

純浄の真は佛如来所居の土で、純真無雑、明浄虚空のごとくである。しかし純浄の真土は染と合するもの、すなわち穢土とひとつに合するもので、独立した存在ではない。その形にきまりがなく、どこにも存在し、万物が依生し、化応が托するところである。

かれはこの真浄土を真土、応土の二種、あるいは法性土、実報土、円応土の三種にわける。

真、応二土中の真土とはすなわち佛自身所住の土で、実性縁起し、妙寂離相する。応土は情に随って示現し、一定の方所分限、染浄善悪の別、諸相荘厳のちがいがある。真応二土のちがいは因行に二あること、つまり一智二悲に約される。すなわち智は空に依って成じ、智を以て行を摂すれば、行はみな相を離れ、所得の土は真土となる。悲は有に随って生じ、悲を以て行を摂すれば、行はみな物、所得の土は機に随って異相の応土となる。

法、報、応の三土は法、報、応の三身に依って立つもの、法性土について慧遠はいう。

法性土とは土の本性なり。諸義同体にして、虚融無碍なること、猶し帝網の如し。また虚空の如く、無碍不動にして、所有の等しきこと無し。同体の義分かつも、『地経』所説の真実義相がすなわちその義なり。……彼の土の実性は、我が用を顕成す。法性土と名づく。

（『大乗義章・浄法聚・浄土義』、大正 44-835 中）

法性土と法性身はその体みな真如であるが、所証の法体として法性土を取り、能証の覚相として法性身を取る。法性身のほかにさらに法性土があるわけではない。

実報土はまた報土、真実報土ともいう。「受用土」と同義で、因位の無漏の行業によって熏発され、無量荘厳の清浄刹土を顕現する。

円応土はまた応土、応化土ともいう。慧遠はいう。

前の二真土（純浄真土と離妄真土）は、猶し浄珠の如く、よく衆生に随って種々に異現を生じ、用に欠少すること無し。円応土と名づく。（『大乗義章・浄法聚・浄土義』）

一佛身を以て一佛土に依る。義に随って別して分かたば、彼の三身をもって別れて三土に依る。法性の身は法性の土に依り、実報の身は実報の土に依り、応化の身はまた応土に依る。（『大乗義章・浄法聚・浄土義』、大正44-836下）

慧遠は「応身はまた応土に依る」を機械的に理解してはならないと指摘する。応化の方式は多様である。身が土に依ることも、また土が身に依ることもある。弥陀浄土を例に挙げていう「あるいは土が身に随う、弥陀佛いまだ成佛せざりし前、国土鄙穢なるが如し、成佛して後、国界厳浄なり、彼の佛現に居し、境を定めざるが故なり」と。

三土のうち法性、実報二土は前の真、応二土から出たものであり、円応土はそのまま応土にあたる。したがって三土と真、応二土との関係は開合の関係にある。

さらに隋慧遠は三土の因について論ずる。無始の法性は法性の因、六度等の行は実報土の因、円応土の因で有無不定である。もし用を摂して体に従うなら、本来別に因があるわけではなく、影が形に随って存在するごとく、応土は真土の影にすぎず、真土をはなれて別に応土の因があるわけではない。もし体用を分別するなら、応土には同類、異類の因がある。同類因は応土の行を以て応土の因とする。諸佛は土を得て久しいが現に諸行を修し佛国を荘厳し、阿弥陀佛が四十八願と諸行によって西方浄土を荘厳するがごとくである。異類因とは実行真法を以て応土の因とする。またこの応土には法応土と報応土の二種がある。法応土は浄土三昧法門によって種々の刹を現じ、報応土は大悲本願力を以て因縁とし種々の土を現ずるのである。

隋慧遠によるこの浄土の分類はたいへん細かい。総じて、業因のちがいで所感の国土に優劣があるとかんがえている。弥陀浄土は凡夫有漏業の所感によるもの、したがって事浄土であるとする。佛についていえば弥陀佛は応身、その国土は応土である。かれは『観無量寿経義疏』中にいう。浄土には粗、妙のちがいがある。粗国とは生死を分段する凡夫の往生に通ずるが、妙土とは生死を変易した聖人の所居である。弥陀浄土を判ずるに、これは事浄の粗国であると。また「弥陀佛国は浄土中の粗なり。さらに妙刹あれど、この経には説かず。『華厳』つぶさに辯ず」（『観無量寿経義疏』）と。

応身は本来真身に依っておこる。とすれば、弥陀佛にはこの応身、応土のほかに真身、真土があることになる。ここにいう「妙刹」とはその真土を指していったものである。隋慧遠のかんがえによれば、弥陀は早くに真土を得、すでに久しい。『華厳経』中にこの義はつぶさに辯ぜられている。したがって西方浄土は応土にすぎない。すなわち凡夫所居の浄土で、阿弥陀佛が衆生の機宜に随って化現された土にほかならないという。

（四）三界の上

弥陀浄土は三界に属するのか、それとも三界の上にあるのか。当時の論争のテーマのひとつである。『摂大乗論』巻下にいう。

佛世尊は周遍せる光明、七宝の荘厳せる処に在りて、よく大光明を放ち、無量世界無量妙飾界の処を照らし、各々に大域を成立し、辺際は度量すべからず。三界の行処（集諦と苦諦）を出過し、出出世（八地以上乃至佛地）の善法の功能の生ずるところ、もっとも清浄にして自在なり。

（智差別勝相、大正31-131下）

また『大智度論』巻三八にいう。

かくの如き世界は、地上に在るが故に色界と名づけず、無欲なるが故に欲界と名づけず、形色あるが故に無色界と名づけず。諸大菩薩は福徳清浄業の因縁の故に、別に清浄世界を得て、三界より出ず。

（同前）

この二論はともに一般論として浄土が三界を出ることをいったもので、特に弥陀浄土をいったわけではない。曇鸞はこれをもとに弥陀浄土が三界の上にあるとしたが、慧遠もこれによって弥陀浄土が三界の上にあるとかんがえている。

故に『論』が宣説す、無量寿国は三界に属さずと。彼無欲なるが故に欲界にあらず。地に在るを以ての故に、色界と名づけず。形色あるが故に、無色界にあらず。

二、天台宗智顗

（一）智顗の生涯

智顗（五三八―五九七）は俗姓を陳といい、祖籍は頴川（河南省許昌市）であるが、のち荊州華容（湖北省監利県西北）に遷り落戸した。父陳起祖は梁元帝のとき散騎常侍となり、益陽侯（孟陽公とも）に封ぜられた。七歳のころより好んで寺廟に詣り十八歳で湘州果願寺法緒に投じて出家する。陳の天嘉元年（五六〇）光州大蘇山に入り慧思に参謁する。慧思はかれに普賢道場を示して四安楽行を講じ、これより智顗はここにとどまる。隋の開皇十一年（五九一）、晋王楊広（煬帝）の累請をうけ、揚州に行って楊広に菩薩戒を授け、楊広より「智者」の号をたまわる。開皇十七年（五九八）、山中大石像前で坐化する。世寿六十、戒臘四十。『続高僧伝』『弘賛法華伝』では年六十七とするが、『智者大師別伝』『景徳伝灯録』『什門正統』『佛祖統紀』はすべて年六十とする。智顗が楊広にあてた「遺書」にも「貧道世にあること六十年」の語があるので六十の説にしたがう。

智顗は大寺三十六寺（一説に三十五寺）を造り、度する僧は無数。弟子三十二人に業を伝えたが、そのなかには灌頂、智越、智璪など著名な弟子がいる。死後、楊広はひとをつかわして智顗の残した図面をもとに天台山下に寺を造り、大業元年（六〇五）即位後これに「国清寺」の額を贈った。世に智者大師、天台大師と称する。

智顗は中国佛教史上最初の宗派である天台宗を開宗した。『法華経』を教義の根拠とするから法華宗ともよばれる。後人は天台宗の祖師の世系を立て、智顗を四祖としている。

智顗は撰述が多い。ただ一部は自身で撰書したのだが、多くは弟子灌頂が聞いたところを記録し、のちに整理成書したものである。道宣『大唐内典録』巻五の著録によると、全十九部八十七巻、著録にもれる注疏もいくらかある。

このうち『法華経玄義』『法華経文句』『摩訶止観』は世に天台三大部とよばれ、『観音玄義』『観音義疏』『金光明経玄義』『金光明経文句』『観無量寿佛経疏』は天台五小部とよばれる。特徴は教観双運、解行并重にある。智顗は弥陀信仰を弘揚したが、この面での主要な著述は『観無量寿佛経疏』『阿弥陀経義記』『浄土十疑論』である。

（二）念佛求生弥陀浄土を易行道とする

智顗は曇鸞の二道二力説によって、自力で阿鞞跋致（不退転）をもとめるのを難行道とし、佛語を信じ念佛三昧によって浄土を願生し、弥陀佛の願力に乗じて決定往生することこそ易行道であると宣称した。難行道の難について智顗は曇鸞の説く五難所を引いて説明する。そしてさらに一歩すすめて、自力によってこの世で修道し浄土往生を得たものはない、これは難しいというより不可能であると断ずる。

佛家に住するは、戒を以て本となす。菩薩戒を受け、身身相続して戒行を欠かず。一劫、二劫、三劫を経て、はじめて初発心住にいたる。かくのごとく十信、十波羅蜜等無量の行願を修行し、相続すること無間にして、一万劫に満ちて、はじめて第六正心住にいたる。もし更に増進し、第七不退住にいたりて、すなわち種性位なり。これ自力を約し、卒するもいまだ浄土に生ずることを得ず。（『浄土十疑論』、浄全 6-573 上）

「初発心住」等は十住の内容である。「十住」は十法住、十地住、十解ともいう。菩薩の修行の過程は五十二階位にわかれ、その第十一から第二十階位までが「住位」に属し、十住とよばれる。すなわち（1）初発心住、（2）治地住、（3）修行住、（4）生貴住、（5）方便具足住、（6）正心住、（7）不退住、（8）童真住、（9）法王子住、（10）潅頂住である。

十信とは菩薩の五十二階位中最初の十位が修めるべき十種の心である。この十種の心は「信位」にあって信行を助けるもので、十信心、十信、十心ともいう。『菩薩瓔珞本業経・賢聖名字品』に列挙するところは（1）信心、（2）念心、（3）精進心、（4）定心、（5）慧心、（6）戒心、（7）回向心、（8）護法心、（9）舎心、（10）願心である。

十波羅蜜とは菩薩が大涅槃に達するために備えるべき十種の勝行である。十勝行、十度ともよばれる。すなわち（1）施波羅蜜、（2）戒波羅蜜、（3）忍波羅蜜、（4）精進波羅蜜、（5）禅波羅蜜、（6）般若波羅蜜、（7）方便波羅蜜、（8）願波羅蜜、（9）力波羅蜜、（10）智波羅蜜である。

智顗のいうところは、自力によって不退にいたるまで修行しようとするなら、代々相続して菩薩行を修し、万劫以上を経歴せねばならない。この世界で不退位を得ることは万劫を経るとも不可能である。しかし佛力によれば死後たちまち浄土に往生することができる。易行であるという。

浄土に往生すれば不退が得られるのか。智顗は得られるという。

> 彼国に生ずることを得ば、五の因縁ありて不退なり。如何が五たり。一に、阿弥陀佛の大悲願力が攝持するが故に不退なり。二に、佛の光つねに照らすが故に、菩提心つねに増進し不退なり。三に、水鳥樹林、風声楽響、みな苦の空なるを説き、聞者つねに念佛念法念僧の心を起こすが故に不退なり。四に、彼国の純諸菩薩は、良友たるを以て、悪縁の境なし。外に神鬼魔邪なく、内に三毒等なく、煩悩畢竟して起こらず。故に不退なり。五に、彼国に生ずればすなわち寿命永劫にして、菩薩、佛と共に斉等なり。故に不退なり。この悪世にありては日月短

促なれど、阿僧祇劫を経てもまた煩悩を起こさず、長時に修道して、如何が無生法忍を得ざらんや。

（『浄土十疑論』、浄全6-574上）

しかし「不退」の含義について智顗はいう「前に無数の声聞ありと云う、後に何ぞ云うを得ん、衆生彼の国に生まれん者は皆是れ阿鞞跋致なりと。解して云う、彼の土の二乗また皆不退なり、二乗退して凡夫とならず、菩薩は退して小乗とならざるなり」（『阿弥陀経義記』）と（大正37-307上）。「二乗」とは小乗中の声聞乗、縁覚乗を指す。智顗によれば「不退」とは二乗が凡夫に退転しない、菩薩が小乗に退転しないことを意味する。しかしこの理解は曇鸞と大きな開きがある。曇鸞は弥陀浄土に二乗が存在せず、すべて菩薩であると明言する。弥陀経典中にいう「声聞衆」はすべて他方より来生したもの、もとの名が「声聞衆」であったというにすぎない。弥陀浄土に生じて後はすべて菩薩である。したがって「不退」とは菩薩が小乗に退転せずということである。しかし智顗のいう「不退」は弥陀浄土中になお二乗が存在することを認めるわけで、これは弥陀浄土の優越性を削減する。弥陀浄土の居民の階位を低く評価するもので、曇鸞よりよほど後退した浄土理解である。智顗の理解はかれの弥陀浄土の性質についての評価と密接に関連する。以下にさらに述べる。

（三）弥陀浄土は弥勒浄土に優る

弥陀浄土と弥勒浄土を比較して、弥陀浄土が弥勒浄土よりすぐれると論証したのは智顗が最初である。これはこの時代弥陀浄土がすでに風上を占めていたあらわれで、隋王朝のふたつの浄土にたいする態度が屈曲して反映している。智顗はふたつの理由をあげる。ひとつは弥陀浄土の往生は容易、かつ保証されること。いまひとつは弥陀浄土は不退で、かつ無生の位にいたることである。

弥勒浄土への往生は十善をたもたねばならないし、各種の三昧を行じ、深く正定に入らねばならない。また弥勒菩薩に来迎引接の保証もない。弥陀浄土はこれに反し、弥陀佛の本願力、光明力は念佛衆生にたいし摂取不舎、方便に引接し、衆生はただ佛名を念ずるだけで機感相応して必定往生する。弥勒浄土への往生は自力の修行に俟つが、弥陀浄土への往生は佛力の摂取引接である。難易の差は言うまでもない。

弥勒浄土は欲界にあって退位するものが多い。衆生の煩悩を伏滅させるような水鳥、樹林の風声、楽響もない。女人があって、衆生に五欲の心を生ぜしめ、楽しみにおぼれ、自勉がむつかしい。弥陀浄土では水鳥、樹林の風声、楽響が苦空を演奏し、これを聞く衆生の聞く者に念佛発菩提心を生ぜしめ、煩悩を伏滅する。女人なく二乗心なく、すべてが大乗の良伴である。煩悩悪業は畢竟おこらず、自然に無生の位に達することができる。退と不退、優劣はあきらかである。

智顗は論じていう。

> 釈迦佛在世の時の如き、衆生見佛するも聖果を得ざる者大いにありて、恒沙のごとし。弥勒出世もまた然り、聖果を得ざる者大いにあり。弥陀浄土のただ彼国に生じおわって悉く無生法忍を得、一人の三界に退落して生死業縛をなす者あらざるに如かず。
>
> (『浄土十疑論』、浄全 6-575 上)

かれは寓話をあげて弥勒浄土を求生しても結果の得られないことを説明する。無着、世親、師子覚の三人がおなじく兜率天宮に生じ弥勒にまみえんことを発願した。そして先に死んだ者が弥勒に会えばかならず帰って報告することを約した。師子覚が先に死んだが、何年経っても音沙汰がない。やがて世親が臨終をむかえた。無着はかれに弥勒に会ったらすぐ帰って伝えるようにもとめた。世親は死んで三年経ってやっと帰ってきた。どうしてこんなに時間がかかるのかと無着が問うと、世親が答える。兜率天に着き弥勒菩薩が説法の座につくやいなや帰ってきたのだが、なにぶんあちらでは日が長く、おもわず三年もかかってしまったと。では師子覚はどうしたのかと無着が問うと、世親が答える。師子覚は天楽を受け五欲を楽しまんがため外で家族をもち、ここを去って以来弥勒に会おうとしないのだと。智顗はこの話からいう。師子覚のような「諸小菩薩も、彼に生じてなお五欲に着す、何ぞ況や凡夫においてをや。これがため西方を願生し、定んで不退を得ん、兜率を求生せず」と。

(四) 十念往生は別時意にあらず

智顗は十念往生が別時意だとする説に反駁する。別時意は隋唐間弥陀信仰についての最大の問題であり、おおくの論者が意見をのべている。

いわゆる「別時意」とは四意の一である。『摂大乗論』巻中、『摂大乗論釈』巻六に四意趣を説く。意趣とは意志の指向すなわち内心が表示したい意向である。佛の説法には四種の意趣があり、四意趣、四意、四依とよばれる。

一、平等意――分別見を除くため平等の立場にたって説くもの。たとえば釈迦牟尼佛は本来過去の毘婆尸佛とおなじではない。しかし平等の立場にたって、釈迦佛の証悟する真理は諸佛と平等不二であるとするから「我は是れ毘婆尸佛なり」ということができる。

二、別時意――懈怠の障碍を除くために宣説する教法である。たとえば衆生が修行するとき、その利益は時を経て(別時に)あらわれるにもかかわらず、衆生の懈怠をさけるため「即時に得べし」と方便の説法をして励ます。阿弥陀佛を称念すれば即極楽世界に往生できるというのはこれにあたる。またこれには一行別時意と唯願別時意の二説がある。本来万行を具えねば成佛できないのに念佛一行にて成佛できるというのは一行別時意である。成佛別時意ともよばれる。本来願行ともに具えねば往生できないのにただ発願にしさえすれば往生できるというのは唯願別時意である。往生別時意ともよばれる。いずれも方便の説で、一銭を得るにすぎないのに百銭を得るというようなもの。ただ別時について言ったものであるから別時意の称がある。

三、別義意――衆生の驕慢の障りを除くため別の意味で説明する教法である。一切法は無自性であるから文によって義をとることはできず、文字相をはなれて義趣をとるべきである。たとえば「恒沙の諸佛に逢事して、はじめてよく大乗の法義を解す」の語は、字面上は大乗の教義をいっているかのようであるが真実意味するところは大乗実理を証得する難しさを示すことにある。大乗の義理を理解しようとすれば凡夫でも可能だが、その真理を証得しようとすれば十地以上の菩薩でなければならない。このようにことばの述べるところと含義するところが異なるので、別義意とよばれる。

四、補特伽羅意――「補特伽羅」とは梵文音訳で衆生を意味する。衆生の性格、意向に随って各種の教法を宣説し、それによって衆生の低次の満足感を打破するものである。したがって補特伽羅意、衆生楽欲意、別欲意とよばれる。たとえば吝嗇者には布施の行為を賛嘆し、布施に執着する者には布施の行為を排斥する。

無著の『摂大乗論』には別時意を説いて弥陀浄土往生を例にあげる。「また説言するあり、ただ安楽佛土を発願するに由り、彼に往き生を受けるを得ると」（巻中）。世親の『摂大乗論釈』はこの句を解釈し、強調していう「前の如くまさに知るべし、是れ別時意と名づくものなり」（巻六）と。この二人の佛学の権威は念佛往生を別時意だとかんがえている。弥陀信仰の普及にとって由々しい話で、のちに道綽、善導がつよく反論するが最初にこれに反論したのは智顗である。智顗は明言する「上古より相伝し十念成就を判じて別時意とするは、此れ定んで不可なるべし」（『浄土十疑論』）と。かれは曇鸞の論述にもとづいて反駁する。曇鸞は『往生論註』巻上に五逆罪を造れる者も十念の念阿弥陀佛をもって浄土に往生すると論ずる。十念は重く五逆罪は軽いとし、理由は三、在心、在縁、在決定だという。智顗は曇鸞のこの論を補足していう。


在心とは、造罪の時は虚妄顚倒より生じ、念佛心は善知識が阿弥陀佛の真実功徳の名号を説くを聞きて生ず。一虚一実にして、あに相比ぶるを得ん。……

在縁とは、造罪の時は虚妄痴闇心より虚妄の境界に縁し顚倒して生じ、念佛心は佛の清浄真実功徳の名号を聞くにより、無上菩提心に縁して生ず。一真一偽にして、豈相比ぶるを得ん。……

在決定とは、造罪の時は有間心、有後心を以てするなり、念佛の時は無間心、無後心を以てし、ついに命を捨て、善心猛利し、ここを以てすなわち生ず……

豈況や臨終猛心もて佛の真実、無間の善業を念ずれば、無始の悪業を排して浄土に得生すること能わざらんや。是の処あることなし。……もしまさに臨終せんとして、無間に十念し、猛利善行せんに、是れ別時意とするは、いかばかりか誤りならんや。（同前、浄全6-575下）

在心在縁在決定にて五逆十悪罪を造れる者も念佛によって往生することができる。まして臨終十念の猛利にて決定往生することに疑いは容れない。これを別時意とするのは人を誤らせる「異見」であるという。

のちに善導は称名即行願具足を主張し、「ただ願のみあって行無し」の批判に反駁し、別時意説を根底からくつがえした。智顗の説はこれほど迫力はなかったが最初の反駁として意味はおおきい。

（五）如何にして西方に生まるるを得ん

ある人問う「西方は此を去ること十万億佛刹、凡夫劣弱のもの、如何が達すべけんや」と。智顗は答えていう「西方は此を去ること十万億佛刹といえども、ただ衆生をして浄土の業を成らしむれば、臨終在定の心はすなわち是れ浄土受生の心なり。念を動かせばすなわち是れ浄土に生ずる時なり」（『浄土十疑論』、浄全6-576上）と。

ここにいう「念を動かせばすなわち是れ浄土に生ずる時なり」とはかれの「一念三千」の観点からいったものである。「一念」は「一心」ともよび、心念活動のきわめて短い時間を指す。衆生が一刹那心中に念ずるのは、ごくわずかな具体的な事柄にすぎないが、これは三千大千世界の一部分、三千大千世界全体とひとつにつながるものである。したがって一念は三千を具す。三千大千世界は一念心の産物にすぎない。この観点からすれば、弥陀浄土が西方十万億佛刹の外にあっても念を動かせばそのままそれが浄土に生まれる時だというのである。

しかし智顗は畢竟浄土教の弘揚者であって義学者ではない。したがって「浄土の業成る」を条件としてつけくわえた。浄土の業が成ることによって、念を動かせば往生の時なのである。では、浄土の業成るとはなにか。解説していう「決定して西方に生まれんと欲する者、二種の行を具うれば、定んで彼に生ずるを得ん。一に厭離行、二に欣願行なり」（『浄土十疑論』、浄全6-577上）と。

厭離行とは不浄観と十想観を行ずることである。不浄観には七種、種子不浄、受生不浄、住処不浄、食啖不浄、初生不浄、挙体不浄、究竟（死後）不浄がある。十想観には、無常想、苦想、無我想、食不浄想、一切世間不可楽想、死想、不浄想、断想、離欲想、尽想がある。これらの観をなすと淫欲煩悩がしだいに減じ、これによって永離三界を発願する。これを厭離行という。

欣願行にはふたつある。ひとつは明求往生の意、ひとつは彼浄土の荘厳等を観じ、欣心願求することである。

明求往生の意とは、浄土を求生する意味を知らねばならぬことをいう。自らが苦を脱し楽を享受するためではなく、一切衆生の苦を救うためである。これは世親の『往生論』、曇鸞の『往生論註』の「願」についての解釈を継承したもので、願往生浄土、発無上菩提心とは、すなわち「願作佛心なり、願作佛心とはすなわち是れ度衆生心なり、度衆生心とはすなわち衆生を摂取して佛国土に生まれしむる心なり」（『往生論註』巻下）という。

欣心願求とはすなわち「希心をもって想を起こし、弥陀佛に縁ずべし。この法身、この報身等、また金色光明八万四千の相、一々の相中に八万四千の好あり、一々の好は八万四千の光明を放ち、常に法界を照らして念佛衆生を摂取することを。また彼浄土の七宝荘厳妙楽等を観ずべし。備に観無量寿経の十六観等のごとく、常に念佛三昧及び施戒等を行じ、一切の善行を修し、悉く一切の衆生に回施し、同じく彼国に生じ、決定得生せん。これを欣願門と謂うなり」（『浄土十疑論』、浄全6-578上）

智顗がここにいう往生のための修行は念佛ばかりでなく諸善万行を含む。そして念佛においては主として念佛三昧であり、観想念佛である。智顗は五方便念佛門をたて、念佛の浅より深にいたる順序を説く。（1）凝心禅——心を一境に住し佛の玉毫金相を観ずる。（2）制心禅——心を制して馳散せしめず、かえって金相に諦縁せしめる。（3）体真禅——本体の空に心を凝らし心を制す。（4）方便禅——空より仮に入り万相をつらぬく。（5）息二辺分別禅——空と有の二辺を離れ、名言路を断ち、思想もまた絶つ。この五門である。また浅深にもとづいて円観を説き、念佛五門を開く。すなわち（1）称名往生念佛三昧門、（2）観相滅罪念佛三昧門、（3）諸境唯心念佛三昧門、（4）心境倶離念佛三昧門、（5）性起円通念佛三昧門である（『五方便念佛門』、大正47-81）。

また四種三昧をたてる。すなわち（1）常坐三昧——また一行三昧とも言い『文殊説般若経』『文殊問般若経』によって修する三昧である。（2）常行三昧——また佛立三昧とも言い『般舟三昧経』によって修する三昧である。（3）半行半坐三昧——また方等三昧、法華三昧とも言い『大方等陀羅尼経』『法華経』によって修する三昧である。（4）非行非坐三昧――覚意三昧、随自意三昧とも言い、上述の三種以外のすべての三昧で、身体行儀行住坐臥に限らない。
この四種の三昧中常行三昧をもって浄土教の行儀とする。
智顗の念佛三昧は主として観相念佛、実相念佛であるが、称名念佛をも提唱した。

（六）弥陀浄土は凡聖同居の土

浄土の性質について智顗は四土の説をたてる。

四種の浄土とは、凡聖同居土、方便有余土、実報無障碍土、常寂光土をいうなり。各々に浄穢ありて、五濁軽重同居の浄穢、体析巧拙有余の浄穢、次第頓入実報の浄穢、分証究竟寂光の浄穢あり。娑婆は雑悪にして、荊棘瓦礫、不浄充満し、同居の穢（土）なり。安養清浄（界）は、池八徳に流れ、樹は七珍を列ね、泥洹に次ぎ、皆正定聚にして、凡聖同居の上品浄土なり。方便有余とは、方便道を修し、四住惑を断ず、故に方便という。無明いまだ尽きず、故に有余という。釈論にいう、三界の外に出でて浄土あり、声聞、辟支佛その中に出生し、法性身を受け、分段生にあらずと。『法華』にいう、もし我れ滅後に実に阿羅漢を得ば、この法を信ぜず、もし余佛に遇わば、この法中においてすなわち決了を得んと。なかんづく、また利鈍ありて、上を指して浄となし、下を指して穢となすなり。実報無障碍とは、真実法を行じ、勝報を感得し、色心相妨げず、故に無障碍という。純菩薩の居にして、二乗あることなし。……なかんづく、更に次第頓悟上下浄穢等を論ずるなり。常寂光とは、常はすなわち法身、寂はすなわち解脱、光はすなわち般若、この三点は縦横并別せず、秘密蔵と名づく。諸佛如来の遊居する処、真常究竟の極にて浄土たり。別れて究竟上下浄穢を得るのみ。

（『観無量寿佛経疏』、浄全 5-204 上）

この論はかれの他の論述とあわせて解釈しなければならない。

一、凡聖同居土――智顗は人間主義にたって、迷悟を尺度にすべての有情衆生を凡聖に大別する。すなわち六凡四聖で、十段階である。六凡とは六道で、地獄、餓鬼、畜生、阿修羅、人、天を指す。四聖とは三乗（声聞、縁覚、菩薩）と佛である。それぞれの有情衆生は主観的に見る宇宙がちがうから、六凡四聖十種の法界を構成する。いうところの凡聖同居の土とは六凡四聖が同居する国土である。これはふたつにわかれ、ひとつは穢土すなわち娑婆世界、いまひとつは浄土すなわち弥陀浄土である。弥陀浄土の居民には凡夫が往生したものと、声聞四果、辟支佛等の聖者とがあり、いずれも正定聚を得て不退転の位にある。当然ながら穢土、浄土ともに佛、菩薩がいる。これらの佛、菩薩は本来方便有余土、実報無障碍土、常寂光土の居民であるが、有縁衆生のもとめに応じて仮に凡聖同居土にうまれたわけで、「権聖」とよばれ応身である。したがって智顗のこの凡聖同居土は隋慧遠の事浄土に相当する。

二、方便有余土――阿羅漢、辟支佛および地前菩薩の住む土である。このひとたちは方便道を修して、見、思惑を断除するので、方便とよばれ、なお無明根本惑を余すので、有余とよばれる。方便有余土は隋慧遠の相浄土に相当する。

三、実報無障碍土――純粋の菩薩の居であって、凡夫や二乗は存在しない。別教初地以上、円教初住以上の菩薩が住む果報土である。酬報真実道の無碍自在の国土であるから方便有余土とよぶ。隋慧遠の真浄土中の離妄真浄土に相当する。

四、常寂光土。完全に根本無明を断除した佛の依処、すなわち妙覚究竟果佛の住む土である。常住（法身）、寂滅（解脱）、光明（般若）の佛土であり、隋慧遠の真浄土中の純浄真浄土に相当する。

この四土中、方便有余土、実報無障碍土、常寂光土はいずれも凡夫と無縁であり、凡夫は入ることができない。凡夫が入ることができる弥陀浄土は凡聖同居土にすぎない。この立場は隋慧遠と一致する。智顗は弥陀信仰の弘揚におおきな貢献をしたのだが、曇鸞のひらいた弥陀信仰の民衆化とは考えを異にしている。

三、三論の元匠吉蔵

（一）吉蔵の生涯

吉蔵（五四九―六二三）は隋代の僧で金陵（南京市）の人、俗姓を安、名を貰という。祖先は安息の人、世仇を避けて交趾、広州の間に移り住み、のちに金陵に移って吉蔵がうまれた。したがって安吉蔵、胡吉蔵とよぶ。七歳（一説に十三歳）で法朗に随って剃度出家、法朗が入滅すると、東遊して浙江会稽（浙江省紹興市）の嘉祥寺に来て講説著作に専心し、道を問う者千余人と伝える。嘉祥寺にいること約十五年、三論等の書の疏は多くがこの寺で完成した。したがって世に「嘉祥大師」とよぶ。かれは三論宗再興の祖である。

吉蔵の著作は全三十八部百余巻、そのうち二十七部が現存し、十一部が失われている。かれは瑣事にこだわらず、天性の才知のもちぬしであった。陳隋の際、道俗みな逃亡したので、徒衆をひきい諸寺にいって文疏の類を収集した。かれの著作に引用が豊富なのはこれと関係があるらしい。

三論宗は義学を談じて抽象玄奥、吉蔵が死んだころはなお隆盛であったが、貞観後しだいに衰微する。

吉蔵は弥陀信仰を弘揚し、『無量寿経義疏』『観無量寿経義疏』各一巻がある。みずからの三論学をもちいて浄土理論を解釈し、すこぶる特色がある。

（二）弥陀は応化佛なり

吉蔵は佛の三身についてつぎのように説く。

佛義におよそ三種あり、一に正法佛、二に修成佛、三に応化佛なり。故に七巻『金光明経』にいう、三身とは法身、報身、応身をいうなりと。『般若論』にいう、法佛、報佛、化佛なりと。（『観無量寿経義疏』、浄全5-325下）

つまり正法佛が法身であり、修成佛が報身であり、応化佛が応身あるいは化身である。かれは観化身についていう。

観化とは、西方浄土佛を観ずるなり。此れは是れ昔自在王佛の時、法蔵菩薩四十八願を発し、此の浄土を造り、佛その中に生じ、衆生を化度す。此の佛を観ずるが故に化身佛を観ずと名づく。（『観無量寿経義疏』、浄全5-326下）

吉蔵はあきらかに阿弥陀佛を化佛とかんがえている。阿弥陀佛は法蔵菩薩が修因し西方に生じ、この報因によって成佛した一身の証果である。どうして報佛とよばないのか。かれはいう。

応化は報たれど、修成妙覚の報にはあらず、此れは是れ化中の細なるのみ。化佛の説くは、化は是れ随縁の迹なり、故に縁を察して教を吐く、名づけて化説となす。（『観無量寿経義疏』、浄全5-326上）

阿弥陀佛が報佛であるべきことはかれも認める。しかし「妙覚」を修成したわけではないから、この種の報佛を報佛とよぶことはできないとする。その随縁教化衆生によって化佛と称しうるのみで、「妙行を研修し、行満して、妙覚を克成せる」ものにしてはじめて報佛である。阿弥陀佛のような妙覚にあらざる報佛を区別するため、「報佛」の名をさけ、阿弥陀佛を化佛とよび、修成妙覚の報たる佛を修成佛とよぶ。これがつまり吉蔵が法、報、化の三身の名をとらず、正法、修成、応化の名をとる理由である。

吉蔵によれば阿弥陀佛と釈迦佛はおなじく応化佛で、二佛は一種の無異である。かれはいう。

太子のごときは王宮に生まれ、八十年中において備に佛果を得る。ただ寿八十、類は無量寿命中備に種智を得るが如くにして、また無量寿佛と称す。（『無量寿義疏』、浄全5-56下）

阿弥陀佛が無量寿佛であるのはけっして特殊ではない。釈迦佛も無量寿佛である。そればかりか、無量寿佛の寿は「無量」ではなく、実は有量である。無量寿佛の寿が有量である問題は智顗もつぎのようにいう。

無量寿は天竺にて阿弥陀佛と称す、もと身無く、寿無く、また量において無し。……阿弥陀の如き実は期限ありて、人天に数なし、是れ有量の無量なり。（『観無量寿佛経疏』上、浄全5-202下）

吉蔵は重要な問題として反復して具体的に説明する。

弥陀は広大にして造土を願じ、寿長遠、三乗凡夫は測量することあたわず、故に無量というなり。（『観無量寿経義疏』）

無量寿と称するは、声聞、縁覚の二乗がこの佛の寿命を思量するあたわざるが故に無量寿という、彼佛の寿実に無量なるにあらず。（『観無量寿経義疏』、浄全5-334下）

外国に阿弥陀というは、これ無量寿をいう、しかるに佛寿実は有量なり。此の佛は寿半閻浮提微塵数劫にて滅度し、観音が補処す、観音滅度の後、勢至補処す、故に寿有量なり。問う、寿有量なるに、なんぞ無量寿を得んや。解して言う、恒河の水また無量、大海の水また無量、小分も無量なり。今弥陀の無量は、小分の無量なり。また無量と称するは、此の土の短促に対してなり、故に無量というなり。（『観無量寿経義疏』、浄全5-334下）

吉蔵はここで強力な理由をもちだす。観音、勢至はいずれも補処菩薩で、阿弥陀佛を継いで佛となる。したがって阿弥陀佛は将来滅度するわけで、これによって寿命有量であることを知るという。ただ寿量があまりにも大きく、凡夫や二乗のかんがえの及ばないところであるから「無量寿」という。恒河の水や大海の水が無量であるというのとおなじであるという。これは智顗が単に義学の立場から論証したのにくらべればよほどわかりやすい。

阿弥陀佛の寿量はどれほどか。吉蔵は「半閻浮提微塵数劫」すなわち娑婆世界の寿命の半分であるという。この数字はあいまいだが、ともかく数字をもってしめしている。『無量寿経義疏』には「彼佛寿四十二劫」と具体的な数字をあげる。現代科学で地球は四十六億年前に原始的な太陽星雲より分化したという。太陽系の現在のような安定状態は五六十億年もすれば「老年期」に入り、ついには死滅して他の物質形態に変わってしまうという。吉蔵が阿弥陀佛および娑婆世界がけっして「無量寿」ではなく、始めも終りもあるとかんがえたのは、ひとりの天才の推測である。

吉蔵は主張する。阿弥陀佛は化であり報ではない、寿命は有量であり無量ではないと。これは義学からすれば道理なしとしないが、しかし信仰としては阿弥陀佛を見下げたもの、弥陀信仰の普及にとっては不利な言説であった。

(三) 弥陀浄土は最も劣る浄土である

弥陀浄土の性質について、吉蔵の時代には論争があった。吉蔵は論争の双方を「江南」と「北地」とよび、北地とは曇鸞の系統を、江南とは「旻師」「馥師」等南方の論師を意味した。吉蔵はこの両派の意見のちがいを紹介したのち、自説をのべる。

一、凡聖同居の土

江南師は弥陀浄土を報土とかんがえる。北地師もおなじく報土とかんがえる。その理由は異なるがいずれも報土説である。吉蔵はこれに反対する。佛身説からすると、「迹」からいえば凡夫は願を以て土とするわけで報土というべきである。また「本」からいえば弥陀浄土は成佛のとき願力に応じてできたもので当然応土である。つまり弥陀浄土は「酬因之報」ではなく、成佛のとき種々の荘厳を示現し衆生を度化しようとした応化土である。

吉蔵は智顗が浄土を凡聖同居土、方便有余土、実報無障碍土、常寂光土の四種に分けたことには同意する。ただ名称をすこし変更して、方便有余土を「大小同住土」に、実報無障碍土を「独菩薩所住土」に、常寂光土を「諸佛独居土」にあらため、四土とする。

また吉蔵は佛の三身にそれぞれ土があるという。法身土はすなわち実相土である。報身土とは、報身すなわち応身で、法身と相応する内応身があり、所居は法身と同土である。外応身があって、これはすなわち菩薩が浄土に成佛した報身で、所居の土は尽滅し、法身土と並べて論ずることはできない。化身土は浄穢に通じいずれ壊滅するものである。また広くいえば国土には浄不浄で五種がある。すなわち浄土、不浄土、浄より不浄に変じた衆生の来生する不浄浄土、不浄より浄に変じた衆生の来生する浄不浄土、浄穢のまじる雑土である。

吉蔵のかんがえは隋慧遠や智顗とよく似ており、弥陀浄土を凡聖同居の土とするのである。

二、分段生死にして変易生死にあらず

分段生死と変易生死は二種の生死とよばれる。「分段」とは果報のちがいで形貌、寿量等にちがいがあることを指す。三界の衆生が感ずる生死の果報はそれぞれに類別、形貌、寿量等にちがいがあり、分段生死といい、分段生死の身を分段身という。阿羅漢、辟支佛および大力の菩薩は無漏の悲願の力を以てもとの分段生死の粗身を改変し、細妙無有色形、寿命等定限の身に変ずるので、変易生死、変易生死の身、変易身とよぶ。この二種の生死の区別について吉蔵はいう。

分段生死というは、色形区別し、寿各々短長なるをいうなり。変易というは、色形の区別、寿期の短長なきをいう、ただ心神を以て念念に相伝し前変後易するなり。（『勝鬘宝窟』巻中末、大正37・48下）

弥陀浄土中の居民は分段身か、それとも変易身か。江南では分段身を主張し、北地では変易身を主張する。吉蔵は分段身とかんがえる。

今いう、此れまさに分段身なるべし。何を以てかこれを知らん。世自在王佛所にて、国王となりて発心出家し、はじめて四十八願をおこし、この浄土を造る。また彼土は寿無量なりといえども、必ず終訖す、故に彼土が分段生死なるを知る。

（『観無量寿経義疏』、浄全5-329上）

弥陀浄土には順序次第があり、生も死もあり、寿命に定限がある。したがって分段生死にちがいない。変易身が三界の外の殊勝細妙の果報身で、すでに生死を超脱しているのとは異なるのだという。

三、三界の内にあり、三界の外にあらず

弥陀浄土は三界の内にあるのか、それとも三界を超出するのか。北地の曇鸞や隋慧遠は三界を超出するとかんがえ、江南師は三界の煩悩を断ぜずして往生を得るのだから三界所攝の内とかんがえる。吉蔵は江南師の考えに賛成し、弥陀浄土は業報に依って往き、九品の優劣があるというから、三界の内のもの、三界を超えないものとかんがえる。吉蔵はさらに、弥陀浄土が浄土中もっとも劣るものだと指摘する。

華厳の弁ずるが如く、百万阿僧祇品の浄土のうち、西方阿弥陀は最も是れ下品なり。既に下品なれば、何の故に往生を願うや。解していう、始めて穢を捨て浄に入るに、余の浄（土）は（容）易に階（上）すべからず。この因縁のため、ただ西方浄土へ往生するを得るのみと。

（『観無量寿経義疏』、浄全5-341下）

穢を捨て浄土に入るのに、他の浄土には簡単に入れる階梯がないから、しかたなく最低の弥陀浄土に往生するのだという。弥陀浄土は凡聖同居土で、三界所攝であるから、当然入りやすいわけである。

（四）念佛三昧にて浄土に得生す

浄土の修行について吉蔵は観想念佛を強調する。観想念佛の内容を解釈していう。

今無量寿佛を念ずるは、是れ佛の法身を念ずるにはあらず、すなわち佛の生身を念ずるなり。何故に。まさに如来の相、好、光明等を観ずるが故に。然して佛の生身を念ずるにまた二種あり。一にただ佛を念ず。二に五種通念す。（五種通念とは）念佛、念徒衆、国土、時節等を謂う。この二種は、穢土中では多くただ佛を念じ、浄土中では多く通念をなす。浄土中で多く通念をなす所以は、浄土中は時節浄、国土浄、徒衆教門みな浄なるを念ずべく、故にみな念ずるなり。穢土中で多くただ佛を念ずるとは、徒衆不浄、教叢雑、国土時節みな楽しむべからず、五濁、五痛、五焼あきらかなるが故に念ずべからず。

（『観無量寿経義疏』、浄全 5-335 下）

時節とは「彼処は寿命無量無辺にして、穢土五濁あること無く、また劫濁無し」を指す。化主は阿弥陀佛を指し、化処は弥陀荘厳国土を指し、教門は浄土法門を指し、徒衆とは弥陀浄土の居民を指す。この五者すべてを念ずるのを通念佛三昧とよび、ただ佛名のみ念ずるのを別念佛三昧とよぶ。吉蔵のいう「念佛」とはこの通念をいう。かれは念佛三昧の功徳を宣揚する。

この念佛三昧のごときは、遍く一切を治し、遍く三毒を治し、遍く三障を治す。この三昧を以て三障を治し、この三昧を以て三毒三障を治す、故にこの観三昧をなすは、すなわち彼の浄土に生ずることなり。

（『観無量寿経義疏』、浄全 5-336 上）

かれは十六種観を「浄土因」とよび、また三善（三福）をも「浄土因」とよぶ。三善とは、第一に父母に孝養をつくし十善を修行することで、世間凡夫善とよび、佛未生のときすでにこの善はあったから旧善ともよぶ。第二に三帰十戒乃至二百五十戒を受けることで、小乗善または佛客善とよぶ。第三に菩提心を発し、因果を信じ、大乗経典を読誦することで、大乗善とよぶ。吉蔵はこの三善はいずれも浄心であり、心浄なれば土も浄なりとかんがえ「もしこの心を得ば、ただこれすなわち西方浄土なり」という。

吉蔵によると、三福十六種観は通門であり、正因正果である。しかし十念往生は別門であり、正因正果ではない。ただ縁因によって正法果を顕わすにすぎない。吉蔵はいう。

通門とは正法因を以て正法果を得る、縁因を以て妙覚果を得る、三十二相業を以て化身果を得るなり。また三種因を以てついに一果を得ると言うを得べし。別門とは、（正因正果はまさに是れ不二体にして因果相なけれど）ただ悟性を以て因果義となす、正因により正果を得ると言うを得ず、ただ縁因を以て正法果を顕わすなり。

（『観無量寿経義疏』、浄全 5-327 下）

通とはなにか、別とはなにか。吉蔵はいう。

因果には通別二門あり、通は三福十六種観を以て論じ、皆是れ浄土に生ずる因なり。別はすなわち菩提心を以て業主となし、余善を縁となす。故に双巻経（無量寿経）にいう、十念菩提を因として生ずることを得ると。

（『観無量寿経義疏』、浄全 5-328 上）

これによれば、弥陀浄土への往生の術はなによりも三善と念佛三昧を修することである。「十念」は別門、縁因というにすぎない。さらに「十念」のかなめは発菩提心である。こうなると称名念佛はあまり意味をもたなくなる。あきらかに、吉蔵も弥陀信仰の民衆化にはあまり賛成ではなかったのである。

四、百疏論の主窺基

窺基（六三二―六八二）は玄奘の継承者として玄奘の弥勒信仰をも継承した。唐高宗の時代に生き、道綽よりややおくれ、善導、迦才と同時代の人である。この時代はすでに弥陀信仰が盛行し、玄奘も『称讃浄土佛攝受経』の名で『阿弥陀経』を重訳し、弥陀信仰へつよい関心を示しているが、窺基の弥陀信仰は玄奘よりよほど先にすすんでいる。弥陀諸経および曇鸞、道綽、善導、隋慧遠、智顗、吉蔵らの著作を研究し、弥陀を讃嘆し、自らも『西方要決釈疑通規』（『西方要決』）、『阿弥陀経疏』『阿弥陀経通賛疏』『大乗法苑義林章』などを著して弥陀信仰の弘揚に積極的なはたらきをしている。ただ窺基の説には曇鸞、道綽、善導の浄土学説とはかなりちがった理解が示される。

（一）弥陀浄土中の二土説

窺基は佛に法身、受用身、変化身の三身があるとかんがえる。受用身は自受用身と他受用身にわかれる。受用身は報身ともよび、したがってかれのいう三身は法身、報身、化身ともいう。これに呼応して窺基は法性土、自受用土、他受用土、変化土の四種の浄土があるとかんがえる。阿弥陀佛とその浄土は報であると同時に化である。窺基はいう。

問う、諸往生者は佛の何身を見るや。

答う、二種の身を見ん。登地菩薩の如きは佛の受用身を見、地前菩薩、凡夫、二乗の如きは変化身を見ん。……

登地菩薩の如きはすなわち受用身を見、また百億の化身を見ん。地前人等はただ一身を見るのみ。

（『阿弥陀経疏』、浄全 5-536 下）

いわゆる「登地菩薩」とは『華厳経』『仁王般若経』『合部金光明経』に説くもので、これらでは菩薩修行の過程を五十二位にわける。そのうち第四十一から第五十までの位を十地あるいは十住とよぶ。この十階位の菩薩を地上菩薩といい、十地中の初地に登る菩薩を登地菩薩とよぶ。初地以前の菩薩は地前菩薩である。

窺基は弥陀浄土中の登地菩薩は報身と化身を見ることができ、地前菩薩および凡夫はただ化身を見るだけだとかんがえる。佛身と相応して、弥陀浄土は報土でありまた化土である。「西方に二土あり、登地菩薩のごときは各々他受用土を見、地前の生者のごときはすなわち化土を見る」と説く。

どうして地前以下の衆生が化土に生まれるとわかるのか。窺基はいう「報浄土のごときは、諸佛平等にして、優劣あることなし。化土のごときは、衆生に随って現じ、差別あるが故に」と。

あるひと問う、弥陀浄土中に声聞、縁覚は生ずることを得ず、故にまさに報土たるべしと。窺基は解説していう、『観無量寿経』に三輩九品往生を説く、また弥陀佛に無量無辺の声聞弟子ありと説く、これより凡夫、二乗および初発心菩薩のあることを知る、すなわち是れ化土なりと。

あるひと問う、女人は弥陀浄土に生ずることを得ず、一向に女人なし、故にまさに報土たるべしと。窺基は解説していう、『鼓音経』に弥陀佛の父は月上と名づけ、母は殊勝妙顔と名づく、あに女人無きを得んや。弥陀経典が説くのは、女人および根缺者が浄土に生まれてのち弥陀の本願力によって男子と化し、六根具足するのをいうもので、けっして女人と根缺者が往生を得ずというのではないと。

あるひと問う、釈迦佛も化佛、その土は不浄なり、弥陀佛土が浄土たれば弥陀佛は報にして化にあらざるべしと。窺基は解説していう、諸佛すべて浄穢二土あり、釈迦かつて自身の浄土を示現したまう、ただ衆生は苦しまずんば涅槃を求めざるが故に穢土を示現し衆生をして厭わしむ。二佛の浄穢はみな是れ化土なりと。

また、弥陀浄土は三界中にあるのか、三界を超出するのか。窺基によれば、弥陀浄土は三界所摂ではないという。

三界の摂するに非ずとは、三界を出過すると謂うには非ず、ただ三界と異なると謂うのみ。故に『浄土論』にいう、地居の故に色界に非ず、形ある故に無色界に非ず、欲無きが故に欲界に非ず、故に三界の摂に非ずと。

（『阿弥陀経疏』、浄全 5-539 上）

これは新しい見方である。世親や曇鸞のように三界を超えるというのではない。また吉蔵のように三界の内というのでもない。ただ「三界と異なる」のである。三界と異なるが、三界を出たわけではないから三界中の欲界にある。かれはいう「其の土はすでに欲界にあれば、上に六天あり」「問う、彼土は是れ化にして、また欲界の者居れば、まさに須弥、大海あるべけん。答えていう、佛の本願力の故を以て諸山川、江海、四王、忉利なし、福力の故を以て空に依りてとどまる」「欲界に似て欲界にあらず」と。

これが弥陀浄土の空間的位置である。きわめて簡単だが大略はわかる。佛教の空間観念によると、欲界の中心は須弥山であり、四周は海にかこまれている。海のなかに四大洲と若干の中小の洲がある。南瞻部洲は人の住処で、阿修羅は須弥山の低処や輪囲山一帯に住む。また畜生は地面や水中に、餓鬼は墓地や黒山洞に居て、地獄が各処の地下、地上に散在する。須弥山の麓より上には順に六天がつづく。弥陀浄土はこの六天の下に位置し、空に依りて住し、山川、江海、六天等はないという。

このように欲界中に空に依りて存在する弥陀浄土は、一方でまた「西方此を去ること十万億佛土の外」にあるわけで、いっこうに要領を得ないが、窺基の本意は弥陀浄土が化土であることを説明するにある。化土は縁に随って現れるものだから、そうだとすれば、弥陀浄土が欲界にあるという話も理解できる。

窺基は欲界中のこの弥陀浄土を初級浄土とかんがえる。経典をひいて証明する。

『首楞厳経』にいう、文殊は未来南方において成佛し、普現色身と名づく、その土の阿弥陀国に勝れること喩えをなすべからず。また『観音授記経』にいう、過去に金光師子の遊戯せし佛土及び観世音が未来に成佛せん佛土は、今の阿弥陀佛土に勝れること無量なりと。（『阿弥陀経疏』、浄全5-538上）

これは吉蔵が「西方弥陀浄土は最も是れ下品」と評価するのとよく似ているが、いずれも弥陀浄土が入りやすい初門だとかんがえるからである。

窺基の弥陀浄土中に報化二土あるという説も、実質的には地前、凡夫、二乗が往生する弥陀浄土は化土である。凡夫は報土に入ることはできないから、たとえ願いのごとく往生してもそれは報土ではないのである。

（二）しだいに不退転を得る

弥陀経典の説くところでは、衆生は弥陀浄土に生まれ、みな阿鞞跋致すなわち不退転を得る。あるいは正定聚に住すとされる。窺基は不退転が正定聚と名は異なるが同義であると解説する。『十住毘婆沙論』によって不退に四種あると説く。すなわち位不退、行不退、念不退、処不退である。重要なのは位不退である。「位不退」とは、『瓔珞本業経』では地前第七住の位を指し、『弥勒問経』および『大智度論』では初地を指し、『資糧論』では八地菩薩を指し、『観無量寿経』では初地を指す。窺基は『観無量寿経』の説にしたがって、不退位すなわち初地菩薩とかんがえる。

弥陀浄土に生まれるとどうして不退になるのか。窺基はいう「彼、地すぐれ、縁強く、時長なるを以て、遂に不退を得るなり」と。地がすぐれるとは三悪道無く、貧窮生老病死無く、国土清浄、百宝荘厳し、第六天に勝ることだという。縁強くとは五退縁なく五勝事あることをいう。『阿弥陀経疏』中にいう五退縁なしとは『十住毘婆沙論』を引いたものである。すなわち無長病、無遠行、無常誦習、無常営事、無恒乖謬である。この五因縁が心を疲労せしめるから退心が多くなる。また無女人、無淫欲、無迷愛で、六塵境中に見聞触あるといえども、心はまったく不染である。また悪友なく、諸菩薩とともに毎朝諸佛を供養する。水の流れ、風樹の音みな法音を演ずる。これらの強縁によって悪業をなさしめず、三悪道にふたたび退転することがないのだという。『西方要決』中にいう五退縁とは短命多病、大悪縁伴、外道雑善、六塵境界嬈乱浄心、不常見佛である。また五勝縁とは長命無病、勝侶提携、純正無邪、唯浄無染、恒事聖尊である。

時長とは弥陀浄土の一日一夜が娑婆世界の一劫にあたり、その居民の寿命は無量無辺、長時に修行する。どうして不退転位に至らないことがあろう。

無間とは勝人勝法、無間に資持して、最後身（兜率天にとどまる者は最後身と名づける）を受ける。どうして退すことがあろうと説く。

しかし窺基によれば、衆生が弥陀浄土に生まれて不退転というのは、往生すれば即不退転位を得るというのではない。弥陀浄土の勝境、強縁、時長、無間によって最後には不退転位を得るはずだというのである。「たとえ煩悩を断ぜずとも、彼地に生まれれば煩悩を断つ。然る後しだいに不退を得る」のだと説く。

不退問題について、窺基は不退位が初地の菩薩だけのものであり、かつ浄土に往生の後長い修道を経てしだいに獲得するものという主張である。この主張は曇鸞とくらべるとあきらかに後退している。曇鸞は不退転を求めることが求生浄土であり、浄土に往生すればすぐさま不退転位が得られ、さらにその不退転位は初等から七地、つまり低位の諸菩薩すべてのものとかんがえていた。

(三) 浄土中に声聞衆無し

弥陀経典中には浄土に無量の声聞衆ありと説くが、世親の『往生論』では「二乗種不生」と説く。二乗種不生ならどうして声聞衆などありえよう。この問題について窺基は浄土中に声聞無しと主張する。「彼の旧名に従い、声聞と号すのみ」(『西方要決』)と。これは曇鸞の主張と一致する。

窺基は『宝積経』により声聞に四種ありという。すなわち応化、増上慢、定性、発菩提心である。応化声聞とは実は諸佛、大菩薩であるが、ただ衆生を度化するため声聞として示現し引接する真声聞である。増上慢声聞とは教理や修行の境地がまだ十分でないにもかかわらず、高慢の心をおこし、得ないものを得た、悟らないものを悟った、まだ証せざるを証したという声聞で、小乗の最高果位である。また自ら阿羅漢だとおもい、あるいは自ら涅槃を証し阿羅漢と同じだとおもう声聞がある。これらはみな増上慢である。定性声聞とは本来慈心少なく、ひたすら己のためにはかり衆生をおもわない、世間をおそれたただ涅槃に住す声聞である。発菩提心声聞とは本来慈悲の心少なく、涅槃に住す声聞だが、ただ佛にしたしみ、諸佛の勧化誘引を得ると、菩提心を発し、大乗に転向して即得往生する声聞である。

窺基はこの四種の声聞中弥陀浄土には増上慢がないだけで他の三種はみな存在するという。しかし浄土に生まれるからには大乗となり、ただ声聞の名をのこすにすぎない。これは曇鸞、窺基らは浄土中に二乗なしというが、みな声聞乗なしを論ずるだけで辟支佛乗にまったくふれない。これは理由のあることで、かれらが辟支佛乗を虚説とかんがえているからである。「辟支佛」とは梵語の音訳で独覚、縁覚と意訳される。『大智度論』巻一八、『大乗義章』巻一七の説くところではこれに二義がある。(1)佛法すでに滅し、無佛の時代に生まれるが、前世修行の因縁(先世因縁)によってみずから智慧を以て得道するもの。(2)他聞に依らざることを自覚し、十二因縁の理を観悟して得道するもの。前者は縁覚、後者は独覚で、いずれも独自に悟道する修行者である。すなわち現在の身中に佛教をうけいれず、無師独悟し、性楽寂静、説法教化をしない聖者である。小辟支佛は阿羅漢と異ならないが、舎利弗のような大阿羅漢に劣るという。大辟支佛は三十二相中三十一相、三十相、二十九相ないし一相を得る。小辟支佛も大辟支佛も、辟支佛はすべて自利行のみで、大悲心を起こし衆生を済度することはないし、神通を現ずることがあっても説法はしない。上に師承なく下に弟子なく、上下左右係累がない。自生自滅で、教法も影響もありようがない。つまり辟支佛を「乗」と称することが虚説で、誤りとかんがえる。「二乗」というが実際は声聞をいえばよく、辟支佛は問題にならないのである。

(四)弥陀浄土は弥勒浄土に優る

窺基は有名な弥勒信者である。にもかかわらず弥勒浄土を宣揚せず、弥陀浄土の優れることを宣揚して注目されるのだが、窺基はまずひとびとの疑惑から話をおこす。「疑いていわく、弥陀浄土は此を去ること懸遙なれど、弥勒天宮は現に欲界にあり。何ぞ兜率に願生せずして、西方に趣くや。易を捨て難を求む。あに迂滞にあらずや」(『西方要決』、浄全6-598上)と。

窺基はこれに西方十勝をもって答える。西方十勝は『西方要決』および『阿弥陀経通賛疏』で多少内容が異なるが、『通賛疏』によるとつぎのようにいう。

浄土十勝とは、一に化主（佛）の所居勝れり、二に所化の命長きこと勝れり、三に国に界繋非ざること勝れり、四に浄方欲無きこと勝れり、五に女子居らざること勝れり、六に修行して不退勝れり、七に浄方穢に非ざること勝れり、八に国土荘厳勝れり、九に念佛攝情勝れり、十に十念往生勝れり。

天宮十劣とは、一に所居の国土劣れり、二に所化の寿役劣れり、三に界繋摂属劣れり、四に彼の天欲あること劣れり、五に男女雑居し劣れり、六に修行退あること劣れり、七に穢方の浄に非ざること劣れり、八に国土荘厳劣れり、九に善念攝情劣れり、十に修行労苦劣れり。

（『阿弥陀経通賛疏』巻中、浄全 5-606 下）

かれは十勝十劣について解説はしないが『西方要決』中に簡単な説明がある（浄全 6-598 上）。

一、命に長短がある。兜率の寿命はただ四千年であるが、西方の寿命は一百千万億那由他阿僧祇劫である。

二、処居の内外。兜率天宮は慧業多き者内院に生じ親しく弥勒に侍するが、慧業少なく福業多き者は外院に生じ弥勒を見ることがない。西方はひとしく内外なく、果報に九品の優劣があるものの、みな聖賢である。

三、境に浄穢を分かつ。もし兜率内院に生ずるなら弥勒尊聖会の境を見て浄縁を発すこともできるが、外院に生ずるならその香花、楼台、音楽すべて雑念をひきおこすものである。しかし西方の樹鳥、水網、音楽は眼耳鼻舌身意の六根に触対し、いずれも佛法にあらざるはない。

四、身報両殊。兜率天宮の居民には男女があってたがいに愛慕し、修道をさまたげる。西方の居民はすべて男性で自らも他人も清潔無染である。

五、種現差別。法相宗の唯識学は阿頼耶識の有漏、無漏、有為等の諸法を生起するはたらきのものをかんがえ、種子とよぶ。植物の種子とおなじく一切の現象を産みだす可能性をもつ。類別していえば、二種にわかれ、諸現象を産むものを有漏の種子、菩提の因を産むものを無漏の種子とする。色、心の諸縁が和合するとき必ず外界に現象を生ぜしめる。すなわち「生起現行」である。煩悩の種子はひとびとにつき随って阿頼耶識のなかに眠伏潜蔵し、衆縁をまって煩悩障、所知障として顕現する。煩悩の種子は種子惑とよばれ、またすでに顕現した煩悩障、所知障は現行惑とよばれる。窺基は兜率天宮に生まれれば種、現の両惑ともにあるが、西方に生まれれば種子があるだけで永遠に現行惑はないとかんがえる。

六、進退修異。兜率天宮に生ずると男女があって、慧力（無漏の真実智をもたらす力）が弱いから退転を免れ難い。しかし極楽に往生すると慧力が強いから欲行を絶ち専心修道できる。

七、界非界別。兜率天宮に上生しても欲界を離れたわけでないから火災が起こると焚焼する。しかし西方に生ずるとながく三界に別れを告げ、水、火、風等に苦しめられることがない。つまり西方浄土は「形質ある故に無色界にあらず。地居に依る故に色境に染まらず、故に色界にあらず。淫及び段食（欲界の食物）無きが故に欲界にあらず」（浄全6-598下）である。

八、好醜形乖。兜率天宮に生ずると男女のちがい好醜の差がある。しかし西方に生ずると紫磨金身の一類ですぐれた丈夫相である。

九、舎生不同。命を捨て兜率天に生ずるに引接するひとはない。西方往生には聖衆の来迎がある。

一〇、経勧多少。兜率に生ずることを勧める経は上生経だけで、あまり懇切ではなく、十善を修せしめるばかりである。しかし西方に生ずることを勧める経論はきわめて多い。釈迦佛はきわめて懇切であり、専心に往生を勧められる。

窺基はこの十条によって西方が兜率にすぐれることがわかると説く。

（五）地蔵に教えを請うにおよばず

この問題はとくに三階教にたいして説かれたものである。

三階教は普法宗ともいい、隋僧信行（五四〇—五九四）が立てた特殊な教派である。信行の考えによると、釈迦佛在世の時代は正法時代であり第一階とよぶ。佛滅度の後千五百年（千年とも）は第二階である。佛滅度の後千五百年（千年また五百年とも）以後は第三階である。現今（隋代）はこの第三階で、佛法衰微の末法時である。さらに生きる現世は五濁諸悪の世、一切衆生は戒見ともに破し、根性低劣である。当然修めるべき佛法は前二階とおなじであってはならない。第一階は一乗法（佛菩薩）を行ずる。第二階は三乗を行じ、各々特殊な所信所教があって別教とよぶ。第三階では法に大小を区別せず、人に凡聖を分かたず、無差別に普く一切佛に帰し、普く一切法を信じ、普く一切人を敬し、普信普帰することが必要であるという。これを「普真普正の佛法」略して「普法」という。

「普法」には罪悪を認めるという含義がある。自分の犯した罪過をみとめ、これを他人にたいする普敬と結びあわせる。これによって三階教の多くの特殊な行為や信仰、「普行」とよばれるものが形成される。かれらは自分たちの創った「普佛」とよばれる「普真普正の佛」に帰依する。この佛は如来蔵佛、佛性佛、当来佛、佛想佛の四種に分けられるが、これは世間一切衆生にほかならない。一切衆生が実は同一の「普佛」なのである。したがってかれらは釈迦牟尼佛をとくに崇拝することはない。普く世間一切の衆生を礼するのである。また地蔵菩薩を念ずることを主張する。地蔵菩薩は釈迦佛の後、弥勒の前を介する佛で、一切衆生を度しつくし、諸苦を救ってはじめて成佛を願う佛とかんがえる。かれらは弥陀信仰に賛同しない。かれらによれば弥陀浄土は第二階の根の上行人にしてはじめて求生できる。当今の第三階の根、時は濁悪、性は卑微の今、上行人の法を行ずるのは障多く苦しみを受けるばかりで、法と機根があわない。どうして成功しようかという。

普行の中心は「無尽蔵行」である。無尽蔵とは釈迦佛の時代にはじまるもので、施をうけた財物を貸し出し、その利息によって伽藍の維持や修繕の費用にあてることである。子母（元本と利息）の財物が展転して尽きることがないから無尽蔵とよばれる。中国では梁武帝のころすでに無尽蔵法があった。信行はこれをもっとも重要な普行の手段とし、三階教の一大特色とした。無尽蔵に参加したものは毎日少なくとも「銭一分或は粟一合」を喜捨しなければならない。わずかなものも積もればおおきくなる。三階教に巨大な経済力をもたらした。その財物の一部分は天下の寺院の建設につかわれたが、一部分は貧者、孤老、病気にくるしむひとびとに施され、一部分は僧の斎につかわれた。現在のこる資料からみると僧侶の奢侈に流用された形跡はない。したがって三階教は下層民衆のなかでひろく受け入れられた。

時代は「末世」、住む国土は「悪世界」、今この地の人はすべて罪悪深重の「邪見の衆生」であると三階教は宣言する。しかしこれは統治者に不安をあたえるものであったし、強大な経済力は朝廷にとって危険であった。隋文帝、武則天、唐玄宗は詔をくだして禁断し、制約したが、禁じて止むものではなかった。唐武宗の会昌法難後やっと湮没ししだいに姿を消していった。

東晋以来長期の動乱、社会不安による民生の疲弊、加えて北魏太武帝、北周武帝のあいつぐ毀佛は、おおくの佛教徒に末法の世がすでにはじまっていると認識させるに十分であった。これは佛教徒に反省奮起をうながし、佛法挽救の法をかんがえさせたが、信行の提唱する普敬、認罪、無尽蔵の経営はこのような時代の反映であった。

信徒の多い三階教が弥陀信仰に反対したことは当然弥陀信仰の普及に障害となった。窺基はこれに抗してたちあがり、弥陀信仰護持、三階教批判を展開する。

三階教は弥陀信仰に五疑を提出しているが、窺基はそのひとつひとつに答えている。

第一疑、衆生は貪瞋痴の三毒によって苦海を流浪する。西方浄土は聖者の往生するところ、下凡が発願往生するのは即ち邪貪で、鬼魔を招くであろう。どうして往生が得られようか。答えていわく、無生の理を悟るならば娑婆世界に久しく住むことができる。しかし不退の位に登らなければ穢土には居り難い。凡夫は悟道しないで穢土に長時苦海沈淪するから、穢土を舎棄して西方を願生してもそれは邪貪を増すものではない。求生西方は内に三善根を積み、外に衆聖の助けがある。死後ただちに浄花来たりて迎える。神鬼魔邪を恐れることはないと。

第二疑、善悪は必定に応報を受ける。有生以来、罪を造ることはなはだ多いにもかかわらずその悪報を受けずに西方往生を願うのは、「障」でなくてなんであろう。答えていわく、果報は当然に必定である。ただ衆生は自ら無力であり、西方往生を発願すれば心おのずから正しくなり、善友の護念、聖衆の来迎があるから、西方往生はけっして難しいことではないと。

第三疑、修行は「普行」をまなぶべきである。弥陀一佛を別念するのは曲見であり、輪廻をまぬがれない。どうして別行を捨て普行を修めないのか。答えていわく、普行はよいが「大智通賢」にしてはじめて修めうるもの、微力浅智の者には難行である。したがって佛は根性によって別行を修すことを勧めたまう。別行を因として普業を修めるのはけっして矛盾するものではない。

第四疑、造悪はこの娑婆世界でなすもの、娑婆世界でこれに懺謝して、罪を尽くしてこそ往生できる。厭此欣彼、どうしてこれで罪が消えようか。忌み嫌えばなくなるというものではない。答えていわく、往生浄土行を修めおえてのち再びこの世界にたちかえって普度衆生、大悲化物をおこなう。したがって、苦因を捨てるとは怨酬ともに浄土に生ぜんと願っているわけで、相手もこれを受けいれれば怨みを捨てるであろうと。

第五疑、佛世を去られてすでに久しい。下品の凡愚は地蔵菩薩に礼懺するのがふさわしい。上行人が第二階根として修める弥陀浄土行を下品凡愚がどうして修められよう。むりに修めてみても法根あわず功は得られないであろう。答えていわく、多くの経典が西方に生まれることを勧め、十方の諸佛は広長舌を舒べて証誠したまう。これは浄土が方便門ではなく究竟門であることを示す。地蔵の名を念ずるのは苦中に救いをもとめるもの。十念往生し諸佛の来迎を得れば、浄土に生まれ、ながく地獄、餓鬼、畜生の三悪道に堕ちないばかりか諸の苦もない。どうして地蔵の救いをわずらわす必要があろう。往生の三輩九品において大乗上根者は上輩三品、小乗善根者は中輩三品、大小乗の根機は過悪の軽重によって下輩三品となる。三階教のいう第二階上行人は往生することができ三輩の上輩中輩に相当する。下輩も菩提心を発し浄土を願生すればみな往生することができる。時末法にあたり、一万年になると一切諸経みな滅没する。『無量寿経』に説く、佛は「慈悲を以て哀愍して、特にこの経を留めて止住すること百歳せん。それ衆生有りてこの経に値う者は、意の所願に随いて、皆得度すべし」と。窺基はこれによって三階教に反駁していう「釈迦恩重く、教を留めたまうこと百年。この時修因して妙土に上生す。何ぞ預判をなして、願生せしめず?」（『西方要決』、浄全6-604上）と。窺基は三階教が「一隅に偏執し、浄業を誇疑する」ものと非難する。

三階教は実践的な宗教であり、理論的には義理にとぼしい。信行の著作も経文を抄録したところが多い。窺基の批判も義理にとぼしいのだが、鋭く相対し、態度鮮明である。したがって三階教批判の主要な著作のひとつとなっている。

（六）十念願行具足す

『阿弥陀経』には「少善根福徳の因縁を以ては、彼の国に生ずること得べからず」と説く。一方『観無量寿経』では下品下生者が臨終「十念」にて即得往生すると説く。ひとびとは少善根でなお往生できないものがどうして臨終十念だけで往生できるのかと疑いにおもう。そして『観無量寿経』の説く臨終十念は別時意だとかんがえる。これにたいして窺基は解説する。

『摂大乗論』にいう別時意はただ願のみあって行のない場合を指すが、十念は願行具足するから別時意ではないのだという。

専ら念佛して即ち十悪を離る、一念すなわち八十億劫生死の罪を除く、何ぞ況や多念をや。即ち是れ行ありて、ただ発願するのみにあらず。『十住論』に云う、諸菩薩凡そ小行を起こし、深大の願を発するも、願大なるが故に大果を得ると。我今多く佛を念ずるは是れ即ち多行にして、また往生を願う、願行相資扶す、何すれぞ浄土に生ずることを得ざらんや。（『阿弥陀経疏』、浄全5-567上）

「十念」は行も願もそなわるもの、窺基のこの観点は善導と一致する。

『阿弥陀経』に説く少善根不得往生の意味はひとびとが多く善を行ずるよう督励するものだという。

甚だ恐る、衆生かつて佛の臨終十念即得往生を説きたまうを聞き、われ今いまだ天命を究めず、且つは放逸に当らんとす。此の念を遮らんがため、故に少善根を以ては彼の国に生ずることを得べからずとのたまうなり。（『阿弥陀経疏』、浄全5-566下）

しかし経中には念佛発願し、あるいは一日乃至七日念佛すれば必ず往生を得と説く。「十念にて浄土に生ずるを得ん。懈怠の衆生を接引するに、却って多善の因縁をときたまう。すなわち精進勤学をすすめるは、あるいは広あるいは略、理において相違せず」（『阿弥陀経通賛疏』、浄全5-607上）

ただ、十念往生とはいっても平時には四修を以て正業としなければならない。四修とは（1）長時修、（2）恭敬修、（3）無間修、（4）無余修である。この四修は善導が『往生礼讃偈』に説く四修であるが、善導より系統的かつ詳細である。あきらかに窺基は善導の影響をうけている。

以上にのべた隋慧遠、智顗、吉蔵、窺基らはいずれも祖師級の人物で、学問があり、影響もおおきい。かれらの浄土観は隋から唐初にいたる間の浄土学説を代表するもので当時の浄土学の活況を反映している。

日本の望月信亨『浄土教の研究』等によると、智顗の『浄土十疑論』『観無量寿佛経疏』『阿弥陀経義疏』『五方便念佛門』等は智顗の真作ではなく後人の偽托とされる。窺基の『阿弥陀経疏』『阿弥陀経通賛疏』等も窺基の真作ではなく後人の偽托だという。しかしこれらは唐代すでに通行し、浄土諸家によって引用され、中国浄土宗史上ながく真作として世におこなわれてきたので、本書は旧によって真偽を問わなかった。

第二節　承上啓下の道綽

一、道綽の生涯

道綽（五六二―六四五）は俗姓衛、并州（山西省太原市）汶水（山西省文水県）の人である。迦才の『浄土論』巻下によると并州晋陽（太原市晋陽鎮）ともいう。十四歳で出家し、『大涅槃経』を研究した。隋大業五年（六〇九）四十八歳のとき今の山西交城県石壁玄中寺を訪れる。曇鸞が晩年居を定めたところ、曇鸞の浄土弘揚の根拠地である。曇鸞が世を去って六十余年、寺中には碑文がのこされていた。曇鸞が生前いかに浄土を専修し、臨終にいかなる瑞応があったか記していた。道綽はこれを読んでふかく感動し、『涅槃』を捨てて浄土に廻心する。阿弥陀佛を一心専念し、観想礼拝を修して不断に精勤した。この碑文ははやく失われており、われわれは今その事実を知るばかりであるが、迦才『浄土論』巻下にいう「つねに曇鸞法師の智徳高遠なるを讃嘆し、自ら云う、（曇鸞師は）相去ること千里の懸殊あれど、なお講説を捨て浄土の業を修し、すでに往生を見る。まして況や我のごとき小子、知るところ解すところ、何ぞ多きとなすに足らんと。まさにこれを徳とし、大業よりこのかた、すなわち講説を捨て浄土の行を修す」と。

道綽は曇鸞を継承したのだが、かれみずからの言によれば心服したのは曇鸞をふくむ六人の先師である。六人の高僧とはすでに曇鸞の生涯の紹介で述べたからくりかえさないが、これら先師の浄土思想をひろく学んだ。われわれが注意してよいのはこの六人がすべて北方人で、廬山の慧遠をまったくとりあげていないことである。あたかも慧遠の浄土信仰を知らないかのごとくである。少なくとも重視するところはない。

道綽は前後二百遍信徒に『観無量寿経』を講じたという。その言旨は明暢、辯才は無碍、ときにひとびとを指導して共に念佛し、「人各々珠をつまぐり、口に佛号を誦し、毎時散席すると、響き林谷にわたる」（『続高僧伝・道綽伝』）さまであった。玄中寺は西河汶水の地に属したので世人は道綽を「西河禅師」とよんだ。

道綽はつねに西に向かって坐し、毎日念佛すること七万遍を限りとした。かれはひろく信者に阿弥陀佛名号の称念をすすめ、大豆の類で記数し、一称一粒、念念相続すると多い者は八、九十石、中ほどで五十石、少なくとも三十石になった。「晋陽、太原、汶水三県の道俗に教え、七歳以上はみな弥陀佛を念ずることができた」（迦才『浄土論』巻下）という。ひとびとはこの念佛を「小豆念佛」とよんだ。のちにかれは無患木の実（木欒子ともいう）に糸を通して数珠をつくり数をとることを教え、自身もつねに念珠をつくって信者におくり、佛号を称念させた。後世念珠を持って念佛の数をとるのはこれから伝わったとされる。道綽は信者が西にむかって唾し、小便し、西を背にして坐臥することを許さなかった。弥陀浄土を信ぜず、浄土を誹謗しようとする者も、ひとたびかれに接するとその敬虔な風采に感動し、面容を改めて帰依した。貞観十九年（六四五）、死期を予知し、四月二十四日道俗にわかれを告げたが、三県の門徒でわかれにくるもの陸続と後をたたず、その数をしらずという。二十七日寿終、八十四歳であった。

道綽の著作は現存するもの『安楽集』二巻である。この書の特色は経証を重視することで、およそ経律論釈四十余部を引用して浄土の教義を解き明かす。形式にこだわらず、文字使いに乱れがあるとはいえ、論証するところは精細至当、浄土宗の名著にあげられている。

道綽の弟子には道撫、僧衍、尼大明月、善導らがある。善導が傑出している。

すでに前節でのべたように、道綽の時代は学問ある高僧大徳がつぎつぎと浄土の理論を探求し、自説を展開した時代である。いわば浄土学説百家争鳴の時代で、活発な論争が理論の深化、影響力の拡大をもたらしたが、同時に混乱もあった。この混乱のなかで道綽は曇鸞説を継承し、諸異説に反駁し、浄土宗民衆化の路線をおしすすめたのである。

道綽の理論は『安楽集』のなかにみることができる。この書は十二の大門（章）にわかれる。標題はない。一部の大門はさらに若干門（節）にわかれ、それぞれの門に簡単な提要がつく。以下に六問題に概括して紹介しよう。

二、聖道浄土の二門

（一）末世五濁

すでにのべたように東晋以来中国の佛教界には末法思想が遍満している。道綽もそのなかにあった。末法とはなにか、ここで簡単にのべておかねばならない。時勢を判断するのはだれにとっても重要なことで、立身処世、すべての問題を観察する出発点である。当時の佛教理論もすべて時勢の判断から立論したわけで、道綽もこれにしたがったひとりである。

佛教によると、釈迦牟尼佛の入滅後、その発展は正法、像法、末法三つの時期を経過するとかんがえる。佛はすでに逝かれたが、法儀いまだ改まらず、佛法なお隆盛、衆生は障軽く福重く、一法を修して成果が得られる。このような時代が正法時である。ついで、佛世を去られてすでに久しく、道化改まり、人心軽薄となり、思慮日ごとに雑駁となって十人修行して成道するもの一人も得がたい。このような時代が像法時である。さらに聖を去ること遠くなり、世道日に汚濁し、衆生の業障充満し、助縁少なく碍縁多く、ただ教のみ存在して無行無証、億万人修道して一人の成就もむつかしい。このような時代が末法時である。

正法時、像法時の長さは各経によって一様ではない。『大悲経』では正法千年、像法千年、『大乗三聚懺悔経』では正法、像法各五百年、『悲華経』では正法千年、像法五百年、『大集月蔵経』等では正法五百年、像法千年である。末法時は各経ともに万年である。

道綽は『大集月蔵経』の説をひいていう。

『大集月蔵経』に云う、佛滅後第一の五百年にはわが諸の弟子慧を学すること堅固なるを得、第二の五百年には定を学すること堅固なるを得、第三の五百年には多聞読誦を学すること堅固なるを得、第四の五百年には塔寺を造立し、福を修し懺悔すること堅固なるを得、第五の五百年には白法隠滞して多く諍訟あり、微しく善法あって堅固なるを得ん。……計るに今時の衆生は即ち佛世を去りたもうて後の第四の五百年に当たれり。まさに是れ懺悔し修福して、佛の名号を称すべき時なり。（『安楽集』巻上、浄全1-673下）

補足説明しなければならないが、道綽がここに引く『大集月蔵経』は原文ではない。道綽が改めている。『安楽集』全体にわたって引用される経論はしばしば原文のままではなく、道綽自身の原文にたいする理解、ときには各処に分散する原文を道綽が整理帰納したものである。迦才の『浄土論』には「衆経を広引し、道理を略申するといえども、その文義参雑にして、章品混淆す。後のこれを読む者、また躊躇していまだ決せず」と評するが、これも無稽の言ではない。幸い道綽の引用はつねに原意に符合する。またここに紹介するのは道綽の思想である。引用がどうであれ道綽の見方である。引用文の適否をあらためて考証するまでもないであろう。

今時は「佛世を去りたもうて第四の五百年」と道綽はいうが、これは歴史的事実ではない。

釈迦佛の生卒年代は古代印度の時間概念のあいまいさから確実な記録がない。中国では魏晋以来おおくの僧が釈迦佛のほうが道教教主の老子より早いことを証明しようと、史書や佛経中の記載を曲解し、釈迦牟尼佛の生卒年月を編造した。それによると西周さらには三皇五帝の時代にまでさかのぼる。『続高僧伝』巻二三、『広弘明集』巻一には、北魏曇無最がかつて偽書『周書異記』を引用して釈迦佛の生年は周昭王二十四年（前九七七）であるとする説を載せている。また『続高僧伝』巻八には北斉の沙門統法上が高句麗の丞相の問いに答えてこの説を述べている。元代の念常『佛祖歴代通載』でもなお佛は周昭王二十五年に生まれたという。多少出入りがあるが、大体西周昭王の時に生まれ佛寿八十とする。これから推計すると、佛は紀元前八九七、六年に世を逝られたことになるから、道綽を隔たること約一千六百年、道綽が「現今は佛世を去りたもうて後の第四の五百年に当たれり」というのはこの西周説を根拠にしているとおもわれる。

南伝佛教は「衆聖点記」説をとる。佛入滅後、律蔵を伝持する長老僧が毎年安居終了時に一点を記すことによって経過した年数を記録した。僧伽跋陀羅が『善見律毘婆沙』を訳した翌年（蕭斉永明八年、西暦四九〇年）七月夜半、安居終了して一点を記したとき計九百七十五点であったという。のち『歴代三宝記』が撰述された隋開皇十七年（五九七）で計一千八十二年である。これによって推計すると、佛滅年は紀元前四八六年になる。現在南伝上座部佛教に通用する佛滅年は紀元前五四四年である。このほか紀元前三八六年、紀元前三八三年等の諸説がある。

湯用彤『印度哲学史略』によると佛滅は紀元前四九〇―四八〇年の間とする。これは中国のおおくの学者がみとめる説である。

これらからわかるように、西周説は根拠にとぼしく、大幅に佛滅年をくりあげている。ただ、道綽は佛教史家ではないし、現代の佛教史家でも出せない確定年代を道綽に求めることはできない。道綽は弘教の立場で立論しているから史実の年代はさておこう。

北周武帝建徳三年（五七四）、廃佛の詔がくだる。道綽は十二歳である。建徳六年にはもとの北斉境で廃佛があり、道綽はちょうどそのころもとの北斉境の太原にいた。道綽は十四歳で出家、このとき十五歳である。佛門に入って間なしに身をもって廃佛の果を受け、艱難にあい、惨状を見聞した。少年の心に当時風行していた末法思想が今まさにその末法時だと思わせたとしてもむりはない。佛門の出路、衆生済度をかんがえ、四十をすぎてなお成果を得られず、内心焦燥した道綽は、玄中寺で曇鸞の碑文を読んで、暗闇に光明を見る思いで浄土法門を了解したのである。ためらうことなく玄中寺に身を投じ、浄土の弘揚を自らの事業とし、これを末法時救世の良法とした。

道綽は末法時と五濁世を結合する。『阿弥陀経』に「五濁悪世の劫濁、見濁、煩悩濁、衆生濁、命濁」と説く。曇鸞は『往生論註』に五濁の世から出発して難行易行の二道を説いたが、道綽はこれを継いで五濁悪世即末法時と解し、「末世五濁」（『安楽集』巻上）とよんだ。

（二）　難行易行

道綽のかんがえによれば、教法は「時」と「機」によってきまるべきで、これは教法を確定する原則である。「もし教が、時と機に赴けば修しやすく悟りやすし。もし機、教、時背けば修しがたく入りがたし」（浄全1-673下）とはこれである。

今はどんな時か。末法時、五濁の世である。衆生の機根はどうか。「機解は浮浅にして暗鈍」である。教法が時、機と相応する原則にしたがえば、すべからく懺悔修福し、佛の名号を称すべきである。それでこそ「教が、時と機に赴く」といえる。佛の名号を称するのは懺悔修福であり、一念で八十億劫生死の罪を除くことができる。したがって佛の名号を称して浄土に願生することが末世五濁の機解浮浅、暗鈍の衆生にとって唯一の解脱の法門である。他はいずれも難修難入であると。

道綽は佛経に依拠して具体的に難易を述べる。

早く無上菩提を証せんと欲する者は、まず須らく菩提心を発すを首とすべし。この心は識りがたく起こしがたし。たとえこの心を発し得るも、経に依ってついにすべからく十種の行を修すべし、謂わく、信、進、念、戒、定、慧、舎、護法、発願、回向、これらもて進んで菩提に至る。然して修道の身相続して絶えざれば、一万劫を経て、始めて不退位を証す。……但だ一劫のうちの受身生死すらなおその数を知るべからざるに、況や一万劫のうちに徒に痛焼を受けんや。もしよく明らかに佛経を信じ、浄土に願生すれば、寿の長短に随って、一形にただちに八位の階に至って退位せず、この修道と一万劫とは功ひとし。諸佛子等、なんぞ思量せずして、難を捨て易を求めざる。

(『安楽集』巻下、浄全1-699上)

佛道を修めるにはまず菩提心を発すこと。菩提心とはなにか、どんな内容をもつものか、これを知るのは容易ではない。この心を起こすのはさらに容易ではない。つまり「難識難起」である。

この心を発してのちさらに十種の行を修めねばならない。道綽のいう「十種行」とは一般に「十種心」「十信」「十信心」

「十心」とよばれ、菩薩五十二階位中最初の十位が修めるべき十種心である。これは信位において信行の成就をたすける。十種心の名称や順序は諸経によってちがうが、道綽によると（1）信心、（2）精進心、（3）念心、（4）戒心、（5）定心、（6）慧心、（7）舎心、（8）護法心、（9）願心、（10）回向心である。

このように身に十種行を修め、生死のうちを輪廻して絶えず、修行して絶えず、一万劫を経なければ不退位を証することはできない。曇鸞の『往生論註』中に不退位は初地から七地菩薩にいたる位とされる。小劫は一千六百八十万年、人の一生は百年にすぎない。一小劫を計算しても、一生百年として十六万回あまりの生を輪廻しなければならない。一小劫だけではない。万劫である。万劫にわたって苦を受け修行する。かくしてはじめて不退位が得られる。その難しさは想像を絶する。

しかし浄土の法門を修めるならば、寿命の長短にかかわりなく一生にしてたちまち不退位を得て、一万劫の修道とひとしい効果が得られる。まことに易行というべきではないか。

道綽は『倶舎論』をひいて難易を説く。

『倶舎論』中にまた難行、易行二種の道を明かすが如し。難行とは『論』に説いていう、三大阿僧祇劫において、一一の劫中にみな福、智の資糧、六波羅蜜、一切の諸行を具す。一一の行業みな百万の難行の道ありて、はじめて一位に充つ。是れ難行道なり。易行道とはすなわち彼の『論』にいう、別に方便ありて解脱することあるを易行道と名づくるなり。今すでに極楽に帰することを勧む、一切の行業ことごとく彼に回向し、ただよく専至することを得ば、すなわち究竟清涼にして、豈これを易行の道と名づけざるべけんや。（浄全 1-699 下）

「三大阿僧祇劫」は菩薩が修行し佛果を得るに要する時間である。阿僧祇劫とは梵文の音訳で、無量数、無央数を意味する。劫は長い時間の称で大中小の別がある。三度の阿僧袛大劫を三大阿僧袛劫とよぶ。「一位」とは上根の人が証得する一位、一切の位の功徳を同時に円満具足する。一位即一切位、即佛位である。『倶舎論』の説くところによれば、三大阿僧袛劫のすべての劫が一切万善の諸行を具え、それぞれの行中には百万の難行の道がある。これを修してはじめて「一位」に達することができるという。難しさはたいへんなものである。『倶舎論』に説く、別に方便の法、易行があって、浄土の法門がまさにこの易行道であると。

道綽は難易を論ずるのに曇鸞の『往生論註』の二道二力説を引用するが、曇鸞のひく龍樹『十住毘婆沙論』の説も当然含まれる。自力は難行、他力は易行という基本論点は曇鸞を継承する。ただ曇鸞は大乗難行の五つの理由をあげる。(1)外道が法を乱す。(2)自利が大慈悲を障う。(3)悪人が勝徳を破る。(4)顛倒の善果が梵行を壊す。(5)他力のささえがない。この重点は修行の外部条件が不利であること、他力の支援がないことである。道綽はこの基礎のうえで、修行者自身の修道の過程を具体化して不退位を得る辛苦を示し、さらに教が時、機と相応する原則を提起して、これによって難易を判じたのである。高い視点にたって難行易行の判をより深化させている。

(三) 聖道門と浄土門

難行道とはなにか、易行道とはなにか。道綽はいう。

何をか二となす。一に謂わく聖道、二に謂わく往生浄土なり。その聖道の一種は今時証すること難し。一に大聖を去ること遙遠なるに由り、二に理深く解微なるに由る。是の故に『大集月蔵経』に云う、わが末法時中の億億の衆生、行を起こし道を修め、いまだ一人も得る者あらず。当今は末法、現に是れ五濁悪世なり、ただ浄土の一門のみありて、通入すべき路なり。

（『安楽集』巻上、浄全1-693上）

道綽は難行、易行にもとづいて聖道門と浄土門をたて、浄土門以外のすべての法門を聖道門とした。曇鸞はただ難行道と易行道を述べただけだが、道綽はさらに一歩すすめてこの二門をたてる。重要なのは、曇鸞は他の法門を難行道、ただ「難行」としたにとどまり「不行」とはしなかった。道綽は他の法門を難行難証とし明確に否定はしないものの論証のなかで難しさを極力強調し否認したことである。聖道門は全力で修行し、身身相続しても、なお万劫を経なければ不退位を得ることはできない。その難しさは不行に当たるという。そして『大集月蔵経』の末法時に億億が修道しても一人として証果を開いた者はないという説を引く。つまり道綽のいう「難行」は実は「不行」であって聖道門を完全に否定している。曇鸞の二道二力説は浄土教を大乗佛教と対置し、浄土教をもって大乗佛教に代わるべきことを宣言したのだが、この点は道綽においてさらに明確になる。

往生浄土がかなわぬという誹謗正法者は、曇鸞にとって誹謗佛法者であり、その後果も浄土に往生できぬというにとどまる。しかし道綽の場合、さらに一歩すすめて、誹謗浄土者は「大極苦」を受けねばならぬという。

後に、閻浮提に或いは比丘、比丘尼ありて、是の経を読誦する者を見て、あるいは相嗔恚し、心に誹謗を懐く。この誹謗正法によるが故に、是の人現世のうちに諸悪、重病、身根不具、聾盲瘖瘂、水腫鬼魅を来致し、坐臥安からず。生を求めるに得ず、死を求めるに得ず、あるいはすなわち死を致して地獄に堕ち、八万劫中に大苦悩を受く。百千万世いまだかつて水食の名を聞かず。久しくして出ることを得るも、牛馬猪羊に在りて、人に殺され大極苦を受く。後に人となることを得るといえども、常に下処に生まれ、百千万世自在を得ず、永く三宝の名字を聞かず。

（『安楽集』巻下、浄全1-710下）

このように、浄土門は聖道門よりすぐれ、易行道であるばかりでなく、聖道門の「誹謗」をも許さないのである。もし「誹謗」するなら万劫を経るももとに復することができない。

道綽の立てる聖道、浄土の二門は、教判学説としても、たんに難行、易行の二道を立てる曇鸞よりよほど宗派性が鮮明である。中国の佛教各宗派の教判は自勝彼劣をいうにすぎないが、他が劣ることをいえばその批判はいきおい「誹謗」におよぶのも避けがたい。この「誹謗」者にたいし、これまでだれもこれほど厳しい詛呪をくわえた者はいないであろう。この点においても道綽の二道説は中国佛教においてきわだっているし、浄土門への真摯な思い、その「誹謗」者への許せない激情を語る。

三、浄土は報なり化にあらず

(一) 弥陀佛は報身なり

道綽は法、報、化の三身説を主張する。まず法身についていう。

如来の真法身とは、無色、無形、無現、無著、不可見、無言説、無住処、無生無滅なり、是れ真法身と名づく。

(『安楽集』巻上)

法身とは法をもって身とするもの、つまり佛法そのもので、したがって道綽がここにいうような特徴を具える。この道綽の説明はかれの法身の理解が諸家とほぼ一致することを示している。

しかし報身と化身については異なる。隋慧遠、智顗、吉蔵ら諸家によると、阿弥陀佛は化佛、浄土は化土である。道綽はこれにきびしく対立する。

古旧より相伝して皆云う、阿弥陀佛は是れ化身、土もまた是れ化土なりと、此れ大失なり。もし然らば、穢土また化身の所居、浄土もまた化身の所居ならん、如来報身は更に如何なる土に依るや、いまだ審らかならず。

（『安楽集』巻上、浄全1-676下）

道綽はまず『大乗同性経』によって報化の原則を確定する。すなわち、浄土中で成佛する佛はみな報身、穢土中で成佛する佛はみな化身であると。これによるなら阿弥陀佛は浄土で成佛したもうた。法蔵菩薩が浄土を建て、阿弥陀佛になられた。だから阿弥陀佛は報身佛であると。

道綽は二種の化身論に反駁する。

一は『鼓音声経』に、阿弥陀佛の父の名が月上、転輪聖王で、母の名が殊勝妙顔、国名が清泰であると説かれるから、阿弥陀佛は化身佛だとする論がある。

道綽は父母や城国のある阿弥陀佛が化身佛であることを認めるが、ただこれは浄土中の阿弥陀佛と同じではないという。

阿弥陀佛また三身を具したまえり。極楽に出現するはすなわち是れ報身なり。今父母ありと言うは、是れ穢土中に示現せる化身の父母なり。

（浄全1-677上）

『涅槃経』に説く釈迦佛の場合を引いて喩える。西方此れを去ること四十二恒河沙の佛土に世界あり。無勝と名づく。彼土のすべての荘厳また西方極楽世界に等しい。釈迦はここで成佛されて報佛である。衆生を化せんがために来たりて娑婆国土に示現され、父母あって、化佛となりたもうた。阿弥陀佛も同様、もとは極楽世界の報佛であるが、清泰国なる穢土に示現して、父母ある化佛となりたまうたのだとかんがえる。

二は吉蔵の説で、阿弥陀佛の寿命は有量で無量ではない、やがて入涅槃ののち観世音が佛位を補すというからには阿弥陀佛は化佛であるという。

観世音が阿弥陀佛の位を補すというのは『観音授記経』に説かれる。しかし道綽によるとこれは阿弥陀佛の滅度ではなく、阿弥陀佛報身が隠没相を示現したものだとする。道綽は『宝性論』を証拠にあげる。『宝性論』巻四に報身五種相を説く。(1)説法相、(2)可見相、(3)諸行不休息相、(4)休息隠没相、(5)示現不実体相である(大正31-843上)。

これによって阿弥陀佛の涅槃は報身が隠没相を示現したもので真実の涅槃ではないとする。道綽はいう「佛身は常住なれど、衆生は涅槃あるを見る」と。さらに『観音授記経』を引いて「彼経に云う、阿弥陀佛入涅槃の後、また深厚善根の衆生ありて、還えりて見るに(阿弥陀佛なお)もとの如しと。すなわちこれその証なり」と。道綽は阿弥陀佛の涅槃を示現と解釈することで、吉蔵のいう化佛説を否定し、阿弥陀佛の寿命有限説を否定する。

(二) 弥陀浄土は報土である

道綽によると、佛には法、報、化の三身があるが、佛土には法身浄土がなく、報、化の二土がある。「如来の真法身とは、無色無形、無現無著、不可見、無言説、無住処、無生無滅なり」という。

無住処とは無佛土である。道綽のこの観点は竺道生の「佛無浄土」説をおもわせる。摂論師如道基（？―六三七）は法身浄土を立てず、報化の二種浄土を主張した。道綽はあきらかにこれらの影響をうけており、隋慧遠、智顗、吉蔵らが法性浄土を立てるのと対立している。道綽によると報、化の二土には三種あるとかんがえる。

一、報土

真より報を垂るを名づけて報土とす。猶し日光の四天下を照らすが如く、法身は日の如く、報化は光の如し。……今此の無量寿国は即ち是れ真より報を垂る国なり。何を以てか知るを得ん。『観音授記経』に云うに依るに、未来に観音成佛して阿弥陀佛の処に替りたもう、故に是れ報なりと知る。（浄全1-977下）

「真より報を垂る」の「真」とは法性、真如を指す。報土も化土も法性を体とし、法性のあらわれであり、ちょうど日光が太陽のあらわれであるのと同様である。「真より報を垂る」とは法性より示現した報土ということである。どうしてそれが報土であって化土でないと知るのか。観音がやがて阿弥陀佛に代るということからわかる。つまり教主はかわっても国土はかわらない。国土は終始酬因の土なのである。つぶさに万行を修して浄土の果を感報し、果を以て因に酬いたもの、ゆえに佛は報佛と称され、土は報土とよばれる。この見方は曇鸞が浄土を果報土とした見方と一致する。

二、無にして忽ち有の化土

無にして忽ち有なるを名づけて化となす。即ち『四分律』にいうが如し、錠光如来提婆城と抜提城を化す、（二城）相近くして共に親婚をなして往来す、後時（錠光如来）忽然として火を化して（二城を）焼却して、衆生をして此無常なるを見せしむるに、厭を生ぜざるはなく、みな佛道に帰向すと。

（浄全 1-677 下）

意味するところは、佛が衆生を化導するため国土を立てられると、無が忽然と有となり、有がたちまち無となる。これは化土である。錠光如来が提婆城と抜提城を化し、二城は近くてたがいに親婚し往来したが、のちに火をもって二城を焼却し衆生に事物の生滅遷流、刹那に消滅して、常住でないことを教えられた。本なくて今あり、今ありて後なし、これによってみな現実世間に厭離の心を生じ、佛道に帰向せしめられたというのである。縁に随って衆生を開導し、衆生に菩提心を生ぜしめる法である。

三、穢を隠し浄を顕わす化土

穢を隠し浄を顕わす。『維摩経』にいう、佛が足指を以て地を按じたまうに、三千刹土厳浄ならざるはなしと。

（浄全 1-677 下）

『維摩経・佛国品』によると、佛が言われる「心浄なれば即ち佛土浄なり」と。舎利弗はこれを信ぜず、考える。此土には丘陵坑次、荊棘砂礫、土石諸山あって穢悪充満しているが、だからといって釈迦佛が菩薩のとき心が不浄であったといえるだろうかと。すると螺髻王がいう。あなたは此土が不浄であると見てはいけない。わたしは釈迦佛の土を見たがその清浄なること自在天宮の如くであった。あなた自身の心に高下があって、佛慧に依らないから此土が不浄に見えるのだと。佛は舎利弗を説得するため足の指で大地を按じてみせられる。と、たちまち三千大千世界に功徳荘厳が現れた。

道綽はこの例を引いて説明する。釈迦佛土には穢も浄もある。日常は浄を隠し穢を顕わすがこれは下劣の衆生を度化するためである。もし心を浄くすれば浄が顕われ穢が隠れる。このような穢が隠れて出現した浄土は実際上一種の化土である。釈迦佛の報身報土は西方無勝世界にあって、娑婆世界の釈迦佛はその化身にすぎないと。

道綽は報土化土をこのような三種に分けた。化土には二種あって「無にして忽ち有の化土」と「穢を隠し浄を顕わす化土」である。ただこの二種の化土は長時持続するものではなく、一時暫変の浄土である。報土のみが長時の浄土である。弥陀浄土は報土に属する。ただ道綽においては報土も二つに分かれる。法性浄土（性土）と相土である。これは後にとりあげることにする。

（三）凡聖通往

つぎのように考える人がいる。法は心より生じ、心が浄なれば土もまた浄である。したがって浄土は心中にあって心外に浄土はないのだと。さらにまた、大乗の要義は諸法空寂ではないか。浄土の諸相はどこから来るというのか。願生浄土とは取相である。受染であり、漏縛を転増するものである。どうしてこれを求めようというのかと。この言外の意は浄土が真実の報土でなく、凡愚を化する化土にすぎないということである。これはまさに大乗佛教の「心外無法」「諸法空寂」の教理が浄土学説と矛盾することをつくもので、報化の争いをはるかに超える問題である。

道綽はいう「もし縁を摂し本に従えば、即ち是れ心外無法なり。もし二諦を分けて義を明らかにすれば、浄土は是れ心外の法なるを妨げず」と。つまり、根本から言えばたしかに一切法（万物）は心より生じ「心浄なれば土浄なり」である。その意味において心外無法であり、浄土は心中のものである。しかし真俗二諦から言えば、浄土は心外の実在の報土であると。

「諦」とは道理である。二諦とは真諦と俗諦をいう。俗諦は虚幻のもの、顛倒したもので、真諦は真実のもの、正しいものである。しかしこの二者は同時に統一された存在でもある。真諦は本来言葉や名相の概念であらわせるものではない。まして言葉でひとに理解させられるものではない。ひとに真諦を証得させるためには俗諦を説かねばならない。俗諦と真諦の関係は概念を運用する解釈上に成立している。正しく言葉や概念を運用し、真諦といっしょになり、相補相成して、はじめて佛教の真理を理解する道筋に入ることができる。つまり、俗諦を階梯とすることによってはじめて「俗より真に入る」ことが可能になる。その意味で俗諦もなお真実性をもつ。真諦を証得してのちもなお俗諦を有するのは「真より俗を化す」こと、すなわち真諦が世間の種々の言葉や概念に随順して種々の方便となり、衆生をしだいに教化して究竟にむかうからである。真諦がもし俗諦に依随しなければみずからも成立しがたく、世界の現象の説明もできない。まして衆生を化導することはできない。したがって二諦連携して現象を観察しなければならない。これが中観、中道である。

諸法空寂というのは真諦である。真を以て俗を統べると、真ならざる俗はない。一切諸法はすべて寂滅に帰する。ゆえに佛は、あるいは衆生相を破り、無相に帰せしめ、我法両執、見修二惑を除かんと欲して偏に第一義諦を明かし一切皆空を説きたまう。しかしまた一方、衆生に舎凡成聖、断悪修善、欣浄厭穢せしめんがために、浄穢二土を説き、凡聖不同、因果差別の種々の法を説き、佛法成就、利益衆生をはかりたまう。俗諦の因果差別、浄穢二土の教えだからといって一切空寂の真諦を信じないわけではない。また真諦は畢竟無相の理だからといって浄土因果の教えを否定するものではない。これは佛法が統一する二面である。道綽は『無上依経』を引いていう。

佛阿難に告げたまわく、一切衆生もし我見を起こすこと須弥山の如く（多量）なるも、われ懼れざるところなり。何を以ての故に。此人いまだ出離（解脱）を即得せずといえども、常に因果を（破）壊せず、果報を失わざるが故に。もし空見を起こすこと芥子の如く（わずか）なるも、われ即ち許さず。何を以ての故に。此の見者は因果を破喪して、多く悪道に堕し、未来の生処にて必ずわが化に背かんと。今、行者に勧む、理は無生なりといえども、然るに二諦の道理は縁求すること無きにあらず、一切往生するを得べし。　（『安楽集』巻上、浄全1-682上）

真諦の空理を解せず、俗諦の我見にとらわれる凡夫も教育することができる。このひとたちは因果を壊さず、果報を失わないから、因果律によって引導して解脱を得させることができる。しかし、もし二諦の道理を解せず、ただ一切皆空のみを知って、浄土の因果を空とみなすなら、たとえわずかでもこの考えのあるひとを佛は許されない。この考えは因果を破壊し、衆生を度化することができないからである。道綽はくりかえし説明する。第一義諦からいえば往生は即無生である。しかし二諦の理からいえば浄土は即報土であり、往生は真実の往生であると。さらに曇鸞の『往生論註』によっていう、往生浄土は因縁生であり、因縁生はすなわち仮名生であり、仮名生はすなわち無生である。したがって俗諦の往生と真諦の無生とは統一される。弥陀浄土は真俗二諦の指導下に成り立ったもの、凡聖を通じてみな往生が可能なのだと。

道綽はまた「相土」の概念を提出する。「相」とは様相、状態をいう。道綽によれば報土には性土と相土の二種がある。性土はすなわち法性浄土で、離念無相、無形無色、無生無滅、理処虚融、体無偏局である。相土は花池、宝閣、宮殿、宝樹等のある荘厳相の浄土である。これは摂論師法常等の影響をうけたものである。凝然『維摩経疏庵羅記』によると、法常が四種浄土の説をたて、のちの智儼、道宣、玄惲らはみなこの説にしたがっている。四種浄土とは（1）化浄土すなわち十方に化現するすべての浄土、（2）事浄土、衆宝荘厳する十方の浄土、（3）実報浄土、諸種の理によって成るところの、いわゆる三空（人空、法空、倶空）を以て門とし、諸波羅蜜（度）を以て出入の道とする浄土、（4）法性浄土、すなわち真如、いわゆる無住の本に依って一切法をたてるものである。道宣、玄惲はさらに開合の二門をたてる。開けば法常の化浄土、事浄土、実報浄土、法性浄土の四種浄土となり、合すれば報、化二土となり、事浄土、実報浄土、法性浄土は報土に、化浄土は化土にはいる。道綽の性土は、まったくおなじではないが、摂論師の実報浄土の影響をうけている。相土は摂論師の事浄土に近く、衆宝所成、五塵（色声香味触）をもってその土相としている。

隋慧遠らは弥陀浄土を化土とする。凡夫は化土に入ることができるが、報土に入ることはできない。摂論師道基らは弥陀浄土を報土とするが凡夫が報土に往生することを認めない。つまり凡夫の報土往生を認めない点では両者おなじである。道綽によると弥陀浄土は性土であると同時に相土である。上輩者は真諦によって修行し性土に往生することができる。中下の凡夫は俗諦によって修行し相土に往生することができる。いずれにせよみな報土に往生できる。ちがいは修行の法である。その二種の修行法について道綽はつぎのようにいう。

真諦による修行は実相念佛である。これに道綽は曇鸞の広略相入の原理をひく。広略相入の実相念佛によって浄土の万象を観察し、すすんで実相を悟解する。すなわち俗諦からすすめて真諦を悟解し、「二諦に背かず」んば、上輩の往生人となることができる。

俗諦による修行は有相の法で、すなわち念佛三昧と称名念佛である。弥陀経典中に描かれる浄土は種々の美しい姿をそなえる。とくに『観無量寿経』では佛、菩薩の身相および色香声味触の各種の楽事を具体的に描述する。念佛三昧は浄土の依正二報の荘厳相を観想することである。これによって行者に諸根を収摂し、心を馳散せず、顛倒を離れ、寿終とともに佛の引接を得て浄土往生せしめるのである。口称念佛は念念絶えず、身口意三業が相応する。これはなお有相の法である。しかしこれが有相であるため、学問僧に弥陀浄土が化土であるといわれる理由になり、さらにすすめて弥陀信仰が取相であり、漏縛を転成するもので、解脱の道ではないとまでいわれた。道綽はすでにみたように真俗二諦によってこれに反駁したが、より明確にするため「有相」に特に論及する。

およそ相に二種あり。一に五塵欲界において、妄愛貪染し、境に随って執着す。此等是の相、名づけて縛となす。

二に佛の功徳を愛して浄土に願生す、是れ相というと雖も、名づけて解脱となす。（『安楽集』巻下、浄全1-703下）

道綽はいう。十地菩薩中の初地菩薩はなお真俗二諦を観想し、心を励まし、意を専にして、先ず相に依って修道しなければばならない。しだいに大菩提を増進し七地に至って終り、相心をおさめることができ、八地になってやっと求相を絶つことができる。ましていわんや浄土願生の凡夫が修めるところの善根は、すべて佛の功徳を愛することから生まれる。どうしてこれが縛であろうかと。

また『涅槃経』を引いていう。一切衆生には二種の愛がある。一に善愛、二に不善愛。不善愛は愚者だけが求めるもの、菩薩が追求するのは善愛である。浄土の諸相を愛するのは善愛で、取相であっても煩悩によって執縛されるものではない。「彼の浄土の相というは、すなわち是れ無漏相、実相の相なり」と。この浄土諸相が無漏相、実相の相という観点は、凡夫が取相でも浄土をもとめ得ることの合理性を論証したわけで、凡夫求生浄土の信心を鼓舞するものであった。

道綽はさらにいう「中下の輩ありてより、いまだ相を破ることあたわず。信佛の因縁に依りて浄土に求生し、彼国に至るといえども、なお相土に居す」（浄全1-683上）と。つまり凡夫は佛理を解せず現実を重視するから、浄土の種々相によって信仰を生ずるが、浄土往生ののち留まるのはなお宝殿楼閣のならぶ相土である。目睹できる諸益を楽しみ、空寂に帰するわけでも、心想に帰するわけでもないという。

道綽は真俗二諦の理によって取相の不可避を明らかにし、「性空無相」「心外無法」の立場からする批判に理論的に反駁した。重要なのは有相の弥陀浄土がなお真実の報土であり、凡夫可入、往生是真であることを明確にして、凡夫の弥陀浄土信仰を力づけたことである。

（四）三不成の説

道綽は「三不成」の説を引用して浄穢二土の関係を説明する。

『浄土論』にいう、一質成らざるが故に、浄穢に虧盈あり、異質成らざるが故に、原を求むればすなわち冥（合して）一なり、無質成らざるが故に、縁起すればすなわち万形なりと。故に知りぬ、もし法性浄土に拠ればすなわち清濁を論ぜず、もし報化の大悲に拠らばすなわち浄穢無きに非ざるなり。（『安楽集』巻上、浄全1-677下）

ここにいう「一質成らず」「異質成らず」「無質成らず」を「三不成」という。道綽は『浄土論』を引く。唐懐感『釈浄土群疑論』によると『浄土論』は前秦道安の撰という。しかし古今いずれの目録にもこの著録はない。おそらく前秦道安ではなく北周の道安撰であろう。

北周道安は隋慧遠の師で馮翊胡城（陝西省城固県西）の人、俗姓姚である。若くして佛道を慕い禅を修め、具足戒を受けて後は渭濱の地に『涅槃経』と『大智度論』を宣揚し、朝野の学者に尊崇された。のち北周武帝の命を奉じて大中興寺に錫を駐した。当時世風は道教をあがめ、武帝も道教を奉じた。道安は『二教論』一巻を書いて呈上し、林沢に遁れた。帝は勅してこれを探させ、牙笏彩帛を給い、朝班に列せんとした。しかし辞して就かず。後入寂、世寿不詳である。

「三不成」の説は道綽以前の諸書には見られない。北周道安の弟子隋慧遠は淵博の学者で『大乗義章』のような百科辞書的巨著があるにもかかわらず「三不成」にはまったくふれていない。「三不成」が北周道安のものかどうか、なお疑わしいが、ここでは一応北周道安の説としておこう。

懐感の『釈浄土群疑論』巻一には「心浄なれば土浄なり」の立場から「三不成」を解説している。（浄全6-13下）

一質不成。浄穢の二土は浄穢の二業が自らの心を変現して浄穢の相をつくったもので、浄穢の相は浄穢の心が現わしたものである。したがって心浄なれば土浄、心穢なれば土また穢で、それぞれ自らの心による。心に二ある以上、土もまた一ではない。一質不成とは一質によって成ったものではなく、浄穢二種の質がつくったものだという。浄穢二種の質があるからには浄を現わしまた穢を現わす。それは心が浄であるか穢であるかによる。心が浄であれば浄が満ち穢が欠ける。心が穢であると浄が欠け穢が満ちる。『維摩経・佛国品』に説くところでは、佛が足指をもって地を按じたまうと三千大千世界たちまち衆宝荘厳し浄土が現れる。佛が足指をもって地を按じたまう前は穢満ち浄欠けるが、佛が足指をもって地を按じたまうとき、浄満ち穢欠けるのである。この世を舎利弗が穢土と見、螺髻王が浄土と見たのは、二人の心にちがいがあるから現われる土に浄穢のちがいが生じたのである。佛土が一種の質によって成るものでないことがわかる。これが「一質成らざるが故に、浄穢に虧盈あり」といわれる。

異質不成。浄穢二心が浄穢二土を現し、心に二体、土に二相ありというものの、これは同処同時にあってもべつにたがいがぶつかるというものではない。浄のあるところには穢がないわけではないし、また穢のあるところには浄がないわけではない。浄穢は別々にあって相容れないというものではない。同処同時に浄穢が現れるから「異質成らず」すなわち浄穢同質だという。これにはふたつの含意がある。一、浄穢二相の本体をもとめるといずれも法性である。法性からいえば二相は冥合して一となる。ゆえに「玄（原とも）を捜むれば即ち冥す」といわれる。二、浄穢二土はおなじ処である。同一処で二処ではないということからいえば二土は一質である。これが「異質成らず、玄を捜むれば即ち冥す」といわれる。

無質不成。浄穢二土は同一処に現れ、浄穢の相にちがいがあるとはいえ、いずれも浄穢二業のちがいがつくったもので、あるいは棘林瓦礫を示現し、あるいは瓊樹珠璣を示現する。縁より生ずるもの「他に依って性起こり」それが土相となる。浄穢二土の種々相は実在のもので、けっして空花、亀毛、兎角の類ではないし、思いに偏してとらわれた心から生ずる情有体無、形質の体無しというものではない。浄土には浄質があり、穢土には穢質がある。それぞれ種々の因縁が変現して種々相となったもので、質あって成ったものである。したがって「無質成らず、縁起すれば万形なり」といわれる。

この「三不成」は浄土と穢土の関係を説いたもので、概括すると「非一、非異、非無」あるいは逆に「為二、為一、為有」ということができる。同一国土に、同一の法性が示現した真実の浄穢二土であり、心浄にして浄土を見、心穢にして穢土を見る。

道綽がこの「三不成」を引用するのは「もし法性浄土に拠ればすなわち清濁を論ぜず、もし報化の大悲に拠ればすなわち浄穢無きにはあらず」を説明せんがためである。つまり、法性からいえば浄穢二土はいずれも法性そのもの、浄穢二土を分ける必要はない。しかし佛の大悲心が衆生を度化することからいえば浄穢二土の別がある。これから、道綽は、浄土とは法性の示現した報土であると論証しようとしているのである。

論理から推せば、道綽の「三不成」による浄土が報土だという論証はなお厳密さを欠く。なぜなら、弥陀浄土が報土だとすれば、凡夫の心いまだ浄ならず、浄因なくして、どうして報を得て報土に生ずることができるだろう。この厳密を欠くところをのちに懐感が補う。懐感はいう。

また彼の浄と言うは、究竟浄心がよく他の有情のために無漏の浄土を現ずるを謂う。今往生する浄土は、佛の浄相に依ってその浄土を現ずるを謂う。

(『釈浄土群疑論』巻一、浄全6-12下)

つまり、弥陀浄土は阿弥陀佛浄心の所現で、阿弥陀佛が万行を修して感得された報土で、衆生を度化するため示現したもうたものである。したがって往生浄土は佛力によって得られるものである。凡夫の心が「未浄」であってもみな佛の浄相によって浄土を見ることができるのだと。この補足はまさに道綽の原意にかなうものである。

四、弥陀浄土は殊に勝る

(一) 弥陀浄土は穢土に勝る

道綽は弥陀浄土と娑婆世界という穢土を比較していう。

此処の境界にただ三途丘坑、山澗沙鹵、棘刺水旱、暴風悪触、雷電霹靂、虎狼毒獣、悪賊悪子、荒乱破散、三災敗壊あり。正法を語論すれば、三毒八倒、憂悲嫉妬、多病短命、飢渇寒熱、常に司命害鬼に追逐せらる。深く穢悪すべきこと、つぶさに説くべからず。故に有漏と名づけ、深く厭うなり。(『安楽集』巻下、浄全1-701上)

ここにいう「三途」とは地獄、餓鬼、畜生をいい、「三災」とは風、水、火を、「三毒八倒」とは貪、瞋、痴の三毒および凡小八倒を指す。八倒とは、凡夫が有為の法に執して常、楽、我、浄となし、二乗の行者が無為涅槃の法に執して非常、非楽、非我、非浄となす、この八種の顛倒した考えをいう。「司命」とはひとの運命をつかさどる神で、過悪の軽重によってひとの寿命をうばう。『佛説三品弟子経』『四天王経』等によると、司命は帝釈天の命を受け、ひとびとの日常の言行の善悪によってそのひとの寿を増損する。ただしこれは佛教本来のものではなく、佛経中に混入した道教の神祇である。

道綽は自然環境の劣悪、身心にうける苦しみ、司命が寿命をうばうことを挙げて穢土の厭うべきことを説く。また一方弥陀浄土の極楽を概括してつぎのようにいう。

ひとたび彼の国に生ずる者は、行けばすなわち金蓮が足を捧げ、坐すればすなわち宝座が躯を承け、出ずればすなわち帝釈前にあり、入ればすなわち梵王後に従う。一切の聖衆は我と親朋にして、阿弥陀佛は我が大師なり。宝樹宝林のもと、意に任せて翺翔し、八徳池のうち、神を遊して足を濯う。形はすなわち身金色と同じく、寿はすなわち命佛と斉し。学はすなわち衆門ならび進み、とどまればすなわち二諦虚融す。十方に衆を救うにはすなわち大神通に乗じ、晏安暫時するにはすなわち三空門に坐す。遊すればすなわち八正の路に入り、至ればすなわち大涅槃に到る。（浄全1-701上）

「三空門」とは『金剛経纂要刊定記』にいう我空、法空、倶空、あるいは『辯中辺論』にいう唯識家の無性空、異性空、自性空を指す。「八正」とは八正道の簡称で、正見、正思惟、正語、正業、正命、正精進、正念、正定の八種の涅槃解脱に通ずる正しい方法ないし道筋である。「大涅槃」とは大滅度、大円寂を指し、佛の完全な解脱の境界である。

道綽の描く弥陀浄土は自然環境、社会関係、人の身心を包括する。世俗の観点の楽しみもあれば、優れた佛門の解脱もある。これは弥陀浄土を描く一篇の優美な駢文である。

つぎのようにかんがえるひとがいる。菩提心を発して衆生の苦を除こうにも衆生は穢土にいる、求生浄土とは衆生をすてて自分が菩提の楽を求めているのではないかと。言外に求生浄土とは利己的なものという。道綽はこの考えにたいし曇鸞の利他即自利、自利即利他の原理で説得する。七地以上の菩薩は穢土に行き衆生を済度することができるが、凡夫はみずからが保てない。どうして人を援けられよう。深い淵で溺れるひとを助けようにも、力がなければともに沈む。まず浄土に求生し、大悲の船を得て、無碍の辯才に乗じて生死の海に入り、かくしてはじめて出難の衆生を済けることができるのだと。

（二）弥陀浄土は兜率天宮に勝る

道綽は弥陀浄土と弥勒浄土を比較し、四つの面からちがいを論ずる。

一、弥勒菩薩は兜率天宮で説法し、聞法生信の者はその益を得る。これは弥陀浄土と同じである。しかし兜率天宮は「楽に著き信なき者、その数一ならず」といわれる。兜率天宮には女人があって欲楽がある。天宮の居民には欲楽にふけり聞法するもなお信を生じないものがいる。弥陀浄土の居民がすべて聞法生信し例外がないのには劣る。兜率天宮に生じても不退転位に達したものはいない。弥陀浄土の居民がすべて不退を得ているのに比べ劣る。退転すれば三界にもどって輪廻し苦をうける。「三界に安きことなく、なおし火宅の如し」である。

二、兜率天宮に生まれ長寿を得ることができるが、これは四千歳（この世の五十七億六千万年）である。命終われぱまた退落しなければならない。

三、兜率天宮には水、鳥、樹林があって耳をたのしませる美しい音があるが、これは諸天の楽音とおなじく五欲に順ずるもの、修道のたすけにならない。弥陀浄土に生ずると完全な不退転であり三界を出る。寿は佛とひとしく、再び三界輪廻の苦しみをうけることがない。その水、鳥、樹林はよく説法するもの、「人をして悟解し、無生を証会せしむ」ものである。

四、音楽をもって二浄土の優劣を比較する。道綽は曇鸞の『讃阿弥陀佛偈』中の一偈をあげてそのすぐれるところを説く。

世の帝王より六天に至る、音楽うたた妙にして八重あり。
展転して前に勝ること億万倍、宝樹の音の麗なることますます亦然り。
また自然の妙伎楽ありて、法音は清和して心神を悦ばしむ。
哀婉雅亮は十方を超え、是の故に清浄の勲を稽首したてまつる。

（『安楽集』巻上、浄全1-684下）

道綽のあげる四つの優劣は条理整然としないが、いうところは明白である。兜率天宮は欲界にあって環境の楽は五欲にしたがうもの、修道の資にはならない。四千歳の命終ののちは退転して輪廻に堕ちる。しかし弥陀浄土は三界を出るもの、居民はふたたび輪廻せず、寿無量で、最高の法楽を享受して無生を悟ると。

弥陀浄土が三界を出るもの、三界所攝でないことについて、道綽はきわめて明確な態度をとる。曇鸞の『往生論註』『讃阿弥陀佛偈』、龍樹の『大智度論』、世親の『往生論』等の論をひいて「浄土は勝妙にして、体は出世間なり」「地に居すと言うといえども、精勝妙絶なり」「三界道を勝過す」と説く。

(三) 弥陀浄土は十方の浄土に勝る

あるひとがいう。十方の佛国はすべて浄土である。なぜ西方に帰すことのみ勧めるのかと。道綽はこれに答え、西方浄土が十方浄土に勝れることを説く。ただこれに答えるのに、道綽は弥陀浄土の清浄安楽殊勝を多く語らず、有縁、易往、初門等の視点から説く。

十方の佛国は不浄たるに非ず、然るに境ひろければ則ち心くらし、境狭ければ則ち意専らなり。……一切衆生は濁乱の者多く、正念の者少なし。衆生をして志を専らにしとどまるところあらしめんと欲し、是の故に彼国を讃嘆し別異となすなり。

（浄全1-684下）

十方の浄土もよいが衆生に意を専らにさせんがため弥陀浄土を賛嘆するのだという。この理由はのちに善導に継承される。

問題は十方浄土がよければ、なぜ他の浄土を賛嘆せず、偏に弥陀浄土ばかり賛嘆するのかという点にある。道綽はつぎの二つの理由をあげる。

第一、弥陀浄土が浄土初門であること。

『八十華厳・寿量品』にいう。

此の娑婆世界釈迦牟尼佛の一劫は、極楽世界阿弥陀佛刹において一日一夜たり。極楽世界の一劫は、袈裟幢世界金剛堅佛刹において一日一夜たり。袈裟幢世界の一劫は、不退転音声輪世界善勝光明蓮華開敷佛刹において一日一夜たり。不退転音声輪世界の一劫は、離垢世界法幢佛刹において一日一夜たり。離垢世界の一劫は、善灯世界獅子佛刹において一日一夜たり。善灯世界の一劫は、妙光世界光明蔵佛刹において一日一夜たり。妙光世界の一劫は、難超過世界法光明蓮華開敷佛刹において一日一夜たり。難超過世界の一劫は、荘厳慧世界一切神通光明佛刹において一日一夜たり。荘厳慧世界の一劫は、鏡光明世界月智佛刹において一日一夜たり。佛子、かくのごとき次第にして、乃至百万阿僧祇世界をすぎて、最後の世界の一劫は、勝蓮華世界賢勝佛刹において一日一夜たり。

（浄全1-685上　参照）

道綽はこの『華厳経』の説くところにしたがって、弥陀浄土が浄土の初門である。浄土往生は当然初門からはじまる。初門は易往だからである。諸佛はこれによって偏に往生を勧めたまうのだと。

道綽が弥陀浄土を浄土の初門とするのは、吉蔵が『華厳経』によって弥陀浄土を最下品の浄土だとする観点と一致する。

第二、弥陀浄土がもっとも近いこと。

道綽のかんがえでは、穢土の始まりは斯訶とよばれ、娑婆世界の東北にある。土地は三角の砂石ばかりで、一年に三度雨が降るが潤すのは表面五寸である。居民は果物をたべ、樹皮を着て、生きるに生きられず、死ぬに死ねずの状態である。いまひとつ世界がある。すべての虎狼禽獣蛇蝎は羽があって飛ぶことができ、出会えばたがいに食い合い、善悪をわきまえない。これが穢土の始まりである。そして娑婆世界は穢土の終りに位置する。弥陀浄土が浄土初門とすれば、浄土の始まりで、穢土の終りである娑婆世界と境を接することになる。つまり空間距離で弥陀浄土は娑婆世界にもっとも近い。

さらに道綽はいう。阿弥陀佛、観音、大勢至は「此の衆生において偏に是れ有縁なり、是の故に釈迦は帰することを処々に嘆じたまう」と。佛家にとって「有縁」とはもっとも説得的な理由である。十方の浄土がどれほど立派であろうと娑婆の衆生にとって無縁である。弥陀浄土は初門であっても娑婆の衆生に有縁である。したがって『観無量寿経』中韋提希夫人はそこに生まれることをよろこび、諸佛は勧めたまう「故に知りぬ、諸浄土中に安楽世界は最勝なり」と。

総じて、弥陀浄土は穢土よりすぐれ、兜率天宮よりすぐれ、十方浄土よりすぐれ、往生するにもっともよい国土である。ただ西方浄土を十方浄土の初門としたのは、吉蔵が西方浄土を諸浄土中最下品に判じたのと同じで、この低い評価は曇鸞やのちの善導とちがって道綽の浄土学説の注目すべきところである。

興味深いのは道綽が弥陀浄土の西方にある理由を説明するところである。この問題は現代になってもひとびとが興味をよせ、諸説紛々である。ある考えによると、三世十方無数の浄土中、ただ西方弥陀浄土の成立がおそく、他の浄土思想の精華をとりいれたのでもっとも成熟した浄土思想となった。このため他の浄土思想は輝きをうしない、結果としてひとびとはただ西方浄土ばかりを知るが、浄土は西方に偏在するわけではない。

また別の考えによると、西方は日の沈むところ、ひとびとは沈みゆく太陽をみて蒼茫たる晩年を連想し、生命のおわり、死後の霊魂の行方をおもう。そこにすばらしい願望がうまれる。日の沈むところが荘厳清浄の極楽世界であり、死後の理想の帰るべきところとかんがえる。さらに、日は西に沈むと翌日は東にのぼる。これは容易に西方に帰してのちの再生や永生を連想させる。西方浄土はこうしてできあがったのだと。

道綽の答えはつぎのようなものである。

閻浮提には日の出ずる処を生と名づけ、没する処を死と名づく。死地をかりて、神明が趣入し、たがいに助便す。是の故に法蔵菩薩願いて成佛して西に在り、衆生を悲接したまう。（浄全1-702下）

われわれの現実世界の認識から、日の出るところを生とよび、日の沈むところを死とよぶ。死後霊魂が西方に帰するから西方の死地をかりて死後の霊魂をたすける方便とする。したがって阿弥陀佛は西方に成佛することを願い、大悲心をもって衆生を引接したまうのだと。日が西に沈むことから浄土が西方にある。日没説の創始者は道綽であろう。

道綽は『須弥四域経』をひいて衆生がなぜ西方に帰するかを説明する。

天地初めて開けし時、いまだ日月星辰あらず。たとえ天人の来下することあれども、ただ項の光を用いて照用す。

この時人民多く苦悩を生ず。是において阿弥陀佛は二菩薩を遣わす、一を名づけて宝応声、一を名づけて宝吉祥、即ち伏義、女媧是なり。此の二菩薩共に籌議して、第七梵天上に向かい、その七宝を取り、此界に来至して、日月星辰二十八宿を造り、以て天下を照らし、その四時春秋冬夏を定む。時に二菩薩共に相謂いていわく、日月星辰二十八宿をして西に行かしむるゆえんは、一切諸天人民ことごとく共に阿弥陀佛に稽首せしめんがため、是を以て日月星辰皆ことごとく心を傾け彼に向かう、故に西に流るなり。（浄全1-702下）

『須弥四域経』は偽経である。中国古代神話にあらわれる伏羲、女媧を阿弥陀佛がつかわした二菩薩とする。中国で編造された経であることはあきらかである。道綽はこれをひいて、阿弥陀佛が伏羲、女媧を派遣して娑婆世界に日月星辰二十八宿を造らせ、これを東から西に運行させて、衆生を西方阿弥陀佛に帰心させるよう導くのだという。神話的創世説である。論理から推せば、まず日が東よりのぼり西に沈むことがあって法蔵菩薩が西方を選んで成佛し衆生を引接したもうたのか、それとも阿弥陀佛が西方にあって二菩薩をつかわして日月星辰をつくりその運行で衆生を西に帰せしめたのか、先にあったのは太陽か阿弥陀佛か、解し難い矛盾である。しかし宗教家として阿弥陀佛の神力は不可思議であり矛盾しない。道綽は畢竟宗教家である。

五、十念成就は別時意

『観無量寿経』には、五逆十悪の人も臨終十念「南無阿弥陀佛」を称して即得往生すると説く。しかしこの十念成就はあまりにも簡単すぎて、ひとびとは疑いを懐く。曇鸞は『往生論註』で十念は重く五逆十悪は軽いと十念成就の信ずべきを説いた。智顗は『浄土十疑論』でこの曇鸞説に賛成し別時意説を批判した。しかし別時意説は世にひろくおこなわれている。この両説に直面し、道綽は別時意説に賛成する。ただ別の解釈をくわえる。『摂論』にいう。

別時意とは、譬えば「もし人多宝佛の名を誦持すれば、決定して無上菩提において更に退堕せず」と説くことあるが如し。また説くことありていわく「ただ安楽浄土を発願するにより、彼に往きて生を受く」と。

世親解釈していう。

是れ善根に懶惰なるもの、多宝佛の名を誦持するを以て、上品に進む功徳となす。佛意は上品の功徳を浅行中に顕わし、懶惰者をして懶惰を捨て、修道に勤めしめんと欲するがためにして、ただ佛名を誦するにより、ただちに退堕せず決定して無上菩提を得るというにはあらず。譬えば一金銭にて営むによって、千の金銭を得んともとむるは、一日に千を得るにはあらず。別時に千を得るに由る。如来の意もまた然り。此の一の金銭は千の金銭の因たり、佛名を誦持するもまた然り、不堕菩提の因となす。（『摂大乗論釈』巻六、大正31-194中）

あるひとはこの『摂論』『摂論釈』によって、臨終十念は別時意であり、往生の因であっても、ただちに往生を得るものではないとかんがえる。ちょうど一銭で商いをして千銭を得るにしても一日で得るのではないのとおなじである。道綽はこの考えに同意せず、臨終十念でただちに往生できるとかんがえる。

別に説明していう。

今此の経（観無量寿経）中には、ただ一生造罪するも、命終の時に臨んで、十念成就して即得往生するを説き、過去の有因無因を論ぜず。偏に是れは世尊が当来の造悪の徒を引接して、臨終に悪を捨て善に帰し、念に乗じて往生せしめんとし、これによってその宿因を隠せり。これは世尊が始を隠し終わりを顕らわし、因を没し果を談ずるもの、名づけて別時意の語とす。

（『安楽集』巻上、浄全1-685下）

「宿因」とは過去世につくった業因である。因には善因も悪因もあるが、宿因、過去因といえば一般に善因を指す。道綽は造悪のひとが臨終十念で即得往生するのはすべて宿因があるからだとかんがえる。過去世に佛に供養し、菩提心をおこし、大乗経の教えを聞いて誹謗せず、これを愛楽した。この宿因によって今世に悪業を造っても命終に臨んで十念成就、即得往生する。したがって宿因のないものは臨終十念しても即生することはできないという。

明らかに知りぬ、十念成就するは皆過因ありて虚しからず。もし彼過去に因なくんば、善知識すらなお逢わず、何ぞ況や十念成就すべけんや。

（浄全1-686上）

宿因のないものが臨終十念で即生することができないとすれば、佛はどうして臨終十念即得往生と説きたまうのか。どうして宿因を説かれないのか。道綽はこれが別時意だとかんがえる。佛は将来造悪する輩を接引し、臨終に悪を捨て善に帰せしめんがために「その宿因を隠し」「始を隠し終わりを顕わし、因を没し果を談じ」たもうたのである。一銭をもって商って千銭を得るのが一日でないのと同じだというが、いや一日で得るのだ、臨終十念で即生せずというが、いや即得往生するのだ、と道綽はいう。その理由は「もし佛意によらば、衆生をして多く善因を積み、即ち念に乗じて往生せしめんと欲したまうがゆえに」である。

凡夫は「宿命通」を得ることができない。どうして過去世の宿因の有無を知り得えよう。なにも知らず、だれもみずからに宿因があるとは思わない。往生を求めるにはただ多く善因を積むことである。宿因は虚、知ることのできないもの。しかし善因を多く積むのは実、行えるものである。これこそ道綽が十念成就を別時意とすることの積極的意味といいえよう。道綽は『観無量寿経』の十念成就説をまもるとともに、衆生に多く善因を積ませることをはかったのである。

十念成就と別時意との矛盾に道綽は調和的態度をとり、別時意にあたらしい解釈をあたえたのである。一方で、十念成就が別時意であることに同意して、ただ往生の因であるというのは、あきらかに『摂論』の観点を受け入れたものである。しかし他方、臨終十念即得往生の立場はくずさず、これが宿因によるものとした。これは摂論師の解釈とはちがい、実際上は曇鸞の十念成就の主張を通しているのである。のちの善導は道綽のこの妥協を廃し、別時意説に明確に反対する。臨終十念はそのまま行願具足であり即得往生だとつよく主張し、宿因説をとらなかった。これこそ別時意説にたいする真正の反論であり、曇鸞の主張を貫徹するものであるが、またのちの話である。

造悪の衆生は一生に、あるいは百年、あるいは十年、造らざる悪はない。しかし臨終十念相続すればたちまち往生を得る。因果応報というではないか、重因は重果をまねき、軽因は軽果をまねくという。しかるに臨終十念は軽業でかつ重果を得る。過去の悪業は重因であるがその果はない。これではいったいなにが因果応報か。道綽は曇鸞『往生論註』中の「在心、在縁、在決定」の三在説と不可思議佛力引接説によってこれに答える。

道綽は臨終十念のはたらきをとくに強調する。「垂終十念の善よく一生の悪業を傾く」と。

『智度論』にいう、一切衆生臨終の時、刀風は形（身体）を解き、死苦来たりて逼めて、大怖畏を生ず。是の故に善知識に遇いて、大勇猛心を発して、心に相続して十念すれば、即ち是れ増上の善根なるをもて即ち往生を得ん。また人ありて敵に対して陣を破るに、一形（一生涯）の力一時にことごとく用いるが如く、その十念の善もまたかくの如し。またもし人臨終の時、一念の邪見を生ずれば、増上の悪心なるをもて即ちよく三界の福を傾けて、即ち悪道に入るなり。（浄全1-687下）

道綽は曇鸞の考えにしたがって、悪人も臨終十念によって罪過を消除してただちに往生を得ると説く。悪人のために浄土への門を開き、悲天憫人、普度一切衆生の博大な胸懐を開く。「屠刀を放下し、立地に成佛する」とはこれであろう。

もちろん道綽はさきにのべたように、十念成就は別時意だとする。この理に暗いひとがかんがえる。どうせ臨終十念で往生するならさしあたり念佛はやめよう、臨終にあらためて念佛しようと。道綽はこの考えに反対し、曇鸞の『略論安楽浄土義』をひいて平時の多念佛をねんごろに勧める。

経に十念相続と云えるは、難しからざるがごとし、然れど諸凡夫の心は野馬のごとく、（認）識は猿猴より劇しく、六塵に馳騁（奔走）して、何ぞ曾て停息せん。各すべからく信心を発し、予め自ら剋念し、習（慣）を積んで性となし、善根を堅固ならしむべし。（浄全1-688上）

ところで、「十念」とは十声か、十気息か、それとも十時を指すのか。道綽は曇鸞の意見にしたがって「十念」とは多念、数は問題でなく、念じて往生の業が成ればよいのだという。しかしはじめて念佛行を修するひとは数をかぞえるのもよい。自身は「小豆念佛」を実行し、のちには念珠でかぞえ、しばしば無患木の実をつないで念珠をつくってひとに贈っている。

六、三界に輪廻して窮きる時なし

「此を厭い、彼をよろこぶ」とは弥陀信仰の不可分の両面である。『無量寿経』は弥陀浄土の極楽のさまを描くとともに、一方で此土の穢悪を描写する。主として五悪、五痛、五焼である。五悪とは殺、盗、邪淫、妄語、飲酒をいう。悪より焼に、焼のゆえに痛、生きては現報を受け、死しては地獄、餓鬼、畜生三悪道に堕ちて後報を受ける。無量に苦悩し、そのうちに展転し、世世劫をかさね、なお出期なし。経中には世間の罪悪のさまをなまなましく描出し、五悪を描くのに力が入る。これは弥陀浄土の安楽とはげしい対照を形成し、ひとびとをおどろかせ、伝教の効果を生む。曇鸞はこの対比の効果に注目し、国土自然環境の優劣、社会関係の調和と混乱、居民心身の健康と疾病、この三つの面から『無量寿経』の「此を厭い、彼をよろこぶ」主旨を展開した。

道綽も同様にこの対比に注意し、主として三界に輪廻して出期なきこと、得生浄土によって永く悪道を離れることを説いて、『無量寿経』の穢土難得解脱の説を補足している。

のちの善導はさらにすすめて、地獄の苦しみを強調し、『無量寿経』の「此を厭い、彼をよろこぶ」の意味をゆたかに描きだして此彼の対比を強烈に仕上げる。

道綽の三界輪廻の論は以下のような内容をもつ。

一、輪廻受苦の時は窮きることがない

道綽はまず劫についていう。

『智度論』にいう、劫に三種あり、謂わく一には小、二には中、三には大なり。たとえば方四十里の城、高下もまた然り、中に芥子を満たす。長寿の諸天ありて、三年に一を去り、乃至芥子尽くるを、一小劫と名づく。或いは八十里の城、高下もまた然り、芥子中に満つ、前の如く取り尽くすを、一中劫と名づく。或いは百二十里の城、高下もまた然り、芥子中に満つ、取り尽くすにみな前に説くと同じくす、まさに大劫と名づく。或いは八十里の石、高下もまた然り、一長寿の諸天ありて、三年に天衣を以て一払す、天衣は重さ三銖なり、払いをなしてやまず、此の石尽きるを中劫と名づく。その小石、大石は前の中劫に類して知るべし、労してつぶさに述べず。

（浄全1-691上）

「劫」は時間の概念として経論中で統一されているわけではない。またそれぞれにかぞえかたも複雑である。『大智度論』巻三八に大小二種の劫がある。その大劫の数え方は「方百由旬の城ありて、芥子満溢す。長寿の人ありて、百歳を過ぎて一芥子を持ちて去り、芥子すべて尽きるも、劫なお尽きず。またたとえば方百由旬の石ありて、人あり百歳にして迦尸軽軟㲲衣を持ちて、一来してこれを払う、石尽きても劫なお尽きず」とある。

道綽の劫についての解釈は『大智度論』から出るが、実態は『大智度論』とおなじではない。このちがいは道綽に考えがあってのものだが、これはその後一般にうけいれられず、中国に流行したのは大中小にわける解釈である。これは『倶舎論』によるものである。

道綽の解釈によると、劫とは長時である。その長さは小劫についていえば、方四十里の城に芥子を満たし、三年に一粒取って尽きるまでをいう。

一小劫はこれほどに長いが、無始劫よりこのかた人は三界中を輪廻してきた。張家に死んで王家に生まれ、王家に死んで李家にうまれた。或いは閻浮提に死んで西拘耶尼に生まれ、或いは四天下に死んで四天王天に生まれた。或いは欲界六天に死んで、色界十八天に生まれ、色界十八天に死んで、無色界四重天にうまれた。或いは畜生道に死んで、餓鬼道中に生まれ、餓鬼道中に死んで、人天中に生まれた。道綽はいう「かくのごとく六道を輪廻し、苦楽二報を受け、生死尽きることなし。胎生すでに然り、余の三生またかくの如し」と。

二、一劫中に無窮の身を受く

無量劫中に輪廻してやまずというが、一劫中にどれほどの身を輪廻するのか。道綽は『涅槃経』の譬をひいて無量数だという。

三千大千世界の草木を取りて、截ちて四寸の籌をつくり、以て一劫のうちに受くるところの身の父母の頭数をかぞえるに、なお尽きず。或いは云う、一劫のうちに飲むところの母乳は四大海の水より多しと。或いは云う、一劫のうちに積むところの身骨は毘富羅山（中印度摩掲陀国王舎城五山の一）の如し。かくのごとく遠劫よりこのかた、いたずらに生死を受け、今日に至ってなお凡夫の身をなす、何ぞかつて思量し、傷嘆してやまざらん。

（浄全1-692上）

三、三界のうち三悪道中に身を受けること偏に多し

多劫中三界に輪廻流転するが、多いのは地獄、餓鬼、畜生三悪道中に身をうけることである。道綽はいう。

虚空のうちにおいて、方円八肘をはかり取りて、地より色究竟天（色界四禅十八天中最上の天）に至る、此の量内のすべての見るべき衆生は、すなわち三千大千世界の人天の身より多し、故に知りぬ悪道の身多しと。

（浄全1-692下）

地上より色究竟天に至る間の、方円わずか八肘の小空間に見られる衆生の数は、三千大千世界のすべての人天の数よりなお多い。つまり六道中の人、天二善道の数はきわめて少なく、阿修羅の数も多くない。圧倒的多数は三悪道の身であるという。

どうして悪道に身を受けるものが多いのか。道綽はいう「悪法は起きやすく、善心は生じ難し」。現在の衆生を見ても富貴であれば放逸で破戒する。たとえ諸天に天人として生まれても多くのものが逸楽をむさぼる。「放逸は是れ衆悪の本」「一切の悪法はなお放逸にして生ず」。一方「不放逸はすなわち是れ衆善の源」「一切の善法は不放逸を本となす」。したがって衆生が人天に身を受けるのはわずかの間、しばし旅館に留まるようなもの、三悪道が常住の家であり、輪廻流転して多くは三悪道のうちにある。

注意すべきは、道綽が三悪道のうち地獄道を強調することである。「一切衆生は皆虚多く実少なく、一正念無きにより、この因縁を以て、地獄に堕つる者多く、解脱する者少なし」衆生は死後多くは地獄に堕ちると断定する。

道綽は地獄の主閻魔王を衆生の最高の裁判者として描く。造業の衆生はみな死後閻魔王のもとに行って裁判をうけねばならない。道綽は鬼の話三話をひいて閻魔王が佛の権威に服することを説く。よく人相をみるひとがいた。みずからに死相が現れている。それも七日以内であると知って佛に救いをもとめた。佛の教えをまもって一心に念佛し、戒を修めた。六日の後、二鬼が来たが念佛の声を聞いてなかに入れず、帰って閻魔王につげると、閻魔王は「持戒念佛の功徳によって、第三炎天に生ず」と注をいれた。さる長者は夢に刹鬼が請求書をもって命を取りに来た。十日以内である。長者は佛の教えにしたがって専心念佛し、持戒焼香し、灯明をあげて絹の幡をかかげ、三宝に帰依した。刹鬼が門に来たが功徳を修めるのを見て害することができずに立ち去った。長者は寿百年まで生きて、後天に生ずることを得た。また別の長者は戒を破り佛を退けたのでその場で悪鬼に打ちのめされた。佛は三界のうちで閻魔王の判決に影響をあたえることができるばかりでなく、衆生を永く閻魔王の支配から救い出すこともできる。

一切衆生の造業は同じからず、三種あり、謂わく上中下、皆閻魔王のもとにいたりて取判せざるはなし。もしよく佛の因縁を信じ、浄土に生ずることを願わば、修するところの行業皆回向し、命終わらんと欲するの時、佛自ら来迎して、死王のもとにあらず。

道綽は地獄を強調する。これまでの浄土経論中にみられないことである。これまでは因果応報、善因楽果、悪因苦果を説いた。善因とは念佛三昧、諸善万行であり、悪因とは五逆十悪であり、楽果は浄土、苦果は穢土、六道内のすべては苦果であった。地獄は六道内のひとつとして語られ、地獄はもっとも苦しい世界ではあったが、ことさらに誇張されることはなかった。浄土と対立するのは穢土六道すべてであり、厭うべき内容は六道にすべてあった。しかし道綽においては地獄が強調され、一切の衆生は「皆閻魔王のもとで取判せざるはなく」その結果は「地獄に堕ちるもの多く」八万劫の大苦悩を受ける。地獄を六道中からとりだし、浄土と対立させ、この地獄の閻魔王の取判をのがれるには浄土に帰信するしかないという。道綽のこの視点は欣浄厭穢の内容をより鮮明に伝える有力な手段となった。

弥陀諸経論において佛と閻魔王のあいだにはなんのかかわりもない。佛は閻魔王に干渉しないし、閻魔王は佛から影響をうけることもない。道綽になって佛は閻魔王の判決を無視して三界中より衆生を浄土にむかえ、さらに三界中で間接に閻魔王の判決に影響をあたえ、閻魔王は佛意にしたがって、念佛の声によって人の寿を増して天に生じさせる。閻魔王は佛に奉仕している。道綽のころ、三階教が地蔵菩薩信仰を宣揚し、唐以後は地蔵菩薩が地獄の主、幽冥の教主とよばれ閻魔王を支配する。地蔵菩薩は観音、勢至、龍樹らの菩薩とともに阿弥陀佛の脇侍として阿弥陀五佛とよばれるし、また阿弥陀佛が因位の法蔵菩薩のとき地蔵菩薩と同体であったともいわれる。地獄信仰はしだいに浄土信仰と結合し、浄土信仰のうちに取りこまれていくが、道綽の説はこの流れを反映するものである。

四、衆生はどうして三界を出離できないのか

道綽は自問自答して問題を提起する。

一切衆生皆佛性あり、遠劫よりこのかた多佛に遇い、何によりてか今に至りてなお自ら生死に輪廻して、火宅を出でざるや。

（浄全1-692下）

衆生はだれしも佛性をそなえる。これは内因である。衆生は多劫以来必ずや諸佛に逢い、諸佛の大悲心を以て普度衆生をうけたはずである。これは外因である。内因外因ともにそろうのになぜ衆生は三界を生死輪廻し解脱を得ないのかと。

道綽の答えは進むべき道がまちがっているからだという。ひとびとは佛の勧めにしたがわず「かえりて九十五種の邪道につかう」。ゆえに三界を出離できない。大乗の聖教によれば聖道門、浄土門があるが、現今の五濁悪世に聖道門に依るのは難行である。一つには大聖を去ることすでに遙かであるし、二つにはその理が深く衆生の理解が浅いからである。だから億万の衆生が起行修行しても一人の得道者も出ないのだと。道綽は聖道門を難行道だというが実際は不行道だとし、聖道門による証菩提を否定する。「ただ浄土一門のみあって、通入ずべき路なり」と再度強調する。衆生が遠劫より解脱を得ない理由を説明し、解脱の唯一の路が往生浄土であると説く。

聖道門修行の現状を批判していう。

一切衆生はみな自ら量らず。もし大乗に拠らば、真如、実相、第一義空にかつていまだ心を措かず。もし小乗を論ずれば、見諦修道に修入し、乃至那含、羅漢を得て五下を断じ、五上を除くこと、道俗を問う無くいまだその

分にあらず。たとえ人天の果報あるとも、皆五戒十善によりてよくこの報を招く、然るにこれをたもち得る者甚だ稀なり。もし起悪造罪を論ぜば、なんぞ暴風駿雨に異ならん。是を以て諸佛の大慈勧めて浄土に帰せしめたまう。たとえ一形悪を造るも、ただよく意を繋いで専精し、常によく念佛すれば、一切の諸障自然に消除して、定んで往生を得ん。何ぞ思量せずして、皆去る心無きや。（浄全1-693上）

すでに見たように、真如、実相、第一義空はすべて本体を指す。その本体を悟得し、冥合して一つとなり成佛する。これが大乗修行の目標である。

「見諦」とは無漏智を以て苦、集、滅、道の四聖諦を観じ、その理を見照する修行の階位である。小乗は三賢、四善根等の準備修行（七方便）を始めとして、無漏智を生じて見道に入ることができる。

「那含」とは阿那含、小乗四果中の第三果である。「羅漢」は阿羅漢、小乗四果中の第四果である。

「五下」とは五下分結、「五上」とは五上分結である。三界中の無色界、色界を上分界、欲界を下分界という。下分界には五種の結惑すなわち欲貪、瞋恚、有身見、戒禁取見、疑があって衆生を繫縛して欲界より超脱させない。五下分結という。上分界にも五種の結惑すなわち色貪、無色貪、掉挙、慢、無明があって衆生を繫縛してその界より超離させない。五上分結という。

道綽のいうところの意味は、一切衆生はみな浄土門の易行による往生を思量しない。大乗を修しても真如、実相、第一義空を悟ることがない。小乗を修しても見諦に入り、さらには阿那含、阿羅漢果を得ても五下を断じ五上を除くことができない。どうして三界を出離することができよう。たとえ人天の果報を得るひとがあっても、ただ五戒、十善の所得をたもつだけを修しうる者がきわめて少ない。しかし起悪造罪は暴風駿雨のごとくに数多く足が速い。衆生の聖道門修行の現状からみると労多くして功少ない。したがって諸佛は慈悲心をおこして衆生に浄土に帰することを勧めたまう。たとえ一生造悪するも専精念佛すれば往生することができる。衆生はどうしてよく思量して、聖道門をすて浄土門に帰入しないのかと。道綽はひとびとにすぐれた道を歩ませたい一心から「我この人を言いて、無眼人と名づけ、無耳人と名づく」といい、「経の教えすでに然り、何ぞ難を捨て、易行道に依らざるや」(浄全1-694上)とつづける。

衆生が永く三界を出離できないという道綽の論は「一切衆生皆佛性あり」を前提としている。すでに述べたように、佛性問題は南北朝に『涅槃経』の南北二本が訳出されてから初唐にいたる二百年の長きにわたって中国僧を篭絡してきた問題である。地論学派北道系は佛性「当有」(始有)を主張し、南道系は佛性本有を主張して修行はただその本有の佛性を顕現させるにすぎないと論じた。玄奘はこの論争の絶えない問題を解決するために遠く印度に取経に赴いたのである。しかし印度の経中にも分岐は存在し、あるものは佛性本有を主張し、人人悉有、一闡提人も成佛できるとしたが、他のあるものは佛性は当有、「無種性」者や五逆罪の者はみな佛と無縁の人であると主張した。したがって玄奘は印度で求学十七年、問題を解決せずに帰国し、那爛陀寺の師説を忠実にまもり「無種性」は佛、菩薩になれぬと主張した。一方曇鸞からはじまる浄土宗のひとびとは終始「衆生は皆佛性を具有す」と主張した。曇鸞は『無量寿経』の五逆罪者往生を許さずの説を毅然と改め、五逆罪の者も可入と主張した。道綽は曇鸞を継いで「たとえ一形悪を造るも、ただよく意を繫いで専精し常によく念佛すれば、一切の諸障自然に消除して、定んで往生を得ん」と報土への凡夫可入を主張する。善導はさらに進めて、弥陀浄土は凡夫のためにつくられていると主張する。「衆生皆佛性有り」は浄土宗の重要な理論的依拠であり、佛教心性論の種々の主張があるなかで独自の特色をもっていることがわかる。

七、往生の方法

道綽の論ずる往生の方法は広範である。念佛三昧を中心に称名念佛を強調するが、その他の往生の方法も説く。

（一）実相念佛と諸往生法

哲理的な実相念佛にたいする道綽の評価はきわめて高い。これが許されるのは三輩往生中の上輩生であることはすでに述べた。

念佛以外のどんな方法であれ、浄土門に帰するものであればすべてに賛成し、熱心に紹介する。蕭梁の曼陀羅仙訳『宝雲経』にいう。

また十法ありて、よく浄佛国に生ずるを名づく。何等をか十となすや。持戒清浄して、戒を欠くことなく、戒を嫌うことなし。一切衆生において心常に平等なり。その事業を同じくし、諸功徳を具う。名聞を遠離し、利養を賛嘆す。不染八法、深く信じて疑わず。勤修精進して、懈怠あることなし。摂心禅定にして、諸の錯乱なし。よく修して多聞、無智を遠離す。利根聡慧、暗愚を滅除す。悩衆を瞋からず、恒の慈心を生ず。

（『宝雲経』巻六、大正16-236下）

道綽はこの文をひいていう。

十行具足し、浄土に生ずることを得て、常に佛を離れず。時に除蓋障菩薩ありて佛にもうさく、十行を具えずとも、生ずること得るやいなや。佛のたまわく、生ずることを得、ただよく十行中の一行を具足して欠くことなくんば、余の九行悉く清浄と名づく、疑いを致すことなかれと。（『安楽集』巻下、浄全1-697上）

この十行中ただ一行具足すれば即ち往生浄土が可能だという。この十行には念佛の一行はないが、道綽はこれらを浄土の修行法と認め、疑いを禁ずる。

失訳の『十往生経』（偽経ともいう）には弥陀浄土往生の十種の正念法を説く。すなわち（1）観身正念にして、常に歓喜を懐き、飲食衣服を以て佛および僧に施す。（2）正念にして甘妙の良薬を以て一人の病比丘および一切の衆生に施す。（3）正念にして一切の生命を害せず、一切に慈悲す。（4）正念にして師の所に従って戒を受け、浄慧もて梵行を修す。（5）正念にして父母に孝順し、師長に敬奉し、驕慢の心を起こさず。（6）正念にして僧房に往詣し、塔寺を恭敬し、法を聞きて一義を解す。（7）正念にして一日一夜の中に八戒斎を受持して、一をも破せず。（8）正念にしてもしよく斎月斎日の中に房舎を遠離し、常に善師に詣る。（9）正念にして常によく浄戒を持して禅定を勤修し、法を護りて悪口せず。（10）正念にして無上道において誹謗の心を起こさず、精進して浄戒を持ち、また無智の者を教えてこの経法を流布し、無量衆生を教化す（浄全1-709下）。この十念往生法にも念佛の条はない。道綽は「かくのごとき諸人等、悉く皆往生を得る」という。

一切の善行を道綽は奨励鼓舞する。浄土門は他力にたのむ往生だが、道綽は自力を排斥しない。ただすべて自力によることに反対し、他力を知らない聖道門に反対するのである。

諸大乗経に辯ずるところの一切の行法には、皆自力と他力、自摂と他攝あり。……此に在りて心を起こし行を立て、浄土に往生せんと願う、此は是れ自力なり。命終の時に臨んで、阿弥陀如来光台迎接して遂に往生を得せしむるを、即ち他力となす。故に大経に云う、十方の人天我国に生ぜんと欲する者は、皆阿弥陀如来の大願業力を以て増上縁となさざるはなし。

（『安楽集』巻上、浄全1-690下）

つまり、他力とは増上縁で自力も必要である。「心を起こし行を立て、浄土に往生せんと願う」ことが自力である。往生にも自力がもとめられるというのは道綽の新しい考えである。自力には起心、立行、発願が包括される。のちの善導では行願相扶、自力は往生浄土の主観的条件となる。道綽は心、行、願の内容を説明しないが、『安楽集』の文義からみると、心は菩提心、願は願生往生を指し、行には念佛のみならず諸善万行が包括されている。

（二）念佛三昧

道綽の説く念佛三昧は主として観想念佛を指す。すなわち弥陀浄土の依正二報、佛菩薩三十二相および国土荘厳を観想する。かれはこれを「観佛三昧」ともよぶ。

道綽は念佛三昧が往生の重要な方法であるとして「『観経』及び余の諸部に依るに、修する所の万行ただよく回願して、皆生ぜずということなし。然れども念佛の一行は、まさに要路たり」という。

念佛と諸善の二行の優劣を比較して、諸善を以て劣るとして廃し、念佛を以て優るとしてこれを立てる。浄土宗のひとびとはこれを「二行廃立」とよぶ。では、念佛の優れる点はどこにあるのか。道綽はつぎの三点をあげる。

一、よく一切の諸障を除く

三昧は諸根を乱れしめず、心の迷いを除く。「或いは三昧あり、ただよく貪を除くも、瞋、痴を除くことあたわず。或いは三昧あり、ただよく瞋を除くも、痴、貪を除くことあたわず。或いは三昧あり、ただよく痴を除くも、貪、瞋を除くことあたわず。或いは三昧あり、ただよく現在の障を除くも、過去未来一切の諸障を除くことあたわず。もしよく常に念佛三昧を修すれば、過去現在未来を問うことなく、一切の諸障悉く皆除かる」（浄全1-698上）という。

二、よく延年益寿を得る

道綽は自問自答していう。

念佛三昧は既によく障を除く、（然らば）福を得て功利大なりとは、あるいはまたよく行者に資益し、延年益寿せしめんや否や。答えていわく、必ずや得ると。（同前）

念佛の功徳ははなはだ多い。修行者の現世に利益し、さらに過去未来の一切の諸障を除くだけでなく、年を延ばし寿を益すことができる。さきに引いた三つの鬼の話も二つは表から一つは裏から念佛によって刹鬼の害をのがれ延年益寿を得た証佐である。

道綽以前には浄土信仰はすべて死後の得益をいうもの、阿弥陀佛が衆生を救度するとは死後衆生を浄土に接引し、出離三界、超脱輪廻せしめたまうことにあった。道綽はこのほかに現世得益の内容をつけくわえ、今世後世、此岸彼岸に通じる思想とした。後の浄土宗人が「穢土三千界をとり（あげ）て、ことごとく西方九品の蓮を植えん」というのは道綽のこの思想の発展である。

三、よく無上菩提を感招す

道綽は『華厳経・十地品』を引いて、菩薩の初地から十地にいたる修行はすべて念佛、念法、念僧しなければならない。なぜなら「念佛三昧は即ち一切の四摂六度を具す」からという。

四摂とは四摂法ともいい、菩薩が衆生を摂受し、衆生に親しみをもたせて佛道にひきいれ開悟させる四種の方法である。(1)布施摂、衆生が財を楽しむなら財を布施し法を楽しむなら法を施し、親愛の心をおこさせて、菩薩について道を受け受けいれさせる。(2)愛語摂、衆生の根性によって優しいことば慰めをかけ、親愛の心をおこさせて、菩薩について道を受け受けいれさせる。(3)利行摂、身、口、意の善行をおこなって衆生に利益し、衆生に依附させる。(4)同事摂、衆生に近づき苦楽を同じくし、法眼を以て衆生の根性を見てそのところに随って示現し、利益を同じくうるおして佛道に入らしめる。「六度」は布施、持戒、忍辱、精進、禅定、智慧の六波羅蜜である。

念佛三昧中には四摂六度すべてを具え、無量行願を成就し、功徳海を満たし、無上菩提を感招する。

道綽は念佛の始益と終益の問題を説いていう。

念佛の衆生を摂取して捨てたまわず、寿尽きれば必ず生ず、此れを始益と名づく。終益と言うは、『観音授記経』に云うに依るに、阿弥陀佛住世長久にして、兆載永劫に、また滅度したまう有り。般涅槃の時、ただ観音、勢至ありて安楽を住持して、十方を接引したまう。その佛の滅度また住世の時節と等同なり。然るに彼国の衆生一切に佛を睹見する者あることなし、ただ一向に阿弥陀佛を専念して往生する者のみ常に弥陀現在して滅したまわざるを見る。此れ即ちその終時の益なり。修する所の余行も回向して皆生ずるも、世尊の滅度を睹ると睹ざるとあり。後代を勧め審量して、遠益を沾さしむ。

（浄全 1-696 上）

念佛三昧を修する者は寿終ののち、浄土に往生するばかりでなく、浄土において阿弥陀佛滅度ののちまで常々阿弥陀佛を見ることができる。他の善行を修する者には見ることができない。つまり浄土の居民として念佛往生者は高等な居民であって佛滅ののちまで佛に会えるのである。

道綽はまた念佛三昧によって成佛できることを『観佛三昧経』を引いて説く（浄全 1-701 下）。経中にはつぎのような話がある。宝威徳上王如来が滅度され、その末世の時、一人の比丘とその九人の弟子が佛塔に詣で佛像を拝した。そのなかの一宝像を見ると、厳顕にしてまことに眼を見張るものがあった。これに敬礼し、この像を見つめてそれぞれに一偈をのべて讃嘆した。比丘と九人の弟子は命終するとただちに佛前に生じたが、その後つねに無量諸佛にあい、諸佛の処でひろく梵行を修し、念佛三昧海を得た。かくして諸佛が前に現れ、かれらに授記したもうた。比丘と九人の弟子は十方面におもいのまま作佛し、比丘は東方善徳如来となり、九人の弟子はそれぞれ九方面の諸佛となったという。

念佛三昧をもっとも称揚していることがわかる。しかし、道綽において「念佛三昧」という概念はまだ伝統的なものの襲用で、実相念佛、観想念佛、称名念佛を包括するものである。曇鸞とおなじようにまだ三種の念佛を明確に区別しているわけではない。「念佛三昧」あるいは単に「念佛」というとき、あるときは三種の念佛すべてを指し、あるときは観想念佛と称名念佛を指し、またあるときは単に観想念佛だけを指している。

たとえば「念佛三昧」に二種、一相三昧と一行三昧があるという。一相三昧とはなにか。

菩薩あり、その世界にその如来ありて、現在して説法したまうを聞く。菩薩この佛の相を取り、以て前に現在し、もしくは道場に坐し、もしくは法輪を転じ、大衆これを囲繞したてまつる。かくの如き相を取りて、諸根を収摂し、心を馳散せしめず、一佛を専念して、この縁を捨てず。かくの如くして、菩薩は如来相及び世界相において無相を了達す。菩薩常にかくの如く観じ、かくの如く行じて、この縁を離れざれば、この時佛像即ち前に現在して説法をなす。菩薩その時深く恭敬を生じ、この法を聴受して、あるいは深くあるいは浅く、うたた尊重を加う。菩薩はこの三昧に住して、諸法みな可壊相なりと説くを聞き、聞きおわりてこれを受持す。菩薩三昧より起ちて、よく四衆のためにこの法を演説す。佛は堅意に告げたまわく、これを菩薩一相三昧の門に入ると名づくと。

（『安楽集』巻下、浄全1-695上）

この「一相三昧」は観想念佛あるいは主として観想念佛である。では、「一行三昧」とはなにか。

一行三昧とは、もしくは善男子善女人、まさに空閑のところにありて、諸乱意を捨て、佛の方処に随いて、端身正向し、相貌を取らず、心を一佛に繋いで、専ら名字を称して、念じて休息することなかるべし。即ちこの念中によく過、現、未来三世の諸佛を見る。

（浄全1-695下）

ここにいう「一行三昧」はあきらかに三昧に附属する称名念佛である。「念佛三昧」は観想念佛と称名念佛を包括している。

念佛三昧を行ずることを勧む……或いは佛の法身を念じ、或いは佛の神力を念じ、或いは佛の智慧を念じ、或いは佛の（白）毫相を念じ、或いは佛の相好を念じ、或いは佛の本願を念ず、称名もまた然り。

（浄全1-688上）

ここでは「念佛三昧」は実相念佛、観想念佛、称名念佛すべてが包括される。

とはいえ、道綽の「念佛三昧」は主として観想念佛である。それは「凡夫は智浅く、多く相に依りて求む」から観想念佛の形象にまたねばならなかったからである。念佛三昧とはべつに、観想念佛を「観佛三昧」ともよんでいる。これはしばしば「念佛三昧」と同義にあつかわれる。実相念佛や称名念佛はこの外で、「念佛三昧」と混同されることは少ない。したがって念佛三昧に観想念佛をあてることは道綽の原意を失うものではないとおもわれる。

道綽は観想念佛を重視したが、称名念佛にも力をいれる。佛の形相、国土の情景を観想することはむつかしい。「凡夫は智浅く、多く相に依りて求む」の所論に沿って進めれば、さらに智浅の凡夫に求めやすくするためには、いきおい称名の法を勧めねばならなかった。

(三) 称名念佛

道綽は曇鸞を継承して阿弥陀佛の名号を呪とかんがえている。曇鸞の例証を引用して咒としての効用を証明するが、自らも例を挙げる。「またたとえば人有りて、狗に噛まれ、虎骨を炙きてこれを熨す、患は即ち愈す。或る時骨無し、よく漱ぎ掌もてこれを摩して、口中に喚言す、虎来たり虎来たり、患はまた愈すと」

阿弥陀佛の名号にも神効があるとして、曇鸞の挙げた比喩で説明する。そのひとつは、名号を清浄な宝珠にたとえ、珠を濁水中にいれれば水澄む、名号も衆生の濁心のなかにはいれば滅罪心浄、すなわち往生をもたらすものだと。二つめに、珠を玄黄の袋にいれて水中に投ずれば水たちまち玄黄となる、名号も無量功徳成就の袋にいれて衆生心水のなかに投ずればたちまち転生を無生智とすることができるのだと。三つめに、氷上に火を燃やすと、火が盛んになれば氷解けて火滅す、下品の人は法性無生を知らずとも、称佛名力を往生意として無生界にいたれば見性の火は自然に消えるものだと。これらは名号が衆生に滅罪心浄をもたらし、浄土に往生するとさらに無生智を得させるもの、称佛名号は神奇な効があるものだという。また『涅槃経』をひいて「たとえ大庫蔵を開きて、一月の間一切衆生に布施するも、所得の功徳は、一人称佛の一口の功徳に如かず」と称名念佛の効用のおおきさを説く。

さきに道綽の臨終十念の論を紹介したが、これにも道綽の称名念佛重視がうかがえる。

道綽は称名念佛を正学すなわち主要な修行法とするが、これは隋慧遠らの主張とは対照的である。隋慧遠は『観無量寿経義疏』のなかで浄土の生因を論じ、つぎのように説く。『般若経』は空慧を修し罪障除滅することを以て往生の因とする。『涅槃経』は修戒、修施、修慧及び護法因縁を以て往生の因とする。『維摩経』は饒益衆生等八法を具足することを以て往生の因とする。『往生論』は礼拝、讃嘆、作願、観察、回向等五念門を挙げて往生の因とする。そして『観無量寿経』は四種の往生の法、すなわち（1）修観往生、（2）修業往生、（3）修心往生、（4）帰向往生を説く経であると。

この四種の生因を定、散二類にわけ、修観往生のみが定善であり、他はすべて散善に属するとする。つまり観佛三昧が主要な修行方法であり、称名念佛等は散善とかんがえた。当然、『観無量寿経』の十六観すべてを定善とすることは問題で、前十三観は定善であるが、後三観は散善に属すべきものとした。これはのちに善導が誤りだとしたところだが今は述べない。要するに隋慧遠は称名念佛を重視しないで、ただ観想念佛を重視したのである。道綽は隋慧遠とちがって、「教赴時機」の原則によって称名念佛が正学であることを論証する。道綽はいう。

計るに今時の衆生は即ち佛世を去りたもうて後の第四の五百年に当たれり。まさに是れ懺悔修福して、まさに佛の名号を称すべき時なり。もし一念阿弥陀佛を称すれば、即ちよく八十億劫の生死の罪を除去す。一念すでに然り、況や常念修するをや。即ち是れ恒に懺悔する人なり。またもし聖を去ること近ければ、前者は定を修し、慧を修す、是れその正学にして、後者は是れ兼なり。もし聖を去ることすでに遠ければ、後者称名是れ正にして、前者は是れ兼なり。何の意にて然るや。まことに衆生聖を去ること遥遠にして、機解浮浅暗鈍なるに由るが故に。

（『安楽集』巻上、浄全1-674上）

「時」は佛世を去って遠く、佛滅後すでに第四の五百年、五濁末世である。「機」は衆生の機解浮浅暗鈍である。「教」は時機に赴く」つまり時、機によって修行の方法を確定すると、末世五濁の衆生の修行方法は懺悔、修福、称佛名号でなければならない。称佛名号は懺悔であり修福である。したがって修行法は称佛名号に集中する。五濁末世、佛は「名号を以て衆生を度し」衆生は佛の名号を称して佛の加慈を得る。かくして「無辺の生死の海を尽くす」ことができる。道綽は称名念佛の重要性を理論的に述べる。道綽の功績である。

道綽は諸法の修行を「正学」と「兼学」、つまり主要な方法と補助的な方法にわける。佛世を去って後の二度の五百年中は定を学び、慧を学ぶことが正であり、称名は兼である。しかし現在は称名が正、その他は兼、定学慧学、実相念佛、観想念佛等すべて兼であると。称名念佛を突出して重視する。これは当時の「定慧双修」や浄土の他の念佛法を兼修に落としたわけで曇鸞よりさらに一歩進めたものである。のちの善導が称名念佛を正行、他の諸善万行を雑行としたのは道綽のこの思想を発展させたのであり、これも道綽の貢献である。

道綽は散心念佛の問題を提起する。散心念佛とは散乱した心で佛名を称念すること、期限を定めず、忙閑を論ぜず、佛の相好を観ぜず、時・処・縁をわかたず、随時随所で散乱心を以て名号を口唱することである。念佛の本義は憶念、追想すること、実相念佛であれ観想念佛であれ、称名念佛であれ、いずれも内心の憶念活動である。修行法として精神を憶念に集中しなければならないから、禅定の一種であり、念佛三昧と称される。心に佛名を念ずるとき、おもわず口から声が出る、これも称名念佛ではあるが、本来念佛三昧の附属であり三昧中におこなわれるものである。称名念佛は曇鸞以後、独立した念佛の方法となり、附属という地位を脱し、実相念佛、観想念佛とならびあつかわれることになる。称名念佛は念呪となり、三昧中の称名ばかりでなく、三昧中以外随時随所に称名する。伝統的な三昧中の称名念佛は定中念佛であり、随時随所の散乱心の称名念佛は散心念佛である。隋慧遠らは散心念佛に否定的であった。散心の力は微弱で五逆の重罪を滅除できず、往生できないとかんがえた。道綽は称名念佛の功徳が一閻浮提の衆生に衣食湯薬を供養するよりなおすぐれることを論じ、「もし人散心念佛するなら、苦を畢え、その福無尽にいたる」とことさらにつけくわえている。道綽が散心念佛の功徳無量を讃揚するのは隋慧遠らと対照的であるが、その理由は散心念佛が下層凡夫にかなう法であり、かれが悲天憫人の心でつねに下層民衆に関心をよせていたからである。のちの善導はこの道綽の観点を発揚し、散心念佛得往生の説を大いに提唱することになる。

道綽は理論上称名念佛の重要性を論じるとともに、実践においても称名念佛を推進した。毎日称名七万遍、小豆念佛や念珠念佛を人に教え「人各々珠をつまぐり、口に佛号を同じくし、毎時席散すると、響き林谷にみつ」（『続高僧伝・道綽伝』）と伝えられる。曇鸞は称名念佛の独立を主張し、口念を提唱したが、道綽になって口念の称名念佛の法が正学すなわち主要な修行法となり、浄土宗は称名念佛をもって特色とする。この特色は曇鸞にはじまり道綽にいたって確立したのである。

第三節　集大成の善導

一、善導の生涯

「善導嗟すべし今すでに往く、化来の老少みな帰向す」これは浄土宗人の善導にたいする讃頌である。善導は浄土を大弘し、浄土宗への貢献はきわめて大きい。浄土宗の実質的創始者とみられている。曇鸞、道綽を継承し、中国浄土学説と行儀を集大成し、浄土宗に完全な教派の形態をあたえ、これを天下にひろめた。中国の浄土十三祖説は善導を第二祖と奉じ、日本浄土宗および浄土真宗は中国浄土の第三祖にあおぐ。

善導（六一三—六八一）は俗姓を朱といい、『新修浄土往生伝』（北宋王古撰）によると臨淄（山東省臨淄市）、『往生西方浄土瑞応删伝』（唐少康、文諗）によると泗州（江蘇省宿遷県）の人である。幼くして密州（治は山東省諸城県）の明勝法師にしたがって出家し、つねに『法華経』『維摩経』等を誦した。たまたま経蔵にはいって『観無量寿経』を読み感銘し、受戒ののち妙開律師とともに『観無量寿経』を研鑽し、この観念法門こそ超脱が容易、他は迂遠の難行であると感じて十六観を修習した。

善導は東晋慧遠の結衆念佛の高風をしたい、廬山に行きその遺範をたずねている。のちさらに各地を周遊し高徳をたずねた。ちょうど道綽が西河（山西省介休市、玄中寺は時に西河郡汶水に属した）で浄業を盛弘すると聞き、唐太宗貞観十五年（六四一）石壁玄中寺をたずねる。季節は厳冬、旅途は艱難をきわめた。すでに八十に近かった道綽は遠来の善導をあわれみ、すぐに『観無量寿経』の奥義を授けた。善導は道綽の教えを得て方等懺法を修学し、念佛を専らにし、篤勤精苦して念佛三昧を得ると、定中にしたしく浄土の荘厳を見ることができた。

五年の後、貞観十九年に道綽が入寂すると善導は玄中寺を離れ都長安に出る。善導三十三歳である。長安ではじめ終南山悟真寺に住したがのち香積寺に移り、つねに光明寺で説法し、晩年には実際寺に住し、いたるところで浄土の法門を弘伝した。

善導は日ごろ戒を持することきびしく、つねに乞食を行じた。合掌胡跪し一心に念佛すると力つきるまでやめなかった。澡浴以外に三衣を脱ぐことなく、三十余年別に寝所をさだめず、目を挙げて女人を見ず、また沙弥の礼拝をうけなかった。名利を遠ざけ、供養をうけず、好衣美食は大厨に送って大衆に供養し、みずからは粗食をもって命をつないだ。乳酪醍醐は口にせず、三衣瓶鉢はひとに持たせ洗わせることがなかった。つねに単独で行動し、ひとを伴わない。ひとと道中話をすることが浄業修行の妨げになるのを恐れたからである。施主の布施した財物は破損した寺院や古い磚塔の修復に使い、つねに灯明を絶やさず、この灯りをもって阿弥陀経十万余巻等を写した。一九〇九年、日本の学者橘瑞超らが東トルキスタン吐峪溝（高昌国故跡）附近で善導著『往生礼讃偈』および『阿弥陀経』の断片を発見した。『阿弥陀経』には善導の発願文がついており、善導が写経した阿弥陀経十万巻のうちの一とおもわれる。善導はひとに接して寛恕慈愛にみち、化導は謙虚であった。かつて偈をつくって念佛を勧めた。

漸漸鶏皮鶴髪、看看行歩龍鐘。
假饒金玉満堂、豈免衰残老病。
任是千般快楽、無常終是到来。
唯有径路修行、但念阿弥陀佛。

（しだいに老人の姿となり、みるまに歩くのもよぼよぼである。たとえ金玉満堂であろうとも、どうして衰残老病をまぬがれよう。たとえ万事意のままであろうとも、無常はついにおとずれるもの。ただひとつ修行の径路がある、ひとえに阿弥陀佛を念ずるのみ）

善導は品徳高尚、念佛に虔誠、勧化に熱心であった。京華諸州の僧尼士女のあるものは礼をつくして教えを請い、あるものはその道場に加わって親しく教訓を得、あるものは会うことができず著作を読み、またあるものは輾転してさらに浄土法門を伝授した。善導は才華横溢、多才多芸で、浄土変相三百余壁を描いた。また造像にすぐれ、唐高宗は勅して洛陽龍門に大盧舎那佛を興造したとき、善導に造像工事の監督を命じている。調露元年（六七九）勅を奉じて造像の南に奉先寺を建造した。『河洛上都龍門之陽大盧舎那像龕記』（奉先寺像龕記）によると、皇后武氏（武則天）

はかつて脂粉銭二万貫を捐助し、朝臣を率いて盧舎那佛の開眼法会に参列した。

善導は文采をかたむけて宗教的情操の世界に遊んだ。世界が蓮華と化し、衆生が畢竟清浄なることを願う。善導のように並外れの文学芸術の才をもつ僧は、まことに古来まれである。

唐高宗の永隆二年（六八一）三月十四日、善導は突然微疾を患い、怡然として長逝した。寿六十九歳である。弟子懐惲らは遺骸を長安終南山麓神禾原に葬り寺塔をたてた。いまの香積寺と崇霊塔である。一九八〇年五月十四日、中国佛教協会と日本浄土宗は多数の両国僧徒をあつめ、ここで善導大師円寂一千三百年遠忌の盛大な法会を催した。

かつてあるひとが善導に「念佛の善によって浄土に生まれるだろうか」とたずねた。善導が「あなたのように念ずれば、願いは実現するでしょう」とこたえ、みずから「阿弥陀佛」と念ずると、その一声ごとに一道の光明がかれの口から出て、十声乃至千百声すべてかくのごとくであった。善導の入滅後、唐高宗は念佛によってかれの口から光明が出たことを知り、光明寺の寺額を賜った。これにより善導は世に光明大師とよばれる。

善導在世のころ、光明寺では三階教の勢力がさかんであった。三階教は浄土宗とおなじく末法説を唱えたが、浄土宗と三階教は相互にはげしく攻撃しあった。三階教は弥陀信仰に賛同せず、浄土宗も「普佛」を礼することをしなかった。善導が世を去ってまもなく、武則天は光明寺を「大雲経寺」とあらため、境内に三階院を建設した。これは化度寺、慈門寺、慧日寺、弘善寺とともに京師における三階教布教の五道場の一である。唐代張彦遠『歴代名画記』巻三「光明寺」の条によると、初唐以後光明寺では浄土、三階両宗対峙が形成されている。この対峙は善導の死について異なる言い方を生む。一説では、善導は光明寺のまえの柳樹にのぼり、西にむかって佛の引接を願い投身自殺したという。しかし元代普度『蓮宗宝鑑』巻四では柳樹にのぼり佛の引接を願い「その樹上に端身立化して畢わらんことを願った」という。また『高僧伝・会通伝』では「ある人」が善導の説法をきいて「柳樹の表にのぼり、合掌して西を望み、身を下に投じて、地に至りて死を遂ぐ」という。この説では死んだのが善導でなく別人である。種々の異説は光明寺に出るものとおもわれる。ふかく追うまでもない。

宋以来善導に二人説（善導および善道）がある。宋の王古『新修往生伝』には『善導（道）伝』がふたつある。十二世紀の日本の浄土宗創始者源空の『類聚浄土五祖伝』中にこれを引録する。十三世紀の日本の良忠撰『観経玄義分伝通記』第一に、『新修浄土伝』中巻に三十三人の伝記があり、うち二十五人目が善導、二十六人目が善道であると記録する（浄全2-78）。前者は京師光明寺の善導、後者は終南山悟真寺の善道である。南宋志磐『佛祖統紀』第二七巻に『善導伝』、第二八巻に『善道伝』がある。しかし唐代には善導二人説はなく、善導と善道は同一人とおもわれる。龍門大盧舎那佛の造像工事は善導の監督したものであり、『奉先寺龕記』中にこれを「善道」と記しているのはその証明である。西安碑林中に保存される『大唐実際寺故寺主懐惲奉勅贈隆闡大法師碑銘』中に「時に親しく三昧を証す大徳善導闍黎あり」の文があり、善導と時代が符合する。同じ善導とみるべきである。

善導の著述は五部九巻が現存する。すなわち『観無量寿経疏』四巻、『往生礼讃偈』一巻、『浄土法事讃』二巻、『般舟讃』一巻、『観念法門』一巻である。『観無量寿経疏』は主として浄土法門の教相教義を述べるので教相分あるいは解義分とよばれる。『往生礼讃偈』等の四部は浄土法門の行事儀式を述べるので行儀分とよばれる。全体を五部九帖という。『観無量寿経疏』四巻とは観経玄義分、観経序分義、観経正宗分定善義、観経正宗分散善義である。これは『観経四帖疏』あるいは『四帖疏』ともよばれる。この疏の巻四『観経散善義』の末に「今この観経の要義を出して、古今を楷定せんと欲す」とあるので、世にこの疏を『楷定疏』とよんでいる。八世紀に日本につたえられ広く流布した。十二世紀、源空はこれによって日本浄土宗をたて、善導を高祖とあおいだ。

『往生礼讃偈』は『六時礼讃偈』ともいい、昼夜六時（晨朝、日中、日没を昼三時、初夜、中夜、後夜を夜三時とする）の弥陀、観音、勢至を礼讃する儀式を述べる。

『浄土法事讃』は上巻の表題を『転経行道願生浄土法事讃』、下巻の表題を『安楽行道転経願生浄土法事讃』といい、

『阿弥陀経』転読行道の方法を説明する。

『般舟讃』は全称を『依観経等明般舟三昧行道往生讃』といい、『観無量寿経』等によって、般舟三昧行道を修学する方法を説く。

『観念法門』は全称を『観念阿弥陀佛相海三昧功徳法門』といい、観念佛三昧の行相と入道念佛、懺悔発願の方法を説く。通常『観念法門』には『依経明五種増上縁義』一巻がつく。

このほか宋代宗暁『楽邦文類』巻四には「臨終正念訣」一篇をのせ、作者京師比丘善導とする。宋代王日休『龍舒増広浄土文集』巻一二には「善導和尚臨終往生正念文」をのせるが内容は「臨終正念訣」とほぼおなじである。

善導はひろく京華のひとびとを教化し、「弥陀の化身」とよばれ、弟子はきわめて多い。もっとも世に知られているのは懐感で、懐感には『釈浄土群疑論』の著がある。

懐惲も懐感とおなじく著名である。唐代屯田員外郎孟銑『釈浄土群疑論序』には「惲と感（両）師はともに導公の神足たり」とある。懐惲は長安西明寺で出家したが、善導が光明寺で弘法するのに参じ侍座すること十余年、善導の学をすべて伝えた。善導が入寂すると神禾原に霊塔を建てて葬り、塔側に伽藍を構築し、十三重の大窣塔婆を造った。のちに勅によって長安実際寺主となり、つねに『観無量寿経』『賢護経』『阿弥陀経』等を講じ、四衆に弥陀名号の専念を勧めた。入寂後隆闡大師とおくり名されている。

貞固は汜水の等慈寺で遠法師にしたがって出家したが、のち襄州（湖北省襄樊市）で善導に遇い、浄土法門をうけいれて阿弥陀佛の称念に精勤した。盧山東林寺に住したが、広州で義浄に遇い、ともに南海をわたって室利佛逝（スマトラの佛教国）に達した。

浄業は弘道元年（六八三）出家、『観無量寿経』と『釈浄土群疑論』を講ずることにすぐれ、香積寺主を二十余年つとめた。浄土の行業を勧め、五十八歳で円寂した。

二、善悪の凡夫おなじく九品にうるおう

（一）佛は凡夫のため、聖人のためにあらず

『無量寿経』には弥陀浄土に往生する者は上中下の三輩にわかれると説き、『観無量寿経』は九品にわかれると説く。三輩を開いて九品となし、九品を合して三輩となす。この三輩九品は凡夫であるのか聖人であるのか。隋慧遠や智顗らの意見によると三輩九品はすべて聖人である。聖人は弥陀浄土に往生できるが凡夫は無縁である。たとえば智顗はつぎのようにいう。

三品中に就いて更に九となす。上品の人、始め習種より、終り解行菩薩に至る。中品の者、外凡十信より以下なり。下品は即ち是れ今時悠々の凡夫なり。何を以てか知るを得ん。上品は見佛聞法してすなわち無生を悟る故に、是れ道種の人なり。下品はつぶさに四重の衆罪を造り、また往生を得る。此に類し爾（そ）れに似る。上品の位は道種に当たり、中品の位は性種に当たり、下品の位は習種に当たる。

（『観無量寿佛経疏』、浄全 5-215 上）

所謂「道種」「性種」「習種」とは菩薩の因より果にいたる行位で、『菩薩瓔珞本業経・賢聖学観品』に出る。菩薩修行五十二階位中、最初の十位は信位にあって十信とよばれる。第十一位から第二十階位までは住位に属し十住とよばれる。第二十一位から第三十位までが修する利他行は十行とよばれる。第三十一位から第四十位までは大悲心を以て一切衆生を救護し十回向とよばれる。第四十一位から第五十位は十地とよばれ、第五十一位は等覚、第五十二位は妙覚である。『菩薩瓔珞本業経』は十住位を習種性、十行位を性種性、十回向を道種性、十地位を聖種性とし、これ

に等覚性、妙覚性をくわえ六種性とする。「解行菩薩」とは十回向位を指す。

智顗のいうところでは、上輩往生者とは習種性より解行菩薩にいたる、すなわち地前菩薩である。中輩往生者とは外凡より十信位にいたる、すなわち十信位以下である。下輩往生者とは悠々の凡夫である。「悠々の凡夫」とはなにか、その含意を智顗は説明していない。浄土に往生ののちは上品が道種となり、中品が性種に、下品が習種に当たる。総じて、智顗の往生者に対する視点は聖人にあって凡夫にはない。これはかなり鮮明である。

このことをもっとも明確に説くのは隋慧遠である。

大乗人中、習種已上（以上）は、名づけて上品となす。小乗人中、外凡持戒、乃至那含（阿那含、小乗四果の第三果）、以て中品となす。大乗人中、外凡、善趣（人、天）、名づけて下品となす。（『無量寿経義疏』巻下、浄全5-36上）

ここにいう往生者三輩は智顗の説くところとほぼおなじである。たがいに参照できる。隋慧遠はさらに具体的に九品を説明する。

四地已上、名づけて上の上となす、彼に生じて即ち無生忍を得るが故に。初、二、三地、名づけて上の中となす、彼国に生じおわって、一小劫を過ぎて無生忍を得る。……種姓解行は名づけて上の下となす、彼国に生じおわって、三小劫を過ぎて百法明門を得、初地に住す。……見道已上は名づけて中の上となす、彼に生じて即ち羅漢果を得るが故に。内凡の人は名づけて中の中となす、彼に生じて即ち須陀洹を得るが故に。煖等四心は名づけて内凡となす。外凡持戒は名づけて中の下となす、彼国に生じおわって、一小劫を経て羅漢を得るが故に。下品人中、また分けて三となす、所謂下の上、下の中、下の下なり。彼は作罪の軽重を約し、以て分かちて、位に随って分かたず。

（『無量寿経義疏』巻下、浄全5-36下）

内凡、外凡とは見道以上の階位である。無漏智をもって苦集滅道の四聖諦を照見する修行の階位を「見道」とよぶ。佛道を修行してまだ正理を証見しないものが凡夫であるが、そのうち正理に対し相似の智を発し解するものを内凡、まだ相似の智を発して解さざるものを外凡とよぶ。小乗では五停心、別相念処、総相念処等三賢の位を外凡とし、煖、頂、忍、世第一法の四善根の位を内凡とする。隋慧遠のかんがえによると、上輩三品の往生者はみな大乗の聖人、中輩三品はみな小乗の聖人、下輩三品は大乗始学の凡夫、これを罪過の軽重で三品にわけたものである。「大乗始学の凡夫」とは凡夫のなかの善人、佛道をまなび、大乗によって修行しようとする人である。したがって三輩九品はすべて聖人といえる。智顗は隋慧遠のように細かく説明はしないが、言うところはおなじである。

したがって、弥陀浄土は聖人のために設けられたところ、凡夫は九品のうちに入らず、当然往生することもない。これは曇鸞や道綽の浄土学説と相反する。摂論師は浄土が報であると説き、窺基は報、化に通ずると説く。しかし報土は凡夫が入れない。善導はこの隋慧遠らの考え、凡夫排斥の思潮をまっこうから批判し、凡夫得入浄土の論を展開する。

一、上品上生

隋慧遠らによると、上品上生の人は四地より七地の菩薩である。

善導はまずこのことが経典に符合しないという。善導は『観無量寿経』をひいていう。上品上生の人には三種ある。（1）よく戒を持ち慈を修す。（2）戒を持ち慈を修することあたわざるもよく大乗を読誦す。（3）戒を持ち経を読むことあたわざるもただよく佛法僧を念ず。この三種の人が往生を発願し一日乃至七日専精相続すれば往生することができる。この三種の人はすべて凡夫である。ただ大乗極善の上品の凡夫というにすぎない。どうしてかれらを四地以上の菩薩とかんがえられようかと。

四地以上の菩薩はすでに二大阿僧祇劫、福智を双修し、人法両空、神通自在、十方を悲化し、功用不可思議である。どうしていまさら佛に求生浄土を請い、佛のさしのべる迎接浄土の手が必要であろうか。

二、上品中生

隋慧遠らによると、上品中生の人は初地より四地の菩薩である。

しかし善導は『観無量寿経』をひいていう。これらの往生者は必ずしも大乗を受持しない、義解をいうだけで修行をしない、しかし深く因果を信じ大乗を誹謗しない、そういうひとびとである。これもただの凡夫で、行業がやや弱いのだと。

初地より四地の菩薩も功用不可思議である。いまさら求生浄土にはおよばないであろうと。

三、上品下生

隋慧遠らによると、上品下生の者は種性以上初地以下の菩薩である。

善導は『観無量寿経』をひいていう。「また因果を信じて大乗を謗せず、ただ無上の道心を発す」。しかしただ「無上道心を発す」この一条があれば求願往生して生ずることを得る。経の意味するところは一切の大乗心を発す衆生であって、行業は強くない。

もし種性、解行菩薩の力勢を指すとすれば、これらの菩薩は十方浄土へ往生おもいのまま、さらに佛に請うことも、勧めをまつこともない。

四、中品上生

隋慧遠らによると、中品上生の者は小乗中の第三果——阿那含果を得た人である。

善導は『観無量寿経』をひいていう。この品の往生者は「五戒、八戒を受持し、諸戒を修行し、衆悪を造らず、諸の過患の無い」ひとびとである。ただ小乗戒をたもつ凡夫にすぎず、どうして小乗の聖人であろう。

小乗中の聖人は小乗中の四果（須陀洹、斯陀含、阿那含、阿羅漢）を含む。これらの人はすでに「三途永く絶ち、四趣生ぜず、現在に罪悪を造るといえども、必定して来報を招かず。佛説きてのたまわく、此の四果の人は我と同じく解脱の牀に坐すと。既にこの功力あり、更にまた何を憂いてか、韋提の請によりて生路をもとめんや」（観経玄義分、浄全2-6上）

五、中品中生

隋慧遠らによると、中品中生者は内凡である

善導は『観無量寿経』をひいていう。戒を受持すること一日一夜、往生を回願すれば、命終に浄土に得生し中品中生を得る。これがどうして内凡の人であろう。ただ無善の凡夫というにすぎない。小乗に遇ってその小乗戒を授けられ、往生を回願して佛の願力によって得生する。当然小乗の聖人も願生してよいが、『観無量寿経』は佛が凡夫のために説かれたもの、小乗の聖人のためのものではない。

六、中品下生

隋慧遠らによると、中品下生は小乗内凡以前の世俗の凡夫で、世福を修して出離三界を求めるひとである

善導は『観無量寿経』をひいていう。これは父母に孝養し、世に仁慈を行い、命終に臨んで善知識にあい、浄土の

楽事を説かれ、聞きおわって即生する凡人である。この人たちの孝行は三界を出離するためではない。佛法に遇わなかったひとのためである。ただ臨終に善人に遇い、往生を勧められて、回心得生するのである。

七、下品の上生、中生、下生

隋慧遠らによると、この下輩三品は大乗始学の凡夫であって、過ちの軽重に随って三品に分けたものとする。

善導によると、下輩三品はけっして大乗始学の凡夫ではない。かれらは佛法善根がないばかりか世俗の善根すらなく、ただ悪を重ねる者である。もし善縁に遇って往生を勧められれば即得往生するが、もし善縁に遇わねば必定三悪道におちて出離することはない。

善導はしたがって結論する。

此の観経の定善および三輩上下の文意を看るに、すべて是れ佛世を去りて後の五濁の凡夫なり、ただ縁に遇うに異あるを以て、九品をして差別せしむることを致す。何ぞや。上品の三人は是れ大に遇える凡夫、中品の三人は是れ小に遇える凡夫、下品の三人は是れ悪に遇える凡夫なり。悪業を以ての故に、臨終に善により、佛の願力に乗じて、すなわち往生を得る。彼に到って華開いて、まさに始めて発心す。何ぞ是れ始学大乗の人と言うことを得ん。もし此の見をなさば、自らを失い他を誤りて、害をなすこと甚だし。今一々に文を出し証を顕わすことを以て、今時の善悪の凡夫をして、おなじく九品にうるおわしめんと欲す。信を生じて疑いなければ、佛の願力に乗じて悉く往生することを得ん。（観経玄義分、浄全2-8上）

善導は一歩進めて、弥陀浄土は生死苦海に沈淪する凡夫のために設けられたもの、聖人のために設けられたものではないと指摘する。聖人はすでに苦海を離れる。どうしてさらに救済がいるだろうかと。

諸佛の大悲は、偏に常没の衆生を愍念し、是を以て勧めて浄土に帰せしめたまう。また水に溺れたる人の如きは、急に須らく偏に救うべし。岸上の者、何ぞ救いを用いるをなさん。（同前、浄全2-6上）

以上に見るように、隋慧遠らは九品往生者はすべて聖人とし、凡夫は浄土に往生できぬと説いたが、善導はこれが誤りであり、諸師は浄土の主旨をとりちがえていると主張する。

（二）五逆謗法もともに往生を得る

善導は九品往生者をすべて凡夫であるとした。上品上生は大乗修学の上善の凡夫、上品中生は大乗次善の凡夫、上品下生は大乗下善の凡夫、中品上生は小乗根性上善の凡夫、中品中生は小乗下善の凡夫、中品下生は世善上福の凡夫、下品上生は造十悪軽罪の凡夫、下品中生は破戒次罪の凡夫、下品下生はつぶさに五逆等の重罪を造る凡夫であるという。

『無量寿経』の阿弥陀佛四十八願中に、五逆罪と正法を誹謗する者は浄土に往生すること許さずとある。『観無量寿経』では下品下生中に、五逆罪の者は往生を許すが、謗法の者は往生を許さずとある。両経にちがいがある。曇鸞と道綽はともに『観無量寿経』の立場に賛同し、五逆罪の者の往生を許すが、謗法者は往生を許さないとした。しかし善導はちがう。

四十八願中に謗法と五逆とを除く。然るにこの二業は、その障きわめて重し。衆生もし造れば直に阿鼻に入り、歴劫周慞すとも、出る可くに由しなし。ただ如来は（衆生が）この二過を造ることを恐れたもうて、方便して止めて往生を得ずと言いたまう。また是れ摂せざるにはあらず。

また、下品下生中に五逆を取りて謗法を除くというは、その五逆はすでに作りしもの、（その衆生を）捨てて流転せしむべからざるにより、かえって大悲を発し摂取し往生せしめたまう。然るに謗法の罪はいまだつくらず、また止めてもし謗法を起こさば、すなわち生ずることを得ずと言いたまう、此れは未造の業について解すものなり。もし造らば、また摂して生ずることを得しめたまわん。ただ彼に生ずることを得るといえども、華は合して多劫を経る。これらの罪人は華内にありて、時に三種の障あり。一には佛及び諸聖衆を見ることを得ず、二には正法を聴聞することを得ず、三には歴事供養することを得ず。これを除く以外さらに諸の苦なく、経にいう、猶し比丘の三禅に入る楽の如しと。まさに知るべし、華中にありて多劫開けずといえども、阿鼻地獄のなかにて長時永劫諸の苦痛を受くるよりすぐれざるべけんや。（観経散善義、浄全2-69上）

善導は五逆と謗法が極重の罪で、この二罪を造ったものは阿鼻地獄に堕ち、出るに由なきものだと確認するが、阿弥陀佛が往生を得ずと説くのは衆生にたいする警告にすぎないという。衆生にこの二罪を造らせないための方便としてかくいうので、けっして本当にかれらを浄土に往生させないというものではないと。

『観無量寿経』は五逆は得生し、謗法は得生せずという。しかし五逆罪はすでに造ったもの、これをもってそのひとびとを三界中に輪廻流転させることはできないので、摂取し往生せしめたまう。謗法の罪はまだ造っていないが、それを阻止するため往生できぬと警告される。実際上は造っても往生できる。ただ宮胎内に多劫留まらねばならないが、地獄におちるよりよほどましだと。これを帯業往生とよぶ。

善導は弥陀経典や曇鸞、道綽がつくった浄土門のとびらをすべて取り払ってしまう。完全に門戸を開放し「一切善悪の凡夫の可入」という主張に徹する。したがって隋慧遠の説とは鮮明に対照的である。気迫にみちている。慧遠は『観無量寿佛経義疏』巻下にいう。

造逆の罪人に上あり下あり。善趣（六道中の天、人二道あるいは阿修羅をくわえ三道）以前は、常没造逆にして、説きて以て下となす。善趣位中は、縁に遇いて逆を造る、これを説きて以て上となす。世王（阿闍世王）等の如き上人は、逆を造るも必ず重悔あり、罪をして消薄せしめ、容れられてすなわち生ずることを得。此の経（観無量寿経）はこれに就く、故に五逆もまた往生を得ると説く。下人は逆を造るも、多く重悔することなく、生ずること得べからず。大経（無量寿経）は此れに就く、故に生ぜずと説く。（浄全5-195下）

またいう。

造逆の人、行に定と散あり。観佛三昧はこれを名づけて定となす。余の善根を修するは説きて以て散となす。散善は力よわく、往生を得ず。大経はこれに就く、故に生ぜずと説く。（同前）

つまり、罪人中の上等人は縁に遇って逆を造ったのであり、かならず重悔があるから往生がみとめられる。しかし下等人は往生できないのだという。この論理にしたがえば広大な一般大衆はみな下等人に入る。農民、漁民らは「常没造逆」の輩で、生活のために殺生に沈淪し、重悔することも念佛を実践することもない。どうして往生できよう。隋慧遠はあきらかに凡夫不能往生説を堅持しているわけで、わずかに特殊な罪人のために小さな穴をあけたにすぎない。智顗もほぼこれとおなじ考えである。

(三) 二乗、根缺および女人も得生す

世親の『往生論』に「女人及び根缺、二乗種は生ぜず」の語がある。あるひとがこれを女人、根缺および二乗種は往生できないと解し、どうして阿弥陀経典中に声聞衆の存在が明言されているのかと疑問を呈した。曇鸞は『往生論註』巻上でこれをつぎのように解釈した。声聞、縁覚の二乗も弥陀浄土に生ずることができる。浄土に生ずれば即大乗である。ここで声聞と呼ばれるのはそのもとの名をいったまでで、浄土中に二乗はないのだと。

善導はさらに一歩進めて、なぜ「二乗種は生ぜず」かを説明する。「種」は「心」と含義がおなじである。「二乗種生ぜず」は「二乗心生ぜず」である。下輩往生中の上中下三品は浄土蓮華中に生じ、華開くとき、観音菩薩がこの下輩往生者のために大乗を説き、大(乗)を説くを聞いて歓喜し、無上道心を発して大乗種生となる。これを大乗心生とよぶのだと。「まさしく大を聞くに由りてすなわち大乗種生ず。小を聞かざるに由るが故に、ゆえに二乗種生ぜず。およそ種というは即ち是れその心なり」(観経玄義分、浄全2-12下)と善導はいう。これは曇鸞と異なる。曇鸞は、他方の声聞来たりて浄土に生じてのち大乗となり、小乗より転じて大乗となる。したがって浄土に小乗はないのだと。しかし善導は、悪人が浄土に往生してのち、観音の教化を得て大乗を受け入れる。したがって浄土に小乗はないのだと。曇鸞の説は壮大な大乗の声望が小乗の聖衆を吸収するのであり、善導は悪人に死後の利益を許して、悪人の往生を励ますのである。

ここで「悪人」の概念を説明しなければならない。佛教には十悪、十善がある。「十善」とは不殺生、不邪淫、不偸盗、不妄語、不両舌、不悪口、不貪欲、不綺語、不瞋恚、不邪見をいう。この逆が「十悪」である。「十善」を行ずるも

のは善人であり、「十悪」を行ずるものは悪人である。悪人には悪の程度にちがいがある。もっとも重い悪人は「五逆」の罪を犯すもの、父を殺す、母を殺す、羅漢を殺す、佛を害する、僧団を破壊するものである。浄土宗の説く「悪人」とはひろく「十悪」や「五逆」の罪を犯すものを指す。包括するところは非常に広い。善導は解釈していう「もし殺業を論ずれば、四生をえらばず、皆よく招罪す」（観経散善義）と。四生とは胎生、卵生、湿生、化生の四類の生命で、禽獣虫魚、蟻にいたるまで一切の生物を含む。このいずれの生命を殺すのも作悪である。とすれば、農、牧、漁、猟にたずさわるひとびとはみな作悪のひとであり、屠夫や兵士はいうまでもない。したがって善導が悪人もまた往生し大乗の菩薩となることができると主張するのは、多くの一般民衆を慰撫するものであった。

女人往生について、善導は女人排斥の観点に反対する。とくに論じていう。

すなわち弥陀の本願力に由るが故に、女人も佛の名号を称すれば、まさしく命終の時に、ただちに女身を転じて男子となることを得る。弥陀は手を接し、菩薩は身をたすけ、宝華上に坐して、佛に随って往生し、佛の大会に入りて、無生を証悟す。また一切の女人、もし弥陀の名願力によらずんば、千劫万劫恒河沙等の劫にも、ついに女身を転じ得べからず。まさに知るべし、今あるいは道俗ありて、女人は浄土に生ずることを得ずというは、此れ妄説なり、信ずべからず。

（『観念法門』、浄全 4-233 下）

女人は命終に男身に転じて浄土に往生する。したがって浄土には女人はいない。六根残欠の者もおなじく浄土に往生してのち、すぐさま身心健康な居民となり、浄土に根残は存在しない。女人、根残が往生できないということはない。一切の善悪の凡夫、根缺も女人もすべてひっくるめて、浄土に往生できるというのが善導の主張である。

三、弥陀浄土は報土である

（一）報なり化にあらず

弥陀浄土が報であるか化であるかの論争は、善導の時代まですでに百年ちかく争われてきた。窺基と迦才は善導とおなじ時代、主として唐高宗のころに活躍している。窺基は弥陀浄土が報土であると同時にまた化土でもあるとかんがえる。すなわち登地の菩薩にとっては報土であるが、地前の初発心の菩薩、二乗、凡夫にとっては化土であると。迦才も窺基にちかい。弥陀浄土には報土と化土の二種があるとする。すでに道綽の努力によって弥陀浄土が報であり化でないという考えはしだいに優勢になっていたが、なお「化なり報にあらず」の主張は存在し、そのため窺基や迦才のような折衷説があらわれる。善導は道綽を継承し、さらに一歩進めて弥陀浄土が報であり化でないことを説く。三種の経典をひいて論証する。

『大乗同性経』に説く、西方安楽阿弥陀佛は是れ報佛報土なりと。また『無量寿経』にいわく、法蔵比丘が世饒王佛の所にありて、菩薩道を行じたまいし時、四十八願を発し、一々に願じてのたまわく、我佛を得たらんに、十方の衆生我が名号を称して、我が国に生ぜんと願じ、下十念に至るまで、もし生ぜずんば、正覚を取らじと。今すでに成佛したまう、即ちこれ酬因の身なり。また『観経』中に、上輩の三人命終の時に臨んで、みな阿弥陀佛及び化佛とともに来たりてこの人を迎うという。然らば報身化を兼ねて共に来たりて手を授くの故に名づけて「ともに」となす。この文を以て証す、故に是れ報なりと知る。（観経玄義分、浄全2-10下）

北周の闍那耶舎訳の『大乗同性経』に説く。浄土中の成佛者は悉く報身であり、穢土中の成佛者は悉く化身である。阿弥陀如来、蓮華開敷星王如来、龍主王如来、宝徳如来等の諸如来は佛刹清浄で、現に得道する者、これから得道する者、すべては報身佛であると。これによっても弥陀浄土が報土であると知れる。『無量寿経』で法蔵菩薩は四十八願を発し、今すでに願行円満し、浄土を建て成佛されている。浄土は酬因の果報であり、報土である。

『観無量寿経』中に上輩三品の往生者はいずれも阿弥陀佛が化佛とともに前に来て接引したまうと説く。たとえば上品中生者はつぎのごとくである。

此の行を行ずる者、命終わらんと欲する時、阿弥陀佛、観世音、大勢至、無量の大衆とともに、眷属に囲繞せられて、紫金台を持して、行者の前に至りたまい、讃じてのたまわく。法子、汝大乗を行じて第一義を解す、この故に我今来たりて汝を迎接すと。千の化佛とともに、一時に手を授けたまう。（浄聖 1-307）

経中に阿弥陀佛と千の化佛が手を授けたまうと明言するのだから、阿弥陀佛は化佛ではなく報佛であり、報身と化身が「いっしょに」来て手を授けるのである。佛は報佛、土は当然報土である。

弥陀が報佛、報土であることは経典にあきらかである。

あるひとが問う「報身は常住にして、永く生滅なし。何が故に『観音授記経』に阿弥陀佛にまた入涅槃の時ありと説くや」と。道綽はかつてこれにつぎのように答えている。これは阿弥陀佛の報身が隠没相を示現したもので、涅槃に入られた後も深厚善根の衆生はなお阿弥陀佛を見ることができたのだと。善導はこの問題に、より深く、大乗般若学の観点からつぎのように答える。

諸法は平等にして、声聞の作にあらず、辟支佛の作にあらず、諸菩薩摩訶薩の作にあらず、諸佛の作にあらず。有佛のときも無佛のときも、諸法の性は常に空なり、性空は即ち是れ涅槃なり。

（観経玄義分、浄全2-11下）

小乗佛教において涅槃は灰身滅智、生死の因果がすべて尽きるもの、再び生を受けることなく寂静に帰するものである。一切の修習の最終目標は入涅槃の追及である。佛も涅槃を示現しなければならず、そのことによって佛たることが証明される。しかし大乗になると、小乗の単純な涅槃の境界の追求から転じて智慧の追求となる。般若は「諸佛の母」とみなされる。般若の智慧を獲得し、ただしく「実相」の性空を認識し、自身一種の不動の情緒、安穏自得の精神状態に処すること、これが涅槃である。

世俗世界のいかなる事物もみな自性なく、性空である。出世間の一切、いわゆる四念処、八聖道、十力、十八不共法および阿羅漢、菩薩、諸佛世尊等もみな性空である。世間、出世間の一切が性空であれば当然に差別はなく、無差別つまり「平等」、「諸法平等」である。諸法平等であるから、涅槃も諸法と平等無差別で、おなじく性空である。この諸法平等性空は諸法の本来の姿であり、それはべつに声聞の造作したものでも、辟支佛、諸菩薩の造作したものでも、諸佛世尊が造作されたものでもない。

したがって、涅槃は小乗において理解されるような自身の世間的存在の消滅とおなじではなく、またある種の大乗経典に説かれるような世俗を離れ独立して存在する涅槃世界があるわけでもない。性空を体得し、事物を性空の本来の姿にもどすこと、それが涅槃である。

佛が佛であるのは、諸法性空の実相を体得し、実相と冥合してひとつになるからである。これが佛すなわち涅槃ということで、佛がすなわち涅槃だとなれば、どこにいまさら「入涅槃」の問題など存在しようというのである。

入不入の義は唯是れ諸佛の境界にして、なお三乗浅智のうかがうところにあらず。あに況や小凡たやすく知らんや。（観経玄義分、浄全2-11上）

報身についてはまた別である。佛身に法、報（応）、化の三身がある。善導はいう。

およそ報というは因行虚しからず、定んで来果を招く、果の因に応ずるを以ての故に、名づけて報となす。また三大僧祇に修するところの万行は必定してまさに菩提を得べし、今すでに道成ず、即ち是れ応身なり。これすなわち過、現の諸佛三身を弁立し、これを除きて以外に更に別の体なし。たとえ無窮の八相、名号塵沙なるも、体を剋して論ずれば、すべて化に帰して摂す。今彼の弥陀は、現に是れ報なり。（観経玄義分、浄全2-11上）

いうところの意味は、佛は諸法実相の性空を知り、実相と合一し、すなわち涅槃と名づけ、法身と称する。因地に修する万行で、菩提の果報を得たので、すなわち報身であり、応身ともよぶ。もし釈迦佛のように八相を示現し、無窮に変化し、無窮の名をもつなら、それらはみな化身であろう。諸佛は三身同証し、阿弥陀佛も三身具足されるから、阿弥陀佛を報身というのは当然に正しいと。さらにいう。

今すでにこの聖教を以て、あきらかに知りぬ、弥陀は定んで是れ報なることを。たとえ涅槃に入るとも、その義さまたげなし。諸の有智の者まさに知るべし。（観経玄義分、浄全2-11下）

すでに『大乗同性経』『無量寿経』『観無量寿経』をひいて阿弥陀佛が報身であり、弥陀浄土が報土であることを証明した。ただ、阿弥陀佛が将来涅槃に入るかどうかがとわれるが、それはまた別の問題である。これは弥陀の報、化とはかかわりがない。たとえ小乗の観点から将来弥陀が涅槃に入られるとしても、今弥陀が報身であることにさしさわりはないのだと。

（二）凡夫能入報土

あるひとが問う「彼の佛及び土すでに報なりと言わば、報法は高妙にして、小聖はかない難し。垢障の凡夫は如何が入ることを得ん」と。これに善導が答える。

もし衆生の垢障を論ずれば、実に欣趣に難し。まさしく佛願に託して、以て強縁となすによって、五乘ひとしく入らしむることを致す。（観経玄義分、浄全2-12上）

いわゆる「五乗」とは人、天、声聞、縁覚、菩薩の五種の法門を指す。いうところの意味は、衆生は障碍が重いので自力の修行で往生することは難しい。しかし佛力を借りるなら五乗の根機みな往生が可能である。これを「五乗斉入」という。

曇鸞は大乗聖教を難行、易行の二道であると判じ、道綽は聖道、浄土の二門であると判じた。善導は声聞、菩薩の二蔵および漸、頓二教であると判じている。

此の経は二蔵の中にはいずれの蔵に摂し、二教の中にはいずれの教に収むるや。答えていわく、今此の観経は菩

薩蔵に収め、頓教の摂なり。（観経玄義分、浄全2-3下）

善導は浄土が菩薩蔵の収、頓教の摂であるとかんがえる。ただ、他力にまつ易行道であるという点で曇鸞や道綽とおなじである。他力による易行道という観点を利用して、凡夫が真実の報土に入れることを論証したのである。善導は「ただよく上一形を尽くし、下十念にいたるまで、佛の願力を以てすれば、皆往かずということなし」（浄全2-4上）と再三強調する。

佛力による往生ということが曇鸞、道綽、善導の浄土学説の礎石である。

四、菩薩の不相応の教を信用すべからず

（一）念佛は不退堕を得る

『摂大乗論』の別時意説は本質的に曇鸞の中国浄土学説と対立する。したがって曇鸞の念佛に反対するためにしばしばこれが引用された。『摂大乗論』においては、念佛で不退を得るとは別時意であるという。そこであるひとは、阿弥陀佛の名号を称念するのは別時意で、それは往生の因となっても、即生ではないし、不退を得るものでもないとかんがえた。

道綽はこの問題にたいして妥協的態度をとり、調和をはかった。念佛は即生であるが、ただそれは宿因がある場合のこと、宿因がなければ即生ではないと。つまり念佛が即生であるといえば別時意に反対することになるし、即生でないといえば別時意を擁護することになる。しかし善導は明確にこの別時意説に反対する。念佛によって不退が得ら

れることを正面から論じている。

いまだ証せずといえども、（念佛は）万行の中是れその一行なり、何を以てか（不退を）知るを得ん。（答えていう）『華厳経』に説くがごとき、功徳雲比丘善財に語りていわく、我佛法三昧海の中においてただ一行を知れり、いわゆる念佛三昧なりと。この文を以て証せんに、あに一行にあらずや。是れ一行なりといえども、生死の中において乃至成佛するまで、永く退没せず、故に不堕と名づく。（観経玄義分、浄全2-9上）

善導がひく『華厳経』中の功徳雲比丘の言は『六十華厳』に出る。『八十華厳』では徳雲比丘となり、その言は「我ただ此の一切諸佛の境界を憶念し智慧光明普見の法門を得る。あによく諸大菩薩無辺智慧清浄の行門を了知せんや」（『大方廣佛華厳経』巻六二、大正10-334中）となる。

善導は徳雲比丘の言をひいて念佛が万行中の行であることを説明する。一行であるとはいえ、生死を離れただちに成佛して永く退没しない。成佛の期がどれほどであるかはいえない。念佛の行は精細なもので、期限をさだめていうことはできない。しかし、これは決定して不堕をいうもので、別時意ではないのだと。

(二) 念佛は即生

『摂大乗論』では、弥陀浄土へ往生を発願するだけで即得往生というのは別時意であるという。唯願別時意とよばれる。あるひとがこれを引用敷延していう。『観無量寿経』の下品下生の十声称佛もこの唯願別時意であって即生を得るものではないと。

これにたいし善導は、このような説法が経典に背くという。『阿弥陀経』をひいていう。

佛舎利弗に告げたまわく、もし善男子善女人ありて、阿弥陀佛を説くを聞かば、即ちまさに名号を執持すること、一日乃至七日、一心に生ぜんと願ずべし。命終わらんと欲するの時、阿弥陀佛は諸の聖衆と迎接し往生せしめたまう。（観経玄義分、浄全2-9下）

釈迦佛がこのように教導されるだけでなく、十方諸佛も讃嘆護念される。

十方の各恒河沙等の如き諸佛は各広長の舌相を出して、あまねく三千大千世界に覆いて、誠実の言を説きたまう。汝等衆生皆まさに是の一切諸佛の護念したまうところの経を信ずべし。護念というは、即ち是れ上の文の「一日乃至七日佛の名を称するなり」（観経玄義分、浄全2-9下）

念佛名号により即得往生というのは佛経に説く佛の教導である。ひとびとがこの教導を信ぜず、なお「凡小の論」を信ずるのはまことに真妄の顛倒、是非の混淆である。善導は憤慨する。「今すでにこの聖教ありて以て明証す。いぶかし。今時の一切の行者、何の意か知らず、凡小の論に信受をくわえ、諸佛の誠言を返りて妄語となす。苦しきかな、なんぞ激しくよくかくの如き不忍の言を出す。然りといえども、仰ぎ願わくば一切の往生を欲する知識ら、よく自らを思量せよ。むしろ今世をやぶりても、あやまりて佛語を信ぜよ。菩薩の論に執して以て指南とすべからず。もしこの執に依らば、即ち是れ自らを失し他を誤らしむ」（浄全2-10上）と。

無著、世親は菩薩と尊称される。「菩薩の論」とは無著の『摂大乗論』、世親の『摂大乗論釈』を指す。たとえ『阿弥陀経』中の佛説をあやまって信ずることがあっても、『摂論』や『摂論釈』を指南としてはならないという。別時意を倡言する菩薩の論を名指しで批判する。

善導からみれば、経の記載は佛説であり絶対の真理である。論は菩薩の解釈、展開であって誤りがあるかもしれぬ。経と論では経が重い。経と論に矛盾があれば経に拠るべきである。もっとも現実には、大乗がおこったとき「如是我聞」で経をはじめる小乗の慣例にしたがって、不断に新しい経典、つまり大乗経典が創出された。また個人の署名のある大量の専論および少数の大乗の戒律を講ずる典籍があらわれた。大乗経典は佛説にたいして自由な展開、解釈の色彩が濃い。したがって小乗では一貫して大乗経典は「非佛説」とし、「外道」「魔説」「憒閙行者」とまで攻撃した。経と論とどちらが重いか、どちらが標準か、必ずしも簡単には断じがたい。ただ経と論のあいだ、経と経のあいだに矛盾があれば多くは調和をはかり、調和のしようがないときに経を標準とする。経は畢竟「佛説」であり「聖教」であり、その真理性に疑いをはさまないからである。善導はこの点を重視する。

仰ぎ願わくば一切の行者等、一心に唯佛語を信じて身命を顧みず、決定して依行せよ。佛の捨てしめたまうものをば即ち捨て、佛の行ぜしめたまうものをば即ち行じ、佛の去らしめたまう処をば即ち去れ。是れを佛教に随順し、佛意に随順すと名づく。是れを佛願に随順すと名づけ、是れを真の佛弟子と名づく。（観経散善義、浄全2-56下）

佛の所説は即ち是れ了義なり、菩薩等の説をばことごとく不了義と名づく。まさに知るべし。是の故に、今時仰ぎて一切の有縁の往生人に勧む、唯深く佛語を信じて専注奉行すべし。菩薩等の不相応の教えを信用して、以て疑碍をなし、抱惑自迷して、往生の大益を失うべからず。

（観経散善義、浄全2-56下）

古くから真理の標準問題には多くの意見がある。ただ善導が僧として佛語を真理の標準として堅持するのは十分に理解できる。まさに佛語を真理の標準とすることによって、善導は念佛別時意説を否定し、念佛即得往生の主張をつらぬく。これによって無著、世親両菩薩の権威をくつがえし、念佛往生の理論的障碍をとりのぞくのである。

(三) 称名即ち行願具足

『摂大乗論』では唯願無行は別時意であるとする。あるひとはこれによって、称念佛名はこの唯願無行であり、往生の遠因ではあっても、即生ではないとかんがえる。善導も願行具足しなければならないことを認める。

ただ行のみあるは、行即ち孤にして、また至る所なし。ただその願のみあるは、願即ち虚にして、また至る所なし。要はすべからく願行あい扶けて、なすところ皆克(服)すべし。(観経玄義分、浄全2-10上)

往生浄土の願心がなければ、ただ諸善万行を修してもそれは浄土から離れたもの、浄土に行きつくものではない。逆に往生の願のみあって修行のないのも虚しく、浄土に行くことはできない。願と行がそろい、あい扶けて往生の目的ががかなう。『摂大乗論』が説く願のみあって行のないのは即生できぬというのは正しい。

しかし、称名念佛はけっして願のみで行がないというものではない。行願具足であるという。

今此の『観経』中の十声の称佛は、即ち十願十行ありて具足す。如何が具足するや。「南無」と言うは、即ち是れ帰命なり、また是れ発願回向の義なり。「阿弥陀佛」と言うは、即ち是れ行なり。この義を以ての故に、必ず

往生を得べし。（観経玄義分、浄全2-10上）

いわゆる称名念佛とは「南無阿弥陀佛」の六字あるいは「阿弥陀佛」の四字を口念（心念も含め）することである。「南無」とは梵文音訳（音は那摩）で意訳すると帰命、敬礼、礼拝、帰依等である。一般に帰命に三義ありといわれる。（1）一身の要は唯命もて主となす。万生の重んずる所これより先なるはなし。この無二の命を挙げて以て無上尊に奉ず。故に帰命と称す。（2）佛の教命に帰順するなり。（3）衆生の六根は一心より起るも、自らの源にそむきて六塵に馳散す。今命を挙げ六情を総摂してその一心の本源に還帰す。即ち一心に佛に帰す、故に帰命と称すると。曇鸞は『往生論註』巻上に「礼拝」と「帰命」を比較していう。

既に往生を願う、あに礼せざるべけんや。故に知りぬ、帰命は即ち是れ礼拝なることを。然れど礼拝はただ是れ恭敬にして、必ずしも帰命ならず。帰命は必ず是れ礼拝す。もし此れを以て推せば、帰命を重しとなす。（浄全1-220下）

善導は曇鸞のこの考えによって「南無」とは帰命であるとするが、さらに「発願、回向の義」があると新たな発展をつけくわえる。

善導によれば「南無」は発願、「阿弥陀佛」と称することは起行であり、いずれも根拠がある。曇鸞『往生論註』巻上にいう「願生安楽国、此の一句は是れ作願門なり。天親菩薩の帰命の意なり」（浄全1-221下）と。つまり「帰命の意」が願生安楽国、すなわち発願往生なのである。世親『往生論』中にいう「第二門に入る者、阿弥陀佛を讃嘆したてまつり、名義に随順し、如来の名を称し、如来の光明智相に依りて修行するを以ての故に、大会衆の数に入ることを得る」（浄全 1-198）と。「如来の名を称」することが佛の智相に依りて修行するのと同じだという。すなわち称「阿弥陀佛」は行なのである。

善導は称佛名号がそのまま願行具足であることを明確に宣言し、称名念佛に独立した地位を確立する。これ以後浄土宗は専称佛名に転んずる。

五、要門即ち二善

（一）定善と散善

定善、散善とは善導が『観無量寿経』について説いたものである。

如何が定善と名づけ、如何が散善と名づくや。答えていわく、日観より下十三観に至るを名づけて定善となし、三福九品を名づけて散善となす。（観経玄義分、浄全 2-4 下）

さきに隋慧遠は定、散二善の問題を提起してつぎのようにいう。

造逆の人、行に定散あり。観佛三昧はこれを名づけて定となす、余の善根を修するを説きて以て散となす。散善は力微にして、五逆重罪を滅除することあたわず、往生を得ず。……定善は力強く、よく逆罪を消じて、往生をゆるす。（『観無量寿経義疏』巻下、浄全 5-195 下）

智顗の考えもこれとおなじで、観経に説く十六観はすべて観佛三昧の内容であり、すべて定善であるという。善導はこの解釈に同意しない。十六観中前十三観は浄土依正二報の総別相を観想したもので観想三昧の内容、佛が韋提夫人のもとめによって説いたもので定善である。しかし後の三観三福九品は佛自説で、散善であるという。

善導によると、佛が説法したまうときには「処別、時別、対機別、利益別あり」「今『観経』の定散二善を説きたまうは、ただ韋提及び佛滅後の五濁五苦等の一切凡夫のために、生ずることを得と証言したまうにあり」（浄全2-57上）。そして「一切衆生の機に二種あり、一には定、二には散。もし定行に依れば即ち生を摂すること尽きず、是を以て如来方便して、三福を顕開し、以て散動の根機に応じたまう」（浄全2-29下）と。つまり散動の根機の人は、定善を修することができない。このひとたちには入定の暇も修養もない。すべてのひとに定善を求めるなら、このひとたちを浄土の外に排斥することになる。したがって佛は方便に三福九品を説いて、ただ廃悪修善のみをもとめられた。これが散善であると。

善導が定散二善をたてるのは、ただ散動の根機の衆生を収摂せんがためである。これによってこのひとたちは三昧によらずとも、なお浄土の法門を修することができる。

(二) 指方立相

善導の説く定善つまり観佛三昧は、浄土宗でいう「指方立相」である。指方立相とは西方を指し、弥陀浄土の依報、正報の事相を観想すること、即ち観想念佛である。定善、指方立相、観想念佛、これらは実はおなじことを意味している。

どうして指方立相するのか。善導はいう。

衆生は散動にして、識は猨猴よりもはげし、心は六塵にあまねき、暫息するも由無し。ただ境縁一にあらざるを以て、目に触れて貪を起こし想を乱す。心を三昧に安んぜんこと、何ぞ得べけんや。縁を捨て、静に託すにあらずんば、なんぞ相続して心をとどめんや。西方を直指し、余の九域を除く。是を以て身を一にし、心を一にし、回向を一にし、処を一にし、境界を一にし、相続を一にし、帰依を一にし、正念を一にす。是れを想成就して正受を得と名づく。此世後生、心に随って解脱するなり。

（観経定善義、浄全2-34下）

つまり、衆生の根機は散動し、心は猿猴とあい競い、色処、声処、香処、味処、触処、法処の六種の外境を遍遊してとどまるところを知らない。接触する外境が多いから目にするとすぐ貪乱の想がおこる。どうして心を安んじて入定などできよう。外縁を謝絶して、安静にし、心を西方に注ぎ、他の九方は無視する。こうしてはじめて身、心、回向、処、境界、相続、帰依、正念をすべて統一集中し、入定して観想することができる。かくして今世後生は思いのまま解脱することができようという。

十方中ただ一方に心意を集中し観想するはよいとして、では、どうして偏指西方なのか。善導は答えていう。

諸佛の所証は、平等にして是れ一なり。もし願行を以て来たりて収むるに、因縁無きにあらず。然るに弥陀世尊本発の深重誓願、光明名号を以て十方を摂化す。ただ信心求念するものをして、上一形を尽くし下十声一声等に至るまで佛願力を以て、往生することを得やすからしむ。是の故に釈迦及び諸佛は西方に向かうを勧めたまう。

（『往生礼讃偈』、浄全4-356下）

十方の諸佛はみなおなじであるが、ただ阿弥陀佛は因地のときに深重の誓願あって衆生を接引したまう。この佛の願力が易往であるから偏に西方を指向する。すなわち縁があるからである。西方を指し、なぜ相を立てねばならないのか。善導は答えていう。

群生は障重く、真佛の観はかない難し。是を以て大聖哀を垂れて、しばらく心を形像にとどめしむ。

（観経定善義、浄全2-48下）

今この観門等は、ただ方を指し相を立て、心を住して境を取るなり。総じて無相離念を明かさず。如来はるかに知りたまう、末代罪濁の凡夫、相を立てて心を住するもなお得ることあたわず、なんぞ況や相を離れて事をもとめんや、さながら術通なき人が空に居して舎を立てるがごとしと。

（観経定善義、浄全2-47下）

善導は道綽の「教は時機に赴く」原則によって、末法時代の衆生は障重く、実相念佛は行じがたい。したがって指方立相し、衆生に心を形像に注せしめ、観想念佛を行ぜしめようとしたのである。この法すら行じがたいとすれば、離相など問題にならない。

指方立相によって見佛、見浄土を求めるが、その要は修行者の注心にある。

衆生の心想中に入るとは、すなわち衆生念を起こして諸佛を見たてまつらんと願ずれば、佛即ち無碍智を以て知りたまうに由りて、即ちよく彼の想心中に入りて現じたまうをいう。諸行者もしくは想念中に、もしくは夢定中に、佛を見るは、即ちこの義を成ずるなり。

（観経定善義、浄全2-47上）

善導は佛像を観想する法をのべる。

頂より足に至るまで、心に想いて捨てず、一一にこれを観じ、暫くも休息すること無し。あるいは頂相を想い、あるいは眉間白毫乃至足下の千輪の相を想う。この想をなす時、佛像端厳にして、相好具足して、了然として現じたまう。すなわち心が一一の相を縁ずるが故に、即ち一一の相現ず。心もし縁ぜずんば、衆生見るべからず。ただ自心に想いをなせば、即ち心に応じて現ず。……是心作佛というは、自らの信心に依りて、相を縁ずること作るがごとし。是心是佛というは、心よく佛を想えば、想に依りて佛身現ず、即ち是れ心佛なり。この心を離れて外に、更に異る佛無し。（観経定善義、浄全247上）

観想中に見る佛は心中の佛かそれとも客観的な外来の佛か。この問題についてはかつて東晋慧遠と鳩摩羅什が論争した。慧遠は客観的外来佛であるとしたが、鳩摩羅什は中観をもってこれにこたえ、どちらとも明確にしなかった。曇鸞は心中の主観佛であると同時に客観的外来佛でもあるとかんがえた。善導は曇鸞の考えに賛同し、衆生が念をおこせば無碍智を具える佛は当然これを知り、その想のうちに入りたまう。つまり客観的外来佛であるとし、強調していう。

諸佛は円満無障碍の智を得たまいて、作意と不作意につきて、常によく法界の心を遍く知りたまう。ただよく想をなせば、即ち汝の心想にしたがって現じたまい、あたかも生くるが如し。（観経定善義、浄全247下）

しかしまた一方、是心作佛、是心是佛で、心外無佛ともいう。観想中の佛は客観と主観が統一されたもの、浄土の他の事相を観想するときも同様で、観想するときは心をその境界に集注するからその境に縁じて現ずるのだと。善導は十三観それぞれについて、なぜ観をなすのか、なにを観ずるのか、どのように観ずるのか、くわしく述べるが、ここでは略す。

(三) 三福九品

善導は三福九品を散善とする。三福とは世俗善、戒善、行善である。『観無量寿経』に説く。

彼の国に生ぜんと欲せし者は、まさに三福を修すべし。一つには、父母に孝養し、師長に奉事し、慈心にして殺さず、十善業を修す。二つには、三帰を受持し、衆戒を具足して、威儀を犯ぜず。三つには、菩提心を発し、深く因果を信じ、大乗を読誦し、行者を勧進す。此の如き三事を名づけて浄業となす。(浄聖 1-291)

善導はこれについて一々に解説する。

一、世俗善

世福、世善ともよばれる。佛法を聞く機会にめぐまれなかった五濁の凡夫が世の中で自然におこなう善である。吉蔵らはこれを凡夫善という。『観経』はその内容に四条をあげ、善導はその重点が父母への孝養にあると解説する。善導によると、化生、湿生、卵生、胎生のいずれであれ「自らの業識を以て内因とし、父母の精血を以て外縁とす。因縁和合するが故にこの身あり。この義を以ての故に父母の恩重し」(観経序分義、浄全 2-30 上)と説く。また佛を例に父母への孝養を「世間福田の報」とする道理を説く。佛母摩耶夫人は佛を産んで七日ののちに死して忉利天に生まれた。佛は成道ののち四月十五日忉利天にのぼり、母に説法して十月の懐胎の恩に報いたもうた。「佛なお自ら恩を収めて父母に孝養したまう、なんぞ況や凡夫孝養せざらん」という。

善導が父母への孝養を強調するのは、佛教の中国化のながれに沿うものである。中国封建社会の経済基礎は小農経済であり、家庭はその社会の細胞であった。一連の血縁関係は社会関係と一体化した宗法制度をつくり、孝を本とする倫理道徳規範がうまれた。孝はこの封建秩序を維持するための重要なかなめであった。佛教が中国に伝来してのち、印度僧のもつ一連の観念が中国の倫理と衝突し、儒家に僧は無父無君であると批判されたのも当然であった。中国に根をおろすために佛教は不断にみずからを改造し中国化をはからなければならなかったが、そのひとつは儒家の孝の観念をうけいれ、孝をみずからの倫理道徳の中心にすえることであった。唐代は佛教がさかんに孝行を説いた時代である。唐初に産まれた『父母恩重経』には一般庶民の母子の深情を描き、父母の恩と子の孝養を叙述する。父母の養育の恩に報いるため、読経焼香し、佛に礼拝し、三宝に供養し、衆僧に飲食を布施しなければならないことを強調する。善導が世善中に父母への孝養を強調するのはこのながれにのることを示す。善導らの大師が孝を説いたことは儒家有識の士の称賛を得ている。中唐の著名な哲学者、文学者柳宗元は「金仙氏（佛家）の道、けだし孝敬にもとづき、後積むに衆徳を以てし、空無に帰す」（『送濬上人帰淮南観省序』）という。

父母にたいする孝養とつながるのが師長への奉事である。善導はいう「礼節を教示して、識を学び徳を成す。因行欠くことなく、乃至成佛するは、此れなお師の善友力によるなり。この大恩、最も敬重すべし」（浄全2-31上）と。

世善のなかにはこのほか「慈心不殺、修十善業」の二条がある。しかしこれは実は一条である。十善のうち長命が最善で、十悪のうち殺業が最悪である。したがって不殺を前において一切生命への慈心を求めたのである。

戒福、小乗善ともよばれる。善導は戒善が世俗善より重いとかんがえる。「世善は軽微にして報を感ずることつぶさならず。戒徳は巍巍としてよく菩提の果を感ず」と。

二、戒善

戒とは佛教が出家および在家信徒のために制定した戒規である。これによって防非止悪をおこなう。その内容から止持戒と作持戒にわかれる。止持とは防非止悪の各種の戒をいい、作持とは一切の善行を奉持する戒をいう。止持戒と作持戒はそれぞれ止悪作善で、あいたすけてなりたっている。戒はつねに律と連用され戒律とよばれている。もし単独に律といえば、それは出家比丘、比丘尼のために制定された禁戒であり、諸悪を制伏するもの、在家信徒のあずかり知らぬものである。

釈尊は世俗社会での修行がきわめて難しいとかんがえ、信徒が出家し、僧団中で生活することを求められたといわれる。僧団には一定の組織原理があり、日常生活の行動基準ができあがる。このような生活の必要をみたすため釈尊はみずから戒律を制定された。後の佛教学者は僧団の生活の変化からしだいに戒律を増やし、三蔵中の律蔵にまで発展した。戒体、戒法、戒行、戒相および受戒儀式等いずれも詳細な説明と規定がある。小乗佛教では在家と出家、男女のちがいによって深浅不同の戒規をつくり、内容はきわめて複雑である。大乗佛教の戒律は比較的ゆるやかで、主として三聚戒、十無尽戒等のいわゆる菩薩戒である。ただ中国佛教は古来小乗戒をもって大乗戒と兼修したのである。

善導のいう戒善とは、したがって当然大小乗の戒を包括する。

具足衆戒と言うは、戒に多種あり、あるいは三帰戒、あるいは五戒、八戒、十善戒、二百五十戒、五百戒、沙弥戒、あるいは菩薩三聚戒、十無尽戒等、故に具足衆戒と名づく。また一々の戒品中に少分戒、多分戒、全分戒あ

り。　（観経序分義、浄全2-31上）

ここに具足衆戒というが、戒には種類が多い。またそれぞれの戒中にはすべての戒条を受持する全分戒、多数の戒条を受持する多分戒、少数の戒条を受持する少分戒がある。善導はすべての戒に全分を求めず、多分あるいは少分でよいとした。

諸戒を受持すれば威儀を犯さない。身業、口業、意業いずれであれ、行住坐臥すべてに威徳もあれば、儀則もある。したがって犯せばただちに悔過するもの、これを不犯威儀という。『観経』に「三帰を受持し、衆戒を具足し、威儀を犯ぜず」というがこれは持戒の問題である。したがって善導はこれを戒善と名づける。

三、行善

行福、大乗善ともよばれる。内容には発菩提心、深信因果、読誦大乗、勧進行者が含まれる。

善導はいう「菩提というは、即ち是れ佛果の名なり。また心というは、即ち是れ衆生能求の心なり、故に菩提心という」（浄全2-31下）と。つまり発菩提心とは衆生が佛果を求める心をおこすことだという。

深信因果とは世間の苦楽の因果をふかく信ずること、苦の因を作して苦果を感じ、楽因を作して楽の果を感じ、これにいささかも疑謗を生じないことである。善導はいう「善心はしばしば退き、悪法はしばしば起こる。此れすなわち深く苦楽の因果を信ぜざるに由るなり。もし深く生死の苦を信ぜば、罪業は畢竟かさねて犯さず。もし深く浄土を信じて、楽をなすことなければ、善心ひとたび起りて、永く退失することなし」と。

大乗を読誦すると智慧をひらき、解脱の道をあきらかにすることができる。善導はいう「読誦大乗と言うは、此れ経教を明らかにし、これを喩うるに鏡の如し。しばしば読み、しばしば尋ぬれば、智慧を開発す。もし智慧の眼開けば、即ちよく苦を厭い、涅槃等を欣楽するなり」（浄全2-31下）と。

勧進行者とは有縁の衆生を勧化して、悪をすて心をたもち、浄土に回生せしむこと、すなわち舎悪持心、回生浄土である。

以上の四条は発菩提心に概括することができる。善導はいう「ただ一念を発し、苦を厭い、諸佛の境界に生まれ、速やかに菩薩の大悲の願行を満たし、還えりて生死に入り、衆生を普度せんとねがう。故に発菩提心と名づく」（観経散善義、浄全2-64上）と。

以上の三福はただ一福を行ずるだけでも往生できる。「この三福の中につきて、或いは一人あり単に世福を行じ、回してまた生ずることを得、或いは一人あり単に戒福を行じ、回してまた生ずることを得、或いは一人あり単に行福を行じ、回してまた生ずることを得。或いは一人あり上の二福を行じ、回してまた生ずることを得、或いは一人あり上の三福をつぶさに行じ、回してまた生ずることを得。或いは人等ありて、三福みな行ぜざるを、即ち十悪、邪見、闡提人と名づく」（浄全2-54下）

散善には三福を含みさらに九品がある。「その要門とは、即ちこの『観経』の定散二門是れなり。定は即ち慮をやめて以て心を凝らし、散は即ち悪を廃して以て善を修す。この二行を回して、往生を求願するなり」（浄全2-2上）という。

九品はすべて廃悪修善であり、したがって散善である。ただ善悪の業のちがいで九品の別がある。善導は九品の善業のそれぞれについて述べる。

上品上生、大乗を修学する上善の凡夫である。このひとたちは至誠心、深心、回向発願心をおこし、三心具足し、成らざる行なく、願行すでに成って必ず往生する。このほか三種の衆生があって必ず往生する。(1)慈心にして殺さず、諸の戒行を具す。これは三福中の第二福の戒善にあたる。（2）大乗を読誦す。三福中の第三福の第三句「読誦大乗」にあたる。（3）六念を修行す。六念とは念佛、念法、念僧、念戒、念舎（布施）、念天である。これは三福中の第三福の大乗善にあたる。これら三種の功徳中二種を具する人も三種のすべてを具する人も、回向して往生を発願すればことごとく往生を得る。

上品中生、大乗次善の凡夫である。このひとたちはつぎのような善業をつくる。（1）大乗経典を読誦しあるいは読誦せずともよい。（2）よく大乗の空義を解す。（3）世間、出世間の苦楽の因果及び道理を深く信じ、疑謗を生じない。善導は世間、出世間の苦楽を解釈していう。三界の苦とは三途、八苦等を指し、楽とは人天五欲放逸繋縛等の楽を指す。根本的にいえば、三界の楽は大苦であり真実の楽ではない。浄土の苦楽とは相対的にいったもので、浄土の居民はすべて聖人、ただ階位があるにすぎない。上位から下を見れば苦、下から上を見れば楽というにすぎない。善導はこれが三福中の第三福「深く因果を信じ、大乗を読誦す」の両句にあたるとかんがえる。（4）この功徳を以て浄土に願生する。

上品下生、すなわち大乗下善の凡夫である。このひとたちはつぎのような善業をつくる。（1）また因果を信ず。即ち或いは信じ或いは信ぜず、或いは深く信ぜず。（2）大乗を謗ぜず。（3）上述の諸善は功なきがごとくであるが、ただひとたび菩提心を発し、菩薩の大悲の願行を速やかに満たし、還って生死に入り衆生を普度する。三福中の第三福の行福の意味である。

中品上生、すなわち小乗根性上善の凡夫である。このひとたちは小乗斎戒を受持し、五逆を造らず、諸の過患がない。三福中の第二福戒福である。

中品中生、すなわち小乗下善の凡夫である。このひとたちは八関戒斎、沙弥戒、具足戒を受持し、一日一夜清浄無犯にして、もし犯せば極重の罪を犯すが如くにして、三業の威儀を失わないようにつとめる。三福中の第二福戒福である。

中品下生、すなわち世善上福の凡夫である。このひとたちはかつて佛法を見聞せず、自ら父母に孝養し、世の仁慈を行じ、浄土に往生を得る。

下品上生、十悪軽罪を造る凡夫である。このひとたちは多くの悪業をつくる。大乗を謗ぜずとはいえ、愚人であって智者ではなく、造悪して愧じる心がない。臨終に善知識に遇い、衆経を賛嘆し、弥陀名号を称する。この功徳で往生を得る。

下品中生、破戒次罪の凡夫である。このひとたちは多くの悪を造り、本来地獄に落ちるべきであるが、臨終に善知識に遇い、弥陀の功徳を説かれ、弥陀名号を称するのを聞き、たちまち多劫の罪を除いて、化衆の来迎を得る。

下品下生、五逆等を造る重罪の凡夫である。このひとたちは臨終に善知識に遇い、死苦にせめられ念佛できないのを善知識知が知って、弥陀名号を称せしめ、声声絶えず、これによってすなわち多劫の罪を除き、浄土蓮華中に往生する。往生すると多劫、観音、勢至の説法を聞き、菩提心を発すのである。善導の描くところでは、このひとたちの往生は浄土中の宮胎である。

九品往生は善悪の凡夫のため、釈迦が指勧して浄土に帰心せしめ、専心修善して即得往生せしめるものである。

六、安心起行と作業

凡夫が弥陀の本願に乗じて浄土に往生するのは易行道である。ただこれには一定の主観的条件、すなわち往生の正因をそなえる必要がある。善導はこの点で多く論をのこしているが、一般に安心、起行、作業にまとめられる。

（一）安心

安心は至誠心、深心、回向発願心の三心を指す。

一、至誠心すなわち真実心である。善導はいう。

至は真なり、誠は実なり。一切衆生の身口意業に修する所の解行は、必ず真実心の中に作すべきことを明かさんと欲す。外に賢善精進の相を現し、内に虚仮を懐くことを得ざれ。貪瞋邪偽、奸詐百端にして悪性やめがたく、こと蛇蝎に同じきは、三業を起こすといえども、名づけて雑毒の善とし、また虚仮の行と名づけ、真実の業とは名づけず。もしかくの如き安心起行をなす者は、たとえ身心を苦励して、日夜十二時急に走り急に作し、頭に灸し燃すが如きも、すべて雑毒の善と名づく。此の雑毒の行を回して、彼の佛の浄土に生ぜんことを求めんと欲すれど、此れ必ず不可なり。（観経散善義、浄全2-55下）

一切の修行はかならず真実心でなければならないという。真実には自利真実と利他真実がある。浄土宗人はこれを「二利真実」とよぶ。

自利真実は舎（捨）と修の二種にわける。「真実心中に自他の諸悪及び穢国等を制舎して、行住坐臥に一切菩薩が諸悪を制舎するのと同じくあらん、我もまたかくの如くあらんと想うなり」と。

真実心中に自他凡聖等の善を勤修する。これは六重にわかれる。（1）真実心中の口業に彼の阿弥陀佛及び依正二報を讃嘆す。（2）真実心中の口業に三界六道等の自他の依正二報、苦悪の事を毀厭す。（3）真実心中の口業に、合掌礼敬して、四事等をもってかの阿弥陀佛及び依正二報を供養す。（4）真実心中の身業に、この生死三界等の自他の依正二報を軽慢し厭舎す。（5）真実心中の意業に、かの阿弥陀佛及び依正二報を、思想し観察し憶念して、目前に現れるが如くにす。（6）真実心中の意業に、この生死三界等の自他の依正二報を、軽賤し厭舎す。

不善の三業はかならず真実心中に捨てねばならない。もし善の三業が起こるならばかならず真実心中でなさねばならない。内外明暗を論ぜず、すべて真実であらねばならない。ゆえに至誠心と名づける。

利他真実については善導の説明がない。このため後に種々の説明がうまれたが、日本の良忠は『散善義伝通記及略鈔』中にいう。二利を標出するもただ自利のみ説くは、すでに自利を知れば利他の義はおのずから明らか、さらに述べるまでもなしと。

二、深心、即ち深信の心。善導はいう。

深心、即ち是れ真実の信心なり。自身は是れ具足煩悩の凡夫、善根薄少にして、三界に流転し、火宅を出でず。今弥陀の本弘誓願を信知し、称名号に及ぶ、下一声十声等に至り、定んで往生を得ん。乃至一念の疑心すらあることなし、故に深心と名づく。

（『往生礼讃偈』、浄全 4-354 下）

自身の無力、他力の頼るべきを深く信じ、弥陀の誓願によって十声一声の称名によって定んで往生を得ると信じるのである。

三、回向発願心。善導は解釈していう。

所作の一切の善根、悉く皆回して往生を願う。故に回向発願心と名づく。（『往生礼讃偈』、浄全4-354下）

「観経散善義」中にはもうすこし詳しく説明する。

過去及び今生の身口意業に修する所の世、出世の善根及び他の一切の凡聖の身口意業に修する所の世、出世の善根を随喜せること、此の自他所修の善根を以て、悉く皆真実深信の心中に回向して、彼の国に生ぜんと願う。故に回向発願心と名づく。（浄全2-58下）

また回向というは、彼の国に生じおわって、還りて大悲を起こし、生死に回入して、衆生を教化するを、また回向と名づく。（浄全2-60下）

つまり、回向発願心には往生浄土への回向と、浄土に生じて後の娑婆世界への回向と二段階がある。善導は往生浄土への回向を強調する。

曇鸞の『往生論註』巻下では信心を重視する。善導の「三心」は曇鸞説の発展である。曇鸞は信心を説いて三つの要求がある。淳心、一心、相続心である。信心は真であらねばならないし、専であらねばならないし、恒であらねばならないと。信心を分析して精細、厳密である。ただ何を信じるのか。曇鸞は称名念佛によって「衆生一切の志願を満たすことができる」つまり浄土に往生することができるというのみである。一方、善導は信心の内容を「信機」と「信法」の二種にわける。信機とは自らの虚仮を信じ、自らの無力を信じること。信法とは如来の願力と名号の真実を信じることである。此の虚を知れば彼の実を知り、自己の無力を知れば如来の絶対力を知る。これが「機法一体」である。信心を得た人は我相をすべて捨て、空境に達することができ、永遠の生命、絶対の光明と冥合し、不生不滅の安楽の境界（解脱）に達することができる。これが往生である。善導の浄土観は信心を生命としているから、浄土宗のひとびとは善導の浄土観がもっとも透徹した信心の浄土観であるとかんがえる。これは十分理にかなったことである。

「機法一体」説はあきらかに道綽の「教赴時機」説を包含する。「教赴時機」とは教、時、機が一致する。「教」とは「法」であり、「時」とはいうまでもなく末世である。したがって「教赴時機」とは教機一致である。「機法一体」はつまり「教赴時機」から化出したものである。ひとたび化出すれば当然新しい意義をもち、信心の内容となり、往生の基本条件のひとつとなる。

（二）二行と二業

隋慧遠は『観無量寿経』に説く往生の修行を四類に分ける。（1）修観往生。十六観を指す。（2）修業往生。すなわち世俗善、戒善、大乗善三福の浄業を修す。（3）修心往生。すなわち誠心、深心、回向発願心の三心を修す。（4）帰向往生。すなわち「自らは無行なりといえども、善友ために佛、法、僧の名を説き、或はために弥陀佛の徳を歎説し、或は観音、勢至を歎じ、或は彼土の妙楽勝事を歎じ、一心に帰向す。故に往生を得る。中において、或は念じ、或は礼し、或は歎じ、或はその名を称して、悉く往生を得る」（『観無量寿経義疏』巻下、浄全 5-192 下）。

『涅槃経』では一切の善業はすべて浄土の因となるとし、つぶさに列挙しないが、主要な四つをあげる。（1）戒を修して因とする。十悪を離れ、十善を修し、自ら浄戒をたもって、犯重と共に止住せず。浄国に往生する。（2）施を修して因とする。曠路に井を掘り、果林を植樹し、病人に医薬を施し、僧房を造立して持戒の人や説法者に供し、また造像立塔して種々の供養をする。すべて往生を得る。（3）慧を修して因とする。経巻乃至一偈を書写し、読誦を聴受し、他人に演説する。浄土に往生を得る。（4）護法を因とする。正法を守護し、方等（大乗経典）を誹謗しない。浄土に往生を得る。

『維摩詰経』では八法を具足すれば浄土に往生すると説く。（1）衆生を饒益して報いをのぞまず。（2）一切衆生に代わって諸苦悩を受ける。（3）なすところの功徳を尽く施す。（4）衆生に平等の心をもち、謙下無碍、すなわち怨みや親しみを捨て、己を卑しくして人に厚くする。尊卑に等心をもつゆえに障碍がない。（5）諸菩薩を視ること佛のごとく、未聞の経にも疑心をもたない。自ら学ぶところには敬して信心をもつ。人において起敬し、法において生信する。（6）声聞と違背しない。（7）他人が供するに嫉妬せず、わが利をほこらず、その中において心を調伏する。（8）自らの過ちを省みて他人の短所をあげつらわず、恒に一心を以て諸功徳を求める。

『大品経』では、般若空慧を因とし、空慧を修して罪障を除滅するから、浄土について欲生即生であると宣説する。

世親の『往生論』では五念門を説く。曇鸞の『往生論註』ではこの五念門を解釈展開する。道綽は『安楽集』のなかで五念門にもとづいて発菩提心を論じ、善導は五念門を修することが起行であると説く。善導は五念門解釈していう。

一には身業礼拝門。所謂一心専至して、恭敬合掌し、香華供養して、彼の阿弥陀佛を礼拝す。礼は即ち専ら彼の佛を礼し、畢命を期となし、余の礼をまじえず。故に礼拝門と名づく。

二には口業讃嘆門。所謂意を専らにして、彼の佛の身相光明、一切の聖衆の身相光明及び彼の国中の一切の宝荘厳光明等を讃嘆す。故に讃嘆門と名づく。

三には意業憶念観察門。所謂意を専らにして、彼の佛及び一切の聖衆の身相光明、国土の荘厳等を念観す。『観経』に説くが如く、ただ睡時を除いて、此の事を恒念し恒想し恒観す。故に観察門と名づく。四には作願門。所謂意を専らにして、もしくは昼もしくは夜、一切の時一切の処に、三業四威儀の所作の功徳、初中後を問わず、皆すべからく真実心中に発願して、彼の国に生ぜんと願う。故に作願門と名づく。五には回向門。所謂心を専らにして、自作の善根及び一切の三乗、五道一々の凡聖等の所作の善根に深く随喜を生じ、諸佛菩薩の所作の随喜の如く、我もまた是の如く随喜す。この随喜の善根及びおのれが所作の善根を以て、皆悉く衆生とこれを共にして彼の国に回向す。故に回向門と名づく。また彼の国に到りおわって、六神通を得て、生死に回入し、衆生を教化すること後際を徹窮す。心に厭足なく、すなわち成佛に至る。また回向門と名づく。五門すでに具すれば、定んで往生を得ん。

（『往生礼讃偈』、浄全 4-355 上）

上述の各経論の説く修行には重点のおきかたに違いがある。かなり雑然とする。善導は「古今を楷定し」、判教の方法にならって各経論所説の諸善万行を判じ、正雑二行、正助二業をたてる。雑然とした諸修行法を正行と正業に整理し、浄土宗の易行の規範としての修行法を制定した。善導はいう。

行に二種あり、一には正行、二には雑行なり。

正行と言うは、専ら往生経に依って行を行ず、是れ正行と名づく。何ぞ是れなるや、一心に専ら此の観経、弥陀経、無量寿経等を読誦し、一心に専注して彼の国の二報荘厳を思想し観察し憶念す。もし礼するには即ち一心に専ら彼の佛を礼し、もし口に称するには即ち一心に専ら彼の佛を称し、もし讃嘆供養するには即ち一心に専ら讃嘆供養す。是れ名づけて正となす。

また此の正の中について、また二種あり、一には一心に専ら弥陀の名号を念じ、行住坐臥に時節の久近を問わず、念念に捨てず、是れ正定の業と名づく、彼の佛の願に順ずるが故に。もし礼誦等に依らば、即ち名づけて助業となす。

此の正助二行を除く以外、自余の諸善、悉く雑行と名づく。（観経散善義、浄全2-58下）

こうして「五正行」「五雑行」および「正業」「助業」等の概念が形成される。五正行とは、読誦正行、観察正行、礼拝正行、称名正行、讃嘆正行。五雑行とは、読誦雑行、観察雑行、礼拝雑行、称名雑行、讃嘆供養雑行である。

善導は諸善万行中より五正行を抽き出し、他を雑行とした。さらに五正行中より称名正行を抽き出して正業とし、他の正行を助業とした。ただ称名のみが正行正業であり、他の諸善万行はすべて助業ないし雑行となった。称名念佛の法をもって特色とする浄土宗は、ここに確立する。

すでに見たように、曇鸞は称名念佛の独立性を主張し、明確に口念を提唱した。道綽は諸法修行を正学と兼学にわけ、称名念佛を正学、その他諸法すなわち定学、慧学、実相念佛、観想念佛等すべてを包括して兼学と名づけ、称名念佛に主要な地位をあたえた。善導はこの曇鸞、道綽を継承して、この二行二業の説を提起し、弥陀名号を念ずることを正行に、称名念佛を正業にすることで浄土宗修行の体系を完成したのである。

善導の二行二業を図示するとつぎのようになる。

- 起行
  - 正行
    - 正業 ―― 称名正行
    - 助業
      - 読誦正行
      - 観察正行
      - 礼拝正行
      - 讃嘆正行
  - 雑行 ―― 其の余の諸善

称名念佛について善導には多くの論述があるが、かれは専称佛名が佛意であるとかんがえる。

無量寿経の四十八願中の如き、ただ弥陀の名号を専念して、生を得ることを明かす。また弥陀経中の如き、一日七日弥陀の名号を専念して生ずることを得て、また十方恒沙の諸佛は不虚を証誠したまうなり。またこの経の定散文中に、ただ名号を専念して生ずることを得ることを標す。この例は一にあらざるなり。

（観経定善義、浄全2-49上）

佛の願意を望むれば、ただ正念に称名することを勧む。往生の義疾きこと、雑散の業に同じからず。此の経及び諸部の中、処処に広嘆して、勧めて称名せしむるを、とりて要益となす。

（観経散善義、浄全2-68上）

上来定散両門の益を説きたまうといえども、佛の本願を望むれば、意は衆生をして一向に弥陀佛の名を専称せし

むるにあり。（観経散善義、浄全2-71下）

どうして佛意は佛名の専称なのか、観想を勧めないのか。善導はこたえる。

すなわち衆生障重くして、境細に心粗なれば、識揚り神飛びて、観は成就し難し。是を以て大聖悲憐して、直に勧めて専ら名字を称せしむ。まさに称名は易きに由るが故に、相続して即ち生ず。（『往生礼讃偈』、浄全4-356上）

つまり、観想念佛は成功が難しいが、称名は行じ易い。したがって佛名の専称を勧められるのだという。

念佛諸法中、実相念佛が哲理的で常人に行じ難いことははやくから広く認められている。念佛三昧は定中に観想念佛をなすもの、形象教育の法であり、これまで念佛の主要な方法で、ただ念佛といえば観想念佛を指すとすらかんがえられてきた。称名念佛は念佛三昧の附属にすぎず、重視されることはなかった。曇鸞、道綽から善導になって、称名念佛を念佛三昧のなかから分離し、独立した方法とし、さらには念佛の主要な方法にまでひきあげたのである。ときには佛名の口称をもって三昧と名づけ「口称三昧」、あるいは観佛三昧と対置して「念佛三昧」とよんだ。しかしなお伝統的な流れとして観想念佛が重視された。曇鸞の『往生論註』、道綽の『安楽集』、善導の『観経四帖疏』がいずれも詳細に観想念佛について論じているのはその証拠である。観想念佛は難しい。第二章第二節で難行の原因をのべたが、まじめに行えばだれも行じ得ないのではないかとおもわれる。しかし正面きって「観難成就」を提起し、観想念佛を排斥したのは中国浄土宗史上善導が最初である。これ以後、まさに善導のこの論点によって、浄土宗では観想念佛を行ずることが絶えて少なくなり、称名念佛が浄土宗の正統な方法となるのである。

称名念佛にはどんな功徳があるのか、どんな利益があるのか。善導は五種の増上利益因縁を説いてこれに答える。

一、滅罪増上縁――たとえば下品下生の人は一生に十悪の重罪をつぶさに造るが、臨終に善知識に遇い、弥陀佛を一声称することを教えられ、ただちに五十億劫の生死の重罪を除滅する。
二、護念増上縁――諸佛の護念をこうむり、延年転寿を得て、長命安楽となる。
三、見佛増上縁――念中に三世諸佛を見ることができる。
四、摂生増上縁――修行人は臨終に佛の願力に摂され往生を得る。
五、証生増上縁――一定の往生の縁を保証される。

この五種の増上縁はまた五増上縁、五縁ともよばれる。佛をもって増上縁として念佛者の受ける利益をいう。前三者が現益、後二者が当益（将来の益）である。

どうして佛に摂取されると益を得ることができるのか。善導は三種の縁由を説く。すなわち親縁、近縁、増上縁である。この三縁は摂取三縁とよぶ。

一、親縁――衆生が起行し、口につねに佛を称すれば、佛即ちこれを聞きたまう。身につねに佛を敬礼すれば、佛即ちこれを見たまう。心つねに佛を念ずれば、佛即ちこれを知りたまう。衆生佛を憶念すれば、佛も衆生を憶念したまい、相互に憶念して両者不可分の間柄になる。『首楞厳経・大勢至菩薩念佛円通章』にはこれを母子の相憶うにたとえ、道交感応して母が憶うときのごとく、定んで接引を蒙らんと。
二、近縁――衆生が見佛を願わば、佛即ち行者の念に応じてその身を親しく近づけ、身を目前に現したまう。
三、増上縁――衆生が佛の名号を称念すれば、たちまち多劫の罪を除き、命終わらんと欲するとき、聖衆の来迎を得て、業障に繋縛されず、必定に往生す。

つまり衆生が念佛すれば佛はこれに親しみ、これに近づき、これを助けたまう。故に佛の光に摂取され、諸益を受けるのである。

さきに述べたように、「十念」についてはなお猜測がのこっていた。曇鸞は「十念」を多念とかんがえ、計数におよばずとした。道綽は曇鸞のこの解釈に賛同した。しかし善導においては明快に「十声」と解釈される。一念は口称佛号の一声である。十念即十声である。「今弥陀の本弘誓願を信知し、名号を称するに及ぶ、下十声一声等に至りて、定んで往生を得ん」（『往生礼讃偈』）と。

「十念」即ち「十声」、この解釈は明快で民衆にうけいれられた。宋遵式は晨朝十念法を説いて、「十念」を十口気念と解釈し、これもひろく受けいれられたが、また後の話である。

総じて、「起行」について善導は諸善万行を正雑二行と正助二業にわけた。雑行を捨て、正行に帰し、正行中では傍らに助業を修し、正業を専修する。それでは、五念門は正行に属するのか、雑行に属するのか。正業であるのか助業であるのか。

この問題について善導に解釈はない。五念門と五正行の内容についていえば、両者の関係は合開、半合半開にあるはずで、実質的にちがいはない。

礼拝、讃嘆、観察の三行は五念門にも五正行にもある。五念門には読誦、称名の二門が欠け、五正行には作願、回向の二門がない。しかし、身口意三業によって分類すると、読誦、称名は口業であり、讃嘆門に合することができる。作願と回向は意業であり、観察正行に合することができる。したがって五念門と五正行とはじつは一致しているのである。

（三）作業

作業とは四修法に依って三心五念の行を策励することである。善導は四修法を（1）恭敬修、（2）無余修、（3）無間修、

（4）長時修とする。このような安心、起行、作業のできる念佛者を善導は分陀利とよぶ。分陀利とは梵語の音訳で、蔡華ともいい、白蓮華である。その清浄無垢をもって佛、法性を喩える。善導はこれをもって念佛者を喩える。

よく相続して念佛する者、この人甚だ稀有となす、更に以てこれにくらぶべき物無し。故に分陀利を引いて喩えとなす。分陀利と言うは、人中の好華と名づけ、また稀有華と名づけ、また人中の上上華と名づけ、また人中の妙好華と名づく。この華相伝えて蔡華と名づく。念佛するごとき者、即ち是れ人中の好人、人中の妙好人、人中の上上人、人中の稀有人、人中最勝の人なり。（観経散善義、浄全2-71上）

七、「閻羅使者を遣わし牽将して去る」

地獄思想は善導の浄土学説の重要な内容である。以下概略をのべよう。

（一）佛教と地獄思想

地獄は梵文を音訳すると捺落迦、那洛迦、奈落、泥梨耶、泥犂といい、意訳して不楽、可厭、苦具、苦器、無有などという。しかし地獄と訳すのがもっとも迫真である。

地獄は佛門「十界」中最悪の一界である。その数の多いこと、名目の煩雑なこと、刑罰の過酷なこと、いずれをとってもこの世の牢獄をはるかに超える。つぎのような種類がある。

一、根本地獄

これは八大地獄と八寒地獄を包括する。

一、八大地獄。

また八熱地獄、八大熱地獄という。具体的にはつぎのようなものがある。

(1)等活地獄。想地獄ともいう。獄中の衆生は手に鉄爪を生じ、たがいにいがみ合ってこの爪で砕破する。すでに死にたいと思っても寒風が吹くと皮肉がよみがえり復活して再度惨殺をくりかえす。

(2)黒縄地獄。獄卒が熱鉄縄で罪人を引き絞る。

(3)衆合地獄。堆圧地獄ともいう。獄中に大石山があって、罪人をここに導くと山が自然に合わさって罪人を堆圧し、骨肉をこなごなにする。

(4)叫喚地獄。獄卒が罪人を大釜にほうりこんで熱湯で煮る。罪人は諸苦を受けて叫喚する。

(5)大叫喚地獄。罪人は熱湯で煮られたのち、業風に吹かれて生き返り、ふたたび熱鉄鏊中で煎られて苦痛さらにおおきく号叫する。

(6)焼炙地獄。焦熱地獄、炎熱地獄ともいう。この獄は鉄でつくられているが、烈火猛炎がが内外を焼き皮肉糜爛してたえがたい苦痛をうける。

(7)大焼炙地獄。また大焦熱地獄、大極熱地獄ともいう。罪人を鉄城内にはなち烈火をもって内外真っ赤に焼く。なかに火坑があって火焔があがる。火坑の両側に火山があり、罪人を捉えると鉄叉にさして火中で焼く。

(8)阿鼻地獄。阿鼻とは梵文音訳で、意訳すると無間である。罪人はこの獄で苦を受けること無間である。趣果無間（果報を受けること他世を経ず、現世即報である）、受苦無間（苦を受けること間断がない）、時無間（一劫中間断なく苦をうける）、命無間（苦を受ける寿命相続して間断がない）、形無間（身形は生死流転中にきれめがない）等の五種の無間を含み、極苦の地獄である。

『倶舎論』巻一一、『大毘婆沙論』巻一七二等によると、無間地獄は南瞻部洲の下二万由旬にあり、他の七大地獄は順次その上に重なっているかその傍にある。八寒地獄は横に連なっている。

二、八寒地獄。

八寒氷地獄ともいう。その名称と説明は種々あって一致しないが、『倶舎論』巻一一の挙げるところではつぎである。

(1)頞部陀。意訳すると疱、罪人は寒さで疱を生じる。
(2)尼剌部陀。意訳すると疱裂、罪人は寒さで疱裂を生じる。
(3)頞哳陀。阿陀陀ともつくる。これは擬声語で、罪人が寒苦によって唇舌凍り発する声という。
(4)臛婆婆。阿婆婆ともつくる。これも擬声語で、罪人が凍って発する声。
(5)虎虎婆。擬声語で、凍って声が出なくなり喉間でわずかに出す音である。
(6)嗢鉢羅。青蓮花と訳す。凍って皮肉裂け青蓮花のように開いたものをいう。
(7)鉢特摩。紅蓮花と訳す。大きく裂け開いた肉が紅蓮花のようである。
(8)摩訶鉢特摩。皮肉凍裂し全身が大紅蓮花のようである。

このほか『大智度論』巻一六に八大地獄の周囲にさらに八炎火地獄のあることを説く。

(1)炭（火炭）坑地獄
(2)沸屎地獄
(3)焼林地獄

⑷剣樹地獄
⑸刀道地獄
⑹荊棘地獄
⑺咸河地獄
⑻銅（熱銅）柱地獄

二、近辺地獄

これは遊増地獄、眷属地獄ともいう。罪人がこの獄に遊ぶと苦悩倍増するので遊増の称がある。八大地獄のそれぞれの大地獄の四面の門外には、またそれぞれ「炉煨増」「尸糞増」「鋒刃増」「烈河増」の四つの小地獄がある。つまりそれぞれの大地獄あわせて十六の小地獄、八大地獄すべてあわせて計百二十八の小地獄があり、八大地獄をもあわせると百三十六の地獄がある。

『大智度論』巻一六では八寒氷、八炎火とよぶ十六の小地獄があり、八大地獄の眷属すなわち副地獄となっている。『観佛三昧海経』巻五に、阿鼻地獄に属する十八の小地獄を説く。それぞれの小地獄には十八寒地獄、十八黒暗地獄、十八小熱地獄、十八刀輪地獄、十八剣輪地獄、十八火車地獄、十八沸屎地獄、十八鑊湯地獄、十八灰河地獄、五百億剣林地獄、五百億刺林地獄、五百億銅柱地獄、五百億鉄機地獄、五百億鉄網地獄、十八鉄窟地獄、十八鉄丸地獄、十八尖石地獄、十八飲銅地獄等十八種類の地獄がある。

三、孤独地獄

また孤地獄、辺地獄ともよぶ。上述の各大地獄に属さず、さだまった処にあるのではない。単独の存在で八万四千の多きにのぼり、四洲のなか江河山辺荒野あるいは地下空中にある。

四、十八層地獄

十八重地獄、十八地獄ともいう。『十八泥犂経』には十八層地獄の受苦の惨状とその時間の長いことを説く。十八層とは(1)泥犂地獄、(2)刀山地獄、(3)沸沙地獄、(4)沸屎地獄、(5)黒身地獄、(6)火車地獄、(7)鑊湯地獄、(8)鉄床地獄、(9)蓋山地獄、(10)寒氷地獄、(11)剥皮地獄、(12)畜生地獄、(13)刀兵地獄、(14)鉄磨地獄、(15)氷地獄、(16)鉄冊地獄、(17)蛆虫地獄、(18)烊銅地獄である。

第一層の地獄の刑期は冥界の年で一万年、冥界の年は一日がこの世の三千七百五十年にあたるから、この一万年はこの世の百三十五億年となる。第二層の地獄からはその前の地獄より苦痛は二十倍、時間は四倍に増える。したがって第二層の刑期は四万年、この世の五百四十億年となる。第十八層になると刑期はじつにこの世の二十三億億億年以上である。

地獄の主閻羅王については多くの説がある。閻羅は梵文音訳で、夜摩、焔摩、琰魔、剡魔ともいう。意訳して双、双世、遮止、静息、縛、可怖衆、平等である。閻羅王は閻魔王、閻王魔、琰魔王等ともよばれ、略して閻羅、焔羅、剡王、閻王、死王などである。訳語のなかの「双」とは、一説として兄妹ふたりで地獄の主、つまり双王となり、兄は男を、妹は女を治すからという。また「双世」とは世の苦楽二報を受けること、「遮止」とは悪人がさらに悪をかさねることを阻止すること、「静息」とは罪人が王の示すところを見て自分の罪を知り息をひそめるからという。「平等」とは業鏡が平等で、その罪はおのずからあきらかの意味である。「閻羅王」がこれらの名前のなかでもっともひろく行われている。

印度古代史詩四ヴェーダ中に夜摩神の物語がある。日神と娑郎憂の子で、妹閻美と共にうまれた神である。夜摩神は自らその身を捨てて冥界に入り、衆生のために冥界の道を発見する。人類最初の死者で死者の王と称される。南方の地下夜摩城に住し、死者の生前の行状の記録によって賞罰をつかさどる。のちにヒンズー教では死者の霊魂に苦悩をもたらす恐怖神となる。

夜摩思想が佛教に入り、一方で六欲天中の第三天である夜摩天となり、また一方で冥界を支配し、ひとびとの行為を審判する閻羅王となった。

『経律異相』巻四九では『問地獄経』『浄度三昧経』をひいて、閻羅王の前身が毘沙国王であるという。

（二）強烈な因果応報

善導は『浄土法事讃』巻上で地獄の諸苦を語り、『般舟讃』で偈の形式で地獄の諸苦を具体的に描写する。『観佛三昧海経』巻五によって十八層地獄の阿鼻地獄を描き、八万孤独地獄におよぶ。罪人が地獄で苦しみをうける様をつぎのように描く。

七重の鉄門の門外、鉄蟒頭を挙げて城上より出ず。
火炎の刀輪口より出で、また皆流れて罪人の上に注ぐ。
四角の鉄狗身の毛孔より、また煙火を人身上に雨ふらす。
羅刹叉をあげて心眼を刺す、皆心眼より泥犂（地獄）に堕す。
熱鉄の地上に無窮の苦あり、罪人或いは臥し或いは行きて走る。
大劫尽くる時眼中に見ゆ、東門城外に清林泉あり。

罪人一時に東に向かって走る、臨臨と到らんと欲するに門また閉ざす。是の如き四門遙かにして半劫、鉄網の身をかきだすこと棘林の如し。上に鷹鳥ありて人肉を啄ばむ、地に銅狗ありて争い来たりて食す。地上虚空に避くる処なし、いずれ即ち苦具うたたいよいよ多し。

（『般舟讃』、浄全 4-539 下）

地獄の恐怖、残酷、凄惨を描く。その効果を善導みずからがいう「今、佛の説く阿鼻地獄を聞きて、心驚き毛よだち、怖懼無量、慚愧無量なり」（『法事讃』）と。

因果応報論の基礎のうえに建てられた浄土理論は、当然に善因楽果、悪因苦果を説く。楽果は苦果と対立し、楽果は浄土となり、苦果は穢土となる。人、天を含む六道はすべて苦果である。弥陀諸経典および曇鸞、道綽の諸師はみな六道を浄土と対置して、苦楽の対比を示す。ときには六道中の三悪道を浄土と相対した。またときには地獄を六道中最苦の一道として浄土と対置した。しかしこれらにとくに地獄を強調する意図はなかった。地獄の苦を濃筆重彩して描き出し、これが一切衆生必受の苦果であると説いたのは善導が最初である。善導は『浄土法事讃』巻上にいう。

弟子道場の衆等、内外そのあまたの人は、過去より、過去際、現在際、未来際を尽くすまで、身口意業、行住坐臥に、一切三宝、師僧父母、六親眷属、善知識、法界衆生の上に、つぶさに一切の悪を造る。常に一切の悪を起こし、相続して一切の悪を起こし、方便して一切の悪障、業障、報障、煩悩等の障、生死の罪障、不得見聞佛法僧障を起こす。弟子衆等、曠劫よりこのかた、今身に至り今日に至るまで、その中間において是の如き等の罪を作り、楽行多く作りて、無量無辺なれば、よく我等をして地獄に堕しめて、出期あることなからん。（浄全 4-10 上）

これは下品往生人のみではない。一切の凡夫が曠劫よりこのかたみな無量無辺の罪悪を造る。因果応報の規律にしたがえば、死後地獄に堕ちること必定である。さて、どうするのか。善導はいう。

弟子衆等今地獄を聞きて、心驚き毛竪ち、怖懼無量なり。恐畏残殃尽きずして、また還りて流浪せんこと、今生よりこのかた三業を縦暴し、多くの重罪を造る。もし懺悔せずんば、定んでこの苦を招き、出期あることなし。今三宝道場の大衆に対して前に発露懺悔す、即ち安楽ならん、知りて敢えて覆蔵せず。ただ願わくば十方の三宝法界の衆生、大慈悲、広大慈悲を発して、わが悪を計らず、草の地を覆うが如くに歓喜をひろく施して、わが懺悔を受け、わが清浄を憶いたまえ。ただ願わくば慈悲を捨てず、われらを摂護して、すでに作りし罪は除滅し、いまだ起さざる罪は願って生ぜず、すでに作りし善は願って増長し、いまだ作らざる善は方便して生ぜしめたまえ。願わくば今日より乃至不起忍まで、誓って衆生と共に邪を捨て正に帰し、菩提心を発して、慈心もてあい向かい、佛眼もてあい看て、菩提の眷属、真の善知識として、同じく浄土に生じ、乃至成佛せん。是の如き等の罪は、永断相続して、さらに敢えて覆蔵せず。（『法事讃』巻上、浄全4-14上）

出路はただ誠心に懺悔して、浄土に求生するばかりである。

かくして凡夫の死後はどうなるのか。地獄に向かう道と極楽世界に向かう道、ふたつの道がある。衆生の宿業によれば、当然地獄に堕ちて畜生、餓鬼となり、帰途もさらに地獄となるはずである。地獄の苦を聞き、心驚き毛竪ち、ここでやっと凡夫は「世間の栄の頓捨を誓願し、同心に生浄土を普願すること」ができる。

凡夫を造悪無量の罪人と明確に定義し、地獄を六道輪廻中から特にとりだして浄土と強烈に対比する。これは疑いなく衆生の危機感をあおり、欣求浄土をつのらせたと思われる。善導の貢献である。

善導以後浄土教には地獄の諸苦の宣伝が増加し、浄土の楽の宣伝と緊密に結んで浄土教の流行を促進した。たとえば唐代張彦遠『歴代名画記』巻三「洛陽敬愛寺」の条に「（東禅院殿内）東壁に西方変を、蘇恩忠描き、陳慶子成（色す）」また「東禅院殿内に十輪変、武静蔵なり」という。西方変とは弥陀浄土の画相であり、十輪変とは『地蔵十輪経』等によって描かれた地獄図である。同一殿内の壁面に浄土図と地獄図が画かれる。地獄図によって勧善懲悪をおこなわれたが、衆生を西方浄土往生に誘うものは浄土図とよばれた。これらは善導ののち盛行し、呉道子や張孝師は著名な高手である。開元二十四年（七三六）、呉道子は景公寺の壁画に地獄図相を画き、その陰怪な図柄で長安のひとびとをおどろかせた。『佛祖統紀』巻四〇によると、長安のこの壁画を見るひとびとはみな罪を惧れ修善につとめ、両都の屠夫は肉が売れず転業したという。地獄図の効用がうかがえる。

浄土図の盛行は偶然のできごとではない。唐初、三階教の勢力がさかんであったころ、かれらは末法五濁の世と称して、自らの罪を認め、地蔵菩薩に救いを求めねばならないと説いた。このときかれらは地獄の苦と地蔵菩薩の悲願力を宣伝したが、これが善導に影響をあたえたとおもわれる。善導は地獄思想の利用を浄土信仰のなかにとりこんだのである。

すこし高い次元からみると、唐代は中国封建社会の全盛期である。唐初太宗の貞観の治から玄宗の開元の盛世まで、経済は豊かになり、国力は強大となってひとびとの生活は安定し、社会の矛盾も相対的に緩和された。ある説によると、宗教が盛んになるのは世に動乱がおこり、ひとびとが貧窮し、白骨野を覆う時代であると。こういう時代こそが宗教をやしなう肥沃な土壌であるという。しかしつねにそうとは限らない。唐全盛期はまさに佛教の全盛期であり、道教も盛行し、祆教、摩尼教、景教、イスラム教がつぎつぎに伝来し、いずれも盛んであった。宗教の発展はいろんな要因によるもので、けっして社会矛盾の尖鋭化のみに依存するわけではない。善導が弘揚した浄土宗についていえば、安定した豊かな社会生活からひとびとが長寿を希求し、死後もその豊かな生活がたもたれることを願い、結果として容易に弥陀信仰が受け入れられたと思われる。ただ同時に、ひとびとには危機感、緊迫感が欠けていたから、善導は往生を願う者に深信を要求し、さらに地獄思想の宣伝を欠かさなかった。「決定して自身は現に是れ罪悪生死の凡夫、曠劫よりこのかた、常に没し常に流転し、出離の縁なきことを深く信じ」また地獄図に「心驚き毛よだつ」のである。ひとびとの罪悪感、危機感、緊迫感をたかめるのに地獄図はおおきな意味をもった。かくして、善導を含め多くのひとが地獄図の宣伝をすすめ、世にひろく流行させて、ついには九華山地蔵菩薩道場を形成するまでになる。

八、浄土の儀軌

宗教は宗教観念や感情のほかに、必然的に宗教行為としてあらわれる。この行為は一定の儀軌をとおして表現されるもので、儀則軌範のない行為、規定に符合しない行為は一般に瀆神行為とかんがえられる。したがって儀則軌範は宗教にとって重要な、不可欠な一部であり、礼儀、儀式、行儀、儀軌などとよばれている。佛教にも当然に儀軌がある。佛教の一宗派としての浄土宗は、善導になって教理面ですでに成熟し、これにふさわしい儀軌の制定がもとめられた。その任務を果たしたのはやはり善導である。善導の著作五部九巻中『観無量寿経疏』四巻は教義を説き、他力信仰の正意を明かした善導浄土学説の核心である。のこりの四部五巻は「具疏」とよばれる。これらは『観無量寿経疏』の附属として実践的儀軌をのべる。『観無量寿経疏』を補完して浄土学説を完成させるもので、頌讃より成り、転経行道のためにつくられている。「行儀巻」とよばれる。

（一）転経行道の儀軌

『法事讃』は具名を「転経行道願往生浄土法事讃」という。「転経」とは経典を読誦すること、諷経とおなじである。ただ大部の経巻たとえば『大般若経』六百巻などでは初め、中ほど、終りの数行のみを読んだり、あるいはただ頁をくって読む態を作るだけにおわるものも「転経」「転読」とよんでいる。

「行道」とは列をくんで繞行し礼拝することをいう。一般には佛や堂を繞ぐる。右繞一周、三周、七周乃至百千周する。堂内、殿内を繞行するだけでなく、一方で散花、誦経あるいは梵唄を唱する。

これは浄土宗の法事時にもちいる形式であり、内容は往生浄土を願い、経文に讃文をまじえる。したがって「転経行道願往生浄土法事讃」の名がある。

上巻は奉請偈、啓白、召請、三礼、表白、讃文等をかかげ、つぎに行道讃梵偈、讃文、七周行道、披心懺悔乃至発願等の行事の次序を示す。下巻は「転経」であり、あわせて十悪懺悔、後讃、七周行道、嘆佛呪願、七敬礼および随意等の軌式を述べる。

下巻は転経がおもな内容で、『阿弥陀経』全文を十七段にわけ、各段の後に讃文を入れる。讃文はただ一条あるいは五条と長短差があるが、ただ讃というばかりでなく、ときに経文にたいする補足である。たとえば極楽国土の依報荘厳について経文はきわめて簡潔であるが、善導は『無量寿経』『観無量寿経』の意によって讃文中で補足ないし展開をする。

『法事讃』上下二巻は般舟三昧の法によって転経行道の儀軌を明示し、浄土宗の懺法を立てたものである。善導は「行者等にもうす、一切の時に常に、この法に依りて以て恒式とせよ。まさに知るべし」と要求する。

この懺法は一方で地獄の諸相を描いて行者の厭穢の情を刺激し、一方で『阿弥陀経』の転読讃揚によって行者の欣浄の心を啓発する。善導苦心の配慮がうかがえる。

（二） 六時礼懺の法

善導は昼夜六時にかならず拝佛懺悔をおこなうことを求めた。そのため各時に唱誦する讃文と礼拝の法をさだめた。『往生礼讃偈』とよばれる。これはまた『往生礼讃』『六時礼讃偈』『六時礼讃』『六時懺』などともよばれ浄土宗の日課である。曲調をつけて法会時つねに使用され、浄土宗の重要な法儀であるが、実際上一種の懺法である。

この偈のはじめには作偈の目的と全偈の基本的内容をのべ、往生を願うものに安心、起行、作業を勧める。偈をつくる目的についていう「謹んで大経及び龍樹、天親、此土の沙門等の所造の往生礼讃に依りて、一処に集在し、分けて六時となし、ただ相続繫心して、往益を助成せんと欲す。また願わくば未聞を暁悟せしめて、遠く遐代にうるおさん」と。つまり、六時の功課をさだめることによって、往生を願う者の心を西方につなぎ、相続不断、往生の利益を得させる。またまだ西方浄土を知らぬ後の世の者に勧めて、弥陀信仰に導くのだという。

六時礼懺とは、（1）日没時礼、（2）初夜時礼、（3）中夜時礼、（4）後夜時礼、（5）日起時礼、（6）日中時礼である。六時礼がおわって帰命懺悔する。

善導によると懺悔には要、略、広の三種がある。要懺悔とは日没時礼中にあげる十句の偈である。略懺悔とは中夜時礼中の懺悔、勧請、随喜、回向、発願の五悔である。広懺悔とはひろく佛法僧の三宝および同修の大衆のまえに過去現在の罪業を懺悔することである。

懺悔を三種にわけるほか、懺悔の相を三品にわける。上品懺悔、中品懺悔、下品懺悔である。また「念時日の三懺悔」がある。懺悔の心ひとたび起こればただちに造罪の念を取らないのを上品とし、時を隔て取らないのを中品とし、日を隔て取らないのを下品とする。

善導は懺悔を三品にわけるが、その意図はひとびとがつとめて上品の懺悔を行ずることにある。真心をもって懺悔する。したがっていう。

これらの三品に差別ありといえども、即ち是れ久しく解脱分の善根を植えし人は、今生において法を敬い、人を重んじ、身命を惜しまず、乃至小罪まで、もし懺ずれば、即ちよく法に徹し、髄に徹せしむることを致す。よくかくの如くに懺ずれば、久近を問わず、所有の重障つとにみな滅尽す。……まさに知るべし、流涙流血すること等あたわずといえども、ただよく真心にて徹到すれば、即ち上（品）と同じなり。（『往生礼讃』、浄全4-374上）

(三) 般舟三昧行道往生の法

善導撰『般舟讃』一巻は具名を『依観経等明般舟三昧行道往生讃』、また『般舟三昧往生讃』という。『観無量寿経』『阿弥陀経』『無量寿経』『般舟三昧経』等によって讃文をつくり、般舟三昧行道往生の法を説明する。序文、正讃、結勧の三部にわかれる。

一、序文

ふたつの内容がある。

一、生浄土の正因

大乗佛教の根本精神は自利利他である。この精神を求生浄土に用いると自勧勧他であり、浄土依正二報の荘厳を広讃することである。身口意業のいずれにおいてもこの精神にそむいてはならない。これが清浄業であり、往生浄土の正因である。善導は指摘する。

行者等必ずすべからく一切の凡聖の境の上において、常に讃順の心を起こし、是非慊恨を生ずることなかるべし。一切不善の法を、自他身口意にすべて断じて行ぜざるは、是を清浄と名づく。また自他の身口意相応の善に、即ち上上随喜の心を起こし、諸佛菩薩の所作の随喜の如く、我もまたかくの如くに随喜す。この善根を以て浄土に生ぜんと廻すが故に、名づけて正因となす。

もし自他の境の上に三業を護得して、よく清浄ならしむるは、即ち是れ佛国に生ずる正因なり。（浄全4-529下）

二、三業無間

善導は般舟三昧を解釈する。「般舟」とは梵文音訳で、原意は現前、現在、意訳すると佛立、常行である。三昧の一種で、「あるいは七日、九十日身行無間の総名なり」という。三業無間の意を按じて、般舟は常行道と意訳される。『般舟三昧経・行品第二』に説く。

沙門、白衣は、西方阿弥陀佛刹について聞く所あらば、まさに彼方の佛を念ずべし。戒を欠くを得ず、一心に念ずること、もしくは一昼夜、もしくは七日七夜、七日を過ぎての後、阿弥陀佛を見たてまつらん。覚めては見ず、夢中にこれを見ん。（大正13-905上）

天台宗ではこれにもとづいて常行三昧をたてる。『般舟三昧経』に依り七日乃至九十日旋繞行道して見佛を期する。修行時は閑処に独居し、常に乞食し、別請を受けず、道場を厳飾し、諸供具をもちいて香肴、佳果をそなえ、その身を盥沐する。阿弥陀佛の周囲を行道し、口に阿弥陀佛の名号を称し、心中には阿弥陀佛を念じ、食事以外は常行して休息せず、歩歩声声念念のすべてが阿弥陀佛とともにある。

善導の般舟三昧もこのような修法である。とくに身口意三業に相応する三昧を強調し、三業無間とよぶ。「三業無間なり、故に般舟と名づく」という。

二、正讃

七言偈讃三十七篇、二百八十一行半。各篇の行数や句数はまちまちで、かなり自由である。基本的内容は弥陀浄土の依正二報荘厳を広讃し、阿鼻大地獄の諸苦を描く。衆生に舎地獄生極楽を勧め、三輩九品往生を説く。弥陀弘誓願力を盛讃し、釈迦佛が浄土を求めしめると称揚する。「利剣は即ち是れ弥陀の号なり、一声称念すれば罪みな除く」と説き、「もしよく念佛するは人中の上なり、願わくば同じく諸佛の家に生ずることを得ん」と勧める。

その形式は上句に「願往生」を附し、下句に「無量楽」を附して唱和する。

般舟三昧楽（願往生）、畢命同生し誓って退せざれ（無量楽）。
かくの如き逍遥快楽の地なり（願往生）、更に何事を貪りて生を求めざる（無量楽）。
苦を救うに分身して平等に化す（願往生）、化し得ては即ち弥陀国に送る（無量楽）。
衆等みな大悲力を蒙る（願往生）、身を砕いて慙謝して慈恩に報ぜよ（無量楽）。

（浄全 4-541 下）

三、結勧

一に釈迦の教えを奉行して求生弥陀浄土を勧め、二に広く弘通することを勧める。

行者等自らの身心を知るに、空際と同時の有、乃至今身今日は、悪を断ち貪を除くこと能わず。一切の煩悩ただ増多するを覚る。また釈迦諸佛をして同じく勧め、専ら弥陀を念じ、極楽を想観せしめたまう。この一身を尽くし、命断ちて即ち安楽国に生ずるなり。あに長時の大益にあらずや。(浄全 4-547 上)

凡夫の生死は、貪して厭わざるべからず。弥陀の浄土は、軽して喜ばざるべからず。厭えばすなわち娑婆永く隔たり、喜べばすなわち浄土に常に居す。隔たればすなわち六道の因なく、輪廻の果自ら滅す。因果すでになければ、形名はつとに絶す。仰ぎ惟みるに同生の知識等よく自ら思量せよ。(浄全 4-546 下)

結勧の終りにいう「行者等努力努力、勧めてこれを行ぜよ、常に慚愧を懐き、仰ぎて佛恩に謝せ、まさに知るべし」と。『般舟讃』にはくりかえし弥陀、釈迦の慈恩に報謝すべしというが、その主旨はまさにここにある。

(四) 観念法門

善導撰『観念法門』一巻は具名『観念阿弥陀佛相海三昧功徳法門』、また『観念阿弥陀集』ともよぶ。阿弥陀佛を観念する行相作法および功徳をのべる。

内容はふたつの部分にわかれる。観佛法門と念佛法門である。

一、観佛法門

『観無量寿経』『観佛三昧海経』によって観想念佛の法を説く。阿弥陀佛の身相および依報の荘厳を観想し、すべての時処、昼夜つねにこの想をなし、行住坐臥にもこの想をなす。善導は坐観を説く。これがもっとも自然な姿勢だからである。

行者もし坐せんと欲せば、先ずすべからく結跏趺坐すべし。左の足を右の髀の上に外にひとしく安んじ、右足を左の髀の上に外にひとしく安んず。右手は左手掌中に安んじ、二大指は面して相合わす。次に端身正坐して、口を合わせ眼を閉じ、開くがごとくして開かず、合すがごとくして合さず。即ち心眼を以て、先ず佛の頂上の螺髻よりこれを観ぜよ。（浄全4-222上）

頭より額、眉、眉間白毫、眼、鼻、面、耳、唇、歯、舌、心、咽、項、肩、腕、手、胸、腹、臍、陰、腿、膝、脛、足さらに結果趺坐相、足下の千輻輪相にいたる。これが佛の色身荘厳を観ずることである。つぎに華座を観ずる。華茎は宝池に依り、地上の衆宝は光明を放つ。この光明が行者自らの身を照触すると浄土中の事象を見ることができる。善導は告誡していう。

もし見ればただ自ら知りて、人に向かいて説くことを得ざれ、即ち大いに罪あり、悪病短命の報を横招す。もし教門に順ずれば、命終の時に臨んで、上品に阿弥陀佛国に往生す。是くの如く、上下先の如くに十六遍観して、然る後心を住して眉間の白毫に向かい、すべからく心をとらえ正しからしむべし、更に雑乱することを得ざれ。即ち定心を失して、三昧成り難し、まさに知るべし。是れを観佛三昧の観法と名づけ、一切時中つねに生浄土に回す。（浄全4-223下）

二、念佛法門

（1）入三昧道場の行相、（2）五縁聚徳、（3）勧人修行にわけることができる。入三昧道場の行相は主として念佛法門の種々の儀軌を説き、内容は煩雑である。五縁聚徳は『無量寿経』『観無量寿経』『阿弥陀経』『般舟三昧経』『十往生経』『浄土三昧経』の六部の往生経によって念佛の五種増上利益因縁、つまり五種利益を説く（浄全4-227上）。『観念法門』は五縁功徳を説き、佛力を増上縁として突出させて、易行道の特色を明確にしている。

以上述べてきたところをまとめると、善導は中国浄土宗発展史上、承上啓下の役をになう重要な里程碑である。曇鸞、道綽の思想を継承発展させ、一方で浄土の清浄美妙を淋漓に描いてみせるとともに、他方、穢土の凡夫が宿世造悪無量の罪人、前途は必定地獄に帰すと断じ、その地獄の惨状苦痛を描いて、浄穢鮮明な対立によって「欣浄厭穢」の内容を深化させた。善導は浄土教義をきわめて説得力、教化力のあるものにその面貌を一新したのである。

一切凡夫可入報土の論を熱心に提唱し、浄土は報にして化にあらず、三界の外の真実極楽世界であると論じた。また浄土は凡夫のために設けられたもの、聖人のためのものではないとして帯業往生を説いた。つまり一切の善悪の凡夫のために、善導は浄土の大門を徹底して広開し、広大な浄土の精神を高揚したのである。

善導は曇鸞、道綽の二道二力説を堅持し、佛力による往生を強調した。弥陀超世の本願力のはたらきを明確にし、易行道の本質を十分に説きあかしたのである。「信心」が根本、自己の無力と佛力の無辺を信じ、機法一体で必得往生であると教えたのである。修行法は正雑二行にわけ、正行はさらに正助二業にわけ、称名念佛をもって正定の業としてきわめて簡潔にした。法事、六時礼懺、般舟三昧、観念法門等の儀軌を制定し、浄土宗に円満な、完備した宗教形態をもたらしたのである。

浄土宗は善導にいたって完全に成熟したのである。

第五章　浄土三流

第一節　浄土を「宗」とよぶこととその三流

唐初には中国佛教の各宗派がつぎつぎに成立する。これは南北朝の長い佛教の歴史の結果として自然な流れであった。

まず智顗（五三八―五九七）が天台宗をたてる。中国佛教最初の宗派であるが、これは隋代のことである。ついで吉蔵が唐初に三論宗をたてる。玄奘、窺基が高宗のころ法相宗をたて、法蔵が高宗から武則天のころ華厳宗をたてる。また慧能が禅宗（南宗）をたて、道宣が律宗（南山宗）をたてる。密教はややおくれて唐玄宗のころ善無畏、金剛智、不空（七〇五―七七四）らによって成立する。

多くの宗派は高宗から武則天のころに成立するが、これはひとびとの意気風発し、創宗立派の意識が高揚した時代である。浄土思潮もこのころすでに成熟し、善導にいたって集大成をみる。他宗同様に独自の教判、教理、教法、儀軌をもち、ひとびとは自然にこれを「宗」とよんだ。迦才の『浄土論・序』では「この一宗、ひそかに要路となす」（浄全6-627上）といい、窺基は『阿弥陀経疏』に「西方浄土の事を広説するがゆえに、即ち浄土を以て宗となす」といい、『西方要決』中には「仰ぎ願わくば、同縁事を正し、敬って身心を発し、この一宗に依りて、定んで拒割となさんことを」（浄全6-605下）という。元暁（六一七―?）は『遊心安楽道』に迦才の説をひいて「故に浄土宗の意を知る、もと凡夫のため、兼ねて聖人のためなり」という。

唐高宗のころにはすでに「宗」、つまり「浄土宗」であったことが知られる。浄土を宗とすることについて、日本佛教界ではかつてこれを「寓宗」あるいは「付庸宗」とよんだ。独立した一宗ではなく、他の宗派に寄寓するという意味である。虎関禅師『元亨釈書・諸宗志』に浄土、成実、倶舎三宗は寓宗たり、譬えば国の付庸の如しという。日本鎌倉時代（一一九二―一三三三）この三宗は他の諸宗によって兼学され、まだ独立した一宗とはなっていなかった。したがって寓宗とよばれた。「寓宗」という呼称は中国浄土宗にもそのままあてはまる。

中国浄土宗は自ら崇拝する教主阿弥陀佛をもち、自らの浄土理論、儀軌をもち、宗教として十分な形態をそなえていたのだが、ただその組織がなかった。自らの僧団をもたず、したがって独立することがなかった。しかしこれは逆に浄土宗にとって有利な条件でもあった。というのは、浄土宗は本来大乗佛教そのものと並ぶ浄土教であり、大乗佛教中のいずれの宗派とも並置される性質のものではない（密教はさておく）。ただ浄土を兼学することができるばかりである。したがって浄土宗は大乗佛教各宗の兼学する内容となり、しだいに大乗佛教そのものに取って代わる態勢を得た。歴史の進展は浄土宗にこの交代の道程を完走させることはなかったが、「佛門即浄土」という局面は明瞭にこの態勢を示している。逆にいえば、浄土宗は大乗佛教に代わるべき態勢をそなえていたがそれを完成しなかったからこそ、唐初以来今日まで「教」とは名のらず「宗」を名のり、つまりは寓宗できたのである。

浄土宗は善導にいたって完全に成熟し天下に流行する。そして多くのひとびとが浄土に帰依したからいきおい異なる流派が形成された。当然これは善導以前にも存在した。報土化土の論争、別時意説や修行法について異なる意見が出された。ただ善導以後は修行方法をめぐってなされた種々の偏った主張が流派を形成したのである。

日本浄土宗の宗祖源空（一一三三―一二一二）はその名著『選択集』のなかで、中国浄土宗には東晋廬山慧遠、唐代慈愍（慧日）、道綽善導の三系があると説く。これより浄土三流説がうまれる。

浄土三流説には相応の道理がある。善導以後浄土宗の修行法は称名念佛を主とするが、あるものは称名念佛を専修し、あるものは教、禅、戒を兼修し、またあるものは同時に悟解を重んじて観想念佛ないし実相念佛を兼修した。したがって浄土宗を三流に分けることで浄土宗の多様な修行法を概括整理することができる。ただこれを善導、慈愍、慧遠の名をもって命名するのはなお妥当を欠くとおもわれる。

実のところ、善導の浄土学説はこの三流を包括している。この三流はそれぞれ善導の一面を発展させたものであり、けっして善導のほかに別に二流があるというものではない。

まず慈愍流についてのべよう。慈愍流の主要な特色は教、禅、戒、浄四行の并修である。戒と浄は各宗がともに修するから多くをいうにはおよばない。教と禅のあいだには根本的な矛盾はない。宗密はかってその一致を解説して「教とは諸佛菩薩が留む る所の経論なり、禅とは諸善知識の述ぶる所の句偈なり」(『禅源諸詮集都序』巻二)という。

宗密は教とは佛語、多くの経論中に記録されたものであり、禅とは禅宗祖師の句偈のなかに体現されたもの、やはり佛意であるとかんがえる。佛が霊山会において不立文字の教外別伝を迦葉尊者に付嘱され、迦葉尊者より順次伝えられてきた。佛が異なる時、異なる処、異なる聴衆に説かれた教理にはそれぞれ違いがあり、哲理の深浅に違いがある。文字文面では当然に出入りがおおきく、異なる経典によってたてられた教派はたがいに排斥する。しかしいずれも佛の所説、説法であって、精神の実質において矛盾はない。教門の修証は六度万行である。禅宗はその禅定によって起家したもので、修禅が中心になる。

善導は修禅にも経験をつんでいる。『観経定善義』は専ら念佛三昧を説いたものである。善導は経論に深い造詣をもつ。著作には多くの経典が引用され、それによって浄土が報であって化でないこと、凡夫能入であること、別時意でないこと等を論証した。善導は戒行高潔、禅、教、戒、浄いずれをとってもひとを感服させ、範とすべき人柄であった。慈愍流の基本的主張はこの善導の全面的な風範を継承するものとかんがえられる。

善導は称名念佛をもって正行、正業とした。少康らの拠る称名念佛専修は善導のこの主張にもとづく修行である。

慧遠流は観想念佛さらに実相念佛を重んずるが、本来これは善導の浄土理論のうちのものである。曇鸞、道綽から善導まで、観想念佛や無生の生、無相の相などの哲理を論じなかったものはない。いささかも悟解の一途を否定したものはいないのである。

いわゆる浄土三流とはじつは善導三流というべきもので、善導から分かれた三つの流派であることが知られる。禅、教、戒、浄の并修は慈愍慧日によって強調されたのであり、慈愍流とよぶことができる。専修称名念佛者の代表は少康で、少康流とよぶことができる。悟解を重んずるのは迦才、飛錫、法照で、遠く慧遠に想いをよせ、慧遠を代表とすることができるので慧遠流とぶことができる。慧遠の提唱する念佛三昧は『観無量寿経』『般舟三昧経』所説の念佛の法であり、観想念佛を中心に実相念佛をふくむものであるが、曇鸞、道綽、善導はすでにこれをみずからの浄土理論のなかにとりこんでいる。後世の悟解を重んずる者が修する念佛三昧はもはや慧遠の念佛三昧ではなく、曇鸞、道綽、善導の念佛三昧、すなわち称名念佛を前提にした観想念佛、実相念佛である。したがって慧遠の旗印で慧遠流とよぶものの、実際上は曇鸞、道綽、善導の浄土学説中の一派である。

源空の浄土三流説は道綽、善導を一段さげて三流の一とし、慈愍流、慧遠流と並置するが、これは事実にあわない。道綽、善導は中国浄土宗史上の一流派ではなく、中国浄土宗史上の正宗である。中国浄土宗は曇鸞、道綽を経て善導にいたって集大成され、慧遠の念佛三昧をもふくむ中国浄土思想の精華をとりこんだ浄土宗として成立する。その後、この善導学説の内容について人によって偏重をもったので慧遠流、慈愍流、少康流がわかれる。曇鸞、道綽、善導は中国浄土宗の三人の祖師である。

浄土三流中主導的地位をしめるのは少康流である。浄土宗は民衆宗教であり、その特徴と大衆的基礎はまさに少康流にある。

以下、唐代善導の後の浄土宗の情況をのべる。迦才は活動年代不詳、善導と主張にちがいがあるほか、浄土三流がそれぞれに特徴をあらわしてくる。もちろん三流のちがいは絶対的なちがいではなく、いずれの流派に属するかわからない人もあって、浄土宗の発展は複雑な様相を呈する。

第二節　迦才の『浄土論』

一、迦才の生涯と著作

迦才は唐高宗のころの長安弘法寺の僧である。生卒不詳であるが、貞観年間弘法寺に住し、浄業を勤修して浄土の法門を弘揚した。道綽の影響をうけ、浄土の諸論著を整理して『浄土論』三巻を撰した。念佛は観想をもって主とすべきことを主張する。

『続高僧伝・静琳伝』によると、弘法寺は唐高祖の武徳三年（六二〇）正平公李安遠によって建てられた寺で、静琳はここに住した摂論学者である。日本浄土宗の長西編『浄土依憑経論章疏目録』ではこのことから迦才が摂論宗の僧であろうと推測している。迦才の『浄土論』には『摂論』が多く引用されており十分ありうることとおもわれる。

『浄土論』は全九章、内容は道綽を継承して弥陀浄土の報化や往生の機品等を評定し、論証と実例から凡夫が往生できることを述べる。これは浄土宗の重要な論著で、おおきな影響力をもった。

書中の往生者伝記中には道綽やその弟子大明月、僧衍らの伝記がみえる。このうち逝去のもっともおそいのは貞観二十二年（六四八）である。太宗が崩御し高宗が即位したのは六五〇年であるから、迦才の活動年代を高宗のころと推定するのは誤りのないところである。

善導が活動したのは主として高宗の時代である。道綽が貞観十九年に示寂してのち、善導は三十二歳で長安に出て、弘法活動をすること三十余年、その名声は内外に知れていた。道綽の弟子についてよく理解する迦才も長安にいたわけで、その迦才が善導について一言も言及することなく、善導も迦才についてなにものべていないのはいったいどいうことか。二人はともに道綽を継承し、同時代、同地方で活動し、たがいにまったく知らないとは道理にあわぬ話である。史料に乏しいのでここでは疑問にとどめる。

注意すべきは迦才が慧遠について語ることである。

上古以来、大徳名僧及び俗中の聡明の儒士、浄土の行を并修す。いわく廬山の慧遠法師、叡法師、劉遺民、謝霊雲乃至近世の綽禅師。これら臨終に、光台異相、聖衆の来迎をならび感得し、録されて別伝にあり。これらの大徳智人、すでに浄土をよろこぶも、後の学者はただ他の先匠を逐いて、疑いをもちいず。（浄全6-643上）

また序文中にもいう。

然して上古の先匠慧遠法師、謝霊雲らはみな西境を期すといえども、ついに是れその一身に独善し、後の学ぶ者は承習するに由なし。（浄全6-627上）

ここで迦才は浄土信仰史をのべる。廬山慧遠をもってその始めとする。十八高賢の蓮社結成のはなしはないが、慧遠には著述がないので後の学習者は伝承しようにもそのすべがないという。しかし疑いなく迦才は慧遠を浄土を修した「先匠」としており、ひとびとはこれを学ぶべきだとかんがえている。

しかし、迦才の前の曇鸞、隋慧遠、智顗、吉蔵、道綽ら、さらには迦才と同時代の窺基、善導らは、だれひとりとして慧遠に言及することがなかった。善導はかつて慧遠の遺風を慕ってわざわざ廬山をたずねているがなにもいわない。慧遠を一般の弥陀浄土信仰者にすぎないとかんがえているからである。したがって二百余年にわたって、慧遠は浄土学者のだれにも影響をあたえなかったし、だれからも語られることがなかった。わざわざ慧遠をもちだし、浄土修行の「先匠」としたのはこの迦才が最初である。これはのち宋代、慧遠を浄土の初祖とする説の流行の濫觴である。

一方、『浄土論』の往生者二十人中に曇鸞がある。『往生論註』二巻および『讃阿弥陀佛偈』百九十五行の撰者であることをあげる。これは慧遠のように「後の学者承習するところなし」ではない。しかし同時に「臨終に、光台異相、聖衆の来迎をならび感得」した「大徳智人」とすべきだが、曇鸞を「先匠」とはしないのである。道綽については讃揚もあるが批判もあげる。善導にいたってはまったく知らぬがごとくである。これらはすべて迦才が曇鸞、道綽、善導の系統と立場を異にしていたからとおもわれる。

二、報にしてまた化、三界にしてまた三界にあらず

迦才は摂論学者隋慧遠、智顗、吉蔵ら諸家の説を総括し、凡夫は浄土に入れぬと明確に主張する。

（一）浄土の体性

迦才によると浄土の体性には三つある。法身浄土、報身浄土、化身浄土である。法身浄土についてはいうまでもない。各家一致している。

報身浄土は二種にわけられる。一に実報土、二に事用土である。実報土とは隋慧遠のいう真浄土中の離妄真浄土、智顗のいう実報無障碍土にあたる。迦才はこの浄土が「一切の下位乃至金剛心菩薩もまた見ることを得ず。ただ佛と佛が相見るのみ」（『浄土論』第一、浄全6-629上）という。このような実報土には封彊がない。「それ龍吟じて雲応じ、

虎嘯いて風随うがごとし、いずくんぞ珠宝を以て飾るを得んや、封彊を以て限るべからず」（浄全6-631上）という。事用土は大定大悲をもって体とし、身に万徳充ち、土に衆美あふれ、妙色相好があって、当然封彊国界のあるところ、たとえば蓮華蔵世界などがこれだという。ただこれは初地以上の菩薩にしてはじめて見ることができ、かつ初地より十地それぞれ見るところは細粗ちがいがある。初地以上の菩薩でなければ菩提の資糧不足して見ることができず、当然往生する資格もない。

化浄土も二種にわかれる。常随化土と無而忽有化土である。常随化土は「この身及び土は、此界また他方にありて、恒に現れて絶えず、或いは一劫或いは百年、三十二相八十随形好等なり。新新と世に生まれ、数数と涅槃するを謂う」（浄全6-629下）。釈迦如来はこの常随化身である。無而忽有化土とは釈迦如来が常随化身でありながらさらに分身して、ときに猿や鹿、馬になって現れ、かならずしも佛形でないことを指す。『維摩経』に如来の足指がひとたび地を按ずれば三千大千世界たちまち浄土を現ずなどというのは無而忽有化土である。この二種の化土は二乗、凡夫および地前の菩薩が見る浄土である。

（二）弥陀浄土は化土である

迦才は弥陀浄土も三種の体性をそなえるとかんがえる。法身浄土、報身浄土、化身浄土である。しかし二乗、凡夫および地前菩薩についていえば、ただ化土に生まれることができるだけで法、報二土は見ることもできない。つまり二乗、凡夫および地前菩薩についていえば弥陀浄土は化土にすぎない。

迦才によると化土には二種の往生がある。胎生と化生である。胎生者にはまた二種ある。ひとつは『無量寿経』所説の佛智を疑う者が浄土の辺城七宝宮殿中に生まれ五百年佛を見ないという胎生である。いまひとつは『鼓音声王陀羅尼経』所説の阿弥陀佛の父を月上転輪聖王、母を殊勝妙顔といい、父母があるからには胎生だというものである。（浄全6-630上）

一般の弥陀浄土往生者は化生である。三輩九品のうち上輩三品は大乗土に生まれ、中輩二品は小乗土に生まれ、中輩下品および下輩三品は大小乗雑土に生まれる。大乗土、小乗土、大小乗雑土はいずれも化生土である。ただ迦才は報、化に柔軟でよいという。

衆生の起行にすでに千殊あれば、往生見土にもまた万別あり。もしこの解をなせば、諸経論中に、或いは判じて報となし、或いは判じて化となすも、皆妨げなし。（浄全6-630下）

衆生の修行は千差万別である。凡夫もあれば、小乗を修した聖人もあり、十地を修めた菩薩もある。したがってひとびとの往生の土が報であっても化であっても、ともにありうることだという。迦才のこの論は諸家の報化の争いを調和するものであった。

問題は凡夫はただ化土に生まれるのみ、報土に生まれることはないという点である。この一点において迦才の論は明白である。

（三）弥陀浄土は三界にあり、また三界にあらず

曇鸞、道綽は弥陀浄土が三界を超えた世界だという。吉蔵は弥陀浄土は三界のうちにあって、三界を超えたものではないという。

迦才によると、佛からいえば弥陀浄土は当然「三界を妙絶し、三界の外」にあるが、衆生からいえば三界の内にありまた三界の外にある。

衆生のなかで初地以上の菩薩、小乗の羅漢、辟支佛および無学人（佛教の真理を尽くし、もはや断つべき煩悩、学ぶべき義学のない人。小乗では阿羅漢を、大乗では十地の菩薩を指す）はすでに正使（煩悩を起こす正体）を断つ。したがって三界を出るもので、三界のうちにはない。

しかしその他の衆生、主として凡夫にとっては三界の欲界のうちにある。迦才によれば、穢土の欲界には上心欲、すなわち「男女雑染し、色声を貪遂し、三有火宅中に住むのを楽しむ」欲がある。しかし浄土の欲界には上心欲がなく、ただ種子欲があるだけで「前のごとき過失なく、また悪心及び無記心なく、ただ善心のみある」。迦才によれば浄土が三界のうちにあると判ずるのは好ましいことだという。三界のうちにあるからこそ三界惑を断除しない衆生も得生する。つまり「往生が易しい」。浄土が三界の外、三界を超出するなら、凡夫や学人は往生がかなわない。道綽は浄土が三界の外、報土であるとするが、この道綽説にたいして迦才はいう「三界中の衆生は皆煩悩具足す、三界の外、報土中に生ぜしむるは不可なり」（浄全6-632下）と。

弥陀浄土は三界のうちにあっても三界の外にあっても、凡夫からいえば三界中の欲界にある。「三界の外に超出」することは不可能なのであるから。

（四）浄土に往生すれば不退を得る

迦才によると、化土としての浄土には三品がある。（1）東方妙喜浄土（阿閦佛浄土）は男女雑居するから下浄土、（2）西方極楽世界は声聞、縁覚二乗が雑居するから中浄土、（3）上方衆香世界（維摩詰経所説の香積世界）は二乗がないから上浄土である。これらの三品浄土はいずれも欲界にある。

穢土にも三品がある。(1)『正法念経』所説に一世界あって、虎狼蛇蝎みな飛行し、逢えばあい食み、善悪をわかたずという。これは下穢土である。(2)『正法念経』所説に東北方に斯訶とよぶ世界がある。田には三角の沙石、衆生は草を食し樹皮を着て生きることも死ぬこともできない。これは中穢土である。(3)娑婆世界はつねに諸佛出世し、発菩提心の衆生あって、地には粳糧産し人は礼儀を知る。これは上穢土である。

穢土三品はその生者普退するが、浄土三品は得生者すべて不退である。西方弥陀浄土には四因縁あって不退であることを得る。(1)長命のゆえに三大阿僧祇劫修道すれば成佛を得て不退である。(2)諸佛菩薩あって善知識をつとめるがゆえに不退である。(3)女人なく、六根境界すべて進道縁であるがゆえに不退である。(4)ただ善心のみあって毛髪ほども造悪の地がないゆえに不退である。

世親、曇鸞、道綽らはみな弥陀浄土には声聞、縁覚二乗がなく、そのうえ弥陀浄土は三界の外にあるとかんがえた。迦才はこれとあきらかに立場を異にしている。

三、往生の因

(一)弥陀浄土は不退である

浄土に生まれた者はみな阿毘跋致すなわち不退転である。迦才は不退を解説していう。

今経論に依るに、釈に四種あり。一は是れ念不退、八地以上にあるを謂う。二は是れ行不退、初地以上にあるを謂う。三は是れ位不退、十解（十住）以上にあるを謂う。四は是れ処不退、西方浄土を謂うなり。

（『浄土論』第二、浄全6-634上）

この解説は経論の総括であると同時に発展があって、佛教界でしばしば引用される。

(二) 多種往生者

弥陀浄土に至れば不退を得るというが、どんな人が往生できるのか。迦才は菩薩、二乗、凡夫の別があるという。

一、菩薩。弥陀経典中では凡夫の往生を説くが菩薩は説かない。菩薩は普度衆生、発心して悪道に生ずることを願い、浄土への往生を願わないからである。発願しない菩薩に当然往生はない。ただもし浄土を愛楽し、浄土に生まれることを願うならば往生を得る。往生者には菩薩三輩九品がある。

二、二乗。声聞、縁覚二乗中大乗の教法を受け入れない人、すなわち「愚法の学人」は佛教の真理を証し尽くしていないし、そのうえ大乗を受け入れず、十方の浄土を信じないのだから往生を得ることはない。二乗の無学人は愚法不愚法をとわず、また浄土に求生するか否かをとわず、すべて往生を得る。三界穢土中にこれ以外に生を受ける処がないからである。かれらの往生にはみずからの三輩九品の別がある。

三、凡夫。凡夫は悪道に堕ち、穢土で修道発心できないのであるから、浄土は本来このひとたちのために設けられている。迦才はくりかえし強調する「浄土の興るの意、もと凡夫のためにして、菩薩のために非ざるなり」「法蔵比丘四十八の大願、はじめ先ず一切の凡夫のためにして、後はじめて兼ねて三乗聖人のためなり。故に知る、浄土の宗意はもと凡夫のためにして、兼ねて聖人のためなりと」（浄全6-643上）。したがって迦才は凡夫を「正生人」、聖人を「兼生人」とよぶ。

凡夫の往生には凡夫の三輩九品がある。ただ凡夫のなかでも大乗を誹謗した者は往生ができない。すでに善根を断つからである。

迦才において往生者は三輩九品にとどまらない。菩薩、二乗、凡夫の三種について三輩九品、つまり九輩二十七品がある。迦才のことばをかりれば、凡夫についても「大小の凡夫、合せて九品を論ずるも、実は即ち無量の差別あり」という。

善導によれば往生者はすべて凡夫である。しかし迦才においては、主に凡夫とはいえ、かねて聖人があり、それぞれに三輩九品の別がある。これは凡夫が報土に入れぬという迦才も所論と関連している。凡夫がただ化土のみの往生とすれば、報土は誰が入るのか。そこで菩薩、二乗の往生が説かれる。迦才が凡夫の大乗誹謗者は往生できぬとする点も、善導がともに往生を得るとするのと異るところである。

(三) 往生の因

迦才は往生の因を説いて、通あり別あり、上根あり中下根ありという。菩提心を発し、三福の浄業をつぶさに修すれば、十方三世の諸佛の浄土を通感することができる。これを通因とよぶ。別因とはもっぱら弥陀浄土往生の因を求めるもので、つぎの六条である。(1)念佛。(2)礼拝。(3)讃嘆。(4)発願。(5)観察。(6)回向。この六条は上根者のためのもの、中下根者にはつぎの五条がある。(1)懺悔。(2)発菩提心。(3)阿弥陀佛名号の専念。(4)弥陀浄土の地、池、楼閣、林樹、佛の華座、相好、徒衆、説法等を総相観察する。(5)回向。この二種の修行はいずれも観想念佛に重点がある。迦才は「時教相符」の原則によってつぎのようにいう。

今は是れ第四の五百年余なり、既に定、慧の分なく、ただすべからく福を修して懺悔すべし。福を修して懺悔するに最も要たるは、諸経論を観て、礼佛念佛し、佛の相好を観ずること、これ最も勝れり。

(『浄土論』第八、浄全6-664上)

佛が衆生を度すに四種の方法がある。説法をもって度す、光明相好をもって度す、神通道力をもって度す、名号をもって度す。迦才はいう。

この四のうち、相好、名号はまさに今時に当たる。阿弥陀佛の相好を観察し、佛の名号を称すなり。(同前)

道綽は『大集月蔵経』所説の第四の五百年から「称名是れ正」の結論を得た。善導は道綽を継承して称名をもって正定の業としたが、迦才は観佛相好と称名をともに勝れりとし、終始観想念佛の重要性を強調する。善導のように道綽の基礎のうえで前進したわけではない。

四、西方と兜率の優劣

迦才においてはなお兜率天宮の信仰が盛んである。したがってかなり全面的に西方と兜率の優劣を論じており、この問題のいわば総括となっている。

化主、場所、往生者三つの点から比較する。化主つまり佛については、弥陀も弥勒も共に佛であり、身に万徳をそなえ、土に衆美満ち、謂うべき優劣はない。場所については地点の問題と浄穢の問題がある。地点は兜率天宮が空に構えて立つもの、極楽世界は地に安んずるもの、空実居を異にし、人天趣きを別にするが、天優れ人劣る。浄穢は弥陀浄土が天宮に優れる。場所について展開して論ずれば、弥陀浄土に十優がある。

往生者にとっては西方往生が容易で、兜率に上ることは難しい。この難易について七条の説を展開する。

一、場所の別。極楽は人、兜率は天、天界は難しく、人界はやさしい。

二、因の別。極楽はただ五戒をたもてば往生できる。兜率は十善をつぶさに修してはじめて上生が得られる。

三、行の別。兜率は施、戒、修の三種をそなえてはじめて上生できるが、極楽は臨終の十念成就で即得往生できる。衆生の罪悪は山積するのにどうして十念即得往生なのか。迦才は曇鸞、道綽の説に依っていう「これに三義あり。一に、かくの如き悪業を滅するに及ばず、ただ命終の時に臨んで、浄土に生を受くる者は、命終の時に臨んで正念現前すれば、この心よく無始以来及び一生以来つくりし善業が共に相資助して、ただちに往生を得るなり。二に、諸佛の名号は万徳を総じて成る、ただよく一念念佛すれば、即ち一念中に万徳を総念す。……三に、無始の悪業は妄心より生じ、念佛の功徳は真心より生ず。真心は日の如く、妄心は暗の如し。真心暫く起こるや妄心即ち除く、日の始めて出るや、衆暗悉く除くが如し。この三義によりて、乃至臨終十念成就すれば、定んで往生を得ん」（『浄土論』第九、浄全6-668上）と。

四、自力他力の別。極楽は阿弥陀佛四十八大願による他力往生であるが、兜率にはたのむべき願なく、ただ自力による上生である。

五、善知識有無の別。極楽には観世音、大勢至あって、つねに此土に来りて往生を勧進する。臨終には金剛台をもって行者を迎え、種々讃嘆し、その心を勧進して、ただちに往生することができる。兜率にはこのような二菩薩なく、したがってただ自ら進んで上生するばかりである。

六、経論中に勧める処多少の別。極楽世界は多くの経中に讃嘆し、多くの論中に勧進するが、兜率は経に讃するところまれで、論にも勧めるところ少ない。

七、古来の大徳で趣向する者多少の別。極楽は上古以来大智名僧で趣向する者多いが、兜率は古来願楽する大徳が少ない。

以上の次第で「西方往生はやさしく、兜率上生はやや難しい」（『浄土論』第七）という。

第三節　懐感と飛錫

一、懐感『群疑論』

（一）懐感の生涯と著作

懐感は唐代浄土宗の僧である。『宋高僧伝・懐感伝』に「いずくの人なるかを知らず」（大正50-738下）という。生卒、籍貫、俗姓いずれも不詳である。はじめ長安の千福寺で唯識と戒律を学び、精苦して師にしたがい、ひろく経典に通ずる。ただ浄土念佛の義にはよく信を生ぜず、善導に謁して教えを請う。善導は道場に入って念佛することを勧め、これにしたがって念佛に精勤すること三七日、霊瑞を見ず。罪障深重なることを自ら恨んで絶食して死を期する。善導これを許さず、三年念佛に精虔させる。後、忽然と霊験を感得し、金色の玉毫を見て念佛三昧を証す。『浄土群疑論』七巻を撰するが、完成をみず示寂し、同門の懐惲が志を継ぎ完成する。

懐惲（六四〇―七〇一）も唐代浄土宗の僧である。高宗のとき、天下に賢能を求めた。総章元年（六六八）高宗はかれを夢みて、詔を下して召請したが、固辞して出家を請う。西明寺で剃髪し、まもなく実際寺の善導の門に入り就学十余年、善導の伝承を得て懐感とおなじく善導の高弟となる。善導入滅後、その遺骨を収め神禾原に墓を築き、その傍らに一伽藍を造った。のちの香積寺である。武后の永昌元年（六八九）勅を奉じて実際寺主となり、ひろく有縁に勧めて浄土堂を建てた。屯田員外郎孟銑の『釈浄土群疑論序』によると、懐感の書いまだ脱稿せざるに懐感逝く、懐惲に由り補修完成すと。したがって『浄土群疑論』は懐感撰と題するが実は懐感、懐惲共撰である。大足元年（七〇一）懐惲、世寿六十二で入寂する。神龍元年（七〇五）勅によって「隆闡大法師」と贈り名される。

『浄土群疑論』七巻百十六章はまた『釈浄土群疑論』とも『群疑論』『決疑論』ともいう。陳、隋以来摂論師、三階教、唯識学等の浄土往生にたいする存疑にこたえた決疑書であり、当時の浄土宗にとって百科全書である。懐感はもと法相宗の学者であり、おおくは唯識の観点から疑義を解釈している。善導説とのあいだに十五同十三異ありといわれる。

（二）凡夫は他受用土に得生す

懐感の時代になっても、凡夫能入報土の論争には余波があった。懐感は自らの意見をのべていう。佛に三身あって法性身、受用身、変化身、土には三土あって法性土、受用土、変化土であると。

法性の身、土は、ともに真如清浄法界を以て体性となす。……色なく形相なく、根なく住処なく、不生不滅なるが故に、敬礼するに観ずる所等なし。……是れ施設安立諦門の説なり。（『浄土群疑論』巻一、浄全6-5下）

懐感は世親の『佛地経論』にもとづいて受用土を自受用土と他受用土の二つに分ける。自受用土は菩薩に見せず、ただ佛と佛とだけがたがいに知見する。他受用土は他人にために現ずるもので、わずかであっても衆生が見ることができる。他受用土は報土に相当する。変化土は地前菩薩、二乗、凡夫に随って応現する。弥陀浄土は他受用土であり、また変化土であり、二土に通じている。初地以前の菩薩は変化土を見、初地以上の菩薩は他受用土を見るがともに同じ処であり、それぞれ自らの心に随って見る処が異なる。

凡夫、二乗、地前菩薩はいまだ真如を証せず、人法二執を断ぜず、識心粗劣で、所変の浄土は本来初地以上の諸大菩薩の所変の土とは異なるが、佛力によって、他受用土に生まれることができる。懐感はいう。

然るに阿弥陀佛の殊勝の本願増上縁の力を以て、かの地前の小行の菩薩等をして、識心劣なりといえども、如来の本願勝力に依託し、よくかの地上菩薩所変の浄土とおなじく、微妙広大清浄荘厳を見ることを得せしむ。故に他受用土に生ずと名づく。

（『浄土群疑論』巻一、浄全6-6下）

また他受用土に本願あり、その本願に乗じて、凡夫生ずることを得。

（同前）

懐感は凡夫が他受用土に入れることを主張するが、唯識学の観点から、凡夫の入る他受用土が実は「有漏土」であると解釈する。

如来所変の土は、佛心無漏なれば、土もまた無漏なり。凡夫の心はいまだ無漏たるを得ず、かの如来は無漏土上なるに依って、自心変現して有漏土を作り、その中に生じたまう。もし如来の本土に約して説かば、すなわちまた無漏土に生ずと名づくるを得ん。もし自心所変の土に約して受用すれば、また有漏土に生ずと言うを得ん。有漏といえども、如来の無漏の土に托して変現するを以ての故に、極めて佛の無漏に似て、また衆悪過患なし。
（『浄土群疑論』巻一、浄全6-8下）

無漏に似て実は有漏、これが凡夫の他受用土の特徴である。有漏心所変の有漏土、有漏身であるとすれば当然三界の内にあるはずである。懐感はいう「三界即ち有漏、有漏即ち三界。すでに有漏と言わば、即ち三界の摂なり」と。有漏浄土は欲界と色界の所摂なのだが、しかしなおこの浄土は三界の内にあるとは言えないと懐感は考える。そこで「有漏の識心は、浄佛国土を変化し、種々大乗の法楽を受用するものにあらず。またも如来無漏の浄土に托して、有漏心を以てその浄土を現ずるといえども、この浄土はなお本性の相土に従う……故に三界にあらざるなり」（浄全6-10下）という。

有漏土は有漏心の変現したものであるから当然穢土である。どうしてそれを浄土とよべるのか。懐感はいう。西方浄土は浄土相ばかりで穢土相はないし、各経典は浄相を説いて穢相を説かないが、これは各方衆生の往生を引導するためで、西方浄土には実は穢土も同時に存在する。かれはこれを「三不成」説を引いて説明する。「三不成」説は四章二節で紹介したのでくりかえさないが、「非一、非異、非無」によって同一国土上に同一法性が示現されて浄穢二土となると解釈する。そして心浄なれば浄土を、心穢なれば穢土を見る。いわゆる「万境万心、心の浄穢に随う」。これによって西方浄土が同時に穢土でもある説が成立する。

懐感によると、他受用土とは無漏に似て実は有漏、三界にあって三界にあらず、浄土であってまた穢土であるとかんがえるが、これはかれの唯識学の視点に発するものである。唯識学は「三自性」説によって一切の現象の本来の姿および認識発展の全過程を説明する。

一、遍計所執性。ひとびとは普遍的に思量し虚妄分別することによって、すべての現象はそれぞれ自性にちがいのある客観的実在だとかんがえている。ひとびとはこのような考え方に執着して捨てようとしない。これが遍計所執性である。これは世俗の観点であり、小乗ではこれを破るのに人空を説き、大乗ではさらにすすめて人法両空を説く。

二、依他起性。大乗中観学派によると、人法両空であり、すべての現象は因縁和合して生じたもの、すなわち他に依って起性したものである。現象は因縁より起こり、もと自性なく、したがって仮有である。真空仮有が中観である。瑜伽行派は中観の基礎のうえに、「他に依って起こる」この「他」は因縁を指すとかんがえる。具体的にいえば、「因縁」とは第八識——阿頼耶識中の名言種子である。これらの名言種子はそれぞれに異なる自性をもち、それらを「因」として前の七識等の各種の「縁」と相互に作用するなかで、変現して現象となり、その現象間に千差万別を生じ、それぞれに異なる自性をもつことになる。つまり依他起性はふたつの含義をもつ。ひとつは境（現象）空であり、ひとつは識（名言種子）有である。現象は名言種子に因って起こる、すなわち依他起性である。

三、円成実性。「円」とは円満、一切の現象に普遍的で、欠減することがない。「成」とは成就、これまでとかわりなく、不生不滅である。「実性」とは真実の性、虚妄を断絶する。「円成実性」とは真実の性を円満に成就すること、「真如」の異名である。ひとびとは一切の現象がすべて因縁によって起こると認識すると、さらに一歩すすめて人法二空を認識し、一切の虚妄分別を放棄し、遍計所執性を離れて、一切現象の真実の性すなわち円成実性を認識するのである。

この三自性説は瑜伽行派の根本的な特徴となり、中観学派と区別されるところである。中観学派は人空、法空を主張し、一切皆空である。瑜伽行派も人空、法空を主張するが、一切皆空に同意しない。かれらの三自性説は依他起性ということを提起し、一切の現象は「識」によって起こり、その「識」は有であるとかんがえる。したがって依他起性は「有にして不実」にすぎず、空ではない。中観学派が「空宗」とよばれ、瑜伽行派が「有宗」とよばれるのはこれに由来する。

浄土は依他起性である。懐感はいう「今説く浄土等の教えは、依他起性に約す。因縁生法に従い、有にあらずして有に似る。因果の義、万法宛然たり」と。浄土は因縁によって生じたもの、すなわち識によって変現したもので、有に似て有にあらず。したがって無漏に似て無漏にあらず、三界に似て三界にあらず、純浄に似て純浄にあらず、このすべてが理解される。

別時意についても懐感は述べている。善導の意見にしたがって、『摂大乗論』にいう別時意とは、ただ発願するばかりで無行のものは浄土に即生できないことを指摘するものだと。念佛によって求生するのは願も行もそなわり別時意ではない。「今時の念佛至心なるは、即ち意業の善行なり、称佛名号は即ち語業の善行なり、合掌礼佛は即ち身業の善行なり。この三業の善行に由り、よく八十億劫生死の重罪を滅し、行と願と相扶けて、即得往生せん」（『浄土群疑論』巻二、浄全6-23下）

しかし懐感は、有願無行は別時意であり、報浄土を指すとかんがえる。「『摂論』の文に別時意というは、是れ報の浄土には、ただ願のみの念佛で理いまだ即生を得ず。化の浄土なればただ願のみの念佛にて、必ず即生を得るをいう」（浄全6-27上）と。

弥陀浄土は他受用土であるから報土であるが、同時にまた化土である。有願無行のものが報土に即時に往生できないとしても、化土なれば即時に往生できるというのは、また懐感のあたらしい発案である。

報化の問題および別時意の問題はすでに百年におよぶ論争である。善導はすでに「凡夫入報土」「念佛往生非別時意」の結論をだしていたが、この懐感の解釈によって論争は善導の勝利で終息をつげる。

(三) 三階教に反駁する

さきに善導在世の頃、三階教と浄土宗に対立のあったことを述べた。窺基が『西方要決』のなかで浄土宗の立場から三階教に反駁したが、集中的かつ系統的に三階教に反駁したのはやはり懐感である。

三階教が浄土宗と対立する根本の論点は、浄土宗が第二階の佛法であり、第三階の衆生には適せずという点にある。懐感はまずこの論を紹介する。

今の千年以後の第三階の衆生は、ただ普真普正の佛法を行じ、十方の佛国に生ずることを得べし。別真別正の佛法を行じ、及び大乗経等を読誦するは、即ち是れ根の法に当たらずして、十方の地獄に堕す。今無量寿経等は即ち是れ別真別正にして、是れ第二階の佛法なり、千年以前にこの法を行ずべし。千年以後はすでにこの機なく、この教即ち廃れぬ。(『浄土群疑論』巻三、浄全6-43下)

この論点をめぐって三階教からはさまざまな理由があげられるが、懐感はそのひとつひとつに反論する。

一、第三階の衆生は五逆の罪人とおなじではない

『無量寿経』の四十八願中に、五逆罪を造るものおよび正法を誹謗するものは浄土に往生することを許さずとある。『観無量寿経』では五逆罪を造るものも往生を許すとある。信行はこれを解釈していう。『観無量寿経』の説くのは第二階の衆生であり、『無量寿経』の説くのは第三階の衆生である。第三階の衆生は「みな是れ純邪無正、純悪無善の人なり、無始より今に至るまで愆犯ありて、みな一切諸佛の救わざる所なり」したがって『無量寿経』が「唯除五逆」

と。というのは、すべての第三階の衆生を除外するという意味である。つまり第三階の衆生はみな浄土の外に排斥されると。

懐感はこれに反駁していう。第三階の衆生と「五逆人」とは同じではありえない。第三階の衆生が五逆を造るとすれば、第二階の衆生に五逆人はいなかったのか。三階教がいうところは、第三階の衆生がみな五逆を造るのではなく、ただよく五逆を造る根機をそなえている点だ。とすれば、どうして第二階の衆生に造逆の根機がないといえよう。また第三階の衆生には造逆の根機があるとしても、まだ造逆の罪をおかさないものをどうして「造逆人」というのか。観無量寿経が五逆罪のものも往生をゆるすというのはすでに罪をおかしたひとをいう。ただ造逆の根機があるというだけで、無量寿経が往生をゆるさないということがありえようか。法蔵比丘は四十八願を発し有縁の極悪衆生を接引したまうが、ただ第二階のひとのみ接引し第三階のひとは接引せずということがあるだろうか。法蔵比丘は第三階の衆生と無縁で、ただ信行禅師とのみ縁があって、信行禅師に衆生済度をまかされたとでもいうのだろうか。大唐の衆生はまだしも信行禅師にめぐりあって済度されようが、東西二洲、五天竺国、三千刹土、百億の四天下のひとびとは信行禅師にめぐりあえず、いかにして救われるというのか。これらの問いに三階教は論理に窮する。懐感は結論する。浄土は第三階の衆生を排斥するものではなく、まさにその衆生を済度するため設けられたものであると。

懐感は風刺する。佛法に第三階の衆生を済度する術なく、ただ信行のみよく済度するのか。「信行禅師は更によく巧方便を垂れて、普真の佛法を陳べ、第三階の人を救い得ん。即ち慈悲は釈迦に勝れ、智慧は無量寿に過ぎ、即ち無上調御は、翻って有上世尊となり、無等等者は便ち過等正覚とならん。即ち信行禅師は佛にまされる者たるべし」（『浄土群疑論』巻三、浄全6-39上）と。また三階教は「信行禅師を上聖の上に讃し、世尊を凡下の下に抑えんと欲し、この言の大失たるを覚えず」と。

五逆罪で両経にちがいがあることについて、懐感は十五家の異なる解釈をまとめる。十五家にはそれぞれ優劣があるとして、みずからは別に異説をたて、両経に実はちがいがない、いずれも「具足十念」を説くもので、十念を具足すればそれで往生できると説いているのだという。無量寿経が「唯除五逆及誹謗正法」をいう含意は、この二種のひとたちも十念を具足しなければ往生できぬという点にあるのだと。

造逆せざる者は、十声に限らず、若しくは少若しくは多、ともに浄土に生ず。造逆の輩は、即ち然るを得ず、十に満つれば即ち得生し、少なれば便ち往かず。これすなわち此れに由りて除くを説く、諸義にかかわらず。ただ五逆及び正法を誹謗する者を除くとは、この経の意、命終の人を顕かにせんと欲す、若しよく念佛一声にして、その命すでに過ぎ、或いは念ずること十に至りてその命終わるも、ともによく浄土に生ずるを得ん。佛意を以て、無逆の輩は多少でもともに生ずることを顕かにせんと欲す、有逆の儔は、少なれば即ち生ぜず、すべからく十を満たしてこそ往生を得ん。

（『浄土群疑論』巻三、浄全6-40下）

十念を満たさずして、その命すでに終わるものを容許せば、むしろ逆人をして除くと言わざるなり。

（『浄土群疑論』巻三、浄全6-40下）

懐感によれば、五逆および謗法の人は臨終に十声の念佛を具足してはじめて往生できる。もし十に足らねば往生できぬ。これが無量寿経の五逆謗法の者往生を許さずの原意であって、罪の軽重を問題にしているのではない。意味するところはひとびとに多念を求めている。もし一念で死ねばどうか、十声にいたらねばどうか。経意によるならこれも往生を許すのだと。

懐感の解釈はたしかに他とちがうが、その基本精神は浄土の大門を徹底して広開することにある。五逆謗法の者も臨終の十声念佛で往生する。十声の間に合わぬ者も往生する。この理解は善導と一致する。

二、時機正当の念佛

三階教はみずからを「当根佛法」「当根法門」と称する。いわゆる「当根」とは「一には時に依り、二には処に約し、三には人に准ず」こと。時は佛滅千五百年後の第三階、処する世界は穢土、一切衆生は悪人である。この時、処、人にもとづいて三階の教法すなわち普真普正の佛法をたてる。念佛などは不当根の佛法であると。

懐感はかれらの自己矛盾をついて反論する。「禅師はみずからその義を立て、みずからその趣に乖むく」と。

観経にいわく、如来は今日韋提希及び未来世一切の凡夫に教え、煩悩賊に害せられし者に清浄の業を説きたまう。未来世に及ぶは悪時なり、煩悩賊に害せられし者は悪人なり、この教化する穢土は悪処なり。然るにこの経はつぶさにこの三義（悪時、悪人、悪処）を具す、計るになお是れ当根の佛法なり、禅師が不当根と言うは、何の意ぞ。また『維摩経』の八法は、未来世のためと言わざれば、悪時にあらざるなり。菩薩八法を成就すといえば、悪人にあらざるなり。ただこの穢土のみを化すとは、これ悪処なり。この経（維摩経）この一義（悪処）のみありて、（他の）二門を欠く。しかるに（不当根といわず）なお当根と言うは、何の義ぞ。（『浄土群疑論』巻四、浄全6-49上）

懐感は多くの経論をひいて浄土念佛の法がまさに当根の法であることを証明する（浄全6-45上）。『大悲経』によると、正法千年、像法千年、末法万年、万年の後には経道滅尽するがこの経のみのこってさらに百年住すという。『法住記』によると、百年ののち十六羅漢が佛の付嘱を受けて正法を住持し、人寿六万歳末七万歳初に増すにいたって佛舎利塔を造って入滅し、釈迦佛の教えは永滅するという。ただ独覚七万があらわれ、その寿命は八万歳であるが、また滅度する。つぎに弥勒が世にあらわれ、衆生のために浄土教を説く。かくのごとく展転して賢劫の千佛および諸佛がつぎつぎに世に出て、みな浄法を説き西方を勧める。阿弥陀佛の寿命は無量阿僧祇劫、十方世界に諸佛出現してみな阿弥陀佛有縁の衆生に浄土に生まれることを勧める。経道滅尽してこの経のみさらに百年とどめるというのはこの時である。佛法滅しても浄土のみこの時代に利益する。まことに当根の佛法であると。

なにをもって念佛が当根の佛法だとわかるのか。口称称名は修しやすく学びやすく、滅罪往生する。懐感は念佛五勝を説く（浄全6-47下）。

一、発心勝。大乗の根性であれ小乗の根性であれ、ひとたび大乗心を発せば一念で二乗心の無量百千億劫を超え、すみやかに重罪を滅することができる。

二、求生勝。佛道を求めても、小乗心で、十方諸佛の浄土があることを信ぜず、勝生を求めないと、罪は滅することがない。一念念佛して浄土に願生するのは、勝生を求めるが故に罪はすみやかに滅する。

三、本願勝。阿弥陀佛はもと殊勝の大願を発して、一切の重罪の衆生を引き、わが名を称するものは罪みな消滅すると誓われた。

四、功徳勝。さきの小乗行はただ四念処観をなすだけで無量の罪を滅することはできないが、今の念佛は一声でよく八十億劫の生死の重罪を除滅することができ、功徳無量である。

五、威力勝。『大乗同性経』にいう、佛に十地あって阿弥陀佛は初地である。「功徳威力はやや常の徒と異なる」が故に、威力をもって念佛修行者を加持したまいて、定んで往生を得ん（『浄土群疑論』巻三、浄全6-48上）。

三階教は『十輪経』をひいて十悪輪罪を造るものは一切の諸佛に救われないという。どうして念佛は滅罪して往生するのか。懐感はこれに答えていう。『十輪経』に救わずというのは、「是れ諸の造罪の者に、如来密意をもって、罪を畏れ、あえて非をなさざらしめんと欲せられしためなり」（浄全6-46上）。つまり衆生の非を抑止するため救わずといわれるのであって、実に救わずというのではない。もし実に救わずというのなら、どうして第二階のひとのみ救って第三階のひとが救われないのか。どうして第二階のひとは十悪輪罪を造っても往生し、第三階のひとは十悪輪罪を造れば往生できないのか。三階教が十分経意を解してないことがわかると。

念佛をする時間について、諸経にちがいがある。『観無量寿経』は一念十念といい、『阿弥陀経』は一日七日といい、『無量寿経』は形寿を尽くして一向専念するという。もし形寿を尽くさねばならないのなら、一念十念、一日七日は虚談であるし、またもし一念十念で十分なら、どうしてまた一日七日、形寿を尽くす必要があろう。懐感はこの問いに答えていう。いずれの経も誠実の言であり虚談ではない。

念佛の衆生が浄土の教えを聞くには、早きものあり、晩きものあり。発心の時には遅れるものあり、速やかなるものあり、或いは命に長短あり。故に経の説くところ同じからず。（『浄土群疑論』巻五、浄全6-65下）

臨終の日になってやっと善知識の教えに逢い発心念佛する者もまた往生することができる。したがって観経は要求がきわめて少なく、一念十念でよい。寿命が尽きずさらに日を経て逝くのであれば一日七日念佛すべきであって、阿弥陀経はこの情況をいう。無量寿経は長寿不死のひとにたいして説いたもので、その寿命が尽きるまで念佛することを求める。あるひとは、これによって日頃念佛せず、臨終をまって念佛すればよいというが、懐感はこのようなひとを非難する。これは「煩悩無慚愧の言、魔語、鬼語にして、佛法を壊乱す、実に一念願生の心なし」と。

懐感はくりかえしいましめる「念佛の多少、功行同じからず」「よろしく精進心を発し、懈怠の想いを除き、この三業を励まし、かの六時を策し、昼夜精勤すべし、学は時とともに竟わり、ひとたび浄土に生ずれば、ながく蓋纏を離れん」と。

（四）西方と兜率の優劣比較

法相宗創始者のひとり窺基は西方十勝、兜率十劣を説き、西方が兜率に優れることを宣揚したが、玄奘以来法相宗は弥勒を信仰し、弥勒信仰は法相宗の伝統となっていた。懐感の時代になってもなお西方と兜率の優劣は論争されていた。懐感は西方が兜率にすぐれる十二条を列挙する。ただかれは西方信者と兜率信者がたがいに攻撃しあうことのないよう特に附言する。

この二処の往生は、ともに是れ佛経に勧讃せり。人の願ずる所に随って、教えに依りて修行せば、ともに往生を得て、みな利益を蒙らん。もし願じて兜率を志求せば、西方の行人を破ることなかれ。西方に生ずることを願ぜば、兜率の業を謗ることなかれ。各性欲に随って、情にまかせて修学せよ。相是非することなきを、即ち佛法となす。たがいに相非撥せば、すなわち魔業を行ずるなり。なんぞただ勝処に生ぜざるのみならず、またすなわち三途に輪転しなん。諸の修学の士はまさに思いて勉励すべし。

（『浄土群疑論』巻四、浄全 6-55 下）

懐感のこの態度は寛容であり、公平である。この後弥勒信仰は法相宗の衰退とともに力を失い、西方と兜率の優劣論はたんに歴史的記録というにすぎない。

懐感の説く西方の優れるところ十二条は新味に乏しい。ここに挙げるまでもない。むしろ西方修行と兜率修行を比較した「十五同八種異」（浄全 6-56 上）がユニークである。

十五同とはつぎである。

一、観行同。それぞれ所願に随って、生処である天宮や浄土の依正荘厳を観る。

二、持戒同。『上生経』に佛戒をたもつべしと説く。『観経』に三帰を受持して衆戒を具足し、威儀を犯ぜずと説く。

三、十善同。『上生経』に説く、十善を思惟し、十善道を行ずべしと。『観経』に説く、慈心にて殺さず、十善を修行すべしと。

四、懺悔同。『上生経』に説く、五体投地して、誠心に懺悔すべしと。『鼓音声王経』に説く、六時に専念し、五体投地すべしと。

五、造立形像功徳同。『上生経』に説く、形像を造立し、香花、衣服、繒蓋、幢幡を以てすと。『無量寿経』にいう、多少修善し、斎戒を奉持し、塔像を起立し、沙門に飯食し、繒を懸け灯を燃じ、花を散じ香を焼くと。

六、聖迎同。『上生経』に説く、弥勒は眉間白毫大人相の光を放ちて諸天子とともに曼陀羅花を雨ふらし、この人を来迎すと。『観経』にいう、阿弥陀佛は大光明を放ちて行者の身を照らし、諸菩薩とともに手を授けて迎接すと。

七、称念同。『上生経』に説く、一念の頃も弥勒の名を称すと。観経に説く、一念の頃も弥陀の名を称し、合掌叉手して南無阿弥陀佛と称すと。

八、礼拝同。『上生経』に説く、礼拝懸念すると。『浄土論』にいう、身業恭敬門とは弥陀佛を礼拝するなりと。

九、回向願生同。『上生経』に説く、此の功徳を以て回向し、弥勒の前に生ぜんことを願うと。『観経』に説く、此の功徳を以て回向し、願わくば極楽国に生ぜんことを求むと。

一〇、読誦経典同。『上生経』に説く、経典を読誦すべしと。『観経』に説く、大乗方等経を読誦すべしと。

一一、往生同。『上生経』に説く、譬えば壮士が臂を屈伸する間に即ち兜率に往生を得ん。『観経』に説く、たとえば弾指の間に、或いは一念の間に、或いは壮士が臂を屈伸する間に即ち西方極楽世界に生ぜんと。

一二、見聖同。『上生経』に説く、弥勒に値遇すべしと。『観経』に説く、佛の色身、衆相具足せるを見ると。

一三、帰敬同。『上生経』に説く、頭面もと作礼すと。『観経』に説く、即ち金台を下りて礼佛合掌すと。
一四、聞法同。『上生経』に説く、いまだ頭を挙げざる間に便ち法を聞くを得ん。『観経』に説く、光明宝林に妙法を演説すと。
一五、不退同。『上生経』に説く、即ち無上道において不退転を得んと。『阿弥陀経』に説く、衆生の生者皆是れ阿鞞跋致なりと。
八異とはつぎである。
一、兜率に往生する、弥勒にもと誓願なし。西方に往生するは法蔵比丘四十八願を発つ。願なきはみずから浮して水を渡るがごとし。願あるは舟に乗りて旅するがごとし。
二、兜率業を作すも弥勒の神光来たりて摂受せず。西方業を修する者は阿弥陀佛の白毫毛孔、円光相好の光明等一切の神光みな念佛衆生を照らし摂取して捨てたまわず。光照は昼日に旅するがごとく、光りなきは暗中に往来するに似たり。
三、兜率業を作する者に弥勒は来たりて守護することなし。西方の業者は、『観経』に無量寿佛の化身無数、観世音、大勢至とともにつねに行人のところに来たまうと説き、また『十往生経』に佛二十五菩薩をつかわして行人を守護したまうという。守護あるは多人とともに旅するがごとく強賊にせまられるを畏れず。守護なきは一人旅して険阻を行くがごとく、必ずや暴客の侵すところとならん。
四、兜率に上生するに、十方の諸佛が舌を舒べて証することはなし。西方極楽を勧めるには十方の種覚が舌を舒べ証したまう。もし兜率が易往、浄土が難行であるなら十方世尊が西方を証勧される必要などあろうか。
五、兜率の業は衆聖に守護されない。西方願生を発願すると花聚菩薩、山海慧菩薩が弘誓願を発したまう。もし一衆生あって西方に生ずるを尽くさず、我先んじて去らば、正覚を取らずとのたまう（『十往生経』）。

六、『上生経』に説く、弥勒を称念すれば千二百劫の生死の罪を除くと。『観経』に説く、「南無阿弥陀佛」と称すれば念念のなかに八十億劫の生死の罪を除くと。
七、『上生経』に説く、もし善男子善女人諸の禁戒を犯し衆の悪業を造る、重悪という。『観経』に説く、あるいは衆生あって不善の業たる五逆十悪を作り諸の不善を具すと。これは五逆罪を作るものは兜率に生ずることはないが、西方浄土にはなお往生できることを意味する。
八、凡夫の正習いまだ亡せず、見修の両惑は捨て難く、兜率への往生は容易ではない。『無量寿経』に説く、西方は「往き易けれど人なし」と。一方は難しく一方は易しい。これが八異である。

この十五同八種異は西方弥陀浄土が弥勒兜率天宮より優れることを説明するものだが、懐感独自の解釈も加わっている。たとえば聖衆の来迎の有無は浄土と天宮の決定的なちがいである。阿弥陀佛はみずから往生者を接引し「接引佛」とよばれる。念佛者は命終に佛の接引を得て確実な往生が保証される。これは弥陀浄土が弥勒天宮に優れるところである。窺基の『西方要決』すら「命を捨て生天するに、(弥勒は)人接引することなし。もし浄国に生ずれば聖衆来迎す」という。しかし懐感は弥勒天宮も西方浄土とおなじく聖衆の来迎があるとする。これは『弥勒上生経』中には根拠のないはなしである。

懐感はまた西方浄土三十益をいう。これはかなり影響がおおきい。以下に挙げる。

一、種々の功徳を以て荘厳せる清浄の佛土を受用する益
二、大乗法楽の益
三、無量寿佛に親近供養する益
四、十方に遊歴して諸佛を供養する益
五、諸佛の所において法を聞き授記せらる益

六、福慧の資糧疾く円満する益
七、無上正等菩提を速証する益
八、諸大士等と同一に集会する益
九、常に退転なき益
一〇、無量の行願念念に増進する益
一一、鸚鵡舎利法音を宣揚する益
一二、清風の樹を動かすに天衆の楽の如くなる益
一三、摩尼水流の苦空を宣説する益
一四、諸の楽の音声諸の法音を奏するの益
一五、四十八の弘誓願中に三途を永絶する益
一六、真金色身の益
一七、形に美醜なき益
一八、五通を具足する益
一九、正定聚に住する益
二〇、諸不善なき益
二一、寿命長遠の益
二二、衣食自然の益
二三、ただ衆楽を受くる益
二四、三十二相の益

二五、実の女人あることなき益
二六、小乗あることなき益
二七、諸の八難を離る益
二八、三法忍を得る益
二九、身に光明ありて昼夜常光の益
三〇、那羅延力を得る益
懐感はいう「略挙す三十の益、広くは即ち無量無辺、是を以て西方に生ぜんことを勧むるなり」（浄全6-72下）と。

（五）浄土中陰

「中陰」は「中有」ともいい、佛教における重要な概念のひとつである。原始佛教では「諸法無我」を説き、一切の現象は因縁の和合であり、独立した実体あるいは主宰者は存在せず、不滅の霊魂など存在しないとかんがえた。しかし業報輪廻、因果応報の説がもつ内在的な要求から、「我」すなわち霊魂をかんがえざるをえなくなった。もしこのような霊魂がないなら果報はいったいだれが受け取るのか。これでは応報輪廻の説全体が空に帰す。そこで部派佛教になると「四有」の説があらわれる。すなわち有情の衆生が生死流転する過程を四つの段階に分けて四有とよぶ。死有、中有、生有、本有である。

一、死有。人は前世に造った惑業の力によって現世の果報を招感するが、前世の臨終の一刹那を死有とよぶ。
二、中有。前世の死の刹那（死有）からつぎの世の生の刹那（生有）までのあいだに受けるところの身を中有あるいは中陰とよぶ。

三、生有。生縁成熟し、中有を離れ生を母胎に托すはじめの刹那である。

四、本有。生有以後しだいに生長し、母胎を離れて赤ん坊から少年、壮年、老年を経てまさに寿命が尽きようとして死有に接近するまでのすべての生命過程を本有という。

有情の衆生は死有より中有に入り、中有より生有に行き、生有より本有に転ずる。本有の期間は胎内と胎外の別があって、胎外のときにもしまた起惑造業すると再度死有、中有、生有を経て本有にもどる過程をくりかえす。つまり次第生死輾転し、輪廻無窮である。

この過程の要にあるのが中有である。「中有身」すなわち「識身」の存在は意によって生ずる化生身であって、精血等の外縁の所成ではない。したがってこれを意生身ともよぶ。『倶舎論』巻九によると、その体はごく微細な物質によって構成され、香を食して身を養う。ゆえに「食香、尋香」梵文音訳で「健達縛」などといい、つねに次世の生処をさがし求めているので「求生」、また本有が壊れてのち次世の間の暫時起こるものであるから「起」などともよばれる。

『大宝積経』巻五六によると、地獄の中有は容貌醜悪、焼けて枝のない樹のごとく、また畜生の中有はそのかたち煙のごとく、餓鬼の中有は水のごとく、人天の中有は金色のごとく、色界の中有はその形色鮮白であるという。無色界は無因無色であるから、無色界に生をうける者は中有の身がない。その形色はあるいは二手二足、あるいは四足多足、あるいは無足、前世の業に随って托生の処がきまり、これによってその形色がきまる。また、天界の中有は頭が上を向く。人、畜生、鬼は横行して去り、地獄の中有は頭がいつも下である。これらの中有は神通をそなえており、空に乗じて去り、天眼をもって遠くにあるその生処を観ることができる。

『倶舎論』巻九によると、欲界の中有はその形量五、六歳の子供のごとく、諸根明利である。菩薩の中有は盛年のごとく、その形量周円、諸相好をそなえ、入胎の時など、百億の四大洲を照らす。色界の中有はその形量円満にして本有のごとく、また慚愧の心あるが故に、衣とともに生ず。菩薩の中有も衣とともに生ず。また、中有の身はごく微細であるので、同類だけがたがいに見ることができるのだが、極浄天眼を修得したものは見ることができる。中有の業力はきわめて強く、最疾の業通をそなえ、いったん投胎のところがきまれば、たとえ不可思議の定力、通力、借識力、大願力、法威徳力等の五力をもってしてもこれを改めることはできない。これを「五力不可到」とよぶ。

中有の有無については諸部小乗で一様でない。『大毘婆沙論』巻六九によると、説一切有部は中有の説を唱導する。大乗佛教では唯識家が四有を立てるが、『涅槃経』では四有の有無は不定とする。

中有の期間の長さはいろいろに説かれる。あるいは長くて七日といい、あるいは定限なしといい、あるいは長く存するという。一般には古来『大毘婆沙論』等の説にしたがって、人の死後七七日のあいだを中陰とよぶ。中有の期間がこのように七七四十九日であるので、四十九日間経を読み冥福を祈る風習がうまれた。ひとの死後七日毎に経を読んで追善し、七回目の七日すなわち四十九日の満中陰までつづけるというものである。世俗の考えではこの四十九日は亡魂が茫然自失している時期であり、とくに冥福を祈らねばならないのだと教える。

この中有の問題は、実は霊魂、ないし民間所説の鬼魂の問題であるが、これは六道輪廻から出る。ひとは死後どのように浄土に往生するのか、その情況をのべた経論ないしそれにかかわる資料は印度にも中国にものこされていない。唯識学者として懐感がこれに答える。

娑婆世界から浄土に往生するのに中有は存在するのか。懐感はいう。これには二つの解釈がある。ひとつは、ひとは命終すると蓮華のうちに坐す。これは処胎（妊娠）に近いから生有である。つまり中有はない。いまひとつは、ひとは命終ののちただちに浄土に生有の身を受けるのではなく、かならず中有を経て浄土に生まれる。したがって中有は存在する。この二つの解釈のうち懐感は後者を主張する。「穢土に死すれば穢土にて浄土生有の身を受けるにはあらず。かの浄土の中の宝池上に至って、はじめて生有身を成ずべきものなり」（『浄土群疑論』巻二、浄全6-27下）と。

浄土の中有の身は衣服を着ているのだろうか。懐感は着ているという。「経論の文に無し、然れど准定するに、まさに衣を着すべし」（浄全6-28上）と。さらに問答をつづけていう。浄土中陰に生きるときその相はどんなものか。頭が上、足が下の坐相である。浄土に行くには十万億佛土を通らねばならぬが、どんなものを食するのか。香気を食すと。「人が死んで鬼になる」というのは中国民間の根深い伝統的信仰である。死後の魂がどのように浄土に往生するのか、その具体的な様子は当然ひとびとが深い関心をよせるところである。懐感の述べるところはまさにそのようなひとびとの心理を満たすもので、浄土理論の空白をうめ、浄土宗の民間普及に有利な条件をつくっている。

二、飛錫の『宝王論』

（一）飛錫の生涯と著作

飛錫は唐代の僧であるが、籍貫、俗姓、生卒年等すべて不詳である。『宋高僧伝・飛錫伝』によると「神気高邈にして、識量人に過ぎ」また「外に儒墨を研し、その筆なお長ず」といわれる。はじめ律儀を学び、のちに天台宗の法門「一心三観」をおさめ、また密教を修した。つまりこの学識淵博の僧は浄土に通ずるのみならず、律、天台、密教に通じ、さらに儒家、墨家にも通暁していた。文筆にすぐれ、才華横溢し、本伝の『系言』によると「時にその論撰を多く請われ、忠国師、楚金等の碑文を撰す」と。皎然、徳宣とならび文名がある。また「然宣、錫二公また不羈の失あり。縁飾その実を過ぐ」とも。

唐玄宗の天宝初年、長安に遊歴して、終南山紫閣峰草堂寺に錫をやすめることが多かった。不空が訳場を開き、人材を選んで訳経にくわえたが、飛錫はそのなかにあって、つねに筆受、潤文などの役を担当した。著書に『念佛三昧宝王論』三巻があって浄土を宣揚する。このほかに『無上深妙禅門伝集法宝』『誓往生浄土文』各一巻がある。『念佛三昧宝王論』は天宝元年（七四二）に成る。『宝王論』ともいい、念佛三昧を諸禅三昧中の宝王とするのでこの名がある。万善同帰、三世通修の念佛を倡導し、浄土教と三階教との矛盾を調和する書である。三大門にわかれる。念未来佛、念現在佛、通念三世無不是佛である。細分すると二十門で、念未来佛は七門すなわち念未来佛速成三昧門、孌女群盗皆不可軽門、持戒破戒但生佛想門、現処湯獄不妨受記門、観空無我択善而従門、無善可択無悪可棄門、一切衆生肉不可食門である。念現在佛は六門すなわち念現在佛専注一境門、此生他生一念十念門、是心是佛是心作佛門、高声念佛面向西方門、夢覚一心以明三昧門、念三身佛破三種障門である。念三世無不是佛は七門すなわち念過去佛因果相同門、無心念佛理事双修門、了心境界妄想不生門、諸佛解脱心行中求門、三業供養真実表敬門、無相献華信毀交報門、万善同帰皆成三昧門である。

明神宗万暦三十六年（一六〇八）、智旭はこの書を『浄土十要』巻五に収録した。以下にのべる飛錫の思想はすべてこれから引くものである。

（二）衆生即ち是れ佛

飛錫の説く三世佛は一般にいう三世佛とは異なる。一般にいうところでは、過去佛は過去七佛（『長阿含経』巻一では釈迦牟尼佛の前の毘婆尸佛、尸棄佛、毘舎婆佛、拘楼孫佛、拘那含佛、迦葉佛、釈迦牟尼佛も含め過去七佛である）を指し、寺院の塑像は一般に燃灯佛である。現在佛は釈迦牟尼佛であり、未来佛は弥勒佛である。

飛錫のいう未来佛（当来佛）とは一切衆生を指し、弥勒佛ではない。「一切衆生は即ち未来諸佛なり」「もし弥勒佛に念ぜんと欲すれば、必ず兜率天宮に上生し、慈氏の尊を見ることを得ん。すなわち弥天の釈道安がその首唱たり」（浄全6-740上）という。

飛錫は弥勒佛を否定しなかった。しかしかれのいう未来佛は弥勒とかかわりがない。かれは『維摩詰経』『楞伽経』『法華経』『梵網経』『大集経』『首楞厳経』『華厳経』『宝性論』『勝天王経』『涅槃経』等を引用して、一切衆生みな佛性のあることから、一切衆生は世尊想に生まれる、つまり一切衆生を未来佛とかんがえた。たとえば『宝性論』を引いていう。

佛、金剛菩薩に告げたまわく、善男子、われ佛眼を以て一切衆生を観るに、貪欲、恚痴、諸煩悩中に、如来智、如来眼、如来身ありて、結跏趺坐して厳然として動ぜず、乃至徳相つぶさに足りて、われの如くにして、異なるところなし。（浄全6-736下）

また不平等な観念を批判していう。

諸佛を以て至尊となし、衆生を至卑となす。高下ここに出でて、群妄おこる。敬傲ここに立ちて、一真隠る。（浄全6-732下）

いわゆる「一真」とは諸法平等である。般若波羅蜜を一切法に行ずれば心縁自在であり、衆生も佛想を生ずれば嬖女群盗、持戒破戒、現に地獄に処して苦しみを受けるものもすべて未来佛とみなされ、分別心は生じない。穢土は即ち浄土であり「佛の住したまう処に実に穢土なく、ただ衆生福薄くして不浄を見る」のみである。未来佛を念ずるのは即ち過去現在の諸佛を念ずることである。

諸法平等であり、分別がないから「衆生は即ち第一義諦であり、如来蔵であり、法身であり、菩提である」。現在佛はどうか。当然恒沙のごとく多数、無量無辺である。しかし「一境に専注すれば、三世に円通し、また良からずや」したがって現在佛を念ずるのは即ち阿弥陀佛を念ずることである。過去佛は現在佛、未来佛と因果の相同じである。故に過去佛を念ずることは即ち三世無不是佛を通念することである。

飛錫はいう。

『三昧海経』（観佛三昧海経）にいう、所念の佛、出胎の獅子王の如しとは、佛果を喩えるなり。能念の佛人、在胎の獅子王の如しとは、佛子を喩えるなり。因果異なるといえども、威神相継ぎ、その佛たるを論じて、さらに何ぞ異ならん。在胎の獅子をして咆哮し、飛落し、走伏せしめんとするは、いまだこれ有らざるなり。胎を出でて後、足をあげるを得て待す。かつて何をか欠かん、因果の相同じなり。（浄全 6-747 下）

飛錫の三世佛の説は三階教の「普佛」の観念からくる。汎佛論の色彩がつよいが、実際は一切衆生悉有佛性の別な言い方にすぎない。ただ、飛錫は普佛の観念によって往生浄土の可能性を論証したのである。このような提起は衆生の成佛の信心を鼓舞するものであった。飛錫は孌女群盗、破戒の僧俗、地獄の罪人みな浄土に往生し成佛できるとするが、これは善導の「一切善悪の凡夫可入報土」論と精神においておなじである。

善導は往生浄土の信を強調し、自己の無力、佛力の無辺を信ずることを説くが、飛錫は衆生自らが佛性をもつことを強調する。この点で飛錫は善導と異なり、むしろ禅宗に近い。

飛錫よりまえ、禅宗六祖慧能（六三八―七一三）の頓悟の法門がすでに天下に流行し、荷沢神会（六八六―七六〇）が活躍している。飛錫はあきらかにこれら諸師の影響をうけている。

(三) 万善同じく念佛に帰す

衆生は未来佛であるとはいえ、まだ佛ではなく修行をしなければならない。修行には難行、易行があるが、易行は称名念佛である。「念佛を修せんと欲すれば、まさに想心、、想無想事を発すべし」「想妄は即ち衆生、想真は即ち諸佛なり」(巻中)という。

これを慧能の思想とくらべると両者が一轍に出ることがわかる。慧能は「道は心悟による、あに坐にあらんや」「自性迷なるは即ち是れ衆生、自性覚なるは即ち是れ佛なり」(壇経)と説いている。

飛錫の「想真」とはなにか。かれのいう「想無想」である。「想」は「無想」であり、「無想」は「想」であり、また「念」は「無念」であり、「無念」は「念」であるという。飛錫はいう。

所念の心無きは、所住無きを以てなり。念佛を修すれば、その心を生ずるなり。所念の心無きは、無住の本に従えばなり。念佛を修すれば、一切法を立つ。所念の心無きは、念即是空なればなり。念佛を修すれば、空即是念なり。不異の旨、此れ中道に明らかなり。(『宝王論』巻下、浄全 6-748 下)

つまり、無念は空であり、念は有である。空は有に異ならず、有は空に異ならない。空有相即し、有無に執らわれないのが中道であるという。

禅宗と比較すると、禅宗では「有」を念じ相に着するを邪念とし、また「無」を念じ空に着するも邪念とする。「有」

を念ぜず「無」を念ぜず、相に着せず空に着せず、これこそ正念であり、正念即無念である。

禅宗の念即無念は中道観であり、飛錫の念即無念も中道観である。本来通じあっている。実際、飛錫はこの時代のあたらしい禅宗思潮に適応し、これを浄土理論のなかにとりこみ、のちの禅浄合流のさきがけをひらいたのである。

飛錫のいう念佛は「念佛三昧」というが、具体的には称名念佛を指す。念佛は万善をそなえ、万善は念佛に帰すとかんがえる。

法華三昧というは、即ち念佛三昧なり。是を以て如来はこれを勝定と名づけ、三昧宝王となし、光明蔵となし、除罪珠となし、邪見灯となし、迷衢者導、王子金印、貧夫宝蔵、空三昧、聖三昧、陀羅尼真思維、最勝観如意珠、佛性法性僧性、無尽蔵勝方便、大慧光明、消悪観法三昧等となす。故に知りぬ、教理行果、八万四千波羅蜜門、みな是れ念佛三昧の異名なりと。（『宝王論』巻下、浄全6-754上）

六度万行は、いまだ一法も是れ念佛三昧にあらざるはなし。（『宝王論』巻下、浄全6-748下）

飛錫は念佛はつとめて声をだす口念でなければならぬと主張する。その理由を五つ挙げる（浄全6-744下）。

一、声を出し心を定めることができる。「声激しからざれば、心窃窃然、飄々然として定まりなし」故に高声でなければならぬ。

二、万禍を氷消する。「声光の及ぶところ、万禍氷消し、功徳叢林、千山松茂のがごとし」

三、佛を見ることができる。「金容熒煌し以て彩を散じ、宝華淅瀝して空を雨ふらす。これを掌に指すがごときは、皆声の致すところなり」

四、三昧に入ることができる。「木石を牽くがごとく、重くしてすすまず。洪音にて発号すれば、飄然として軽挙す」
五、魔に勝つことができる。「魔軍と相戦い、旗鼓相望む。声律を戎軒（戦い）に用うれば、定んで強敵を破らん」

善導の主張する「十念」は十声念であるが、飛錫は十口気念を主張する。

世上の人、多くは宝玉、水精、金剛、菩提、木槵を以て数珠をつくる。吾は則ち出入の息を以て念珠となし、佛の名号を称するに、息に随う。

（『宝王論』巻中、浄全6-742上）

口称念佛をつづけるには間で息をつがなければならない。その一呼吸の間にどれほどの佛号が入るかはともかく、その一呼吸を一口気とよぶ。この十回を十口気念とよぶ。このような念佛法は飛錫にはじまる。「十念業成」について飛錫はただ一念でよいとした。

一念善業成りて、即ち極楽に登るは、なお臂を屈するが如し。前一念にて五陰滅し、後一念にて五陰生ず。蝋印の泥を印するが如く、印壊れ文成る。なお両念をもちいず、あに十念に至るを要せんや。

（『宝王論』巻中、浄全6-742上）

『大無量寿経』に一念の念佛にて、みな往生を得ることを明かす。『観経』の十念、まことに故あるなり。けだし疾にあいて痩弱し、力微にして心劣するが故に、弥陀を十称してその念を助くべし。もし心盛んにして味からずんば、ただ一念にて生ず。また糸髪を栽植して、その茂百囲になるがごとし。

（『宝王論』巻中、浄全6-742下）

称名念佛の歴史からすれば口称念佛は念佛三昧の附属である。曇鸞、道綽、善導の唱導によって念佛三昧のなかから分離され、念佛三昧と並置されるにいたった。念佛三昧は本来観想念佛、ときに実相念佛もふくめた概念である。いま称名念佛が重視されて、主要な、ないし唯一の念佛の方法のごとくになり、さらに飛錫がこれを念佛三昧とよぶのはあたかも顛倒のごとくである。しかしこれは顛倒ではなく、称名念佛の深化である。

飛錫によれば、三昧は即ち無念、無所念心である。「無所念心は、諸乱想を絶つなり」という。そして「一切を念ぜず、ただ一佛を念ずる」これはまさに諸乱想を絶つ無念であり、即ち三昧である。したがって称念佛名は三昧であり、三昧が称念佛名である。称名念佛三昧は佛を見ることができ、心佛一如になることができる。是心作佛、是心是佛である。念佛するものは「なお清珠を濁水に入れるが如く、濁水清からざるを得ず。佛想を乱心に投ずれば、乱心は佛とならざるを得ず。すでにこれと契りし後は、心佛ふたつながら亡し。ふたつながら亡きは、定なり。ふたつながら照すは、慧なり。すなわち定慧斉均し、また何の心ありて佛ならざらん、何の佛ありて心ならざらん」という。

飛錫は称名念佛をもって念佛三昧とし、能所双亡、心佛一如としたが、これは善導の称名念佛の理論的発展であり、また浄土宗発展の指針となるものであった。

迦才の『浄土論』が慧遠を重視し、慧遠の念佛を浄土法門の始としていることはさきに述べたが、飛錫も浄土の妙門、般舟の義は慧遠にはじまるとかんがえる。

晋朝廬山の遠法師その首唱となる。遠公は佛陀跋陀羅三蔵に従い念佛三昧を授けられ、弟慧持、高僧慧永、朝賢貴士隠逸清信の宗炳、張野、劉遺民、雷次宗、周続之、謝霊運、闕公則等一百二十三人とともに、山を鑿して銘をつくり、浄土に生ぜんことを誓う。

（『宝王論』巻中、浄全 6-745 下）

西晋の闕公則を一百二十三人のうちに数えるのは誤りであるが、飛錫は迦才を一歩すすめて、慧遠を浄土の業を修した始とするのみならず、慧遠が廬山に衆をあつめて共生浄土の誓をたてたことを述べる。飛錫のこの記述は慧遠流の台頭に重要な役割をはたした。かれとほぼ同時代の法照はさらに熱心に慧遠を宣伝するが、これはまたのちに述べる。

第四節　慈愍流

慈愍流は浄土三流の一であり、その代表は慧日、承遠、法照である。

一、慈愍三蔵慧日

（一）慧日の生涯

慧日（六八〇—七四八）は唐代浄土宗の高僧である。俗姓は辛、山東東莱の人である。唐中宗のころ出家し、具足戒をうけてのち義浄（六三五—七一三）にあう。義浄の如来遺跡巡礼のはなしを聞いて羨み、自らも遠遊の志をたてる。武則天の大足年間（七〇一）、渡海の船を得て、崑崙（ベトナム東南海のコンドール群島）、佛逝（スマトラ）、獅子洲（スリランカ）等を経て三年ののち印度についた。聖跡を巡拝し、梵文経典をもとめ、善知識を訪ね、十三年をついやした。慧日は異郷に孤独の旅をつづけ、苦難をかさね、娑婆世界を厭うて有楽無苦、速生佛国の法を求めた。ひろく印度の三蔵学者に尋ねたがみな弥陀浄土を讃揚した。開元七年（七一九）、十八年を経て、七十余国を遍遊し雪嶺を越え長安に東帰し、佛像、経典を献呈した。玄宗は「慈愍三蔵」の号を下賜する。天宝七年（七四八）洛陽罔極寺にて円寂、世寿六十九である。

慧日は印度で浄土学説の影響をうけ、帰国すると浄土法門の弘伝に力をそそいだ。その浄土思想は慧遠流と少康流の中間にあって、禅、教、律、浄を并修し浄土を重んじた。今に伝わる著作に『浄土慈悲集』『般舟三昧讃』『願生浄土讃』『西方讃』がある。『浄土慈悲集』は久しく散逸していたが、一九二五年朝鮮の桐華寺で残本が発見された。内に『略諸経論念佛法門往生浄土集』、大唐慈愍三蔵慧日集と題される。『西方略伝序』『浄土指帰』等によるとこの書名は『浄土慈悲集』とされている。原書三巻、第一巻はまず異見を挙げ、経論、教理からいちいちこれを破斥する。第二巻、第三巻は失われており、第一巻にも欠頁がおおい。巻首のことばから、第二巻はひろく経教をひいて念佛の正宗を証成し、第三巻は諸教の古今の疑滞を釈し、諸行の出離の遅速を校量して、自宗の立場を闡明していることが知られる。『般舟三昧讃』は法照の『浄土五会念佛略法事儀讃』に収録されている。『西方讃』『願生浄土讃』はさきに敦煌石室で発見された法照の『浄土五会念佛誦経観行儀』（広法事讃）巻下写本中に録載されている。

慧日の浄土思想を継承したのは承遠であり、承遠を継承したのは法照である。法照が慧日の思想に光をあて発揚し、慈愍流を形成するにいたる。

（二）慧日の思想

慧日の思想は印度で得たものである。帰国するとちょうど善導学説が勝利し世に展開しているところであった。慧日はいちはやく善導学説をうけいれた。慧日の浄土学説はほぼ善導と一致していて、おおきな違いはない。たとえば

『般舟三昧讃』のなかに慧日は六道輪廻の苦しみを描いているが、地獄の描写に力点があって善導とよく似ている。慧日は八つの「不簡」(選ばず)によって、貧富、賢愚、有修無修、持戒破戒、罪の多少、外道、闡提などをとわず一切の善悪凡夫がひとしく往生できることを力説する。往生の方法は念佛、それも称名念佛、往生の保証は佛力、易行による弥陀の来迎にあると説く。これらの基本はいずれも善導学説の主要な内容である。

慧日は唯識学者であったから、『浄土慈悲集』の理論的根拠は瑜伽行派の遍計所執性、依他起性、円成実性の三性を中心とする学説である。理、事相対について生死因果と離繫因果の相対をいう。生死因果とは六道輪廻流転の因果であり、離繫因果とは解脱の因果、煩悩を断除して涅槃を得る因果である。慧日によると、依他起性は幻有を縁生し、宇宙の森羅万象を含摂する。これによって聖凡のちがいや浄土穢土の相対が存在する。衆生界を出て佛界に入るためには、浄土と相応する各種の行業を勤修しなければならない。

当時は禅宗が流行した。『浄土慈悲集』によると、一部の禅宗人は世間が空寂無一物であると観ずることを究竟とし、諸法は亀毛、兎角のごとく本来実体のないもの、したがっていわゆる生滅はなく、修すべき善なく、断ずべき悪なく、ただ内心を空虚に安住せしめ、世間万法すべて無であると了知することが、禅定を証得し、生死を断除し、後有を受けないことだと説いた。そしてもし有所得心を用い、相に着して念佛、誦経、求生浄土、布施、智慧を修習しても、それは有為法であり、生死の法であって、たとえ勤修しても所詮流浪生死をまぬがれないとした。

『浄土慈悲集』は禅宗人のこのような考えに反対する。凡夫がただ空門に住して断悪修善せず、懈怠懶惰のまま解脱を求めるが、そんな道理はない。慧日は『無上依経』『大涅槃経』『維摩経』等をひいて、「空見に執着し」「空法を修する」ことは佛に許されないものと反証する。この問題はかつて道綽が真俗二諦の関係として『無上依経』等をひいて批判したことがあるが、空見は浄土の大敵である。道綽以来百年、禅宗勢力の拡張にともなって空見は勢いを増すばかり、これは禅宗と浄土が相互に批判しあう熱いテーマとなった。慧日は浄土の法門を擁護し、『金剛経』『楞伽経』等所説の「凡そすべての相は皆是れ虚妄」を会釈し、佛教の説く虚妄の語義、真妄とのちがいを解説して、世人にひろく菩提心を発して諸善万行を修し、浄土に帰することを勧めた。

慧日は禅、教、律、浄四行并修を主張する。ある禅家が念佛は禅定のさまたげになるとしたが、慧日はつぎのようにいう。

聖教所説の正禅定とは、心を一処に制して、念念相続し、昏掉より離れ、平等に心を持す。若し睡眠覆障すれば、即ちすべからく策勤し、念佛誦経、礼拝行道、講経説法すべし。衆生を教化して万行廃することなく、所修の行業は、回向して西方浄土に往生すべし。若しよくかくの如く禅定を修習すれば、是れ佛の禅定にして、聖教と合す。是れ衆生の眼目、諸佛の印可なり。一切の佛法等しく差別なく、皆一如に乗じて最正覚を成じ、皆云う、念佛は是れ菩提の因、何ぞみだりに邪見を得ん。故に台教は四種三昧を行じ、小乗は五観対治を具し、また常行、半行種々の三昧ありて、ついに一向して坐禅に局せず。（『万善同帰集』巻上、浄全6-766下）

これによると、慧日は禅定が坐禅に限られるべきではなく、念佛も禅定であるとかんがえる。天台宗の智顗は四種三昧を立てた。すなわち常坐三昧、常行三昧、半行半坐三昧、非行非坐三昧である。慧日は常行三昧、半行半坐三昧は念佛であるとかんがえる。坐禅修定をもってよしとしない。『般舟三昧讃』中に強調していう「借問す、何の縁ありて彼に生ずるを得ん。道に報じ念佛して自ら功を成ずるのみ」と。かれが念佛を三昧とみるところは同時代の飛錫ときわめて近い。

慧日は戒律を重視する。ある禅家が斎戒を軽視するのを批判し、また浄土求生者が酒肉五辛を断たないのをとがめる。『宋高僧伝・慧日伝』によると、僧は五辛を食することを許されないが「五辛」の解釈は一様でない。慧日は自身の旅行の経験から「五辛」のうち中国にあるのは蒜、韮、葱、薤の四種で、第五の「興渠」は中国に産せず、于闐（新疆省和田）に産する。これは苔荽ではないから、苔荽を食することに罪はないと指摘する。かれは戒律にたいしてきびしい。

総じて、慧日のかんがえは善導系の浄土学説と大差がない。特徴というべきは狂禅に反対したことである。かれは坐禅習定を難行道であるとかんがえ、禅宗が教、戒、浄を否定することに反対し、禅、教、戒、浄四行を并修して浄土に帰することを説いた。禅宗勢力が伸張しまさに浄土批判に向かおうとするとき、これを鋭敏に察知し、新しい主張を提起したのである。慧日は称名念佛を唱導し、ひろく下層民衆の支持をえた。反対したのはただ狂禅のみで、禅、教、戒、浄并修を主張し、包容力があったから多方面の信徒をあつめることに成功している。慧日の主張には特徴が乏しいとして少康流や慧遠流とまとめてあつかわれることがあるが、その理由はここにある。

慧日は在世中おおきな影響力をもたなかった。その主張は承遠や法照をとおしてひろく世に知られるようになったのである。

二、弥陀和尚承遠

承遠（七一二―八〇二）は漢州（四川省広漢県）綿竹県の人で俗姓を謝という。郷校に入って儒家の礼楽、詩書をまなんだがよろこばず、これを陥穽、桎梏のごとくにみなした。あるひとが尊勝真言を講ずるのを聞いてよろこび、よく領悟した。そこで父母に別れ寺に入って僮役をつとめる。蜀郡（四川成都市）で処寂（六四八―七三四）に侍奉するが、処寂は資州（四川省資中県）で智詵にまなんだひとで、その智詵は禅宗五祖弘忍の弟子、禅宗の心法を伝えたひとである。承遠はここで執勤すること一年、「傍らに奥旨を窺い、密かに真乗を悟る」やがて東下遊方して開元二十三年（七三五）

荊州に行き、玉泉寺で蘭若恵真和尚に謁見し披剃出家する。真公はかれを衡山に行かせたので、洞庭をこえ、湘沅に浮かび、衡山の通相より具足戒を受け、経律をまなんだ。その後、広州に赴き慧日に師事する。呂温の『南岳弥陀寺承遠和尚碑』にいう。

京師に慈敏（愍）三蔵あり、出でて広州にありと（承遠）聞く。すなわち重阻星言を遠しとせずして睹謁す。学んで足らざるが如く、いまだ尽くさざる所を求め、一通心照して、両舎して言筌す。敏公いわく、如来わが徒を受けんことを付す、宏を用いて拯救す。超然と独善して、あに能仁といわんや。無量寿経にしたがいて念佛三昧を修し、功徳を樹て以て群生を済うべしと。ここにおいて（承遠）諸縁を頓息し、専ら一念に帰す。天宝初歳、旧山にかえる。山の西南に、別に精舎を立て、弥陀台と号す。

（『全唐文』巻六三〇）

これからつぎのことを知る。

一、慧日は開元七年（七一九）に帰国、長安にもどり、天宝七年（七四八）洛陽罔極寺で円寂した。この三十年の間に広州に滞在したことがあり、それは開元、天宝のころである。当時慧日はたいへん声望があり、衡山の田舎の青年僧承遠がその名を慕って遠投した。

二、承遠はもと禅宗浄衆宗処寂の門下であり、かれが慧日のもとに投ずるには大きな抵抗があった。「重阻星言」とはこの抵抗やわずらわしい風評を指すとおもわれる。これは宗派間の一般的な疎外というより、慧日が狂禅に反対していたことが禅宗内で反感をよび、承遠の行動に強い反対があったのであろう。

三、承遠が慧日にまなんだ年数は不詳である。承遠は開元二十三年（七三五）に荊州に行き、つづいて衡山に入ったがこれは二十三、四歳である。天宝初年衡山にかえったときは三十歳から三十五歳であるから、かれが慧日に随ったのは二十五歳から三十五歳までの間である。

四、慧日が承遠に教えたのは自身独善の法ではなく衆生普済の法であった。これは大乗一般の精神であるが、慧日にとっては渡海求法したものであり、帰国後狂禅に反対したのもこの精神に出るものである。慧日はこれを承遠に要求し、承遠はこれを身をもって実行した。

五、慧日は無量寿経と念佛三昧を承遠に授け、承遠に「諸縁を頓息し、専ら一念に帰す」ことを求めた。承遠の念佛は慧日の親伝である。

六、承遠は衡山にかえってのち、みずから門戸をたて浄土の法門を弘伝した。

承遠は衡山で刻苦修行し戒をまもることははなはだ厳しかった。呂温がつづけていう。

草を薙ぎ茅を編んで、わずかに経像を蔽う。居に童侍なく、室に斗儲なし。一食遇わざれば、則ち草を食らいて過ごす。弊衲に完きものなきも、歳寒に自若たり。讃嘆を奉持し、苦はげしきも精至る。（同前）

柳宗元の『南岳弥陀和尚碑』にいう。

公はじめ山の西南岩石の下に居し、人が食をおくれば則ち食し、おくらざれば則ち土泥を食し、草木をくらう。その衣を取るもまたこれに類す。南は海裔をきわめ、北幽都より、（人）来たりてその道を求む。あるいは崖谷に（公に）遇うも、羸形垢面、身に薪樵を負い、（人）以て仆役となしてこれを軽んず、すなわち公なり。（『全唐文』巻五八七）

呂温、柳宗元の描く承遠はまったく苦行の僧である。唐代にはめずらしい。般舟道場を立て般舟念佛を専修したが、やがて遠近にこれを聞き、来たりて教化をうけるもの万を以てかぞえるまでになった。

門人法照は代宗のとき国師となったが、承遠の徳を上奏して皇恩を乞うた。代宗は「弥陀寺」の額を下賜し、その道場に「般舟道場」の号をたまわった。

貞元十八年（八〇二）世寿九十一、僧臘六十五で円寂する。柳宗元は碑文を撰し、これを寺門のそばに立てた。門弟千余人、法照、日悟、恵詮、知明、超明らが有名である。人に弥陀を専念することを教えたので世に弥陀和尚とよばれる。宋代には浄土宗三祖と称されている。

三、五会法師法照

（一）法照の生涯

法照は唐代浄土宗の僧である。『宋高僧伝・法照伝』では「釈法照はいずこの人なるかを知らず」という。その生卒年、俗姓、家世等すべて不詳である。ただ『浄土五会念佛略法事讃』中の「五会念佛」の題下に「梁漢沙門法照」と注されていることから、籍貫が梁漢つまり今の陝西省漢中市であったことが知られる。

唐代宗の永泰元年（七六五）、法照は東呉に遊び、慧遠の高風を慕って廬山にのぼり、西方道場を結んで念佛三昧を修した。わずか旬日であったが法照のこころに忘れ難い印象を残した。『浄土五会念佛誦経観行儀』中には諸処に慧遠の廬山における事跡をのべ、慧遠にたいする敬慕の念を表出している。やがて衡山にのぼり承遠を師として南岳弥陀台般舟道場で念佛をまなんだ。翌年、大暦元年（七六六）、法照のいうところでは「永泰二年」、五会念佛の法を創じめる。

大暦五年、法照は数人をともなって五台山にのぼる。四月六日佛光寺に至って霊異を感じ、文殊、普賢の説法を聞き、摩頂を受け記を授けられたという。五台山をくだって并州（山西太原市）で五会念佛の法を行じ、ひとびとに念佛をおしえた。やがてその名声が世にひろまり、代宗はひとをつかわして長安に迎え、宮人に念佛をさせるのに五会念佛の法をもちいた。代宗は法照を国師と尊び、世人もまた「五会法師」と称した。法照は宮廷に召された機会を利用して師承遠のために賜額を受け、また竹林寺の募化をすすめ、竹林寺に戒壇をひらく許可を得た。

法照がいつ長安をはなれ五台山にもどり竹林寺を建てたのか記録がない。日本の塚本善隆『唐中期の浄土教』（『塚本善隆著作集』第四巻）の考証によると、竹林寺は貞元十四年（七九八）、十五年に建てられたとする。竹林寺は法照が霊異によって化をうけた「竹林寺」その場所に建てられたといわれるが、規模宏大、建築壮麗で、儀規整い、佛事のさかんなところとして声誉高く、当時の五台山の名刹であった。法照はこののち円寂するまでこの竹林寺で浄土の法門を弘伝した。

法照は大暦九年「北京（太原市）の龍興寺」で『浄土五会念佛誦経観行儀』すなわち『五会法事儀』三巻を撰し、大暦十二年に「上都（長安）章敬寺浄土院」で『浄土五会念佛略法事儀讃』すなわち『五会法事讃』を撰した。一広一略、一主一従で、『五会法事儀』は五会念佛の儀規について全面的、系統的にのべたもの、『五会法事讃』は比較的小規模の法事を僧俗が修するに必要な簡略化した儀規をのべたものである。

宋宗暁『楽邦文類』巻二では法照を浄土宗四祖にあげる。

(二) 五会念佛

法照の『五会法事儀』は阿弥陀経全文と四十四首の偈讃を、『五会法事讃』では三十七首の偈讃を引用する。両書あわせて八十一首の偈讃があるが、重複するものを除くと六十首、そのうち四分の三は法照自身の撰、他は善導、慧日、神英、浄遐ら高僧の作の引用である。

法照によると「今時の像末以後、濁悪世中五苦の衆生」はただ念佛により佛の願力にすがって「煩悩を遠離し、生死を永断」できる。その念佛は称名念佛すなわち五会念佛であるという。これは称名念佛にたいする法照の創造、発展であり、法照の貢献である。

五会念佛とはどんなものか。声調と緩急によってつくられた念佛の方法である。法照は『五会法事讃』中に説明していう。

第一会、「南無阿弥陀佛」と平声で緩念する。
第二会、「南無阿弥陀佛」と平上声で緩念する。
第三会、「南無阿弥陀佛」と非緩非急に念ずる。
第四会、「南無阿弥陀佛」と漸急に念ずる。
第五会、「阿弥陀佛」と四字を転急して念ずる。

つまり、「平声緩、平上声緩、非緩非急、漸急、四字転急」の五種の音声を集会して阿弥陀佛を念誦するのである。法照のいうところでは、五会念佛の法は無量寿経に啓発されてつくられた。

問うていわく、五会念佛はいずれの文に出ずるや。

答えていわく、大無量寿経にいう、或いは宝樹あり、車磲を本とし、紫金を茎とし、白銀を枝とし、瑠璃を条とし、水精を葉とし、珊瑚を華とし、瑪瑙を実とす。行行あい値い、枝枝あいなぞらえ、葉葉あい向かい、華華あい順い、実実あい当たり、栄色光耀して、視るにたうべからず。清風ときにおこりて、五会の声を出だし、微妙の宮商自然にあい和し、みな悉く念佛し、念法し、念僧す。その声を聞かん者は、深法忍を得て、不退転に住し佛道を成ずるに至らん。

(『五会法事讃』、浄全6-675上)

また五会念佛の功をつぎのように説く。

問うていわく、五会念佛は何んの利益かあらん、また何をか表わさん。

答えていわく、此生において、五濁の煩悩を離れ、五苦を除き、五蓋を断じ、五趣を截ち、五眼を浄くし、五根を具し、五力を成じ、菩提を得て五解脱を具せんがために、速かによく五分の法身を成就す。五会念佛の功力はかくの如く、最勝無比なり。この一形を尽くして、最後に凡夫の身を頓舎し、極楽国に生まれ、菩薩の聖位に入り、不退転を得て、すみやかに菩提に至って、実に佛とならん。此事に任じてついに虚ならず。

(『五会法事讃』、浄全6-673上)

これは法照個人の考えであるが、当時その目新しさはそれなりにおおきな効果をもった。声調や音律を変え五通りの名号を唱し、阿弥陀佛の功徳を歌頌するというにすぎないが、そのうつくしい音調と抑揚は念者を極楽に入るような心情にした。音声は憶念をさそい、憶念はさらに音声のうちに融けていく。これは普通に念佛するよりよほど難しく、法照は「専心して学取」すべきもの、「もし師に学ばずして、濫りに人に授けるは、後学に転誤し、その宗旨を失う。即ちその咎を招き、福田を利することなし」といましめている。したがって五会念佛がおこなわれた範囲はせまく、衡州、太原、五台山、および宮中にとどまる。文字を知らない広大な衆生にとってこの方法を会得することは難しく、かれらの手にはわたらなかった。したがって失伝するのもまた早く、五会念佛がどんな念法であったか、後世は諸説紛々でよくわからない。さいわい日本の浄土真宗本願寺派には今もこの念佛法門がまもられているという。

（三）四行并修

慈愍流の特色は教、禅、戒、浄の四行并修であるが、法照にこの特色が鮮明にみられる。かれの修した浄土法門は五会念佛であるが、これが同時に禅であり、教であることを一再ならず強調している。

五とは数、会とは集会なり。彼の五種の音声は、緩より急に至り、唯に念佛、念法、念僧して、さらに雑念なし。念則無念は佛の不二門なり。声則無声は第一義なり。故に終日念佛して恒に真性に順じ、終日願生して常に妙理にかなう。……是を以て如来は常に三昧海中において、網綿を挙げ、父王に謂いていわく、王今坐禅す、ただまさに念佛すべしと。あに念を離れて無念に求め、生を離れて無生に求め、相好を離れて法身に求め、文字を離れて解脱に求めんと同じならんや。それかくの如きは、則ち断滅見に住し、佛を謗り経を破り、法業を成拒して、無間に墜つるものなり。（『五会法事讃』、浄全6-675上）

法照はここにはっきり述べる。五会念佛の念は無念であり、坐禅であり、真性（佛性）に順ずるものである。終日願生するのは無生であり、無生界の生に生まれることは妙理に合するものである。念即無念、生即無生、相好即法身、文字即解脱とは大乗中観学派の論を学んで悟解できる妙理、つまり「教」である。念中における無念とはすなわち「禅」である。したがって「五会を聞いて無生を悟り」「よく念者をして深禅に入らしむる」ことができると。禅、教、浄は法照において密接に結合し一体である。

戒については、五会念佛の法そのものが戒である。これによって浄心をたもち、乱想を捨て「五濁煩悩を離れて、五苦を除き、五蓋を断ずる」ことができる。しかし法照は別に措置して律院を設けている。

日本の僧円仁の『入唐求法巡礼行記』巻二によると、かれの見た竹林寺には六院すなわち律院、庫院、華厳院、法華院、閣院、佛殿院があった。律院は「貞元戒律院」と名づけられている。唐徳宗の貞元年間（七八五―八〇四）竹林寺創立時に設けられたものでこの名がある。貞元戒律院の万聖戒壇は皇帝勅許の国家戒壇である。円仁は開成三年（八三八）十月十九日の条につぎのように記している。

大唐大和二年（八二八）以来、諸州に、密かに受戒をあたえこと多くあるため、諸州に符を下し、百姓の剃髪して僧となるを許さず、ただ五台山戒壇一処、洛陽終山瑠璃壇一処のみあり。この二処のほか、みな悉く禁断さる。

（『入唐求法巡礼行記』巻一）

五台山戒壇一処とは万聖戒壇であり、全国にわずか二処であった戒壇のひとつである。戒律院の楼上には「国家功徳七十二賢聖諸尊の曼荼羅あり、彩画精妙」であった。万聖戒壇は白玉石でつくられ、高さ三尺の八角型で五色の糸毯が敷かれていた。円仁とともに入唐した弟子惟正、惟暁らは五月七日数十人の遠来の沙弥とともに万聖戒壇で具足戒を受けた。

円仁は竹林寺の斎礼佛式および閣院の念佛道場の礼念法事を詳細に記録している。そのなかには三階教の佛名、礼懺、一切普念、五台系懺法、浄土宗礼讃等がみられ、当時各種の礼懺形式がすでにたがいに浸透していたことがうかがえる。

法照は撰述のなかで、一方で五会念佛の称名を強調し「此界に一人佛名を念ずれば、西方にすなわち一蓮の生ずるあり」（『五会法事讃』、浄全6-684）というが、また一方で観想念佛を重視し浄遐の『観経十六観讃』をひき、「ただまさに三福行を勤修すべし、臨終に子を迎え金橋に上らん」（浄全6-695）ともいう。

総じてかれは多種の法門を兼弘することに力をいれた。教、禅、戒、浄を并修して浄土に帰す。浄土法門中では観想を兼修しながら称名に重点をおいた。

第五節　専修称名の少康流

一、「後善導」少康

専修称名の代表は少康である。ただ、この少康の前に台州（浙江省臨海県）涌泉寺の僧懐玉がある。懐玉は丹邱（浙江寧海県）の人、俗姓高、つねに懺悔すること万万余、弥陀経を誦すること三十万遍、日に念佛すること五万声、天宝元年六月九日夢中に西方の聖像を見て臨終の近いことを知り、偈を書いて逝ったという。偈にいう。

清浄皎潔にして塵垢なく、上品蓮台を父母となす。
我修道し来たりて十劫を経て、閻浮に出世し衆苦を厭う。

一生苦行して十劫を超え、永く娑婆を離れて浄土に帰せん。

（『浄土聖賢録』巻二）

少康（?―八〇五）は俗姓周、縉雲仙都山（仙都山、一名縉雲山、浙江省縉雲県の東）の人である。七歳で出家し、十五歳で越州（紹興市）嘉祥寺で戒を受け、ひろく経論を誦した。貞元（七八五―八〇五）初年、洛陽白馬寺において善導の『西方化導文』を読み、浄土教義への信仰を生じ、長安善導影堂にいたって善導を礼拝し、これ以後浄土を弘揚した。少康は未知の地睦州（浙江建徳県）に行くと、乞食によって得た銭で子供に「阿弥陀佛」と唱えさせて一銭をあたえた。一月もすると念佛をして銭を求める子供がふえ、十声一銭にあらためた。「かくの如く一年、およそ男女は康を見れば則ち阿弥陀佛という」（『宋高僧伝・少康伝』）。満城の人、あいともに念佛し、道路に盈るという。のちに少康は睦州烏龍山に浄土道場を建て、三段の壇を築き、人をあつめて夜中に行道唱讃し、浄土楽邦を称揚した。斎日には信徒雲集し、所化三千人に達した。かれは座に登ると男女の弟子たちに自分の顔を直視させたが、かれが高声に阿弥陀佛を唱えるとその口から佛が出た。一声一佛、十声で十佛がつづいて出たという。時人はそれでかれを「後善導」とよんだ。

貞元二十一年（八〇五）七月、大衆に急ぎ浄土を修することを申しつけ、言いおわると結跏趺坐し、身に光明をはなって逝ったという。

少康は浄土の実践者であって、理論的に特別な著述はない。ただ『往生浄土瑞応刪伝』一巻は『浄土瑞応伝』ともよばれ、文諗、少康共編と題する。東晋慧遠から唐中期まで四十八名の願生西方者の伝記を集録したもので、記述はきわめて簡単だが、中国浄土教研究の重要文献となっている。中国の往生伝の撰述は唐初からはじまる。迦才『浄土論』巻下には二十人の伝があり、総章元年（六六八）道世が撰述した『法苑珠林』巻一五「敬佛篇・弥陀部・感応縁」には僧尼と居士十人を列挙するが、これらはいずれも往生伝の先駆とみなされている。飛錫『往生浄土伝』「長西録」

所載の「大唐往生伝」および『三宝感応要略』中に散見する「并州往生記」等はみなすでに佚失していて、単行本として存在する往生伝としては貞元年間につくられた文諗、少康の『往生浄土瑞応刪伝』がもっとも古い。宋代戒珠『浄土往生伝』、明代袾宏『往生集』『新往生伝』等は本書から多くを引用している。

『続蔵経』は本書を五代の道銑の撰とする。所収の『大行伝』に僖宗（八七四―八八七）に言及する部分があるので、作者は少康より後のひとと推測するのである。あるひとは文諗、少康の原本『瑞応伝』に道銑が刪削増減して書名を『瑞応刪伝』にあらためたものではないかという。

宋代宗暁の『楽邦文類』巻三には少康をもって浄土五祖とし、今にひきつがれている。

二、少康後の称名念佛

少康の専修称名念佛は、善導が称名をもって正行正定の業としたのを継承し、それを発展させたものである。簡便易行であり、迅速にひとびとに受け入れられ、浄土宗の主流となり、中国浄土宗の特色を体現するものとなった。

少康の称名はいかに称念するのか、歴史に記録がない。のちに非常に複雑なものに発展し、観想念佛や実相念佛も混入して称名の法が専門の学問にまでなる。これらの方法は各種の著作に散見するが、さいわい称名念佛の基本は千年をこえて変わることなく、ただ形式が多様化したにすぎない。以下に大略を紹介しよう。

（一）称名の多種の形式

称名念佛とはただ六字「南無阿弥陀佛」、あるいは「南無」の二字を省いて「阿弥陀佛」の四字を念ずることである。

称名念佛の「念」は心念と口念にわかれる。口念とは心中に念があって口にも声が出るものをいい、心念とは心中に念があって口には声のないものをいう。口念は「明持」、心念は「黙持」ともいう。口中に声高に称するとつかれ、黙念するとねむくなる。そこで細々とながくつづけ、声は唇歯の間において念ずる。これを「半明半黙持」あるいは「金剛持」とよぶ。また次のような諸念がある。

高声念――声をおおきく、全身の力を一佛号にこめて念ずる。

追頂念――声をせわしく、一声一声あとを追って間をおかない。

覚照念――佛の名号を称すると同時にその回光が自性にも返照し、心霊超抜するのを感得して、ただ我心佛心、我身佛身、渾然一体となるのを感ずる。この念法は禅にちかく、中下根の人が行ずるものではない。

観想念――一方で佛名を念ずるとともに、一方で佛の身相、佛国の荘厳を観想する。この念法も上上根の人の所行である。

礼拝念――念じながら礼拝する。あるいは一念一拜、数念一拝、あるいは先念後拝、先拝後念、念拝并行、身口合一である。これに意中の思佛をくわえると心口意三業の集注となる。

記数念――念じながら念珠で数を取る。佛号十遍を念ずるごとに念珠一顆をくる。三三三一あるいは三二三二に切って最後の十念念じおわって珠をくる。しかしあるひとは念珠をつかわず、どこであれ「南無阿弥陀佛の六字を一声として、最初は南の字をもって数え、二声目は無の字をもって数え、阿、弥、陀、佛と順に六声をつづけ、ふたたび南にもどって不断にこれをくりかえす」（清悟開『浄業知津』）という。またあるひとは心記（心で記憶）を主張する。「念じつつ記憶し、珠をくらずにおぼえる。たとえ日に数万遍であれ心記する。かくして妄想することなく、よく神気を養うことができる」（『印光法師文鈔』）という。

十口気念――「毎日清晨、服飾して後、面西して正く立ち、合掌し、連声にて阿弥陀佛と称す。一気を尽くして一念となし、かくの如く十気す、名づけて十念となす。ただ気の長短に随い、佛数（阿弥陀佛の唱数）をかぎらず、唯長く唯久しく、気極まりて度となす。その佛声高からず低からず、緩ならず急ならず、調停して中を得る。かくの如く十気、連続して断たず、意は心をして散ぜしめざるにあり、専精を功となすが故に」（遵式『往生浄土懺願儀』）。この念法を飛錫は随息念とよぶ。

暗室念——身を暗室に置き、心は諸縁を捨て、諸視聴を絶ち、念佛に専心する。「初学の輩は、心を五欲に馳せ、縁を六塵に攀し、もしこの暗室に約せずんば、三昧を成じ得るに由なし」（懐感『釈浄土群疑論』）

定課念——毎日の念佛を日課として定め、実行する。もし忙しくて欠かすなら翌日それを補う。唱する佛号の数にこだわらないが、古人は十万、七万、五万等と定めている。その誠心見るべきである。

四威儀念——定課念に満足せず、さらに行住坐臥の四威儀中つねに念佛をする。

散心念——静境をむさぼらず、一心を求めず、随時随地に念ずる。

このほかに法照の五会念佛などがある。

（二）称名の意義

称名念佛はただ六字ないし四字をくり返しくり返し数万遍つづける。当然ひとびとに機械的な無限の反復感をあたえる。しかし行者自身にはまた奇妙な体験をもたらす。諸師が論述するところをまとめると、称名のはたらきはつぎのようになる。

一、一を借りて万を遣り、浄を以て染を破る

佛家の諸法門はすべて摂心を強調する。しかし世俗の生活では雑事に心まぎれ、ひとびとの思想は散乱して秩序なく、まさに「心は野馬の如く、識は猿猴より劇し」である。さらに天災人禍、水火刀兵が生活をおそい、憂慮、恐惧、悲哀が加わって三毒に心のやすまるひまがない。念佛の同一形式の機械的反復は、この散乱した心に節奏と韻律をあたえ、安定した平静のなかに心の平衡を得て、一切の俗事雑念、喜怒愛憎は心外に追いやられる。同一形式の反復は念佛だけではない。多くの経文、偈頌、行香、木魚玉磬、暮鼓晨鐘すべて同一形式の反復であり、心の平静の獲得を目的としている。

浄土宗人はかつて称名念佛は佛教の奥妙を理解するのをたすけるとした。そのひとたちは言う。一切の衆生は無始以来このかた、心中に念念とどまらず、生生してやまない。長い間に習い性となり、心の起伏の波は止めようもない。佛はこれを心得て、毒をもって毒を制す、兵をもって兵を止める法をもちい、万徳を包蔵する自らの聖号を衆生に貸して念ぜしめられた。一切の衆生は念佛するとき、一佛念がさきにあるから、万念（諸雑念）も入り込みようがなく、佛念が去ると万念がわりこんでくる。これを「一を借りて万をやる」とよんでいる。

念佛は浄念である。世俗の雑念はすべて染念である。衆生が念佛をすると、もとからあった種々の雑念をふりはらい、あたらしい雑念も侵入のしようがない。佛念が去ると染念がわりこんでくる。これを「浄を以て染を破る」とよんでいる。

飛錫は『宝王論』巻下で「念即無念」を説く。「『楞伽経』に云う、楔を用いて楔を出だすと。俗諺に云う、賊を使って賊を捉うと。今則ち念を以て念を止む、なんぞ不可ならんや」（浄全6-749下）と。おなじ趣意をいうものである。

一声の念佛のもつ効用を念念相続して、これを久しくするなら、心の平静をたもち、雑念の干渉を阻止することができる。

二、心浄にして土浄、大浄にして小浄なり

阿弥陀佛はその願力をもって衆生を摂取したまう。衆生が念佛して浄土に生ぜんことを願うと、佛願と相応してある種の願力を生む。ふたつの願力がたがいに感応し、合してひとつになって目的の達成にむかう。衆生は心穢にして穢土に生まれるから、心穢土穢であるが、もし一心に念佛するなら、心は穢から浄に転じ、土もまたこれにつれ浄に転ずる。善業がしだいに増え、惑業がしだいに減退し、佛もまた願力をもって摂引したまうから浄土往生が可能になる。佛の名号は如意宝珠のごとく、火のごとくである。宝珠をとって濁水に投ずれば濁水たちまち清浄に変ずる。氷上で火を燃すと火滅し氷をとかすことができる。一切善悪の凡夫も不断に佛号を念誦すれば罪滅心浄して、人格を浄化することができる。「浄化」とは「本性（佛性）に順じ、煩悩の塵埃をなくすこと、すなわち清浄となること」である。現代風にいえば「自然宇宙の大生命律にしたがうこと、すなわち清浄となること」である。個人の人格浄化の完成はそのひとの清浄国土の完成である。小浄土と大浄土、小宇宙と大宇宙は大小のちがいがあってもその質に変りはない。一個人の人格の浄化はそのまま浄土に往生することである。

浄土業を修した元代天目山の明本禅師がつぎのような詩を詠む。

濁水尽く澄んで珠に力あり、乱心動かずして佛に機関（化導の方便）なし。
眼前尽く是れ家郷の路、人に逢いて指帰をもとめるを用いず。

（『楽邦文類』巻五）

また西蜀楚山和尚の詩にいう。

心佛由来して立名を強い、都縁攝念は迷情を遣る。

根塵は頓処に心珠現れ、幻翳は空しく来たりて慧鏡明なり。

これらは深く体得する言である。飛錫『宝王論』巻上の「なお清珠を濁水に下すがごとし、濁水澄まざるを得ず。佛想を乱心に投ずれば、乱心は佛たらざるを得ず」もおなじであろう。

念佛は心を平静にし塵労をふりはらうばかりでなく、高尚な人格をつくり、浄土と一体になることをもたらす。

三、神奇の咒力、利益無窮

さきに「阿弥陀佛」を称することが咒であるとのべた。曇鸞がこれを指摘し、道綽、善導がこの観点を継承している。その意味で称名念佛は念咒であり、念咒をとおして衆生は阿弥陀佛と通じあい、阿弥陀佛の加被をうける。「加被」とは加持、加護、護念などともよばれ、諸佛が不可思議力をもって衆生を保護したまうことである。阿弥陀佛の加被は念佛衆生に多くの利益をもたらす。善導は『観念法門』に念佛の五種の増上縁を説く。衆生の種々の願望を実現し、現世から来世にいたる種々の利益が得られるという。このような宗教体験も同一形式の無限の反復の法をとおして感受されるのである。

浄土宗以外のひとは称名念佛をなかなか理解できない。無味単調な機械的反復で、どうして浄土宗人はこれを楽しみ、千遍、万遍、数十万遍念ずるのか理解できない。明代馮夢龍の『古今譚概』につぎのようなはなしがある。翟永令という男がいた。母親は阿弥陀佛の篤信者であった。「晨昏に三叩首し、早晩に一炉の香」をあげ、朝から晩まで念佛の声が絶えなかった。翟永令はわずらわしく思い一法を案じた。母親に「媽」と声をかけると母親はそれに応じた。そこでかれは「媽」とよびつづけた。母親はおこっていう「用事もないのにどうしてそんなにわたしを呼ぶのか」と。翟永令はいった「わたしがほんのしばらく呼んだだけであなたは不機嫌になる。あなたは毎日千万声、ひたすら佛を呼びつづけているが、これでは佛もおこるのではなかろうか」と。このはなしは念佛行者にたいする一種の風刺である。ただこれは門外者の言にすぎない。まさにこの単調な機械的くりかえしがあるからこそ念佛者は神聖な宗教的領域にひきこまれ、心の平静と満足感を得る。ひいては人格の完成、超凡入聖の感覚を得る。これには心理学的道理がはたらいている。最近、気功の立場から阿弥陀佛の四字を天人を合一せしめる法とかんがえるひとがいる。まさに個人の小宇宙が大宇宙と合一する法である。念佛の内包についてはいろいろに研究に値する。

三、柳宗元と白居易

称名念佛は下根者に設けられたもの、愚夫愚婦、斎公斎婆がよくするもの、中上根者の法ではない、というひとがいる。しかしかならずしもそうではない。「阿弥陀佛」という称名は「愚夫愚婦」ばかりでなく、高い文化、教養をもつひとびとにもよろこんで受け入れられている。その例が唐代の柳宗元や白居易である。

(一) 柳宗元の『東海若』

柳宗元(七七三—八一九)は傑出した文学者、思想家である。字は子厚、山西永済のひとである。佛教に分析的な態度でのぞみ、佛教は「往々にして易、論語と合す。誠にこれを楽しむに、その性情において奭然として、孔子と道を異にするものにあらず」(『柳河東集』巻二五・送僧浩初序)という。儒釈の統合、援佛入儒、佛教の合理的なところをとりいれることを主張した。かれは三十年にわたり佛教を研究し、造詣深く、とくに天台宗と密接な関係にあった。浄土宗については『永州龍興寺修浄土院記』『東海若』『南岳弥陀和尚碑』の三篇の作品がある。

龍興寺は天台宗の寺院であるが古くから浄土堂を設けていた。これが壊れたので元和二年あるいは三年（八〇八）重修し浄土院と名づけた。天台宗には智顗以来浄土兼修の伝統がある。柳宗元は浄土の歴史を語っていう。

晋時盧山の遠法師、『念佛三昧詠』を作り、大いにこれを時人に勧む。その後天台顗大師、『釈浄土十疑論』を著し、その教えを弘宣す。周密微妙、迷者みなこれに頼る。

（『柳河東集』巻二八）

『東海若』は一篇の寓言である（『楽邦文類』巻二、浄全6-980下）。東海の神、東海若は陸上を旅して二つのひょうたんを得た。なかを空にすると海水に糞土や蛆虫をまぜていれた。おそろしい臭気であった。石でその口をふさぐと海中に投げた。後にふたたびここを通りかかると、ひとつのひょうたんが「われは大海なり」と叫んでいるのがきこえた。もうひとつのひょうたんは泣き声で救いを求めていた。東海若は救いを求めているほうをすくいあげ、石でひょうたんを割ると、ひょうたんを陸上に捨て、糞水を無人島に捨てた。水はまた海にもどっていった。結局、みずから大海を任じているほうはいつまでもこの臭気とともに暮らさねばならなかった。

性空を談じ、みずから佛を称するひとびとはこの岸に上がろうとしないひょうたんである。救いを求めたひょうたんこそが解脱をもとめるひとびとだと柳宗元はかんがえる。

すなわち為に西方の事を陳ぶるは、念佛三昧を修せしめ、空有の説を一にせんがためなり。ここにおいて、聖人これを憐み、接してこれを極楽の境に致す。すなわち以て群悪を去り、万行を集め、聖者の地に居して、佛と知見を同じくするを得ん。

（『柳河東集』巻二〇）

意味するところは、解脱を求める者に西方浄土のすぐれたところを述べるのは、このひとたちに念佛三昧を修せしめ、「空」だの「有」だのを滅してひとしくせんがためである。ひとびとが念佛するからこそ阿弥陀佛は慈悲心をもってひとびとを西方極楽に迎えたまう。こうして幾世か経つとすべての罪悪が消滅して、万善万徳を具え、佛門の聖者の地位にあって佛とおなじ智慧をもつことができる。これは狂禅を批判し、浄土を讃揚する一文である。

柳宗元がここにいう「念佛三昧」は当然称名念佛を指す。善導はいう「三昧と言うは、即ち是れ念佛の行人心口に称念して、更に雑念なきことなり。念念に住心し、声声に相続し、心眼即開し、彼の佛瞭然と現るを見るを得ん、即ち名づけて定となし、また三昧と名づく」（『観念法門』）と。善導以来柳宗元にいたる百余年、飛錫、法照らはみな称名念佛をもって念佛三昧とした。これはその時代の概念であって、柳宗元も例外ではない。

（二）白居易の念佛

白居易（七七二―八四六）、字は楽天、晩年みずから香山居士と号した。祖籍は太原、鄭州新鄭県（河南省新鄭県）に生まれ、李白、杜甫の後を継ぐ大詩人である。白居易は浄土に特別な思いいれがあって、『白居易全集』中にはすくなからぬ浄土信仰の詩文がある。弥勒浄土を称揚するものもあれば、西方浄土に求生するものもある。ここでは弥陀信仰だけをあげるが、白居易はなんども廬山にのぼり東林寺慧遠をふかく欽慕している。

「東林寺臨水坐」の詩に詠う。

昔、東掖垣中の客たり、今西方社裏の人となる。
手に楊枝をとりて水に臨んで坐す、閑かに往事を思えば前身に似たり。

（『楽邦文類』巻五、浄全6-1082下）

白居易はかつて香山寺を建てたが、寺の西北隅に空室三間あって、これを飾って経蔵堂とした。堂のまんなかに一段高い佛座をもうけ、金色の像五百をならべ、後ろに西方極楽世界図一と菩薩影二を配して念佛道場とした。かれはみずから道場主となり、八長老、比丘衆百二十人とともに行道讃嘆し、念佛の声を絶やさなかった。願あっていう。

極楽世界は清浄土、諸悪道及び衆苦なし。
願わくば我身の如く病苦の者、同じく無量寿佛の所に生ぜんことを。

（『佛祖統紀』巻二八、浄全49-282中）

また『諸上善人詠』にかれの偈一首をのせる。

余、年七十一、もはや吟哦を事とせず。看経は眼力を費やし、作福は奔波を畏る。何を以てか心眼を度せん。一句の阿弥陀なり。行きてまた阿弥陀、坐してまた阿弥陀。たとえ忙しきこと箭のごとしといえども、阿弥陀を廃せず。日暮れて途遠し、吾が生すでに蹉跎す。旦夕に清浄の心、ただ阿弥陀を念ず。達人まさに我を笑うべし、多く阿弥陀を却せよと。されど達して如何せん、達せずしてまた如何せん。ひろく法界の衆生に勧めん、同じく阿弥陀を念ぜんことを。

（続蔵経・第一集第二編乙第八套第一冊五七頁）

柳宗元や白居易のようなひとびとを「老太婆」や「下根者」の流にかぞえることはできないであろう。

第六章　諸宗浄土に帰す

第一節　概説

隋唐期、中国佛教は諸宗がきそい起こり、それぞれに勢力をあらそった。中国思想史上まさに佛教の時代であり、儒家もこれを認めている。『輔教篇・広原教』にはつぎのはなしをのせる。「荊公王安石、文定張方平に問うていわく、孔子世を去って百年孟子生まる、その後絶えて人なし、或いはこれあるも醇儒にはあらずと。方平いわく、あに人なしとせんや、孟子をこえる者すらありと。安石いわく、何人ぞ。方平いわく、馬祖、汾陽、雪峰、岩頭、丹霞、雲門なりと。安石ついに解せず。方平いわく、儒門淡薄に収拾してやまず、みな釈氏に帰す。安石欣然として嘆服す。のちに張商英に語るに、机を撫しこれを賞していわく、至言なりこの論と」。

張方平が孟子にすぐると列挙する聖賢はみな禅門の大師である。もし他宗の大師まであげるなら唐代の士林は群星燦爛、他のいかなる時代にもまして輝かしいものであったことは確かである。王安石、張商英はいずれも宰相をつとめた儒生である。かれらの称賛する張方平の評言はこの時代の佛教をうかがうに十分である。浄土宗はこの儒家の視野のうちにないが、この時代の浄土宗の成功もまた無視できない。

中唐以後、宦官や藩鎮の禍を経験した唐朝は農民起義のなかで五代十国の世に移り、やがて宋朝の全国統一にいたる。宋朝は唐や五代割拠の教訓から君主専制の中央集権制を強化した。遼、金、西夏など少数民族の侵入によりひとびとの支持をえて、国家至上、君主至上のながれはやがて「忠君報国」となり、この時代の主旋律を形づくった。南宋は北方の金と対立し、中国史上第二の南北朝となった。ついで蒙古が中原にはいって百年ちかくを支配する。明代になると北方の蒙古、東方の女真族が前後して明朝と兵火をまじえる。このような民族間の矛盾は国家の命運への関心をたかめ、君主専制はたえず強化されていった。

儒、佛、道三教の会通は唐代にすでにはじまっている。儒家は道家の思想をうけいれ、また佛学の影響をうけた。宋代になると新儒学——理学がうまれる。理学の開山周敦頤の『愛蓮説』は廬山で書かれ、佛教の蓮花自性清浄説とつながっている。理学を集大成した朱熹の理学思想は華厳宗の痕跡を残すし、陸九淵、王陽明の心性説は禅宗の影響をうけている。理学の先天図、河図洛書、太極図などが道教に由来することはあきらかである。理学は三教融合の基礎のうえに発展した新しい学術思想であり、中国封建社会後期における統治思想となった。道教は儒、佛を吸収しながらみずから改造し、王重陽（一一一二―一一七〇）は全真教を創設した。その教義は儒、佛、道三教の合一、識心見性、独全其真を主張する。佛教は中国化の過程ですでに道教や儒教の思想をとりいれているが、さらに曇鸞は道教思想を吸収し、澄観、宗密らは佛教の立場からの三教合一を鼓吹した。北宋の契嵩は『中庸解』『孝論』等をつくり、儒家の倫理を佛教戒律の上におき、儒家に国家社会至高の地位をみとめて、君主専制社会に応ずることを要求した。

この三教合一の流れと一方で同時進行したのが佛教内部の宗派会通の潮流である。宗密の『禅源諸詮集都序』は禅の各宗および教の各派を会通し「教を以て心を照らし、心を以て教を解す」（大正48-400中）ことを説き、心性論の立場から禅と教の大系統の統一をはかった。北宋の永明延寿以後このながれは一般化して、各派は法嗣が代々相伝するとはいえ、独自の教義の特色はしだいに希薄になっていく。

しかし、中国思想史上のこの時期の三教合一および佛教内部の各宗会通の潮流は、浄土宗とは無関係、少なくともあまり影響がなかった。したがって思想史上において浄土宗がとりあげられることはほとんどない。ただ佛教史上からいえば、この時期にはいまひとつ潮流がある。すなわち各宗が浄土に帰向したことである。禅宗、天台宗、華厳宗、法相宗等はみな浄土の弘伝者となり、浄土は佛門に普及し、さらにこれを通して民間に普及した。浄土は中国民衆信仰の支柱となり、大乗佛教に代わるいきおいを示したのである。

このような情況が出現した理由は複雑で検討を要するが、以下にのべるような要因をまず考慮しなければならない。

(一) 浄土宗の哲理欠如

もちろん浄土宗に哲理はある。曇鸞、道綽、善導はみな中観学派中道観をもって浄土無生の生を説き、真俗二諦、無相有相、空と不空の理を論じ、隋慧遠、智顗、吉蔵らと報土化土、凡夫可入不可入、別時意説などの論争を展開した。また迦才、懐感、窺基らは瑜伽行派の唯識学によってこれらの問題にさらに解釈をつけくわえた。浄土宗はただ念佛を知るのみ、哲理に欠けるという見方は根拠がない。しかし、中道観や唯識学は中国佛教各宗派にとってみれば基本である。他宗の創造的、多彩な教義からみれば常識に属する。曇鸞らの大師の思想は深邃博大、智慧の光芒に輝くが、浄土理論自体は民衆を求生浄土に導くための合理的論証が求めらるだけであった。したがって曇鸞らが称名念佛の法を探索したことはきわめて創造的といえるが、かれらには独自の哲学体系を構築する必要はなかった。そしてそのことが浄土理論の一般化をもたらしたのである。だから思想史の面からいえば、儒家、道教ともに浄土宗に関心をよせることはなかった。また佛教内部でも、哲理をいえば浄土宗をとりあげることはなかったのである。浄土宗が哲理を欠くといわれる所以である。

(二) 佛教の下り坂

北宋王朝は重大な内憂外患に対処しなければならなかった。景徳二年(一〇〇五)遼と澶淵の盟約が成立し、宋は毎年遼に歳幣銀十万両、絹二十万匹を輸すことになる。慶暦二年(一〇四二)には毎年銀十万両、絹十万匹を増やすことになり、さらに慶暦四年には西夏に毎年銀七万二千両、絹十五万三千匹、茶三万斤をおくることになった。これらの増大する負担はすべて人民が担うことになるが、これによって社会には各種の矛盾が先鋭化し、農民兵士の起義が続発した。佛教界においても十分な制御がきかず、僧尼が急増して、世に廃佛の風潮をひきおこした。范仲淹、富弼、文彦博、韓琦、欧陽修らは抑佛を主張し、王安石の変法の内容の一は抑佛廃佛であった。李覯は可能なかぎり佛道二教を廃すことを論じた。仁宗は詔をくだして度僧の三分の一を減じ、無許可の寺院を廃し、僧尼の人数を四十余万から二十余万に半減した。

このような情況のもと契嵩（一〇〇七―一〇七二）が護教にたちあがり、三教融合を主張する。契嵩より以前に宗密、延寿らが融合を説いたが、これは佛教を主体とした融儒入佛であった。しかし契嵩においては儒教を国家、社会生活の主体として承認し、儒家の忠孝を佛教戒律の上におき、儒家に膝を屈してみずからを君主専制制度の「治心」の補助勢力に認められることを求めるものであった。契嵩のこの考えは儒佛融合史上の新しい段階を示すものであったが、ひろく佛教界に受け入れられた。佛教はこれによってとりあえずの生存条件を得て、こののち三武一宗のような廃佛事件がおこることはなかった。

佛教の衰退は政治的、経済的原因や理学の興起によるばかりでなく、佛教自体がすでに盛より衰にむかう演変の流れのなかにあったからでもある。ひとの主観的な意志はかならずしも客観的規律に移しかえることはできない。

唐代佛教の盛観は多くの佛門の巨匠、たとえば玄奘、窺基、法蔵、澄観、宗密、湛然、神秀、道宣、吉蔵らが佛教義学を最高の水準にまでひきあげ、儒道両家を暗然失色せしめるような成果をあげたからであるが、しかしこれは同時に佛教が民衆を失う危機をはらむものでもあった。かつて印度の大乗佛教は、中観学派や瑜伽行派のような思弁的哲学によって民衆を失い、大衆的な密教にその地位を譲らねばならなかったが、歴史は驚くばかりにくり返すものである。唐代の中国佛教はこれとおなじ道をあゆんだ。かれらの義学はきわめて精緻なもので、中下根の一般民衆はいうにおよばず、上根のものでもこれを時間や精力を費し、興味を持って悟解することはむつかしかった。まさにこれが理由で直指人心の禅宗や称名念佛の浄土宗が迅速にひろまったのである。

唐武宗の滅佛が佛教にあたえた打撃はおおきい。以後歴朝歴代それぞれに佛教を扶植したが、かつての盛筵をとりもどすことはなかった。中国佛教全体がこれ以後下り坂となる。唐代の盛況を回復することはない。思弁性のつよい天台宗、華厳宗、法相宗にふたたび佛門の大師は出なかったし、密宗は絶え、律宗はその戒行清苦によって発展することがなかった。禅宗は士大夫によろこばれたが、狂禅が氾濫し、その勢力を維持するのが精一杯であった。佛教全体が衰退し、義学もこれ以後寂寞のうちにおちこんでいく。

そんな佛教がみずからを維持していくためにはともかく信者をかちとらねばならない。しかしそれは義学によってはむつかしい。各宗大師の思想がすでにじゅうぶんに弘伝しないのであるから、創造などいうべくもない。唯一の出路は念佛によって浄土を修することであった。永明延寿が禅浄合流を提唱してから、各宗が浄土兼修をとりあげ、ひろく浄土に帰向する潮流がうまれる。

(三) 因果応報思想の成熟

中国には古くから単純な因果応報思想がある。佛教の因果応報説が印度からはいって、慧遠の時代から中国固有の因果応報思想と結合しはじめる。善導は地獄の説を浄土と対比して因果応報の効果をたかめた。五代からは印度佛教の地獄説が中国の地獄説に改造されてひろく民衆の心に入り、だれもが知るものとなった。善をなすものが浄土に生まれ、悪をなすものが地獄に堕ちる。この因果応報思想が成熟したことは浄土宗の伝教につよい支援となった。したがって「阿弥陀佛」の名号は佛門のみならず民間に普及し、「家家観世音、戸戸阿弥陀」の局面がうまれる。

これらの要因がこの時期の浄土教に大乗佛教各宗に代わる態勢をつくりだしたのである。しかしこれは思想史上のできごとではない。

第二節　禅浄合流

一、禅浄の異同

（一）禅宗の基本的主張

禅宗の伝統的な説明によると、東土の第一祖は菩提達磨である。かれは北魏後期に活動した。第二祖は慧可で東魏から隋初にかけて活動した。第三祖僧璨は東魏から隋にかけて活動し、大業二年（六〇六）に入滅した。第四祖は道信（五七九—六五二）、第五祖は弘忍（六〇二—六七四）である。弘忍の門下神秀は北方で、慧能は南方で、北宗と南宗を形成した。いわゆる「南能北秀」である。両宗はその正統的地位をあらそい、南宗が勝利して慧能（六三八—七一三）が第六祖に奉ぜられている。慧能ののち禅宗は天下に流行し、五支にわかれる。すなわち臨済宗、潙仰宗、曹洞宗、雲門宗、法眼宗である。このうち臨済宗は宋代以後さかんになる。

慧能の思想は『壇経』に集中している。『壇経』には十数種の版本があり、それぞれに異同があるが、これは伝抄中に生じたちがいとみられ、真本、贋本というものではない。『壇経』以外にも禅宗には多くの語録があるが、ここでは禅宗の基本的主張の概要を紹介するにすぎない。当然慧能の南宗禅の基本的主張である。

慧能によると、ひとの本性は本来清浄で、先天の智慧（佛性）をそなえる。「本性は是れ佛、性を離れて別の佛なし」「佛は是れ自性、身外に向かって求むることなかれ」と。ただこれまで妄念の浮雲におおわれ、自悟することあたわず。ただ善知識の開導を得て妄念を除滅し、内外明徹して、本性を頓見し、成佛することができる。したがって、「自性迷えば、佛即ち衆生なり。自性悟れば、衆生即ち佛なり」「前念迷えば即ち凡、後念悟れば即ち佛」という。

慧能は佛性を帰結して心とする。慧能はいう。

一切万法は尽く自らの心中にあり、何ぞ自心中より真如本性を頓見せざる。（大正48-351上）

慧能のいう「心」は華厳宗や天台宗でいうものとまったく同じではない。華厳宗でいう「心」は衆生の心を指すとはいえ、主として「如来蔵自性の清浄心」を指し、それは客観的な本体である。しかし慧能においては「如来蔵自性の清浄心」を含義するが、主として衆生の自心を指す。かれは衆生の自心が本来佛であると直指し、衆生と佛の距離を小さくし、在家と出家、世間と出世間、生死と涅槃の境をうちやぶることで「見性成佛」「即身成佛」を説いた。これによって多くの信徒を佛教にひきよせ得たのである。

成佛するかどうか、その要は迷と悟にあるが、迷と悟は一念の差である。したがって禅宗の教育方法は単刀直入、自心が本来佛であることを頓了することである。佛教の伝統的な誦経や坐禅といった修行法すべてに反対する。『筠州黄檗山断際禅師伝心法要』に希運のことばを載せる。「直下頓了す、自心本来是れ佛、されば一法得るべき無く、一行修すべき無し、これは是れ真如の佛なり」（大正48-381上）と。また『古尊宿語録』巻四につぎのようなはなしを載せる。ある日、王常侍が慧照禅師を訪ねた。禅師とともに僧堂にのぼると禅師にたずねる「この一堂の僧は看経しているのでしょうか」。禅師が答える「いや！」。常侍がまたたずねる「それでは禅を学んでいるのでしょうか」。禅師が答える「いや!」。常侍がいぶかっていう「経を読まず、禅を学ばず、いったいなにをしているのですか」。そこで禅師が答える「かれらに成佛させ、祖とならせています」と。常侍はよくわからなかったし、他のひとはさらにわからないが、まさに禅宗の特徴を語るものである。禅宗の考えでは、教は言葉によって伝授するもの、しかし真正の佛学はこれで伝えられるものではない、以心伝心、以心印心である。したがって慧能以後、禅宗大師の弟子教育は基本的な佛学理論を講ずるわけではない。戒定慧三学をかたるわけではない。まして念佛をするわけではない。直接的な緊迫した方法をとる。たとえば拳を揮い、足蹴にし、毒罵し、棒打し、矛盾語や無意味な言葉をなげかけて、弟子の我見、我慢、我瞋、我疑、我智などの心中の障碍をつき破り、悟りの境地に導くのである。これを「直指人心、見性成佛」とよぶ。禅宗のきわめて特色を示すところである。

(二) 禅浄の異

唐代禅浄両家はたがいに批判しあった。禅浄のあいだには観点のちがい、ときには対立があった。

まず、浄土は佛国が西方過十万億佛土の処にあるというが、禅宗では自らの心中にあるという。浄土の所在について理解がちがう。『維摩詰経』に説く「もし菩薩浄土を得んと欲せば、まさにその心を浄くすべし。その心浄なるに随って、佛土も浄なり」(佛国品)と。僧肇は注していう「浄土はけだし心の影響(ようこう)なり」と。禅宗がもとづくのはこの種の唯心浄土である。

つぎに、成佛は自力によるのか他力なのか、浄土宗では他力による解脱をいい、禅宗では自心開悟という。

さらに修行法において、浄土宗は称名念佛を強調するが、禅宗では修禅を強調する。慧能はいう「汝もし自悟を得ずんば、まさに般若観照を起すべし、刹那の間に妄念みな滅し、即ち是れ自身真正の善知識、一悟即ち佛地に至らん」(壇経）と。この「般若観照」とは智慧をもちいて自己本有の佛性を観察照見することで、これをつかえば一刹那にして一切の虚妄の観念を消滅し、自己がそのまま自己の良師益友となり、一悟して佛の境地に達することができる。修禅の過程である。

また、現実世界にたいする態度にもちがいがある。浄土では世間（現実）と出世間（浄土）との限界をきびしく分ける。欣取楽邦、厭舎世間穢土である。禅宗ではこの種の欣厭取舎に反対し、世間と出世間の限界をとりはらい、解脱不離世間を説く。神会はいう「もし世間に在れば即ち佛あり、もし世間に無くんば即ち佛もなし」「意念を動ぜずして彼岸に超え、生死を舎せずして泥洹を証す」（『荷沢神会禅師語録』）と。つまりいわゆる佛、涅槃、佛国土はこの世にあるという。のちの禅宗はさらにこれをすすめて、すべて世間の日常生活のなかにあるという。『伝灯録・慧海伝』につぎのはなしを載せる。「有源律師来たりて問う、和尚修道するや、また用功する（修行の成果をあげる）や否やと。師曰く、用功す。曰く、如何に用功するや。師曰く、飢来たれば吃飯し、睏来たれば即ち眠る。曰く、一切の人すべてかくの如し、師と同じく用功するや否や。師曰く、同じからず。曰く、何故に同じからずや。師曰く、かれらは吃飯するときあえて吃飯せず、百種須索す、睡るときあえて睡らず、千般計較す、故に同じからず」と。

慧海のいうところは明らかである。修道用功とは誦経坐禅、念佛守戒ではない。「飢えれば食らい、眠くなれば眠る」そのことだと。ただこれはだれもがすることで、どうして一般人の食事睡眠はただの食事睡眠であり、和尚の食事睡眠は修道用功なのか。一般人は食事に際して食べることに専念しない。あれこれ不平をいい、あれこれ思案し、周囲のだれかと無駄話をする。そればかりか、ときには本を読み経さえ読んでいる。これは「食べる」ことではない。睡眠も同様、輾転反側し、あれこれかんがえ、嬉しくて眠れないか心配で眠れないか、これは「睡むる」ことではない。和尚はそうではない。食事のときには百念生ぜず、全心が食事のなかにあってその楽を享受する。睡眠も心は枯井のごとく、止水無波あるいは活発洒脱、自由自在である。すべてはただ本然にまかす。妙道は食事、睡眠、水運び、柴運び日常生活のなかにあって、この食事、睡眠、水運び、柴運びそのものが真如である。この道理を悟れば、一切「無心」、即ち是れ佛であるという。

禅宗においてはこの世が楽土であり、当然佛道がある。浄土宗がこの世を穢土、火宅、苦海とみるのとはまさに逆である。

このほか自心と客境の関係も両宗の態度は異なる。浄土宗の念佛は心境対峙しなければならない。念佛する心と念佛される佛は二であって一ではない。「能所宛然」という。主観的な心と客観的な佛は相対立した二物であって混同されてはならず、この基礎のうえで心中の念佛、佛現心中が語られる。禅宗はまったくこの客観的な佛を認めない。希運はいう「何処にか佛あって衆生を度す。何処にか衆生あって佛度を受く」「衆生即佛、佛即衆生、衆生と佛とは、もと同一の体なり」（『黄檗断際禅師宛陵録』）と。

雲門宗の文偃は、佛が生まれたとき一方の手で天を指し、他方の手で地を指し、七歩あゆんで四方を顧み「天上天下、唯我独尊」とのたもうたというはなしを聞いて言った「もしわたしがその場にいたら棒で殴り殺して犬にくわせただろう。それで天下太平になる」（『古尊宿語録』巻一五）と。呵佛罵祖は一種の風潮である。「佛に逢えば佛を殺し、祖に逢えば祖を殺し、羅漢に逢えば羅漢を殺す」（同前、巻四）ただ明心が尊い、見性が貴重である。心は境に着かず、境に着けば本来の面目を失うと。

浄土宗からいえば、念佛は死此生彼の想いをなすこと、この世に死し彼の浄土にうまれることであるが、禅宗では生死を取らず「即身成佛」である。玄覚の『永嘉証道歌』にいう「江海に遊び、山川を渉り、師を尋ね道を訪ね参禅をなす。曹渓の路を知りてより、生死あい関せせざるを了知す」と。

このような両宗の考えのちがいはいきおい相互に批判しあうことになった。道綽、善導は曇鸞の二道二力説によって禅宗を「竪出三界」（億万劫の修行によって生死を出る）の難行道とし、「必ずしも禅観にて即往生すべしとはせず」

と宣称して、禅宗を浄土法門の外にへだてたのである。

(三) 禅浄の同

唐代禅浄両家は派閥的で、たがいに攻撃しあったが、共通するところもあった。根本にのぼればともに成佛を追求する。浄土宗では求生西方浄土、禅宗では唯心浄土をもとめた。ともに浄土往生という目的では一致している。慧能はいう。

世尊は舎衛国にありて、西方を説いて引化したまう。経文に分明なり、此を去ること遠からずと。……心ただ不浄無ければ、西方も此を去ること遠からず、心に不浄の心を起こせば、念佛往生も到り難し。(『壇経』)

つまり、釈迦佛は舎衛国で、西方阿弥陀佛が衆生を引接度化して西方浄土に往生せしめたまうことを讃頌された。『無量寿経』『観無量寿経』『阿弥陀経』にあきらかに説きたまう、西方浄土はここを去ること遠からずと。ただこれは心浄でなければならない。心不浄なればたとえ念佛するとも往生は難しいという。慧能のこの言によるなら、かれは西方浄土を否定しているわけではない。むしろ浄土と禅が追求するものがおなじで、ただその方法が異るという。

このほか、浄土は他力による往生をいうがこれは無条件ではない。みずからが「信、願、行」しなければならない。つまり自力も求められる。禅宗はみずからの開悟にまつというが、もし他力の引接があればさらによいという。明本に偈があっていう。

十万余程は塵を隔てず、迷悟して自らを疏親することなかれ。
刹那の念は恒沙の佛を尽くし、便ち是れ蓮花国裏の人なり。

（『楽邦文類』巻五）

西方浄土がけっして遥遠なものでないことを強調し、禅宗が悟りを追及して念佛の方法を疎遠にすのはよくない。不断に念佛すれば浄土中のひとになれるのだという。この詩は禅宗が念佛の法を受け入れていることを示す。

念佛と修禅にはちがいがあるが、まったくたがいに受けいれぬというものではない。つきつめれば実相念佛や観念佛は禅宗の「無念を宗となす」とおなじであり、称名念佛も心中の意馬心猿が去り、我心佛心がひとつになる境地に達すれば禅宗の「真如三昧」とおなじである。浄を禅といっても誤りではない。明代の浄土を兼修した袾宏はいう「念空は真念、出入は無生なり。念佛は即ち是れ念心、生彼は生此を離れず。心佛は衆生と一体、中流して両岸に居せず」（『弥陀経疏抄』）と。その意味するところは禅宗の無念（念空）と浄土の真念、禅宗の無生と浄土の往生、禅宗の念心と浄土の念佛、浄土の往生彼岸と禅宗の即身成佛、禅宗の心佛と浄土の衆生往生成佛、これらはすべて隔絶したものではない。たがいに通じあっているものだという。

明本に詩あって念佛と修禅がおなじだという。「弥陀は西に往き祖は西より来たり、念佛参禅体裁を共にす。積劫の疑団もし打破すれば、心花同じく是れ一様に開く」（『楽邦文類』巻五）と。いうところは袾宏とほぼおなじである。

現実世界をどうみるか、浄土宗は現実のこの世を苦難とし、死後の西方往生を強調したから、禅宗側から「もっぱら死を求める教え」と謗られてきた。事実これは浄土宗にとって弱点であり、浄土宗の展開にとって不利なところであった。善導はすでにこれを意識して、三福十善の修行を強調し、また念佛の現世利益を説いた。のちの浄土宗人もこれを意識し、今世と来世、此岸と彼岸、世間と出世間のへだたりを埋める努力をし、むしろひろく善縁を結んで功徳を積み、これによってこの世を浄土に変えるよう勧めた。明本の詩にいう「穢土三千世界をとり（あげ）て、尽く西方九品の蓮を植えん」(『楽邦文類』)と。こうして浄土宗の現実にたいする態度はしだいに禅宗の入世の精神に接近していった。

まさに禅宗と浄土宗は根本の目的がおなじであったこと、自力と他力が相補関係にあったこと、修行方法が通じあっていたことなどによって、相互の分岐はしだいに消滅し、五代以後相互の批判は転じて相互の融合に移っていく。世に禅浄合流とよばれる。

実際、歴史をさかのぼってみれば慧能以前の禅宗に念佛修行はあった。慧能以降、唐代の両宗は対立し相互に批判しあったが、五代になるとまた合流が進む。両宗は合・分・合の過程をたどっている。最初の合には分の要素をふくんでいたが、二度目の合にいたって真正の合となる。その意味で五代以降をもって禅浄合流とよぶべきだが、浄宗史の全貌に反映させておくため、以下に簡単に慧能以前の禅宗念佛を紹介しておこう。

二、慧能以前の禅宗念佛

(一)道信の念佛

慧能以前の禅宗の五祖中、前三祖はきわめて資料にとぼしい。初祖の菩提達磨は今なおベールにつつまれていて、種々伝説を付会した伝説中の人物である。したがってここでは比較的資料が確かな道信からとりあげる。

道信(五七九—六五二)は俗姓司馬、河内(河南省沁陽県)の人である。七歳で出家、五年後に舒州皖公山(安徽省潜山県西北)に行き三祖僧璨に十年禅法をまなぶ。大業年間(六〇五—六一七)政府に出家を許され吉州寺(江西省吉安市)に配住となったが、その途上江州(江西省九江市)で廬山大林寺にとどまる。とどまること十年、さらに遊学すること十年、四十歳前後になって黄梅（湖北省黄梅県）双峰山に居をさだめ、爾後三十余年四方の学衆を接引し、禅法を弘宣すること道俗五百余人、当時の禅学の大師である。

道信が世を逝って七十年余、浄覚が『楞伽師資記』を撰して道信の禅法を紹介し、そのなかに道信の『入道安心要方便』を約三千五百余字引録した。これが道信の思想を知るたしかな資料である。『楞伽師資記』にいう。

信禅師ふたたび禅門をひらき、宇内に流布す。菩薩戒法一本あり、『入道安心要方便法門』を制するに及び、有縁の根熟者のために説く、わがこの法要は、『楞伽経』に依って諸佛心を第一とす、また『文殊説般若経』に依って一行三昧なり、即ち念佛心は是れ佛、妄念は是れ凡夫なり。

これは道信の禅法の三つの内容を紹介している。（1）戒禅合一。菩薩戒は道俗共修であり南朝に流行した。道信は禅を伝えて戒を修し、これを禅宗の門風とした。たとえば慧能は「摩訶般若波羅蜜を説き」「兼ねて無相戒を授けた」が禅戒一致である。神秀の「離相門」では禅法を授ける前にまず発願し、請師、受三帰、問五能、懺悔、受菩薩戒と作法するが、これはそのまま授菩薩戒の順序である。（2）『楞伽』と『般若』の合一。『楞伽経』は「諸佛心第一」を説き、如来蔵を説く。『文殊説般若経』は空を説き「法界不二」説に入って、『楞伽経』の如来蔵に接近する。道信は二経によって『入道安心要方便』の禅門を成立させた。（3）念佛と成佛の合一。道信は『文殊説般若経』の一行三昧をひいて禅法とする。「一行三昧」は中国佛教ではやくから重視されてきた。智顗は四種三昧すなわち常坐、常行、半行半坐、非行非坐を説く。このうち常行三昧は即ち一行三昧で『大乗起信論』では「真如三昧」とよぶ。その内容は法界一実相、無差別相を証得し、佛と一如の境地に達することで、実相念佛に属する。道信は四種の三昧中ただ「一行三昧」のみを説き坐禅を強調する。「努力勤坐せよ、坐は根本なり。よく三五年作せるや、一口の食を得て飢瘡を塞げば、即ち閉門して坐せよ。経を読む莫れ、人と語ること莫れ。よくかくの如くんば、久しく用いるに堪えん」（『伝法宝記』）という。自身は「昼夜長坐して臥せず、六十余年脇して席に至らず」かくして双峰および東山法門の門風を形成した。

道信の念佛は阿弥陀佛専念ではない。佛とはすべての佛である。また道信にとって念佛は目的ではない。方便にすぎない。念佛という方便をとおして摂心し、「守一不移」「乱心不起」「念佛心相続」を得る。坐禅念佛であり、「安心」とよぶ。安心により「入道」できる。すなわち念佛して「忽然澄寂」にまで念じいたれば「無所念」であり、「浄心」となる。浄心は即ち佛と融して一体であり、平等一如である。したがって念佛心は佛であり、念佛によって成佛を得るという。

（二）弘忍の念佛

弘忍（六〇二―六七四）は俗姓周、黄梅の人、原籍は潯陽（江西省九江市）である。十二歳で道信に奉事し、道信門下である。「性朴訥、沈厚にして」「常に作役を勤め、体を以て人に譲る」「昼は則ち跡を混じて人に給することに走り、夜は便ち摂に坐して暁に至る」すなわち昼間はすすんで労働し、夜は静坐して心を摂めた。文化水準は高くなかったのであろうが佛理についての悟性にすぐれていた。道信が世を逝ると双峰山の東十里、墓山のそばに寺を建て、四方の学衆を接引した。その影響はきわめておおきく、中国禅学の主流となった。「東山法門」とよばれる。

弘忍の禅法は道信の「入道安心要方便」の法門を継承したもので、『伝法宝記』にいう。

忍、如、大通の世に及んで、法門大いに啓らき、根機を択ばずして、念佛名を斉速し、心を浄ならしむ。密かに来たりて自ら呈し、理に当たれば法を与う。猶号して秘重となして、かつて昌言せず。もしその人に非ずんば、その妙を窺うことなし。

つまり根機をえらばずひろくみなに伝授するのは「佛名を念じ、心を浄なしむ」法である。これは公開の基本的なもので、もし学者に悟解するところがあるなら、ひそかに師のもとに自らの見地を呈白し、印証を求める。師はその見地が正理にかなうものと認めればさらに「法を与え」深法を伝授する。この伝授は師弟間の秘密のもの、他人にはあかさない。いわゆる「不立文字」「以心印心」「意伝」「頓入」とはいずれもこの秘密伝授の内容である。二段階の伝授が弘忍によって明かされている。「念佛心是佛」をもって法門とし、念佛により浄心し、心体離念し、悟解する。そのうえで師の伝授に引かれて佛道にむかうのである。

（三）神秀の念佛

神秀（六〇六—七〇六）は俗姓李、陳留尉氏（河南省尉氏県）の人である。十三歳で隋末の大乱にあい、出家して沙弥となる。その後江左、閩西、浙東、嶺南を遊歴し、儒、道、釈の全面的な薫陶をうけた。博学多才である。五十歳のころ弘忍に帰依し、昼夜を分かたず六年服勤する。大足元年（七〇一）則天帝は神秀を召して入京せしめ礼遇した。神龍二年（七〇六）百一歳で坐化する。大通禅師と贈り名される。

敦煌出土本のなかに神秀北宗の『大乗無生方便門』（スタイン0735）があって、北宗の伝禅の過程を記録している。多くは先に念佛し後に令浄心である。「看浄」とは一切物不可得を観ずることで、「離念」の境地に達すると「浄心」が呈現し、法身の境界に証入する。日頃は問答するにおよばず、ただ一時の念佛をして、そののち攝心看浄する。神秀は念佛法門を観心法門のなかにとりいれ戒行と結合した。摂心、発慧の法であり、去悪修禅の法である。神秀はいう。

夫れ念佛は、まさに正念を修すべし、……佛は覚なり、所謂覚は身心を察し、悪を起さしむることなかれ。念は憶なり、戒行を堅持して、精勤を忘れざるを謂う。如来の義を知るを、名づけて正念となす。故に知る、念は心にありて、言にはあらず。筌によりて魚を得、魚を得て筌を忘る。既に佛の名を称念す、すべからく佛の体を念ずべし。もし心に実なくんば、口に空言を誦し、徒に虚功を念じて何の益かあらん。

（『観心論』）

(四) 浄衆寺の念佛

弘忍の十大弟子のひとり智詵（六〇九―七〇二）は、かつて武則天に請われて入京し、後資州（四川省資中県）の徳純寺に三十余年住して寿九十四歳で寂した。その弟子処寂（六四八―七三四）は俗姓唐、唐和尚、唐禅師とよばれ資州徳純寺に住した。その継承者無相（六八四―七六二）は俗姓金、新羅の人で金和尚とよばれたが、成都府（四川省成都市）に浄衆寺を創建し、「浄衆派」を開創した。その開法伝禅の様子は『歴代法宝記』『円覚経大疏抄』巻三にみえるが、十二月から正月の間に大衆を集め伝授、学習をすすめる。まず方等懺法を修し、一七あるいは二七日（戒法部分とあわせ）、そののちに禅法を伝授する。伝禅は三つの段階にわかれる。念佛――大衆に引声念佛をさせる。念の多少にかかわらず一息に念ずる。開示――「無憶、無念、莫妄」の三句を離れない。息念――坐禅。

「無憶、無念、莫妄」の三句は浄衆禅のかなめである。三句は「無念」の一句に帰結する。無念は戒定慧を具足する。この法は双峰、東山法門の「斉念佛、令浄心」と一脈通じている。

注意すべきは浄土宗の承遠が処寂の門下で青少年期をすごしていることである。のちに慧日に浄土を学び、禅教戒浄四行を兼修したが、あるいは浄衆禅の影響をうけたものかもしれない。

（五）宣什の念佛

「宣什」というのは人名なのか宗派名なのかはっきりしない。宗密（七八〇—八四一）は『円覚経大疏抄』のなかで禅宗を七家にわけ、その第六家を「南山念佛禅」とする。

疏に伝香を借りて佛を存するものあり、第六家即ち南山念佛門禅宗なり。その先はまた五祖下より分出し、法名宣什なり。果州未和上、閬州蘊玉、相如県尼一乗みなこれを弘む。

宗密も「宣什」の意を明らかにしていない。ただここから知られるのはこの宗が弘化したのが嘉陵江上流だということである。その伝授の過程は、まず法門の道理、修行の意趣を開示し、その後「一字」佛を念ぜしめる。ただ「佛」一字を念ずるのである。まず引声して念ずる。しだいにその声を低くし、さらに微声にし、自分しか聞けないくらいにする。これをすすめて声が消え佛を意想する。意想をさらに細微にすると心念になる。佛が心中にあるという想いをのこす。これをさらに細微にして想いおこせず、心佛不二、心即佛となる。これによって得道開悟する。この「一字念佛」は『文殊般若経』の「念一佛」からきたもので、相応の根拠がある。

宣什禅の特色は授法のまえに「伝香」することである。これは授菩薩戒の伝香と関係があり、戒禅一致の特徴を示している。

(六) 法持の念佛

法持は弘忍の門下出身である。宗密の『中華伝心地禅門師資承襲図』は「江寧持」すなわち法持をもって弘忍十大弟子のひとりとし、その生涯および念佛の情況をつぎのように記す。

釈法持は俗姓張、潤州江寧(江蘇省南京市)の人なり。九歳にして青城山方禅師につかえ、天機秀発、動臻淵致たり。十三にて黄梅忍大師に依り得心す。青城に尋帰し、方禅師につかえ、更に宗極を明かす。これより四方の学徒翕相して帰慕し、声望は日に隆んにして、海外に聞こゆ。黄梅世を去るとき、かつて衆に与えて曰く、後にわが法を伝うる者十人なりと。金陵の法持即ちその一なり。持は浄土に以て繫念す。凡そ九年、俯仰進止するにも、必ず観想をたすく。長安二年(七〇二)九月五日延福寺に終わる。……寺僧その日神幡数十首を見る、閃日西下すると、幡は異光を出だし、以てその室を照らす。持の先居なり。幽棲せし故寺の竹林またみな変じて白し。

(『浄土往生伝』巻中、大正51-119下)

法持は東山門下でただひとり浄土法門を修した人である。東山門下は念佛を門風としたが、その念ずる佛名は阿弥陀佛とはかぎらず、またその目的も浄心であって、死後の浄土往生を願うものではなかった。したがってかれらの念佛は一種の禅法であり、浄土法門ではない。そのなかで法持だけが観想念佛を実行し、浄土に専心した。ただ法持が特例であったとはいえ、これは念佛禅と浄土法門がつながるもので、べつに水火の関係ではなかったことをものがたる。

（七）念佛坐禅にたいする慧能の排斥

慧能の刷新した禅風は念佛坐禅を排斥し、直接の明心見性を説いた。これは革命的であったが、十分な根拠をもつ。道信らは『文殊説般若経』に依って一行三昧を修し、念佛浄心をつとめたが、この経では一行三昧を説く前につぎのように説いている。「一行三昧に入らんと欲せば、まさにまず般若波羅蜜を聞くべし。説くが如くに修学し、然る後によく一行三昧に入る。法界縁の如くに、不退、不壊、不思議、無碍、無相なり」と。つまり一行三昧を修すにはまず般若波羅蜜を修学すべく、経典の説くように学し、法界無碍無相の理を理解すべきだと教える。当然ここにいう理解は理論的な理解で、心と般若が冥合して一つになるまでを求めるわけではない。そのうえで念佛坐禅をして一行三昧を修し、自心是佛を悟る。つまり『文殊説般若経』の禅法は二段階にわかれ、最初は般若を学し、次に念佛坐禅を修するのである。

しかし慧能は念佛坐禅の段階をとりはらい、般若を学すことから直接入道すればよいとした。慧能のこの禅法は道信もかつて説いたことがある。道信は『大品経』所説の「即心即佛」説によっていう「また念佛せず、また心を捉えず、また心を看ず、また計念せず、また思惟せず、また観行せず、また散乱せず、直に任運す。また去らしめず、また住せしめず、独一に清浄にして、究竟に心自ら明浄に処す、あるいは諦看すべし、心即得明浄と」（『楞伽師資記』）。道信はここで不念佛、不坐禅、不守戒、ただ心を「直に任運」せしめることを提起する。これはすでに新しい禅学であり、慧能の禅学の大門を開くものであった。ただかれは詳細に論じなかったので、世に見のがされたにすぎない。

慧能は『文殊説般若経』および道信の般若思想重視を継承して、単刀直入に「浄心」を修した。かれの門徒はさらにすすめて念佛を批判し、とりわけ浄土門を非難したので禅浄分流を形成する。しかし禅宗は本来念佛するのであり、だからこそ禅宗は五代以後、新しい基礎のうえで容易に浄土と合流する。

三、延寿の四料簡

（一）延寿の生涯

延寿（九〇四―九七五）は俗姓王、字を沖元といい、余杭（浙江省余杭県）の人である。かつて天台山で徳韶（八九一―九七二）に参礼した。徳韶は禅宗五宗の一、法眼宗の第二祖である。徳韶は延寿を器重し、ひそかに玄旨を授けた。宋太祖の建隆元年（九六〇）、銭俶は延寿を杭州にまねき霊隠寺を再建した。翌年永明寺（浄慈寺）に移るが、つきしたがって学ぶ者二千余人、銭俶より「智覚禅師」の称号を賜る。延寿は華厳宗、法相宗、天台宗三家の学者を集めて討論し、「心宗」を準拠に『宗鏡録』一百巻を審定編纂した。その引用する資料約三百余種、銭俶が序をつくり、きわめて影響力のある書物となった。高麗王はこの『宗鏡録』を抄読して深く感銘し、使者をつかわして弟子の礼をとり、金糸で織った袈裟、紫水晶の念珠、金の澡缶等を贈った。延寿は使者に随行した学僧三十六人に記別を印可した。かれらは高麗にかえって弘法し、これより法眼宗は海外にひろまることになる。

延寿は法眼宗の嫡嗣であり、禅宗に属するから「心宗」を自称した。しかし宗密の禅教一致説を発揚したひとである。法相家によって万法唯識を証し、華厳家によって万行の必要を明かし、天台家によって身心倹約、去悪従善を行じ、経教各家を禅宗のうちに融合していった。のちの禅宗は延寿の路線にそって発展し、藉教悟宗、以心解教を説き、やがて北宋以降禅教一致が禅宗の主流となった。

延寿は禅教合一を主張したばかりでなく、浄禅兼修、禅戒并重、内省と外求の均衡を説いた。一切の佛法を一身にあつめることをもとめた。自身には毎日毎夜百八の勤めを課した。受持神呪、念佛浄業、礼佛、懺悔、行道、誦経さらには公益事業にまでおよぶ。道なおし、船作り、橋かけ、井戸掘り、植樹造林、施食施薬などをおこなって禅宗の門風をあらためた。これまでの禅宗は善悪を超脱し、作悪せずまた善を心にとどめず、つまり「善悪莫思」によって心の平安をもとめ、煩悩からのがれんとした。延寿はこれを批判し、心性は「理」、諸善は「事」として「事によりて理を顕わし、理をかりて事を成す」と説く。すなわち性理はただ善事の本体として存在するもので、もろもろの善事をおこなってこそ性理の効用が表現される。なによりみずから万善を履行し身体に力行することが必要だと説いた。

延寿の説で注意すべきは、かれが儒家の「尽忠立孝」「済国治家」を「第一の福田」としたことである。東漢から唐まで、孝をもって天下をおさめることが提唱され、孝は忠にさきだつものであった。延寿は佛家の入世をもとめたが、さらに忠を孝のまえに置き、国を家のまえに置き、個人の国家にたいする責任を強調したのである。時代の風潮を反映したものとみられる。

延寿は著作がたいへん多い。『宗鏡録』のほかに『万善同帰集』三巻、『唯心訣』一巻、『神栖安養賦』一巻、『定慧相資歌』一巻、『警世』一巻等がある。南宋志磐は延寿を浄土信仰弘伝の功によって浄土宗第六祖にあげている。

(二) 唯心浄土と西方浄土の統一

宗密はかつて『禅源諸詮集都序』中で禅浄の統一を論じたが、禅浄合一の局面は延寿以後に形成される。延寿は禅浄双修を重視した。かれは『万善同帰集』で禅宗の浄土修行をもっぱら論んじ、禅浄分岐の調和をはかった。

『維摩詰経』に云う、浄土を得んと欲すれば、ただその心を浄くすべし、その心浄きに随って則ち佛土浄なりと。

(『萬善同帰集』巻二、浄全 6-778 上)

慧能は『維摩詰経』をうけて浄土は自心のうちにあり、心外に別の浄土なしとした。したがって禅宗では西方浄土の存在を認めない。しかし延寿になると、佛の説法は真俗二諦を離れず、浄土唯心は真諦であり、西方浄土は俗諦であって、因果のなかにあるとかんがえる。

経に云う、諸佛国及び衆生は空なりと知るといえども、常に浄土行を修し、諸群生を教化すと。汝はただ円成実性を説く無相の教、遍計所執を破する畢竟空無の文のみを見て、依他起性を説く因縁の教えを信ぜずんば、即ち是れ因果を信ぜざる人なり。（『万善同帰集』、浄全6-773下）

延寿は法相宗の「三自性」によって両種の浄土の関係を説明する。世俗の西方浄土を実有とする観点は遍計所執性であり、破除すべきである。西方浄土の実相無相、心佛両亡は真諦であって円成実性である。しかし一方また、西方浄土は因縁によって起こる、即ち他（識）によって起こるもので因縁有、仮有、すなわち真空仮有である。「三自性」説でこのふたつの浄土の関係を論ずれば、西方浄土は真空仮有で、西方浄土の「真空」すなわち本体が、唯心浄土である。唯心浄土の「仮有」が西方浄土、すなわちそれは唯心浄土の「仮有」のあらわれである。延寿はこれを「所縁境」とよぶ。唯心浄土、西方浄土の性はともに有である。したがって唯心浄土ばかりを認め、西方浄土を否定するのは、因果を否定し、因縁有を否定することになる。つまり真諦ばかりを認め、俗諦を認めないことになる。延寿はこうして西方浄土の性有、実在を説明する。延寿のこの論法は懐感と同じで、道綽や善導の論と一脈通じあっている。

禅宗は修禅ばかりを説き、念佛に反対する。しかし延寿は慧日の論をひいて念佛が修禅をたすけるもの、念佛自体が成佛の因であると説明する。

慈愍三蔵曰く、聖教所説の正禅定は心を一処に制し、念念相続して昏掉を離れ、平等に心を持す。もし睡眠覆障せば、即ちすべからく策勤して念佛、誦経、礼拝、行道、講教説法して、衆生を教化し、万行廃することなく、所修の行業を往生西方浄土に回向すべし。もしよくかくの如く禅定を修習すれば、是れ佛の禅定、聖教と合し、是れ衆生の眼目、諸佛の印可なり。一切の佛法等しく差別なく、皆一如に乗じて、最正覚を成ず、皆云う、念佛は是れ菩提の因なりと。

(『万善同帰集』巻上、浄全 6-766 下)

延寿は称名念佛の利益を論じていう。

尊号を課念する、その教えは明文あり。一声を唱して罪は塵沙を滅し、十念を具して形は浄土に棲み、危を救い難をたすけ、障をつくして寃を消す。ただ一期暫く苦津を抜くのみにあらず、この因縁に托してついに覚海に投ず。

(『万善同帰集』、浄全 6-763 上)

延寿は浄土法門が易行道であり、無生の生であること、自力は他力を排斥しないこと、万行を兼修して浄土に帰すべきことを説く。その中心は禅浄の融合である。かれは経論や曇鸞、道綽、善導らの論点論拠を大量に引用し、あるいは化用をくわえる。これは延寿がいかに浄土宗に力をいたし、浄土法門に通暁していたかをものがたる。

(三) 四料簡

延寿は浄土を兼修した。浄土専修ではない。かれの四料簡には明確に禅浄并重の主張がみられる。

「料簡」とは料揀、了簡、量簡、量見、料見ともいい、よく正法を分別選択することをいう。諸家の章疏中の用法、含意にはちがいがあるが、ここでは禅浄についての論議を指し、つぎの偈を指す。


有禅無浄土、十人九蹉路。陰境若現前、瞥爾随他去。

無禅有浄土、万修万人去。但得見弥陀、何愁不開悟。

有禅有浄土、猶如戴角虎。現世為人師、来生為佛祖。

無禅無浄土、鉄床并銅柱。万劫与千生、没個人依怙。

（浄土指帰巻上）


禅あって浄土なきは、十人に九の蹉（錯）路あり。陰境前に現るごとく、瞥爾に他に随って去る。

禅なく浄土あるは、万修して万人去る。ただ弥陀を見るを得て、何ぞ開悟せざるを愁えん。

禅ありかつ浄土あるは、なお角を戴く虎のごとし。現世に人師となり、来生に佛祖とならん。

禅なくかつ浄土なきは、鉄床ならびに銅柱たり。万劫に千生を与えらるも、個人の依怙に没す。


第一段の「有禅無浄土」とは当時の一般の禅宗信徒を指す。このひとびとは十人修禅して九人は錯路に走り、生死の海深く、菩提の道は遠い。命終に臨んでなお帰途測りがたい。「陰境」とは臨終に現世および歴劫の善悪の業力が現れる境である。瞬時にその業力に随ってつぎの生を受け、一毫も自分の思うようにはならない。

第二段の「無禅有浄土」とは一般の浄土宗信徒を指す。万に一失もなく西方に生まれることができる。往生に九品のちがいがあり、見佛聞法に遅速の差があるとはいえ、浄土に生まれたからには退転することなく、しだいに聖果を証し、生死を出離すること必定である。

第三段の「有禅有浄土」とは禅浄双修を指し、虎が角を戴くようなものでこのうえなく理想的である。第四段の「無禅無浄土」は禅も念佛も修することのない人である。慧日の『般舟三昧讃』には地獄の苦しみを描いて「或いは鉄床に臥し、銅柱を抱き、総じて邪淫顛倒して来たるなり」という。「鉄床并銅柱」とはこれをひいて地獄の苦しみを喩えるものである。たとえ諸佛菩薩が慈悲を垂れようとも悪業障重、救い難く、悪因悪果、永劫に罪をのがれられない。

四料簡はあきらかに浄土の学習をよびかけるもの。当時、延寿は声望高く、佛教の領袖である。四料簡は禅浄合流の象徴であり、禅浄合流のよびかけであり、その一呼に天下は翕従した。

ただつぎのことを指摘しておかねばならない。つまり、延寿は禅宗が浄土を学ぶこと、浄土宗が禅を学ぶことをよびかけたが、これは現実には、禅宗人が修行の重心を口称佛名念佛実践にうつすこと、かれらが浄土信仰をうけいれることを意味した。かれらはなお禅宗身分であり、禅宗流が浄土に帰したわけで、けっしてその逆、浄土宗流が禅に帰したわけではない。理由は簡単、浄土宗には独立した組織も身分もなかったからである。唐代には道綽、善導、迦才、少康らの浄土専修僧が活躍したが、宋以後、浄土はすべて各宗の兼修であり、僧はみな別に本来の身分をもっている。したがって浄土流の帰禅ということはありえず、「禅浄合流」とはすべて禅の浄土帰向を意味した。

四、宋代の兼弘浄土の禅僧

（一）天衣義懐

義懐（九八九―一〇六〇）は温州（浙江省温州市）楽清の人である。俗姓を陳といい、世世漁を業とした。幼時舟にのって、父が魚をとるとかれに渡してくしざしにさせたが、かれはしばしば魚を江中に逃がした。父にひどく打たれたが一向に意に介さなかった。遠く京師に遊び景徳寺に投じて童行となる。仁宗の天聖年間（一〇二三―一〇三一）得度して蘇州に行き、雲門宗重顕を拝して師とした。かつて安徽無為県の鉄佛寺等に住持したが越州（浙江省紹興市）天衣寺に常住し巨大な僧団をつくった。嗣法の弟子八十三人という。義懐は一生浄土を兼修し念佛をもって人を化した。法孫にあたる守訥は記す。

天衣懐禅師一生浄土に回向す。学者に問うて曰く、もし舎穢取浄、厭此欣彼と言わば、則ち取舎の情にして、是れ衆生の妄想なり。もし浄土なしと言わば、則ち佛語にたがう。夫れ浄土を修する者まさに如何に修すべきやと。またみずから答えて曰く、生ずるは則ち決定して生ず。去るは則ち実に去らず。もしこの旨を明かせば、則ち唯心浄土にして、昭然として疑いなし。（『楽邦文類』巻四、浄全6-1050下）

またつぎのようにもいう。

（懐禅師）またいう、譬えば雁長空を過ぎ、影は寒水に沈む。雁に遺跡の意なく、水に影を留むるの心なし。（『浄土指帰』巻上）

義懐が延寿の説を継いで唯心浄土と西方浄土の調和をはかったことが知られる。

（二） 無為子の楊傑

義懐の在俗の弟子楊傑は字を次公といい、無為（安徽省無為県）の人、みずから無為子と号した。『宋史』巻四四三の記載によると、神宗の元豊年間（一〇七八―一〇八五）太常となり、哲宗の元祐中（一〇八六―一〇九三）礼部員外郎となる。地方に出ては両浙提点刑獄（宋代の官名）となり卒す。春秋七十。浄土に帰心して『建弥陀宝閣記』中にいう。

一切相の非相たるを観ずれば、則ちよく弥陀の全体を見る。一切法の幻法たるを観ずれば、則ちよく浄土の真境に入る。我身の無我を観ずれば、則ちよく比丘の正見を具す。故に一如来に従って無量の如来を見、一浄土に入りて無量の浄土に周き、一法身を悟りて無量の法身に通ず。無念にして念じ、無証にして証し、無修にして修す。浄土の果海、豈量ること易からんや。（『楽邦文類』巻三、浄全6-1000上）

楊傑は晩年丈六の弥陀尊像を画き、随行観念した。臨終に一偈あっていう「生また恋すべきなく、死もまた捨つるべきなし。太虚空中に時を過ごすのみ。錯せんもまたよし、西方極楽」（同前）と。

（三） 宗賾慈覚

宗賾は俗姓孫、襄陽（湖北省襄樊市）の人である。贈り名して慈覚大師と号する。生卒年不詳。幼時に父を失うが志節高遠、つとに儒業を修し、ひろく世典に通じた。二十九歳で長芦寺の円通法秀について落髪、具足戒を受けた。のちに天衣義懐の弟子長芦の応天の法嗣となる。浄土弘伝をもって世に知られ、宗暁の『楽邦文類』巻三では浄土宗第五祖にあげられている。

宗賾は慧遠が蓮社を結成した故事により、みずから蓮華勝会をつくり、ひろく僧俗に念佛を勧め、観想によってこれを指導した。『蓮華勝会録』には社中の名があり、また『蓮華勝会録文』をつくり念佛を勧めていう。

念佛三昧あり、還原の要術にしてし、往生の一門を示開す、ゆえに終日念佛して無念にそむかず、熾然と往生して無生にそむかず。故によく凡聖おのおの自位に住して道交に感応することを得、東西に相往来せずして神は浄刹に遷る。此れ不可得にして詰を致す。故に経にいう、若し人阿弥陀佛を説くを聞かば、名号を執持せよ、乃至この人終わる時、心顛倒せず、即ち阿弥陀佛極楽国土に往生することを得んと、……蓋し初心を以て道に入り、忍力いまだ淳ならずば、須く浄縁に托して以て増上をなすべし。（『楽邦文類』巻二、浄全6-983下）

かれはまた法預会をたて、日に阿弥陀佛を若干声念じ、毎日日下に十をもってこれをかぞえて日課とした。『念佛防退方便文』中にこれを勧めていう。

阿弥陀佛を念ずること、あるいは百声千声乃至万声、西方浄土往生に回願せん。各日下（日暮）において十字を以てこれを記し、念佛の時は一心専注して、異縁を得ず、常に娑婆の衆苦をおもうべし。五濁に煎熬して、況やひとたび人身を失わば、何時のときかまた復すべけん。幸いに諸道友終始精勤す、宝蓮華中に決定して佛を見ん。（『楽邦文類』巻二、浄全6-985下）

宗賾は母に孝養をつくした。元祐中（一〇八六—一〇九三）長芦寺に住すると母を方丈東室にむかえ、母に剪髪をすすめた。母はこれにしたがい、さらに阿弥陀佛を前後七年にわたって念持して、臨終には無疾吉祥に終わったという。宗賾は『勧孝文』百二十篇をつくっている。

宗賾の浄土思想は唯心浄土と西方浄土の融合というより、結合したものである。『蓮華勝会録文』中に西方浄土のすぐれたところを語るが、また一方で唯心浄土をうたいあげている。

唯心浄土は自性弥陀にして、蓋し解脱の要門、乃ち修行の捷径なり。是を以て了義の大乗は浄土に指帰せざるはなし。前賢後聖、自他みな往生を願う。およそ人を度すを得んと欲せば、まず須く自らを度すべきがためなり。

（『楽邦文類』巻二、浄全 6-985 下）

『楽邦文類』巻五には宗賾の『勧念佛頌』をのせる。そのなかで「極楽は真法界を離れず、弥陀は即ち是れ自心の王。眉間の毫相に方所なく、露柱灯籠また光を放つ」と唯心浄土をたたえるのだが、一方で「話すなかれ娑婆の苦、娑婆の苦は人を殺す。貪瞋痴はこころを乱し、皮肉血が身をつくる。羅刹怨憎の窟、無明陰入の村。かならず極楽に登るべし、帰路に因循することなかれ」「目想し心存して聖儀を望む、ただ念念に疑いを生ずることなかるべし。他年浄土に華開く処、記取す娑婆念佛の時」と厭穢欣浄の心をうたっている。

ただ浄禅の関係になると、宗賾はそれぞれともにさまたげずというにとどまる。

念佛は参禅をさまたげず、参禅は念佛をさまたげず、理同じく一致す。上智の人は凡そ運為するところ二諦に着せず、下智の人は各一辺に立つ、故に和合せず、多く紛争を起す。故に参禅の人念佛を破り、念佛の人は参禅を破る。皆、実に執して権を謗り、権に執して実を謗る。いずれも道果いまだ成らず、地獄を先に弁ず。すべからく根器の深浅を知って、各宜しきところを得るべし。

（続蔵経第一輯第二編第十三套第二冊）

宗賾の態度は延寿の禅浄合流とあきらかに含義がちがう。延寿は唯心浄土と西方浄土を真俗二諦および三自性説によって統一し、「禅に浄土あるは、なお角を戴く虎のごとし」と主唱した。しかし宗賾は自身禅浄双修とはいえ、禅と浄は各自それぞれに道を修すればよいという。宗賾のこの態度は当時の念佛反対勢力の大きさを映したものとおもわれる。かれはこの流れに妥協せざるを得ず、修禅だけのひとにも同調し、この人たちが念佛に反対しなければよしとしたのである。いわば未熟な禅浄合流思想で、のちに志磐が宗暁のたてた浄土五祖説中の宗賾を取り消し、宗賾を浄土の祖師と認めなかった理由もこのあたりにあるとおもわれる。

宗賾の『禅苑清規』十巻には当時の禅林の規矩を詳細に現代につたえるが、その巻七に葬儀の文を叙す。当時の禅宗の浄土信仰をうかがうことができる。

挙龕（僧の棺を担ぐ者）は前を行き、大衆後に随う。幡をもち磬をさげ香台法事をおこなう。庫司、知事はあらかじめ行者を差撥し、直歳（当直）の僧は挙龕を指揮し、みなそれに従い、柴薪を壇前に備え、諸事すべてつかさどる。既に塔頭に至れば、住持曰く、以下焼香し、略声法事し、火を下しおわって、阿弥陀佛を十念すべしと。

これには念誦文を細注する。

今晨即ち在疾の比丘某人あり。多生の冤対をのがれんことを奉じ、累劫の罪過を懺悔す。特に至誠を運び、仰ぎて清衆に投じ、聖号を称揚して、深殃を蕩滌し、仰ぎて尊重に依りて、清浄等を念ず。また回向して云う、伏して願わくば某人一心清浄、四大軽安にして、寿命と慧命は延長し、色身と法身は堅固ならんことをと。もし病重の人ならば、即ち十念阿弥陀と念誦の法を与え、先ず弥陀佛を嘆ず。おわって、次いで衆に某人たるを告げ、長声に阿弥陀佛四聖名号を念ず。

これらの記載は、たとえ禅宗の何某が唯心浄土を堅持し、念佛に反対していたとしても、浄土法門がすでに禅宗にひろくうけいれられ、禅宗行儀の基礎となっていたことを示している。

宗賾には撰述が多い。上にひいたほかに『葦江集』『坐禅箴』『念佛参禅求宗旨論』『念佛回向発願文』『観無量寿経序』『西方浄土頌』などがある。

（四）慈受懐深

懐深は義懐四代の法孫である。俗姓を夏、字を慈受という。寿春府六安（安徽省六安県）のひとで、若くして出家した。北宋崇寧（一一〇二―一一〇六）の初、長芦の崇信に資聖寺で謁しその法を嗣ぐ。その後勅を奉じて鎮江焦山、洛陽慧林寺に住したが、靖康の変が起こると、天台を経て霊隠、蒋山等の地にのがれ、高宗の紹興二年（一一三二）世寿五十六歳で示寂する。世に慈受禅師とよばれ、『慈受深法師広録』四巻が世につたえられている。

懐深は浄土を修することを口をきわめて勧めた。つねに西方道場をたて衆をあつめて念佛し、『楽邦文類』巻五に懐深の『勧念佛頌』がある。

万人志を同じくして弥陀を念ず、衆力相成じて願力多し。

一朶の蓮開いて親しく佛を見る、まさに知る浄土の娑婆に勝れるを。
業報差殊して事は同じからず、労生には樊籠に出る（皇帝とともに昇天する）地無し。
自性の弥陀佛を知らんと欲せば、汝が朝昏の一念中に在り。
（浄全 6-1078 下）

（五）宗杲と看話念佛

宗杲（一〇八九―一一六三）は俗姓奚、宣州寧国（安徽省寧国県）の人、十二歳で出家し、十七歳で具足戒を受けた。のち臨済宗黄龍派門下に投じ、「看話禅」をたてる。「看話」とは「話頭」を参究すること、すなわち禅宗公案の答えの部分（公案すべてではない）をいう。『大慧語録』中には参究をもとめた六、七種の話頭をあげる。すなわち「庭前柏樹子」「乾屎橛」「狗子無佛性」「一口吸尽西江水」「東山水上行」および雲門の「露」字である。このうち「狗子に佛性ありやなしや」における「無」は根本話頭で、宗杲は「無」字公案を重視した。この「無」字公案は唐の趙州従諗にでる。

僧が趙州に問う、狗子また佛性ありやなしやと。州云う、無しと。ただ行きて二六時中「無」字を見よ。昼に参じ夜に参じ、行住坐臥、衣を着し飯を食するとき、屙屎放尿のとき、心に相顧し、猛着精彩して一個の無字を守る。やがて日久しく月深く、ともに一片に合し、忽然と心華頓発す。佛祖の機を悟り、天下の老和尚の舌頭に瞞かれず、大口を開くことを得る。
（『黄檗断際禅師宛陵集』、大正 48-387 中）

宗杲はこの「無」字を参究することを要求する。禅宗は「一切衆生みな佛性あり」を公認する。狗子は衆生で当然佛性があるはず、それを趙州が断然と「無し」といったのは論理の矛盾を含む。ひとに疑いをいだかせる。「あたかも熱鉄丸を呑んで、吐くに吐き出せないがごとき」（『無門関第一則』、大正48-293上）思いである。「無」字のもたらす論理矛盾によって禅者の全身心の思索を動員し、人生、社会、宇宙の一切について疑いをかさねて豁然と頓悟する。ついには経教の呪縛を脱し、ことばの束縛をはなれ、有無を超越した「無」を体験して「大自在を得る」のだという。

どのように無量の疑念のなかから悟りを得るのか、その思惟の過程、心理状態はひとに説明するすべはない。「唖子夢を得るがごとく、ただ自ら知るのみ」である。とすれば、いったいだれが悟りだれが悟らなかったか、すべては神秘のうちにあってだれにもわからない。しかしそれは縦横自在、すべてを超越した自尊自信の精神をもたらすものであった。禅宗はこれによって一切を掃蕩するという禅宗本来の特色を回復し、実生活では万難を排して忠君愛国にはげみ、逆境にあっては「縁に随って放曠し、性に任せて逍遥」し、生死を破って自らの解脱を得る。宗杲の看話禅の影響はきわめて大きかった。民族間の矛盾が先鋭化していた宋代社会において「大丈夫の言を言い、大丈夫の事を行う」という禅風は士大夫をはじめ一般民衆に風靡した。

宏智正覚（一〇九一―一一五七）は宗杲と同時代の人である。俗姓李、隰州（山西省隰県）の出身、曹洞宗丹霞子淳の弟子である。明州（浙江寧波市）の天童寺に前後三十年近く住持し、追随するもの千をもって数えたという。傾いていた曹洞宗はかれによって復興し、宏智禅師と贈り名された。宏智は看話禅にたいし「黙照禅」を創始した。

「黙」とは静坐守黙である。「照」とは般若の智慧の観照を指す。「黙照禅」とは静坐黙照をもって根本とした禅である。正覚の特徴は孤坐「自照」「不触事」「不対縁」である。すなわち世間と交渉をもたず、特定の観照の対象すらもたない。ではなにを観照するのか、「黙」を観照する。黙は静坐の当体、照は静坐の功用であって、ただ静坐すれば真如の体と用はともにそなわる。静坐参究をとおして主客の区別、物我の区別を泯滅し、物我ともに忘れて世界本来の面目を洞徹する。宏智はいう。

照と照者はふたつともに寂滅し、寂滅中において、寂滅者が汝自身であることをよく証す。もしかくの如く、桶の底をぬけば、地水火風、五蘊十八界、みな掃尽して余りなし。（『宏智正覚禅師広録』巻五、大正48-70下）

したがって正覚は入世を強調しないし、また他の解脱の道も反対する。ただ静坐歇縁をもって唯一の悟りの途径とかんがえる。

黙照禅は閉目合眼、凝心静坐して、一切の外縁を排除し、極力禅と世俗のつながりを絶つ。消極的であり、保守的である。しかしこれは社会秩序の安定をもとめた南宋の現実にかない、世事の混乱からのがれたい士大夫の心理を迎えて世にひとつの潮流をつくった。

総じて、禅宗内部には宗杲の先慧後定の看話禅と正覚の先定後慧の黙照禅の対立が生ずる。看話禅は臨済宗で圭臬（日を計る儀器）とあがめられ、また曹洞宗内でもおおくのひとの奉行を得て禅宗普遍の禅風となった。宗杲は自力の頓悟を強調したから唯心浄土を説く。『龍舒浄土文跋』中にのべる「もし自性の弥陀を見るなら、即ち唯心浄土をさとる。よくかくのごとくならずして、虚中（浄土文の作者）はこの文をつくる、功はまさに空しからず」（『楽邦文類』巻二、浄全6-973上）と。宗杲は多くを語らないが、同時代の曹洞宗の真歇清了はこの宗杲の看話禅と浄土を結合して新しい看話禅、すなわち看話念佛を創出した。

（六）真歇清了

清了（一〇八九—一一五一）は俗姓雍、左綿安川（四川）の人、十一歳で出家した。法号は真歇で真歇清了、あるいはその贈り名悟空禅師でよばれる。かれは浄土を弘伝し、『浄土宗要』を著し、念佛をもって公案とした。『西方直指』

巻上にいう。

真歇云う、念佛法門は径路の修行なり、上上の根器に接し、旁に中下の機を引く。故に一心不乱の説は、兼て二意を含む。曰く理の一心、曰く事の一心なり。事の一心とは、人皆以てこれを行ずべく、只一憶念して、龍が水を得たるが如く、虎が山に依るに似たり。即ち『楞厳経』にいう、憶佛念佛して、現前当来に必定して佛を見ん、方便を仮らず自ら心開を得ると。理の一心とは、また他法にあらず、ただ阿弥陀佛の四字を話頭として、二六時中、晨朝十念の頃より、直下提撕して、有心念を以てせず、無心念を以てせず、亦有亦無心念を以てせず、非有非無心念を以てせず、前後隔断して、一念も生ぜず、階梯に渉らずして、佛地に頓超し、非浄土の見佛を得ることは禅門より簡易ならんか。信知するが佛であれ祖であれ、教にあれ禅にあれ、皆浄業を修して同じく一願に帰す。この門に入るを得ば、無量法門悉く皆入ることを得ん。

これからわかるように、宗杲の看話禅は「無」字を話頭として参究、開悟したが、真歇は「阿弥陀佛」の四字をもって話頭として参究し、開悟と往生をもとめたのである。真歇は阿弥陀経にみる「一心不乱」の語を事と理の二義に分ける。事の一心とは憶佛念佛を指す。理の一心とは有無の念心を超越し、かつ前後の際を断除し、ただ「阿弥陀佛」の四字を話頭とし、これによって拈提して、頓間に見性往生することを意味する。普通人は事の一心の念佛である。理の一心の念佛は看話念佛であり、禅浄習合の法である。このような念佛の法は真缺清了の後一時きわめて盛んになり、それを今につたえている。

第三節　台浄合流と賢浄合流

一、台浄の合流

（一）天台宗熱心に浄土を修す

天台宗の法系は龍樹、慧文、慧思、智顗、灌頂、智威、慧威、玄朗、湛然とつながる。智顗は天台宗四祖とよばれるが実は天台宗の創始者である。五伝して湛然となるが、湛然は天台宗を中興し、教義を条理化した。湛然のあとは道邃、広修、物外、元琇、清疏、義寂とつづく。義寂は高麗人義通に伝え、義通は知礼と遵式に伝えた。唐武宗の滅佛および五代の戦乱にあって天台の典籍はおおく湮滅していたが、義寂は信佛に篤い呉越王銭俶にたのみ使者を高麗に（一説に日本）だして天台経典をもとめさせた。若干の論疏、著述を得て、これによって天台の教典は復興し、知礼が主要な中興となる。

智顗の『金光明経玄義』は広、略二本が世におこなわれていたが、義寂の同門志因の弟子晤恩は『金光明玄義発揮記』を著し、広本は智顗の真作ではないと否定して「真心観」を主張した。知礼はこれに反駁し、広本は智顗の真作であるとして「妄心観」を主張した。ここにいわゆる山家山外の論争が展開される。知礼の弟子梵臻、尚賢、本如は四明三家とよばれ、知礼の説を伝えてみずから山家と号し、晤恩の弟子を山外と貶称した。この論争は四十年におよぶ。その後山外派の思想は華厳学説をうけた不純なものとされ、しだいに衰微していく。この論争は天台宗史における大事件であったが、宋代佛教理論のなかでも重要なできごとである。

浄土弘通という点でいえば、天台は山家も山外もかわりはない。『法華経・化城喩品』で、大通智勝如来に十六王子あり、出家して十六沙弥となり、均しくすでに成佛す、そのうちの一即ち阿弥陀佛にして、西方にありて説法したまうと説く。『法華経』を奉ずる天台宗はこれを根拠に浄土門が佛道修行の内容たる証としている。智顗の『十疑論』では念佛による求生浄土を易行道とし、十念往生を提唱する。また『摩訶止観』中では四種三昧を説く。そのうちの常行三昧は般舟三昧、佛立三昧ともよばれ、九十日を一期として、道場内において、身つねに旋行繞佛して間休せず、口つねに阿弥陀佛を唱念し、心つねに阿弥陀佛を想念し、歩歩声声念念にただ阿弥陀佛をともにする。「或いは唱と念ともに運び、或いは先念後唱、或いは先唱後念、唱念相継いで、休息する時なし」（『摩訶止観』巻二上）と。また『五方便念佛門』中では「念佛五門を叙開す、第一に称名往生念佛三昧門なり」「諸佛は衆生が諸佛名を称して彼国に生ずることをよろこぶを以て、則ち示すに称名往生門を以てす」（大正47-82上、中）と。したがって、阿弥陀佛の名号を称念して浄土往生をもとめるのは天台の伝統であった。たとえば唐代の天台宗寺院永州の龍興寺では元和二年（八〇七）あるいは三年、浄土院を重修し、柳宗元がその記をつくっている。普通の天台宗寺院が浄土院をもっていたというのは天台宗における浄土兼修がひろくおこなわれていたことを示す。宋代、禅浄合流がすすむと天台宗における浄土兼修もさらに勢いを増す。そのなかで著名なのは知礼、遵式、智円である。

(二) 四明知礼

知礼（九六〇―一〇二八）は俗姓金、四明（浙江省鄞県）の人である。七歳で母をうしない、発願出家して、十五歳で具足戒を受け、律典を研究する。二十歳で義通にしたがって天台教典をまなび、一ヶ月でみずから心経を講ずることができた。やがて名は四方に震い、浄侶が雲集した。淳化二年（九九一）乾符寺の主となる。至道元年（九九五）四明山保恩院に住し、大中祥符二年（一〇〇九）保恩院の重修が完成すると、勅額「延慶寺」を賜った。知礼はここで懺講に専念すること四十余年、世に四明尊者、四明大法師とよばれ、のちに天台宗第十七祖に奉ぜられる。

知礼は智顗、湛然の宗義を発揚した。智顗は性具実相を説く。「性」とは法性すなわち真如、本、理、体を指す。一切の現象はすべて衆生が心中に本来具有するもの、本来そうある自然な存在で、それがたがいに連繋して全体をつくって存在している。衆生の一念心中には万有森然とそなわり、これを「一念三千」とよぶ。とすれば、善悪染浄すべては天然の性徳であり、性には善浄があり悪染があることになる。衆生の一念心中に、三千世間の当体と性は自然円融具足し、当然に善悪二性を包括している。佛は性悪を断ぜず、ただ悪行を断絶する。一闡提は性善を断ぜず、ただ善行を断絶するのみである。このようなかんがえは禅宗や華厳宗の性善説と相対立する。

山外派は真心観を主張し、心性真如をもって観察の対象とする。すなわち心の本性が純浄無染の「真心」であると認め、ただ縁に随って万法を造作するのだとかんがえる。しかし一方知礼は「妄心観」を提起する。ひとびとが内省によって、一切衆生悉く皆性悪であることを認識し、この性悪の認識に依って情欲を断除し、すべての瑣事すべての俗念中から自身の罪悪を懺悔し防止することをもとめる。きわめて道徳的修養を重んじたのである。したがって知礼は山外派に反対すると同時に、みずから懺法をきわめて重視し、念佛法門を勤修した。法華懺一期三十昼夜を五回、十日一期の金光明懺法を二十回、七日一期の弥陀懺法を五十回、七七日の請観音懺を八回、三七日の大悲懺法を十回修したという。また十僧と結んで三年におよぶ法華懺を修し、十僧に請うて三年の大悲懺を修し、三指をやいて佛に供養した。知礼のおこなった造佛造寺はその数を知らずという。

また知礼は念佛施戒会をたて、万人と結んで毎年仲春に念佛した。かれの『延慶募衆念佛疏』にいう。

蓋し境界は粗重にして、煩悩は熾盛なり。自力に脱を求むるは、まことにその人をくるしむ。若しそれ安養に生ずれば、国土荘厳し、身心清浄、直至成佛して、三途に堕ちず。……今万人と結んで以て一社となし、心心繋念し、日日期をもとめ、毎歳仲春、同じく一処に集まり、同じく供養を修し、同じく法音を聴く。かの万心を会し、以て一志となし、定業を成らしめて、誓って往生を取らん。

（『楽邦文類』巻四、浄全6-1041下）

六十歳に近くなった知礼は十僧とともに法華三昧満三年を誓修し、みずから焼身して往生の定業にすることをはかった。翰林学士楊億はこれをおもいとどまらせるべく手紙を書き、郡守李夷庚に保護を命じた。天禧四年（一〇二〇）宰相寇準は真宗に上奏し、真宗より「ただ朕の意を伝える。請う、世に留まらんことを。特に法智大師の号を賜う」とつたえた。楊億は手紙になかで「極楽も本は権を示すに由る、修道はすべからく欣厭を忘るべし」と諫める。知礼はこれにたいし長い返事（浄全6-1037下）を書き、みずからの考えを説明して決意の固いことを表明しているが、皇帝の反対にあって捨身をおもいとどまる。知礼は示寂にのぞんでにわかに阿弥陀佛数百声を称し、寿六十九歳で奄然と化した。

（三）慈雲遵式とその『往生浄土懺願儀』

遵式（九六四―一〇三二）は俗姓葉、台州臨海（浙江省寧海県）の人である。十八歳で出家し、二十八歳で宝雲寺に入り『法華』『維摩』『涅槃』『金光明』等の経を宣講した。また僧俗をあつめて浄土を専修し、浄土念佛懺儀にかんする著作が多い。その後、蘇州、杭州等の諸処で講経修懺し、かつて隋の真観がつくった天竺寺を復興、懺講を絶やさなかった。かれにつき従って学ぶものつねに千人をこえた。真宗乾興元年（一〇二二）「慈雲」の号を賜り、天聖二年（一〇二四）天台の教部を大蔵経に入れることを願って上奏し、仁宗によってこれが許された。このため『教蔵随函目録』を撰し、諸部の大義を略述する。明道元年、世寿六十九で示寂。撰するところの懺儀はたいへん多く、世に慈雲懺主という。また慈雲尊者、霊応尊者、天竺懺主、百部懺主ともよばれる。

遵式は天台宗の教義によって西方浄土を理解した。「一念三千」すなわち衆生一刹那の心中には宇宙の万相をそなえる。心は一切の現象であり、一切の現象がそのまま一心である。現前に生起する一念は必ず十種法界（六道四聖）のなかの一界に属し、百界、三百界さらに三千界を具有する。一塵細の心中、一刹那の動念の処、これがそのまま宇宙の全体である。たとえていえば、一花開くを見て天下の春を知り、一葉落つるを睹して天下の秋を知るがごとくである。遵式は西方浄土が「一念」の産物であり、すなわち心中にあるものとかんがえる。

十方浄穢の差をおさめて、同じく刹那に在り。一念色心羅列して、遍く法界に収め、天真の本具をあわせ、縁起の新成するにあらず。一念既に然り、一塵またしかり。故によく一一の塵中に一切の刹を、一一の心中に一切心をおさめ、一一の心塵また互いに周き、重重無尽にして障碍なし。一時に頓現するは隠顕にあらず、一切円成して勝劣なし。神珠の衆宝を頓含するごとく、帝網の千光を交映するがごとし。我が心既に然り、衆生と佛の体等し、此の如くんば則ちまさに了す。神を億刹にめぐらし、実に自己心中に生まる。質を九蓮に孕み、あに刹那際内に逃れんや。いやしくも事理なお隔て、浄穢あい防ぎ、なんぞ五逆の凡夫をして十念にして宝土に登らしめん。二乗の賢輩、心をめぐらして金池に即達せんや。

（『楽邦文類』巻四、浄全6-1043上）

遵式は佛法に二つあるとかんがえる。小乗不了義法と大乗了義法である。大乗のなかにもまた了義、不了義があるが、浄土は大乗了義中の了義法である（浄全6-1042下）。すなわち天台宗が解釈する浄土法門である。

唯心浄土を奉ずるものはかんがえる、心浄なれば佛土浄なり、どうしてさらに他方浄土に生をもとめる必要があろうかと。遵式はこれは心土の義を解さない言だという。宇宙の万象が一念中にあるとすれば、西方浄土も一念心中にあるはず、西方浄土に生を求めたとしてもどうして他方に行って生を求めることになろう。遵式はいう。

若し一念心の遍なるを了せば、一塵また遍なり、十万億刹那は咫歩の間なり。あにこれ心外に在らんや。世人若し空理を談ずれば、便ち因果を撥略し、若し自心を談ずれば、便ち外に諸法あるを信ぜず。（これ）あにただ法を謗り、また自心を謗るものにあらんや。その殃は万劫に堕ち、まことに痛むべし。みだりに是非を造り、他方浄土を障ぐ。まことに悪知識なり。（『楽邦文類』巻五、浄全6-1070下）

智顗は空、仮、中三諦円融の理を説く。遵式はこれをいわないが一念三千の観点で説明したから、実際上は三諦円融を含んでいる。知礼においてこの点なおいっそう鮮明である。西方浄土はまた空、また仮、また中であると。知礼はいう。

一切法空を以ての故に、穢を捨て必ず尽きん。一切法仮の故に、浄を取りて遺ることなし。一切法中の故に、取ることなく捨つることなし。此の三法は一切如来同体にして、一切菩薩共に修す。故に知礼は今穢身を捨て、浄土を欣求して、敢えて仰ぎまなぶ。（『楽邦文類』巻四、浄全6-1040下）

衆生は一念三千、一心で西方浄土を生起することができる。衆生の心はまた三諦円融をとおして西方浄土の実相、すなわち真如、佛性をとらえ、そのまま浄土に通じている。これが知礼や遵式が理解する西方浄土である。天台ではほぼこのように浄土が解されている。

天台宗では理論上西方浄土を「一念」のなかに入れるのだが、縁起の万象に対するのとおなじように西方浄土に対し、その存在をみとめている。これは浄土宗とおなじである。したがって天台宗の浄土兼修は真摯な浄土信仰であって、浄土宗の行っているところとおおきなちがいはない。

遵式も衆をあつめて念佛をした。『念佛三昧詩序』にいう「皇宋丙申（九九六）、沙門遵式は四明高尚の賓百余人と会し、春冬二仲の一日一夜、萃宝雲講堂に、無量覚を想い、漢魏の経を行ず」（『楽邦文類』巻五、浄全6-1082上）と。かれは「十念」とは十口気の念であると主張し、毎晨これを堅持した。『晨朝十念法』中にいう。

浄土の業を修するものは、すべからく毎日清晨服飾ののち、西に面して正立合掌し、声を連ねて阿弥陀佛を称すべし。気（息）を尽くす一念となし、かくの如き十気を名づけて、十念となす。ただ気の長短にしたがい、佛の数を限らず、ただ長く久しく、気きわまるを（限）度となす。その（念）佛の声は高からず低からず、緩ならず急ならず、調停して中を得る。かくの如く十気連属して断たず、その意は心をして散ぜしめず、専精して功をなす。故にこれを名づけて十念となすは、あきらかに是れ気をかりて心を束ねるなり。此れを一生を尽くして、一日も暫廃することを得ざれ。

（『楽邦文類』巻四、浄全6-1056上）

遵式は『無量寿経』および『称讃浄土佛摂受経』等の諸大乗経からあつめて『往生浄土懺願儀』一巻を編んだ。これは善導の懺儀の発展で、全十科にわかれる。（1）厳浄道場、（2）明方便法、（3）明正修意、（4）焼香散華、（5）礼請法、（6）讃嘆法、（7）礼佛法、（8）懺願法、（9）施転誦経法、（10）坐禅法である。このうち（8）懺願法はさらに懺悔法、勧請法、随喜法、回向法、発願法の五類にわかれる。

『往生浄土懺願儀』は内容豊かで、浄土懺儀の大成とみられ、影響するところがおおきい。

（四）孤山智円

智円（九七六―一〇二二）は俗姓除、字を天外といい、みずから中庸子と号し、また潜夫とも称した。銭塘（浙江省杭州市）の人である。幼にして出家、銭塘の龍興寺で戒をうける。二十一歳で儒学をうけるがなお釈氏を学ぶことを本務とし、奉先寺で源清について天台の教規を学んだ。二年ののち源清が世を去ると、天台宗の衰退を嘆じ、思いを撰述にうつす。西湖の孤山に住し、処士林逋（和靖）を友とし、また慈雲遵式とも交遊した。天台の三観をもって群経を会同して、人に教えた。智円は若く病をわずらい、みずから病夫と号し『病夫伝』を著したが、ひたすら講道して倦まず、著述を廃せず、草稿を集めるのを病課といった。真宗の乾興元年（一〇二二）自分で祭文と挽詞三章をつくって入寂した。享年四十七である。

著作ははなはだ多い。『文殊般若経疏』『遺教経疏』各二巻、『般若心経疏』『瑞応経疏』『四十二章経注』『不思議法門経疏』『無量義経疏』『観普賢行法経疏』『阿弥陀経疏』各一巻、『首楞厳経疏』十巻は世に十本疏注とよぶ。十疏中『般若心経疏』だけが現存する。その他現存の著作には『請観音経疏闡義鈔』三巻、『維摩経略疏垂裕記』十巻、『涅槃玄義発源機要』二巻、『涅槃経疏三徳指帰』二十巻、『涅槃経治定疏科』十巻、『金剛錍顕性録』四巻、『般若心経治謀鈔』一巻がある。また『閑居編』所収の雑著や詩文五十一巻がある。

晤恩、源清は山外派で、智円は源清の嗣であるから山外派である。智円はそのなかでもっとも著作の多い学者である。ただ教理の面では山外派一般の見解を出ず、心は能造、能具の通体であり、色は所造、所具の別相である、したがって心は三千を具し、色は三千を具せずと主張した。また心、佛、衆生のうちただ心だけが理であり能造の総体である。佛と衆生諸法は事であり所造の別相である。したがって理は三千を具し、事は三千を具せずと説いた。しかし観行の面では山家派の主張と同じく凡夫の妄心をもって観法の対境とした。知礼の「但妄観」にたいし智円は「即妄観」をたてた。

智円は浄土に心をよせ、『西資鈔序』中にいう「始めは般若の真空を以て前に繫着せるを（掃）蕩し、終に浄土の行門に依って後に往生せんことを求む」（『閑居編』巻六）と。ただ智円は唯心浄土を信じ、西方浄土は「漸誘の策」とかんがえた。『阿弥陀経疏序』中にこれをいう。

それ心性の体をなすや、明、静ただ一たるのみ。凡聖（の別）なく、依正なく、延促なく、浄穢もなし。物に感ずるに及んで、縁に随って変じ、則ち六凡となり、四聖となり、依あり正あり。依正既に作せば、則ち身寿に延促（伸縮）あり、国土に浄穢あり。

吾が佛大聖人は、明静の一なるを得る者なり。乃ち道を慈に仮し、宿を悲に托し、まさに群迷を欧して、その本にかえらしめんと欲す。是において、無身にして身を示し、無土にして土を示し、その寿を延ばし、その土を浄くして、欣ばしむ。またその寿を促し、その土を穢して、厭わしむ。既に欣び且つ厭わば、則ち漸誘の策行われるなり。

是の故に釈迦が有量を現して穢土を取るは、厭を欲するにはあらず。弥陀が無量を現して、浄土を取るは、欣を欲するにはあらず。此は則ち拆け、彼は則ち摂る、これ本にかえりて性を達せしむるのみ。

（『楽邦文類』巻二、浄全 6-959 下）

心性という本体に本来浄穢というものはない。浄穢は心性が縁によって変現したものである。佛と心性本体とはすでに同一であって、救度衆生の大慈悲によって穢土や浄土として現れたのである。穢土は衆生をして厭わしめ、浄土は衆生を欣ばす。厭此欣彼、佛はこれによって衆生にその本心を回復せしめ、その本性すなわち空性を了解せしめんとされたのであるという。つまり智円は西方浄土が唯心浄土の変現したものとかんがえる。唯心浄土と西方浄土を統一して理解しようとした先人の論もすべてこの論理によるのだが、智円ほど直截簡明にいったものはない。

智円はまた西方浄土と弥勒浄土の優劣の争いについてのべている。『西資鈔・揀示偏賛西方』中にいう。

ただ徒に相互に排毀し、浄土を好む者は或いは知足（知足天すなわち兜率天）に軽く、内院を尊ぶ者は則ち彼の西方をそしる。あに二門を汲引して同じく一道に帰することを知らん。語を後学に寄す、宜しく自らこれを思うべし。或人問う、智者、慈恩みな聖師なり、しかるに各一方を偏讃す、何の故に子はこれを許さざるやと。こたえて曰く、聖師偏讃するは、意は遍く好むものを引いて、心をして決定せしむるのみ、故に益を受ける者多し。ただ世変じ人衰え、偏讃は弊を成すに致る、故に吾またこれを和融するを得る。或いは息諍して益を受けることあるべし、各自好む所に随って生を求むべし。或いは後世、和融混一を以て弊をなさば、また命世の賢が偏讃して、これを救わんことをねがう。病に応じて薬を与う、貴は衆生に益あることのみ、また何ぞ常にこれあらんと。

（『楽邦文類』巻四、浄全6-1036上）

両者の争いに智円が提起したのは、いずれも好きに行ずればよい、いずれも浄土法門であって相争うことはない、後世に一方を偏讃することがあっても、ただ衆生に益すればそれでよいのだ、というものであった。

智円のこの解決策はべつに重要ではない。重要なのはこれがかたる事実である。二種の浄土の優劣の争いは唐初すでに終わっているはずなのに、三百余年の沈黙をやぶってまた争い、しかもそれがかなり激しいという事実である。たがいに排斥しあったのはどのような人物か、内容は、背景は、そのいずれについても明らかではない。しかし弥勒信仰が断絶していないばかりか、この時代になっても、なおすこぶる勢力があったことが知られる。のちに弥勒信仰は白蓮教のなかに混入し、弥勒が弥陀に代わって旗印になる。それが突如として起こったようにみられるが、智円の言からみれば、弥勒信仰は実はずっと勢力をもってきたのであり、ただその記録がきわめて乏しかったというにすぎない。

（五）省常

省常（九五九―一〇二〇）は銭塘（浙江省杭州市）の人で、俗姓を顔という。七歳で俗を厭い、十七歳で具足戒を受け、戒行ともに謹厳であった。『大乗起信論』をとおして天台止観の法門を学び、淳化年間（九九〇―九九四）杭州西湖の昭慶寺に住した。廬山慧遠の結社念佛の伝説を慕ってみずからも結社して浄業を専修した。『華厳経・浄行品』の意をとって浄行社と名づける。宰相王旦が社首となり、翰林学士蘇易簡等士大夫百二十三人が参会し詩頌を投じて、みずから浄行社弟子と称した。また千余人の信者が参加し、時人は廬山結社の盛もこれほどではなかったろうといった。省常は指を刺して血をとり墨にまぜて『華厳経・浄行品』を写経した。一字ごとに三拝三囲繞三称佛名し、千巻を刊し千人に分け施したという。志磐の『佛祖統紀』は省常を浄土宗の七祖にかぞえている。

（六）その他の天台名僧

天台宗で浄土を弘伝した名僧はたいへん多い。上に挙げたほかにも影響力のあったひとたちがいる。

神照本如（九八一―一〇五〇）は知礼に師事し、承天寺に三十年にわたって住した。門徒つねに五六百人といわれ、慶暦二年（一〇四二）神照法師の賜号を得る。丞相章惇らと白蓮社をむすび、念佛を勤修し、その道場は六、七年で大刹となった。仁宗より白蓮の額を賜ったのでこれを白蓮寺と称した。時の大臣名士らはここに名を列ねるのを栄誉とした。その弟子処謙（一〇〇一―一〇七五）は十箇所の道場に歴住し、神悟大師の号を賜った。王安石や諸高官はきそって詩をつくりその徳を称賛した。

有厳（一〇二一―一一〇一）は本如の弟子である。隠居二十余年、浄業を専修した。『有厳伝』にいう「一鉢を蓄え、長物なし、みずから薪を拾い水を汲み、ただ三白（乳、酪、米の白浄の食、密教修法時行者が食す）を食らう。毘尼（律）の条章軽重等を護ること二十年、専ら浄業を修し、安養を以て故郷となす。浄土を懐う詩八章を作る、辞情凄切にして、人多く楽しんで誦す。常時修する所の三昧は、瑞応を獲ること多し」（『佛祖統紀』巻一三）と。宗暁は『楽邦文類』（浄全6-1087上）に有厳の『懐安養故郷詩』を評していう「浄業を専修して、景慕の切なること、これを詩に見る。豈意而今髪垂雪、片懐常掛月西鈎。これ佳句なり、識妙の者にあらずんばよく窺うなし」と。

処謙の弟子択瑛（一〇四五―一〇九九）は桐江（浙江省桐廬県）の人、世に桐江択瑛とよばれる。処謙はその著『弁横竪二出』にいう。

竪出とは、声聞は四諦を修し、縁覚は十二因縁を修し、菩薩は六度万行を修し、これ地位を渉る。譬えば及第（官吏任用試験）のごとし、須らく才学あるべし。また歴任して転官するがごとし、須らく功効（功績）あるべし。横出とは、念佛して浄土に生ずることを求む。譬えば蔭叙（先祖の功によって官職を受ける）のごとし、功は祖父の他力に由り、学業の有無を問わず。また覃恩（王の恩沢）による普転のごとし、功は国王に由り、歴任の深浅を論ぜず。横出中において、定散二善あり、故に善導和尚は専、雑二修を立つ。（『楽邦文類』巻四、浄全6-1055下）

のちに日本浄土真宗親鸞のたてる横竪二出の教判理論は択瑛のこの説の影響をうけたものである。択瑛の著作にはまた『浄土修証儀』『阿弥陀佛身金色之偈』『往生浄土十願文』『勧修浄土頌』等がある。択瑛は臨終に「西向して弥陀経を諷じ、巻終わりて逝る」とつたえる。

道琛（一〇八六—一一五三）は俗姓彭、温州楽清（浙江省楽清県）の人である。十八歳で具足戒を受け、のち梵光の門下に入り、帰郷して広済寺、広慈寺を主持し、建炎三年（一一二九）高宗が勅して資福院をたてると、命ぜられてこれを主持し、また梵光に代わって延慶寺をも主持した。かれは念佛三昧を専修し、唯心浄土を提唱したが、浄土系の念会をおこし、毎月二十三日に道俗をあつめて念佛につとめた。臨終には衆をあつめて観無量寿経を誦し、遺偈を書き、安楽行品を諷じていまだおわらずして卒した。賜号は円辯である。あるひとが道琛にたずねた、あなたはすでに唯心浄土を説く、またどうして西方十万億佛土をいうのかと。道琛は『唯心浄土説』中につぎのように答える。

経旨は乃ち是れ理を以て情をえらびて説く。（その意は）何ぞ、情生ずれば則ち十万（億佛土）は迢遥たり、唯心とは乃ち一念の理是れなり。かくのごとくただ唯心のみなら、何をか浄土と云わん。須らく知るべし、体は因果にあらず、一念の唯心なり、迷と悟すでにへだたり、因果は宛爾（歴然）たり。弥陀の果悟あり、我等迷に因り、欣厭の心を生じ、佛の勧往に順ず、故に唯心を云いて、また浄土とも称すなり。（『楽邦文類』巻四、浄全6-1050上）

宗暁についてはまたべつに述べる。

二、賢浄の合流

(一) 華厳理論と浄土

華厳宗が浄土を兼修するのには根拠がある。『華厳経・入法界品』では善財童子の五十三参を説く。そしてその参ずるところの善知識がそれぞれにみずからの解脱の法門を善財童子に伝授する。吉祥雲比丘は無碍智慧念佛門を、解脱長者は唯心念佛門を、普遍吉浄光夜神は観徳相念佛門をそれぞれ教える。念佛求生浄土は『華厳経』所説の諸解脱門のなかのひとつである。解脱長者が唯心念佛を説いていう。

善男子よ、我若し安楽世界の無量寿佛を見たてまつらんと欲せば、意に随いて即見す。……彼の諸如来は此処に来至せず、我また彼処に往かず、一切佛はよりて来る所なく、我また至る所なきを知る。一切佛及び我が心は皆悉く夢の如きを知る。一切佛悉く電光の如きを知り、己が心の水中の像の如きを了知す。一切佛悉く幻の如く、己が心の変ずるを知る。（大正 10-339 下）

解脱長者はここで、佛は心より生じたものである、如法に観想すれば西方阿弥陀佛や他の諸佛を見ることができるという。華厳宗のひとびとはこれと『観無量寿経』所説の「この心に佛を想う時、この心即ちこれ三十二相、八十随形好なれば、この心作佛す、この心これ佛なり」とがおなじ道理を説くものと解する。

華厳宗では、世間および出世間の一切の現象は「一真法界」である。この一真法界は展開して四法界、すなわち事法界、理法界、事理無碍法界、事事無碍法界となる。一真法界は宇宙一切の現象の本体であり、一心である。これは随縁不変、不変随縁で四法界として現出する。華厳宗四祖澄観の説くところでは「すべて万有に該たる、即ちこれ一心。然して心は万有に融し、便ち四種法界を成ず」（宗密『注華厳法界観門』）という。この四法界は相即相入、円融無碍、而してまた彼此区別し、安然自立する。一即一切、一切即一、重重無尽、世間および出世間の全宇宙を構成する。

華厳宗ではこの四法界説によって、佛佛道斉、塵刹相入、十方諸佛はすべて華厳世界に身居し、かつ無尽の華蔵世界も西方浄土の一蓮華中に入るのだと説く。浄土のすべての事相は事事無碍法界であり、また法身の体現でもある。つまり華厳即浄土、浄土即華厳で、浄土法門即是華厳宗である。この次第で華厳宗人は西方浄土をうけいれるのであり、澄観が『観経疏』一巻をつくるのはその証左である。

（二）円澄義和の『華厳念佛三昧無尽灯』

義和の籍貫、生卒年はともに不詳である。平江（蘇州市）能仁寺に住し、華厳円融念佛法門を提唱した。「円澄法師」の賜号がある。南宋の乾道元年（一一六五）、義和は臨安府（杭州市）慧因院において『華厳念佛三昧無尽灯』一巻を撰した。すでに佚書であるが、乾道三年范成大が「後跋」を書いている。

『楽邦文類』巻二に円澄『華厳念佛三昧無尽灯序』一篇が収録されている。これによって義和の基本的な考えをうかがうことができる。それによると、佛と衆生はすべて「法界心」をそなえ、本来いわゆる佛とか衆生とかいうものはない。ただこの心が「自性を守らず、故に迷悟の縁に随って業を作り苦を受ける、名づけて衆生という。修道して真を証すれば、遂に諸佛と名づく」と。佛と衆生のちがいはただこの心を証得できるか否かにある。証得できないがゆえに衆生である。

佛は衆生が顛倒妄想し、執着して証得できないのを憐れみ「法界性を称え、華厳経を説き、衆生に一切法即心自性であり、慧身を成就するに、（証得は）他悟に由らずと知らしめんと欲したまう」（浄全6-966上）そのうえ、このために浄土を説き、念佛門を説きたもうたという。念佛門は求生西方浄土を最終目的とするものではない。華厳宗の諸祖師は衆生がこの主旨にくらいのをおそれ諸門を設けた。「その意は諸佛と衆生を交徹せしめ、浄土と穢土を融通せしめ、法法彼此みな兼ね収め、塵塵悉く偏法界を包み、相即相入して、無碍円融ならん」つまり、西方浄土と十方浄土とはともに法界の一部分であり、法界のその他の部分とは相即相入し、円融無碍である。念佛による求生西方浄土は手段であり、華厳の観行をとおしてさらに法界の他の部分と相即相入し、円融無碍となることによって「法界心」を証得する。それこそが念佛求生西方の目的である。ただ求生西方浄土のため西方浄土ばかりを孤立して求めるのは誤りで、よい結果は得られないという。さらに義和はいう「もしその門を得れば、則ち諸佛と一朝に等し。その門を得ざれば、則ち徒に昿劫に修因す」「念佛法門は一なり。時を渉るの久しく、力を致すの多きありて、平素その指帰するところを失い、垂亡に及んで、他境強奪し、よく超邁するもの少なし。……ただ華厳の観行は、円至の功を頃刻に得て、佛境を塵毛に見る。諸佛の心内の衆生は、新新に作佛し、衆生心中の諸佛は、念念に証真すること、至簡至易なり」と。

念佛法門がただ方便門であるとすれば、どうして偏に西方を求めるのか。義和はいう。

然りといえども、諸佛の抜苦与楽の心一なり、不可思議力一なり、ただ西方弥陀世尊のみ娑婆衆生を接引したまう、願力偏に重し、即ち本師の故に。是を以て流通経中、普賢行願独り弥陀を指すは、極めて至切たり。

（『楽邦文類』巻二、浄全6-966下）

あきらかに、義和自身は唯心浄土を堅持し、念佛求生西方浄土を唯心浄土を証得するための手段にして、浄土宗を華厳宗の軌道にのせようとしている。これは成功しなかったが、義和は畢竟、念佛求生西方を提唱し、念佛三昧を修したのである。そのことによって浄土念佛の列につながる。

三、律浄の合流

律宗は北宋末になってふたたび盛んになるが、その中堅人物元照が同時に浄土を弘伝した大師である。元照(一〇四八—一一一六)は俗姓を唐といい、余杭(浙江省杭県)の人である。若くして俗を離れ、十八歳で得度する。最初祥符寺慧鑑律師に従って出家し、もっぱら律部をまなんだ。のちに天台の学者処謙について天台教規を探求し、律を中心として各宗をひろくまなぶ。ついで允堪(一〇〇五—一〇六一)の南山正伝を嗣ぎ、杭州昭慶寺を主持し、弘律伝戒につとめた。晩年、杭州霊芝寺にうつり、ひろく講説や著作に従事し『行事鈔資持記』等一百巻の著作がある。かれは『資持記』を作り、天台宗の教義によって道宣の学説を明らかにしたが、これは允堪の『会正記』とまたちがいがあった。そこで、南山律宗は会正と資持の両派にわかれることになる。霊芝寺に居ること三十年、世に霊芝尊者とよばれる。大智律師と贈り名される。

元照は浄土を弘伝し、著作には『観無量寿経』や『阿弥陀経』の注釈書がある。『浄土礼懺儀序』中に、かれはもと浄土信仰に反対していたことをみずから述べている。最初は「十二劫も蓮華中に楽を受けしむれば、如何ぞ三途極苦の処に衆生を救わんや」とかんがえたが、のちに重病に遭い「神識迷茫して、趣向を知るなし」、病癒してのち前非を頓覚し、悲泣感傷してみずからを深く責める。志大なれど、力いまだ任に堪えずと。また天台智顗の『十疑論』を読む。智顗は初心の菩薩はいまだ無生忍を得ず、すべからくつねに佛を離れざるべしと説く。さらに『智度論』の説をひいて、凡夫は大悲心をもって衆生を救わんとするも、あたわず、なお母を離れ得ざる嬰児のごとし、なんぞよく人を救わんやと。元照はこれに深く啓発され、平生の所学をことごとく棄て、浄土を専修した。二十余年、いよいよ信を深くし、衆生を化導して浄業を修せしめ、『浄業礼懺儀』を集めてその修習に供した。

元照によると、弥陀浄土は唯心浄土であると同時にまた真実の浄土であって、理事一如、真俗不二である。ただ理についていえば、唯心である。『無量寿佛讃』にいう。

浄穢隔てるといえども、あに自心を越えんや。生佛乃ち殊なり、なんぞ己が性にそむかんや。心体虚昿にして、往来を碍げず。性もと包容し、なんぞ取捨を妨げん。是を以て念を挙げて即ち宝界に登り、地産の家郷に還帰す。弾指に仰いで慈容に対し、実に天真の父子に会う。機生じて徳を負い、枉げて沈淪を受く。今日誠に投じ、必ず拯済を蒙らん。

（『楽邦文類』巻二、浄全6-990上）

しかし、事についていえば、これはまた真実である。『無量院造弥陀像記』中にいう。

若しくは観想し、若しくは持名し、若しくは礼誦し、若しくは斎戒して、光華を見、相好を睹するに至り、生身に舎利に流れ、垂終に善相を感ずる者、数うるに耐うべからず。……礼足し、瞻顔し、称名し、送想することありて、業根を苦海に抜かざるはなく、みな蓮種を宝池に投ず。

（『楽邦文類』巻三、浄全6-1005下）

この理事一如、真俗不二の道理を、元照は刻木造像によって説明する。『開元寺三聖立像記』中にいう。

此の像は材木、灰布、膠漆、金彩、彼の衆縁和合に仮りて成る。衆縁に求むるは、みな世間の物、各に名体ありて、いずれか佛ならんや。然るに縁に定相なく、物に定名なく、既に号して佛たり、一切の衆縁すでにみな佛体にあらざるはなし。あにこれを捨て別に佛を求めんや。故に『華厳』に云う、色相は是れ佛にあらず、音声も亦また然り、亦色相を離れずして、佛の神通力を見ると。かくの如くこれを見れば、相に住せず、また相を離れず、理事一如、真俗不二なり。また像に対するといえども、是れ真に佛を見るなり。（『楽邦文類』巻三、浄全6-1004下）

元照はここで材木、灰布、膠漆、金彩などと佛像の関係を中道観によって説明する。佛像は材木、灰布、膠漆、金彩等が衆縁和合してできたものであるが、この衆縁はすべて世間の物、どのひとつをとってもそれは佛像ではない。つまり佛像は空である。しかし衆縁が佛像と和合すると、これを佛と名づけ、佛は和合した衆縁のなかにあって、衆縁を借りて存在する。つまり仮有である。佛がその和合した衆縁のなかに存在する以上、衆縁のいずれのひとつにも佛は存在するわけで、一切の衆縁いずれも佛体にあらざるはなしである。したがって、理、真諦からいえば、佛は空、無相であり、いずれの素材も佛ではない。しかし、事、俗諦からいえば、佛は有、有相であり、すべての素材、一切の衆縁が佛体である。佛像を見るというのは当然真実の佛を見るのであると。かれはたくみに無相と有相、像と佛の関係を説明し、唯心浄土と西方浄土を統一する。

元照以後律宗はおとろえ、元明の境には法系の伝承もすがたを消す。法相宗は唐代に数伝したのちすでにおとろえ、唐武宗の滅佛によって窺基、慧沼、智周らの著作も佚失し、衰落を深める。宋代各宗の浄土帰向の流れのなかで律宗、とくに法相宗にうごきがないのはこれが理由である。

第四節　結社念佛の風潮

天台宗、禅宗を中心とする各宗派が浄土に帰向し、浄土が佛門に普及すると、これによって士大夫や民衆のあいだに結社念佛の風がうまれた。

もっとも早い結社念佛はいうまでもなく東晋慧遠である。唐代にも民衆をあつめて念佛をする僧はあった。承遠、法照、少康らもそうである。しかしかれらが慧遠を旗印にすることはなかった。また規模もちいさく、固定した結社形態をもたなかった。しかし宋代になると、慧遠を模して白蓮社を旗印に結社することが流行する。一社の人数も千、万、どうかすると十万にも達した。それぞれに疎密のちがいがあるとはいえ固定した組織をもち、定期的に活動し、士大夫や朝廷からも支持を得た。また単に念佛組織というばかりでなく、慈善団体、互助組織であり、民間の秘密宗教組織に発展していくものもあった。これらは一般に僧が建てたもの、あるいは僧が指導して在俗の弟子がたてたものので、つねに僧が教師、顧問の位置にあった。したがって結社はいわば寺院の外郭組織である。ただ念佛専門の組織であるから、当然浄土宗の組織であり浄土教団の雛形であった。包括する範囲の広いこと、人数の多いこと、大乗佛教各宗がうらやむところであったが他宗は望むべくもなかった。浄土宗は大乗佛教に取って代わる勢いを得て、佛教信徒の信仰の中心は釈迦牟尼佛から阿弥陀佛に移っていた。

一、普通の結社

宗暁の『楽邦文類』巻三によると「近世の宗師、公心無党の者は、此の法（浄土法門）を率用してその徒を誨誘す。

これにより、在処に立殿造像し、社を結び会を建て、豪賤なく、少長なく、誠を浄土に帰せざるはなし」という。前述のように、宋真宗のとき省常が浄行社をつくり、宰相王旦を社首として一千余人をあつめたが、宗賾、知礼、遵式、空印らもそれぞれに結社をもった。この他にさらにつぎのような結社をあげることができる。

(一) 文彦博の浄土会

文彦博(一〇〇六—一〇九七)は字を質夫、汾州介休(山西省介休市)の人である。仁宗のとき進士となり、広暦年間(一〇四一—一〇四八)に宰相となる。嘉祐三年これを退き潞国公に封ぜられる。英宗のとき侍中、枢密使となる。神宗のとき検校司徒となり、中書令を兼ね、のち司空を拝しさらに司徒をくわえ、太尉を拝し、太師をもって仕えた。哲宗のとき平章軍国重事となり、九十二歳で卒した。『居士分灯録』巻下には文彦博の行跡を記してつぎのようにいう「専ら阿弥陀佛を念じ、晨香夜坐して、いまだかつて少懈することなし。発願する毎に曰く、願わくば我常に精進し、一切の善を勤修せん。また願わくば我は心宗を了し、諸含識を広度せん。すなわち浄厳法師とともに十万人を集め浄土会をなさん。如如居士に頌讃ありて曰く、君の胆気大なること天の如きを知る、願わくば西方十万の縁を結ばん。これ一身のために活計を求めるにあらず、みなひとしく渡頭の船に上りて、臨終に安然として佛の化を念ぜんと」

(二) 周敦頤とその『愛蓮説』

周敦頤(一〇一七—一〇七三)は字を茂叔といい、道州(湖南省道県)の人である。贈り名して元、元公とよばれる。また濂渓先生ともいう。県の主簿、県令、州判官、州通判、知州軍などを歴任したが、理学の「開山祖師」として『太極図・易説』『易通』などの著がある。四十五歳のとき虔州（江西省贛州市）の通判となり、赴任の途上江州で廬山の勝景にひかれ、のちにその山麓に書堂をたてて濂渓書堂と名づけた。晩年をここですごし、五十七歳で病没する。

周敦頤は佛、道二家をまなび儒を修めた。僧佛印了元（一〇三二—一〇九八）と深く交わり、佛印を社主として、慧遠の白蓮社伝説をまね、青松社を結んで念佛をした。仁宗の嘉祐年間、周敦頤は誣告される。使者趙抃はかれにたいしきびしかったが、かれはこれに超然と処したという。

青松社は長年存続した。周敦頤はその発起人、中心人物として、官にあって離れることがあっても、またもどってくることを約し、事実晩年もどって病没するまで青松社の領袖であった。

周敦頤の浄土念佛との深いつながりは、かれの名篇『愛蓮説』のなかに一斑をうかがうことができる。

> 水陸草木の花、愛すべきものはなはだおおし。晋の陶淵明はひとり菊を愛す。李唐よりこのかた、世人盛んに牡丹を愛す。予ひとり、蓮の淤泥より出でて染まらず、清漣に濯て妖ならず、中通じ外直にして、蔓ならず枝あらざるを愛す。香は遠くにしてますます清く、亭亭として浄く立ち、遠く観るべくしてみだりに玩ぶべからず。予おもえらく、菊は華の隠逸なるもの、牡丹は華の富貴なるもの。蓮は華の君子たるもの。ああ、菊の愛、陶の後聞くことあるは少なく、蓮の愛、予に同じきもの何人ぞ。牡丹の愛、宜なるかな衆きこと。
> （『周元公集』）

ここでは『愛蓮説』の文学的価値はべつとして、佛教とのかかわりを見よう。

佛教では蓮花を清浄佛性の象徴として珍重してきた。『妙法蓮華経』は蓮花を佛の説く深法の象徴とし、経名に蓮花の文字を冠する。『華厳経』や『梵網経』では「蓮華蔵世界」を説く。佛や菩薩の大多数は蓮花を座としている。『観無量寿経』では阿弥陀佛および観音、大勢至二菩薩は宝蓮華上に坐し、衆生の臨終にはその佛と大衆が蓮花をもって往生人を迎える。この種の例は他にもきわめて多い。

佛教がなぜ蓮花を珍重するのか。世親の『摂大乗論釈』に見ることができる。同書巻一五にいう。

蓮花は泥水のなかに在るといえども、泥水の汚すところとならず、法界の真如が世間に在るといえども、世間法の汚すところとならざるを譬う。また蓮花は性自ら開発す、法界の真如が性自ら開発して、衆生若し証すれば、皆覚悟を得るを譬う。また蓮花は群蜂の採るところとなる、法界の真如が衆聖の用うるところとなるを譬う。また蓮花に四徳あり、一に香、二に浄、三に柔軟、四に可愛なり、法界の真如がすべて四徳、いわく常、楽、我、浄あるを譬う。（大正 31-264 上）

ここで蓮花の描写は清浄佛性の描写である。『愛蓮説』中の「淤泥より出でて染まらず、清漣に濯て妖ならず、中通じて外直にして、蔓ならず枝あらざるを愛す。香は遠くにしてますます清く、亭亭として浄く立つ」の部分ははは世親の描く蓮花ときわめて近い。『愛蓮説』は蓮花への讃をとおして人性をうたい、「淤泥より出でて染まらず」という自性清浄を讃嘆する。その立場は儒家であるがあきらかに佛教の影響下にある。ある意味で、『愛蓮説』が讃嘆するのは自性清浄の佛性であり、浄土の正報であるといってもよいのではなかろうか。

周敦頤の時代には慧遠の白蓮社念佛の伝説がすでに成立している。佛印の偈中に「況や是れ天池蓮社の約」の句があることにうかがえる。周敦頤が『愛蓮説』を書いたのはその廬山である。慧遠の蓮社を慕い、佛印とともに青松社をたてた周敦頤が、蓮花の自性清浄をうたうのは偶然ではない。浄土信仰とつながりがあるといって言い過ぎではない。

（三）蘇軾の浄土帰信

蘇軾（一〇三六―一一〇一）は字を子瞻、みずから東坡居士と号した。眉州眉山（四川省眉県）の人、二十二歳で進士となるが官途に志を得なかった。詩、詞、文に造詣が深い。

蘇軾は佛教に熱心で、浄土信仰者のひとりである。臨済宗の名僧東林常聡（一〇二五―一〇九一）は廬山東林寺に駐錫説法した。蘇軾は黄州より汝州に謫居され、廬山に遊び、常聡と親交をむすんだ。二人は東林寺に僧俗千余人を集め、「禅社」をたて、禅浄双修の活動をおこなった。蘇軾はのちに杭州通判の職にあったとき、画工に命じて阿弥陀佛像を画かせて母の冥福を祈り、『画阿弥陀佛像偈』をつくっている。また元祐八年（一〇九三）亡妻王氏のために阿弥陀佛像を画き『阿弥陀佛像讃』をつくる。晩年には浄土回帰の実践につとめ、水陸法像を画いて十六篇の讃をつくり、「眉山水陸会」をたてる。

（四）馮楫

馮楫は字を済川といい、蜀の遂寧（四川省遂寧県）の人である。臨済宗佛眼清遠の門に入る。南宋高宗紹興七年（一一三七）給事中となり、瀘州に出師する。浄業を兼修し、道俗を率いて繋念会をつくり西方をもって帰すべきところとした。折りしも戦乱で各刹の蔵経が破損した。義捐金をつのって大蔵経四十八蔵をつくり、また小蔵の四大部四十八蔵をつくって各山に分施した。晩年は昼夜不眠の浄業につとめ、『西方礼』三巻、『弥陀懺』一巻をつくり、また浄土会をたる。一日、感あって『和陶淵明帰去来兮』をつくり、衆に念佛を勧めた。そのなかにいう。

人生夢の如し、よく幾時を得ん、なんぞ名利のために縈留せん。此の一報看つくして、さらにこれをとらんか。浮世は皆幻境にして、楽土は真の佳期なり。蓮種を池中に布きて、長えに念佛して以て培耔せん。こいねがわくば終わる時に臨んで佛迎垂し、別れを叙して詩を留む。此れより地地増進し、決して菩提を証するに何んぞ疑を用いん。

（『楽邦文類』巻五、浄全 6-1092 上）

（五）張掄と蓮社

張掄は均州（湖北省均県）防御使、充両浙西路副都総管秀州駐扎の官職にあったが、『高宗皇帝御書蓮社記』中にみずからつぎのように述べる。

すなわち弊廬をひらき、廬東偏に池を穿ち蓮をうえ、慧遠結社の遺意に倣う。日に妻子を率い誦万過を課す。また歳に春秋の季月涓良の日を以て、烏戌普静の精舎に、信道の者とこれを共にす。是において見聞し随喜するもの、雲集川至し、佛を唱するの声潮汐の江をさかのぼるが如し。

（『楽邦文類』巻三、浄全 6-1007 下）

宋高宗は「蓮社」の二字を親書したが、孝宗の乾道二年（一一六六）、張掄はこれを金石に刻し、あわせこの記を書いた。かつて宋仁宗（在位一〇二三―一〇六四）は「白蓮」の扁額を下賜したが、高宗も張掄に「蓮社」の題扁を書き、宋代皇帝の結社念佛への支持がうかがわれる。

（六）鄭子隆と弥陀会

臨済宗の僧法忠（一〇八四―一一四九）はかつて『南岳山弥陀塔記』をつくり、鄭子隆が会を結び念佛し、塔をたてたいきさつを詳細に述べる。

生霊の苦、殺戮より苦しきはなし。数年このかた、寇盗四方に起こり、兵火こもごも作す。（民は）その非理の殞亡に遭い、横尸墜首は溝壑を塡め、蓋し数うるに耐うべからず。加うるにまた疫気流作し、民またこれに苦しむ。信士鄭子隆あり、つとに善種を懐き、悲念特発す。その罹乱の苦しみを観て、怨業に対あるを知る。怨みを以て怨みに報い、いずくんぞやまん。断じてこれ佛力を以て拯済すべし、すなわち精誠を運び、同志の者と結び、万人共に西方極楽世界の阿弥陀佛の尊号を念じ、八万四千蔵。願すでに円満し、また檀越を化し、同じく浄財を出だして、工をやとい石を磨き、卒塔婆一所を建つ。凡そ七級、高さ三丈有二、南岳羅漢洞の妙高台の右に立つ。念佛人の名をその中に蔵す。この勝れた利をあつめ、国泰く民安んじ、品物みな宜しく、凡そ陣亡疫死せる者みな幽淪の苦を脱し、浄方に趣生せんことを願う。

（『楽邦文類』巻三、浄全 6-1008 上）

時に高宗紹興三年（一一三三）、南宋立って七年目である。戦乱のなかで金、宋ともに死者多く、さらに宋では盗賊四方に起こり疫病が流行した。これによって浄土信仰が急速に伝播する。法忠の描く鄭子隆の集衆念佛は、この時代の民衆の心理を反映する。

（七）王衷の結社

王衷は嘉禾（浙江省嘉興市）の人、銭塘に住んだ。宋の徽宗政和年間（一一一一―一一一七）推されて隠逸となり、朝廷は処士の名分で表彰し、左朝散大夫に封じた。王衷は白蓮社を結び念佛をした。その入社を勧請する文にいう「自らを利する者は必ず人を利す。今、衷謹んで居処において白蓮社を結び、人を募りて同じく修す。あずからんと欲する者、尊卑、貴賎、士庶、僧尼を限らず、ただ発心し西帰を願う者、あまねく入社されんことを請う」（『楽邦遺稿』巻下）と。入社にはなんの制限もなく、だれもが参加でき、結社がすべての階層に及んでいたことが知られる。

当時の念佛結社は大小さまざまで、各地に普及していた。その活動も単純な念佛集会から発展し、食斎、誦経、懺悔、帝寿祈願さらには僧田を設け、経文を印刷し、教義を宣講し、寺塔を建立し、ひろく行善をおこなうものまであった。行善はそれぞれが職分に応じて他人につくすことで、王日休はかつてすべての職業、人物を三十六種の類型にわけ、それぞれの行善を説明している。その類型とは、士人、有官の君子、公門にある者、医者、僧、参禅者、富者、貪吝者、孝子、骨肉恩愛者、婦人、僕妾、農者、養蚕者、商賈、工匠、屯蹇者、骨肉怨憎者、漁者、網飛禽者、厨房者、作福者、誦経者、貴人、大聡明者、売酒者、開食店者、屠者、風塵中の者（水商売）、罪悪人、病苦者、疾悪で精神を病む者、軍中の人、悪口者、童男、室女である。王日休はそれぞれについて、その境遇に応じて普度衆生に力を致し、浄業を勤修することを勧める。「宜しくその善をなす所以に随いて、以て修進の功に資すべし」と。行善の対象は同社中のひとびとと、主として同社中のたがいに善縁を結ぶひとたちである。したがって実際上これらの社団は互助組織であって、きわめて堅い感情的結びつきがうまれる。白蓮宗という教派はこの基礎のうえにうまれるのである。

二、教派性の結社

さきに弥勒信仰史をのべて白蓮社について簡単な紹介をしたが、弥陀信仰の立場から再度かんがえてみたい。宋代において浄土教が大乗佛教に取って代わるいきおいをもったことはすでにみたが、その萌芽は白蓮宗である。

宋代は民間の結社が盛んである。都市の発展が速く、社会の分業、専門化がすすみ、臨安市の専門商は四百四十にもおよんだ。宋と遼、金、西夏との戦いは多くの流亡人口をうみ、建炎元年（一一二七）には寿春以北が陥落すると、無数の農民が故郷をはなれて都市に移り住み職をもとめた。それぞれに雇人、運搬工、芸人、小売、店員、手工業者さらには医者、占い師、星占いなどになった。かれらは本来の封建宗法の大家族制度から追われ、不安定な社会に孤立無援の生活を強いられたわけである。精神的に不安であり、あたらしい社会連繋を渇望した。これに応じて各種の民間結社がうまれたのであるが、これらの結社はあるいは大衆の苦難救済を宣伝し、あるいは生活の互助を実行し、あるいは群衆の暴動を組織した。古い社会秩序が壊れると、そこに互いに浸透しあうというのは自然のなりゆきである。あるものは一般人から和尚や道士になり、またある和尚は質屋や商店主となった。かれらは佛教の旗標をかかげ「僧でもない俗でもない」あたらしい教派をつくった。このような社会的背景のもと念佛結社に名をかりて出現したのが白蓮宗である。

いろんな資料からみると、白蓮宗の創始者である茅子元は知識と度量に富んだ浄土僧である。普度はその伝記にいう。

師諱して子元、万事休と号す。平江崑山（江蘇省松江）茅氏の子なり。母柴氏夜佛一尊の門に入るを夢みて、次の朝生む、因て佛来と名づく。父母早く亡し。本州延祥寺の志通に投じ出家し、『法華経』を習誦す。十九歳にて落髪し止観禅法を習う。一日、正定中に鴉声を聞いて道を悟り、すなわち頌ありていわく「二十余年紙上に尋ね、尋ね来たり尋ね去って呻吟す。忽然と聞くを得たり慈鴉の叫ぶを。始めて信ず、従前は用心をあやまてり」と。是において利他の心切にして、広度の願を発して、すなわち廬山遠公蓮社の遺風を慕い、三宝に帰依し、五戒を受持することを勧む、すなわち一に不殺、二に不盗、三に不淫、四に不妄、五に不酒、阿弥陀佛を五声念じて、以て五戒を証す。普く浄縁を結んで、世人をして五根を浄め、五力を得、五濁地を出でしめんと欲す。すなわち『大蔵』の要言を撮集し、『蓮宗晨朝懺儀』を編成し、代わって法界衆生のために礼佛懺悔し安養に生ぜんことを祈る。後、澱山湖に往き、白蓮懺堂を創立し、同じく浄業を修し、『円融四十三観選佛図』を述べて蓮宗の眼目を開示す。四十六歳、障江州に臨む、逆順境中にあっていまだかつて動念せず、方に随って勧化し、即ち頌文成る、目に曰う『西行集』と。乾道二年（一一六六）寿聖高宗詔して徳寿殿に至りて浄土法門を演説せしめ、特に勧修浄業、白蓮導師、慈照宗主を賜う。銭塘西湖昭慶寺に就きて、祝聖謝恩す。佛事おわりて平江を回る。かつて誓を発していわく、願わくば大地の人普く妙道に覚め、つねに四字を以て定名の宗となし、示導し人をして弥陀を念ぜしめ、同じく浄土に生ぜんことをと。これより宗風大いに振う。師『弥陀集要』『法華百心』『証道歌』『風月集』を集し世に行わる。三月二十三日鐸城倪普建宅において、諸徒に告げて曰く、時まさに行くべしと。言おわり合掌して衆に辞し、奄然と示寂す。

（『蓮宗宝鑑』巻四、大正 47-326 上）

われわれはこの描写から茅子元が浄土の大師であることを知る。全心全意、浄土を弘揚し、「逆順境中にあっていまだかつて動念せず、方に随って勧化した」堅固不抜の度量をそなえた宗教指導者である。茅子元の声望はまことに高く、おおくの信徒がかれに追随した。「勧修浄業、白蓮導師、慈照宗主」の封号を下賜された栄誉は、同時代の僧に比肩するものがいないばかりか、慧遠、曇鸞、善導さえおよばない。

茅子元の佛学にたいする造詣はきわめて深い。その核心は天台宗を基礎に華厳、法相、禅、律を融合して浄土に帰向することであった。『円融四土選佛図序』中の『禅教相成』にいう。

天台賢首慈恩の教、達磨南山意異ならず。
法門の頭数窮尽することなく、毫端を離れず妙粗を絶つ。

（『蓮宗宝鑑』巻二、大正 47-316 下）

また『心佛無殊』にいう。

此の心即ち是れ弥陀佛、弥陀即ち是れ自心の源。
皆言う蟾光に虧減ありと、誰か信ぜん従来日日に円かなるを。

（『蓮宗宝鑑』巻二、大正 47-316 下）

つまり茅子元は唯心浄土と西方浄土その相が一致することを主張した。『凡聖同居土』のなかで、さらに衆生に念佛を勧めてつぎのようにいう。「ただ念佛を信願すれば、煩悩を断たず、家縁を捨てず、禅定を修せずとも、命終の時に臨んで弥陀接引し、皆往生浄土を得ん」「三界を横出するは知る人少なきも、易修易往を狐疑するなかれ。塵垢いまだ除かずして解脱を求め、一心に弥陀を信願す。臨終正念して去ること分明なり、三朝七日に時を予知す。既に浄土に生ずれば、常に法を聞く、何ぞ悟心の機を得ざるを愁えん」と。

茅子元の教義に本来造反的な内容はない。正統な浄土宗の教義である。したがってかれは在世中高い栄誉を得て、正統な浄土宗の宗師と認められている。その著は同時代の『龍舒浄土文』や元代の『蓮宗宝鑑』に再三引用される。この情況は明代までつづく。ついでにいえば、元から明初の白蓮教についての記録に茅子元の名はあらわれない。創始者についてまったく語られることがなかった。これは明以後白蓮教がいずれの教派分派もみなその創始者を祀り、神格化するのをかんがえれば、信じがたいことだが、その理由は簡単である。茅子元は真の白蓮教の創始者、祖師ではないからである。

いうまでもなく、茅子元は浄土思想について革新的である。これは百三十年後の志磐『佛祖統紀』巻四七に反映している。志磐はかれを異端として批判する。

呉郡（江蘇省呉県）延祥院の僧茅子元なる者、初は梵法主に学び、台宗を依倣して、『円融四土図』『晨朝礼懺文』を出だす。偈は四句を歌い、佛は五声を念じ、これを男女に勧め、同じく浄業を修す。自らを白蓮導師と称し、坐して衆の拝を受く。葱乳を謹み、不殺、不飲酒して、白蓮菜と号す。その邪教を受ける者、これを伝道といい、これと通淫する者、これを伝法という。相見すれば僧におごり人をあなどり、至らざるところなし。愚夫愚婦は転相誑誘され、聚落田里にみなその妄を楽しむ。有司に論ずる者あり。ただすに魔につかうる罪を以てし、江州に流さる。……白蓮を号し、妄りに祖に托し、導師を称し、おごりて佛にひとし。いつわりて浄業と名づけ、もっぱら奸穢の行をなし、猥褻不良、何ぞよく道を具せんや。嗟乎。（大正49-425上）

志磐がはげしく攻撃するのは二点である。一に僭越にも佛や祖師と同じだということ、二に「通淫」すなわち妻帯して子をもうけたことである。一はしばらく措くとして、妻帯生子はまさに茅子元からはじまった。かれは念佛を信願すれば「煩悩を断たず、家縁を捨てず、禅定を修せず」ともよいと公言した。理学がさかんな宋代には「天理を存し、人欲を滅す」ことが強調され「男女の礼防」がさけばれた。志磐らは白蓮宗のこの妻帯をはげしく批難する。ただ、茅子元がねらったのもまさにここにある。これによってかれは浄土宗の真正の民衆化の大門をひらき、民衆に歓迎されたのである。もし茅子元の白蓮宗がそのままこの道を歩んでいたら、あるいは浄土門に新しい局面を創出していたかも知れない。

茅子元は修行法を簡略化した。浄土宗でこれまで強調された「十念」を念佛五声とする。すなわち志磐のいう「偈は四句を歌い、佛は五声を念ず」である。持戒では「葱乳を謹み、不殺、不飲酒」をいうが、実のところは五戒中「不殺」の一戒をのこすのみである。開禧二年（一二〇六）示寂した宗鑑は『釈門正統』中にいう「後に小茅闍梨また余党を収めるも、その見解は子元に及ばず。白衣転展して伝授するも、訛謬なきにはあらず、ただ護生の一戒を謹むのみ」と。

徽宗のとき王日休と真歇清了が戒殺念佛をとなえ、「不殺」の一戒をたもてば浄土往生、それも下品にあらざる往生ができると主張するから、ただ白蓮社だけが特別であったわけではないが、修行はしだいに簡略化した。

茅子元の継承者は小茅闍梨である。茅子元の妻帯生子の教義にしたがえば、小茅闍梨が茅子元の子であるという推測はじゅうぶん合理性がある。ただ史料に乏しく今断ずることはできない。確かなのは小茅がこの組織の指導者となり、組織を維持し、代々相伝したことである。その信徒は茅子元が命名した「普、覚、妙」によって法名をつけ、世俗の宗族が輩分によって同じ字をつかうのと同じ方法で取名した。百三十年後、志磐は白蓮菜について「然るにその余党、習を倣い今に至るも盛をなす」（『佛祖統紀』巻四七）というから、すくなくとも宋末に白蓮宗は存在し、かつ相当盛んであったわけである。明白なのは白蓮宗が法嗣の制度をたてていたことであり、だからこそ存続できたことである。これまで浄土宗に欠けていたのはまさにこの制度であり、そのため自身の組織をもてず、つねに学派のひとつとみなされてきた。白蓮宗には法嗣の制があり、牢固な組織があり、当然に活動方式や行儀があった。これは浄土宗発展史における飛躍ともいうべく、結社念佛から発展して独立の教派となったのである。それは萌芽にすぎなかったが、しだいに大きくなって大乗佛教に代わる趨勢がうまれたのである。

宋代に白蓮宗はまだ合法的な存在であった。しかし元代になると弥勒教や他の信仰と融合し、いわゆる「左道旁門」のなかにはいり、ついには弥勒劫変説を創出し、造反の白蓮教に演変する。これはもはや茅子元の白蓮宗ではなく、ただ「白蓮」の名をとどめるにすぎない。これによって浄土教派の萌芽としての白蓮宗も消失する。

第五節　浄土宗の文献

慧遠、曇鸞以来宋代にいたるまで、浄土門にかんする経注、論疏、専著、紀伝はすでにたいへん多い。さらに大量の浄土の文たとえば礼讃偈、懺願儀、発願文、自信録、念佛疏、正念偈、安養賦、観経頌、浄土詠、三昧詩、序跋、碑文、詩詞、偈頌、雑文等がある。これらは体裁広範、内容豊富、佛教文化中の一支脈を構成する。宋代になるとこの基礎のうえに浄土宗文献の彙編があらわれる。『楽邦文類』のような綜合的なもの、また専門的な遵式の『往生西方略伝』、戒珠の『浄土往生伝』、王古の『新修往生伝』、陸師寿の『浄土宝珠集』などである。これらの著述は多くの史料をのこすというだけでなく、一定の観点があり、これは重視されねばならない。

一、『楽邦文類』と『楽邦遺稿』

『楽邦文類』と『楽邦遺稿』（浄全六巻）の編者は宗暁である。宗暁（一一五一—一二一四）は俗姓王、字を達先といい、四明（浙江鄞県）の人である。十八歳で具足戒を受け、のちに延慶寺の第一座となる。講演の余に『楽邦文類』『法華顕応録』を編纂する。教観を弘伝すること四十余年、石芝を号したので世に石芝宗暁とよばれる。編著にはこのほか

『楽邦遺稿』二巻、『四明教行録』七巻、『三教出興頌注』、『宝雲振祖集』、『金光明経照解』二巻、『施食通覧』、『明教編』などがある。

『楽邦文類』編纂の宗旨について宗暁は序にいう。

学を務むるには必ず師を求め、業を進めるには必ず法に托す。故にここに社（白蓮社）興り、専ら弥陀を以て宗主とし、諸経を司南とす。晋唐以来、高僧巨儒、みな著述あってこの事を賛美す。その間説義に浅深あり、属辞に工拙ありといえども、譬えば万派東流して、同じく滄海に帰し、かの飲用する者をしてみな一味を沾しむ。宗暁……諸経を嚢括し衆製を網羅し、伏してこれを読み良導を意図す。微辞奥旨は窺測することやすからずといえども、研味するに年あり、粗なるもまたその梗概を識る。……遂に假日において、その得る所に即し、順次これを編み、経咒より始めて、詩詞に終わる。凡そ十有四門、総じて二百二十余首、わけて五巻となし、題して『楽邦文類』という。蓋し儒家柳宗直の『西漢文類』の作に倣えるものなり。（浄全6-921下）

宗暁は文献をあつめることばかりに意を注いだわけではない。自分の観点にしたがって選択し編集したという。『楽邦』とは西方極楽世界を指し、『文類』とは文献類編をいう。したがって『楽邦文類』とは浄土文献の総集を意味する。全書は経、記、論、序跋、文、賛、記碑、伝、雑文、賦銘、偈、頌、詩、詞の十四門にわかれ、各種の詩文二百四十七篇を収める。そのうちいくつかには宗暁の案語がつく。各巻の情況はつぎのごとくである。

第一巻　三門（1）経。『法華経』『悲華経』『無量寿経』『首楞厳経』『鼓音王経』『阿弥陀経』『観無量寿経』等から浄土にかんする論述四十六所を摘録する。（2）余咒。『無量寿修観行供養儀軌』『烏瑟膩沙最勝総持経』『不空羂索神変真言経』『弥陀不思議神力伝』から浄土にかんする咒語十道を摘録する。（3）論。『無量寿論』『毘婆沙論』『大智度論』『大乗起信論』『思惟要略法』から浄土にかんする論述六所を摘録する。巻末に『阿弥陀佛尊号』がある。

第二巻　三門（1）序跋。廬山慧遠『念佛三昧詩序』、智顗『観無量寿佛経疏序』、窺基『阿弥陀経通讃疏序』、遵式『往生西方略伝序』、飛錫『念佛三昧宝王論序』、義和『華厳念佛三昧無尽灯序』、元照『浄業礼懺儀序』等三十二篇がある。（2）文。柳宗元『東海若』、賛寧『結社法集文』、宗賾『蓮華勝会録文』等十三篇。（3）賛。李白『金銀泥画浄土変相賛』、白居易『繍阿弥陀佛賛』、蘇軾『画阿弥陀佛像賛』等十七篇。

第三巻　二門（1）記碑。柳宗元『龍興寺修浄土院記』『丘州無姓和尚碑』、白居易『画西方浄土賛記』、智円『銭唐白蓮社主碑』等十九篇。（2）伝。『東晋蓮社始祖遠法師伝』『歴代蓮社継祖五法師伝』『後魏壁谷神鸞法師伝』『大宋永明智覚禅師伝』等十四伝。

第四巻　一門　雑文三十三篇を収める。智顗『維摩疏示四種佛国』、善導『臨終正念訣』、延寿『万善同帰集揀示西方』、智円『西資宵鈔揀示偏賛西方』、択瑛『弁横竪二出』、遵式『晨朝十念法』等。

第五巻　五門（1）賦銘。各一篇、延寿『神栖安養賦』、遵式『日観銘』。（2）偈。蘇軾『画阿弥陀佛像偈』、遵式『釈華厳賢首賛佛偈』等六篇。（3）頌。元照『勧修浄業頌』、宗賾『勧念佛頌』『西方浄土頌』等二十篇。（4）詩。晋琅琊王喬之『念佛三昧詩』、白居易『東林寺臨水坐』、祖可『廬山十八賢』等二十二篇。（5）詞。任彪『擬淵明帰去来』、可旻『賛浄土漁家傲』等七篇である。

『楽邦文類』は収録するもの多彩であるが、概括していえばその価値は三点にある。

まず、浄土に定祖すること。宗暁は『蓮社始祖廬山遠法師伝』にいう。

時教は佛説にもとづくといえども、時教を洪する者は必ず天台を以て始祖となす。律蔵は佛制にもとづくといえども、律蔵を張する者は必ず南山を以て始祖となす。禅宗は佛心にもとづくといえども、佛心を伝うる者は必ず達磨を以て始祖となす。浄土に生まれんことを勧むるは、もとより大覚慈尊に出るといえども、此方の人をして念佛三昧あるを知らしむるは、まさに遠公法師を以て始祖となすべきなり。（『楽邦文類』巻三、浄全 6-1016 下）

明確に慧遠をもって浄土の始祖とかんがえている。宗暁はまた『蓮社継祖五大法師伝』中にいう。

蓮社を立つるは、既に遠公を以て始祖とし、師帰寂してより、今大宋慶元五年已未（一一九九）に至る、凡そ八百九年なり。中間に此道を継ぐ者すなわち五師あり。一に曰く善導師、二に曰く法照師、三に曰く少康師、四に曰く省常師、五に曰く宗賾師。是の五師は仰ぎて佛慈を体せざるはなく、大いに度門を啓き、異世に轍を同じくして、皆衆良を導く。伝記に載する所、誠に掩うべからず、この故を以てこれを録して、継祖となすなり。（『楽邦文類』巻三、浄全 6-1017 下）

かれは浄土宗に慧遠、善導、法照、少康、省常、宗賾の世系をたてた。これがいわゆる六祖説である。浄土宗における立祖の始めで、この後七祖説、八祖説、十一祖説、十二祖説、十三祖説があらわれる。これらの祖師説はいずれも人為的に祖師をくわえたもので、かならずしも浄土宗発展の脈絡を反映したものではない。

第二に、『楽邦文類』はよく佚失した文献を保存している。たとえば択瑛の『弁横竪二出』では「横出」で浄土法門を修持することをたとえ、「竪出」で他の法門を修持することをたとえる。この考えはのちに日本浄土真宗の開祖親鸞にひきつがれ「二双四重」の教判の基礎となっている。また慈雲懺主遵式の『晨朝十念法』には代表的な念佛の方式が記載されている。義和の『華厳念佛三昧無尽灯』はすでに佚失しているが『楽邦文類』巻二にその序が保存されていて、義和や華厳宗の念佛についての研究の手がかりをあたえている。子光の『明師勝地論』三巻も佚失しているが『楽邦文類』には林鎬の『明師勝地論跋』が保存されている。宗暁はこれに案語を付して、光主は西方浄土を修したが兼ねて弥勒を修したとその事跡をくわえる。久しく無聞の弥勒信仰がなお存在したことを示す消息である。そのほか元照『浄業礼懺儀序』、楊傑『直指浄土決疑集序』、陳瓘『宝城易記録』、元頴『浄土警策序』等も『楽邦文類』中に保存されていて価値がある。

つぎに『楽邦文類』中には晋から宋にいたる浄土宗の歴史、人物、著作、教理、儀式、詩歌さらには浄土院、弥陀閣、弥陀塔、弥陀像、蓮社壁画等についての記述がひろく収録されている。したがって浄土宗の歴史、文学芸術等の研究には豊富な資料を提供するものである。

しかし一方内容からみると、宗暁の浄土思想は浄土三流中慧遠流に属するものであり、その関心は主として上根者にあって、唯心浄土をもって西方浄土を理解している。この立場はかれの見るところを制約する。『楽邦文類』にあらわれるのはすべて名僧、名文人、名官宦、名士大夫、名尼、名夫人である。かれらは名望があり、地位があり、学問があって浄土に心をよせたとはいえ、社会全体からみればほんの少数である。念佛によって浄土を修した広大な一般民衆は少康流にあって、『楽邦文類』には姿をみせない。茅子元の白蓮教は当時民間ですこぶる影響力があったが、宗暁はこれについて一字もふれない。白蓮教はかれと同時代、あるいは少し早く、浙江一帯で天台宗を基礎に発展したわけで、宗暁が知らなかったということはありえない。視野がいささか狭く、浄土宗の主流を十分反映していないというのが『楽邦文類』の欠点である。これは宗暁の限界である。

『楽邦文類』が成って四年、宗暁は『楽邦文類』に収められなかった資料をべつに『楽邦遺稿』二巻として編集した。その意は「蓋し儒家典籍拾遺の説を倣効する」にあった。「専ら群生の浄土に帰するを導く」として宗暁は『楽邦帰志』とも称した。全書すべて百二十六篇を収めるが、多くは浄土に類する文の摘録で、折々自身が篇末に案語をくわえる。上巻は六十篇、『念佛名者必成三昧』『発菩提心求生浄土』『陳了翁談唯心浄土』『発心決定必得往生』『布法師浄土非所願』

『評龍牙禅師頌』『弁心浄則国浄』などが含まれる。下巻は六十六篇、『海慧禅師示心浄土浄』『大智律師示事理不二』『生死本無随妄而有』等があり、そのなかにはおおくの因果応報故事がふくまれる。たとえば『古長老後身生宰相家』『韋皐前身諸葛武侯』『裴相国為於闐国王子』『石延年堕鬼仙』『蘇東坡前身五祖戒禅師』『黄山谷前身誦蓮経婦人』等である。内容は概して部類分けをせず乱雑の印象をうけるが、その核心になるものは鮮明で、唯心浄土即西方浄土および勧帰西方である。たとえば『陳了翁談唯心浄土』中にいう「一念心起これば三千の性相一時に起こる。一念心滅すれば三千の性相一時に滅す。念外に一毫の法も得るべきなく、法外に一毫の念も得るべきなし。此れ乃ち本性不遷の法にして、中理円明の体なり。此の体は如理を以て命となし、その寿無量なれど報得の命根にあらず、また連持することなし。もと名字なく諸名を拒まず、その土を名づけて極楽国といい、その身を名づけて阿弥陀という。身土交参して、一妙に融乎す」(浄全 6-1107 下) と。これは典型的な唯心浄土の説き方である。

陳了翁とは陳瓘、南剣州 (福建省南平市) 沙県の人、華厳居士と号した。陳瓘は唯心浄土と西方浄土はおなじものとかんがえ、唯心浄土即西方浄土、西方浄土即唯心浄土と説いた。先人はみな二つの浄土は相対立するもの、あるいは相排斥するものとかんがえ、唯心浄土を主とするひとは西方浄土をしりぞけ、西方浄土を主とするひとは唯心浄土をしりぞけた。あるいは二種の浄土の対立のうえにたって、真俗不二、事理一如の論をもってその統一をはかってきた。しかし陳瓘は二種の浄土の対立を破り、直裁簡明に二種の浄土の一致を主張した。こう主張するからには、唯心浄土を修するには西方浄土も修めねばならないというのは理の当然の帰結である。

『楽邦遺稿』中には佚失した著作の断片や序記などが保存されている。文法師『浄土法門序』等もそれであるが、浄土宗研究にとって『楽邦文類』の不足をおぎなう価値高い資料である。

二、『龍舒浄土文』と『大阿弥陀経』

（一）『龍舒浄土文』について

『龍舒浄土文』の作者は王日休である。王日休は龍舒（安徽省舒城）の人、字は虚中、龍舒居士と号した。南宋高宗のとき国学進士に挙げられたが官に就かず、性は端静簡黙、群書に博通し、六経諸子を訓伝すること数十万言に達した。のちにこれを捨て、もっぱら浄業を修めた。年六十にして布衣蔬食し、日に千拝を課した。『龍舒浄土文』は正式には『龍舒増広浄土文』、全十二巻である。王日休はその自序にいう。

予、あまねく蔵経及び諸伝記を覧る。その意を取りて浄土文をつくる。一字として本づくところ無きはなし、幸いに、人微なるを以てその説をおろそかにすることなかれ。人々ともに暁らんと欲するが故にその言は直にして飾らず。（大正47-254中）

この文はすべて経、伝にもとづいて書かれたもので、一字といえども来歴のないものはない。すべての人に理解されんがために直言して文采をくわえなかったという。

第一巻は『浄土起信』と題し九篇、第二巻は『浄土総要』で七篇、第三巻は『普勧修持』で九篇、第四巻は『修持法門』で十五篇、第五巻は『感応事跡』で三十篇である。第五巻には慧遠、曇鸞、善導、懐玉、少康、延寿やさらには一般の鍛冶屋、屠牛者などの事跡がふくまれる。第六巻は『特為勧諭』で三十七篇、第七巻は『指迷帰要』で七篇、これには三界六道輪廻の事例が説かれる。第八巻は『現世感応』で十八篇、第九巻は『助修上品』で十六篇、第十巻は『浄濁如一』で十篇、大乗の佛理を説く。第十一巻は智顗、宗賾、延寿らの勧修浄土の文六篇を引く。これは第四巻『修持法門』の宗旨とおなじで、王日休が編纂時に用いなかった稿を後人が捨てるに忍びず一巻にまとめたものである。第十二巻は『付録』で『如如顔丙勧修浄業文』『慈照宗主臨終三疑』『善導和尚臨終往生正念文』『晨朝十念法』『讃佛偈』等八篇である。さらに聶允迪が『普勧修持』『超脱輪廻捷径』『念佛報応因縁』の三篇をくわえている。

『龍舒浄土文』は『楽邦文類』にくらべ視野がひろい。内容からみれば教理と修持、浄土の楽と地獄の苦、六道輪廻と現世感応、歴史と勧諭を包括し、とりあげるところがよく整備されている。また範囲からみれば上根者、中根者ばかりでなく一般民衆さらに屠牛者などまでその対象にしている。浄土宗は本来民衆宗教であり、王日休はその一般民衆の浄土帰信の勧諭に力をそそぐ。したがってできるだけ通俗に書き、仁人君子には文字を識らぬものへの解説を依頼する。浄土宗の基本精神にかなうものである。

注意すべきは王日休が戒殺念佛に力をいれたことである。「戒殺念佛」とは殺生を戒めて念佛を修すること、宋代以後に強調された行儀である。佛教は元来殺戒をきびしく説き、五戒の第一である。南北朝と斉梁の間、学佛者は『楞伽阿跋多羅宝経』巻四「肉を食すべからず」のおしえによって肉食を断った。また隋唐には『梵網経』『金光明経・流水長者子品』によって戒殺放生法会をおこなってきた。宋になって王日休、真歇清了らが『観無量寿経』に説く三福中「慈心不殺、修十善業」の文によって念佛行者がきびしく殺生戒を受持すべきことを主張した。王日休は『修持法門八』中にいう。

殺生は五戒の首、十戒の首、また比丘五百五十戒の首たり、是れ殺さずんば則ち大善、殺さば則ち大悪なり。故にいわく、凡そ殺生せんと欲する者、ただ自己を見るのみ、自身殺すべからざるも、物命もちがいなし。故に不殺は長寿の報いを得、殺さば短命の報いあり。蓋しおのれの命長きことを欲し、物またその命長きことを欲すと謂い、乃ち物の命を殺して、おのれの命長からんことを欲するも、いずくんぞこの理あらん。故に殺生戒にめざめざるべからず。……若しただ此の不殺の一戒をたもち、以て浄土を修すれば、これすでに下品の生にあらず。

（『龍舒浄土文』巻四、大正47-264中）

もし疾病にありて、三種の浄肉を食すること免れずんば、すなわち食するところの衆生に対し祈りて言うべしという。

弟子某、謹んで此の南閻浮提、今日殺すところの、食するところの衆生のために、「南無西方極楽世界三十六万億一十一万九千五百同名同号阿弥陀佛」と聖号一百二十遍を念誦す。ただ如来の大慈大悲に仰がん、某の如来名号を念誦するを以て、一声一如来、一衆生を度し、その念誦の数を尽くして、またまたかくの如く、極楽世界に度生を尽くしたまわんことを。礼拝。

（大正47-264中）

これは明代以後、居士の行法の規範となっている。

『帰元直指集』巻上には真歇清了の『戒殺』文をのせる。

嘆くに堪う、世人大いに錯誤し、却て苦事を楽となすを。賓を迎え客に待し按排す、生霊を殺害して造作し、耳畔にその痛声いまだ絶えざるに、便ち沸湯をとりて淋洗す。是れ鍋中に烹炮するにあらずんば、便ち火中に向かい炙烙す。堂上に親朋を聚集し、堂下には鼓楽喧喧り。その一世の奢華を恣にして、あに千生の墜落するを覚えんや。……諸善男女、各自回頭して相度し、如何に身心改悔し、三悪に沈淪するを免れんことをこいねがわん。

若し路頭を賺却せしむれば、万劫も転脚をなし難し。ただ阿弥陀佛を念じて、西方極楽を求生せん。

清了も念佛と慈悲戒殺放生の兼修を強調する。王日休と清了はともに徽宗の時代のひとである。かれらのこの共通の主張は戒殺念佛のあたらしい流れをつくり、浄土宗史にあたらしい風格をそえた。浄土宗にいう普度衆生の「衆生」とは一般に人を指し、不殺生は人が往生するためのものである。しかし王日休においては殺される畜生と同生浄土をねがうことを強調した。

往々長所は同時に短所である。『龍舒浄土文』は通俗をはかったため、多くは引用の出処を示さず、原文を完全に収めていない。『龍舒浄土文』の資料価値の劣るところである。

（二）『大阿弥陀経』について

『無量寿経』は漢から宋末までに十二訳がある。しかし宋元以後にのこったのは五訳、いわゆる「五存七欠」である。五訳にはそれぞれ詳、略のちがいがあり、内容はかならずしも一致しない。たとえば魏、唐の二訳は願文が四十八であるが、漢、呉の二訳は二十四、宋訳は三十六である。二十四で不足であるばかりでなく、四十八でもなお十分ではない。たとえば四十八願中もっとも重要なのは蓮花化生、国無婦女の二願とおもわれるが、漢、呉本にはあって曹魏本にはない。

王日休は漢、呉、魏、宋の四訳をあつめて一本とし、『大阿弥陀経』と称した。全書は五十六分よりなる（大正12-327）。かれは晩年つぎのように述べている。「大蔵のうちに『無量清浄平等覚経』『阿弥陀過度人道経』『無量寿経』『無量寿荘厳経』あり、この四者もと一経なり。訳者不同の故に四名あり。その舛訛ははなだ多く、予久しく校正し、また板に刊して以て行す」（『龍舒浄土文』巻二前言）と。つまりこれは新訳ではなく、四種の旧訳の会集本だという。これは五訳とともに世に行われたが評価はよくない。明代袾宏は「抄前著後、いまだ訳法にしたがわず」と批評した。清の彭際清は「凌乱乖舛して円旨に合わず」と批評した。今人黄超子は「繁を取りて要を遺す、深を改め浅となす」と批評する。しかしながら王日休は五種の訳の矛盾をみつけだし、その間に調和をはかり、たがいに補いあう新本をつくった。つまり節会本のための道をひらいたのである。彭際清は康僧会の訳から繁冗をのぞいて『無量寿経』とし、魏黙深は五訳を融合して『無量寿経』をつくった。今人夏蓮居は五訳を会集して『佛説大乗無量寿荘厳清浄平等覚経』をつくる。これらはすべて王日休がひらいた道からうまれたものである。

三、浄土往生伝

唐代に少康、文諗が『往生西方瑞応刪伝』（大正51-104）を刊行したが、宋になると浄土往生伝は著しく増加する。浄土往生伝はたんに往生伝ともいうが、命終ののち西方浄土に生まれた者の伝記の集録である。本来「往生」とは命終後他方世界に生まれることを指すから、兜率浄土、十方浄土、薬師浄瑠璃世界、観音補陀落浄土等をも含み、かならずしも西方極楽世界だけを意味するわけではない。したがって少康、文諗の『瑞応刪伝』の全称は『往生西方浄土瑞応刪伝』と、わざわざ西方浄土往生者の伝記と明確にするのはその時代の必要からである。宋代になると西方浄土信仰は他の浄土信仰にくらべ圧倒的なものとなるからもはや「西方」の二字は不要となる。往生西方浄土伝も往生伝でじゅうぶんとなる。

戒珠の『浄土往生伝』（大正51-108）はかなり有名である。戒珠（九八五―一〇七七）は俗姓黄、字は耀之、幼にして篤学、日に万言を誦したという。法性子光に師事し、講経を試みた。剃髪後はこのんで善根を修し、群経を博覧し、文詞をよくし、時人はかれを「黙書」とよんだ。雑著の多くは師自身が焚滅するところとなり、わずかに『浄土往生伝』と『碑記伝序』をのこす。『浄土往生伝』は『往生浄土伝』、『戒珠伝』ともよばれ、梁の慧皎、唐の道宣ら十二家の撰になる伝記および宋賛寧撰『宋高僧伝』から僧顕以下北宋悟恩にいたる計七十五人の伝記を一本にまとめたものである。他の慧明ら六十二人は臨終に来迎の事実がなかったので収録しなかったという。

北宋の王古は『新修浄土往生伝』を撰し、百五十人を収める。『楽邦文類』巻二には王古『浄土宝珠集序』が載っており、収録するのは百九人だという。察するにもとは百九人で『浄土宝珠集』といったものを、のちに増補して百五十人とし、名を『新修浄土往生伝』と改めたものであろう。

陸師寿に『新編古今往生浄土宝珠集』がある。これはすでに佚失しており、どれほどの人数があるかわからないが、王日休の『龍舒浄土文』巻五にわずかな消息がある。

東晋遠法師倡してはじめに浄土を修す。本朝の王敏仲侍郎及び近年銭塘の陸居士感応の事跡を編集す、およそ二百余伝、みな板にきざみ流伝す。今、ことごとく載するに及ばず、略してその斎戒修者、中人修者、罪悪人修者及び疾苦中修者、すべて三十伝を取る、人の信心を発さしむる所以なり。（大正 47-265 下）

ここにいう王敏仲とはすなわち王古で、字は敏仲、宋徽宗のとき礼部侍郎をつとめた。かれは禅浄一致をとなえ、終日観想念佛を修して精進不息、臨終には苦痛を覚えず、満室光明を生ずるなか端坐して逝ったという。銭塘の陸居士とはたぶん陸師寿であろう。二人はいずれも往生伝を撰したが、あわせて二百余伝というから、王古所撰が百五十伝とすれば陸師寿所撰も百余伝ということになる。

すでに佚失したものとして、このほかに北宋遵式の『往生西方略伝』一巻、北宋清月の『往生浄土略伝』一巻、南宋海印の『浄土往生伝』十二巻、遼代非濁の『随願往生集』二十巻がある。

また類書中南宋志磐『佛祖統紀』巻二六から二八中には『浄土立教志』と題して計七十五人の往生伝をあげる。巻二六では宗暁がたてた浄土宗六祖を七祖に改める。すなわち慧遠、善導、承遠、法照、少康、延寿、省常である。七祖説はすでに定説となっているがこれにも問題があることはさきに述べた。ここではくりかえさない。

宗暁の『楽邦文類』巻三に『荊王越国夫人往生記』『馬侍郎往生記』『広平夫人往生記』および慧遠ら十七人の伝がある。いずれも往生伝である。また『龍舒浄土文』巻五に三十人の往生伝がある。これは王古、陸居士の往生伝より引いたもので、多くは時代順に排列され十分な分類がなされていない。たとえば『龍舒浄土文』では斎戒修者、中人修者、罪悪人修者、疾苦中修者ときわめて簡単な分類である。

往生の方法はいくつもある。念佛往生とは名号を念佛して往生するもの。諸行往生とは万行往生ともいい、念佛以外の諸善万行を修めて往生するもの。助念往生とは念佛と諸善行を修して往生するもの。聞名往生とは佛の名号を聞いて信を生じ往生を得るものである。宋代の往生伝は念佛往生を主とするが、諸善行を兼ねるものも含まれる。

往生伝の目的はひとに信心をおこさせることだが、しかしまた見本を示す意味があって、歴史的源流を明かにする。宗暁は慧遠ら十七人の往生伝に案語をつけているが、そのなかにいう「往生の事跡、先賢で伝を作るは凡そ数家、載するところの者およそ半千人。……蓋し将来（人が）源流を知り模範を識るを欲す、ただに信心を発起するためのみにあらず」（『楽邦文類』巻三、浄全6-1015下）と。したがって元、明、清と不断に往生伝の撰者があらわれ、不断の記録がのこされている。

おわりに

唐代に成熟し、宋代に普及し、かつ民間に深く入った浄土宗は、その簡便易行によっておおくの民衆を信者にあつめた。元代の名僧普度、明本、明代の袾宏、智旭、袁宏道、清代の彭際清らは弘揚に力を尽くし、浄土宗はひきつづき佛門、民衆中にひろく行われ、中国民衆信仰の中心となった。普及という点からいえば、浄土宗に比肩する信仰は存在しなかったといえる。

しかし一方、地獄思想が成熟してのちは、浄土宗にこれといった思想上の発展がなかった。僧の素質もしだいに低下し、逆に居士が浄土を弘揚する主力となっていったのである。

蒙古や清人が中原を支配するようになると、ラマ教が内地にはいりこむ。明代には蒙・蔵団結のためにラマ教が強力に扶植され、ラマ教が活躍する。また白蓮教のような民間の秘密宗教が発展し、統治者の利害と衝突し、弥勒劫変思想のもとに造反をくりかえす。さらに理学では陽明学が流行する。かれらの自己の「良知」をもって自らの準則とし、自心の是非をもって是非とする能動性、人間論の主張は、浄土信仰とやはり矛盾するものであった。

明末には商品市場経済の発展にともなって原始商業資本の蓄積がすすむ。また西方科学がしきりと伝来する。これらはひとびとの思想に大きな変革をもたらし、浄土信仰にとって少なからぬ衝撃をもたらすものであった。しだいに浄土宗は下り坂をあゆむことなる。これは同時に佛教全体の歩みでもあったのだが。

訳者あとがき

本書はつぎの翻訳である。

陳揚炯著『中国浄土宗通史』(中国佛教宗派史叢書)、江蘇古籍出版社(現、鳳凰出版社、南京市)二〇〇〇年一月初版、二〇〇二年十一月重印刊行

ここにいう「浄土宗」は教団ではない。「宗」の本義、すなわち根本の主張信条、宗旨、宗趣といった意味で「浄土宗」である。したがって本書は中国浄土宗義の通史、中国浄土宗義発展史の書と解される。残念ながら「通史」とはいえ、紙幅の制約で原書第七章「浄土宗の衰退」、第八章「日本の浄土教」を割愛せざるをえなかった。全体の二割弱にあたる。第八章はともかく、せめて第七章をおさめたかったが本書を一冊にまとめるための妥協である。

宗学者でも佛教学者でもないわたしに本書を正当に評価する力はないが、わたしが本書を日本に紹介しようとおもったのには、いくつか理由がある。

第一に、本書がたいへんわかりやすい中国浄土教義発展史だということである。類書にくらべよほど容易に浄土教義発展の流れを俯瞰することができる。本書は浄土教祖師がたのかんがえを個別にならべてみせる祖師伝ではない。そのひとびとの思想の連鎖のなかから、さらにそれをとりまく多くのいわゆる学匠の思想との衝突のなかから、中国浄土教思想がしだいにかたちをあたえられ、発展していく過程を有機的に示している。本来、禅定の一内容にすぎない念佛がしだいに力を得て、さらに観想念佛の附属にすぎない口称念佛が独立した行に発展していくその過程を、祖師がたの主張とともにわかりやすく提示してみせるのである。これまでややもすれば難解な説明になりがちであった

部分もばっさり割り切って明解である。本書にみられるこの平易な論理は、おそらく本書が宗教書、信仰書としてではなく、中国思想史の一部を構成するものとして浄土思想をとらえているからであろう。著者は中国哲学の専門家である。中国思想史研究に佛教史の理解が不可欠なことを痛感して漢訳経論の世界に入ったといわれる。まず宗教があるのではない。われわれは著者の思想史の視角から浄土教義の展開を見ているのである。

本書はかならずしも中国佛教史第一線の研究書とはおもえない。本書には引用や参考文献の注記がほとんど見られない。まして現代の精細なサンスクリット原典研究や論争の成果を十分とりこんだものではない。新知見を提起することを目的に書かれたものとはおもえない。むしろ一般読者を意識した、懇切な佛教用語の解説がおりこまれた、親切な指導書という性格である。率直なわたしの感想をいえば、本書は著者が山西の片田舎、しかしそこは中国浄土思想源流の地であるのだが、その并州で、長年にわたって漢訳経論をよみこみ、思索し、著者が独自に構築していった中国浄土教の世界だとおもう。もちろん新しい考えもいろいろに披瀝されているが、それはけっして論争的なものではない。どこかに浄土教への温かさを感ずることができる。わたしはその温かい説得力につよく惹かれているのである。夫人の語られるところでは、著者は浄土教祖庭玄中寺方丈と莫逆のあいだがらにあったといわれる。それを知って、わたしはなんとなく自分が感じていたものが裏書される思いである。

著者陳揚炯先生は後掲「著者略歴」にみるとおりの経歴であるが、二〇〇四年十二月、惜しくも七十二歳で逝去された。わたしは残念ながら先生の謦咳に接する機会がなかった。「序」にみるとおり「臨文不諱」、学問にきびしい方であったらしい。世におもねること少なく、堅い志節をまもられたようであるが、それも本書の基本的性格にかかわっているとおもう。ここに謹んでご冥福をお祈りしたい。

第二にあげたいのは、これと関連することだが、わたしには「中国にこの本が」というおもいがある。開放政策以後、佛教関係の書物も多様に出版されるようになったが、なんといっても無神論を国是とする国である。かつてわたしは、湯用彤の大著『漢魏両晋南北朝佛教史』の重印本（一九五五年、中華書局）が出たとき、教授ご自身が巻末につけた重印後記を悲しく読んだ記憶がある。およそつぎのような内容である。

わたしはこれまで信仰の立場で佛教史を研究することに反対してきた。それでは佛教思想の真相を見きわめられないと考えたからである。………

しかしわたしには佛教思想の発展がその時代の社会歴史的条件と不可分だという認識に欠けていた。本書において、わたしは宗教としての佛教がもつ唯心主義の本質を認識していなかった。それが人民を麻痺させるアヘンだということを認識していなかった。わたしは思想や信仰だけを個別にとりだしてかんがえたのだが、それではあきらかに佛教が中国文化思想領域でもつ反動的な役割を知ることができない。………（佛教の伝来によって）唯心主義の宗教が中国文化になにか利点をもたらしたとはかんがえられない。むしろ附随していっしょに入ってきた科学技術や芸術がわれわれの文化を豊かにしたのだが、それはまたおのずと別の問題である。

この碩学にしてこの自己批判である。湯用彤の実証的な佛教史研究の成果はどこに吹き飛ぶというのか。どんな思いでこの後記が書かれているか、それは想像するだけで悲しい。中国における佛教研究の死を意味する。

その後、文革の行き過ぎやチベット問題の反省から、中国政府の信教の自由はしだいに拡大する。現在では信仰をほぼつぎのようにかんがえているとみられる。

われわれ共産党員は無神論者であり、当然に無神論の宣伝につとめなければならない。しかし信仰問題をふくめひとびとの精神問題を単純に強制的に処理するのは成果がないばかりか有害である。………

信仰の自由を保護、尊重するのは党の宗教問題にたいする基本政策である。これは将来宗教が自然に消滅するまでつづけられるべき長期政策である。

しかしだからといって急に研究の成果が生まれるわけではない。これまでかくれた積みかさねがあって、その積みかさねが時を得てあらわれる。八十年代以降の政策によって任継愈主編『中国佛教史』のような大作があらわれたが、個別の宗派にもここにみる「宗派史叢書」のような企画がすすめられる時代を迎えている。そして、それにこたえる蓄積が長い苦難の時代をこえて用意されていることに、当然といえば当然だが、わたしは中国の文化の底の深さを感ずるのである。

翻訳にあたっては、なにより訳文をわかりやすくすることをこころがけた。ただなんといっても、本書に引かれるのはわたしが日頃あつかいなれない資料ばかりである。わたしの無知によるおもいがけない誤解、誤訳をおそれ、日頃懇意にしていただく佛教学者澤田謙照先生に原稿段階で全文をお読みいただき、多くのご教示をいただいた。ここにあらためてお礼をもうしあげたい。いうまでもなく、なお見られるであろう誤りは訳者のものである。大方のご教示をあおぎたいとおもう。中国のこの種の本にめずらしくないのだが本書にも誤植がたいへん多い。たえず訳者の実力がためされているおもいであった。わたしの力のおよぶところは訂正したが、なお恥ずかしい部分がのこることをおそれる。

訳注はとくにつけなかったが、一部（　）内に説明を補ったところがある。また、経論の引用部（　）内に「大正」「浄全」「浄聖」を追加し数字をくわえた。これは翻訳にあたって訳者が参照した『大正新修大蔵経』、『浄土宗全書』、『浄土宗聖典』（平成六年版）の該当する巻数、頁数である。関心をもたれる方がさらに調べられるのにお役にたつのではないかとおもう。巻末の索引は日本の一般読者を予測してあたらしく作りなおした。人名、寺名、経名等を減らし、事項、用語の類を増やしている。

最後になったが、著者陳揚炯先生にかわって「序」をお寄せくださった夫人馮巧英先生にこの場をかりてお礼をもうしあげたい。また、本書をこのように仕上げてくださった出版社東方書店コンテンツ事業部のみなさん、とりわけ割付、校正に長いあいだご苦労をかけた名久井綾さんに心からお礼をもうしあげたい。

二〇〇六年七月　京都祇園祭の日

大河内　康憲

索　引

か　行

さ 行

た　行

な 行

は　行

ま　行

や　行

ら　行

著者略歴

陳　揚炯（Chen Yangjiong）

1932年生、湖南省蘭山県の人。1950年、東北師範大学卒業。1955年、北京師範大学マルクス・レーニン主義研究班修了、山西大学哲学系で教鞭をとる。1972年より雁北に赴き、1983年、雁北師範専科学校校長、1987年、太原師範専科学校校長、1992年退職、2004年12月逝去。

1960年代より中国哲学史研究に佛教史研究が不可欠であることを痛感し佛教諸経論を多く読む。雁北に移って五台山佛教伝承をはじめ資料収集や典籍研究に注力する。華厳にも造詣が深いがとくに浄土教に蓄積があついのは著者が民衆宗教につよい関心をよせていたこと、さらに、浄土教祖庭玄中寺方丈と莫逆の交わりがあったからといわれる。

主な編著書

『当代大衆哲学』（遼寧人民出版社、1988）
『古清涼伝、広清涼伝、続清涼伝』（校注本）（山西人民出版社、1989）
『曇鸞集評注』（山西人民出版社、1992）
『哲学之謎』（中国青年出版社、1993）
『玄奘評伝』（京華出版社、1995）
『大乗大義章』（釈訳本）（台湾佛光文化事業有限公司、1996）
『曇鸞法師伝』（宗教文化出版社、2000）
『道綽法師伝』（宗教文化出版社、2000）
『善導法師伝』（宗教文化出版社、2002）他

訳者略歴

大河内康憲（おおこうち　やすのり）

1932年、京都市生。1955年大阪外国語大学中国語学科卒業、1957年浄土宗伝宗伝戒道場成満、1958年大阪市立大学大学院文学研究科修士課程（中国語・中国文学専攻）修了。その後、大阪外国語大学教授、プリンストン大学客員研究員、復旦大学中文系顧問教授、日本中国語学会理事長等を歴任。

現在、大阪外国語大学名誉教授、日本中国語学会顧問、浄土宗京都教区伏見組観音寺住職、大本山百万遍知恩寺顧問等をつとめる。

主な編著書

『中国語の諸相』（白帝社、1997）
『日本語と中国語の対照研究論文集』（くろしお出版、1997）
『日本近・現代漢語研究論文選』（北京語言学院出版社、1993）
『中国語書簡文表現辞典』（燎原書店、1985）他

中国浄土宗通史《ちゅうごくじょうどしゅうつうし》

二〇〇六年九月三〇日　初版第一刷発行

著　者●陳揚炯
訳　者●大河内康憲
発行者●山田真史
発行所●株式会社東方書店
東京都千代田区神田神保町一―三　〒一〇一―〇〇五一
電話〇三―三二九四―一〇〇一
営業電話〇三―三九三七―〇三〇〇
振替〇〇一四〇―四―一〇〇一
印刷・製本●株式会社平河工業社

定価はケースに表示してあります

ISBN4-497-20607-6 C3015
乱丁・落丁本はお取り替えいたします。
恐れ入りますが直接小社までお送りください。

小社ホームページ〈中国・本の情報館〉で小社出版物のご案内をしております。
http://www.toho-shoten.co.jp/